의사소통장애 ^{제5판}

전 생애적 근거기반 조망

Robert E. Owens, JR., Kimberly A. Farinella, Dale Evan Metz 지음
김화수, 김성수, 이상경, 최성희, 최철희 옮김

Σ 시그마프레스

의사소통장애 : 전 생애적 근거기반 조망, 제5판

발행일 | 2018년 3월 5일 1쇄 발행

저　자 | Robert E. Owens, JR., Kimberly A. Farinella, Dale Evan Metz
역　자 | 김화수, 김성수, 이상경, 최성희, 최철희
발행인 | 강학경
발행처 | (주)시그마프레스
디자인 | 송현주
편　집 | 정영주

등록번호 | 제10-2642호
주소 | 서울특별시 영등포구 양평로 22길 21 선유도코오롱디지털타워 A401~403호
전자우편 | sigma@spress.co.kr
홈페이지 | http://www.sigmapress.co.kr
전화 | (02)323-4845, (02)2062-5184~8
팩스 | (02)323-4197

ISBN | 979-11-6226-035-7

Introduction to Communication Disorders
A Lifespan Evidence-Based Perspective, Fifth Edition

Authorized translation from the English language edition, INTRODUCTION TO COMMUNICATION DISORDERS: A LIFESPAN EVIDENCE-BASED PERSPECTIVE, 5th Edition, 9780133352030 by OWENS, ROBERT E.; FARINELLA, KIMBERLY A.; METZ, DALE EVAN, published by Pearson Education, Inc, publishing as Pearson, Copyright © 2015

* 책값은 뒤표지에 있습니다.
* 이 도서의 국립중앙도서관 출판예정도서목록(CIP)은 서지정보유통지원시스템 홈페이지 (http://seoji.nl.go.kr)와 국가자료공동목록시스템(http://www.nl.go.kr/kolisnet)에서 이용하실 수 있습니다.(CIP제어번호 : CIP2018004692)

人 티븐 핑커는 그의 책 단어와 규칙 중에서 말한다. "단어와 규칙은 서로 다른 원리에 따
一 라 작동하며 서로 다른 방식으로 학습되고 사용된다. 심지어 뇌에서조차 서로 다른 부
위에 거주한다. 둘 사이의 국경 분쟁은 언어들을 수 세기에 걸쳐 형성하고 개조하며 언어를
소통의 수단뿐만 아니라 말장난과 시(詩)의 매체로, 그리고 영원한 매력을 지닌 보물로 만든
다."고.

언어병리학, 언어치료학은 단어와 규칙, 의미와 문법, 내용과 형식(발음, 구문)뿐만 아니
라 화용이라는 사회적 의사소통을 포함하여 그것을 행위로 나타내는 인간이라는 대상에 초
점을 맞춘다. 따라서 말로 하는 소통이든 글로 하는 소통이든 의사소통에 어려움을 갖는 사
람들을 대상으로 연구하고 치료를 모색하게 되는 것이 이 학문이다. 과학으로서의 학문에다
'인간'과 '장애'라는 변수가 더해진 오묘한 탄생! 우리는 이 학문의 숲으로 걸음을 디디며
나무와 하늘, 호흡과 소리, 내 곁에 있는 사람들의 뇌와 언어를 깊이 바라보는 여행길에 오
르게 된 것이라고나 할까?

역자들은 오랜 기간 직접 임상에서 일해온 현직 교수들이라는 공통점을 가지고 있다. 언
어병리학과 언어치료 분야에서 학생들을 가르치고, 임상에서 연구하여 얻은 것 중 하나는
'언어병리학', '언어치료학', '의사소통장애학'이란 학문이 응용학문이고, 학문 그 자체가
목적인 순수학문과는 다르다는 점이다. 응당 우리 학문의 지향점은 건강하고 아름다운 의
사소통의 세상을 만들기 위해 의사소통장애를 예방하고 의사소통에 어려움을 갖는 사람들
을 돕는 것이 되어야만 한다. 사실 전공하는 학생들은 치료실제에 바탕을 둔 여러 과목에 더
해 관찰과 실습으로 많은 시간을 할애해야 한다. 의사소통장애의 치료실제에 반영되지 않는
것은 사실 공허할 뿐이기 때문이다.

이 책이 전 생애적 조망, 근거기반실제를 중시했다는 점에서 의사소통장애를 개론서로 소
개하려는 우리의 소망에 근접했음은 더 말할 나위가 없다. 그래서 Owens 교수 등이 2007년
에 저술한 개정판(제3판)을 이 책의 역자 중 일부(김화수, 김성수)가 (주)시그마프레스를 통
해 이미 공역으로 출판했었다. 이번 제5판에서는 많은 부분이 개정되었는데 당시 '전 생애
적 조망'이란 부제가 '전 생애적 근거기반 조망'으로 수정되었고, 2개의 장이 정리되어 다른
장으로 편입되었으며 내용에서 새로운 연구들이 추가되어 많은 부분을 새로 번역해야만 했
다. 저자들이 주장한 근거기반실제에 근접하기 위해 우리는 각각의 영역에 대하여 치료실에
서의 임상장면, 그리고 한 명 한 명의 의사소통장애를 가진 사람을 떠올리며 작업했음을 고
백한다. 이 책이 언어병리학에 입문하려는 학부 및 대학원생들에게는 의사소통장애개론이
나 언어병리학개론서로, 의사소통장애의 각 영역을 정리하고 싶은 언어치료사들에게는 복
습서로, 언어재활사 국가시험을 준비하는 사람들에게는 수험서로, 일반인에게는 의사소통

과 의사소통장애의 기본 지식에 가까이 갈 수 있도록 도움이 되길 바라면서 말이다.

　저서나 역서를 펴내며 늘 하고 싶은 말이 있다. 지식과 지혜의 길로 안내하는 학문의 스승(많은 책의 저자들을 포함하여), 동료교수, 후배 및 후학들, 그리고 가족에게 가슴속에 담고 있었던 감사의 말을 전하는 것이 그것이다. 우리의 현재가 혼자 이룩한 시간일 리 없다. 오랜 시간 함께 해온 사람들의 언어와 의사소통으로 형성된 습관(문화), 깊은 생각, 미래에 대한 꿈은 우리에게 새겨진 다채로운 무늬이자 영원히 빛나는 선물이기 때문이다. 신경의학자이자 문학적인 글쓰기로 대중과 소통했던 올리버 색스의 온 더 무브의 한 문장(조너선 밀러가 올리버 박사에게 보낸 편지 중 일부)을 인용하며 글을 마치려고 한다.

　"우리가 날쌔게 또는 우아하게 움직일 수 있는 유일한 공간은 사고와 언어를 다루는 쪽이 될 거야. 우리의 과학 사랑도 따지고 보면 순전히 문학적이었지."

2018년, 문천지 곁에서
역자 대표 김화수

신판을 소개하는 것은 언제나 흥분되면서도 힘든 일이다. 신판을 준비하면서, 특히 개론서일 때는 언제나 균형이라는 질문이 존재한다. 우리는 충분히 상세하게 제공하고 있는가? 너무 많지는 않은가? 우리는 정확한 조망을 가지고 있는가? 우리는 전판에 익숙한 여러분들이 이 신판이 언어병리학과 청각학 분야에 가치가 있으며, 또한 말–언어치료사와 청능사의 교육에 의미 있는 공헌을 하는 개론서라는 사실에 동의해주기를 희망한다.

각 장들 안에서, 우리는 특정 장애유형 및 관련된 평가와 중재방식에 대해 기술하고자 하였다. 게다가 우리는 독자들에게 추가적인 통찰을 제공하고자 생애주기적 논점과 근거기반실제를 포함시켰다. 각 장애유형별로 해당 장애를 가진 개인의 사적인 이야기를 예시하였다. 각 장의 결론 부분에 제공된 추천도서를 통하여 추가적인 지식을 얻을 수 있을 것이다.

신판에 새로이 추가된 사항

이 의사소통장애 제5판은 이전 판에서의 기존 자료들을 보강하는 많은 특징들이 추가되었다. 여기에는 다음과 같은 것들이 포함된다.

- 현행 임상적 및 교육적 범주에 보다 잘 부합되도록 함으로써 정보들이 새롭게 개념화되는 것을 도울 수 있도록 장들이 재조직되고 다시 집필되었다.
- 책 전체를 재조직하여 장의 수를 줄였다 — 부분적으로는 한 학기 동안 전체를 다루기 어렵다는 강사들의 염려에 부합하기 위한 것이다. 우리는 경청하였다!
- 물론 각 장들의 자원들을 현재의 임상연구에 맞도록 업데이트하였다. 점차 증가하는 근거기반적 연구와 문헌들에 특별한 주의를 기울였다. 참고문헌들을 간단히 통독하여 보면 수백 편의 새로운 전문 학술논문이 추가되었음을 확인할 수 있을 것이다.
- 이전과 마찬가지로, 우리는 책 전체에 걸쳐 가독성을 개선시키고 이 분야에 처음 입문하는 이들을 위해 정보들을 적절히 혼합하기 위해 작업해왔다. 몇몇 교수와 학생들이 전판에서 우리가 독자들과 직접 소통하기 위해 시도했던 노력들에 대해 따뜻이 논평해주었으며, 우리는 이러한 관행을 지속하고 확장시켜왔다.
- 우리는 지속적으로 근거기반실제를 간략한 방식으로, 그리고 각 장 내에서 읽기 쉽도록 글상자 안에 수록하였다. 이것은 전판부터 시작되었던 우리의 약속을 보여주는 것이다. 책의 나머지 부분 모두에서와 같이, 이 글상자들은 우리의 현재까지의 최상의 지식을 반영하도록 업데이트되어왔다.
- 우리가 너무 많은 것을 제공하고 있다고 느낀 교수들로부터의 논평에 대한 답으로 배

경정보들은 단순화되고 간략해졌으며, 이 정보들은 다른 해부 및 생리, 언어발달, 그리고 음성학 입문서들에서 다루어지게 될 것이다. 이러한 변화는 가독성을 높였고, 이 모든 것을 가르쳐야 할 교수들의 부담을 감소시켰다.

- 게다가 처음으로 **의사소통장애**가 완전히 새로운 형태인 전자책(eText)으로 출간되었다.

제7장 유창성장애

제8장 음성 및 공명장애

제9장 조음음운장애

제10장 운동구어장애

제11장 삼킴장애

제12장 청각학과 난청

David A. DeBonis, Ph.D.

제13장 보완대체의사소통

James Feeney, PhD.

1

현장, 전문가, 의사소통장애인

학습목표

이 장을 마치면 여러분은 다음과 같은 것들을 할 수 있게 될 것이다.

- 의사소통장애를 설명한다.
- 청능사, 말-언어치료사, 그리고 말-언어 및 청각과학자들의 역할에 대해 기술한다.
- 과거부터의 장애인에 대한 인식의 변화, 특히 최근 몇십 년간의 입법상의 변화를 개괄적으로 파악한다.
- 근거기반실제(EBP)가 임상적 결정을 하는 데 있어 어떠한 영향을 미칠 수 있는지 기술한다.

의사소통이 없는 삶을 상상해본 적이 있는가? 말하지도, 듣지도, 타인과 상호작용하지도 못한다면 어떻게 될까? 의사소통이란 우리가 인간일 수 있게끔 하는 영역이다. 예를 들어, 의사소통과 관련하여 사소하거나 또는 일시적인 후두염과 같은 문제만으로도 우리는 종종 곤란을 겪는다. 우리들 가운데 많은 사람들은 생의 어떤 시기에서 말하기나 듣기의 어려움을 경험해왔다.

우리는 이 책을 통해 **의사소통장애**(communication disorder)의 본질에 관해 탐색하게 되길 희망한다. 이 첫 장에서 우리는 의사소통장애를 지닌 사람들과 함께 일하는 전문가를 소개할 것이다. 이들은 청능사, 말-언어치료사 또는 말-언어과학자이다. 또한 우리는 말-언어치료사와 청능사들이 어디에서 일하는지, 어떠한 일들을 하는지 기타 전문적 팀 구성원의 역할을 탐색하려고 하며 이에 더해 근거기반실제(EBP)의 본질에 대해서도 설명할 것이다. 제1장은 역사적 조망과 특별한 요구를 필요로 하는 이들을 위해 개정되어온 법안들의 개요를 또한 살펴볼 것이다. 이를 따라가다 보면 누군가 왜 이 직업을 선택하게 되는지를 깨닫게 될 것이다.

타인을 돕는 것이 자신을 돕는 것이다

왜 사람들은 말-언어치료사 또는 청능사가 되려 하는가? 그것은 대개 타인을 도움으로써 얻을 수 있는 충만한 삶에 대한 만족감 때문이다. 〈글상자 1.1〉은 의사소통장애 프로그램에 지원한 학생들이 작성한 지원서에서 발췌된 글이다. 많은 학생들은 의사소통장애에 직면한 개인 또는 가족의 이야기를 인용한 바 있다. 그리고 거의 대부분이 스스로가 사회에 유익한 존재가 되고자 한다는 희망을 피력하였다.

의사소통장애

우리가 의사소통장애를 언급하기는 했지만 별로 구체적이진 않았다. 어떤 종류의 의사소통이건 우리의 주제에 일치하는 것은 언제나 좋은 일이다. 그러니 여기에서 시작하자.

의사소통장애는 수신 및 송신 능력을 저하시키며 개념이나 언어적, 비언어 및 그래픽 정보을 처리하고 이해하는 능력을 손상시킨다. 의사소통장애는 듣기, 언어 및 말의 처리과정에 영향을 미치며 경도에서 최중도의 심각도로 나타날 수 있고 발달적이거나 획득된 것일 수 있다. 개인에 따라 의사소통장애 한 가지나 하나의 조합으로 나타나며 일차적 장애를 초래하거나 다른 장애의 원인이 되기도 한다.

참 많기도 하다. 단적으로 의사소통장애는 의사소통의 모든 측면, 심지어 몸짓하기까지도 영향을 미칠 수 있다. 의사소통장애는 듣기, 언어(우리가 의사소통하기 위해 사용하는 기호)와 말(의사소통의 일차적 형태와 방법)에 영향을 준다. 이는 미국말언어청각협회(ASHA)라는 이름에 반영되었다. (부록에 ASHA의 역할을 보다 상세히 기술한다.) 그러나 여러분이 이 책을 읽으며 과정을 통해 탐색하려고 하고자 할 때 의사소통장애는 더 많은 영향을 끼칠 수 있다. 예를 들어 언어치료사는 섭식 및 삼킴평가와 중재에도 관여한다.

　　말장애(speech disorder)는 말소리의 비전형적인 산출, 말하기의 흐름에서의 방해 또는 비정상적인 산출과 음도, 크기, 공명이나 길이를 포함하는 음성 질의 부재에서 명백할 수 있다. 대조적으로 **언어장애**(language disorder)는 구두, 쓰기와 다른 상징체계의 이해 및 사용에서의 손상이다. 마지막으로 **청각장애**(hearing disorder)는 청각 및 듣기체계의 손상된 민감도의 결과이다. 의심할 여지없이 여러분은 농이나 난청으로 언급된 사람들에 대해서 들어왔다. 이에 더해 청각장애는 들을 수 있는 신호로부터 정보를 처리하는 데 있어서의 **중추청각처리장애**(central auditory processing disorder) 또는 결함을 포함할 수 있다.

　　여기에서 주목할 것은 의사소통장애는 방언차이나 다중언어사용과 같은 의사소통 차이는 포함되지 않는다는 것이다. 여러분이 잘 쓰지 못하는 언어로 말하는 나라에 있다면 의사소통을 방해받을 것임을 안다. 이러한 차이가 의사소통의 어려움으로 이끌기는 하지만 장애는 아니다.

　　또 다른 의사소통의 변형은 **보완대체의사소통**(augmentative/alternative communication) 체계이다. 의사소통 손상과는 거리가 먼 이 체계는 수화 또는 디지털 방식의 사용이든 간에 손상되었거나 능력이 없는 의사소통장애에 대해 일시적 또는 영구적 기저에서 보상하고 촉진하도록 언어치료사가 흔히 가르치는 시도이다.

　　여러분이 알 수 있듯이 의사소통장애는 다양한 심각도로 광범위한 문제를 포괄하며 여러 다른 장애와 연관된다. 이 책에서 준비한 우리의 목적은 의사소통 손상에 포함되어 있는 여러 다른 장애를 이해하고 인식하도록 돕는 것이다. 여러분은 어려운 말소리를 교정해주며 대부분의 작업을 아동을 대상으로 하는 초등학교 언어치료사의 희미한 기억을 몇 페이지 앞에서 시작했다. 그것은 장애가 있는 의사소통의 일부이지만 곧 알게 될 것처럼 단지 작은 부분이다.

전문가

현재 의사소통장애 영역에서 활동하고 있는 전문가들은 몇 가지 영역으로 분류된다. 이들은 최적의 서비스를 제공하기 위하여 상호의뢰를 하거나 공동작업을 한다. 의사소통장애 분야 전문가들은 조기중재프로그램, 유치원, 학교, 전문대학, 대학교, 병원 사설클리닉, 보육시설, 연구소, 가정프로그램 등에 고용된다. 많은 경우는 사설치료실에서 일한다. 언어치료사와 청능사들은 유사한 기초과정을 거치지만 심화교육은 각각의 전문영역으로 특화된다.

청능사

청능사(audiologist)는 청력측정, 판별, 평가, 관리 및 청각과 평형기능장애 예방을 담당하는 전문가이다. 이들은 유아에서 노인에 이르는 대상들에게 다양한 장비들을 활용하여 청력을 측정하고 평가한다. 청능사는 교육환경 내에서의 의사소통 개선 활동 및 청각장애인을 위한 프로그램을 구성하기도 하지만 보호장구를 추천, 적합시키거나 정부기관 및 산업체에 환경

언어치료사와 청능사의 직무는 유아에서부터 전 연령대에 이르기까지, 그리고 경도에서 최중도까지의 다양한 장애를 가진 개인들에게 다양한 환경에서의 서비스 제공을 포함한다.

소음의 영향 및 통제 관련 자문을 해주는 방식으로 청력손실 예방 활동을 담당하기도 한다. 이에 더하여 **청각처리장애**(auditory processing disorders, APD)인들을 평가하고 돕는다. 이들은 보청기 및 기타 증폭 장치를 선택·적합·처방하며 이의 관리 및 활용 지침을 제공한다(DeBonis & Moncrieff, 2008). 자격증을 소지한 청능사들은 여타의 건강관리국의 처방 없이 독립적으로 활동하는 전문가이다(ASHA, 2001b). 〈글상자 1.1〉에 이 영역에서의 어려움과 이 일이 가져다주는 보상에 대해 쓴 한 청능사의 이야기가 담겨 있다. 여러분이 볼 수 있듯이 유능한 탐정이자 문제해결사로서의 능력이 이 영역에서 필요한 기술 중 하나이다.

청능사의 자격요건

현재까지 청능사가 되기 위한 교육요건은 학사학위 취득 이후 추가적인 3~5년의 전문적 교육이다. 청능사의 공부는 청각학박사(Au.D.), 철학박사(Ph.D.), 또는 교육학박사(Ed.D.)와 같은 박사학위에서 정점을 이룰 것이다. 이 준비 과정에서는 청각과학 및 청각장애뿐 아니라 진단, 치료 및 전문적 논점에 대한 교육 역시 강조된다. 전문 임상수련 시간 수나 세팅의 종류 역시 확대될 것이다.

석사학위(2012년 이전) 또는 박사학위(2012년 이후) 취득 후, 특정 기간 동안의 전문적인 임상경험을 쌓은 다음 국가고시에 합격하면 미국말언어청각협회(American Speech-Language-Hearing Association, ASHA)에서 수여하는 CCC-A(Certificate of Clinical Competence in Audiology) 자격을 취득할 수 있다. ASHA의 CCC-A(종종 ASHA Cs로 불리기도 한다)는 일반적으로 청능사의 고용 요건으로 받아들여진다. 또한 대부분의 주에서는 청능사들에게 해당 주의 면허증을 취득하도록 요구하고 있다. 그 취득요건은 ASHA의 준거와 동일하거나 거의 흡사하다(ASHA, 2001b, 2001c).

더 나아가 3개의 웹사이트에서 청각학 직업을 탐색해볼 수 있다. 미국음향학회(The Acoustical Society of America, http://www.aip.org)는 청각과학자와 청능사들이 특별한 흥미를 보일 자료를 보유하고 있다. 미국청각아카데미(The American Academy of Audiology,

---

글상자 1.1 | 한 청능사의 회고

나는 도전을 즐기기 때문에 청능사가 되는 걸 선택했다. 대부분의 의뢰인들은 들어와서 놀라거나 불안해한다. 나는 그들에게 내가 수행할 각 검사에 대해 설명하는 동안 편히 앉아 있도록 한다. 각 단계에서 의뢰인과 함께 하면서 내가 무슨 일을 할 것인지, 왜 하는지 이해할 수 있도록 한다. 흔히 아동들은 내게 큰 어려움을 주며 때론 협조를 거부하기도 한다. 이때가 바로 최선을 다해야만 하는 순간이다. 청력손실이 확정된다면 상담과 의뢰를 하게 된다. 결과와 함께 치료가능성을 의뢰인

들과 나누는 시간이다. 보통 나이 든 의뢰인들은 처음엔 청력손실 진단을 수용하려고 하지 않는다. 특히 가족 구성원들과의 상담이 매우 중요하다. 가족 구성원들은 모두 "내가 그렇게 말했잖아요."라는 태도를 너무 쉽게 취하지만 의뢰인에게는 지금 바로 진단된 장애에 적응할 시간이 필요하며 우리는 손실을 지닌 의뢰인의 요구에 민감해야만 한다. 내게 만족을 주는 것, 그리고 매일의 일에 동기를 주는 것은 탐정적 작업, 그리고 상담이다.

http://www.audiology.org)는 청각서비스뿐 아니라 청각 및 평형장애와 관련한 전문가 및 소비자들을 위한 정보를 제공한다. 마지막으로 ASHA(http://asha.org)는 전문가, 학생 및 기타 말-언어병리, 청각학 또는 청각과학 분야에 관심을 가지는 이들에게 정보를 제공한다. 단 상단 좌측 코너의 'Careers'를 클릭하라.

언어치료사

언어치료사(speech-language pathologist, SLP)는 의사소통장애와 관련한 서비스를 제공하는 전문가들이다. SLP의 차별화된 역할은 모든 감각양식(구어, 문어, 그림, 손짓을 포함한)을 통한 수용 및 표현 양측에서의 말-언어장애를 판별, 진단, 치료 및 예방하는 일이다. 이를 위해서는 의사소통의 생리적, 인지적, 사회적 측면에 대한 세심한 주의가 필요하다. SLP는 삼킴장애를 위한 서비스나 지방방언 및 비모국어 방언을 교정하고자 하는 이들을 위한 서비스를 제공하기도 한다. 청능사와 마찬가지로, 면허를 가진 SLP는 보건당국의 처방과 무관하게 독립적으로 활동할 수 있다(ASHA, 2000a, 2000b, 2000c). 〈글상자 1.2〉에는 SLP의 회고가 실려 있다. 이 SLP는 사설 언어치료사로 25년간 일한 사람이다. 때로는 근무 조건에서의 지원 부족으로 어려움을 겪기도 했지만 창의적인 세팅을 신봉하며 타인을 돕는 일을 포기하지 않을 것임을 밝히고 있다.

SLP의 자격요건

기술과 함께 SLP의 과제는 변화하고 있다. 지금은 디지털 말 기록 및 분석 기술이 이미 사용되고 있으며, 말로 의사소통하는 데 큰 어려움을 가진 사람들을 위한 새롭고 흥미로운 보조 테크놀로지 역시 이용할 수 있다(Ingram et al., 2004). SLP는 석사 또는 박사학위를 취득해야 하며 전형적인 의사소통과 삼킴발달 과정, 말·삼킴·청각기제에 대한 해부학과 생리학, 음성학, 말·청각과학, 말·언어·삼킴장애를 학습한다.

SLP가 되기 위한 자격형태는 다음의 세 가지가 있다.

글상자 1.2 │ 언어치료사의 회고

내게 있어 일이 날 흥분시키는 이유는 문제해결과 타인을 돕는 일로부터 오는 만족감 때문이다. 모든 단서를 수집하고 정보를 조합하며 범인을 추적하는 소설 속의 탐정처럼 나는 각 의뢰인을 사정하고 최선의 중재방식을 선택한다. 장애가 심하면 심할수록 도전은 더욱 커지며 나는 이러한 모험을 사랑한다. 자살을 시도한 끝에 뇌손상을 입은 한 젊은 남자가 언어에 접근할 수 있도록 어떻게 도울 수 있을까? 어린 자폐아가 어떻게 의사소통과 언어로의 첫걸음을 떼도록 도울 것인가? 농, 맹

또는 뇌성마비 부모들이 어린 자녀와 어떻게 의사소통할 수 있도록 도와줄 것인가? 무언어 수준의 대상자에게 수화를 도입해야 할 최적기는 언제인가? 이러한 것들은 나뿐만 아니라 내게 치료받는 아동이나 성인들 모두에게 하나의 도전인 것이다. 내가 이러한 의사소통의 수수께끼를 풀고, 적절한 중재전략을 제안하고 실행할 때마다 우리는 함께 나아가는 것이다. 어떤 때는 매우 성공적이고 또 어떤 때는 내 방식을 재평가해야 할 때도 있지만 말한 대로 나는 이러한 도전을 사랑한다.

표 1.1 언어치료사 및 청능사 자격증

자격 관련 조직	언어치료사(SLP)	청능사
미국말언어청각협회(ASHA)	CCC-SLP	CCC-A
주 교육부	말-언어장애 학생의 교사 자격증*	–
주 전문자격 담당 부서	언어치료사 면허	청능사 면허

* 학교 언어치료사의 직명은 주마다 다양하다.

1. 공립학교 자격증은 일반적으로 기초 및 심화과정을 요구하며, 학교세팅에서의 임상수 련과정과 그 이후 국가/주별 자격시험 합격을 전제로 한다. 학교 SLP는 최소한 학사학 위를 필요로 하지만 갈수록 많은 주들이 석사학위를 그 출발 요건으로 규정하고 있거 나 또는 채용 후 몇 년 이내에 석사학위를 취득할 것을 요구하고 있다. 학교 SLP가 되 기 위한 정확한 요건은 주마다 다르다. 미국말언어청각협회(ASHA)는 모든 채용환경 에서 다음에 기술한 바와 같은 동일한 SLP 기준을 권고하고 있다.

2. ASHA는 해당 분야에서 석사 또는 박사학위를 취득하고, 최소 25시간의 임상관찰과 375시간의 감독하의 임상실습과정을 거친 사람에게 CCC-SLP(Certificate of Clinical Competence in Speech-Language-Pathology)를 수여하고 있다. 이후 추가적으로 다양한 교육과정 이수를 통해 전문지식에 대한 지속적인 발전이 있음을 입증해야 한다. 2004 년부터 미국, 영국, 호주, 캐나다는 말-언어치료사 자격의 상호 인정을 허용하고 있다 (Boswell, 2004).

3. 각 주들에는 SLP, 청능사 및 그 밖의 주 교육국 자격요건과 무관한 전문영역 자격증 에 대한 관련 법안이 마련되어 있다. 만일 여러분이 사설치료실, 병원, 클리닉 또는 공 립학교 이외의 기타 세팅에서 일하고자 한다면 자격증이 필요하다. 대부분의 주들은 ASHA의 CCC-SLP 소지자를 자격요건에 합당한 자로 인정하고 있다. 하지만 해당 주 의 자격증 관련 부서에 문의할 필요가 있다.

〈표 1.1〉은 청각학 및 말-언어병리학 영역에서 요구되는 자격요건을 보여주고 있다. 이 역 시 ASHA 웹사이트에서 찾을 수 있다.

만일 여러분이 말-언어병리학에 대한 직업을 더 탐색하려면 ASHA 웹사이트(www.asha. org)를 검토하라. SLP의 도움으로 이익을 얻는 아동과 성인의 다양한 장애에 대한 논의 등 정보 자원을 찾게 될 것이다. 만일 SLP로서의 직업에 대해 읽고 싶다면 상단 좌측 코너의 'Careers'를 클릭하라.

말-언어 및 청각과학자

말-언어 또는 청각과학자로 일하는 이들은 박사학위(Ph.D. 또는 Ed.D.)를 취득한 자들이다. 이들은 대학, 정부기관, 산업체, 연구소 등지에서 인간 의사소통의 처리 및 그 장애에 대한 지식을 확대시키는 일에 관여하고 있다. 또 어떤 이들은 언어치료사 또는 청능사로서 직접 임상활동을 하기도 한다.

말-언어 및 청각과학자들은 어떤 일을 하는가?

말 과학자는 말소리 산출과 관련된 해부, 생리 및 물리학 영역의 기초연구를 담당한다. 이들 연구자는 다양한 테크놀로지를 이용하여 전형적/병리적 의사소통에 대해 알기 위해 노력한다. 이 연구결과들은 임상가가 말장애를 지닌 대상자를 위해 실시하는 서비스 개선에 도움이 된다. 최근 인간 유전학의 지식 발전은 다양한 말장애의 원인, 예방 및 치료에 대한 지속적 연구의 좋은 토양이 되고 있다. 몇몇 말 과학자들은 컴퓨터를 이용한 말 산출을 연구하고 있는데, 이는 전화자동응답 시스템, 말을 하지 못하는 이들을 위한 대체음성 등 여러 가지 새로운 용도로 활용될 수 있다. 〈글상자 1.3〉에는 자기 업무의 다학제적 속성을 즐기는 한 말-언어과학자의 관찰이 포함되어 있다.

언어과학자는 아동들의 모국어 습득 과정을 연구한다. 이들은 또한 다른 모국어들 간의 차이점 및 유사점을 연구하기도 한다. 지난 반세기 동안 미국은 언어 및 문화적으로 점차 다양해져가고 있다. 이러한 현상은 언어와 의사소통에 있어서의 비교문화학 연구의 훌륭한 기회를 제공해준다. 어떤 언어과학자는 현대 영어의 변이(방언) 또는 언어가 어떻게 변천되는가를 연구하기도 한다. 또 다른 이들은 언어장애에 관심을 가지고 아동 및 성인의 언어장애의 본질을 다루기도 한다. 언어결함을 이해하려면 먼저 정상언어에 대한 깊은 지식이 필수적이다.

청각과학자는 소리, 소음, 청각의 본질을 연구한다. 이들은 청각검사에서 사용되는 장비를 개발하는 과학자와 함께 일한다. 이들은 또한 유아나 중도의 심각한 신체 및 심리적 손상으로 인해 검사가 용이하지 않은 개인을 위한 특수검사 개발 영역에도 관여하고 있다. 청각과학자들은 보청기나 전화증폭기와 같은 보조적 청취장비를 포함하여, 청력손상자를 돕기 위한 새롭고 개선된 방식을 개발한다. 이들은 청력보존에 관심을 가지며 환경소음의 영향을 측정하고 이를 제한하기 위한 일을 담당하기도 한다.

> 언어치료사나 청능사라는 직업은 평생 학습을 필요로 한다. 임상가들은 임상과 관련된 연구결과들을 현명하게 활용할 수 있어야 한다.

글상자 1.3 | 말-언어과학자의 회고

나는 말 과학자로서 음성과학 전공 대학교수로 일하고 있다. 이 전공에서 나는 내가 좋아하는 의사소통을 내가 재미있어하는 생물학과 결합시킬 수 있다. 학생이었을 때는 이러한 전공이 내게 열려 있으리라는 가능성을 인식하지 못했다. 나는 학생들에게 말 기제의 구조 및 기능과 음성장애를 가르친다. 임상실에서 나는 상이한 음성파라미터를 측정하는 도구를 사용한다. 이것은 나의 진단을 객관화시켜줄 수 있으며 장애의 수만큼이나 다양한 후두암과 신경근육기능장애에서 얻어진 말 변화를 정확하게 측정하게 해준다. 나는 새로운 목소리로 바꾸려는 성전환 환자와도 일한다. 나는 내 일이 과학과 공학을 말-언어병리학과 결합시킨다는 점 때문에 나의 일을 사랑한다.

대학원에 대해 생각하기에 너무 이른 것이 결코 아니다. 어쨌든 여러분이 청능사, SLP, 말-언어과학자 또는 청각과학자가 되기를 선택했다면 더 나아가 고급 훈련이 필요하다. 비용, 지역, 능력, 임상기회 등을 고려해라. 두 웹사이트가 도움이 된다. ASHA 웹사이트 (www.asha.org)에 대학원 프로그램 목록이 나와 있다. 더 많이 탐색하기 위해서는 'Careers'를 클릭해라. 피터슨가이드(Peterson's) 사이트(www.petersons.com)는 대학원과 학생 플래너에 도움이 되는 어드바이스를 제공해줄 수 있다. 상단 오른쪽에 당신을 위해 딱 맞는 학교 찾기에 '말-언어병리학', '청각학', 또는 '말-언어 또는 청각과학자'를 검색해라.

전문가 보조

전문가 보조인은 때로 준전문가 또는 보조(assistant) 말-언어치료사(SLP) 및 보조 청능사로 지칭되기도 한다. 이들은 SLP나 청능사의 지근에서 일을 돕는다. 그 명칭과 자격요건 및 담당업무는 주마다 다르다.

보조 말-언어치료사(Speech-Language Pathologist Assistants, SLPA)는 일반적으로 SLP의 지시하에 일상적인 치료과제에 참여한다. 이들은 행정사무를 맡기도 하고, SLP를 보조하여 평가 및 치료자료를 준비하기도 한다. SLPA는 완전한 자격을 갖춘 SLP가 있는 곳 어디에서도 만날 수 있다. 보조 청능사는 청능사의 지시 아래 선별검사를 수행하고, 청력검사 장비의 측정 및 이 외의 다양한 사무를 담당한다.

보조원들의 업무는 오직 감독하에서만 실시되며 이들에게 검사결과 해석, 서비스 계획수립, 가족/의뢰인 상담, 또는 치료종결시점 결정과 같은 업무수행은 허용되지 않는다(ASHA, 1995; Paul-Brown & Goldberg, 2001).

관련 전문가 : 팀 접근

의사소통장애 영역의 전문가들은 단독으로 일하지 않는다. 이들은 연계된 팀 구성원과 밀접한 협력관계를 유지한다. 일반교사 및 특수교사, 심리학자, 사회복지사, 의사 및 기타 의료진, 작업치료사, 물리치료사, 음악치료사와 함께 일한다. 또한 물리학자나 공학자와도 함께 일한다. 〈글상자 1.4〉는 어느 언어치료사의 일과를 나타낸 것인데, 일과 가운데 공동 작업량이 상당히 많음을 알 수 있다.

전 생애를 포괄하는 서비스

의사소통장애와 삼킴장애를 가지는 이들은 어느 연령대에서나 존재할 수 있으며, 전문가는 이들의 출생에서 노년기까지의 각각 다른 요구에 부응해야 한다. 미국통계청의 보고에 따르면 5명 가운데 1명은 장애를 지닌다. 일반적으로 장애를 가질 가능성은 나이 듦에 따라 증가한다. 불행하게도 말, 음성, 삼킴 및 언어장애를 가진 미국인 전체 수에 대하여 측정하기는 어렵다(ASHA, 2008).

유아들에게는 청각선별검사가 필요하며 다른 장애의 대부분은 출생 직후부터 선별되어야

준전문가들은 일반적으로 전문대학사 또는 학사학위 소지자들이다. 이들은 보다 높은 교육수준 및 임상경험을 가진 전문가들과 함께 일하며 그들의 감독을 받는다.

글상자 1.4 | 팀 접근

알리시아는 뉴욕주 주립 지역재활센터의 선임 말-언어치료사이다. 아침에는 센터에서 영유아, 학령전기 및 학령기 아동들을 치료한다. 오후에는 보완대체의사소통프로그램을 이끌며 전 연령대의 중도 장애인 의사소통 능력 향상을 돕는다. 다음에 제시된 일과표는 평소보다 협력작업이 다소 많기는 하지만, 하나의 작업표 내에 있는 전형적인 활동을 보여준다.

오전 8 : 30	학령전기 아동을 위한 교육 스태프 회의 : 학교교사, 심리학자, 사회복지사, 작업치료사, 물리치료사 참여
9 : 00	학령전기 수업 활동 : 3~4세의 아동 8명, 교실 교사 1명, 보조원 2명
10 : 00	학령전기 및 학령기 학교프로그램에서의 30분짜리 개별 치료회기
11 : 30	경직성 뇌성마비로 진단받은 4세의 제레미에게 물리치료 및 언어치료, 물리치료사와 공동작업
정오	점심식사
오후 12 : 30	오후 일과 준비
1 : 00	7세의 중복장애아 루크레티아의 휠체어 문제에 관해 관련 기술자와 상담
1 : 30	오토바이 사고를 당한 후 말-언어장애를 겪는 24세의 외래 환자 데이비드
3 : 00	베티나의 보모 샐리 브라운, 그리고 가족 담당 사회복지사 바바라 슬론과의 회의
3 : 30	의사소통장애 부서 회의. 청능사 말콤이 토요일에 인공와우 착용 청각장애인을 대상으로 진행한 3시간 코스에 대한 리포트 검토.
4 : 30	공식 일과 종료. 그러나 알리시아는 남아서 5시까지 오늘 도착한 전문저널(*Language, Speech, and Hearing Services in the Schools*)을 읽는다. 알리시아는 학령전기 아동들에게 동화책을 이용하는 기사에 특히 관심을 가지며, 스태프들과 이를 공유하기 위해 복사한다.

한다. 미국통계청은 미국에서 신생아의 약 2%가 어떠한 종류든 장애를 가지고 태어나며 청각장애는 어떤 신체적 결함보다 더욱 많이 출현한다고 보고한다(Brault, 2005). 영아와 유아들은 의사소통 및 섭식능력에 영향을 미칠 수도 있는 운동, 청각, 시각 등을 포함한 신체적 문제와 발달지체를 보이기도 한다. 미국의 모든 영아들은 청각손상에 대한 선별검사를 받는다. 어린 아동의 평가 및 치료에는 다학제적 접근이 필요하고, 각 아동을 위해 개발된 개별화된 가족서비스계획(Individualized Family Service Plan, IFSP)이 다루어지는데 고유의 가족언어 및 문화에 민감성을 가지고 가족 전체를 지향해야 한다. 최적의 결과를 촉진시키며, 잠재적으로는 이후의 장애를 예방할 수 있다는 점에서 조기중재의 가치가 매우 높다는 점이 입증된 바 있다.

의사소통에 결함을 가진 학령전 아동들 역시 조기선별되어 필요한 도움을 받아야 한다. 몇몇 경우 기타 기관에 의해 보다 조기에 서비스가 시행되기도 한다. 어린 아동들은 특수유치원에 배치될 수 있으며 전문가는 아동의 요구에 부합하도록 지속적으로 그 가족을 도울 수 있다.

언어치료사의 거의 절반은 학교시스템에서 일한다. 그들은 거의 모든 학년의 아동들을 다루며 의사소통과 삼킴문제의 전 범위를 담당한다. 이에 대해서는 다음 장에서 기술할 것이다. 학령기 의사소통장애 아동들은 또한 종종 학업 및 사회성 측면에서의 어려움을 보이기도 하는데 이 역시 의사소통 전문가의 도움이 절실한 또 다른 이유가 된다. 발달적 지연 또는 신체적 결함을 가지는 것으로 조기에 판별된 몇몇 젊은 성인들의 경우는 21세가 될 때까지 서비스를 지속적으로 받을 수 있다.

어떤 이들은 생의 후반기가 되어서야 자신에게 의사소통 관련 서비스가 필요하다는 점을 처음 깨닫게 될 수도 있다. 예를 들어 미국에서는 매해에 150~200만 명 사이의 미국인들이 자전거, 오토바이, 자동차 사고 또는 추락, 총기사고 등으로 생기는 외상성뇌손상(traumatic brain injury)으로 고통받는다(제5장과 제7장 참조). 그 결과로 이들은 인지 및 운동결함을 가지게 되고 이는 다시 의사소통이나 정상적 섭식을 방해하게 된다. 언어치료사는 이들의 재활에 중요한 역할을 담당한다.

65세 이상 노인들의 경우 뇌졸중, 신경학적 결함, 치매와 같은 장애가 효율적 의사소통이나 삼킴활동을 방해하기도 한다. 청력손실은 4명 중 1명꼴로 발생하며 따라서 평가와 치료가 필요하다. 언어치료사나 청능사는 노인들을 직접 대면기도 한다. 하지만 때로는 재택 간병인이나 이 외에 노년기 삶의 질 향상을 위해 상담 및 지원을 제공하는 기타 전문가들 그리고 이들의 배우자나 자녀들을 대상으로 서비스를 제공하기도 한다(Lubinski & Masters, 2001).

근거기반실제

기타 다른 직종에서처럼 SLP와 청능사는 가능한 최고의 서비스를 제공하기 위해 근거기반실제를 사용한다.

우리는 이 글 전체를 통해 이용할 만한 연구증거에 근거해서 가능한 최선의 정보를 보고하려고 하였다. SLP나 청능사로 여러분의 직업을 선택했다면 인간적으로 가능한, 근거가 가장 잘 마련된 최선의 중재에 대한 책임이 있다. 바꿔 말하면 여러분은 어떤 일을 해야만 한다는 것이며 그것이 가장 효과적이라는 것이다.

가장 효과가 있는 중재에 관해 결정하는 것은 근거기반실제(EBP)라 불리는 어떤 것의 일부분이다. EBP란 효과적이고 윤리적인 중재의 필수 부분이다. 첫 번째 이점은 각 의사소통 장애인에게 적절히 효과적인 전달을 할 수 있다는 것이다(Blackenbury et al., 2008). EBP를 이용하면 임상의 의사결정이 과학적 증거, 임상적 경험과 더불어 의사소통장애인의 요구와도 조화롭게 된다. 다시 말해 특수하게 미세한 부분의 연구는 실제 치료에 대한 결정과 직접적으로 연관되며, 치료접근에 대해 의사결정을 할 이유와 연합되어진다(Dollahan, 2004).

EBP는 두 가지 가정에 근거한다(Bernstein Ratner, 2006).

- 단지 경험으로만이 아니라 최근 이용할 수 있는 데이터로부터 임상기술은 성장한다.
- 숙련된 SLP나 청능사는 치료의 효능을 증가시키기 위해 새로운 치료정보를 지속적으로 찾는다.

이른바 동료들의 리뷰 저널인 전문 저널에서는 각 원고를 임상의 다른 전문가가 비평하고, 각 연구의 질에 관한 근간에 대해 수용하거나 거절하게 된다. 저널은 임상적 증거의 가장 좋은 공급자가 된다.

EBP의 철학과 방법론은 의학으로부터 기원했지만 지금은 많은 기타 건강관리 직종 및 관련 서비스에서 채택하고 있다. 청각학과 말-언어병리학 현장에서 EBP는 진행 중인 작업이다. 비록 ASHA가 의사소통장애 EBP 국립센터(the National Center for Evidence-Based Practice in Communication Disorders)를 설립하긴 했지만 포괄적 평가와 중재 가이드라인을 수립하는 데는 몇 년 더 걸릴 것이다. 특정 핵심이슈에 관한 증거는 여전히 빈약하고 이용불가능하다. 또한 그 증거에 관한 앞서의 가정을 변화시킨 연구를 통해 새로운 정보가 갱신될 수 있기도 하다. 가능한 최선의 가장 효과적인 평가 및 중재를 제공하기 위한 SLP와 청능사의 책임을 그 어떤 것도 경감시키지 않는다. ASHA의 온라인 자료는 이 장의 끝부분을 보라.

이 논의에서 우리는 두 가지 용어를 사용했다. **효능**과 **효과**가 그것이다. 이들은 종종 식별하기가 어려워서, 만일 이질적 특성을 지닌 현존의 조사 연구가 주어질 경우 임상적 조망과 연구조망으로부터 일반적으로 받아들여지는 용어의 의미로 이해하는 것이 중요하다. 기술적으로 임상적 결과와 관련되어 있는 것이 효능인데, **효능**(efficacy)은 이상적 조건하에서 중재방법으로부터의 이익의 가능성을 말한다(Office of Technology Assessment, 1978). 이 정의에 대한 핵심요소 세 가지가 있다.

- 개인이 아닌, 전반실어증을 지닌 성인처럼 판별된 집단에 대한 언급이다.
- 치료프로토콜에 초점이 맞춰지며 집단은 명백히 판별되어야만 한다.
- 적절한 중재조건 아래서 연구가 수행되어져야만 한다(Robey & Schultz, 1998). 물론 진짜 생에서의 결과는 임상상황과 다소 다르다.

치료적 효과나 치료결과 나타난 긍정적 이점은 매우 흥미롭다. 게다가 이상적인 치료는 의뢰인에 걸친 다양성을 제한하는 것만으로 의뢰인의 의미 있는 성과에 대해 가장 큰 변화를 가져다주는 한 가지가 되는 것 같다(Johnson, 2006).

불행히도 말-언어병리학과 청각학의 현장에서는 적은 비율의 논문만 중재효과에 관련되어 있다. 임상의 전문지식과 의뢰인의 가치를 다양하게 하면서 특별히 잠재적으로 모순된 주장을 갖게 되는 것이므로 임상적 결정을 하는 것은 특히 쉽지 않다. SLP는 어떤 치료접근법이 각 의사소통장애인에게 최선인가를 결정하는 데 여전히 부담을 갖는다. SLP들에게는 효능이 전부 아니면 아무것도 아닌 비율이 결코 아니라는 것을 인식하는 것이 중요하다(Law et al., 2004; Rescorla, 2005).

효과(effectiveness)는 평균 조건하에서 하나의 중재방법으로부터 이익의 가능성을 말한다 (Office of Technology Assessment, 1978). 치료효과란 개별 의뢰인이나 하위그룹을 위한 진짜 세계에서의 치료적용 성과이다. 간략히, 효과는 '효과가 있는 것'을 말한다. 타당한 임상 연구는 특정 집단과 개인을 중재하기 위해 적용하는 실현성을 현실적으로 평가해야만 한다 (Guyatt & Rennie, 2002).

물론 하나만은 아니겠지만 잠재적 효율성을 결정하는 한 가지 방법으로 보고된 임상접근법의 **효율성**(efficiency)을 들 수 있다(Kamhi, 2006a). 효율성은 의도하지 않았던 효과를 포함해서 최소의 노력과 최고의 긍정적 이익과 관련된 제일 빠른 방법의 적용에서 생겨난다. 예를 들어, 어려운 말소리를 교정하기 위한 작업이 가져오는 의도치 않은 이익은 치료하지 않은 쉬운 말소리까지도 개선시킨다는 것이다(Miccio & Ingrisano, 2000). 보다 어려운 소리를 목표로 하면 더 효과적일 것이다.

의사결정에서의 기타 요소에는 임상가의 전문성과 경험, 의뢰인의 가치, 서비스 전달의 변수 등이 포함된다. 임상경험과 전문성에 덧붙여 태도, 동기와 같은 SLP 개인 요인이 중요하다. 의뢰인은 광범위하게 다양하며, 가족력 같은 의뢰인의 독특한 특성과 함께 지지, 연령, 청력, 말과 언어의 수용 및 표현, 인지능력, 또 동기와 같은 심리사회학적 특성을 기반으로 하여 중재에 다르게 반응한다. 마지막으로 서비스 전달 요소에는 선택된 목표와 방법, 치료환경, 참여자 및 중재일과표가 포함된다.

SLP나 청능사는 연구증거를 설명하고, 의사소통장애인과 (또는) 그 가족과 함께 가능한 중재대안에 대해 사려 깊은 논의를 해야만 한다. 목표는 의사소통장애인과 (또는) 그 가족이 정보를 선택하고 선호에 적합한 대안을 정교하게 계획하며 다듬을 수 있도록 충분한 정보를 주는 것이다.

좋은 임상적 의사결정이 항상 쉽지만은 않다. 높은 질의 근거기반연구는 각 SLP가 결정적으로 평가할 것이고 특정 의사소통장애를 가진 특정 의뢰인에 적용될 것이다. EBP는 임상의 의사결정에 과학적 증거를 신중하게 통합할 것을 요구한다(Johnson, 2006). 비록 EBP가 임상서비스를 개선시키고 입증할 수 있다 해도 언어치료사가 관련 연구를 통해 자세히 조사하기 위해서는 시간을 필요로 한다는 점 때문에, 매일의 임상환경에 근거기반연구를 포함시키는 것은 어려울 수 있음을 알아야 한다. 이에 덧붙여 증거는 제한적이고, 모순되며, 존재하지 않는 것일 수 있다(Brackenbury et al., 2008). 그러나 최종분석에서 가능한 최선의 중재서비스를 제공할 필요성은 으뜸가는 직업상의 관심사이다.

우리는 2개의 웹사이트에서 EBP에 대해 더 탐색해볼 수 있다. ASHA 사이트(www.asha.org)는 EBP를 기술하면서 임상실제에 대한 안내를 제공한다. 탐색하기 원하는 장애에 대한 'Evidence Map'을 찾으려면 'Practice Manager'를 클릭해라. 국립농/기타의사소통장애연구소(The National Institute on Deafness and Other Communication Disorders, NIDCD) 사이트(www.nidcd.nih.gov)에는 건강 및 연구 관련 정보가 포함되어 있다.

의사소통장애에 관한 역사적 조망

초기 인간 사회에서 덜 유능한 개인은 꺼려지는 존재였다. 기형이거나 명백한 신체장애를 가진 아동은 때로 버려졌다. 집단은 흔히 더 이상 사회에 공헌할 수 없는 노인들을 포기했으며 식량을 박탈하거나 심지어 살해하기도 하였다. 또한 초기 역사에서는 신체장애인들을 특수한 능력을 가진 사람으로 여겼다는 고고학 자료가 존재하기도 한다.

지난 몇 세기 동안 다소 변화가 이루어졌다. 1700년대 후반에 이르러 세계 몇몇 곳에서 스스로 자조하지 못하는 개인을 위한 사회적 노력이 이루어지기 시작했다. 개인은 자신이 가진 장애에 따라 분류되기 시작했다. 농, 맹, 정신병자, 그리고 지적으로 열악한 개인을 위한 특수보호시설이 설립되었다. 그렇지만 몇몇 곳은 다만 이들이 생존할 수 있도록 돕는 것 이상의 어떠한 서비스도 제공하지 않는 단순한 시설에 불과했다(Karagiannis, Stainback, &

Stainback, 1996).

초기 미국의 '말 교정가(speech correctionist)'는 교육자나 복지시설 근무자 또는 말 결함에 관심을 가지는 의학 분야 전문가였다(Duchan, 2002). 이 영역에서 소위 무자격의 '돌팔이'들이 심지어 완전한 치유나 약물 등을 제시하며 활동하기도 하였다. 점차 보다 합법적인 치료사들이 출현하게 되었다. 이들 중에는 알렉산더 멜빌 벨과 전화기로 명성을 얻은 그의 아버지 알렉산더 그레이엄 벨이 있었다. 그 밖의 몇몇 미국인들이 독일과 호주의 저명한 '말 박사'들로부터 훈련을 받거나, 한편으로는 종종 말더듬과 같은 자신이 가진 고유의 결함으로 인해 말 교정에 관심을 가지게 된 이들도 있었다. 최초의 전문 저널인 *The Voice*가 1879년도에 출간되었는데 이것은 주로 말더듬 연구 및 치료에 중점을 둔 것이었다.

국립교육협회(National Education Association)에 속한 교사 중에서, 또 국립말교사학회(National Academy of Teachers of Speech)에 속한 의사나 학자들에서부터 초기 이익집단이 형성되기 시작하였다. 이 중 후자 집단이 1925년에 현 ASHA의 전신인 미국말교정학회(American Academy of Speech Correction)를 설립하였는데 이 단체는 학술활동을 촉진하고 훈련 및 임상기준을 마련하고자 하였다. ASHA는 지난 몇 년간 단체 이름이 계속 변경되어 오다가 1978년에 현재의 단체명을 미국말언어청각협회(ASHA)로 최종 확정하였다.

청각학 분야는 청력을 측정하기 위해 **청력계**(audiometers)가 처음 개발된 1920년대로부터 기원한다. 2차 세계 대전에서 귀환한 참전군인들이 폭음 때문에, 또는 지속적으로 그리고 보호되지 않은 채로 소음에 노출된 이유로 소음성 청력손실을 보이게 된 1940년대부터 이 영역에 대한 관심이 크게 증폭되었다. 이 군인들 중 어떤 사람들은 외상 후 심인성 청력손실을 보이기도 했다. 참전군인 단체에서 이들에게 청각검사 및 청각재활 서비스를 제공하였다.

ASHA는 점차 직업 및 교육적 준거를 확립할 수 있었고 장애인의 권리를 옹호하게 되었다. 1960년대 미국 및 전 세계 모든 곳에서는 전체 개인의 시민권 향상을 위한 강력한 에너지가 분출되었다. 여성, 소수인종, 동성애자들의 권리 존중이 선언된 것처럼 장애인의 인권에 대한 재평가가 이루어지면서 대담한 개혁들이 시작되었다. 1974년 미국장애시민연합(The American Coalition of Citizens with Disabilities)이 발족되었다—동시에 미국의 전 장애인 원조를 위한 입법 활동이 활발히 이루어졌다. 많은 경우에 장애인 스스로가 변화를 위한 압력단체의 지도자 역할을 담당하고 있다. 이러한 노력의 결과로 장애인을 위한 최대한의 잠재력 개발 기회의 제공은 더 이상 단순한 윤리의 문제로 치부될 수 없는 것이 되었다. 이것은 연방정부 차원에서 일련의 법안들을 통해 선언되었다.

의회는 1975년 PL94-142를 통하여 전장애아동교육법(EAHCA)을 제정하였다. 이 법은 5~21세 사이의 모든 장애인들에게 무상으로 적절한 공교육을 제공해야 함을 규정하였다. 몇 년 후, PL99-457은 이에 더해 출생 직후부터 5세까지로 서비스 제공기간을 확대 연장하였다. 1990년 의회는 원래 조항을 개정하여 장애인교육법(Individual with Disabilities Education Act, IDEA)을 선포하였다. IDEA는 미국 사회의 다문화적 속성을 고려한 것이다. 이것은 영어 구사능력이 제한적인 개인이나 소수인종을 아우르는 특별한 고려를 겨냥한 것이었다. IDEA는 2004년에 재개정되어 출생부터 6세까지 제공되는 프로그램이 확립되었고

> 지난 50여 년간 미 의회에서 통과된 일련의 법안들은 장애를 가진 사람들을 위한 적합한 중재를 규정하고 있다.

새로운 조기중재 서비스가 규정되었다. ASHA는 이러한 오랜 입법과정에 핵심적인 옹호역할을 수행해왔다.

요약

말-언어치료사, 청능사 및 기타 전문가들은 의사소통장애인을 돕기 위해 상호협력한다. 이들은 매우 다양한 치료환경에서 모든 연령을 대상으로 일한다. 이들은 타인의 복리 증진에 공헌함으로써 자기 일에 대한 보상을 얻는다. 의사소통장애인을 위한 임상서비스에 종사하는 전문가들은 최소한 학사학위를 소지하고 수련과정을 통해 임상경험을 가진 자들이다. 그리고 이들은 일반적으로 각자의 전문영역에 해당하는 미국말언어청각협회 자격증(ASHA-CCC)을 취득한 자들이다.

개인에게 제공되는 서비스는 출생부터 노년기까지 지속적으로 이루어진다. 미국말언어청각협회(ASHA)는 의사소통장애 분야에서 가장 큰 전문가 단체이다. ASHA는 주로 인간 의사소통에 관한 과학적 연구, 말-언어병리 및 청각학 분야의 임상서비스 개발, 윤리 규정 시행, 의사소통장애인의 권익 향상을 위한 활동을 수행한다. 이러한 활동들의 결과, 연방정부는 장애인을 위한 서비스를 현재 법으로 규정하고 있다.

추천도서

Nicolosi, L., Harryman, E., & Kresheck, J. (2003). *Terminology of communication disorders: Speech, language, hearing* (5th ed.). Baltimore: Williams & Wilkins.

Peterson's Guides (Ed.). (2013). *Graduate & professional programs: An overview 2013.* Princeton, NJ: Peterson's (published annually).

Singh, S. (Ed.). (2000). *Singular's illustrated dictionary of speech-language pathology.* San Diego: Singular.

2

전형적인 의사소통과 결함을 가진 의사소통

학습목표

이 장을 마치면 여러분은 다음과 같은 것들을 알 수 있게 될 것이다.

- 의사소통에 있어서의 문화 및 환경의 역할에 대해 설명한다.
- 인간의 의사소통과 연관된 것들을 기술한다.
- 의사소통장애가 어떻게 분류될 수 있는지 예시한다.
- 몇 가지 의사소통장애 유형을 명명한다.
- 의사소통장애 출현 빈도에 관해 논의하고 추정한다.
- 평가 및 중재과정에 대해 전반적으로 기술한다.

인간의 의사소통

사회적 동물

아마도 죄수에게 내려지는 최악의 형벌은 고립되는 벌이 판결되는 일일 것이다. 10대들에게 는 SNS나 이메일 사용을 제한하는 일이 그와 마찬가지일 것이다. 이러한 제약은 형벌에 가깝다. 왜냐하면 우리 인간들은 사회적 존재이기 때문이다. 우리는 타인과 함께 있으며 함께 의사소통하는 강력한 동기를 가지고 있다.

의사소통(communication)이란 무엇인가? 일반적으로 의사소통이란 송신자(들)와 수신자 (들) 간의 사고의 교환이라고 말할 수 있다. 이것은 메시지의 전달과 반응 또는 피드백을 포함한다. 우리는 타인과 접촉하거나 가까이 다가가기 위해 의사소통하며, 욕구를 충족시키고, 감정을 드러내며 정보를 교환하고, 주된 목적을 성취하기 위해 의사소통을 한다. 의사소통은 상호적이다 — 이것은 주고받는 것이다. 효과적인 의사소통의 중요성은 몇 가지 이유로 인해 실패하거나 방해받을 때 뚜렷이 드러난다. 여러분이 인터넷이나 휴대폰 서비스가 일시적으로 중지됐을 때 가지게 될 좌절에 대해 생각해보라. 이제 이것이 영구적 또는 반영구적인 상태라고 상상해보라.

몇 가지 변인들이 의사소통 그리고 그 성공과 실패에 영향을 미친다. 여기에는 문화적 정체성, 환경, 그리고 참여자들이 그 몇 가지 예가 될 것이다. 의사소통에 미치는 이러한 영향들에 관한 연구를 **사회언어학**(sociolinguistics)이라 한다.

문화적 정체성

우리 모두는 언어공동체의 일원이다. 여러분이 여러분의 고유한 문화, 그리고 여러분과 의사소통하는 사람들이 가진 문화에 대해 더 많이 이해할수록 여러분의 상호작용은 더욱 효과적인 것이 될 것이다. 이 글이 만일 중국어로 완벽하게 잘 쓰여 있으되 여러분이 이 언어를 읽지 못한다면, 이 글이 여러분에게는 어떠한 의미 있는 것도 전달하지 못하게 될 것이다. 화자와 청자가 완전히 의사소통하기 위해서는 서로 간에 공통의 언어능력을 공유하고 있어야만 한다.

여러분은 아마도 여러분이 알지 못하는 언어를 말하는 지역을 여행한 적이 있을 것이다. 여러분은 제스처나 팬터마임으로 의사소통할 수 있었을 것이다. 그렇지만 비록 몇 가지 의미들을 교환할 수는 있었다 해도 최적의 의사소통에는 상당히 못 미쳤다는 점에 동의하고 있을 것이다. 비록 동일한 언어적 배경 출신의 두 사람이라 할지라도 '완전한' 의사소통이 일어나는 일은 드물다. 이는 성공적인 의사소통이란 단지 언어나 말에 의해서만이 아니라 관련된 요인들, 이를테면 연령, 사회경제적 수준, 지리적 배경, 인종, 성별, 그리고 능력과 같은 것들에 달려 있는 것이기 때문이다.

장소 및 참여자들 역시 의사소통의 본질에 영향을 미친다. 여러분이 상호작용하는 장소는 여러분이 말하는 방식과 내용에 영향을 미친다. 여러분은 집, 학교, 시끄러운 레스토랑, 그리고 공놀이 장소에서 각기 다르게 의사소통한다. 마찬가지로 가장 친한 친구, 어머니, 아

"우리는 의사소통하지않을수없다." 라는 말은 자명하다(Watzlawick et al., 1967, p.48). 이는 심지어 "날 혼자 내버려둬."라고 말하는 메시지로 누군가에게 반응을 해주지 않으려 할 때도 마찬가지이다.

버지, 직장 상사, 할머니, 그리고 대중들 앞에서 매번 꽤나 다르게 말할 것이다.

의사소통 수단

제1장에서 언급한 바와 같이, 의사소통은 많은 형식을 취하며 시각, 청각, 후각, 촉각을 포함하는 우리의 감각들 중 한 가지 또는 그 이상의 조합을 취할 수 있다. 이것에는 구어 또는 문어, 자연스러운 몸짓 또는 기호(sign)와 같은 구어적 수단 및 비구어적 수단 모두가 포함될 수 있다. 인간 의사소통의 일차적 수단은 언어이며, 대부분의 개인들에게 있어서 말(speech)은 언어표현의 일차적 수단이다.

언어

언어(language)는 개념을 표상하기 위해 사용되는 사회적으로 공유된 기호(code)이다. 이 기호는 규칙지배적인 방식으로 조합되는 자의적 상징(arbitrary symbols)을 사용한다(Owens, 2012). 언어의 몇 가지 특성들은 다음과 같다.

- 사회적으로 공유된 도구
- 규칙지배적인 체계
- 자의적 기호
- 생성적 과정
- 역동적 도식

언어는 타인과 연계되며 다양한 목적달성을 위한 사회적 도구이다. 앞서 강조한 바와 같이, 의사소통이 발생되기 위해서는 타인들이 언어기호를 공유해야만 한다. 한 유아가 "ga da da ka."라고 웅얼거리면, 우리는 여기에 '기호'가 공유되지 않았으므로 이를 언어라 칭할 수 없다.

많은 이들은 자신의 언어에 너무나 익숙해져 있어서 이것에 담긴 자의적인 속성을 인식하지 못한다. *water*라는 낱말의 소리조합이나 철자조합이 무엇인가 젖어 있는 어떤 것과 닮아 있는가? 프랑스어의 *l'eau*, 이태리어의 *l'acqua* 역시 습기가 찬 어떤 것인가? 서로 다른 언어들을 비교해보면 이러한 매우 자의적인 속성을 빠르게 확인할 수 있다. 영어의 *butterfly*는 이태리어로는 *farfalla*, 스페인어는 *mariposa*, 그리고 독일어로는 *schmetterling*이다 — 이 우아한 생명체에 대해 너무나도 다른 네 가지 이름이 불리는 것이다. 어떤 낱말은 다른 언어에는 등가물이 없을 때도 있다. 예를 들어, 스페인어 낱말의 salsa는 한 낱말로 환원시킬 수 있는 영어 낱말이 없다.

모든 언어들은 동의되었으되 자의적인 낱말들로 구성되어 있다는 것에 덧붙여, 이 낱말들이 문장 속에서 배열되는 방식들을 기술하는 규칙들로 이루어져 있다. 영어에서는 예를 들어, "brown cow."라고 말하는 것처럼, 형용사가 명사 앞에 선행한다. 프랑스어에서는 다른 많은 언어들에서도 그런 것처럼 이 순서가 뒤집혀져 있어서, "le vache brun(the cow brown)."이라고 말한다. 한 언어의 규칙들이 모여서 그 언어의 **문법**(grammar)이 만들어진

부모들은 종종 자기 유아의 최초의 "mama." 또는 "dada."와 같은 발화가 자신들을 지칭하는 것이라고 믿기도 한다. 이러한 소리조합들은 이것이 의미 있는 방식으로 사용되었다는 증거가 있기 전에는 진정한 낱말로 간주되지 않는다.

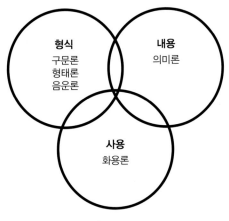

그림 2.1 언어의 구성요소

다. 흥미롭게도 여러분에게 이 문법이 위반되었을 때를 인식하기 위한 규칙을 설명할 수 있는 능력이 요구되지는 않는다. 예를 들어, "The leaves of the maple green tree in the breeze swayed."라는 문장에서 여러분은 문장이 잘못되었으며 올바른 것으로 들리지 않는다는 것을 알고 있다. 이러한 '잘못된' 또는 '올바른' 문법에 대한 인식을 **언어적 직관**(linguistic intuition)이라 하며, 한 언어의 모국어 화자들은 이러한 직관을 소유하고 있다.

언어는 **생성적**(generative)이다 ─ 이것은 각각의 발화들이 새롭게 창조됨을 의미한다. 1명의 화자로서, 여러분은 이전에 들었던 것을 그저 인용하거나 반복하지는 않는다. 대신 여러분은 자기만의 사고를 개인적인 방식으로 표출한다. 한 대화에서 여러분이 할 수 있는 것이라고는 그저 대화상대자의 말을 모방하기만 하는 것이 전부인 경우를 상상해보라.

언어는 또한 **역동적**(dynamic)이다 ─ 이것은 시간에 따라 변화한다. 아카데미프랑세즈(Academie Française)에서는 프랑스어를 '순수한' 것으로, 그리고 최초의 것 그대로인 채로 지키기 위해 노력하고 있다. 이 학술원에서는 여전히 '외국의' 낱말들이 프랑스어에 침투하는 것을 막으려 한다. 예를 들어, 이 단체는 영어 낱말 'jet'와 'drugstore'를 금지시키려 한다. 그러나 프랑스어의 'l'avion à réaction'보다는 명백하게 'le jet'을 사용하는 것이 더 쉬운데도 여전히 이대로 유지되고 있다. 학술단체, 학교, 법률, 그리고 군대 그 어떠한 곳도 언어가 변화되는 것을 막지는 못한다. 미국 영어는 하루에 5~6개의 새로운 낱말들이 추가되고 있으며, 이 중 많은 것들이 다른 언어에서 온 것들이다. 발음, 문법, 그리고 의사소통 방식 역시 변화한다.

인간의 모든 언어는 유사한 기본요소들로 이루어져 있다. 주요 요소들에는 형식, 내용, 사용이라는 이름이 붙어 있다. 〈그림 2.1〉을 보라.

형식　형식(Form)은 음운론, 형태론, 구문론으로 이루어진다. **음운론**(phonology), 즉 영어의 소리체계는 약 43개의 음소(phonemes, 고유한 말소리)로 구성된다. 비록 많은 언어들이 이와 동일한 많은 음소들을 사용하고 있지만 차이도 존재한다. 스페인어와 독일어의 오직 두 가지 예만 보아도, 영어의 'th'를 사용하지 않는다. 이 결과, 어렸을 때 이 소리를 배우지 않기 때문에 영어를 모국어로 하지 않는 일부 화자들은 이 소리를 산출하는 데 어려움을 겪는다.

말소리들(speech sounds)은 자의적으로 조합되지 않는다. **음소배열론**(phonotactic) 규칙은 소리들이 낱말 안에서 배열되는 방식을 명시한다. 문법규칙과 마찬가지로, 음소배열규칙은 보편적이지 않다. 예를 들어, 영어 구어에서 'k'와 'n'은 조합되지 못하지만, 독일어에서는 이 조합이 가능하다. 이러한 이유로 'knife'와 'Knoxville'의 'k'는 영어 모국어 화자들에게서는 묵음(silent)이지만 영어를 제2언어로 사용하는 독일인들에게서는 이 소리가 발음될 수도 있다.

형식의 두 번째 측면인 **형태론**(morphology)은 낱말의 구조와 관련된 것이다. **형태소**(morpheme)란 한 언어의 최소 문법단위를 말한다. 낱말에는 **자유형태소**(free morpheme)와 **의존형태소**(bound morpheme) 모두가 포함된다. 자유형태소는 그 자체로 낱말로 자립할 수 있다. 예를 들어 *cat, go, spite, like, magnificent*는 모두 자유형태소이다. 여러분이 이것들을 보다 작은 단위로 쪼개려고 하면 이 낱말의 의미를 잃게 될 것이다. 반대로 *cats, going, spiteful, dislike, magnificently*는 각각 하나의 자유형태소와 하나의 의존형태소가 담겨 있다. 의존형태소 *-s, -ing, -ful, dis-, -ly*는 각각의 고유한 의미를 첨가함으로써 최초 낱말들의 의미를 변화시키지만 그 자체만으로 홀로 사용될 수는 없고 반드시 자유형태소에 붙어야만 한다.

구문론(syntax)은 문장 안에서 낱말들이 어떻게 배열되는지, 그리고 한 낱말이 다른 낱말에 영향을 미치는 방식에 관한 것이다. 영어 서술문에서, 주어는 동사 앞에 온다 — "John is going to the opera." 주어와 조동사의 순서를 뒤바꾸면 문장의 의미가 변화되며 의문문으로 바뀐다 — "Is John going to the opera?" 한 낱말이 다른 낱말을 변화시킬 수도 있다. "I walk."라고 말하지만 "She walks."라고 말한다. 대명사 *she*로 인해 동사에 *s*가 붙는 일이 발생된다. 이것은 *he*에서도 마찬가지로 나타나며, *puppy*와 같은 단수 명사에서도 마찬가지이다.

내용 언어는 의사소통을 위해 사용되는 것이므로 이것은 무엇인가에 관한 것이어야만 하며, 이것은 그 내용(content), 의미 즉 **의미론**(semantics)에 관한 것이다. **의미적 속성**(semantic features)은 어떤 특정 낱말을 정의하기 위해 조합되는 의미의 조각들을 말한다. 예를 들어 *girl*과 *woman*은 여성 및 인간이라는 의미적 속성들을 공유한다. 그러나 *child*는 일반적으로 *girl*의 속성으로는 간주되지만 *woman*에 담긴 속성은 그렇지 않다. 여기서 '일반적으로'라는 표현을 쓴 이유는 비록 우리 대부분이 girl을 어린 상태로 생각하기는 하지만 일부 집단에서는 어떤 woman에 대해 'girl'이라고 지칭하는 일이 보편적이기 때문임을 주목해야 한다. 여러분이 사전을 들여다보면 쉽게 확인할 수 있듯이 각 낱말들은 여러 가지의 의미들을 가진다. 이처럼 이러한 정의들 중 어떤 것이 적합한가 하는 것은 맥락 안에서 결정해야 한다는 점이 바로 사용(use)이나 형식과 같은 언어의 다른 측면들과의 차이점이다.

사용 만일 여러분이 이것이 복잡하다고 생각하기 시작했다면 그것은 옳다. 앞서 언급했던 바와 같이, 사회적 및 문화적 요인들이 언어가 사용되는 방식에 영향을 미친다. 사용 즉 **화용론**(pragmatics)은 언어의 모든 측면들 뒤에 담긴 추동력(driving force)이다. 우리는 어떤 이유를 위해 말한다. 이것이 바로 일차적으로 우리의 발화의 형식과 내용을 결정하는 목적인 것이다. 예를 들어, 여러분이 친구와 함께 있으며 배가 고프다면, "뭣 좀 먹자."라고 말할 것이다. 만일 단순한 생물학적 동기가 목적이라면 '먹다'라는 의미로 쩝쩝거리는 것으로 충분할 것이다. 그러나 여러분이 누구인지 그리고 어디에 있는지, 또 누구와 함께 있는지, 그리고 하루 중 언제인지가 여러분이 해야 할 말에 역시 영향을 미칠 것이다. 여러분이 집 안에 있고, 친구를 저녁 식사에 초대했다면, 여러분은 "식사가 준비됐어."라고 말할 것이다. 여러분이 누군가와 함께 일을 하다가 정오가 가까워지면 "점심 먹으러 가죠."라고 제안하게

모든 것이 다 중요하지만, 형식과 내용을 규정하는 것은 바로 의사소통의 사용 또는 목적이다.

1. 한 번에 오직 한 사람만 말한다. 각각의 사람들이 대화에 공헌해야 한다.
2. 화자가 방해받아서는 안 된다.
3. 각각의 발화는 관련된 것이어야 한다.
4. 각각의 화행(speech act)은 새로운 정보를 제공하는 것이어야 한다.
5. 예절 형식은 화자들 간의 관계를 반영한다.
6. 대화주제가 확립되고, 유지되고, 종결되어야 한다.
7. 화자는 메시지를 성공적으로 의사소통하며, 애매함과 모호함을 피하는 일에 민감해야 한다.
8. 청자는 메시지의 이해를 반영하는 피드백을 제공해주어야 한다.

될 것이다.

화용론적 규칙은 문화에 따라 달라진다. 예를 들어, 미국의 업무 회의는 매우 과제 지향적이다. 사회적 소통에는 거의 시간을 소비하지 않는다 — 해야 할 일이 중심이 된다. 그렇지만 사우디아라비아에서는 두 사람이 업무의 목적으로 처음 만났을 경우에도 가족이나 친구에 관해 대화하는 일에 그 시간의 전부를 써버리고, 두 번째 만남이 될 때까지는 업무의 핵심에 다가가지 않는다. 이들 사회에서는 사무적인 대화규칙이 서로 다른 것이다. 미국영어화자들의 몇 가지 일반적인 규칙들이 〈그림 2.2〉에 제시되어 있다.

말

말은 언어의 음향학적 표상을 산출해내는 과정이다. 조음, 유창성, 그리고 음성과 같은 속성들이 함께 어울려 말 산출에 영향을 미친다. 최종 산물은 이들 속성들 각각에 연합된 운동의 신속한 협응이 반영되어 있는 것이다.

조음   조음(articulation)은 말소리들이 형성되는 방식을 지칭하는 것이다. 우리는 언어의 특정 음소들을 산출해내기 위해 우리의 혀와 이, 그리고 입술을 어떻게 움직이는가? 우리는 어떻게 이 개별 말소리들을 조합하여 낱말을 이루어내는가? 결국 우리는 'h-e-ll-o'에서와 같이 일련의 고립된 소리들을 말하는 것이 아니다. 이는 로봇의 말과 같을 것이다. 제8장에서는 말소리 산출의 본질을 설명하고 여기에서 발생될 수 있는 문제들에 관해 기술하고 있다.

유창성   유창성(fluency)은 의사소통의 부드럽게 진행되는 흐름이다. 이것은 말의 리듬과 속도로부터 영향을 받는다. 모든 언어들은 자기 언어만의 고유한 리듬 패턴, 즉 시간성(timing)을 가지고 있다. 우리는 말을 하면서 매 낱말마다 휴지(pause)를 가지는가? 그렇다면 이 휴지는 얼마나 긴가? 우리가 구(phrase)를 만드는 것은 어떠한가? 여러분은 시간성이 말의 독립적인 요소가 아님을 깨닫게 될 것이다. 발화되는 어떤 낱말이나 음절이 강조되고 보다 크게 말해지는 경향이 있다. 예를 들어, 숙련된 이야기꾼은 휴지와 리듬의 변화를 사용하여 극적인 효과를 이끌어낸다.

우리가 말하는 빠르기가 바로 **속도**(rate)이다. 전반적인 속도가 우리에 관한 어떤 모습을 드러내준다. 이것은 우리가 어디 출신인가에 대한 단서를 제공해주기도 한다. 예를 들어, 뉴욕 출신은 조지아 출신보다 일반적으로 보다 빠르게 말한다. 그렇지만 여러분이 습관적으로 매우 빠르게 말한다면 이것은 여러분이 현재 급하거나, 참을성이 없거나, 또는 할 말이 아주 많은 상태임을 암시해줄 것이다. 반대로 느린 말은 이완되어 있거나 태평스러운 성격을 함축할 것이다.

속도나 리듬에 관련된 말 요소를 운율(prosody)이라 한다. 운율 자질들은 초분절적 (suprasegmental)인 것으로 알려져 있다. 초(supra-)라는 의미는 '~위에' 또는 '~너머'를 의미하며, 따라서 초분절적 자질은 개별 말소리(또는 분절적 단위) 너머의 것이며, 구나 문장 전체에 적용되는 것이다. 강세(stress)와 억양(intonation) 역시 말 산출의 초분절적 자질이며, 이는 이 장의 후반에서 다룰 것이다.

비록 대부분의 시간 동안 우리는 분명하고 충분히 큰 소리를 사용하려고 하겠으나, 때때로 속삭임, 징징거림, 또는 목쉰 거친소리를 사용하여 우리의 의미가 더욱 효과적으로 의사소통될 때도 있다. 여러분이 화가 나 있다면 여러분의 음성은 누군가 여러분에게 "내게 그런 음성 톤으로 말하지 마라."라는 말이 나오게 할 정도로 화가 난 소리로 들리게 될 것이다. 명백히 톤(tone)은 정보를 전달한다.

음성

음성은 메시지뿐 아니라 화자에 관한 것도 드러내줄 수 있다. 거친 음성의 여성은 (정확하건 그렇지 않건 간에) 타인들에게 그녀가 흡연자임을 알려준다. 부드럽고 고음의 음성을 가진 이는 젊음 또는 미성숙함을 나타낸다. 깊고 목쉰 음성은 남성성 또는 권위를 함축한다.

문장이나 낱말 속에 담긴 음량(loudness)의 전반적인 수준이나 음량의 패턴 모두 중요하다. 일반적으로 큰 음성은 강력함을 전달한다 — 부드러운 음성은 소극적임을 암시한다. 한 문장에서 다른 낱말에 강세를 줌으로써 다른 의미를 전달할 수도 있다. 여기에 나열된 다음의 문장들에서 밑줄친 낱말들을 강조하거나 더욱 크게 말해보라. 그리고 그 의미가 어떻게 변화되는지 살펴보라.

> I got an "A" on my Physics final.
> I got an "A" on my Physics final.
> I got an "A" on my Physics final.
> I got an "A" on my Physics final.

특정 낱말들 안에서 서로 다른 음절에 강세를 주는 것 역시 의미를 변화시킨다. 아래의 낱말 쌍들의 첫 낱말들에서와 같이 강세 음절은 종종 장모음(long vowel)을 취하기도 한다.

record/record

recess/recess

present/present

여러분은 강세를 변화시키면, 다른 말소리들의 음도, 길이, 발음이 역시 변화된다는 것을

기호 /ɛ/, /ə/, /ı/은 음소, 즉 말소리를 나타내며, 이는 제9장에서 보다 상세히 설명할 것이다.

깨닫게 되었을 것이다. 음도는 음량이 증가하면 높아지는 경향이 있다. 마찬가지로 여러분은 강세를 받는 음절을 길게 말하게 될 것이다.

음도(pitch)는 소리의 높고 낮음에 대한 청자의 지각을 말한다. 이것은 헤르츠라고 하는 주파수(frequency) 또는 초당 진동수(cycles per second)를 통해 물리적으로 측정될 수 있다. **습관적 음도**(habitual pitch)란 개인이 대부분의 시간 동안 사용하는 기본적인 톤을 말한다. 여성들은 일반적으로 남성보다 고음도의 음성을 가지며, 아동들은 두 성별의 성인들 모두보다 더욱 높은 음성을 가진다. 따라서 우리의 습관적 음도는 우리가 누구인가에 대한 것들을 말해준다.

한 발화 내에서의 음도의 이동을 **억양**(intonation)이라 한다. 상향식 억양은 서술을 의문으로 전환시킨다. 아래의 문장에서 먼저 마지막 낱말에서 음도를 하향시키고, 다음에는 음도를 상승시켜보라.

She wants to do the dishes.

여러분은 억양이 의미에 영향을 미친다는 것을 깨닫게 될 것이다. 여러분은 또한 여러분이 억양을 변화시키면 이와 함께 리듬과 음량의 패턴 역시 함께 변화된다는 것을 주목해야 할 것이다.

비구어적 의사소통

비록 대부분의 인간들은 구어 의사소통에 크게 의존하고 있지만, 일부 연구자들은 인간의 의미 교환의 약 2/3가 비구어적으로 일어나게 된다고 보고하고 있다. 비구어적(nonverbal)이라는 말은 앞 절에서 기술된 말의 초분절적 측면, 의사소통에 있어서의 **비음성적**(nonvocal, 음성을 사용하지 않는), 비언어적(nonlinguistic, nonlanguage) 측면들을 모두 포괄하는 것이다.

인공물 여러분이 여러분의 사적인 환경을 바라보는 방식, 이를 장식하는 방식도 여러분에 관한 무엇인가를 나타내준다. 심지어 여러분이 운전하는 자동차조차도 메시지를 전달한다. 우리가 알고 있는 한 젊은 남성은 어떤 여성과의 첫 데이트에서 주차장에 서 있는 30대의 차들 중에서 그녀의 차를 정확히 선택해냄으로써 그녀에게 깊은 인상을 심어주었다. 그는 자동차 형태와 연식뿐 아니라 시트와 대시보드에 올려진 물건들을 보고 추정해낸 것이었다. 여러분이 지역 내 최고급 호텔에 비즈니스 정장을 입고 걸어들어가 화장실이 어디인지 물으면, 허름한 진을 입고 단정하지 못한 외모였을 때보다는 훨씬 좋은 대접을 받게 될 것이다. 사람들은 우리의 소유물, 입은 옷 그리고 일반적인 외모에 기반하여 우리의 개성이나 신뢰성에 대해 추정하게 마련이다.

음악, 미술, 건축, 가구들 역시 의사소통하는 인공물(artifacts)이다. 이것들은 이를 디자인하고 만들어낸 예술가들로부터의 메시지뿐만 아니라 이를 구입하고, 고용하거나 또는 어떤 방식으로든 이들을 지원해준 사람들로부터의 메시지를 전달해주고 있다.

구두점과 서체 그리고 그 크기는 이메일의 의미에 공헌한다. 1세기 전에는 향기가 나는 편지지가 쓰여진 낱말을 변화시켰다.

동작학   **동작학**(kinesics)은 우리가 몸을 운동시키는 방식, 즉 체어(body language)에 관한 것이다. 여기에는 몸짓(제스처)이나 얼굴표정뿐 아니라 전체적인 몸의 움직임이나 자세도 포함되어 있다. 수화(signing)에는 일부 공통적인 것들이 있으나, 몸짓(제스처)은 전형적으로 **외현적인**(explicit, 분명하게 정의되는) 움직임이 결여되어 있다. 수화에서는 특정 움직임의 의미가 잘 명시되어 있다. 예를 들어, 미국수화(American Sign Language, ASL)에서 엄지손가락으로 볼을 쓸어내리면 '소녀'를 의미한다. 동작학은 보다 일반적이며 미묘한, 즉 **내현적인**(implicit) 경향이 있다. 이를테면 '솔로 먼지를 털어내는' 몸짓 같은 것은 외현적인 의미를 가지며, 이는 보다 상위 말 시스템을 지원하며 이에 공헌한다. 반대로 수화는 많은 농인들에 의해 사용되는 일차적인 의사소통 수단이다. 미국수화(ASL)는 제12, 13장에 더욱 상세히 기술되어 있다.

공간과 시간   의사소통에 영향을 미치는 사람들 간의 물리적 거리에 관한 학문을 **공간학**(proxemics)이라 한다. 공간학은 사람들 간의 관계를 반영해줄 뿐 아니라, 연령이나 문화에 의해서도 영향을 받는다. 유아, 아동, 중동부 및 라틴 문화 사람들, 이를테면 연인 관계와 같은 강력한 정서적 애착 관계의 사람들은 친밀하게 즉 가까운 근접성으로 서로 간에 매우 가까이 붙어서 상호작용하는 경향을 보인다. 우리가 알고 있는 한 젊은 미국 학생은 사회적 모임에서 이제 방금 만난 스페인 출신의 한 여성 교환학생에 의해 '구석으로 내몰려진' 기분이었음을 보고한 바 있다. 그 스페인 여성의 입장에서는 그 미국인이 '지나치게 멀리 떨어져 있는' 것처럼 느껴졌을 수도 있었을 것이다.

촉각(tactiles)은 접촉(touch) 행동을 말한다. 누가 누구를, 그리고 어떻게 만지는가, 신체의 어떤 부위에서 접촉이 발생되는가 하는 것들이 많은 것들을 나타내줄 수 있다. 예를 들어, 어떤 친구들은 끌어안거나 키스를 하고, 다른 이들은 악수를 하며, 또한 어떤 이들은 단지 미소나 끄덕임 정도로 인사를 나눈다. 접촉은 "알겠어.", "미안해.", 또는 "행운을 빌어."를 전달하기도 한다. 우리 사회의 아동들은 타인을 만지는 일은 일반적으로 적절한 행동이 아니며, 어려서부터 "아무것도 만지지 마라."라는 말을 듣고 자란다. 반대로 유아들의 최초의 상호작용은 일반적으로 부모나 양육자의 상당한 접촉(터치)으로 이루어져 있다.

시간학(chronemics)은 의사소통에 있어서의 시간의 효과를 말한다. 또다시 문화 및 연령 요인들이 의사소통에 있어서의 이러한 비음성적 측면에 영향을 미치게 된다. 독일이나 스칸디나비아 배경의 사람들은 정확하게 즉각적인 경향을 보이는 반면, 라틴계나 아프리카 문화권 사람들은 상당한 시간적 유연성을 허용한다. 서로 다른 시간 규칙을 가지는 문화들로부터 온 두 사람이 만난다면 쉽게 갈등이 일어날 것이다. 신분이나 맥락 역시 시간학에 영향을 미칠 것이다. 여러분이 의사의 진료실에서 기다리는 것은 가능하겠으나, 반대로 그 의사가 여러분을 기다려줄 것으로 예상하긴 어렵다. 즉각성은 미국의 업무 윤리의 한 부분이다. 여러분이 만일 교실이나 직장에 늘 지각한다면, 여러분은 시간학의 규준을 위반하는 것이고, 이에 대해 낮은 성적을 받거나 실업자가 되는 대가를 치러야 할 것이다.

연령, 성별, 교육, 문화적 배경이 의사소통의 모든 측면에 영향을 미친다. 의사소통에서

말-언어치료사들은 미국 인구 내의 이질적인 속성에 관해 인식하고 있으며, 구어 및 비구어적 변이 모두에 민감해지기 위해 노력하고 있다.

의 이러한 변이들은 결함이 아니다. 차이점들은 지역, 사회, 문화 또는 인종적 정체성을 반영하고 있으며, 이는 말이나 언어의 장애가 아니다. 〈표 2.1〉은 삶의 여러 단계에 따르는 전형적인 의사소통적 속성들에 대한 표본을 제공한다. 우리는 다음 절에서 의사소통의 결함에 관해 기술할 것이다.

전 생애에 걸친 의사소통

신생아들이 직면하게 되는 가장 복잡하면서도 도전적인 과제는 자신들 주변에서 의사소통을 위해 사용되고 있는 언어라고 하는 추상적인 기호를 학습하는 일이다. 이를 위해 유아들은 먼저 의사소통의 근간을 학습해야 하고, 언어전달의 일차적인 수단, 즉 말이라는 것을 숙달하기 시작해야 할 것이다. 아동과 그 양육자들 간의 초기 의사소통의 확립이 말과 언어의 발달을 촉진시키며, 이것이 나중에는 의사소통의 질에 영향을 미치게 된다. 이러한 복잡한 패턴은 아동이 성숙해져감에 따르는 신체, 인지 그리고 사회적 발달에 의해 더욱더 복합적인 것이 된다. 우리는 여기서 더 나아가 언어효율성은 보다 상위 수준의 인지기술 및 심지어 비구어적인 것들의 발달에까지 결정적인 것임을 밝혀주는 몇몇 언어에 관한 연구들(Oller et al., 2001)을 제시할 것이다.

의사소통자가 된다는 것의 핵심은 의사소통자로 대우받는 것이다. 비록 말과 언어 모두 신체 및 인지적 성숙에 달려 있는 것이지만, 이 두 가지 중 어떤 것도 아동들의 신속한 의사소통 발달을 충분히 설명해주지는 못한다. 대부분의 언어학자들 역시, 비록 이것이 언어습득 과정 그 자체에 대해 마찬가지로 불충분한 설명인 것은 사실이나, 언어란 강력한 생물학적 토대 위에서 이루어진다는 것에 동의하고 있다.

말과 언어의 습득과정은 아동과 그 환경 내의 사람들 간의 상호작용을 통해 발생되는 사회적인 과정이다. 말과 언어는 아동의 일과를 형성하는 고정적인 일상사[루틴(routines)]나 친숙한 활동 안에서, 음식이나 장난감 또는 애완견, 그리고 이후에는 학교나 사회적 삶 등에 관한 대화 안에서 학습되는 것이다. 청자로서의 우리는 다양한 어휘, 구문 및 강세패턴 단서들을 유연하게 사용하여 지속되는 말을 보다 즉각적으로 해석가능한 단위로 잘게 쪼개낸다(Sanders & Neville, 2000).

서로 다른 문화권에서 아동-양육자 상호작용, 아동에게 제시되는 언어모델, 아동에게 주어지는 기대가 각기 다르지만, 그 자체로 언어학습에는 충분하다. 효과적인 의사소통자가 되기 위한 학습은 우리 문화권의 아동이 주고받기식 대화에 참여하는 역동적이며 능동적인 과정이다. 심지어 읽고 쓰는 학습을 위한 보다 공식적인 공교육 과정조차도 처음에는 사회적인 것이며, 가정 안에서 아동과 양육자가 함께 하는 책읽기 활동 안에서 발생되는 것이다.

모든 사람들의 말과 언어는 삶이 끝나는 날까지 계속 변화해나간다. 의사소통은 우리와 우리 주변에서 일어나는 변화들을 반영하고 있다. 여러분의 증조부모들은 전화가 없던 시절에 삶을 시작했을 것이고 따라서 이 새로운 의사소통 수단을 배워야만 했을 것이다. 여러분의 조부모들은 아마도 텔레비전 없이 삶을 시작했을 것이다. 이 책의 저자인 우리들은 성

의사소통은 매우 이른 시기부터 아동과 양육자 사이에서 확립된다.

표 2.1 전 생애적 관점에서의 전형적인 의사소통

연령 범위	수용적 의사소통	표현적 의사소통							비구어적 의사소통	
		언어			말		음성	인물	동작학	공간/시간
	형식	내용	사용	조음	유창성					
영아기	침묵/인간 음성으로 전환, 말소리를 구별함	전 언어적 소리산출음	'진정한' 말은 없음, 지금 여기에 초점을 둔 발성과 몸동작	도움을 얻음, 타인을 모방하고 타인에게 반응함	목울림, 구잉, 옹알이	리듬과 속도가 이 시기 끝 무렵이면 구어 언어의 그것과 유사해짐	다양한 볼륨, 속도, 음도	아동에게 주어지는 장난감, 자원들, 타인에게 물건을 "줘", "바"고 함	이미 있는 구어 언어어보다 몸짓이 선행함	인접한 근접성/즉각성
유아기	몇 가지 구어 지시에 반응함	4~300개의 낱말에 이르는 어휘 증가, 한 낱말 발화에서 짧은 발화로 이동	친숙한 이름이나 행위	모방, 인사, 저항, 의문	단순화된 음운론		성인보다 높은 (아이스러운) 음도, 보다 큰 변이성	장난감, 무엇인가를 축조하기 시작, 가상놀이를 시작함	몸짓이 점차 구어보다 이 차적인 것으로 나타남	근접성이 감소, '지금'과 '나중'을 이해하기 시작
학령전기	이해가 표현을 훨씬 상회함, 이야기를 즐김, 점차 복잡한 지시를 수행함, 간단한 유머를 이해함	1,000개에서 2,000개 이상으로 어휘 증가, 완전한 문장을 사용함	과거, 현재, 미래를 포함하여 즉각적인 것에서 보다 상위 것으로 확장	인사, 요청, 저항, 정보제공, 가장, 놀이	이 시기 끝 무렵이면 거의 모든 말소리들이 정확하게 산출됨	낱말의 부분, 낱말 전체, 그리고 구 반복은 특이한 것이 아님	청자에 맞게 조정함, 종종 구어 의사소통을 강화하기 위해 적으로 사용됨	놀라운 다양성, 사회/문화적 배경을 반영함	몸짓은 구어 의사소통을 강화하기 위해 사용됨	사적인 공간 개념을 이해하기 시작함

(계속)

표 2.1 (계속)

연령 범위	수용적 의사소통	표현적 의사소통								
		언어			말			비구어적 의사소통		
		형식	내용	사용	조음	유창성	음성	인공물	동작학	공간/시간
학령기	읽기 기술이 증가됨. 6학년경이면 5만 단어를 이해하며, 고교 졸업 무렵이면 8만 개 낱말로 수용어가 증가, 이해는 성인 수준과 유사	2만 5,000개 ~3만 5,000개 낱말로 어휘가 증가, 속어(slang)가 요해짐, 문어가 구어보다 더욱 복잡해짐	매우 광범위함. 매우 가까운 것에서 먼 의미까지 포함하며 추상적인 개념까지 표함	상당수가 대화를 즐기고, 생각을 나누며, 사적인 질문 뿐 아니라 추상적인 질문을 하고 이에 답함, 내러티브 기술이 확장됨	말소리가 정확히 산출됨	속도가 빨라지며 유창성이 이양호함	사춘기가 되면 음도가 성인 수준으로 하강하며, 구어 메시지를 이해하기 위해 음성이 사용됨	원하는 바에 대한 뚜렷한 표현, 포테, 집단, 성별이 반영됨	말을 보완하는 수단으로 몸짓이 광범위한 방식으로 활용됨	점차 세력권 화됨, 공간 및 시간에 대한 성숙한 이해
초기 및 중기 성인기	이해가 증가됨	어휘가 교육 및 직업이 반영되어 나타날 수 있음	모든 범주의 주제, 문어가 중요성을 가지며 정교화됨	이전에 나타나지 않았던 타인이 시점에 가르치기, 타인에게 지시하기가 추가됨	성숙한 조음	메시지를 강화하기 위해 리듬과 속도를 활용	성숙한 음도, 완전히 체계를 갖춘 음성의 질	사회문화적 및 개인적 차이에 따른 다양성	신체움직임과 몸짓으로 구어 의사소통을 보완하는 일이 지속됨	공간이 문화적 요인으로 아니라 환경에 있어서도 상대적인 '중요성'을 반영함
노년기	이해가 감소될 수 있음	어휘가 '노인' 세대를 반영함	미래 보다는 과거의 주제에 대해 더욱 초점을 둠	대화상대방이 말 제한되며, 이 동료의식을 이루는 주된 수단이 됨	일반적으로는 손상되지 않음	속도가 느려질 수 있음	음도가 상승되며, 음성이 질이 '보다' 가늘어질 수 있음	오래되고 친숙한 물건들이 갈수록 매우 소중해짐	신체움직임이 덜 강력한 수단이 됨	중요한 타인들을 잃어감에 따라서 점차 되면서 접근(터치)을 갈망하게 됨

출처 : Owens(2012) and Shadden & Toner(1997)의 정보.
주 : 의사소통 행동표준. 각 연령 집단 내에 일반적인 가변성이 존재함.

인으로서의 삶에 잘 적응하고자 컴퓨터로 의사소통하는 방식을 배워야만 했다. 반대로 여러분들은 인터넷, 휴대폰과 함께 성장했다. 이제는 많은 학령전기 아동들이 태블릿과 킨들(Kindles)을 가지고 있다.

언어 자체도 변화한다. 우리의 생애 동안에 이를테면 인터넷, 블루레이 디스크, 아이팟(iPod), 스마트폰, 텍스팅(SNS 문자), 힙합, 그리고 하이브리드 자동차와 같은 새로운 낱말들이나 구들이 미국 영어에 편입되었다. *mullah*(이슬람 지도자), *sushi*(초밥), *bodega*(와인 창고), *tsunami*(쓰나미)는 다른 문화나 언어에 의한 것이다. 유능한 의사소통자는 언어에서의 변화와 의사소통 과정상의 변화에 지속적으로 적응해나간다.

> 아동들은 우리가 그들을 이미 의사소통자인 것처럼 다루기 때문에 의사소통자가 되는 것이다.

의사소통 결함

이제 여러분들은 의사소통의 복합성과 다양한 속성에 대한 개념을 가지게 되었다면, 많은 것들이 잘못된 것일 수 있음을 쉽게 깨닫게 될 것이다. 우리가 제1장에서 논의했던 내용으로 이를 확장해보자. 우리는 더 나아가 의사소통장애를 말장애(조음, 음성, 공명, 유창성), 구강 신경운동학적 통제와 운동패턴의 장애, 언어손상, 섭식 및 삼킴의 장애, 인지 및 사회적 의사소통의 결함, 청각 및 처리의 결함으로 구성되어 있다고 정의할 수 있을 것이다. 이러한 정의는 그 자체로 말과 청각에만 국한되는 것이 아니라 오히려 읽기와 쓰기, 뿐만 아니라 의사소통 메커니즘의 일부와 관련된 해부 및 생리학을 공유하는 삼킴이나 균형과 같은 처리에 더하여 손짓(수화 및 제스처) 그리고 기타 의사소통 체계를 포함하는 것임을 깨달아야 한다. 정말 많다! 의사소통장애는 수용(reception), 처리, 표현이 영향을 받았는가의 기준에 따라 분류될 수 있다. 문제가 일차적으로 청각과 관련된 것인가? 언어 또는 말의 이해 및 조작에 관한 것인가? 사실상 말, 언어, 청각처리의 통합이 반영되는 세 가지 차원이 서로 얽혀 있다. 〈그림 2.3〉은 의사소통장애를 분류하는 다양한 체계가 제시되어 있다. 미국말언어청각협회(ASHA) 웹사이트(www.asha.org)는 말-언어치료사(SLP)의 도움으로부터 이득을 얻을 수 있는 아동 및 성인들에게 영향을 미치는 다양한 장애들에 대해 논의하고 있다.

문제의 원인 또는 기원인 **병인론**(etiology)이 의사소통의 문제들을 분류하는 데 사용될 수 있다. 장애는 잘못된 학습, 신경학적 손상, 해부 및 생리학적 기형, 인지적 결함, 청각장애, 또는 말 시스템상의 특정 부분에 대한 손상에 기인할 수 있다.

때로는 **선천성**(congenital) 대 **후천성**(acquired) 문제라는 이분법적 분류가 이루어지기도 한다. 선천성 장애는 출생 시점부터 존재하는 것이다. 후천성 장애는 삶의 어느 시점에서든 이후에 발생되는 질병, 사고, 또는 주변 환경에 기인하는 것이다. 마지막으로 장애는 경계선(borderline) 또는 경도(mild) 수준에서 최중도(profoundly severe)까지 걸쳐져 있다.

제1장에서 언급된 바와 같이, 의사소통상에서의 변이(variation)는 결함이 아니다. 의사소통의 **방언**(dialects)은 특정 지역, 사회, 문화 또는 인종적 정체성을 반영하는 차이점일 뿐이지 말이나 언어의 장애가 아니다. 마찬가지로 영어언어학습자(English language learners, ELL)의 말과 언어에서 나타나는 차이점들도 장애가 아니다.

이 책에서 우리는 의사소통에 결함을 가지는 이들의 진단 및 치료와 관련된 **총체적** 접근(holistic approach)을 제공하고 있다. 우리는 음성, 유창성, 그리고 음운론과 같은 말 특성들을 논의하는 별도의 장을 구성하였고, 또한 신경학적 장애나 구개안면장애와 같은 병인론에 기초하여 조직된 장들을 구성하였다. 각 장 내에서 우리는 연령, 개시 시점, 사회 및 문화적 요인, 드러난 장애 원인의 내적 연계성에 대해 조사하였으며 또한 우리는 근거기반의 평가 및 치료실제에 대해 설명하였다. 우리는 의사소통의 어느 한 측면에서 결함을 가지는 한 개인이 다른 영역에 대해서도 역시 영향을 받게 되는 일이 보편적으로 발생될 수 있음을 관찰하였다. 우리는 차이점들이나 방언은 장애를 구성하지 않음을 입증하였고, 또한 '전형적'인 것과 '손상된' 것 간에 때로는 혼란스러운 대조점들을 조사하였다.

언어장애

형식의 장애

앞서 설명한 바와 같이 언어의 형식은 음운론, 형태론, 구문론과 관련된 것이다. 우리는 소리들(음소)을 말하여 낱말이 조합되고 이는 다시금 (구문규칙에 의거하여) 구와 문장으로 조합된다. 예를 들어 낱말의 종성들을 산출하지 않는 것과 같은 소리의 사용에 있어서의 오류("his shirt is too small."을 "hi shi I too sma."로 말함)는 음운론의 장애를 이루어낸다. 과거 시제나 복수 표지의 부정확한 사용("the girl went home."을 "the girl wented home."으로 말함)은 형태론 장애의 한 예이다. 구문적 오류에는 잘못된 낱말어순이나 문장결합이 포함된다(예 : "I want to go mall and go skate and buy peanuts and you come with me 'cause I want you to but not Jimmy 'cause he's not big enough to go skate"). 이러한 오류들이 학령기 아동에게 나타난다면 이는 학업성취나 사회적 행복에 영향을 미치게 될 것이다.

수용(reception)	표현(expression)	병인론	개시 시점 (time of onset)	중증도 (severity)
청각민감성 :	말 :	신경운동학적 결손	선천성	경계선
전도성	조음	청각장애	후천성	경도
감각신경성	유창성	환경/학습요인		중등도
혼합성	음성	인지결함		중도
청각처리 :	언어 :	해부학적 또는 생리학적 손상		최중도
해독	형식			
통합	음운론			
조직화	형태론			
악조건에서의 말 이해	구문론			
단기기억	내용			
복수의 범주	어휘			
	사용			
	화용론			

그림 2.3 말-의사소통장애의 가능한 분류

형식의 장애는 청각의 결함과 같은 감각의 제한이나 학습장애와 같은 지각의 결함 등 많은 요인들로부터 기인될 수 있다. 올바른 모델에 대한 노출에 결핍이 생겨도 아동의 언어발달을 역시 방해할 수 있다. 성숙한 언어형식 산출에 지체를 보이는 많은 아동들의 경우 그 원인이 뚜렷하지 않다. 일견 오류처럼 여겨지기 쉬운 패턴들도 때로는 말의 특정한 방언이 반영된 것일 수 있다. SLP는 결함이나 장애로 명시되지 않는 방언에 따른 변이를 잘 구분해야만 한다.

내용의 장애

어휘가 제한되어 있는 아동이나 성인, 낱말을 잘못 사용하는 이들, 그리고 낱말찾기의 결함을 보이는 이들은 내용 또는 의미론의 장애를 가지는 것일 수 있다. 마찬가지로 은유, 격언, 풍자, 일부 유머와 같은 추상적인 언어를 이해하거나 사용하는 것의 제한된 능력은 의미적 결함을 암시한다. 사물의 이름을 말하지 못하고, 대신 '~것'을 사용하는 지속적인 패턴도 내용의 장애를 나타내는 또 다른 표식이다. 비록 나이 어린 아동들의 경우에는 경험의 제한이나 구체적인 학습스타일이 이러한 문제의 근원일 수 있으나, 보다 나이 든 사람들의 경우에는 뇌혈관계사고(cerebrovascular accidents, 뇌졸중), 사고로 인한 머리 외상(head trauma), 특정 질병이 낱말인출의 결함 및 기타 내용과 관련된 결함들을 초래할 수 있다.

사용의 장애

화용 언어의 문제는 제한적이거나 수용되기 어려운 대화기술과 사회적 기술 및 내러티브 기술, 구어어휘의 결함, 미성숙하거나 결함을 가진 음운론·형태론·구문론으로부터 기인된 것일 수 있다. 화용 언어기술의 결함의 예로는 주제 유지의 결함, 질문에 대해 부적절하거나 일치하지 못하는 대답, 대화상대방을 항시 방해하는 일들이 포함된다. 이 장의 앞에서 기술된 바와 같이 문화, 집단적 소속감, 배경, 그리고 참여자가 화용적 능력에 관한 판단에 중요한 요소가 된다.

> 한 개인이 의사소통의 어느 한 가지 이상의 영역에서 결함을 가지는 것은 특별한 일이 아니다.

말장애

말장애에는 조음(말소리 산출), 유창성(리듬과 속도), 또는 **음성**(voice, 예 : 음도, 음량, 질)이 포함될 수 있다. 이것들은 모든 연령대의 사람들에게 영향을 미칠 수 있으며, 선천성이거나 후천성일 수 있으며, 다양한 원인에 의한 것이며 어떤 수준의 중증도로도 나타날 수 있다.

조음의 장애

말 산출에는 특정 언어의 말소리에 대한 지각과 개념화가 요구되며, 뿐만 아니라 이 말소리들을 개별적 및 맥락 내에서 형성해내기 위한 근육운동도 역시 요구된다. 여러분은 말하고자 하는 소리들에 대한 정신적/청각적 표상과 이 소리를 산출하기 위한 신경근육기술 모두를 가지고 있어야 한다. 한 언어의 말소리에 대한 속성과 생산, 그리고 이를 산출하고 조합해내는 규칙에 대한 인지적이며 이론적인 개념을 **음운론**이라 한다. 이들 소리들의 실제 생산을 **조음**(articulation)이라 한다.

한 개인의 말소리 오류가 음운론의 손상, 즉 언어의 문제인지 아니면 조음, 즉 말장애인지 결정하는 일이 언제나 쉬운 것만은 아니다. 이를 분류해내기 위해, SLP들은 부정확하게 산출된 음소를 찾고, 음운론적 결함을 나타내는 오류패턴을 조사한다. 한 언어의 소리체계는 일반적으로 7, 8세경이면 완전하게 나타난다. 4세가 지나서도 여러 개의 말소리 오류를 보이는 아동들은 **음운론적** 결함을 가지는 것일 수 있다. 그 원인들은 종종 밝혀지지 않지만 중이염과 같은 질병, 청각 또는 지각결함, 또는 초기 삶에서의 기타 문제들로 인한 잘못된 학습결과로부터 초래된 것일 수 있다.

SLP는 의뢰인이 말에 필요한 구조, 이를테면 턱과 입술 및 혀를 움직이는 능력에 관심을 가진다. 조음장애의 원인에는 뇌성마비 같은 신경운동학적 결함, 구개열과 같은 신체상의 기형, 잘못된 학습이 포함된다. 마비, 약증, 또는 말 근육 협응의 결함이 말 조음의 결함을 야기했을 경우에는 이 장애를 **마비말장애**(dysarthria)라 한다. 말실행증(apraxia of speech) 역시 신경운동학적 결함으로 인해 조음의 문제를 초래한다 — 그렇지만 근육의 세기는 정상적인 데 비하여 말 메커니즘의 프로그래밍에서 결함이 있는 것으로 여겨진다. 마비말장애와 실행증은 아동 및 성인 모두에 영향을 미칠 수 있다. 음운장애 및 조음장애의 평가와 치료는 제10장에서 기술될 것이다.

유창성의 장애

앞서 언급한 바와 같이, 유창성은 부드럽고, 막히지 않는 의사소통의 흐름을 말한다. 유창성이 붕괴되는 몇 가지 유형은 여러 연령에 따라 상당히 보편적이다. 예를 들어, 많은 2세 아동들은 낱말을 반복한다(repeat) — "I want-want-want a cookie." 3세경이면 아동들은 종종 시작 계교(false start)를 사용하고 자신의 발화들을 수정(revise)한다 — "Ben took... he broked my crayon." 이러한 말 패턴은 매우 보편적이기 때문에 종종 **발달적 비유창성**(developmental disfluency)으로 칭해지기도 한다. 전형적으로 유창한 성인들도 종종 **삽입어**(fillers, 예 : "er.", "um.", "ya know." 등), **주저**(hesitations, 예 : 예상치 못한 휴지), **반복**(repetitions, 예 : "g-go-go."), 그리고 **연장**(prolongations, 예 : "www-well.")을 사용할 때가 있다. 그렇지만 이러한 말 행위가 규준을 초과하거나 질적으로 다른 것이거나 또는 과도한 긴장, 투쟁 및 공포와 함께 동반될 경우에는 **말더듬**(stuttering)으로 확정된다. 적절한 진단과 중재는 SLP에게 부여된 과제이다(Yairi et al., 2001).

유창성장애는 일반적으로 6세 이전에 발견된다. 치료를 위한 노력이 이루어지지 않거나 성공적이지 못했을 경우에는 이러한 조건이 지속되거나 심지어 성인기에 더욱 악화되기도 한다. 성인기에 비유창성이 시작되는 일도 역시 나타난다. 노화, 사고 및 질병들 모두가 말의 정상적인 용이성, 속도 및 리듬을 붕괴시킬 수 있다. 비유창한 말의 원인은 전형적으로 뚜렷하게 나타나지 않는다. 이는 제7장에서 좀더 살피고자 한다.

말-언어치료사들은 초기 말더듬과 발달적인 비유창성을 구별해내기 위한 몇 가지 지표들을 사용한다.

음성장애

말의 기타 영역에서와 마찬가지로, 아이가 점차 나이 들어감에 따라 음성도 성숙해져간다. 통제할 수 없는 울음으로부터 세심하게 조율된 속삭임, 고함, 그리고 음도의 변화에 이르기까지 음성의 발달은 예측가능한 형태를 따른다. 비록 아동들은 종종 정상음성을 방해하는 생리학적 문제를 가지고 태어날 때도 있으나, 보다 보편적인 형태는 **음성남용**(vocal abuse)이다. 이것은 지나친 고함, 비명 지르기, 또는 심지어 큰 소리로 노래 부르기와 같은 것들은 **애성**(hoarseness, 목쉰 소리) 또는 기타 음성장애를 초래하는 특징적인 것이다.

신체적인 긴장, 고함치기, 기침하기, 목 가다듬기(throat clearing), 흡연, 알코올 섭취 같은 습관들이 정상적인 음성산출을 방해할 수 있다. 이러한 행동들은 폴립, 결절 또는 궤양과 같은 성대의 병리현상을 초래할 수 있다. 질병, 외상, 알레르기, 신경운동학적 장애나 내분비 장애 역시 음성의 질에 영향을 미칠 수 있다. 예를 들어, 진행성 신경학적 장애인 파킨슨병 환자들은 음도 및 음량의 폭이 제한적인 약한 음성을 가지게 될 수 있다.

청각장애

청각장애는 청각 또는 듣기 시스템상의 청각 감각성 손상에 기인한다. 이것은 소리를 탐지하고, 음성 또는 기타 청각자극을 인식하며, 이를테면 음소 /f/를 /s/로 잘못 듣는 것처럼 서로 다른 소리들을 구별해내며, 말을 이해하는 능력에 영향을 미칠 수 있다.

농

청각채널이 의사소통에 필요한 일차적인 감각입력의 수단이 되지 못하는 정도까지 한 개인의 말 지각능력이 제한되어 있을 경우 그 개인은 농으로 간주된다. 농은 선천적이거나 후천적일 수 있다.

수화, 말, 독화(speechreading)를 포함하는 총체적 의사소통(total communication)은 종종 농을 위한 가장 효과적인 중재로 인정되고 있다. **보조청취장치**(assistive listening devices, ALD), **인공와우**(cochlear implants), **청능훈련**(auditory training)이 도움이 될 수 있다. 이것들은 제12장에서 설명된다.

많은 주들에서 전반적인 신생아 청력선별검사를 법으로 규정하고 있다. 이러한 방식을 통해 매우 초기에 선천성 농이 판별되고 등록된다.

난청

농인과 달리, 난청을 가진 이들은 일차적으로 청각에 의존하여 의사소통을 한다. 청력손실은 이를테면 중이염과 같은 질병에 의한 일시적인 것이거나 다른 질병, 상해, 또는 노화에 의한 영구적인 것일 수도 있다. 청력손실은 일반적으로 중증도, 편측성 및 그 유형에 따라 분류된다. 청력손실의 중증도는 경도에서 중도에 이른다. 이것은 양쪽 귀 모두를 포함하는 **양측성**(bilateral) 또는 주로 어느 한쪽 귀에만 해당되는 **편측성**(unilateral)일 수 있다. 마지막으로 손실은 **전도성**(conductive), **감각신경성**(sensorineural), 또는 **혼합성**(mixed)으로 나타날 수 있다. 전도성 손실은 외이 또는 중이의 손상에 의한 것이다. 이 유형의 손실을 가지는 사람들은 일반적으로 소리들이 늘상 너무 작게 들린다고 보고한다. 감각신경성 손실은 내이 그리고/또는 청신경(auditory nerve)의 문제와 관련된다. 이 유형의 손상은 개인이 비록 이 소리들을 '듣기는' 하지만 이를 구별해내는 능력에, 그리고 그 결과로 말소리를 이해하는 능력에 영향을 미칠 수 있다. 스스로 잘 듣기는 하는데 다만 다른 사람들이 웅얼거리지 좀 않았으면 좋겠다고 말하는 노인들의 보고가 바로 이 전형적인 패턴이다. 혼합성 청력손실은 그 명칭에서 알 수 있듯이 전도성과 감각신경성 손실 양자가 조합된 것을 말한다(추가 논의는 제12장을 보라).

청각처리장애

청각처리장애(APD)를 가진 개인들은 정상청력을 가졌으되 말을 이해하는 것에 결함을 보인다. APD를 가진 개인들은 대화를 유지하거나, 최적 이하의 청취조건(즉, 말 신호가 감소되거나 배경소음이 있는 조건)에서 말을 이해하는 것에, 말소리들을 변별하고 판별하는 것에, 그리고 의사소통의 비구어적 측면들을 자신이 들은 것과 통합하는 일에 어려움을 가진다(Debonis & Moncrieff, 2008). 이러한 결함들은 종종 종양, 질병, 또는 뇌상해로부터 야기되지만, 종종 그 원인이 불명확한 경우도 있다. APD는 아동 및 성인 모두에게 발생될 수 있다. 특별한 청력진단검사 배터리를 사용하여 APD를 확정하거나 배제할 수 있다. 그렇지만 현재까지 이 장애의 정확한 판별을 보장하는 '황금률'은 존재하지 않는다(McFarland & Cacase, 2006). APD는 주의력결핍-과잉행동장애(ADHD)나 말-언어장애 및 학습장애와 같은 다른 장애들과 함께 나타날 수도 있다(ASHA, 2005c).

의사소통장애는 얼마나 보편적인가?

의사소통의 장애를 가지는 이들의 수를 추정하려고 시도하기 전에, 우리는 먼저 정상성의 개념과 장애의 형태에 대해 조사해야 한다.

'정상적'이란 무엇인가?

최근 한 만화에 텅 빈 방이 있고, '기능적인 가족 구성원의 모임'이라는 표시글이 쓰여 있는 장면이 있었다. 이것이 함축하는 것은 기능적인, 즉 '정상적'인 가족이란 없다는 것이다. 마찬가지로, 우리는 "누구든 정상적인가?"라고 묻고자 한다. 만약 있다면, 다양성이 그 기준이 될 것이다. 우리 인간들은 우리의 다양성이란 점에서 주목할 만한 존재이다. 똑같이 생긴 2개의 눈송이가 존재하지 않듯이, 심지어 쌍둥이조차도 정확하게 흡사한 두 개인이란 존재하지 않는다. 우리의 얼굴, 지문, 그리고 의사소통 양식은 독특한 것이다.

종 모양의 정상(분포)곡선은 동일한 인구 내의 다른 이들보다 위 또는 아래의 수행을 보이는 이들로부터 평균에 걸쳐 있는 이들을 구분하는 데 사용되는 측정값을 보여준다(그림 2.4를 보라). 많은 언어검사들이 IQ 점수에 준하는 점수체계를 사용하는데 이를 **표준점수**(standard scores)라 한다. 대부분의 사람들(검사받은 사람들의 68%를 약간 상회)은 평균 또는 평균점수 주변으로 밀집된 점수들을 받게 되며, 이는 '정상' 또는 '평균'으로 간주될 것이다. 이보다 더 높거나 낮은 점수는 평균보다 이상 또는 이하에 해당된다. 최하위 5%에서 10%

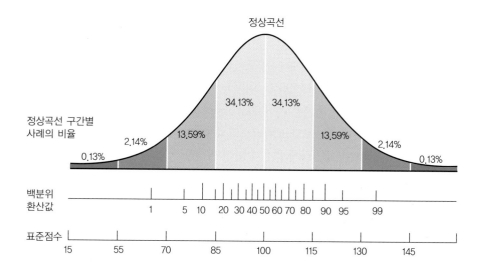

그림 2.4 정상곡선, 백분위 환산값, 표준점수

출처 : *Assessing and Screening Preschoolers*, by E. V. Nuttall, I. Romero, and J. Kalesnik, 1992, Boston: Allyn & Bacon의 정보에 근거함. *Measurement and Assessment*, by E. H. Wiig and W. A. Secord, 1992, Chicago: Riverside Publishing Co.

의 수행을 보이는 개인은 평균보다 심각하게 낮은 것으로 간주되는 점수를 가지는 것이다.

정상적이라는 낱말이 '문제가 없음'을 함축하는 것이므로, 우리는 만일 '동일한 연령 및 집단의 나머지 대부분과 유사한'이라는 의미를 표현하고자 한다면 **전형적**(typical)이라는 용어의 사용을 보다 선호한다. 사람들을 통계적 비율로 분류한다는 것은 숫자놀음밖에 되지 못한다. 보다 타당한 접근을 위해서는 말-언어장애의 명확한 정의가 요구된다.

다른 장애로 인한 2차적인 의사소통장애

대부분의 의사소통장애는 다른 장애들로 인해 파급된 이차적인 것이다. 예를 들어, 구개열 아동은 건강문제와 함께 음성과 조음의 문제도 가지고 있다. 뇌성마비인들은 말 이상의 운동결함을 가진다. 학습장애 아동들은 특히 언어장애를 가질 가능성이 높지만 조음, 음성, 유창성, 청각결함 역시 가질 수 있다. 게다가 이들은 학업 및 사회적 어려움도 경험하게 된다.

출현율 추정

출현율(prevalence)은 특정 인구 내에서 주어진 일정 시점에 특정 장애 또는 조건을 가지고 있는 사람의 수나 비율을 말한다. 여러분이 만일 미국 전체 인구집단에서 말더듬의 출현율을 정하고자 할 때는 1학년 아동, 대학 졸업반, 미국의 남성, 또는 미국의 여성에 대해 각기 다른 출현율값을 얻게 될 것이다. 이러한 이유로 인해 출현율 통계치는 근거가 된 인구집단을 명시해야만 한다.

현재의 추정치는 미국 전체 인구의 약 17%가 어떤 의사소통장애를 가지고 있는 것으로 나타난다. 약 11%가 청력손실을 가지고 있고, 대략적으로 6%가 말, 음성 또는 언어장애를 가진다. 청력손실인 중 많은 이들이 역시 말, 음성, 또는 언어장애를 함께 가진다. 600만 ~1,000만 명의 미국인들(인구의 약 3%)이 삼킴장애를 보이며, 이들 중 많은 이들이 의사소통의 결함을 함께 가진다. 비록 이 값들은 상대적으로 낮지만, 일반적으로 경도에 해당하는

발생률(incidence)과 **출현율**이라는 용어들은 종종 혼동되기 쉽다. 발생률은 특정 기간대에 질병이나 장애의 새롭게 생겨난 사례 수를 의미한다. 출현율은 특정 기간대의 새로운 사례 및 기존 사례의 수를 의미한다.

보다 많은 사례들은 보고되지 않았을 가능성이 있다(Tierney et al., 2000).

청각장애인의 비율은 연령에 따라 증가한다. 18세 이하에서는 1~2%가 만성적인 청력손실을 보이지만, 이에 비해 75세 이상에서는 약 32%가 그러하다. 이들의 약 1/3에서는 소음에 대한 노출이 청력손실을 초래하였다.

말소리 산출 및 유창성의 결함은 성인들보다는 아동들에게서 보다 보편적으로, 그리고 여성보다는 남성들 가운데에서 보다 보편적으로 나타났다. 신경학적 장애나 뇌와 척수손상으로부터 기인한 말장애는 성인들에게서 더 많이 발생한다. 도처에서 약 3~10%의 미국인들이 음성장애를 가지는 것으로 추정된다 — 이 비율은 학령기 아동과 65세 이상 성인에서 보다 높게 나타난다.

언어장애는 학령전기 인구의 8~12%로 나타난다 — 이 출현율은 학령기를 거치면서 감소한다. 노령 성인들의 언어결함은 뇌졸중이나 치매와 연합될 수 있다. 65세 이상 인구의 5~10%가량이 이 장애와 연합된 언어장애를 경험하게 될 수 있다. 〈표 2.2〉는 생애주기별 출현가능한 일부 의사소통장애를 요약한 것이다.

의사소통장애는 성별에 따라 다르다. 예를 들어, 자폐스펙트럼장애와 같은 특정 장애는 여성에서보다 남성에서 4배나 더 많이 출현한다.

표 2.2 생애주기별 출현가능한 의사소통장애

연령 범위	장애	수용 의사소통	표현 의사소통	삼킴
영아기	• 청각장애 • 태아알코올증후군 또는 약물노출증후군 • 부모의 방임/학대 • 뇌성마비	• 소리/말에 대한 제한적 반응 • 타인에 대한 제한적 반응 • 비전형적인 신체자세 및 운동 • 농 유아는 첫 6개월간은 정상적으로 발성 • 기타 발성이 거의 없음 • 수동성	• 비전형적인 출생 및 기타 초기 울음	• 수유 및 분유병 섭식에 결함을 가질 수 있음, 이후 고형식 섭식에 문제를 보일 수 있음
유아기	• 자폐/전반적 발달장애가 판별될 수 있음(자극에 대한 과잉반응) • 초기에는 의심되지 않았던 정신지체가 이제는 뚜렷해짐 • 낙상에 의한 뇌상해	• 제한적인 구어이해	• 첫 구어낱말의 지체 • 제한적인 발화 • 사물의 의례적인(지나치게 고정적으로) 사용	• 고형식 선호/혐오 • 작은 물건을 입에 넣어 삼키거나 질식되지 않도록 주의가 필요함
학령전기	• 초기에 의심되었던 지체가 보다 명확해짐 • 유창성의 결함이 출현될 수 있음 • 특정 언어결함 • 중이의 문제가 보편적	• 또래나 기타 타인과 상호작용하는 것이 어려울 수 있음	• 장난감/사물의 부적절한 사용 • 어휘의 제한, 짧은 발화 • 보완대체의사소통이 제안될 수 있음 • 과도한 비유창성, 지체된 음운론 및 문법발달	• 편식 성향이 더욱 짙어짐

표 2.2 (계속)

연령 범위	장애	수용 의사소통	표현 의사소통	삼킴
학령기	• 언어학습의 문제 • 주의력결핍-과잉행동장애 • 낙상 및 기타 사고로 인한 뇌상해	• 주의하기, 지시 따르기, 말 이해와 읽기 이해의 어려움	• 내러티브 및 기타 화용적 기술이 영향을 받을 수 있음	• 부적절한 섭식습관이 확립될 수 있음
젊은 성인기	• 자전거, 오토바이, 자동차 및 기타 사고로 인한 뇌상해가 이 시기에 가장 높게 출현함	• 이해에 영향이 미쳐지면 일반화된 혼동이 일어나고, 추상적 사고가 어려움	• 화용기술에 영향을 받음 • 인생 계획이 변경됨 • 마비말장애와 실행증이 말 명료도에 영향을 미침	• 신경운동학적 손상이 삼킴에 영향을 미침
중년 성인기	• 종종 청력이 감퇴되기 시작 • 암진단과 같은 생명을 위협하는 질환 • 신경학적 문제가 출현할 수 있음, 다발성경화증 · ALS · 파킨슨병 · 알츠하이머병, 뇌졸중(실어증)	• 소음상황에서의 말을 이해하기 어려울 수 있음 • 실어증과 알츠하이머병이 이해결함을 초래할 수 있음	• 질병 관련 우울증이 표현 의사소통에 영향을 미칠 수 있음 • 마비말장애와 실행증이 말 명료도 저하를 초래할 수 있음 • 알츠하이머병과 실어증이 언어장애를 초래함	• 뇌졸중 이후 초기에 섭식/삼킴의 결함이 나타날 수 있음, 퇴행성 신경운동장애(예 : 다발성경화증, ALS)에서 종종 삼킴장애가 나타남
노년기	• 청각장애가 보편적 • 신경학적 문제가 진행성으로 악화됨	• 말 이해의 어려움이 '무시(tuning out)'를 초래할 수 있음	• 음성이 약화됨 • 낱말찾기의 문제 • 말의 부적절한 보속성	• 음식에 흥미를 잃음 • 삼킴장애가 흡입성 폐렴을 초래할 수 있음

출처 : Owens(2014) and Shadden & Toner(1997)의 정보.
주 : 이것은 나타날 수 있는 문제들의 예시임. 각 연령 집단 내에서의 변이가 존재하는 것이 표준임.

문제가 존재하는가의 여부를 결정하기

모든 이들이 의사소통장애로 평가되는 것은 아니다. 공식적 평가(formal assessment)는 누군가 문제의 가능성을 인식한 후에만 이루어지는 것이다. 평가를 하기로 선택하는 일은 이를테면 소아과의사나 부모와 같은 기타 전문가나 관련된 성인으로부터의 의뢰나 또는 선별검사 결과로부터 오는 것이다. 성인의 경우는 자신이 의사소통장애를 가지고 있다고 여겨지면 스스로 의뢰할 수 있다.

　출생에서 36개월까지의 아동들은 말, 언어, 청각, 운동 및 기타 기능에 대한 특수선별센터로 데려갈 수 있다. 보다 나이 든 아동들은 학령전기에 기관이나 학교에서 선별된다. 덧붙여 미국의 모든 주들에서는 신생아들의 경우 출산 기관에서 또는 출생 후 가능한 빨리 청력선별검사가 이루어지도록 규정하고 있다. 선별의 목적은 문제의 존재 여부를 결정하기 위한 것이다.

의사소통장애 전문가들은 자신들이 제공하는 서비스의 속성을 홍보함으로써 다른 전문가들이나 관련된 개인들로부터의 의뢰가 이루어지기를 촉구하고 있다.

문제를 정의하기

선별과정에서 판별된 개인은 의사소통장애를 가진 것일 수도 있다. 그러나 선별은 진단적 평가는 아니다. 선별은 단지 어떤 개인이 추가적인 평가를 더 받아야 할지 제안하는 것일 뿐이다.

의사소통장애의 평가(assessment of communication disorder)는 여러 원천으로부터, 다양한 수단을 통하여, 그리고 여러 세팅으로부터 정보를 수집함으로써 의사소통의 강점과 약점을 확인하고 명시하며, 문제의 가능한 원인을 판별하고, 조치를 취하기 위한 계획을 수립해가는 체계적인 과정이다. 문제가 확인되면 SLP는 **진단**(diagnosis)을 내리는데, 이것은 가능한 문제들의 광범위한 범주로부터 개인의 결함을 구별해내는 것이다. 비록 진단보고서가 이를테면 발성장애(dysphonia)와 같은 명칭(label)을 포함하기는 하나, 여기에는 이 장애에 관하여 개인의 의사소통 능력, 증상의 가변성, 중증도 및 가능한 원인들을 반영하는 보다 완전한 기술이 담겨 있어야 한다.

평가의 목적

〈그림 2.5〉에 평가의 목적이 열거되어 있다. 진단의 일차 목표는 무엇이 잘못되어 있는지 정확하게 확정하는 것이다. 종종 **진단적 치료**(diagnostic therapy)가 제안되기도 한다. 이 경우, SLP는 잠시 의뢰인과 함께 작업하며, 이 과정에서 개인의 의사소통의 능력과 제약에 대한 명확한 상(像)을 얻게 될 것이다.

앞서 언급한 바와 같이, 의사소통의 결함은 청각, 말, 언어, 처리과정 또는 보다 적절히 말하자면 이들의 일부 조합과 관련된 것이다. 평가 동안, 이들 모든 것에 대한 세부사항들이 탐사된다. 의뢰인의 의사소통적 강점과 약점 모두가 기록된다. SLP는 행동의 일관성, 그리고 문제행동이 나타나지 않는 때를 보고하는 데이터를 제공하며, 의뢰인이 보다 전형적인 의사소통자들과 어떻게 비교될 수 있는지를 제시한다.

한 장애의 중증도 판정은 치료사마다 달라질 수 있다. 이 결정에서 객관적 준거의 사용이 보다 높은 일관성을 보장해준다.

문제가 존재한다면, SLP는 그 중증도를 기술하고자 할 것이다. 특정 중증도 등급을 정확하게 결정하는 것은 몇 가지 요인들과 관련되어 있다. 비록 출간된 검사도구들은 종종 의뢰인의 수행 점수에 따라 중증도 등급을 제안해주기는 하지만 이것은 신중하게 사용되어야 한다. 전형적 의사소통 행동은 넓은 범주에 걸쳐 있으며, SLP는 어느 하나의 검사에만 전반적으로 의존해서는 안 된다.

가능하다면, SLP는 의사소통 결함의 이유를 확인하기 위해 노력해야 하며, 특히 원인이

그림 2.5 평가의 목적

출처 : Lund & Duchan(1993)에 근거함.

의사소통장애 전문가는 개인을 평가할 때 다음과 같은 질문에 답할 의무가 있다.

1. 의사소통의 문제가 존재하는가?
2. 진단명은 무엇인가?
3. 결함 영역은 무엇인가? 이것들은 일관적인 것인가?
4. 개인의 강점은 무엇인가?
5. 문제는 얼마나 중한가?
6. 문제의 가능한 원인은 무엇인가?
7. 어떠한 제안이 이루어져야 하는가?
8. 중재를 했을 경우 및 하지 않았을 경우의 예후(가능한 결과)는 무엇인가?

지속되고 있다면 더더욱 그러하다. 원인을 **병인론**(etiology)이라 한다. 이를테면 유전적 요인과 같이 문제에 기저하는 **선천적 원인**(predisposing causes), 뇌졸중과 같이 장애를 야기하는 **촉발적 원인**(precipitating causes), 문제를 지속시키거나 추가시키는 **유지 원인**(maintaining causes) 또는 **영구화 원인**(perpetuating causes)들도 있다. 병인론이 밝혀졌건 아니건 간에, SLP는 의뢰인의 의사소통 행동들을 철저하게 기술해내야 한다.

의뢰인의 의사소통적 결함을 다루기 위한 제안은 종종 평가보고서에서 가장 많이 읽히는 부분이다. 계획 수립에 있어서 첫 번째 결정은 중재가 필요한가이다. 그러하다면 다음에는 그 속성이 기술되어야 한다. 치료제안은 일종의 '작업 가설(working hypothesis)'로 간주될 수 있는데, 이것은 중재가 진행되면서 수정될 필요가 있을 수 있다. 평가는 데이터 수집이나 행동에 대한 탐침의 형태로 치료 내내 지속된다.

의사소통장애에서, SLP는 중재를 가하지 않으면 문제가 지속될 것인가의 여부에 관한, 그리고 치료과정 또는 기타 치료계획의 이행 후 나타나게 될 결과는 무엇인가에 관한 **예후**(prognosis)를 작성한다. 예후는 중재 후 또는 중재가 없을 경우에 장애의 결과에 대해 고지된 예측이다. 이는 부분적으로는 장애의 본질과 중증도 및 평가 중에 실시한 시범적 치료에 대한 의뢰인의 반응성, 의뢰인의 전반적인 의사소통적 · 지적 · 개인적 강점과 약점을 토대로 작성된다. 의뢰인의 가정과 학교환경 역시 결과에 영향을 미칠 수 있는 중요한 요인이다.

평가절차

평가는 많은 형태를 취할 수 있다. 이상적으로는 치료사는 몇몇 세팅에서 복수의 절차들을 거쳐 폭넓게 다양한 의사소통 기술들의 표본을 추출해야 한다. 그 초점은 **진정한 데이터**(authentic data) 즉, 의미 있고 정확한 결정을 내리는 데 필요한 충분한 양의 진정한 실제 삶에 관한 정보를 수집하는 것이다.

다양한 절차들을 활용해야 할 필요성은 매우 명백하게 제시되어야 한다. 학생으로서의 여러분들은 시험이 여러분들이 알고 있는 바를 그리고 여러분이 할 수 있는 바를 정확히 측정하지 못했다는 말을 얼마나 자주 해보았는가? 의사소통장애를 가진 개인들에게도 이는 마찬가지이다. 다중적인 검사와 보고를 사용하여, SLP나 청각사들은 아동의 의사소통에 대해 가능한 한 가장 정확한 진술을 얻고자 노력한다. 이러한 방식들에는 다음과 같은 것들이 포함된다.

- 부모, 가족 구성원, 전문가 또는 의뢰인으로부터 작성된 사례력
- 부모, 가족 구성원, 전문가 또는 의뢰인으로부터 작성된 질문지
- 부모, 가족 구성원, 그리고/또는 의뢰인과의 면담
- 의뢰인의 의사소통 기술에 대한 체계적인 관찰
- 청각선별검사를 포함하여 한 가지 이상의 평가도구를 사용한 검사 그리고 **말초적인 말 메커니즘 검사**(examination of the peripheral speech mechanism)
- **역동적 평가**

가족 구성원과 의뢰인은 종종 예후를 간절히 알고 싶어 한다. 이들은 "내 아이가 이 문제를 이겨낼 수 있을까요?" 또는 "이 장애를 교정하는 데 시간이 얼마나 걸리나요?"와 같은 질문들을 할 것이다.

SLP는 의뢰인이나 부모 또는 기타 주요 인물들에 의해 작성된 사례력과 면담 그리고 다른 전문가들이 작성한 보고서 등으로부터 배경정보를 수집한다.

SLP는 다양한 원천들과 임상적 직관을 통해 의뢰인의 현재 기능 및 문제의 본질에 대한 결정을 내린다.

개별 의뢰인들마다 개인적인 요구를 가진다. SLP는 특정 시간대에서 무엇이 가장 시급한 것인지 결정하기 위한 시도를 해야 하며, 이후 이러한 요구를 충족시키기 위한 계획을 수립한다.

평가 동안의 공식검사 결과는 기초선 자료(baseline data)와는 다른 것이다. 공식검사 동안, 광범위한 의사소통 기술들이 평가된다. 기초선 자료는 선택된 몇 가지 함축적인 목표들에 대한 개인의 수행 수준을 알려준다.

• 의사소통 표본수집 및 분석

대부분의 검사들은 **규준참조적**(norm referenced)인데, 이는 의뢰인을 유사한 개인들의 표본과 비교하기 위해 사용되는 점수를 산출하는 검사이다. 규준참조적 검사는 각각의 개별 아동들의 특성에 맞도록 신중하게 선택되어야 한다. 이와 반대로 **준거참조적**(criteria referenced) 검사는 특정 기술과 관련된 의뢰인의 강점과 약점을 평가하며, 다른 아동들과 비교를 하지는 않는다. 일반적으로 이처럼 보다 기술적인 방식(descriptive method)은 역동적 평가 및 표본수집 후에 사용된다.

역동적 평가(dynamic assessment)에는 의뢰인이 직전에 오조음했던 소리들을 산출하고, 언어규칙을 습득하며, 비유창성을 감소시키는 등 그 밖의 것들을 변화시켜낼 수 있는 능력을 알아보기 위한 탐침이 포함된다. 이 목적은 대부분의 검사에서 나타나는 보다 공식적이며 구조화된 방식에 보다 유연한 비표준적 접근을 혼합시키는 것이다. 역동적 평가는 의사소통의 '교육가능성'이라는 속성을 조사하기 위하여 종종 검사-교육-검사 형태의 패러다임을 취한다. 약간의 도움을 제공함으로써 아동의 학습에 대한 잠재력을 평가하고, 아동이 새로이 학습한 행동을 수행함에 있어서의 어려움 정도를 결정한다.

대부분의 치료사들은 아동 및 성인의 의사소통을 평가할 때 **말 표본**(speech sampling) 그리고/또는 **언어표본**(language sampling) 기법 역시 사용한다. 표본수집 및 분석을 위한 지침은 제4장과 제8장에서 기술될 것이다. 성인 의뢰인에 대해서는 함께 사례력을 검토하는 동안, 또는 이들에게 하루 일과를 어떻게 보내는지 설명해달라고 하거나 또는 지난 휴가에 대해 이야기해 보도록 요구하는 방식으로 표본을 얻을 수 있다(Duffy, 2005).

근거기반실제

ASHA의 평가지침의 대부분은 특정 장애와 관련된 것이며, 이는 다음 장에 설명될 것이다. 그러나 일부 일반적인 지침들은 이 근거기반적 분석으로부터 추론될 수 있다. 이것은 〈글상자 2.1〉에 제시되어 있다.

의사소통장애의 중재

개개 아동들은 자신에 대한 감정을 치료환경으로 가지고 온다. 이러한 자아개념의 대부분은 가족 구성원들이나 현 공동체의 일원들과의 상호작용으로부터 만들어진 것이다. SLP가 개인의 이러한 사회적 정체성 차원을 인식하거나 이를 포함시키는 일에 실패하게 되면 중재에 부정적인 영향이 초래될 수 있다(Demmert, McCardle, and Leos, 2006).

문화적 · 언어적 다양성(cultrually linguistically diverse, CLD) 배경의 아동들에게는 문화적으로 민감한 중재를 제공하는 것이 극히 중요하다. SLP는 문화에 기반한 자원들을 중재에 통합시킬 수 있다.

의사소통장애를 가진 개인을 위한 중재는 그 장애의 본질과 중증도, 의뢰인의 연령 및 신

글상자 2.1 | **의사소통 결함을 가진 개인 평가에 있어서의 근거기반실제**

발달수준

- 유의한 의사소통장애를 가진 어린 아동들에게는 조기판별이 특별히 중요할 수 있다.
- 의사소통의 형태는 아동의 연령 및 발달상태에 따라 달라지며, 이것은 평가될 의사소통적 속성에 반영되어 있어야 한다.

차이 대 장애

- 가정이나 기타 양육환경에서의 다중언어(multilingualism)나 방언적 변이는 언어가 습득되고 사용되는 방식에 영향을 미치며, 따라서 이는 평가에서 고려되어져야만 한다.
- 이중언어 의뢰인들의 경우에는 말과 언어의 강점과 약점에 대한 정확한 그림을 얻어내기 위해 두 언어 모두를 평가해야 한다.

형태

- 지속되는 일상적 근간에서 의뢰인과 상호작용하는 주요 인물들이 평가과정에 포함되어야 한다.

- 평가와 분석은 다면적이며 심층적이어야 한다. 왜냐하면 말과 언어에 있어서의 전형적인 것과 장애를 가진 것 사이를 구분 짓는 일이 언제나 명확한 것만은 아니기 때문이다.
- 평가자원 및 평가전략은 의뢰인과 그 가족의 문화 및 언어에 적합한 것이어야 한다.
- 평가세팅은 의뢰인의 발달단계 그리고/또는 전반적인 건강상태에 적합해야 하며, 의뢰인 및 기타 주요 인물들 모두에게 편안한 것이어야 한다.
- 평가자원 및 평가전략은 의뢰인의 발달수준 및 조건을 반영해야 한다.

출처 : New York State Department of Health. (2002). *Clinical Practice Guideline*, Publication No. 4218. Albany, NY: New York State Department of Health. Recommended by ASHA, Compendium of EBP Guidelines and Systematic Reviews. Accessed June 1, 2009, at www.asha.org/members/ebp/compendium/

분, 그리고 환경적 고려뿐만 아니라 의뢰인과 치료사 모두의 개인적이며 문화적인 특성에 의해 영향을 받게 된다. 그럼에도 불구하고 몇 가지 일반적인 원칙이나 절차들이 정의되어 있다.

제1장에서 언급한 바와 같이, ASHA는 연구와 임상적 실제를 통합해야 할 필요성을 강조하는 전향적 입장을 취하고 있다(Kamhi, 2006a; Katz, 2003; Ramig, 2002; Wambaugh & Bain, 2002). ASHA의 윤리규정에서는 임상가들이 "신중하면서도 전문가적인 추론에 의거한 서비스를 제공"해야 할 필요성을 요구하고 있다(Apel & Self, 2003, p.6). 근거기반실제는 "임상가가 자신의 의뢰인들에게 최상의 서비스를 제공하면서도 이 윤리규정을 준수"할 수 있도록 보장해준다(Apel & Self, 2003, p.6). ASHA는 의사소통장애치료효과국립센터(National Center for Treatment Effectiveness)를 설립하고 현재 국립건강기금연구소(National Institutes of Health-funded)와 협력하여 EBP를 지지하는 임상적 연구를 촉진하기 위해 노력하고 있다.

중재의 목적

문제의 특정 속성과 무관하게, 언어병리학에서의 중재는 의뢰인의 의사소통 기술 개선에 앞서 먼저 다음과 같은 사항을 중시해야 한다.

1. 의뢰인은 단지 임상세팅에서만이 아닌 개선을 드러내야 한다. 진보는 가정이나 학교

및 직장과 같은 그의 실제 세상이라는 환경 속에서 일반화되어야 한다.

2. 의뢰인은 무엇이 습득될 것인가에 관해 생각해야 할 필요는 없다. 대개의 경우 이는 **자동적**(automatic)인 것이다.

3. 의뢰인은 **자기모니터링**(self-monitor)을 할 수 있어야 한다. 비록 그 조정은 자동적인 것이겠으나, 여전히 모니터링은 필요할 것이다. 의뢰인은 자기 자신을 경청하고 관찰할 수 있어야 하며, 필요하다면 치료사가 곁에 없어도 스스로 교정해낼 수 있어야 한다.

4. 의뢰인은 최소한의 시간 동안 최적의 진보를 이루어내야만 한다.

5. 중재는 의뢰인의 개인적이며 문화적인 특성에 민감한 것이어야 한다.

목표선택

평가보고서에는 의사소통 중재의 장기목표와 단기목표에 대한 제안이 제공되어야 한다. 그렇지만 임상가는 어떠한 특정 목표가 다루어져야 할지 그리고 이를 어떠한 순서로 할지 결정해야 할 필요가 있다. 의미 있는 선택을 함에 있어서 의뢰인의 개인적 요구와 일상에서의 활용으로 일반화될 중재의 가능성이 가장 부합되는 요인이다. 성공가능성 그리고 의뢰인의 연령이나 성별에 일치하는 보통 사람들의 전형적인 행동들도 추가적인 통찰을 제공해줄 것이다.

> 심지어 어리거나 상대적으로 낮은 기능을 보이는 개인들조차도, 목표를 이해할 경우에는 치료에 좀 더 잘 반응하게 된다.

기초선 자료

중재프로그램을 시작하기 전에, SLP는 **기초선 자료**(baseline data)를 수집한다. 즉 SLP는 여러 차례에 걸쳐, 그리고 여러 조건하에서 목표행동을 이끌어내기 위해 노력하고, 의뢰인의 반응 정확도를 기록한다. 이것은 SLP에게 의뢰인의 출발점에 대한 정보를 제공해준다. 기초선은 의뢰인의 진보 및 치료프로그램의 성공을 확정하는 데 필수적이다.

행동적 목표

일단 임상가가 기초선 자료를 얻고 나면, 그 또는 그녀는 단기목표를 세운다. 이것은 각 치료회기 또는 몇 회의 회기에 해당하는 목표이다. 행동적 목표(behavioral objective)는 목표행동을 관찰가능하며 측정가능한 방식으로 명시된 진술을 말한다. 이를 위해서는 임상가가 의뢰인에게서 기대되는 행동은 무엇인지, 어떤 조건하에서 그리고 어느 정도의 성공 수준으로 해낼지를 정의해야 할 필요가 있다. 철자 ABCD가 다음의 행동적 목표를 기술하는 형식을 기억하기 쉽도록 도울 수 있을 것이다.

A. 행위자(Actor) : 누가 그 행동을 할 것으로 기대되는가?

B. 행동(Behavior) : 관찰가능하며 측정가능한 행동은 무엇인가?

C. 조건(Condition) : 행동의 맥락 또는 조건은 무엇인가?

D. 수준(Degree) : 목표화된 성공 수준은 무엇인가?

예를 들어, 존(행위자)은 그림을 설명한다(행동). 명사와 동사 모두를 정확히 사용하여(조건),

90%의 정확성으로(수준).

임상적 요소

성공적인 중재는 다면적이며 다양한 요인들을 포함한다. 이것은 ─ 반드시 이것에 국한되는 것만은 아니지만 ─ 직접교수 및 우연교수, 상담, 가족 및 가족 환경의 통합을 포함한다.

직접교수

SLP가 맡은 부분적인 역할은 교사이다. 전통적인 임상적 방식은 목표를 설명하거나 함께 검토하고 훈련(practice)을 이끌어주는 것이다. **행동수정**(Behavior modification) 훈련 접근법은 폭넓은 다양한 의사소통장애에 성공적인 것으로 밝혀진 바 있다. 행동수정은 행동을 변화시키는 체계적인 방식이다. 훈련 동안, SLP는 **자극**(stimulus)을 제공하여 의뢰인으로부터 원하는 반응을 이끌어내고자 한다. 의뢰인은 반응(respond)할 것으로 기대되고, 임상가는 이 반응이 만일 정확하다면 이를 **강화**(reinforce)하고, 만일 반응이 정확하지 못하면 교정적 피드백을 제공한다.

우연교수

행동수정은 SLP가 이끄는 고도로 구조화된 형태를 따른다. 저구조화(low-structured)되거나 또는 의뢰인이 이끄는 접근방식 역시 사용될 수 있다. 이 방식에서는 SLP가 의뢰인의 주도를 따라가되 이 과정에서 가르치는 것이다. 이를 **우연교수**(incidental teaching)라 한다. SLP는 의사소통이 보다 자연스럽게 일어날 수 있도록 환경을 조작한다. 예를 들어, 어린 아동과의 가상놀이 또는 보다 나이 든 아동과의 요리하기 또는 공작 프로젝트(art project)는 치료가 발생되는 상황으로 기능할 수 있다.

상담

의사소통의 문제에 대해 의뢰인을 직접 다루는 작업에 더하여, SLP는 의뢰인과 의뢰인의 삶에 핵심적인 기타 인물들을 위한 지지적 환경을 제공할 수 있다. 의사소통장애를 가진 사람은 당황, 분노, 우울, 그리고 부적절성을 포함하여 여러 감정을 경험하게 된다. 가족 구성원들도 의뢰인의 의사소통에 대해 유사한 감정을 가질 수 있으며, 또한 연민 또는 죄책감을 느끼기도 하면서 어쩌면 그 문제를 자신들의 탓으로 돌리기도 한다.

가족 및 환경적 개입

개인은 일주일에 2시간씩 SLP와 보내고, 110시간은 혼자 또는 타인들, 종종 가족과 함께 보낸다. 가족의 환경에 따라, 가족 구성원들에게 일상환경으로의 전이를 촉진하기 위해 의뢰인이 집에서 특별한 활동을 하게끔 의뢰인을 돕도록 요청할 수 있다. 최근의 사고나 질병으로 인해 뇌졸중 또는 음성의 문제를 가지는 성인들의 경우에는 그 배우자가 치료를 돕는 중요한 역할을 할 수 있다. SLP는 유아기에서 노년기에 걸쳐 의뢰인의 삶에 중요한 인물들을

> 의사소통장애 중재는 여러 세팅에서 이루어진다. 치료의 토대를 확장하는 일은 임상적 세팅에서 학습된 것이 다양한 실제 세계의 맥락으로 전이되는 것을 보장해준다.

인식하고, 이들을 생산적인 방식으로 참여시키도록 해야 한다. 유사한 장애를 가지는 개인들로 구성된 **지지적 집단**(supprotive group)은 종종 치료에서 습득되었어야 할 것을 훈련하고, 장애와 관련된 감정들을 공유하며, 그리고 일단 공식적인 치료가 종료되었을 때의 의사소통 기술을 유지하는 통로를 제공해주기도 한다.

효과성 측정

SLP는 주로 그 효과성을 측정함으로써 치료가 종료될 준비가 되었는지를 결정한다. 의뢰인이 장기목표와 단기목표들을 충족하였는가? 일반적으로 이 질문에 답하기 위해서는, 기초선 결정에서 사용했던 방식과 유사한, SLP가 설계한 **치료후검사**(post-therapy tests)가 사용된다. 이에 덧붙여, 의뢰인이 의사소통 목표를 사용함에 있어서 일정 수준의 **자동성**(automaticity)을 성취하는 것이 매우 중요하다. 그래도 오류는 일어날 수 있는데 이때 의뢰인은 자기모니터링을 하고 필요하다면 스스로 교정(self-correct)할 수 있어야만 할 것이다. 치료가 효과적이었다면, 의뢰인은 학습된 기술을 치료실 밖의 세상으로 **일반화**하는 데 성공할 것이다.

추수활동 및 유지

치료가 종결되고 나면, SLP는 성취된 진보가 사라지지 않도록 보장하기 위한 몇 단계의 조치를 취해야 한다. 이것은 두 가지 방식에 의한다 ─ 종료 시점에서, 의뢰인 또는 가족에게 누구든 필요성을 느낀다면 다시 올 것을 촉구해야 한다. 보다 안전한 방식은 정기적인 추수활동 계획을 수립하는 것이다. 치료가 종료된 후 2년 동안 매 6개월마다 전화나 이메일로 의뢰인과 연락을 취할 수 있다. 이때 재검사가 제안될 수도 있으며, 필요하다면 **보조적 치료**(booster treatment)가 제공될 수도 있다.

요약

의사소통은 사고의 교환이다 ─ 이것은 메시지의 전달과 반응을 포함한다. 인간의 의사소통은 주목할 만한 것이며 여러 형태를 취할 수 있다. 이것은 문화 및 환경으로부터 강력한 영향을 받는다. 사람들은 서로 다른 언어를 말할 뿐 아니라, 언어집단 내에서조차 연령, 성별, 사회경제적 수준, 지리학적 배경, 인종 및 기타 요인들이 우리의 의사소통에 영향을 미친다.

　인간 의사소통의 일차적 수단은 언어이다. 이것은 구어, 문어, 또는 수화일 수 있으며, 형식, 내용, 그리고 사용에 입각하여 기술될 수 있다. 형식은 소리체계 즉 음운론, 낱말구조 즉 형태론, 구문론 즉 낱말이 문장 내에서 배열되는 방식을 지칭하는 것이다. 내용은 의미론 또는 의미이며, 사용은 의사소통의 목적 또는 화용론을 말한다. 의사소통은 또한 비구어적인 행동이나 특성들을 통해 전달되기도 한다.

　의사소통의 어떠한 측면에서든 붕괴가 발생될 수 있다. 의사소통이 무결할 경우 우리는 이를 당연한 것처럼 여기지만, 이것에 실패할 경우 우리는 좌절감과 고립감을 느낄 수 있다. 미국 인구의 약 17% 정도가 현재 청각, 말, 언어의 일부 제한을 경험하고 있다. 다양한 장애들에 관해 더 알기 위해서는 ASHA 웹사이트를 방문해보라.

의사소통장애의 평가는 맥락 내에서의 의사소통이라는 것에 대한 이해를 필요로 한다. 의사소통 행동은 전형적인 것에서 장애를 가진 것까지의 연속선상에서 발생되는 것으로 여겨질 수 있다. 각각의 사례마다 SLP는 그 경계가 어디인지 결정해야 한다.

의뢰 및 선별은 개인이 평가받을 대상인지 선택되는 결정을 위한 일차적인 방식이다. 평가가 이루어지는 동안, SLP는 의뢰인의 문제를 검증하고 정의하며, 결함과 강점을 판별하며, 치료계획을 수립하고, 개선을 위한 예후를 제공한다. 이는 몇몇 세팅에서의 의사소통 행동 표본수집을 포함하는 다중적인 기법들을 통해 이루어진다.

평가와 치료는 주기적인 방식으로 기능하며, 상호 간에 영향을 주고받는다. SLP는 여러 가지 방식을 통해, 의뢰인이 치료실에 방문할 때마다 평가를 할 수 있다. 성공적인 중재는 종종 전문가뿐 아니라 가족 구성원까지 포함된 팀 접근를 사용한다. 추수활동을 위한 준비는 치료에서 획득된 이득이 유지될 수 있도록 보장한다. 다음 장에서는 특정 의사소통장애들에 대한 평가 및 치료기법들이 설명될 것이다.

추천도서

Axtell, R. (1998). Gestures: *The do's and taboos of body language around the world* (rev. ed.). New York: Wiley.

Hirsh-Pasek, K., & Golinkoff, R. (1999). *The origins of grammar: Evidence from early language.* Cambridge, MA: MIT Press.

Ruben, B., & Stewart, L. (2006). *Communication and human behavior* (5th ed.). Boston: Pearson Education.

3

말 산출기제에 대한 해부학 및 생리학적 개요

학습목표

이 장을 마치면 여러분은 다음과 같은 것들을 할 수 있게 될 것이다.

- 호흡, 후두 및 조음/공명체계의 주요 구조를 나열하고 설명한다.
- 안정 시 호흡과 말 호흡에서의 호흡과정에 대해 설명한다.
- 말 산출과정을 간략하게 설명한다.
- 인간의 말의 조음 및 공명과정에 대해 설명한다.

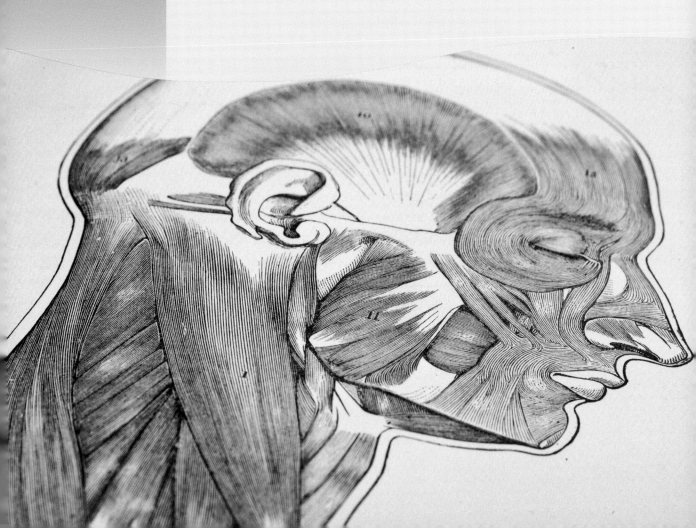

사람들은 종종 말 산출을 저절로 이루어지는 생물학적 기능의 하나인 것처럼 당연하게 받아들인다 — 여러분의 사고와 생각은 거의 또는 전혀 어떠한 뚜렷한 노력도 없이 표현된다. 그러나 이 외관상의 단순함에도 불구하고, 말의 산출을 위해서는 수백 가지 근육과 수백만 개의 신경들이 관여하는 생-물리학적 사건들의 믿을 수 없이 복잡한 협응이 요구된다. 이처럼 복잡한 생리학적 행동이 이토록 쉽게 이루어지는 것처럼 보이는 것은 역설적이다. 그렇지만 아마도 이 자연스러운 역설이 필요할 것이다. 우리가 만일 우리가 말할 때 무엇을 하는지에 관해 완전히 의식적으로 이해하게 된다면 아마 단 한 낱말도 발화하기 어려워질 것이다. 모든 신경과 근육, 음성의 톤, 얼굴표정, 그리고 낱말어순을 모두 모니터링해 낸다는 것은 불가능한 지적 위업일 것이다(Thomas, 1979).

그렇지만 많은 이들에게 있어서 말 산출은 결코 쉬운 일이 아니다. 종종 말을 지원하는 해부학적 구조나 생리적 시스템의 기형이 말 산출과정을 방해하기도 한다. 따라서 말 기제(speech mechanism)에 대한 해부학적 및 생리학적 지식은 말-언어치료사들(SLP)에 의해 평가되고 치료되는 여러 다양한 의사소통장애들의 이해에 근간이 된다. 음성 및 삼킴장애, 후두적출(후두의 외과적 제거), 그리고 구순열의 성공적인 치료는 말 기제에 대한 완전한 해부 및 생리적 지식을 요구한다.

말을 지원하는 생리적 하위체계

해부학(anatomy)은 신체구조 및 이 구조들 서로 간의 관련성에 대한 학문이다. **생리학**(physiology)은 생물학의 한 갈래로, 조직 및 신체구조의 기능에 관심을 가진다.

하버드대학의 신경과학자인 Steven Pinker는 다음과 같이 말하였다. "말소리(speech sound)를 쉽게 이해하는 한 가지 방법은 폐에서 출발하여 성도(vocal tract)를 거쳐 세상으로 나가는 한 조각 공기를 추적해보는 것이다(Pinker, 1995, p. 163)." 명백히 말 산출은 Pinker의 사색이 제안하는 것보다는 더 복잡한 것이지만, 말 산출은 여러분의 폐로부터 성도를 거쳐 대기로 향하는 공기의 압력과 공기의 흐름에 대한 통제를 요구한다. 말 산출에는 다음의 세 가지 생리적 하위체계가 관여한다. (1) **호흡체계**(respiratory system)는 성대(vocal folds) 바로 밑의 양압(positive air pressure)을 생성하여 말에 필요한 동력을 제공한다. (2) 성대, 즉 **후두체계**(laryngeal system) 내의 해부학적 구조인 후두(larynx)는 고속으로 진동하여, 성도 내의 공기 분자들을 다중적인 진동 주파수로 세팅한다. (3) **조음/공명체계**(articulatory/resonating system)는 음향학적 필터 역할을 하는데, 이것은 특정 주파수는 대기를 통과시키는 반면 동시에 다른 주파수들은 차단시킨다. 이 장에서 우리는 말 산출 하위시스템의 기본 구조, 근육, 그리고 생리학에 관해 논의하고, 각 생애주기에 따른 변화에 대해 설명할 것이다.

호흡체계

호흡체계의 일차적인 생물학적 기능은 혈액에 산소를 공급하고 신체로부터 과도한 이산화탄소를 제거하는 것이다. 이 과정은 자동적이며 중추신경계의 뇌간(brainstem) 안에 위치한 호흡센터에 의해 통제된다. 비록 호흡의 일차적 기능은 생명을 유지시키는 것이나, 이것은 또한 말 산출의 원천(source)을 생성해내는 기능 역시 담당한다. 들숨에서 공기는 폐로 들어가서 소리산출에 필요한 잠재적 에너지원으로 바뀐다. 다음 날숨에서 공기는 통제된 방식, 즉 여러분의 성대와 조음기관에 의해 조정되어 말소리가 만들어지는 것이다.

호흡체계 구조

성인 호흡체계의 주요소에는 다음이 포함된다. (1) 폐 장치(pulmonary apparatus). 이것은 다시 폐와 폐의 공기 통로인 기관[바람관(windpipe)]으로 나뉜다. (2) 늑골, 우리의 벽(rib cage wall)으로 구성된 가슴의 벽(thorax, 흉곽), 복부 구조인 복부의 벽(abdominal wall), 즉 횡격막(diaphragm, Hixon & Hoit, 2005). 가슴벽(chest wall)은 폐 장치를 둘러싸 보호하며, 이것들이 모두 단일한 기능적 단위를 형성한다(Hixon et al., 2014).

폐(lungs)는 한 쌍의 공기로 가득 찬 탄력적인 주머니로 크기와 형태가 변화되며 우리가 호흡을 할 수 있게 해준다. 좌측 폐는 우측보다 더 작아서 심장이 위치할 공간을 마련해준다. 공기는 **기관**(trachea) 그리고 가지관(branching tubes)으로 이루어진 복잡한 망, 즉 기관지(bronchi)라는 것을 거치며 폐의 내·외부로 이동한다(그림 3.1).

호흡체계 근육

호흡근육들은 기능적으로 들숨근과 날숨근으로 나뉜다. 들숨근(inspiratory muscles)은 일반적으로 횡격막 위에 위치한다. 날숨근(expiratory muscles)은 횡격막 아래에 위치한다. 횡격막

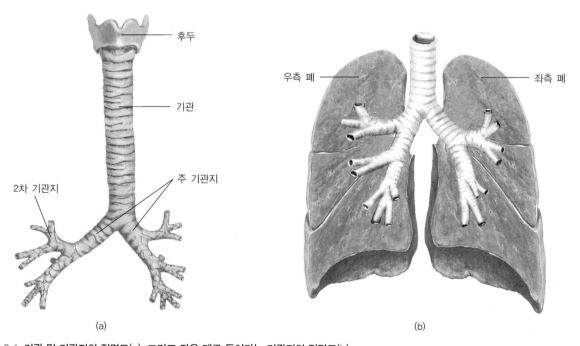

(a)   (b)

그림 3.1 기관 및 기관지의 전면도(a), 그리고 좌우 폐로 들어가는 기관지의 전면도(b)

을 제외하고, 모든 들숨근들은 쌍으로 구성되어 있다(즉, 몸의 좌우 양편에 각각 위치한다).

들숨근

횡격막은 들숨의 가장 주된 근육이다. 이것은 반구형(dome-shaped) 구조로, 얇고 평평하며 비탄성적인 중심건(central tendon, 또는 중심힘줄)과 이 중심건의 가장자리를 향해 뻗어나가는 근섬유(muscle fibers)의 넓은 막으로 이루어져 있다. 중심건은 〈그림 3.2a〉와 같이 각각의 폐와 직접 맞닿아 있다. 횡격막은 흉곽(가슴)과 복부를 분리시킨다. 안정 시, 이것은 그릇을 엎어놓은 것과 같은 모양을 가진다(Hixon & Hoit, 2005). 〈그림 3.2b〉는 안정 시의 횡격막의 상대적인 위치를 보여준다. 들숨 시 횡격막이 수축하면서 아래쪽 그리고 앞쪽으로 당겨지고, 따라서 흉곽이 확장된다.

횡격막과 더불어, 수많은 흉곽 및 목의 근육들이 들숨에 관여한다. 이 근육들은 〈그림

그림 3.2 횡격막과 폐와의 관계를 보여주는 전면도(a), 그리고 안정 시의 횡격막 전면도(b)

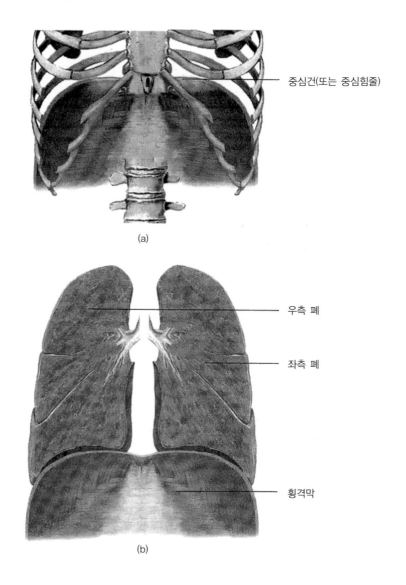

중심건(또는 중심힘줄)

(a)

우측 폐

좌측 폐

횡격막

(b)

그림 3.3 흉곽 근육들의 전면도

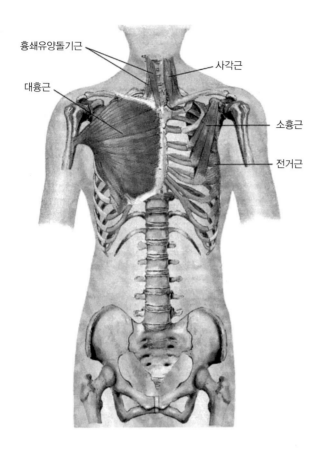

흉쇄유양돌기근

사각근

대흉근

소흉근

전거근

3.3〉에 제시되어 있다.

날숨근

날숨(expiration)은 체내 이산화탄소를 폐를 거쳐 내보내게 해주며 말이 산출될 수 있게 해준다. 가장 중요한 날숨근육은 복부의 전면과 양 측면에 위치한다. 날숨 중에는 〈그림 3.4〉에 제시된 이 근육들은 횡격막이 원래의 이완된 반구형 모양으로 되돌아가도록 돕는다.

흉곽의 전면과 후면에 위치한 기타의 여러 근육들 역시 호흡에 관여한다. 들숨과 날숨 시의 기타 근육들의 사용은 신체자세, 특정 병리적 상태, 그리고 환경적 조건들과 관련되어 있다.

규칙적 호흡과 말 호흡의 생리학

조용한 호흡, 즉 **안정적인 규칙호흡**(resting tidal breathing)은 생명을 유지하는 호흡이다. 이 책을 읽어가면서 여러분들은 규칙호흡을 사용한다. 규칙호흡 시에 받아들이는 숨의 속도와 깊이는 신체의 산소 요구도 및 혈액 내 이산화탄소의 양에 따라 결정된다. 안정 시 규칙호흡에는 횡격막의 수축, 즉 하향 및 약간 전방 이동, 그리고 이어서 늑골벽의 확장과 복부벽의 바깥쪽으로의 이동이 포함된다(Hixon & Hoit, 2005). 늑골벽이 확장되면 폐도 역시 확장된

그림 3.4 복부 근육조직 전면도. 여러 단면의 근육층들로 제시되어 있음

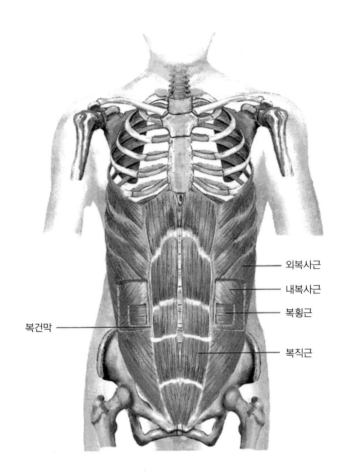

외복사근

내복사근

복횡근

복건막

복직근

다. 이것이 폐 용적(lung volume)을 증가시키고, **폐포내압**(alveolar pressure, 폐 내부 압력)을 대기압보다 낮은 수준으로 떨어뜨린다. 그러면 공기는 폐포내압과 대기압이 동일해질 때까지 폐로 빠르게 유입된다. 조용한 호흡 중에는 대략 0.5L의 공기를 들이마시게 된다.

안정 시의 규칙적인 들숨 주기가 끝나면, 날숨(즉 내쉬는 숨)이 시작된다. 날숨은 늑골벽의 크기 감소, 이후 폐의 압축, 이에 따른 폐내압 증가로부터 초래된다(Hixon & Hoit, 2005). 이후 공기는 폐압이 대기압 수준과 평형을 이루게 될 때까지 외부로 나온다. 조용한 호흡 시의 날숨은 근육의 능동적인 수축을 필요로 하지는 않는다. 오히려 이것은 중력, 그리고 폐-가슴벽 단위가 원래의 이완된 상태로 복귀하는 자연스러운 경향(즉, 수동적인 반동)에 의해 이루어지는 일이다. 호흡주기(respiratory cycle)는 한 번의 들숨과 이어지는 한 번의 날숨으로 정의된다. 안정적인 규칙호흡 중에, 들숨과 날숨의 지속시간은 상대적으로 동일하다.

말 산출을 목적으로 하는 호흡은 안정적인 규칙호흡과는 여러 측면에서 다르다. 첫째, 횡격막의 수축은 빠르고 강제적인 들숨을 만들어낸다. 더욱이 들숨에 소요되는 시간은 훨씬 더 긴 날숨의 그것에 비해 짧다. 여러분들은 말 호흡에서는 발화의 특정 요구에 따라 한 번에 최대 2L의 공기를 들이마시기도 한다. 조용한 호흡 시의 날숨과는 달리, 말을 할 때는 모

말 호흡과 조용한 호흡은 여러 가지 측면에서 서로 다르지만, 혈액 내 산소와 이산화탄소의 비율은 두 가지 호흡유형 간에 서로 동일하다.

든 공기가 폐로부터 지나치게 빨리 뛰쳐나오지 않도록 들숨근과 날숨근 모두의 능동적인 근 수축이 요구된다.

호흡체계에 관한 생애주기별 논점

출생 시점에서는 분당 30~80회의 규칙호흡 속도를 가진다. 3세경이면 규칙호흡 속도는 분당 20~30회로 떨어진다. 이러한 속도의 변화는 신생아들은 폐 안에서 가스의 교환이 일어나는 영역인 폐포(alveoli)의 수가 매우 적다는 사실에 기인한다. 폐포는 연령에 따라 그 수가 증가하여, 성인이 되면 수십만 개에 이르게 된다(Kent, 1997; Zemlin, 1998). 학령전기 아동들을 관찰하고, 이들이 성인에 비해 보다 자주 그리고 깊게 숨을 들이쉬는 모습에 주목해 보라. 7세경이면 폐포의 수는 성인 수준에 가까워지고, 10세경이 되면 호흡체계는 좀더 성인과 유사한 방식으로 기능하게 된다. 규칙호흡 속도는 분당 17~22회가 되며, 말 산출 중의 폐 및 복부벽의 용적과 폐압은 좀더 성인의 그것에 매우 근접하게 된다(Hixon & Hoit, 2005).

아동들이 성장해감에 따라, 호흡체계의 구조들은 그 크기가 증가하고, 이어서 폐용량(lung capacity)도 증가하게 된다. 최대 폐용량은 초기 성인기에 이르면 중년기까지 꽤나 일정하게 유지된다. 70대 또는 80대에 이르면 말 호흡을 목적으로 한 호흡기능은 덜 효율적인 것으로 변하게 된다.

호흡기능은 또한 운동, 건강, 그리고 흡연의 영향을 받는다. 노인들의 흡연은 폐기능상, 매 10년마다 500mL(약 1pint)의 누적적인 손실을 초래할 수 있는 것으로 추정되고 있다.

발성체계

발성체계의 가장 주요 구조는 **후두**(larynx)로 이것은 연골, 근육, 기타 조직들로 구성된 공기 밸브(air valve)이다. 이것은 말 산출을 위한 으뜸 소리생성기이며, 보통은 '음성상자(voice box)'라고 부른다. 후두는 기관의 최상부에 위치하며 인두(pharynx, 목구멍) 쪽으로는 개방되어 있다. 후두는 **설골**(hyoid bone, 혀밑뼈)에 매달려 있는 것처럼 보이는데, 설골은 후두 및 혀의 근육 두 가지 모두의 부착점 역할을 하는 말발굽 모양의 조직이다. 후두의 일차적인 생물학적 기능은 이물질이 기관이나 폐로 침투하는 것을 막는 일이다. 게다가 후두는 하기도(lower airway)를 위협하는 이물질의 강제적인 축출을 위해 공기를 아래쪽에 모아둘 수 있다.

후두는 서로 간에 인대(ligament)와 막(membrane)으로 연결된 갑상(thyroid, 방패), 피열(arytenoid, 호미), 그리고 윤상(반지)연골(cricoid cartilage)로 구성되어 있다(그림 3.5). **갑상연골**(thyroid cartilage)은 후두에서 가장 큰 연골이다. 이것은 후두 골격의 전면 대부분과 양 측면을 구성한다. 이 상부에는 V자 형태로 패인 갑상 홈(thyroid notch)이 있다. 이것은 목의 앞쪽에 손을 대보면 움직임이 느껴질 수 있다. 이 홈 바로 밑에 불룩 솟은 돌출이 있는데, 이를 **갑상돌출**(thyroid prominence), 즉 아담의 사과(Adam's apple)라고 하는데(Hixon et al., 2014), 이것은 일부 성인 남성들에게는 매우 뚜렷하게 돌출되어 있다.

그림 3.5 후두 골격구조 전면도

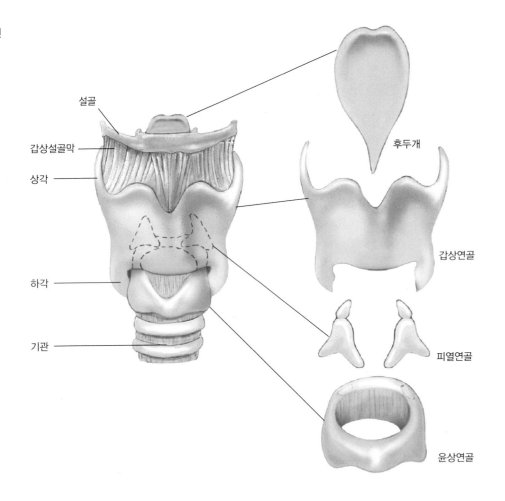

설골

갑상설골막

상각

하각

기관

후두개

갑상연골

피열연골

윤상연골

성대

성대(vocal folds)는 앞쪽으로는 갑상연골의 중앙선 부근에, 뒤쪽으로는 성대 인대(vocal ligament)에 의해 호미연골(arytenoid cartilage)에 부착되어 있다. 위에서 내려다보면, 한 쌍의 성대는 아이보리색 조직의 띠(band)처럼 보인다. 이것은 호흡 시에는 외전(abduct, 서로 떨어짐)되고, 발성 시에는 내전(adduct, 서로 붙음)된다.

후두체계에 있어서의 생애주기별 논점

후두체계 역시 연령에 따라 유의한 변화들을 거치게 된다. 신생아일 때 후두는 작고, 목의 매우 높은 곳에 위치한다. 설골 근처까지 올라가는 신생아들의 높은 후두 위치는 기도 보호를 유지시킴으로써 숨을 쉬는 동시에 섭식을 가능하게 해준다. 후두는 생의 첫해 동안 목 아래쪽으로 하강하기 시작한다. 이것은 10세에서 20세 사이에 그 최종 위치에 이르게 된다 (Hixon et al., 2014).

후두연골들은 연령이 증가하면서 크기가 점점 커지며 덜 유연해져간다. 설골은 2세경에

경화된다(뼈로 바뀜). 신생아의 성대 길이는 4~6mm이며, 6세경이면 약 8~9mm까지 길이가 증가한다. 사춘기에 이르게 될 때까지는 남아와 여아의 성대 길이가 동일하다. 사춘기가 지나가는 동안, 소녀는 약 12~17mm, 소년은 15~25mm로 성대 길이가 증가한다. 성인기에 이르면, 여성의 성대는 약 21mm, 남성은 29mm의 길이에 이르게 된다(Kent, 1997). 성인의 성대 길이의 성차는 남성이 일반적으로 여성보다 더 낮은 음도의 음성을 가진다는 사실을 설명해준다.

비록 남성과는 달리 여성의 후두는 결코 완전히 경화되지 않지만, 더 나이가 들어가면서 후두연골들은 경화되기 시작한다. 성대는 근육조직이 줄어들기 시작되고[위축(atrophy)], 성대 조직의 표층(superficial layer)이 보다 두꺼워지며 탄성을 잃게 된다. 이 결과 노화와 함께 성대는 전보다 더 단단해지고 유연성이 줄어들게 된다. 연령의 효과는 남성에서는 음도의 증가로 나타나게 되는데, 이는 근육의 위축과 성대 무게의 감소에 의한 것일 수 있다. 반대로 여성의 경우에는 노화에 따라 음도의 저하를 겪게 되는데, 이는 폐경(menopause)과 연합된 호르몬 관련 변화에 기인하는 것일 수 있다(Stoicheff, 1981).

조음/공명체계

조음/공명체계는 입의 입구에서부터 성대까지 연장되며, 〈그림 3.6〉에서 보이는 바와 같이 구강(oral cavity), 비강(nasal cavity), 인두강(pharyngeal cavity)으로 구성되어 있다. 이 세 가지 강(cavity)들이 모여서 성도를 형성하는데, 이것은 호흡 및 후두체계에 의해 생성된 소리 에너지를 모든 말소리로 형성해내는 공명음향관(resonant acoustic tube)이다(Kent, 1997). 치아, 혀, 그리고 연구개(여린 입천장)와 같이 말 산출에 중요한 구조들은 이 세 가지 강 내에 위치하고 있다.

조음/공명체계의 구조

조음/공명체계는 크게 안면골격 및 두개골(cranium)을 구성하는 22개의 뼈로 이루어져 있다. 이들 뼈 중 일부가 〈그림 3.7〉에 제시되어 있다. 하악(mandible, 아래턱)을 제외하고, 얼굴 및 두개골은 봉합선(suture)에 따라 서로 강력하게 융합되어 있다. 하악은 악관절(temporomandibular joint, TMJ)이라고 하는 복합적인 관절에 의해 측두골(temporal bone)과 연결되어 있다. 이 관절은 하악을 위와 아래 그리고 좌우로 움직일 수 있게 해주는데, 이것은 저작(chewing)에 필요한 운동이다.

치아

성인들은 구강 안에 위치한 하악과 상악(maxilla, 위턱)의 치조돌기(alveolar process, 두꺼운 해면돌기) 내에 고정되어 있는 총 32개의 치아를 가지고 있다. 치아의 명백한 생물학적 기능은 음식을 씹는(저작) 것이지만, 치아 역시 일부 영어 말소리 산출에 중요하다.

상악의 수평골(horizontal bone)은 뼈로 이루어진 경구개(hard palate)를 형성하는데, 이것이 입천장의 전방 2/3를 구성한다. 〈그림 3.8〉은 뼈로 된 경구개 조직 및 이것과 상악 치아

그림 3.6 인간 성도 단면도

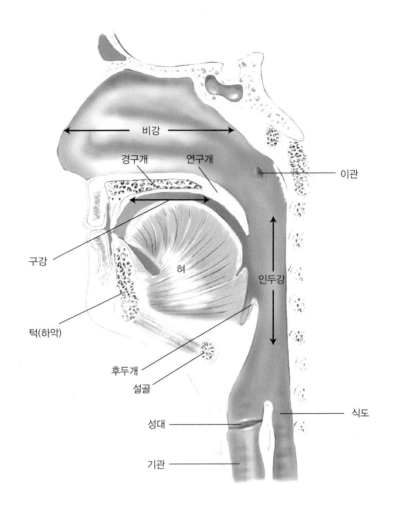

비강

경구개 연구개

이관

구강

혀

인두강

턱(하악)

후두개

설골

성대

식도

기관

와의 관계를 보여준다.

혀

말 산출에 중요한 구강 내 가장 주된 조직은 혀이다. 혀는 근육으로 된 누수측정기(muscular hydrostat)로 이는 뼈나 연골이 전혀 없는, 마치 코끼리의 코와 매우 흡사한 것임을 뜻한다. 이것은 자체의 근육을 수축함으로써 스스로의 조직을 지원할 뿐만 아니라, 다른 요소들을 둘러싸고 이를 구분시키는 연결 조직의 '부드러운 골격(soft skeleton)'을 가지고 있기도 하다 (Hixon et al., 2014; Kent, 1997).

연구개

연구개(velum) 즉 여린 입천장(soft palate)은 인두에 위치하며, 말과 삼킴 모두에 중요한 조직이다. 여러분이 조명이 밝은 화장실 거울을 통해 들여다보면 연구개 부분을 볼 수 있을 것이다. 여러분은 **목젖**(uvula, 구개수)이라고 하는 아래쪽으로 돌출된 조직을 볼 수 있을 것이다—구개수가 연구개의 종착점이다.

그림 3.7 **두개골의 전면(a)과**
측면(b)

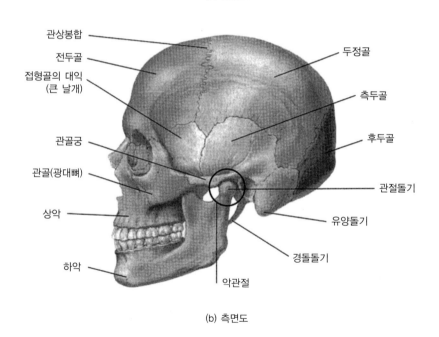

관상봉합

접형골의 대익
(큰 날개)

두정골

측두골

비골

상악

치조돌기

하악

(a) 전면도

관상봉합

전두골

접형골의 대익
(큰 날개)

두정골

측두골

후두골

관골궁

관골(광대뼈)

상악

관절돌기

유양돌기

하악

경돌기

악관절

(b) 측면도

여러분이 코로 숨을 쉴 때 연구개는 뼈로 된 경구개의 뒤쪽 측면에서 커튼처럼 늘어진다. 삼킴 및 말 산출 시에는 연구개가 상승하여 인두강과 비강을 분리시켜 따로 떼어놓게 되는 **연인두 폐쇄**(velopharyngeal closure), 즉 연구개가 인두벽의 측면과 후면에 접촉되는 일이 일어난다(Kuehn & Henne, 2003). 삼킴이 일어나는 동안 이 두 강들을 분리시키지 못하면 음식이 비강으로 넘어가는 일이 초래된다.

말 산출 시, 압력자음(예 : /p/, /b/) 산출을 위해 공기가 코로 탈출해버리는 것을 막고,

그림 3.8 성인의 뼈로 된 경구개 및 치아를 아래쪽에서 본 모습

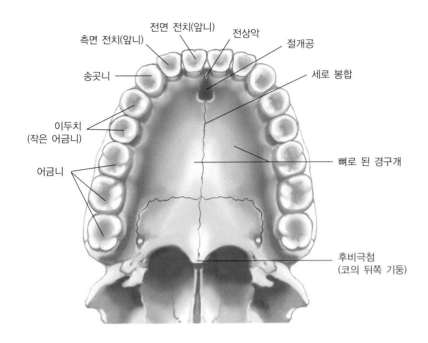

측면 전치(앞니)
전면 전치(앞니)
전상악
절개공
송곳니
세로 봉합
이두치
(작은 어금니)
어금니
뼈로 된 경구개
후비극첨
(코의 뒤쪽 기둥)

구강 안에 충분한 공기압이 형성되도록 하기 위해서는 연구개의 상승이 필요하다. 말을 하는 동안 코로 빠져나간 공기는 비강음 공명[질(quality)]을 초래하게 될 수 있다.

조음/공명체계와 관련된 생애주기별 논점

두개골은 생의 첫해 동안 빠르게 성장하여 약 8세경이면 성인의 크기에 이르게 된다. 출생 시 신생아는 45개의 분리된 두개골 뼈를 가지고 태어나서 성인이 되면 궁극적으로 22개의 뼈로 융합된다. 일단 융합(fusion)이 일어나고 나면 두개골은 하나의 단단한 뼈처럼 보인다.

안면 하부의 뼈들은 두개골 뼈들보다 성장 속도가 훨씬 느리다. 이 안면 하부 뼈들은 18세가 될 때까지는 성인의 최대 크기까지 이르지 않는다. 이처럼 두개골과 안면골의 서로 다른 성장 패턴으로 인하여, 얼굴은 두개골에 비해 상대적으로 하방 및 전방을 향해 성장할 수 있게 된다(Kent, 1997).

유아의 치아는 약 생후 6개월경에 출현하기 시작한다. 치아의 이 첫 번째 세트는 임시적인 것이며, 일반적으로는 젖니(유치) 또는 탈락성 치아(primary or deciduous dentition)라고 한다. 젖니(유치)의 출현은 일반적으로 3세경에 완료된다. 대략 5세경이면 유치가 빠지기 시작하여 영구치 또는 이차 치아(permanent or secondary teeth)가 나타나기 시작한다. 이차 치아의 출현은 일반적으로 18세경에 완료된다.

신생아의 혀는 구강의 거의 대부분을 차지한다(Kent, 1997). 생의 처음 몇 해 동안, 혀의 뒷부분이 인두강 쪽을 향해 내려간다. 혀는 약 16세경에 성숙한 크기에 도달한다. 일반적으로 혀의 성장은 하악(아래턱) 및 입술의 성장과 유사하게 진행된다(Kent, 1997).

출생 시, 연구개는 후두개(즉, 커다란 잎사귀 모양의 연골로, 그 아래쪽 끝은 후두의 갑상 연골의 갑상 홈 바로 아래쪽에 붙어 있다)와 매우 가까이 인접해 있어서, 유아가 코로 숨을

쉬게끔 만든다. 그 결과, 울음 및 비울음 발성 동안 연인두가 개방되어 있으며, 이로 인해 유아는 비음화된 발성을 한다. 즉 소리에너지가 구강을 통과하기보다는 비강을 향해 통과하게 된다(Hixon et al., 2014; Kent, 1981). 생후 2개월경이면, 유아들은 음절 산출을 위해 연인두를 폐쇄할 수 있지만, 이 폐쇄가 일관적이지는 못하다. 6개월에서 3년 사이의 어떤 시점에서 아동들은 구강 말소리 산출을 위하여 공기를 차단하는 연인두 폐쇄를 일관되게 해낼 수 있게 된다. 성인 형태의 연인두 폐쇄는 3세경에 도달하게 되고, 이후부터는 생애주기 전역에 걸쳐 이를 유지시킬 수 있다(Hixon et al., 2014). 노화는 연인두 기능에 최소한의 영향을 미쳐서, 이 영향이 어느 정도는 말 산출과 관련될 수 있는 것으로 알려져 있다(Hoit et al., 1994; Zajac, 1997).

마지막으로, 나이를 먹어가면서 구강의 길이와 부피가 증가한다. 이러한 해부학적 변화는 성도가 자연스럽게 공명하는 수준까지 주파수를 낮추게 함으로써 남성과 여성 성도의 전반적인 공명 특성에 영향을 미치게 된다(Xue & Hao, 2003).

말 산출과정

말의 산출은 성대의 진동 즉, **발성**(phonation)에 의해 만들어진 소리로부터 시작된다. 발성은 성대의 접근 또는 내전과 성문(glottis)의 폐쇄 또는 개방으로부터 개시된다. 일단 성대가 폐쇄되면, 성대 아래쪽에서 호흡체계에 의해 생성된 공기의 압력이 증가하게 된다. 호흡체계에 의해 생성되어 성대 바로 아래쪽에 형성되는 공기압을 폐포내압이라고 한다는 점을 기억하라.

아래쪽으로부터의 공기압은 각 성대의 아래쪽 가장자리를 좌우로 밀어낸다(벌어지도록). 이어서 각 성대의 위쪽 가장자리도 좌우 측면으로 벌어져 성대가 완전히 분리되어 기도가 개방되기에 이른다(그림 3.9의 장면 1, 2, 3, 4). 성대 개방이 극대화되고 나면, 성대의 자연스러운 탄성 회복력이 각 성대 아래쪽 가장자리들을 안쪽의 중앙을 향해 움직이게 하며, 이어서 성대 위쪽 가장자리들도 중앙으로 이동하면서 성대가 서로 맞붙게 되면서 기도가 완전 폐쇄된다(그림 3.9의 장면 5, 6, 7). 이 전 과정은 진동의 **기본주파수**(fundamental frequency), 즉 주기의 수(number of cycles, 초당 성대의 개방과 폐쇄 수)에 따르는 주기적인 형태로 반복된다(Story, 2002).

각 진동 주기별로, 성도의 공기는 진동하기 시작하면서 소리가 산출된다. 성대 진동으로부터 야기된 소리는 복합적인 것인데, 이것이 **배음**(harmonics)이라고 하는 대략 40개의 추가적인 더 높은 주파수들에 상응하는 최저 주파수 요소인 기본주파수를 구성해낸다. 배음주파수들은 기본주파수의 정수배를 가진다. 예를 들어, 기본주파수가 100Hz이면, 두 번째 배음은 200Hz, 세 번째 배음은 300Hz와 같은 식으로 계속된다. 〈그림 3.10〉은 성대 진동에 의해 산출된 복합음(complex sound)을 형태화한 스펙트럼(spectrum)이다. 스펙트럼은 수평축(x축)을 따라서 복합음의 주파수를, 수직축(y축)에는 이 주파수들 각각의 상대적인 강도를 나타내는 것이다. 배음주파수가 증가함에 따라 상대적인 강도는 체계적으로 감소되고 있음

그림 3.9 한 번의 진동 주기 동안의 성대 전면도. 폐에서 온 공기는 성대 아래쪽에 압력을 만들어낸다(1, 2, 3). 이 압력은 성대의 분리를 초래한다(4). 성대의 자연스러운 탄성복원력과 성대의 하부와 상부 움직임과 관련된 시간차가 성대의 폐쇄를 시작되게 한다(5와 6). 성대가 성문을 닫아서 주기가 종료되면, 다음 주기가 시작된다(7).

그림 3.10 200Hz의 기본주파수 및 관련 배음들을 나타내는 스펙트럼(a) 그리고 100Hz의 기본주파수 및 관련 배음들을 나타내는 스펙트럼(b)

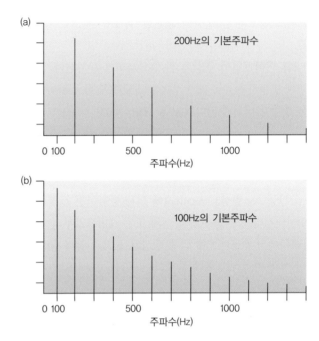

을 주목하라. 여러분들 스스로 스펙트럼 분석을 해보고자 한다면 www.praat.org에서 무료로 PRAAT를 다운로드하라.

공기로 채워진 강들은 음향학적 공명기이다. 공기로 채워진 강이 공명하게 될 주파수 또는 주파수들은 이 강의 부피, 강의 개방이 이루어지는 지점, 그리고 강이 개방되는 지점까지의 길이에 따라 결정된다.

성도는 후두에서 생성된 소리의 질을 조정해내는 음향학적 공명기(acoustic resonator)이다. 어떠한 음향학적 공명기에서든 공명기의 특정 물리적 측면에 따라 일부 주파수들은 감소되거나 약화되고, 다른 주파수들은 강화된다.

혀, 입술, 그리고 후두의 운동은 성도의 형태를 변화시키게 될 것이고, 이것이 다시 성대로부터 방출된 소리를 변화시키게 될 것이다. 모음 /i/(낱말 'bee'에서와 같이)와 /u/(낱말 'boot'에서와 같이)를 산출해보라. 이 두 가지 모음의 산출을 위해 여러분의 혀와 입술의 위치가 어떻게 변화되는지 느껴보라. 여러분의 입술과 혀의 위치 변화는 다시금 성도의 일정한 물리적 특성을 변화시킬 것이며, 이것은 여러분의 입에서 나온 소리의 질에 직접적인 영향을 미치게 될 것이다.

〈그림 3.11〉은 성도의 형태 변화가 어떻게 어떤 주파수들은 강화시키고 또 어떤 것들은 약화시키는가를 보여준다. 하나의 복합음이 성대 진동에 의해 만들어진다(a). 그리고 성도

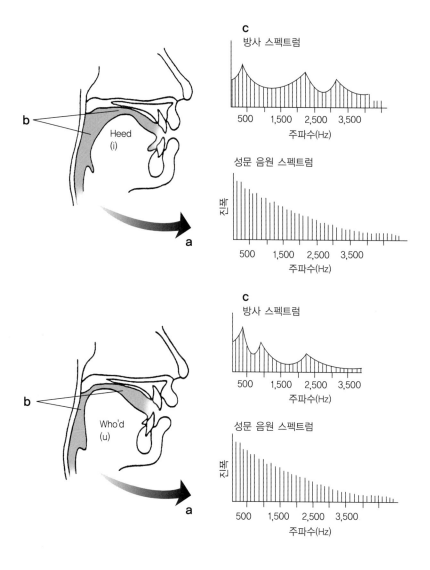

그림 3.11 성도 내의 공기를 진동시키게 하는(b) 성문의 음원(sound source) 스펙트럼(a). 방사 스펙트럼(c)에서 나타나는 바와 같이, 성도는 모음 /i/와 /u/를 위해 성문의 음원을 각기 다르게 여과(filter)시킨다.

는 일부 주파수들을 약화시키고 또 일부는 강화시키는 필터(여과기) 역할을 한다(b). 모음 산출 동안 입으로부터 방출된 소리(c)는 주로 혀의 위치에 따라 결정되는 성도의 일반적인 모양과 직접적으로 관련되어 있다. 모음 /u/의 경우, 저주파수가 강화되는 반면, 고주파수는 다소 약화되는 모습에 주목하라. 모음 /i/의 경우, 저주파수는 다소 약화되고, 반면 고주파수가 강화된다.

자음 산출 동안 /t/, /d/, /k/, /g/와 같은 정지음(stop sound) 산출을 위해서는 종종 여러분의 혀를 사용하여 순간적으로 성도를 차단하는 경우가 있다. /s/와 /sh/ 같은 소리들을 산출하기 위해서는 성도 내에 여러분의 혀로 협착(constriction)을 형성하여 공기가 이 협착점을 통과할 때 마찰 소음(frication noise)을 만들어낼 필요가 있다.

요약

이 장은 말과 음성기제의 해부학 및 생리학에 관한 전반적인 개요를 제공한다. 말 산출에 사용되는 구조 및 그 기능에 대한 학문은 포괄적이며 복합적인 것이다. 비록 해부학은 정적인 것이나, 이 구조들은 역동적인 운동이 가능하여 인간의 독특한 말 과정을 만들어낼 수 있음을 기억하라.

해부학 및 생리학은 말-언어치료사들에게 필수적인 것이다. 이 주제와 관련된 지식 및 이해는 이들 체계 내의 붕괴로 인한 직접 또는 간접적인 결과로 나타난 의사소통장애를 가진 의뢰인들의 평가 및 치료를 도울 것이다.

추천도서

Hixon, T. (2006). *Respiratory function in singing: A primer for singers and singing teachers.* Tucson, AZ: Redington Brown.

Hixon, T., & Hoit, J. (2005). *Evaluation and management of speech breathing disorders: Principles and methods.* Tucson, AZ: Redington Brown.

Hixon, T., Weismer, G., & Hoit, J. (2014). *Preclinical speech science: Anatomy, physiology, acoustics, and perception* (2nd ed.). San Diego, CA: Plural Publishing.

Kent, R. (1997). *The speech sciences.* San Diego, CA: Singular Publishing.

Zemlin, W. (1998). *Speech and hearing sciences anatomy and physiology* (4th ed.). Boston, MA: Allyn & Bacon.

4 아동 언어장애

학습목표

이 장을 마치면 여러분은 다음과 같은 것들을 할 수 있게 될 것이다.

- 언어장애를 분류한다.
- 언어장애와 연관된 다른 장애를 기술한다.
- 언어장애의 평가절차를 설명한다.
- 언어중재의 전반적인 설계를 기술한다.

언어장애는 특성, 심한 정도, 원인의 넓은 범주를 가진 다양한 장애(disorder)와 지체(delay)의 복잡한 집단이다. 어떤 아동은 부적절하고 비효율적이거나 쓸데없는 말을 하기도 하며 또 다른 아동은 보기에도 미성숙해 보이는 언어를 구사하기도 한다.

언어장애(language impairment, LI)라는 용어는 발달장애나 후천적으로 습득된 장애와 지체를 지닌 여러 이질적인 집단에 적용되는 말이다. 언어장애는 언어의 형태, 내용, 기능, 그리고 어떤 조합으로든 목표로 하는 이해와 산출을 위해 구어 또는 문어를 사용하는 데 결함을 갖거나 미성숙하다고 특징지을 수 있는 집단이다. 언어장애에 대한 이러한 정의에 대해 다음을 고려해라.

- 언어장애를 가지고 있는 아동이나 청소년들은 매우 다르다. 그 장애는 개인의 생애 어느 시점에서든지 발현될 수 있으며 다양한 증상과 발현된 모습, 효과, 시간에 따른 정도의 심각성의 견지에서 다르게 나타난다. 또한 맥락, 내용, 학습과제 등의 결과로 다양하게 나타나기도 한다.
- 장애는 비정상적인 발달에 기인하는 수도 있으며 사고, 부상 또는 다른 환경적 요인에 의해 습득될 수도 있다.
- 듣기, 말하기, 읽기, 쓰기와 같은 하나 또는 그 이상의 의사소통 수단에서 결핍과 미성숙이 지속될 수 있으며 수용언어 및 표현언어에 영향을 줄 수 있다. 예를 들어 언어장애를 지닌 학령전기 아동들은 문자인식, 베껴쓰기를 잘 할 수 없고 일과를 쓰고 그리는 것에서도 뒤처져서 마치 읽을 수 있는 체하거나 부모가 읽어주는 동안 질문을 하기도 한다(Mavin & Wright, 1997). 단적으로 어린 언어장애 아동은 입학 후의 문식성장애에 대한 위험에 처해 있다(Nathan et al., 2004).
- 하나나 그 이상의 언어영역(형식, 내용, 사용)이 영향을 받을 수 있다. 예를 들어 언어장애를 가지고 있는 아동은 전형적인 발달을 하는 같은 연령의 아동보다 더 짧고 덜 정교한 문장을 사용한다(Greenhalgh & Strong, 2001).

〈사례연구 4.1〉은 언어장애를 지닌 한 아동의 이야기를 보여준다.

〈글상자 4.1〉은 언어장애 아동이 보인 다소 혼합된 언어의 예를 나타내고 있다. 대부분의 언어장애 아동이 발달의 다른 영역에서도 장애를 보이는지 확실하지는 않지만 많은 아동들에게는 적어도 초등학교 연령 동안 언어결함이 지속된다(Tomblin et al., 2003). 언어장애 아동, 특히 남아가 심각한 수용언어 결함을 가진 경우는 교실뿐 아니라 운동장에서조차 말하는 것을 꺼리고 사회적 성숙에서 부족하며 행동문제를 보일 수 있다(Hart et al., 2004; Huaqing Qi & Kaiser, 2004).

방언사용자와 영어학습자(ELL)가 나타내는 것과 같은 언어차이(language differences) 측면은 장애의 정의에서 확실히 빠져 있다. 이러한 언어차이는 그 자체로 언어장애가 아니어서 SLP의 임상중재가 필요한 건 아니다. 그러나 의뢰인의 요구가 있을 때 선택적인 중재는 가능하다.

ASHA 웹사이트(www.asha.org)에서 언어장애와 기타 의사소통장애에 대한 읽기 쉬운 안

사례연구 4.1

언어장애를 가진 아동의 사례연구 : 카산드라

5세의 카산드라는 활동적이고 열정적인 유치원생이다. 카산드라는 예정보다 1개월 먼저 태어났는데 출생 시 체중은 1.85kg 정도여서 출생 후 처치와 관찰을 위해 수 주간 병원에 입원해 있었다. 병원에서 카산드라를 돌보았던 전문가 팀은 처음엔 집에서 나중에는 클리닉에서 조기중재 서비스를 받을 것을 부모에게 권고하였다. 팀이 관여된 것은 카산드라가 나중에 발달문제를 가지게 될 위험군이라는 점 때문이었다.

18개월까지 카산드라는 말하지 못했으며 전문가 팀은 개별 및 집단 중재서비스를 받을 수 있는 특수언어유치원(special language intensive preschool)에 다닐 것을 권유했다. 말-언어치료사와 발달전문가, 학급교사들은 함께 작업하며 카산드라의 초기 의사소통 행동, 운동기술, 인지능력에 대해 철저한 평가를 하였다. 카산드라는 말-언어의 영역에서는 지체되었지만 운동 및 인지능력은 다른 아이들과 비슷했다.

말-언어치료사들은 학급교사와 부모 둘 다와 긴밀하게 연결하여 작업하였는데 이는 다른 사람들이 카산드라와 상호작용하는 방식과 의사소통 요구조건에 있어서 상이한 의사소통 환경 간에 일관성이 있음을 확인하기 위해서였다. 카산드라의 프로그램은 그녀의 환경 내에 있는 목록에 대한 단어와 구를 포함시켜 개별화시켰다. 일단 한 단어 문장이 시작되자 빠르게 단어의 조합을 배웠고 점점 더 긴 구를 사용하게 되었다. 유치원에 들어가서는 낮은 수준의 정상범주 언어능력을 나타냈다.

이 장을 읽으면서 다음에 대해 생각해보자.

- 카산드라의 지체에 대해 가능한 설명
- 카산드라의 언어를 측정할 수 있는 가능한 평가과정
- 카산드라의 언어발달과 언어사용을 돕기 위해 중재 팀이 사용할 수 있는 가능한 목표

글상자 4.1 | 언어장애 아동과의 대화 예

교사 : 너희 집에 애완동물 있어? (Does your family have a pet?)

아동 : 네. (Yeah.)

교사 : 나한테 그 애완동물에 대해 말해줘. (Tell me about this pet.)

아동 : 애완동물 있어. (Got a pet.)

교사 : 으응, 애완동물 얘기해줘. (Um-hm, tell me about the pet.)

아동 : 애완동물 있어. (Got a pet.)

교사 : 그렇구나. 난 정말 그것에 대해 듣고 싶은데. (Yes, and I really want to hear about him.)

아동 : 같이 가. 내... (Got with my...) 아, 같이 가... (ah, go with my...) 아빠 같이 가... (Dad go with....)

교사 : 아빠가 애완동물을 산책시키네. (Your dad walks the pet.)

아동 : 아니, 나. (No, me.)

교사 : 아, 너랑 아빠가 개를 산책시키는구나. (Oh, you and your dad walk the dog.)

아동 : 아니, 나. (No, me.)

교사 : 오, 너 혼자 개를 산책시키니? (Oh, just you walk the dog?)

아동 : 아니, 나. (No, me.)

교사 : 너무 헷갈리네. (I'm confused.)

아동 : 나 개. (Me dog.)

교사 : 아하, 그건 너의 개로구나. 누가 너의 개를 산책시키는 거지? (Oh, it's your dog. Who walks your dog?)

아동 : 그중에 하나랑. (With one of them things, you know.)

교사 : 어떤 거? 누가 너의 개를 산책시키니? (What things? Who walks your dog?)

아동 : 이런 것들이랑. (With them things like this.)

교사 : 그래, 네가 개 줄을 사용하는구나. (Yes, you use a leash.)

내를 찾을 수 있다. 왼쪽의 'Information for : The public'을 클릭한 다음 우측의 'Disorders and Diseases'를 클릭해라.

여러분을 이러한 복잡한 주제로 안내하기 위해 언어장애와 관련된 주된 장애들에 대해 논의하게 될 것인데, 먼저 이 장에서는 전형적인 언어발달에 관해 간략히 살펴볼 것이다. 필요에 의해 왼쪽 추후연구의 구체적 내용과 함께 이 논의를 개관해볼 것이다.

전 생애에 걸친 언어발달

이론적으로 생각하면 같은 언어를 쓰는 모든 화자들은 의사소통이 가능해야 할 것이다. 어떤 차이들은 의사소통에 손상을 줄 만큼 너무 크지만 이런 차이를 장애로 규정짓지는 않는다.

이미 알다시피, 언어는 복잡한 것이며, 따라서 언어발달에 대해 설명하려는 시도 역시 매우 복잡하다. 다음 섹션에서 우리는 아동과 청소년의 발달에 중점을 둘 것이며 장애에 관련된 것을 연결하여 이 장의 뒷부분에서 논의하기로 한다. 언어발달에 관한 개요는 〈표 4.1〉과 같다.

언어 전

아동은 자기가 의사소통자로 대우받기 때문에 의사소통자가 된다.

의사소통자가 되는 법을 배우는 것은 생후 첫해 이상의 더 많은 시간이 걸린다. 양육자는 마치 자기가 말하는 것을 아기가 다 알고 있다는 듯 아기에게 말을 한다. 나중에 아기가 한정된 방법으로나마 언어를 이해하기 시작했을 때에는 오히려 최대한 이해할 수 있으며 많이 반응하고 참여할 수 있는 형태로 말하는 방법을 변형시킨다.

출생 후 곧 아기는 양육자와 상호적 과정에 능동적으로 참여하게 된다. 아기는 특히 양육자의 목소리나 얼굴에 반응한다. 민감한 어머니는 아기가 반응하는 속도에 맞추어 자기 말소리 속도를 다양하게 변화시킨다(Hane et al.). 주의를 지속시키기 위해 양육자는 자기 얼굴표정과 목소리를 과장하며 더 자주 소리를 낸다. 다시 아기는 눈 마주침이나 발성으로 반응한다. 발달이 진행됨에 따라 아동과 양육자 행동, 그리고 맥락 간의 역동적인 관계가 영향을 받는다.

영아는 완벽한 상대자이며 그들의 행동은 양육자의 의사소통 행동에 영향을 받는다. 성인과 차례대로 주고받는 행동은 영아들이 소리를 만들어내는 데 도움을 준다. 영아의 옹알이는 개별 소리라기보다는 음절을 포함하게 되면서 보다 말에 가까워지고 성숙하게 된다.

첫 3개월 동안 영아에게 특정 행동에 대한 '신호(signal)'의 가치를 가르쳐주는 것은 양육자의 반응이다. 그동안 영아는 자극과 반응 체계를 배운다. 울음이 신호로 오면 양육자는 반응할 것이다. 또 우유병처럼 상대적으로 지속적인 자극과 신호가 결국 예상가능한 먹기와 같은 반응을 가져온다는 것을 알게 된다.

게임이나 의례적 행동은 대화와 함께 많은 특성을 공유한다.

3개월에서 4개월까지는 의례적 행동이나 게임 놀이가 나타난다. 우유를 먹일 때나 기저귀를 가는 것과 같은 의례적 행동은 아동에게 행동이나 말의 예측가능한 패턴을 제공한다. 예상가능한 방법으로 상호작용이 전개된다는 것을 알게 되면서 영아들은 사건에 대한 기대를 형성하기 시작한다. '까꿍(peekaboo)'이나 '잡으러 가자(I'm gonna get you)'와 같은 게임은 많은 의사소통의 측면을 가지고 있다. 여기에는 차례의 교환, 각각의 순서에 대한 규칙, 단

표 4.1 전 생애에 걸친 언어발달

연령	성취
3개월	상대자에게 소리로 반응한다.
8개월	몸짓을 사용한다.
12개월	첫 단어를 말한다. 첫 단어에는 몸짓에 의해 기호화된 의도들이 먼저 나타난다.
18개월	단어배열 규칙에 기본을 둔 단어조합이 시작된다.
2세	의존형태소를 첨가하기 시작한다. 평균발화길이(MLU)는 1.6에서 2.2이다.
3세	보다 성인의 문장구조에 가까워진다. 평균발화길이(MLU)는 3.0에서 3.3이다.
4세	대화상대자에 적합하도록 말하는 방식을 바꾸기 시작한다. 평균발화길이(MLU)는 3.6에서 4.7이다.
5세	언어형태의 90%를 익힌다.
6세	쓰기와 읽기를 통해 의사소통의 시각적 양상을 배우기 시작한다.
청소년기	대화 및 내러티브 말하기에 능숙하게 참여할 수 있다. 단어의 복합적 의미와 비유어를 안다. 말할 때 성형태나 여성어, 남성어를 구분해서 사용한다.

출처 : Owens(2013)의 정보에 근거함.

어와 행동을 위한 특별한 슬롯이 담겨 있다.

약 8개월에서 9개월의 영아들은 양육자와의 상호작용에서 일차적으로는 몸짓을 통해 **의도성**(intentionality)을 나타낸다. 맨 처음의 영아의 행동은 다른 사람에게 영향을 주게 되어 있다. 요구하기, 상호작용하기, 주의 끌기와 같은 의사소통 행동이 언어 전의 의사소통 수단으로 처음 수행되며, 나중에야 언어로 나타나게 된다.

의사소통을 위한 의도는, 의사소통 상대자와의 눈 마주침(eye contact)에 수반되는 영아의 몸짓이라든지, 특정한 의도를 나타내기 위한 일관된 소리 및 억양패턴의 사용 등에서 나타난다. 의도적인 발성이나 소리는 혼자의 활동에서 영아가 사용하는 '혼잣말(private speech)'과는 다르다(Papaeliou & Trevarthen, 2006).

초기 몸짓은 발성 없이 나타나지만 시간이 지나면서 발성과 함께 출현된다. 녹음된 **음성학적 지속 형태**(phonetically consistent form, PCFs)에 나타난 일관된 발성패턴은 많은 몸짓을 수반한다.

12개월이 되면 의미 있는 첫 단어가 나타날 것이다. 영아의 의도는 언어상징이나 단어로 부호화되어 나타난다. 이전에는 몸짓으로 기능을 수행했다면 이때에는 몸짓에 관계없이 실제 단어들이 그 기능을 위해 사용된다. 구어를 발달시키기 위해서는 영아들이 소리들을 모을 수 있어야 하며, 나중에 비교와 동일시를 위해 이러한 소리정보를 사용할 수 있어야 하고, 이러한 소리들을 의미와 연관시킬 수 있어야 한다.

첫해 동안 영아들은 모국어의 소리패턴을 배운다. 6개월 때 더 좋은 말 지각능력은 나중

주의 끌기와 같은 초기 의도는 몸짓으로 나타나며, 첫 단어들은 이러한 같은 기능을 흔히 수반되는 몸짓으로 채운다.

에 더 나은 단어이해, 단어산출 및 구의 이해와 연관되어 있다(Tsao et al., 2004). 영아의 지각능력은 보통 8개월에서 10개월까지 모국어의 말소리와 음절에 제한되어 있다. 이러한 패턴은 말하기와 단어의미의 학습촉진에 있어 결정적인 역할을 한다. 대부분의 단어는 소리패턴, 맥락, 비언어적ㆍ준언어학적 단서에 근거하여 이해되어진다.

언어를 배우고, 표현하며, 상징화를 배우는 과업은 인지능력과 매우 큰 관련을 갖는다. **표상**(representation)은 한 가지 일을 다르게 표시하는 과정이다. 예를 들어, 놀이에서 종이조각이 인형에게는 담요로 사용될 수 있다. **상징화**(symbolization)는 어떤 것을 대표하기 위해서 단어나 기호와 같은 자의적인 상징을 사용한다. 처음에는 그 '어떤 것'이 맥락과 '방아쇠' 안에 있는 것이거나, 단어의 산출에 자극을 주는 것일 수 있다. 18개월 무렵에는 엄마가 없을 때조차 엄마를 언급할 수 있게 된다. 이러한 매우 단순화된 설명에서 기호란 대상을 지시하거나 그것을 상징하는 것이다.

유아기 언어

18개월까지는 거의 50개의 단일 단어를 산출하게 될 것이며 예상가능한 방식으로 두 단어를 연결시킬 수 있게 된다. 몇 달 지나지 않아 서너 단어 조합이 나타난다. 발화길이(utterance length)와 어휘가 증가함에 따라 옹알이(babbling)의 사용은 줄어든다.

사용

어린 아동의 언어에 익숙하지 않은 사람들은 모방하거나 이름대기를 위해서만 모든 첫 단어를 사용한다고 생각하곤 한다. 실제적으로 유아의 단일 단어는 요구하고, 설명하며, 질문하기 위해서도 사용된다.

먼저 언급한 것과 같이 단어는 아동이 앞서 습득한 몸짓으로 표현할 수 있는 의도 내에서 우선적으로 습득된다. 초기 의도 몇 가지를 〈표 4.2〉에 소개한다. 〈글상자 4.2〉에 있는 대화에서는 표현된 사용과 의도를 보자.

내용과 형식

생후 2년의 시기는 어휘성장(vocabulary growth) 및 단어조합(word combination)의 해라고 할 수 있다. 어휘성장은 처음 몇 달 동안은 느리지만 급속도로 늘어난다. 단어를 이해하는 능력이 점차 발달하지만 처음에는 매우 맥락 의존적이다(Striano et al., 2003). 18개월에는 3개 정도의 단어노출에서 새로운 단어와 참조물 연관 학습을 할 수 있다(Houston-Price et al., 2005). 2세가 되면 유아는 약 150~300개 단어의 표현어휘를 갖게 된다. 또한 더 많은 어휘를 가지고 있는 2세들은 더 큰 범위의 문법구조를 사용한다(McGregor et al., 2005).

각 유아들은 자기 나름대로의 **어휘집**(lexicon), 또는 유아 각자의 환경을 반영하는 단어들로 이루어진 개인 사전(personal dictionary)을 갖게 된다. 보통 유아들은 각자의 제한된 경험에 근거하여 단어를 정의하기 때문에 어른들과는 다른 정의를 갖는다.

초기 단어조합은 예상가능한 양상을 따른다. 몇몇의 개별 단어는 "Throw ball."과 같은

성인과 유아기 정의는 매우 다르다. 유아의 정의는 배제적으로(exclusively) 기준하는 경험에 기초하는 것인 반면 성인의 정의는 타인과 공유하는 의미에 기초를 둔다.

글상자 4.2 | 유아기 언어의 예

스테이시와 엄마는 그림에 색칠하며 말하고 있다. 그 언어는 과제와 관련되어 있음을 주목해라. 스테이시의 엄마는 짧은 발화를 하고 있으며, 질문을 함으로써 스테이시가 반응하도록 단서를 주고 있다. 스테이시는 과제에 대해 말하면서 참여하고, 엄마의 먼저 발화의 부분에 협조한다.

엄마 : 너는 무엇을 하고 있지?(What are you making?)

스테이시 : 멍멍이.(Doggie.)

엄마 : 멍멍이 칠하고 있었어? 오, 멋있다. 스테이시.(Are you making a doggie? Oh, that's nice. Stacy.)

스테이시 : 더 멍멍이 어디 있어?(where more doggie?)

엄마 : 다른 멍멍이는 밑에 있어?(Is there another doggie underneath?)

스테이시 : 응.(Yeah.)

엄마 : 어디 있어? 그림을 찾을 수 있겠니? 이게 네가 찾는 건가, 멍멍이 그림이? 멍멍이 어디 있지?(Where? Can you find the picture? Is that what you're looking for, the picture of the doggie? Where's a doggie?)

스테이시 : 멍멍이 하나. 멍멍이 칠해.(A doggie. Color a doggie.)

엄마 : 그래, 너는 그 멍멍이 칠하는구나.(Okay, you color the doggie.)

스테이시 : 엄마 크레용 칠해.(Mommy color crayon.)

엄마 : 엄마가 크레용 갖고 있어. 엄마는 색칠하고 있어. 엄마가 뭘 칠해?(Mommy has crayons. Mommy's coloring. What's mommy making?)

스테이시 : 멍멍이.(Doggie.)

엄마 : 멍멍이 한 마리.(A doggie.)

스테이시 : 그래.(Okay.)

엄마 : 좋아. 나는 멍멍이 칠해야지. 이게 멍멍이 꼬리인가?(All right, I'll make a doggie. Is this the doggie's tail?)

스테이시 : 멍멍이 꼬리 더.(Doggie's tail. More.)

엄마 : 멍멍이 더?(More doggie?)

스테이시 : 그래.(Okay.)

엄마 : 스테이시는 색칠할 수 있지? 그렇지?(Can Stacy color? Hum?)

스테이시 : 거기 멍멍이 더, 멍멍이 더 아빠.(More doggie there. More doggie daddy.)

엄마 : 멍멍이 더 아빠?(More doggie daddy?)

스테이시 : 더 멍멍이 줘. 멍멍이 더. 거기 멍멍이 더 놔.(Want a more doggie. More doggie. Put more doggie there.)

엄마 : 좋아. 네가 이 페이지에 있는 멍멍이 색칠할까? 네 멍멍이 무슨 색이지?(Okay, you color the doggie on this page. What color's your doggie?)

스테이시 : 파랑. 이 페이지 칠해. 엄마.(Blue. Color this page, mommy.)

표 4.2 아동의 초기 의도 예

의도	예
요구하기	조르는 목소리로 요구하는 물건의 이름을 말한다. 때로는 손을 뻗는 제스처를 동반한다.
저항하기	물건을 밀치거나, 외면하고, 얼굴을 찡그리면서 "아니야." 또는 "싫어."라고 말하거나 그 물건의 이름을 말한다.
내용 질문하기	물건을 가리키거나 바라보면서 "뭐야?", "이거." 또는 "뭐?"라고 묻는다.
행동에 수반되는 말	그네를 타거나 빙그르 돌 때 "휘이." 소리를 낸다든가 무엇인가가 넘칠 때 "어." 소리를 내는 것과 같은 말소리가 행동에 수반된다.
인사하기	안녕이라고 하면서 손을 흔든다.

주 : 완전한 목록은 Owens(2014)에서 찾을 수 있다.

구분할 수 없는 개인 단어와 결합된다. 어떤 단어는 다른 단어들과는 결합되지 않는다. 반대로 어떤 단어들은 여러 다른 단어들과 결합이 된다. 이를테면 "Eat cookie.", "Eat cracker.", "Eat candy."와 같은 것이 그것이다. 마지막으로 어떤 단어들은 "Mommy drink.", "Drink juice.", "More drink."처럼 여러 개의 다른 조합 내에서 유연하게 사용된다.

아동의 짧은 발화는 구문지식의 복잡한 상호관계를 나타낸다. 제한된 인지자원, 특히 작업기억과 의사소통의 목표, 대화의 구조 등이 그것이다(Vslian & Aubry, 2005).

학령전기 언어

대부분의 의사소통은 아직도 양육자의 대화 틀(frame of conversation)에서 발생한다. 기억이 증가하면서 아동은 지난 일에 대해 이야기하고, 짧은 이야기를 기억해내는 것을 포함하려는 대화기술을 확대시킨다. 아동의 증가된 언어기술은 이러한 기억과 회상을 촉진시킨다.

> 언어규칙의 학습은 가설검증하기(hypothesis testing) 및 정교화(refinement)까지를 포함하는 긴 과정이다.

학령전 언어에서 발견되는 창의성은 대치(substitution)라고 부르는 과정을 반영한다. 유치원 아동의 많은 비율의 발화는 먼저 산출한 발화에서 약간만 다르다. 예를 들어, 아동은 "멍멍이는 싫어.", "야옹이는 싫어.", "소는 싫어."와 같이 같은 틀 안에 다른 단어를 대치하면서 말한다(Lieven at al., 2003).

아동은 다른 사람과의 상호관계로부터 언어의 규칙에 대한 가설을 형성시키고 보다 복잡한 언어를 산출하기 위해 이 가설을 사용하게 된다. 각 아동 환경 내의 양육자는 아동이 더 나은 발달을 할 수 있도록 피드백과 모델을 제시한다. 보다 성숙한 형태로 아동의 발화를 반복해주거나 발화를 재형성하는 것이다(Chouinard & Clark, 2003). **재형성**(reformulation)의 예를 들면 "토미는 와요.", "내일 내 생일."이라고 말하면 "그래, 내일 네 생일 파티에 사촌 토미가 다른 애들 모두랑 같이 오는구나."라고 성인이 반응해주는 것이다. 아동의 언어는 점차 세련되어지는 과정 속에서 환경에서 사용하는 언어를 점증적으로 반영한다.

언어규칙가설(language rule hypothesis) 형성에 관련된 과정은 영어의 규칙동사표현에서는 나타나지만 어른 말에서는 별견되지 않는 *eated*와 *goed*와 같은 구조에서 나타난다. 동사는 *-ed*를 첨가함으로써 과거시제를 만든다. 불행히도 모든 동사들이 이 규칙을 따르는 건 아니다. 아동 및 심한 정신지체를 가진 성인들의 경우 자기들이 들은 언어로부터 추론된 언어 규칙에 근거하여 가설을 세우는 데 능력이 제한되어 있을 수 있다.

몇몇 아동들은 새로운 구조를 시도하는 데 어려움을 지닐 수 있거나 실수를 보인다. 어떤 아동은 새로운 구조를 산출하기 위한 시도를 덜하기 때문에 실수를 보이지 않을 수도 있다(Rispoli, 2005).

사용

학령전기 아동들은 양육자와 대화를 할 때 주제를 소개하고 평균 두세 번의 차례 동안 이러한 주제를 유지한다. 다음의 예와 같이 이 아동들에게는 지나간 주제를 유지하는 것보다는 새로운 주제를 소개하는 것이 더 쉽다.

아동 : 나 새 자전거 샀는데.

대화자 : 무슨 색깔이야?

아동 : 빨강.

대화자 : 네 생일날 그거 탔구나?

아동 : 엄마가 거미 봤는데.

학령전기 아동들은 대화에서 확실한 정보와 요구된 많은 정보들을 청자가 알 필요가 있다는 것과 함께 더 어린아이들과 이야기할 때는 대화양식을 바꿀 필요가 있다는 것에 대해 고려하기 시작한다.

그리고 말하기 양식은 역할놀이와 내레이션 또는 이야기하기에 반영된다. 4세 아동은 단순한 순서를 갖춘 이야기를 말할 수 있는데 주로 지나간 사건에 대한 것이다.

내용

아동의 표현어휘는 2세가 되면 대략 300개의 단어까지 이르게 되고, 3세와 4세에는 각각 900개, 1,500개로 급속히 성장하게 된다(글상자 4.3을 보라). 문맥 내에서는 그 많은 단어들의 2~3배를 이해할 수 있을 것이다.

단어는 아동이 문맥으로부터 의미를 추론하고 비슷한 방식으로 그 단어를 사용하는 **빠른 연결**(fast mapping)이라고 부르는 과정을 통해 빨리 학습된다. 정의하기는 시간이 지나면서 점진적으로 발전된다.

학령전기 아동들은 단일 단어에 덧붙여 몇 개의 관계단어와 다른 단어에 결합되어 사용되는 구들을 습득하며 언어의 더 긴 단위를 만들어낸다. 관계단어(relational words)의 범주에는 *in, on, under*와 같은 장소를 나타내는 용어와 *first, last*와 같은 시간을 나타내는 용어, *more than*과 같은 양을 나타내는 용어, *bigger than*과 같은 특성을 나타내는 용어, *brother*와 같은 가족관계를 나타내는 용어, *and, if, so, but, because*와 같은 접속사가 있다.

부분적으로, 의미발달은 인지발달을 반영한다. 예를 들어, 4세 아동은 어린 아동이 보이는 것보다 더 발달된 학습정보의 저장 과정을 나타내주는 범주화 기술을 나타낸다.

형식

학령전기에는 언어형식 변화가 매우 극적이다. 2세에 짧은 두 단어에서 네 단어 문장으로 시작하여 5세에는 성인 구문의 90%를 획득하는 것 같다. 영어를 사용하는 학령전기 아동의 경우 언어가 길어지는 만큼 언어는 복잡하게 된다. 우리는 형태소의 평균 또는 **평균발화길이**(mean length of utterance, MLU)를 계산하여 아동의 언어발달을 설명할 수 있다. MLU의 계산은 이 장의 뒷부분에서 논의할 것이다. 일부 MLU값을 〈표 4.1〉에 제시하였다.

18개월에서 24개월 아동의 발화에 나타난 단순한 단어순서 규칙은 보다 정교한 문법의 기초가 된다. 3세까지 대부분 아동의 발화는 주어와 동사를 포함한다. 이런 기본적인 구조는 관사와 형용사, 조동사, 전치사, 대명사, 부사의 첨가로 보다 정교해진다.

많은 성인 형태의 문장들은 학령전기 시기에 걸쳐 발달된다.

글상자 4.3 | 학령전기 아동의 예

G와 B는 4세의 아동들이다. 이 아동들은 여러 개의 소방대원 모자, 접시, 인형을 가지고 놀고 있다. 이 예를 〈글상자 4.2〉 유아기의 언어와 어떻게 다른지 주의해서 보라. 각 아동은 대화에서 자기의 몫을 지지해주고 있다. 구문은 성인과 비슷해졌지만 내용은 아직 아이이다. 주제의 빠른 변화 때문에 이 예는 어딘지 우스꽝스럽게 보인다. 성인이 주제 구문을 결속하고 유지시키기 위해 개입하지 않았기 때문에, 이 문장의 예들은 주제가 변환되기 전에 각 주제에 대해 단지 한두 번의 차례만 있을 뿐인 자유로운 대화가 되었다.

G : 근데 나는 이 중에 2개를 쓸 거야.

B : 한꺼번에? 나는 이걸 쓸 거야.

G : 나는 이걸 쓸 거야.

B : 그리고 나는 이거 해야지.

G : 너는 이거 써, 나는 이거 쓸 거야.

B : 두 가지 색 컵이야. 너는 이것으로 마셔. 나는 큰 걸로 마실래. 나는 거기 위에다가 상자 놓을래.

G : 좋아. 내가 할래. 나는 이거 가지고 너는 이거 가져.

B : 거기다 놔둬.

G : 얘, 너무 행복해 보이지가 않아.

B : 어, 내가 왜 흘렸지?

G : 내 거는 서 있기만 할 수 있어.

B : 내 거는 앉아.

G : 저녁 다 먹었다. 이게 무슨 숟가락이지?

B : 플라스틱 숟가락. 딴 거는? 이제 나는 저녁 먹을 시간이야.

G : 나도 그래. 나는 이걸 써야 해. 우리 아가는 지금 잘 시간이야. 우리는 먼저 애기들 기저귀를 갈아줘야 해.

B : 아니야, 안 해도 되는데.

G : 이리 와 봐.

B : 여기 단추 있다. 나 뭐 좀 마시고 싶은데.

G : 좋아. 내가 뭔가 줄게. 이걸 봐. 이거 잘 봐. 나 이걸 서게 하려고 해. 이게 여자일 거 같아, 남자일 거 같아?

B : 남자.

G : 어. 남자는 바지 입고, 여자는 치마 입어서?

B : 생일 축하해.

G : 전부 다 꽉 잡아. 내가 인형 잘 잡고 있을게.

더 나아가 성인 형태의 부정문, 의문문, 명령문이 발달된다. 예를 들어 유아들은 "*No Cookie.*"와 같이 부정+X의 형태로 된 부정문을 쓰다가 이 연령이 되면 "*Mommy can't catch me.*"에서와 같이 주어와 동사 사이에 위치한 *no, not, can't, don't, won't*와 같은 단어를 적용하여 세련되어진다. *wouldn't, couldn't, is not* 그리고 *isn't*와 같은 다른 부정어는 나중에 추가된다.

비슷하게 의문문이나 질문형태는 '*doggie?, what?, wassat?*'과 같은 단일 단어 질문, 그다음 *what, where*로 시작하는 질문이 발달단계상 먼저 나타나다가 *who, which, whose*로 시작하는 질문, 마지막으로 *when, why, how*의 의문사로 시작하는 복잡한 질문으로 발전된다. 또한 동사나 조동사와 주어를 역전시키는 형태, 즉 "Is she happy?" 또는 "Why is she happy?" 같이 보다 성숙한 의문문 형태가 나중에 나타난다. 반복적으로 양육자 질문을 듣는 것은 성인과 비슷한 학령전기의 질문 발달에 유익한 효과를 지닐 수 있다(Valian & Casey, 2003).

학령전기 끝 무렵, 아동들은 2개나 그 이상의 독립절을 결합시켜 복합문을 만든다. 학령전기의 후반부에는 종속절을 독립절에 붙여서 복합문을 만들 수 있게 된다. 예를 들어 "*I didn't liked the big dog that barked at grandpa last night.*" 같은 문장이다. 이러한 구조들은 자주 나타나지는 않으며 느리게 발달할 것이고, 학령기 전체에 걸쳐 내내 세련되어질 것이다.

의존형태소(bound morpheme) 몇 개가 학령전기 동안 추가된다. 이러한 의존형태소에는 *jumping*에서 나타난 것과 같은 진행형 동사어미(progressive verb ending)인 *-ing*, *cats*에 나타난 복수형태소 *-s*, *mommy's*에 나타난 소유의 *-'s*(또는 *-s'*), *talked*와 같은 과거시제 동사어미인 *-ed* 등이 포함된다. 예측한 대로 아동이 이러한 형태소 사용을 하게 되는 데는 시간이 걸린다. 따라서 이 연령 아동이 *eated*, *goed*, *sheeps*, *foots*라는 단어를 말하는 것은 흔히 볼 수 있는 일이다.

학령기 및 청소년기의 언어

아동들이 학교에 다니기 시작하면 가족으로부터 독립된 자기정체성을 확립하기 위해 긴 과정을 시작하게 된다. 대부분의 의사소통은 이제 집 밖의 대화에서 출현된다. 부분적으로 그 사회적 집단 안에서 청소년의 지위는 의사소통 기술로 결정된다.

의사소통의 수단은 아동들이 학교에서 읽기, 쓰기를 배움에 따라 변화한다. 다시 말해 읽기, 쓰기기술은 아동들로 하여금 컴퓨터를 사용할 수 있게 해주고 전적으로 새로운 정보의 세상을 열어준다. 이러한 발달은 제5장에서 논의된다.

읽기와 쓰기의 발달은 상위언어기술과 관련이 있다. **상위언어기술**(metalinguistic skills)은 아동들이 언어를 추상적으로 생각할 수 있게 하고 언어의 정확성에 대해 판단하게 하며 쓰기에서처럼 구어적 상황을 만들 수 있게 해준다. 더 어린 아동들은 특히 비언어적 상황의 도움 없이는 그러한 판단을 할 수 없다.

5세 아동은 미세한 구문구조가 많이 빠져 있기는 하지만 성인과 같은 언어형태를 사용한다. 덧붙여 이 아동들은 진짜 효과적으로 의사소통을 하는 데 필요한 화용기술의 일부는 습득하지는 못했다.

언어는 다음 몇 해에 걸쳐 천천히 발달하면서 안정되기 시작하지만 그럼에도 불구하고 그 기간은 의미 있는 시간이다. 복잡한 형태와 섬세한 언어사용이 청소년기에 많이 학습된다. 학령전기 강조점이었던 언어형태의 발달은 덜 두드러지게 되고, 오히려 의미와 화용 발달이 꽃피게 된다.

대화는 지속적으로 의사소통이 일어나는 근원이다. 또한 아동 및 청소년들은 자신이 보다 효과적이며 효율적인 의사소통자가 되는 것을 배운다. 청소년들은 다층적 또래관계와 재구성된 가족 상호작용을 통해서 자기 자아와 개인의 정체성을 강화시킨다. 속어(slang)가 또래집단에서 사용되는데, 이는 다른 아동이나 성인으로부터 스스로를 구분하기 위해서 사용하는 것이다. 가족에게서 배운 상호관계적인 학습은 또래들 간의 관계를 깊게 하는 기초를 형성한다(Whitmire, 2000).

사용

초기 학령기 동안 아동들의 언어는 두 가지 방식으로 사용된다. 대화기술이 발달하기 시작
하고 담화는 확장되며 성숙한 이야기 구조의 기초를 습득하게 된다. 아동들은 자기 대화기
술을 정교화시키는 것과 함께 새로운 주제를 소개하고 지속하며, 또한 부드럽고 적절하게
대화를 맺는 효과적인 방법을 배우게 된다. 한편 대화에서는 관련 의견을 말하고 상황에 맞
추기 위해 자기 역할과 기분을 순응시킬 수 있다. 덧붙여 학령기 아동들은 자기 말을 듣는
청자의 지식수준에 대한 세밀한 추측을 점차 증가시키고 그들의 대화에 따라 적응하는 방법
을 배우게 된다.

대화 가운데 10대들은 정서를 보다 많이 드러내며 집에서는 거의 언급되어지지 않는 주제
에 대해서도 논의한다. 또한 한 가지 주제 내에서 자기 차례의 기회 수가 크게 증가한다. 방
해가 늘어난다고 해도 주제를 쫓아 지속적인 질문을 하는 것과 같은 행동으로 자기 차례를
진행시킨다(Larson & McKinley, 1998).

대화 및 쓰기 모두에서 내러티브는 만족하리라 여겨질 정도로 우리 문화에서 요구되는 요
소를 갖춘다. 영어 문헌의 내러티브는 소개하는 배경진술, 등장인물이 극복해야 하는 하나
나 여러 개의 도전을 포함하고 있다. 사건은 시간순으로 구성되기도 하고 인과관계에 의해
구성되기도 한다.

내용

어휘는 지속적으로 늘어나지만 단어 수는 의미론적 변화로 볼 때 중요하지 않은 정도로만
변한다. 1학년은 약 2,600개 단어의 표현어휘를 갖고 있지만 8,000개의 영어 단어 어근을
이해하고 있으며 다양한 파생어까지 포함시켰을 때는 1만 4,000개까지 이해할 것이다. 학교
교육의 도움을 받는다면 이러한 수용어휘는 6학년에 이르러서는 약 3만 개의 단어, 고등학
교 때는 6만 개의 단어까지 확장된다.

정의는 더욱 사전적이 되는데 이는 정의가 덜 경험적이 되거나 개인적 경험에 덜 근거하
고, 더 일반적이며 보다 범주적이고(예 : 사과는 과일의 일종이에요.) 더 정교하다는 것을 의미
한다. 정의를 제공하는 능력은 앞서 언급되었던 메타언어학의 습득과 관련되어 있다(Benelli
et al., 2006). 아동 어휘의 크기가 증가하기 위해서는 보다 정확성이 요구되며 쉬운 인출
(retrieval)을 위한 범주로의 조직화를 필요로 한다.

또한 학령기 아동은 **비유어**(figurative language)를 이해하고 사용할 수 있게 된다. 문자 그
대로의 의미와는 달리 비유어는 항상 단어의미 그대로 나타낸 것만 표현한 것은 아니다. 예
를 들면 관용구인 "hit the road(여행을 떠나다, 방랑생활을 계속하다)."나 "off the wall(엉뚱
한, 정신이 돈)."은 문자 그대로 입증되어질 수는 없는 표현이다. 비유어는 의사소통을 풍
부하게 하지만 해석이라는 보다 고차원의 언어기능을 요구하며 청소년기의 문해능력과 상
호관련이 있다(Dean Qualls et al., 2003). 어떤 비유어는 성인기까지 이해할 수 없는 형태도
있다.

형태

학령기에도 역시 학령전기의 언어형태의 급격한 발달에 뒤이어 발달이 지속되기는 하지만 그 속도는 점차 느려진다. 많은 형태들이 청소년기까지 지속적으로 발달된다.

5세까지 아동은 *would, should, must, might*와 같은 조동사와 일반 동사의 시제, 소유대명사(*his, her, your*)와 *and, but, if, because, when, so* 접속사를 대부분 사용한다. 여전히 *should have been*과 같은 복합조동사를 사용하는 데는 어려움을 갖는다. 또한 5세 아동은 *bigger*에서의 비교급 *-er*과 *biggist*에서의 최상급 *-est*, 그리고 복문에 사용하는 관계대명사 (I know *who* lives next door), 동명사(We go *fishing*), 부정사(I want *to eat* now)는 잘 표현할 수 없다.

많은 구문구조들이 느리게 생겨나며, 학령기 동안 아동은 습득을 위해 고군분투하게 된다(Eisenberg et al., 2008). 학령기에 아동은 점차 "*The cat is chased by the dog.*"과 같이 행위를 하는 실체가 문장 처음이 아니라 문장 끝에 위치하는 수동태 문장을 첨가한다. 아동들은 *myself, yourself, himself, themselves*와 같은 재귀대명사와 *although, however* 같은 접속사들과 중문 및 복문에서의 활용들도 점차 알게 된다. 흔히 아동들은 여러 해에 걸쳐 자신의 언어적 구조의 완전한 조절을 습득하기 위한 연습을 해나간다. 표현된 관계를 완전히 이해하기 전에 자기 말에서 접속사 같은 것을 올바르게 사용한다(Cain et al., 2005).

형태론적인 발달은 파생접미사 — 예를 들어 *paint/painter*에서처럼 동사를 명사로 변화시키기 위해 첨가하는 *-er*과 같이 단어부류를 변화시키는 단어 끝부분인 접미사(suffix) — 와 접두사(prefix)에 초점을 둔다. *un-, ir-, dis-* 같은 접두사 발달은 성인기까지도 지속된다.

연관된 장애와 관련 요인

알다시피 언어와 언어의 사용은 매우 복잡하다. 언어장애는 그 이상으로 복잡하다. 그래서 언어장애를 지닌 아동들은 특수한 환경의 많은 시점에서 잘못되었을 수 있다.

이 절에서는 언어장애가 주요 요인이 되는 여러 장애에 대하여 논의하려고 한다. 그리고 필요하다면 장애의 여러 범주에 있는 아동 집단을 살펴볼 것이다. 범주화하는 것은 공통된 특성을 논의하는 데 도움이 되지만 개인이 모두 같은 것은 아니다. 각 개인은 특수한 특성을 가지고 있다.

어떤 장애가 의사소통과 언어발달에 가지는 효과는 그 장애의 정도나 의뢰인의 연령에 따라 다양하다. 개인이 성숙됨에 따라 의사소통적 요구는 변화한다.

우리는 보다 특수한 것을 찾기 전에 먼저 언어장애에 대해 일반적 서술을 할 것이다. 4세에서 5세 아동에 대한 오스트레일리아의 전국 조사에서 25.2%의 부모는 아이가 어떻게 말하고 특정 소리를 만드는지에 관련되어 있음을 보고하였으며, 22.3%의 아동들이 표현언어 능력에서 다른 아동들보다 떨어진다는 교사의 보고를 지지하였다(McLeod & Harrison, 2009). 이들 가운데 몇몇은 말소리 오류를 보였다. 정규언어검사에서 약 15%의 아동이 표현언어에서 정상범주 이하에 있었다.

오스트레일리아의 두 번째 국가 조사에서는 언어장애에 관해 가장 큰 위험요인이 포함되었음을 발견하였다(Harrison & McLeod, 2009).

- 남성인 경우
- 지속적으로 청각문제를 가지고 있는 경우
- 보다 반응적 기질을 가지고 있는 경우

여러분은 여기에서 어떤 장애 유형의 명칭을 기대했을 테지만 특정한 한 가지 장애에 대해 두드러지게 설명하기에는 너무 많다(여러분도 곧 알게 되겠지만). 다소 언어장애를 저지할 수 있는 보호요인은 다음과 같다.

- 끈기 있고 사교적인 기질 가지기
- 높은 수준의 모성 행복

사회 및 환경요인, 특히 아동의 기질과 엄마의 양육하기가 각 아동에게 생리적 사회심리적 요인에 따라 주된 역할을 하고 있음을 알기란 쉽다. 근래 연구자들은 아동의 대화적 언어기술의 변이성을 차지하는 중요한 유전요인을 발견하였다(DeThorne et al., 2008).

덧붙여 연구는 언어장애를 가지는 아동에게서 지속된 주의결함을 보고하고 있다. 주의문제는 청각과 시각의 양상 둘 다에서 발견되지만 언어학습에 대한 일차적 입력인 청각자극에서 보다 많이 나타난다(Danahy Ebert & Konert, 2011).

우리가 논의하게 될 몇몇의 장애는 언어에 대한 특정 영역의 어려움으로 특화할 수 있지만 언어장애를 지닌 대부분의 아동은 한 가지 영역 이상에서 어려움을 갖는다. 예를 들어 화용장애를 가진 많은 아동들은 수용어휘와 그림이름대기 능력에서 어려움을 보인다. 또한 전형적인 발달을 하는(typically developing, TD) 또래보다 의미오류, 관련 없는 오류나 생략, 에둘러대기(circumlocution)를 더 많이 보인다(Ketelaars et al., 2011).

언어장애 아동이 같은 언어능력을 지닌 더 어린 아동과 비슷한 수행을 보인다는 데이터로 미루어 추측하기 쉽다. 그것은 옳지 않을 수도 있고, 언어장애 아동의 어려움을 모르고 넘어가는 것일 수 있다.

많은 아동들에 대한 언어장애의 장기적인 효과는 특별한 중재가 없이는 좋지 않다. 24~31개월에 말 늦은 아이로 판별된 아동들은 청소년 후기에도 여전히 언어 관련 기술에서 약점을 가지고 있었다(Rescorla, 3009). 17세에 모든 언어와 읽기과제에서 평균범주를 성취했다 하더라도 사회경제적 지위(SES)로 짝지어진 TD 또래보다 어휘/문법과 언어기억에서 유의미하게 낮은 결과를 보였다. 생의 다른 부분을 보자면 영국의 국가 종단연구에서는 TD 또래와 비교했을 때 언어장애 아동이 34세가 되었을 때조차도 문식성의 출현, 정신건강뿐만 아니라 고용에서도 여전히 낮았다(Law et al., 2009).

우리는 언어장애를 가진 모든 아동들에 대해 토론하지는 않을 것이다. 제외시킬 가장 큰 집단은 청각장애를 가진 사람들이다. 이 부류에 대해서는 제12장에서 논의될 것이다. 또한

제5장에서 논의하듯이 아동들은 편재화된 뇌손상(localized brain injury)의 결과로 언어의 상실(loss of language)이나 실어증과 같은 장애를 보이기도 한다.

마지막으로 주의할 것이 있다. 흐름 안에서 우리가 논의할 장애의 어떤 이름이다. 이름이 나타날 때마다 주의를 줄 것이다. 예를 들어 지적장애(intellectual disability, ID)는 정신지체(mental retardation)라고 불러왔었다. 많은 전문가들이 지금은 ID를 사용하지만 엄밀히 말해서 ID란 용어는 어떠한 인지장애, 외상성뇌손상, 알츠하이머병을 포함하고 있다. 이것은 그림을 다소 흐릿하게 만든다. 우리는 이미 주의를 주었다. 자, 이제 가보자.

지적장애

미국지적장애 및 발달장애협회(American Association on Intellectual and Developmental Disabilities, AAIDD)는 전에 정신지체로 부르던 지적장애(ID)에 대해 다음과 같은 특성으로 정의한다.

- 지적기능에서의 중대한 제한
- 개념기술, 사회기술, 실제기술로 구성된 적응행동에서의 현저한 제한
- 18세 이전에 출현(AAIDD, 2009)

ID를 가진 인구는 전 인구의 대략 2.5%를 차지하는데 가정 지원의 양, 생활환경, 교육, 의사소통 양상, 연령과 같은 상이한 요소 및 인과관계에 따라 다양하다.

여러 웹사이트들이 ID에 대해 보다 많은 정보를 제공해준다. 아동건강 및 인간발달국립연구소(National Institute of Child Health and Development) 웹사이트(www.nichd.nih.gov)는 지적 및 발달장애에 관한 연구를 시작하기 위해 좋은 곳이다. IDD 개관을 검색창에 입력하라.

심각성의 정도를 분류할 때 보통 IQ 수준에 근거하게 된다. 심각성의 범주는 경도(IQ 52~68)부터 최중도(IQ 20 이하)로 구분된다. 단지 IQ 하나만 가지고는 사람의 전체 기능에 대해 거의 나타내는 바가 없다. 비슷한 IQ를 가진 사람들이 다른 기능수준을 보이기도 한다. 연령과 장애 유형도 다른 변수가 된다.

중증도 측정으로서의 IQ 사용은 천천히 변화되고 있다. 새로운 중증도 등급은 자기 일상생활에 걸쳐 개인의 요구에 대한 지원의 양에 근거한다. 이러한 측정은 보다 전체적이며 의뢰인의 전생을 고려하게 된다.

ID의 원인은 대개 개인에 따라 다양하게 나타난다. 2개의 가능한 인과적 요인을 갖는 두 가지 큰 범주는 생물학적 요소와 사회심리학적인 요소이다. 물론 많은 개인에게 있어 그 원인은 아직 알려진 바가 없다. 이러한 요소들은 정보를 받아들이고 표출하는 과정에 영향을 주는 인지적 제한으로 인해 복잡해진다. 생물학적 요인은 다음과 같은 것을 포함한다.

- 유전 이상이나 염색체 이상
- 임신기간 중 모체의 감염

> 지적장애는 단지 낮은 IQ 그 이상을 의미한다. IQ와 같은 점수는 과거 학습에 대한 것만을 측정할 뿐이다.

- 독소나 화학적인 요소들
- 영양 및 신진대사의 원인
- 태아의 발달에 영향을 줄 수 있는 임신기간의 장애
- 임신기간 동안의 상태
- 분만 동안의 상태
- 뇌의 질병

지적장애를 가진 사람들은 그렇지 않은 사람들과는 다르게 수용 감각정보를 처리하는 것 같다.

사회환경적인 요인은 자극이 없는 환경, 빈곤한 살림, 부적절한 식이요법, 열악한 위생, 그리고 의료치료의 부족 등을 포함한다. 이러한 요인들 각각의 효과는 각 아동마다 다르다.

정보처리는 집중하기, 변별하기, 조직하기, 인출하기의 4단계로 이루어져 있다. 일반적으로 경도-중등도 ID를 가진 사람들은 정신연령 일치의, ID가 아닌 일반 또래와 마찬가지로 주의를 유지할 수 있지만 참여할 자극을 훑고 선택하는 것에는 어려움을 갖는다.

유사점과 차이점을 구분하는 능력은 ID의 정도와 관련되어 있다. 보다 심한 ID일수록 변별하기에서 어려움을 갖는다. 일반적으로 ID를 지닌 사람들은 관련된 단서를 판별하는 능력이 부족하며 과제의 모든 차원에 참여한다.

저장정보에 대해 조직하고 범주화하는 것이 ID인들에게는 특히 어려운 문제가 된다. 단적으로, 단어와 개념을 다른 단어와 개념에 연결하는 전략에 의존하지 않는다. 또한 쉬운 인출(retrieval)을 위해 자발적으로 정보를 시연하지도 않는다.

ID를 가진 사람에게는 기존에 저장되어 있던 정보를 기억하고 인출하는 것이 부족하거나 매우 느리게 작동한다. 조직화의 결함이 이러한 수행에 기여한다. 어느 정도까지는 기억이 입력의 형태에 의해 영향을 받는다. 일반적으로 ID인들은 시각입력보다는 청각입력, 특히 언어적인 입력에 보다 어려움을 갖는다.

언어적 정보를 수용하는 것은 몇 가지 형태의 해부호화를 거친다. 동시적 통합이 즉각적으로 모두 일어나며 이것으로 종합적인 의미를 추출해낸다. 연속적 통합은 보다 선형적이고 한 번에 하나씩 발생한다. ID를 가진 사람들은 두 가지 형태의 정보통합에서 모두 어려움을 가지지만 다운증후군(Down Syndrome, DS)을 가진 사람들은 특히 청각 작업기억이 약해서 인지 연속적 처리과정을 훨씬 어려워한다. 작업기억은 정보를 수용하고 그 정보가 처리되는 동안 지속적으로 보유하고 있는 장소이다.

전 생애적 논점

ID를 지닌 몇몇 신생아와 유아는 증후군이나 해부학적 변이형과 같은 명백한 신체적 요인과 함께 저체중이나 빈약한 신체적 반응, 또는 지연된 발달과 같은 위험인자 때문에 초기에 진단이 가능하다. 중재는 집이나 특수조기중재센터에서 시작될 수 있다. 아동들에게는 중재를 가능한 빨리 시작하는 것이 최선이다. 조기중재는 감각운동기술, 신체발달, 사회 및 의사소통 능력에 초점이 맞춰진다. 개별화된 가족지원계획(Individualized Family Services Plan, IFSP)의 구체화 서비스가 양육자의 협업으로 기록된다.

ID를 지닌 아동 중 일부는 2세 또는 3세까지 판별되지 않기도 한다. 이러한 어린 아동들은 먼저 진단되었던 아동들처럼 특수유치원에 입학할 것이다. 또는 가정이나 학교에서 물리치료, 특수교육, 말-언어치료와 같은 중재서비스를 받을 수도 있다.

학령기 ID 아동은 심한 정도에 따라 정규교육에 참여하면서 특수서비스를 받을 수도 있고 정규학교에 있는 특수학급에서 교육받을 수도 있다. 교육 및 훈련은 학업기술, 일상생활, 자조활동 및 직업교육에 초점을 두게 된다.

다른 장애가 수반된 최중도의 ID 아동들만이 시설에 수용된다. 일반적으로 가정에서 함께 생활할 수 없는 아동들은 공동 주거지에서 나이가 비슷한 8명에서 10명 정도의 다른 아동과 함께 관리인 부모랑 산다.

마이크는 최중도의 지적장애와 뇌성마비를 가진 아동이었는데 유아기와 학령전기에는 부모와 함께 집에서 살았다. 마이크가 성장하고 부모가 나이가 들어서는 다른 지적장애 청소년들과 함께 공동 주거지에 배치되었다. 그는 매일 이 기관의 보호를 받으며 같은 학교에서 지속적인 교육을 받을 수 있었다. 훈련의 대부분은 일상생활기술과 의사소통을 위한 의사소통판(communication board)의 사용과 관련되어 있었다.

성인기에는 삶의 양식이나 일하는 방식이 매우 다양하게 펼쳐진다. 보다 경도의 ID인들은 공동체 내에서 기술이 거의 필요 없는 직업을 가지고 경쟁하며 산다. 더욱 심하게 진행된 경우는 가족과 함께 살거나 비슷한 성인들의 소그룹을 포함하는 공동 거주지에서 살아가기도 한다. 그들은 특수한 작업장에서 일하거나 지속적으로 교육과 훈련에 초점을 둔 주간 치료프로그램에 등록할 수도 있다.

언어특성

ID를 지닌 아동은 의사소통 능력이 매우 다양하다. 예를 들어 다운증후군(DS)과 취약X증후군(Fragile X syndrome, FXS) 아동들은 언어의 모든 영역에서 중등도에서 중도에 이르기까지의 지연을 갖는다(Roberts et al., 2001). 음운론에서 FXS 남아는 전형적으로 발달하는 다른 어린 아동과 비슷한 오류를 보이지만 DS를 지닌 아동은 단순히 발달지연을 보이는 아동들에게서 기대하는 바보다 유의미한 음운적 차이를 가진다(Roberts et al., 2005). 대조적으로 FXS 남아는 DS 남아들보다 더 길고 복잡한 발화를 산출한다(Price et al., 2008).

많은 지적장애인들에게는 언어가 가장 중요한 단 하나의 제약이다. ID 인구의 절반은 언어이해나 산출이 자기 인지수준보다 떨어진다(Miller, Chapman, & MacKenzie, 1981). 이는 지적장애에 수반된 인지처리 과정의 문제를 나타낸다. 예를 들어 DS 아동은 청각적 작업기억 결함을 보인다(Seung & Chapman, 2000).

초기 언어발달에 있어 ID가 있는 사람들은 전형적인 발달을 하는 아동들의 발달과 비교하여 유사하기는 하나 느린 발달경로를 보인다. 더구나 이 아동들은 더 짧고, 더 미성숙한 언어형태를 산출한다(Boudreau & Chapman, 2000). 후기 발달에서는 그 경로가 전형적인 발달과 달라지기 시작한다. 지적장애 아동의 경우 모든 언어영역에서 다소의 지체와 장애가 나타난다.

지적장애를 가진 아주 소수의 사람들은 대규모 시설에서 거주한다. 1970년대 초에는 탈시설화라는 철학이 지적장애를 지닌 개인을 소규모 공동체 주거로 이주하게 하였다.

학습장애

국립학습장애연합회(The National joint Committee on Learning Disabilities, NJCLD, 1991)에 따르면 학습장애(Learning Disability, LD)라는 용어는 듣기, 말하기, 읽기, 쓰기, 추론하기 및 수학적 능력의 습득과 사용에 현저한 어려움을 보이는 장애의 이질적 집단을 언급한다. 이러한 장애는 다른 장애조건이나 환경적 영향에 의해 야기되지 않는 중추신경계의 어려움을 반영한다. 비슷하기는 하나 미국정신의학회(American Psychiatric Association, APA, 2013)의 진단 및 통계편람 5판(Diagnostic and Statistical Manual, DSM-5)에서 나타난 LD의 정의는 LD를 *Learning Disorder*로 부른다. 만일 장애가 읽기와 쓰기와 같은 한 가지 영역에 초점을 두는 것이라면 영향받는 영역에서의 '특정학습장애(specific learning disorder)'라는 용어를 쓴다.

LD 아동의 약 15%가 운동학습 및 협응에 주된 어려움을 가지며 75% 이상은 주로 상징을 학습하고 사용하기를 어려워한다(Miniutti, 1991).

대략 전 인구의 약 3%가 LD를 가지고 있지만 그 심한 정도는 광범위하게 다양하다. 학습장애는 여성보다 남성에게 나타나는 경우가 4배가 된다.

LD에 관해 온라인 탐색을 시작하기 좋은 곳은 학습장애협회 웹사이트(www.ldaamerica.us)이다. 'For Teachers'나 'Teacher Professionals'를 클릭하면 중재에 대해 많은 정보를 찾을 것이다. 또한 이 사이트는 다른 여러 사이트 링크를 제공한다. 단지 'Resources'를 클릭해라.

LD의 특성은 여섯 가지 범주, 즉 운동근육, 주의집중, 지각, 상징, 기억, 정서에서 문제를 보이는 것이다. 하지만 이러한 특성이 모두 나타나는 아동은 거의 없다. 운동근육의 어려움은 과잉행동과 과소행동 모두를 포함한다. 남아에게는 과잉행동이 더 지배적인데, 과잉행동은 아주 짧은 시간만 지나도 참여와 집중을 어렵게 만든다. 또한 과소행동증을 가진 아동들은 신체움직임 감각, 대칭의 정확성, 눈과 손의 협응, 공간과 시간의 개념화에 결함을 보일 수도 있다.

주의집중장애는 짧은 주의집중 시간, 부주의, 산만함을 포함한다. 관련 없는 자극이 아동의 주의를 사로잡을 수도 있고 과잉자극이 쉽게 발생한다. 어떤 아동들은 단일 과제나 행동에 고착되어 이를 반복하는데 그것이 바로 보속현상(perseveration)이다.

과잉행동과 주의집중장애를 가졌지만 학습장애의 다른 특징을 나타내지 않는 사람들은 **주의력결핍-과잉행동장애**(attention deficit hyperactivity disorder, ADHD)로 분류될 수 있다.

ADHD를 가진 아동은 행동을 조정하는 실행기능에서 기저의 신경학적 장애를 보인다. 결과적으로 그들은 충동적이다. ADHD가 학습장애는 아니지만 ADHD를 가진 아동들은 언어사용과 함께 화용문제를 수반하는 부분으로 설명할 수 있는 사회적 관계에서의 어려움을 흔히 경험한다(Leonard et al., 2011). 아동의 빈약한 사회적 기술이 화용적 어려움에 기인한다고 교사가 평가한다 해도 화용이 빠진 언어검사에서는 판별되지 않을 수도 있다.

LD를 지닌 아동의 지각적 어려움은 수용자극 해석과 관련이 되어 있지만 농이나 맹처럼 감각장애는 아니다. 지각적 어려움을 갖는 아동들은 유사한 소리, 비슷한 소리가 나는 단어, 유사하게 보이는 철자와 단어들을 종종 혼동한다. LD 아동은 자기의 주의를 어디에 집중할 것인가 결정하는 것에 덧붙여 시각과 듣기처럼 상이한 출처로부터 나온 감각정보를 통합하는 데 어려움을 가질 수도 있다. 인쇄된 기호를 이해하고 쓰기기호를 산출하는 데 특별한 어려움을 갖는 아동들이 있다. LD 아동의 80% 정도는 읽기문제를 가지며 이러한 문제의 발생률은 전 인구의 5%에서 17%로 분포해 있다(Sawyer, 2006).

기억장애는 지시 기억하기 같은 단기인출과 함께 이름, 순서, 단어회상 같은 장기인출에도 영향을 미친다. 몇몇 아동은 블록(block)과 삽입어(filler, 예 : "Ah, ah, you know...""), 또는 에둘러대기(예 : "Oh, It's that thing that does that stuff that goes round...")의 사용을 보이는 단어찾기(word-finding) 문제가 나타난다.

정서문제는 원인 요소가 아니라 보통은 LD에 수반되는 요인이다. 정서문제는 LD 아동들이 느끼는 좌절감에 대한 반응이다. LD를 지닌 대부분의 아동은 정상적인 지능을 가지고 있지만 언어 기반 과제는 잘 수행하지 못하며, 부모 또는 교사는 이들에게 노력하지 않는다, 게으르다, 어리석다 등의 말을 하게 될 것이다. 정서문제는 아동을 공격적이고 충동적이며 예측불가능하고 위축되어 있으며 참을성이 없다고 묘사하게 한다. 이 아동들은 판단력이 떨어지고 비정상적인 두려움을 가지며 변화에 잘 적응하지 못하는 특성을 보일 것이다.

LD가 장애력을 가진 가족과 조산이나 난산이었던 아동들에게서 더 빈번하게 출현한다는 사실은 생물학적 요인이 있을 것이라는 것을 시사해준다. 정의에서 언급되었던 중추신경계의 역기능은 주의집중, 조정 및 인지활동 계획을 담당하는 영역인 전두엽 피질과 중뇌를 연결하는 신경회로의 손상을 포함할 수 있다.

원인 요소는 아니라 해도 적어도 LD 아동의 일부 행동들에 대하여는 사회환경적 요인들로 설명이 가능하다. 예를 들어 아동들의 잘못된 지각은 발달 중에서도 특히 언어에 작동하는 상호작용에 영향을 준다. 역으로 언어장애는 아동의 상호작용에 영향을 준다.

처리과정장애는 특정 전략을 사용하지 못하거나, 저장된 특정 정보에 접근할 수 없는 장애로 특징지어진다. 일반적으로 LD를 가진 아동들은 부적절하거나 중요하지 않은 자극에 집중해서 선택적으로 집중하는 데 어려움을 보인다. 즉 그들은 집중해야 할 관련 정보를 결정하는 것을 잘 못한다. 우리가 아는 것처럼 학습장애 아동들은 자극의 어떤 측면이 그것을 다른 것과 비슷하게 하고 다르게 하는지를 잘 모르기 때문에 변별은 그들에게 매우 어렵다.

집중과 변별이 잘 되지 않은 정보는 잘 조직화되지도 못한다. LD를 가진 아동의 인지구조는 이러한 혼란을 나타낸다. 요약하면, 쉬운 인출을 하기에는 너무 비효율적인 조직화를 하기 때문에 덜 정확한 기억과 느린 인출을 보이는 것이다.

전 생애적 논점

학령전기 학습장애 아동은 언어나 책에 덜 흥미를 보이는 듯하다. 학교에 들어가게 되면 학급의 언어학적인 요구는 아동들의 구두언어능력 이상을 필요로 한다. 이는 학업성취 미달이라는 결과를 낳게 된다.

몇몇 아동들이 빈약한 운동협응, 과다행동, 전형적인 언어발달에 있어서의 실패 등으로 인해 학령전 특수프로그램에 등록을 하거나 치료서비스를 받는 경우가 있기는 해도 대부분

학습장애는 정서장애에서 연유하는 것이 아니다. 오히려 정서문제가 지각문제나 좌절에서 야기된다.

의 학습장애는 아동이 학교에 들어가기까지 발견되지 않는 경우가 많다. 많은 LD 아동은 학교에 들어가서 언어기술과 함께 수반되는 여러 요구들이 생길 때 특수교육자, 말-언어병리학자, 읽기전문가의 서비스를 필요로 할 것이다. 또한 어떤 아동은 저학년에 발견되지 않을 수도 있다. 제5장에서 논의된 것과 같이 아주 명석한 아이들은 발음에 근거한 단어접근 기술을 사용하기보다는 단어모양을 암기함으로써 읽기를 배우는 경우도 있기 때문이다.

LD 아동들은 정규학급에 포함되어 있으면서 특수서비스를 받기도 한다. 교사들이 지시를 반복해서 하고 조용한 학습공간을 허용하여 아동 요구에 대해 수용하면 성공적일 수 있다. 〈사례연구 4.2〉는 언어학습장애를 지닌 아동의 사례를 보여준다.

수용과 표현의 기호 사용 문제와 함께 오는 주의, 변별 및 기억장애는 많은 의사소통 실패를 낳는다.

학습장애를 지닌 몇 아동들은 장애에서 벗어난 것처럼 보이기도 한다. 과행동성은 청소년기가 되면서 점차 없어진다. 또 어떤 청소년들은 교육을 받는 동안 내내 대학을 졸업할 때까지 지속되기도 한다. 학습장애의 흔적이 좀처럼 없어지지 않긴 하지만 화학자, 엔지니어, 교사, 언어치료사가 된 학습장애 성인을 우리는 알고 있다.

어려움이 지속되는 성인도 있다. 매트는 학령기 내내, 고등학교를 마칠 때까지 특수서비스를 받은 바 있다. 그의 언어적 어려움은 불안정한 기질 및 타인의 의사소통 의도에 대한 빈번한 오해석으로 인해 뒤얽혔다. 그는 일련의 직업들을 전전한 후 새 직장의 상사에게는 자기가 부분적인 농(deaf)이며 모든 지시와 피드백은 면대면으로 반복할 필요가 있다는 정보를 줄 생각을 했다. 그 후에는 감독자가 간단한 지시를 줄 때에 더 이상 자제심을 잃지 않게 되었고 유급으로 고용되었다.

언어특성

구두언어나 쓰기언어의 모든 측면이 언어학습장애를 지닌 아동들에게 영향을 미친다. 이 아동들은 대화를 주고받는 것에서의 어려움, 언어의 형식과 내용에서의 어려움을 경험한다. 언어규칙을 합성하는 것은 특히 어려워서 형태론적인 규칙습득과 통사의 복잡성 발달에서의 지연을 낳기도 한다. 그 결과 모든 구두언어는 느리게 발달하고 빈번한 의사소통의 중단을 일으키게 된다. 말로 대답하는 데 더 긴 시간을 필요로 하게 되는 단어찾기 문제가 지속될 수도 있다.

학습장애를 가진 몇몇 아동들은 표면적으로는 말더듬(stuttering)과 같이 보이는 비유창한 말을 경험하기도 한다. 이것을 **말빠름장애**(cluttering)라고도 부르는데, 행동적인 특성으로는 간투사 형식으로 된 삽입어의 과도한 사용, 단어찾기의 어려움과 연관된 에둘러대기, 또한 단어 및 구 반복이 나타난다.

단순언어장애

미국 중산층 아동의 약 10~15%는 초기 언어발달이 늦는 '말 늦은 아이(late bloomer)'인 것 같다. 반가량은 나이가 들면서 이 증상을 벗어나게 된다. 나머지 아동들은 **단순언어장애**(specific language impairment, SLI)로 특징지어지는 문제를 지속적으로 갖는 것 같다(Dale et al., 2003). 이 아동들은 1학년의 읽기와 쓰기에 대한 기초적 언어기술을 가지고 있지 않기

사례연구 4.2

언어학습장애를 지닌 아동의 개인적인 이야기

다렌의 언어학습장애는 2학년까지 발견되지 않았다. 학령전기에 그는 말소리에 어려움을 보였고 책과 글자, 그림에 흥미를 덜 보였다. 그의 엄마는 흥미 부족과 과행동성에 대해 '사내아이니까'라고 생각했다고 한다. 다렌은 학령전 교육을 받지 않았다. 1학년에 읽고 쓰는 것을 배우는 것이 학급 친구들에 비해 느렸다.

2학년이 되어서도 이러한 어려움은 계속되었고 담임교사는 다렌이 학습장애인지를 결정하기 위해 평가를 제안했다. 학교심리학자, 읽기 전문가, 특수교사, 그리고 언어치료사가 다렌을 평가했다. 엄마의 보고에 따르면 다렌은 출생 전에 보호를 거의 받지 못한 것 같으며 조산으로 약 2.1kg으로 태어났다고 한다. 여러 날 동안 병원에 머문 후에야 집에 돌아올 수 있었다. 학령기 이전에는 때때로 아동기 질병이나 중이감염을 경험한 것 이외에는 누나와 남동생과 함께 평온한 나날을 보냈다. 누나는 학습장애의 어떤 징후도 보이질 않으며 남동생은 과잉행동을 보이고 있다.

현재 11세의 다렌은 운동, 특히 축구를 좋아하여 가장 친한 친구인 카를로스와 함께 할 때가 많으며 아주 적극적인 아동이다. 다렌은 읽기, 쓰기에서 매우 어려움을 보이는데 철자와 단어 모두에서 반전(reversal) 및 전환(transposition)이 흔하게 나타난다. 또한 새로운 단어를 소리 내는 데 큰 어려움을 보인다. 그의 말은 단어인출(word retrieval) 문제 및 한정된 어휘로 특징화된다("An' I got that one, ya know, that thing that goes like this"라는 문장에서처럼 'Ya know', 'thing', 'one'과 같은 말을 사용한다).

다렌은 학교에서 행동할 때도 어려움을 보여왔다. 주의는 쉽게 분산되었고 자리에서 자주 안절부절못했다. 자기가 분주하지 않을 때는 다른 학생이 작업하는 것을 하지 못하도록 방해했다. 그는 자기가 다른 학생의 의견을 이해하지 못해 학교에서 자주 싸움을 한다는 것을 알고 있다. 학교생활이 좌절시키는 작용을 했으므로 그의 기질은 쉽게 격화되었다.

그의 학교공부는 다소 향상됐지만 여전히 읽기, 쓰기, 작업하기를 독립적으로 하는 능력은 학급 친구들에 비해 뒤처져 있다. 바꾸어 말하면 이러한 결함이 학급에서 문제를 풀거나 비평적으로 생각하는 능력을 방해하고 있음을 말한다. 그는 지속적으로 읽기와 쓰기를 배워야 하며 어휘, 단어인출 및 언어사용 기술을 증가시키기 위해 주마다 한 번씩 언어치료사를 만나고 있다.

때문에 학교에 들어갔을 때 학업실패의 위험에 놓이게 된다(Choudhury & Benasich, 2003).

SLI 아동은 듣기와 구강구조 및 기능의 결함에서 기인하지 않는 언어기능에서의 유의미한 제한을 보인다. 다른 말로 하면 명백한 해부학적, 신체적, 지적, 지각적인 원인이 존재하지 않는다. SLI 아동이 전형적인 비언어성 지능을 가지고 있다고는 해도, 인지기능에서 손상되었거나 지연되었음을 제안하는 다양한 비언어성 과제에서의 결함을 보인다(Mainela-Anold et al., 2006). 이 같은 아동들은 연령에 적합한 시공간적 단기기억 및 작업기억과 우반구 기능을 가지고 있다(Archibald & Gathercole, 2006).

LD를 가진 아동들과 비슷하게 SLI 아동들은 지능검사에서 비언어성 과제의 점수보다는 언어수행점수가 현저히 낮게 나타난다. LD 아동과 SLI 아동의 주된 구분은, SLI 아동들이 정보를 유입할 때 오해석을 하는 지각적 어려움을 나타내지 않는다는 것이다.

SLI 아동은 특히 언어기술에서 매우 이질적인 집단이다. 1,000명 이상의 학령전기 아동에 대한 한 연구에서 SLI 아동들과 일치하는 뚜렷한 그룹을 찾는 데 실패했다(Dollaghan, 2004). 여전히 언어장애를 가진 많은 아이들이 그 원인이 되는 요인을 모르는 채 존재하고 있다.

SLI 아동들 중에는 비언어성 지능, 출생 및 분만, 듣기, 자조 및 운동기술 모두 정상범주에 있는 것처럼 보이는 경우도 있다. SLI는 여자보다는 남자에게 영향을 주며 SLI의 구어와 문어결합은 세대에 걸쳐 나타난다(Flax et al., 2003). 말-언어문제를 지녔었던 가족 안에서 출현율이 증가한다.

SLI 아동의 뇌영상은 언어처리과정 영역에서 왼쪽 면이 우세한 보통의 비대칭과는 달리 좌-우반구의 대칭을 나타낸다(Ors et al., 2005). 자기공명영상(magnetic resonance imaging, MRI)을 이용한 조사는 SLI 아동이 뇌활성화와 협응에서 비효율적인 기능패턴을 반영하는 다른 패턴을 나타냄을 제안하였으며 이러한 제안에는 뇌영역에서의 감소된 활성화가 의사소통 처리과정에서 결정적이라는 점을 포함하고 있다(Ellis Weismer et al., 2005; Hugdahl et al., 2004). 일반적으로 SLI 아동은 부호화할 때 두정엽의 통합 증가와 전두엽 통합 감소를 보였으며 반대로 해부호화할 때는 두정엽 통합이 감소되었다.

SLI 아동 모두가 그런 것은 아니지만 다수는 작업기억 능력에서 현저한 결함을 보인다(Archibald & Joanisse, 2009). **작업기억**(working memory, WM)은 인지처리가 일어나는 동안 제한된 정보가 시간적으로 허용가능한 상태를 유지하고 있는 능동적 과정이다(Cowan et al., 2005). 특히 저장 또는 처리과정의 관점으로부터 요구되는 과제는 다른 영역의 과제에도 이용가능한 소수의 자원을 가져온다. SLI와 같이 WM 결함을 지닌 아동은 학습곤란을 보인다(Swanson & Beebe-Frankenberger, 2004). SLI 아동은 연령 일치 또래와 비교하여 WM 기전 및 처리속도에서 여러 개의 유의미한 제한점을 보였다. 덧붙여 많은 SLI 아동들은 연령 또래와 비교해서도 특히 과제복잡성이 증가되었을 때 제시된 과제에 대해 상대적으로 낮은 주의능력, 제한된 정신적 에너지를 나타냈다(Alloway & Archibald, 2008; Mainela-Arnold & Evans, 2005; Winsor et al., 2008). SLI 아동이 지닌 WM과 처리과정속도 결함은 언어학습 및 기능하기에 부정적 효과를 가져온다.

이 모두는 매우 혼란스럽다. 캔자스대학의 메릴어드밴스드연구소는 '단순언어장애 아동에 대해 알아야 할 10가지'라는 읽기 쉬운 가이드 제목을 제시한다. 메릴 웹사이트(http://merrill.ku.edu)로 가라. 페이지 중간 'In the Know' 아래쪽에 'Top 10 Things'를 찾을 수 있다.

> SLI에 대하여 단순하고 명백한 원인은 없다.

전 생애적 논점

학령전기 SLI 아동들은 또래에 의해 부정적으로 인식된다(Segebart DeThorne & Watkins, 2001). 또한 SLI를 지닌 아동들은 부족한 사회적 기술을 나타낸다(Conti-Ramsden & Botting, 2004).

처음에 SLI로 생각됐던 많은 아동들이 나중에 LD를 가진 것으로 판별된다. SLI의 지속되는 효과는 운맞추기(rhyming), 철자이름대기(letter naming), 인쇄물과 관련된 개념처럼 초기 언어기술의 어려움을 반영해주는 읽기장애를 초래한다(Boudreau & Hedberg, 1999). 일반적으로 SLI 아동은 초등학교에서 더 느리고 부족한 언어적, 비언어적 매체 처리과정을 보인다(Miller et al., 2000). SLI 아동은 놀이 상호작용을 시작하는 데 전형적 발달을 보이는 또래보다 덜 성공적이다. 그래서 좀더 개인적 놀이에 몰두하거나 관찰하고 있는 행동을 한다(Liiva & Cleave, 2005). 교사들은 이 아동들을 말이 적고 혼자 수동적인 위축을 보이는 것으로 평가한다(Hart et al., 2004).

단순언어장애 아동에 대한 장기간의 자료는 부족하다. 연구들은 후에 학습곤란, 특히 언어 기반 활동에 있어서의 어려움이 있음을 제시해왔다. 예를 들어 14세 SLI 아동은 여전히 전형적으로 발달하고 있는 아동에 비해 언어과제에서 느린 반응 시간을 보이고 있었다 (Miller et al., 2006). 과묵함과 극도의 고립은 중학교와 고등학교에서 다른 아이들에게 거부되거나 따돌림으로 이끌어진다(Conti-Ramsden & Botting, 2004; Rubin et al., 2002). 많은 SLI 청소년들은 스스로를 부정적으로 인식하며 전형적 또래보다 덜 독립적이다(Conti-Ramsden & Durkin, 2008; Jerome et al., 2002). 이를테면 SLI 청소년은 전형적 또래보다 텍스트 메시지를 덜 자주 교환한다(Conti-Ramsden, 2010). 이 말은 사회적 어려움이 메시지 사용을 제한하고 있는 것이며 바꾸어 말하면, 사회적 연결망을 발달시키고 또래와의 사회적 관계를 조정하는 기회가 차단되었음을 나타내는 것이다.

언어특성

일반적으로, SLI 아동들은 다음과 같은 일에 어려움을 갖는다. (1) 자기 주위의 언어로부터 규칙 추출하기, (2) 언어의 다양한 문맥 기록하기(registering), (3) 어휘증가를 위해 단어-참조물 연결 구축하기. 결과적으로 이들은 형태론적, 음운론적 규칙의 형성과 적용의 어려움 및 어휘발달에 있어서의 어려움을 겪게 된다(Redmond, 2003). 언어형태를 효율적으로 사용하는 것에서의 어려움과 함께 더 많은 부적절한 발화를 생성하는 등의 화용적 문제를 보인다. 또한 SLI 아동은 충격을 인지하고 감정을 표현하는 능력에서 결함을 보인다(Brinton et al., 2007).

의미결함과 음운결함은 SLI 아동의 단어학습장애를 가져온다(Gray, 2004). SLI 아동에게 단어학습은 어렵기는 하지만 산출보다는 이해가 더 쉬운 것 같다.

특수한 문법표지의 어려움은 단어가 보유되었다가 처리되는 동안 음운적 작업기억에서의 언어처리과정 결함을 제시해준다(Corriveau et al., 2007; Montgomery & Leonard, 2006). 음운적 작업기억에서의 결함은 음운정보를 저장하는 능력에서 부족함을 의미한다. 빠른 속도로 의사소통을 지속하지만 전 과정을 압도하며 느리게 하는 제한적인 작업기억을 가지고 있다고 상상해보라. 더 진행되면 정보를 잃기 시작할 것이다. 표현적으로 SLI 아동은 보다 느리게 말할 것이며, 자주 말의 붕괴를 갖게 될 것이다(Guo et al., 2008).

언어의 이해와 처리과정은 능동적인 활동이지만 SLI 아동들은 적극적으로 이러한 언어이해 및 처리과정을 이용하는 것 같지는 않다. 청각처리과정 문제가 있으면 과거형어미(-ed)와 같은 형태론적 어형변화와 전치사, 관사(예: a, the), 조동사, 대명사와 같은 기능어에 어려움이 있게 된다. SLI 아동들은 언어에 관계없이 형태소의 사용에 지속적인 문제를 보이며 (Bedore & Leonard, 2001; Redmond & Rice, 2001), 어휘항목의 습득에 도움이 되는 구문론 사용에 있어 덜 효율적이다(Rice er al., 2000). 청소년기가 되어서도 SLI 아동은 형태론적 표지의 어려움이 지속되며 TD 연령 일치 또래 및 언어 연령 일치 또래와 비교했을 때 계속적으로 성숙의 지연을 보인다(Rice et al., 2009).

SLI 아동의 단어인출 문제는 제한적인 의미지식을 반영한다(Sheng & McGregor, 2010). 그러나 이것 하나만 단어찾기(word-finding) 문제를 설명해주는 것은 아니다. 오히려 **어휘적 경쟁**(lexical competition)이 아동의 부족한 단어정의(word definition)에 대한 중요한 요인이다(Mainela-Arnold et al., 2008). 예를 들어 아동이 주어진 단어를 찾으려고 노력할 때 각운을 맞춘 단어, 유사 단어, 같은 초성으로 이루어진 단어 등은 모두 주의를 혼란하게 만들 것이다. 이에 더해 SLI를 지닌 아동의 중요 하위그룹은 어휘-의미체계에서의 결함을 나타낸다(Sheng & McGregor, 2010). 단어가 범주에 서툴게 편성된 경우라면 인출하기는 더욱 힘들어진다.

자폐스펙트럼장애

자폐스펙트럼장애(autism spectrum disorder, ASD)를 지녔다고 진단된 아동이나 성인은 다음의 특성을 가져야만 한다.

- 사회적 의사소통 및 다른 상황에서 상호작용할 때 지속되는 문제. ID에서와 같이 일반적인 발달지연으로부터 오지 않는 결함. 다음의 모든 것에 문제가 나타난다.
    - 사회적-정서적 상호관계
    - 비언어적 의사소통 행동과 사회적 상호작용 행동
    - 성숙 단계에 적합하게 상호작용을 발달시키고 유지하기
- 제한적이고 반복적인 행동양상, 흥미, 활동이 다음 중에서 2개 이상 특징지어진다.
    - 고착화되고 반복적인 근육움직임, 사물 및 언어사용
    - 일상적 일과에 과도한 의존, 행동에 대한 의식화된 패턴, 변화에 대한 저항
    - 비정상적으로 고착화되고 제한적인 강력한 흥미와 관심의 초점
    - 환경적 투입에 대해 과소하거나 과다한 예민성 및 반응성, 또는 감각적 정보에서의 특이한 흥미
- 아동기 초기에 증상이 나타나지만 사회적 요구가 아동의 제한적 능력을 넘어설 때까지는 완전히 나타나지 않을 수도 있다.
- 증상들이 모두 함께 나타났을 때 일상의 기능하기를 제한, 손상시킬 수 있다.

설계에 따른 이러한 정의는 어떻게 보면 빈약하기도 하고 임상적이기도 하다. 이것이 의미하는 것은 모든 ASD 아동이 다 그렇지는 않지만 많은 ASD 아동들은 비정상적인 사회적 상호관계를 가지며 주고받는 대화에서 실패를 겪는다는 것, 눈맞춤과 신체언어를 포함하여 구어적 비구어적 의사소통 통합이 어렵다는 것, 다양한 사회적 상황에 적응하는 데서의 어려움을 갖는다는 것, 반향어를 사용하고 타인의 말을 반복하며, 대상물을 되풀이하여 사용한다는 것, 또 특정 표현을 반복한다는 것이다. 예를 들면 교사가 "청소할 시간이야."라고 말을 하면 아동은 이 구를 다시 되풀이하고 메아리로 반복한다. 일반적으로 보다 심한 증상일수록 개인의 언어와 전반적인 발달은 더욱 부족하다(Pry et al., 2005).

행동의 운동패턴은 흔들기, 빛에 매혹되거나 물체 돌리기를 포함할 수 있다. 또한 특정

일과에 의존하거나 또는 특정 사물, 음식 또는 옷에 몰두하기도 한다. ASD 아동은 이러한 선호도와 함께 반대로 다른 소리나 질감에 대해서는 싫어하는 반응을 보일 수도 있다. 저자가 아는 한 아동은 똑같은 옷을 거의 여섯 벌 가지고 있었다. 또 다른 아동은 특정 색이나 질감으로 된 단 하나의 음식만을 먹었다.

ASD는 이전에 믿었던 것보다 보다 흔해졌다. 2012년 국가 설문 조사 이후 미국질병통제예방센터는 다음과 같이 공표하였다.

- ASD의 발생률은 88명 가운데 1명이다.
- 남아는 여아보다 ASD 특성을 5배 많이 나타낸다.
- 대부분의 ASD 아동은 70 이상의 IQ를 가진다(ID의 컷오프 이상임).

약 25%의 ASD 아동은 지적장애를 보인다(Chakrabati & Fombonne, 2001; Fombonne, 2003).

현재 많은 연구자들은 ASD의 초기 징후를 확인하기 위해 노력하고 있다. 초기 판별은 조기중재로 이끈다. 자폐스펙트럼장애재단 웹사이트(www.myasdf.org/site/)는 몇몇 가능한 초기의 경고 징후를 제공해준다. 'About Autism'을 클릭한 다음 차례로 'Identifying the Disorder'를 클릭해라.

자폐증에 있어서 일차적 원인 요소는 생물학적이다. ASD를 지닌 모든 개인들의 65%가 신경학적 차이를 가지고 있으며 20%에서 30%는 발작을 경험한다. 또한 일부 연구자들은 신경전달물질이자 자연적 진정제인 세로토닌(serotonin)이 비정상적으로 많이 존재하고, 수용 감각을 조절하는 소뇌(cerebellum)와 기억과 감정을 담당하는 측두엽(temporal lobe) 부분이 비정상적으로 발달되어 있음을 알아냈다.

적어도 15%의 ASD 아동은 부모로부터 물려받지 않은 유전학적 돌연변이를 가지고 있다 (Sebat et al., 2007; Zhao et al., 2007). 이러한 돌연변이는 보다 심한 형태의 장애를 지닌 아동에게서 더 높다. 흥미롭게도 돌연변이는 ASD를 지닌 모든 아동에게 비슷한 것은 아니다. 또한 2%에서 6%의 ASD 아동들은 ID와 연관되어지는, X염색체의 유전학적 돌연변이인 취약X염색체증후군을 갖는다(Belmonte & Bourgerone, 2006).

ASD의 발생률은 남자들에게서 높으며, 자폐증의 가족력을 가진 사람들에게서 높다. 이러한 가족 양상은 장애의 유전적 근거를 암시해주는 것이다.

자폐증 아동들이 시각-안면 탐색처리과정이 지연된다는 신경학 연구들은 어릴 때에 양육자와의 유대형성에 실패하였음을 부분적으로 설명해준다(Grice, et al., 2005). 더욱이 자폐증을 가진 유아들이 친밀한 얼굴과 낯선 얼굴에 대한 뇌반응에 있어서의 차이를 보이지 않는다는 것은 안면 처리과정의 장애가 있다는 생각을 뒷받침한다(Dawson et al., 2002).

또한 정보를 수용하는 처리과정에서의 차이는 ASD에 대한 신경학적 근거를 제안한다. ASD를 지닌 개인은 정보의 분석과 통합에 어려움을 겪게 된다. 그들은 자주 과잉선택적 (overselective) 반응을 하며 복합적 자극의 한 측면 — 때때로 다소 부적절하고 중요치 않은 세부 — 에 고착되는 경향이 있다. 결과적으로 변별이 어렵다.

ASD를 가진 아동들의 전반적인 처리과정은 분석되지 않은 전체 상태의 형태(gestalt)로 저장되어 후에 개별적으로 재생되는 형태로 특징짓는다. 분석되지 않은 전체를 저장한다는 것은 ASD를 가진 사람들이 감각정보를 재빨리 과충전(overload)하는 방식을 설명할 수 있을 것이다. 분석하지 않고 전체를 저장하는 것은 또한 기억을 잘 못하게 한다. 자극들이 분석되지 않은 채로는 자극들 간의 관계에 근거하여 정보를 조직화하는 것을 어렵게 만든다. 분석을 하지 않은 채 알게 된 정보를 한 문맥에서 다른 문맥으로 일반화하거나 전달하는 것은 어렵다.

전 생애적 논점

ASD를 가진 아동들은 보통 2, 3세까지는 판별된다. 부모들의 관심은 의사소통의 부족과 또는 사교기술의 부족에 관계될 것이다. 초기 중재(early intervention, EI)는 ASD 아동의 결과를 증대시키는 데 중요하다. EI는 흔히 어렵다. 다음 이정표를 따르는 데 어려움이 있다면 더 나아간 평가가 필요함을 의미한다.

- 12개월까지 옹알이 없음
- 12개월까지 몸짓하기 없음
- 16개월까지 단일 단어 없음
- 24개월까지 두 단어의 자발화 없음
- 각 연령대에서의 언어와 사회적 기술의 부족(Filipek et al., 1999)

24개월 연령에 앞서 정의적 진단을 내리기는 불가능할 것이다(Woods & Wetherby, 2003).

ASD를 가진 학령기의 아동이나 청소년들은 장애의 심각성에 따라 정규수업학급에 편성되거나 특수반에 편성된다. 어떤 아동은 나이가 듦에 따라 자폐나 ASD의 심각성이 완화된다. 제프리의 예를 들면 10대가 되었을 때 행동이 덜 붕괴적이 되었으며 감정의 격발이 적어졌다. 쉽게 대화에 참여할 수는 있었지만 한 사람 이상이 동시에 말하면 괴로워하며 손뼉을 치기 시작했다.

경증의 장애를 가진 사람들은 스스로 생계를 위해 돈을 벌 수 있으며 경쟁적 고용관계를 유지할 수 있다. 예를 들면 ASD를 지닌 여성인 Temple Grandin 박사는 대학교수로 고용되었다. 불행히도 ASD를 가진 대부분의 사람들은 그렇게 성공적이지 않아서 감독과 돌봄이 필요하다. 많은 사람들이 ID를 가진 성인의 삶의 양태와 유사한 삶의 패턴을 갖게 된다. 〈사례연구 4.3〉은 ASD를 가진 아동의 이야기를 보여준다.

언어특성

그룹의 하나로서 ASD를 지닌 아동은 언어와 의사소통, 특히 화용에서 유의미한 지연을 보인다(Tager-Flusberg et al., 2005). 의사소통의 문제는 잠재적 ASD의 첫 번째 지표 중 하나이다. ASD를 가진 사람들의 25%에서 60%가 그들의 생애 전반에 걸쳐 무발화 상태로 남아 있다. 말하는 사람들이라 해도 종종 전형적 억양패턴이 부족하여 나무토막과 같거나

사례연구 4.3

자폐스펙트럼장애(ASD)를 지닌 아동의 개인 이야기

다른 부모들처럼 제이든의 엄마 아빠도 처음에는 높은 기대로 첫아이를 기다렸다. 아이는 주수를 꽉 채우고 별다른 문제없이 건강하게 태어났다. 양육의 어려움이 약간 있었고 먹는 것에 흥미를 보이지는 않았지만 이러한 문제는 일반적으로 달랠 수 없이 까다로운 아기인 것에서 기인하는 것이라 여겨졌다.

제이든은 신체발달 이정표에 맞게 발달했지만 사회성과 인지발달에서는 약간 뒤처졌다. 소아과의사는 아기들 간에는 큰 변이성이 있으며 남자아이가 여자아이보다는 느리게 발달한다고 부모에게 확인시켜 주었다. 엄마는 제이든을 성마르고 쉽게 우는 아이라고 묘사했다. 그는 자주 울화통(temper tantrums)을 보였으며 특히 식사, 목욕, 자는 시간이 되면 더 했다. 이러한 행동분출이 증가했기 때문에 부모는 전보다 집 밖으로 덜 데리고 나갔다.

18개월까지 말을 하지 못하자 부모는 제이든을 데리고 언어치료사를 찾아가 말-언어평가를 받았다. 제이든의 초기 사회성 발달에 관한 많은 질문에 부모는 놀랐다. 언어치료사는 말-언어발달에 대해, 특히 의사소통하고자 하는 의도의 초기 습득이 처음에는 몸짓으로 표현된다는 점을 부모에게 설명하였다.

SLP는 제이든이 ASD를 가졌다고 진단하지는 않았지만 단지 아동의 지체 및 증가하고 있는 행동의 원인으로 ASD를 배제시키기 위한 것이라면 말 늦은 아이를 위한 사회성 놀이그룹에 등록할 것, 그리고 ASD 팀에 의한 지역 병원에서 평가받을 것을 권유하였다.

현재 제이든은 ASD로 진단받았으며 ASD 아동을 위한 특수유치원에 등록되었다. 그는 교실에서 매일 말-언어서비스를 받고 있으며 부모는 SLP의 지시하에 가정에서 지속적으로 중재하고 있다. 중재는 우선적으로 놀이형태 안에서 이루어진다. 제이든은 약 50개의 단일 단어를 이해하며 다양한 목표에 대해 10개의 단어를 말한다.

부모는 저녁식사 시간과 같이 일과변화에 대한 정보를 줄 때 제이든에게 신호를 사용한다. 제이든 스스로의 신호 사용은 분노와 행동분출을 감소시켜 왔다. 제이든은 유치원 교실에서조차도 혼자인 것을 좋아하고 다른 아동들에게 거의 관심을 보이지 않으며 성인 집단을 더 선호하는 것처럼 보인다.

(woodlike) 로봇과 같은(robotlike) 음성을 갖는다. 말과 언어를 사용하는 많은 자폐 아동들이 이전 발화에 대하여 똑같은 억양으로 전부 또는 부분적으로 즉각적이거나 지체된 반향어(echolalia)를 사용한다. 즉 종종 똑같은 억양으로 반복한다. 예를 들어 미키는 낮 동안에는 거의 말하지 않지만 낮 동안 들었던 것들을 축적해놓고 밤에 자기 전에 차례차례로 그 말들을 반복한다. 반대로 애덤은 즉각적으로 따라 말한다. 일부 아동들에게는 반향어가 언어처리 전략일 수 있거나 이전 발화와의 부호적 일치일 수도 있다. 반향어는 성장하면서 없어진다 해도 다른 문제, 특히 화용론과 관련된 문제들은 아동의 언어에 여전히 남아 있다. 말하기 위해 학습하는 대부분의 ASD 아동들은 반향어를 사용하는 기간을 겪는다(Prizant et al., 1997).

ASD는 언어형태보다도 화용론과 의미론에 더 영향을 준다(Lord, 1988). 구문론의 실수(syntactic error)는 바탕을 이루는 의미론적 관계의 결여를 나타내는 것으로 보인다. 강세(stress), 억양(intonation), 음량(loudness), 음도(pitch), 속도(rate) 등과 같은 운율 자질(prosodic feature)이나 초분절요소(suprasegmentals)는 이미 언급되었던 ASD 아동의 기계적인 음성특질에 영향을 준다. ASD를 가진 사람들은 그들의 언어에, 특히나 대화의 화용론에 있어서 특이성과 불규칙성을 나타내곤 한다. 의도의 범주가 아주 제한적이어서 단지 요구사항만으로 되어 있거나 자기위로로 보이는 횡설수설(self-entertaining gibberish)이 있을 뿐이

화용론은 자폐증을 가진 사람들에게뿐만 아니라, 전형적 언어를 구사하는 것처럼 보이는 사람들에게조차도 지속되는 문제이다.

다. 어떤 사람들은 전반적인 일상어, 즉 **관용표현**(formuli)을 대화에 끼워 넣는다. 예를 들면 광고에서 나왔던 물건을 갖고 싶다는 표현을 하기 위해 아동은 TV 광고의 전부나 일부를 반복하기도 한다. 관용표현이란 언어의 내용과 형태를 의사소통적인 문맥과 쉽게 일치시키고자 하는 시도이다. 좋은 언어기술을 가진 ASD 성인도 여전히 대화의 미세한 점은 오해석할 수 있다.

다른 장애와 마찬가지로 ASD는 부모에게 어려움을 준다. 국립정신건강연구소 웹사이트(www.nimh.nih.gov/index.shtml)가 ASD에 대한 부모 안내서를 가지고 있다. 맨 위에 'Heath & Education'을 클릭하고 'Publications' 바로 아래로 스크롤하면 가운데 부분에 'Find Publications by Topic'이 위치해 있는데 그곳에서 'Autism'을 클릭해라. 또한 이 사이트에는 여러분이 탐색할 수 있는 다른 여러 장애가 존재한다.

뇌손상

뇌기능장애(impaired brain functioning)는 **외상성뇌손상**(traumatic brain injury, TBI), 뇌혈관계사고나 뇌졸중, 선천적 기형(congenital malformation), 경련성 장애(convulsive disorders), 감염(infection)이나 종양(tumor)과 같은 뇌장애(encephalopathy)에서 야기될 수 있다. 아동들 간에 가장 일반적인 손상은 TBI이다. TBI와 뇌혈관계사고는 제7장에서 논의될 것이다.

미국에 있는 약 100만 명의 아동과 청소년들이 TBI를 겪고 있는데, TBI는 자동차 사고에서 머리에 당하는 충격과 같이 외부 힘의 작용으로 생기는 널리 퍼져 있는 뇌손상이다. 두뇌 손상을 가진 사람들은 병변의 정도와 위치, 시작된 나이, 손상된 나이에 따라 서로 크게 차이가 난다. 일반적으로 손상부위가 작을수록 회복이 더 잘될 수 있다. 어떤 사람들은 완전히 회복되기도 하나 자율신경상태만 가능한, 식물인간상태로 남는 사람들도 있다. TBI를 가진 사람들은 인지, 신체, 행동, 학업 및 언어영역에 결함을 나타내며 어떤 영역의 결함은 장기간에 걸쳐 지속될 것이다.

인지결함에는 지각, 기억, 추론, 문제해결에 있어서의 어려움이 포함된다. 결함의 종류는 다양하며 영구적일 수도 일시적일 수도 있고, 여러 가지 기능을 하는 능력에 부분적, 또는 전반적으로 영향을 끼칠 수 있다. TBI 아동들은 부주의하여 쉽게 산만해지는 경향이 있다. 범주화하기, 배열하기, 요약하기, 일반화하기 등과 같은 조직화의 모든 측면이 영향을 받을 수 있다. TBI 아동들은 관계를 이해하고, 추론을 하고, 문제를 해결할 수 없는 것처럼 보인다. 그들은 목적을 공식화하고, 계획을 세워 달성하는 것이 어렵다. 비록 외상 이전의 장기기억은 손상되지 않는 것이 보통이지만 전반적으로는 기억에 영향을 미치는 것 같다.

심리적 부적응이나 소위 **사회적 탈억제**(social disinhibition)라는 감정분출행동은 충동적 행동을 억제하거나 통제할 수 없을 때 발생할 것이다. TBI의 다른 특징들은 주도권의 결여, 산만함, 빠른 적응을 못함, 보속현상, 낮은 좌절 수준, 수동적 공격성향, 불안, 의기소침, 실패에의 두려움, 오인식(misperception) 등이다.

전 생애적 논점

사고 후에 어떤 TBI 아동은 의식불명이 단 몇 분일 수도, 더 길어질 수도 있다. 의식을 다시 찾은 후 아동은 보통 다소의 방향감각 혼란과 기억의 손상을 겪게 된다. 기억상실(amnesia) 은 직접적인 사고순간만일 수도 있으며 장기기억을 포함하는 더 광범위한 것일 수도 있다. 감각이 혼란된 사람은 무엇이 일어났는가를 기억하지 못할 수도 있고 자신의 상처나 제약 이 어느 정도인지를 이해하지 못할 수도 있다. TBI에는 신체장애와 성격변화가 수반될 수 있다.

시간에 따른 신경회복은 흔히 예측불가능하고 불규칙적이며, TBI를 가진 아동들의 회복 에 영향을 미치는 변수들 역시 매우 독립적이라고 할 수 있다. 일반적으로 사고에 이어진 무 의식기간이 더 짧고 덜 심각하며, 기억상실 기간이 더 짧으며, 외상 후 신체기능이 나을수록 회복의 예후가 더 좋다.

손상의 연령은 부정확한 예측인자일 수 있다. 비록 어떤 결함들은 뒤늦게 시작되어 복잡 해지기는 해도 일반적으로 손상시기가 오래될수록 변화의 기회는 적어진다. 예를 들면 어떤 신경학적 문제들은 회복과정의 후반까지도 나타나지 않는 경우가 있어, 신경회복에 관한 시 간의 문제는 불규칙적이며 예측을 불가능하게 한다.

안정화 단계가 되면 TBI를 가진 사람은 수년이 걸릴 수 있는 긴 회복과정을 시작한다. 처 음 몇 달이 지나지 않아 능력의 많은 부분이 저절로 회복되는 경험을 하게 된다.

어린 아동들은 흔히 빠르게 회복되지만 새로운 정보를 익히는 것에는 어려움을 겪을 수 있고 한층 심하고 더 오래 지속되는 문제들을 나타내는 경우도 있다. 나이 든 아동과 청소년 은 성인들보다는 기억으로부터 더 많은 정보를 되찾지만 새로운 정보는 덜 배우게 된다.

완전히 회복된 듯이 보이는 사람이라 해도 미묘한 인지기술과 사교기술은 아직 부족할 수 있다. 예를 들어, 제인은 자동차 사고로 상해를 입었으나 완전히 회복된 것처럼 보이기는 했어도, 초등학교에 들어가고 나서 학습문제를 보이기 시작했다. 불행히도 학교에서의 성취 부족은 나중에 훈육의 문제가 되었다.

나이가 어린 아동들의 뇌는 보다 순응적이고 유연하지만, 이 말은 나이가 어린 아동이 항상 더 완전 하게 회복된다는 것을 의미하는 것은 아니다. 잃었던 언어를 회복 하는 것에 더하여 여전히 배워야 할 언어가 많고 아마 이 작업은 뇌 손상 때문에 훨씬 어려울 수 있다.

언어특성

언어문제는 크지 않은 상처 후에조차도 명백히 나타난다. 일반적인 증진이 되고 나서도 특 히 화용론과 같은 결함은 손상 후 오랫동안 남아 있다. 전체적으로 화용론은 이들이 언어측 면에서 가장 많은 장애를 나타내는 영역인 것으로 보인다. 심한 TBI와 그 결과로 생기는 실 행기능의 결함 또는 뇌에 초점이 두어진 능력은 화용론의 문제를 나타낸다(Douglas, 2010). 뇌손상 아동들은 중심이 되는 초점과 논점을 놓치는 수가 있다. 보다 특수하게는 대화참여 와 대화기여의 관련성 또는 대화의 양이나 방법을 조절하는 것에서 어려움을 가진다. 특히 운동문제를 동반하는 경우라면 흔히 발화는 길고 부적절하며 주제에서 벗어나고 유창성이 방해를 받게 된다.

언어의 형태 영역이 상대적으로 영향을 덜 받지만 비유적 언어 및 이중의미와 같은 고차 원의 기능들과 언어의 이해 측면은 손상되기도 한다. 단어인출, 이름대기, 그리고 사물 묘사의 어려움은 있지만 의미론, 특히 구체적 어휘손상은 상대적으로 적다. 이야기(narration), 특히 이야기 구조를 유지하고 충분한 정보를 주는 것에는 문제를 보일 수 있다.

방임과 학대

미국에서는 당국에 보고되는 방임이나 학대 건으로 보면 매년 90만 명의 아동들이 함부로 다루어졌다(U.S. Department of Health and Human Services, DHHS, 2007). 방임과 학대는 이 아동들이 언어를 배우는 사회적 환경인, 역기능 가족(dysfunctional family)의 외부적 징표이다.

> 두드러진 신체적 학대보다는 엄마와의 상호작용 결핍이 학대와 방임 환경에서 자란 아동들에게 나타나는 많은 언어장애를 설명해준다.

방임과 학대(neglect and abuse)가 의사소통 문제의 직접적 원인이 되는 경우는 드물지만, 의사소통 문제가 발생하는 상황은 아동의 발달에 영향을 미친다. 방임과 학대가 빈곤한 가족들에게만 국한되는 문제는 아니라고 하지만 가난한 미국인들에게는 의료와 건강문제가 원인이 되는 수가 있다. 좋지 못한 모체의 건강, 약물남용, 빈약하거나 전무한 소아과 진료, 열악한 영양섭취가 모두 뇌발달과 성숙에 영향을 미칠 수 있다.

학대보다는 모아애착(child-mother attachment)의 질이 언어발달에서 더 의미 있는 요인이다. 모성애착은 어린 시절에 한 부모와의 사별, 먼저 낳은 아이의 사망, 임신합병증, 출산합병증, 가족 문제, 부부간 문제, 또는 재정적 문제, 약물남용, 어머니의 연령, 질병 등에 의해 방해받을 수 있다. 그 결과로 중요한 의사소통 능력 발달을 위한 지원이 부족하게 된다.

전 생애적 논점

어린 시절에 받은 학대와 방임의 영향은 아동의 일생 내내 남을 수 있다. 신체적, 심리적, 감정적 문제가 반복해서 생길 것이다. 학대를 받은 많은 아동은 후에 자기 아이를 학대하게 되고 모든 병적 영향을 주는 되풀이를 통해 패턴이 지속된다.

언어특성

> FAS 아동과 약물노출 아동은 학습장애 아동과 비슷한 학습문제를 가진다.

언어의 모든 측면이 영향을 받지만 방임과 학대를 받은 아동들이 가장 크게 어려움을 보이는 것은 화용론이다. 일반적으로 그들은 또래의 아동들에 비해 말수가 적으며 대화의 기술이 떨어진다. 그들은 자발적으로 지식을 전하고 감정이나 느낌을 토론하려 하지는 않는 것 같다. 또한 발화와 대화가 또래들보다 짧다. 그들은 학교에서의 구두언어 및 쓰기언어에서 위축된 수행을 보인다(Eigsti & Cicchetti, 2004).

태아알코올증후군 아동과 약물노출 아동

지난 30년간 **태아알코올증후군**(fetal alcohol syndrome, FAS)과 약물에 노출된 아동들의 출현율이 늘고 있다. FAS는 500명이나 600명의 신생아에 1명꼴이라고 한다. 알코올은 태아의 뇌 안에서 중요한 신호 분자의 활성화를 방해하여 배아발달에 지장을 준다. FAS 신생아들은 출생체중이 가볍고 중추신경계 문제를 보인다. 눈 사이의 공간, 인지적 제한과 같이 성장 결함과 이형 특성 간에는 관계가 있다(Ervalahti et al., 2007). 나중에 이 아동들은 과행동성,

운동문제, 주의력결핍, 인지장애들을 나타낸다(Mallette, 1994). FAS를 지닌 아동의 IQ는 경계선급 지적장애 범주에 속해 있을 수 있다.

태아단계에서의 약물의 효과는 약물종류와 복용방법, 태아의 월령에 따라 다르다. 크랙(crack)은 태아의 신경화학적 작용을 변화시키기 때문에 특별히 파괴적이다. FAS를 지닌 유아들과 같이 크랙과 코카인에 노출된 유아들은 출생 시 몸무게가 적다. 그들은 또한 머리둘레가 작으며, 불안해하며 흥분하기 쉽다(irritable)(Lesar, 1992).

전 생애적 논점

조산아, 특히 FAS를 갖거나 조기에 약물에 노출된 조산아는 신생아 때 사망하기 쉬우며 발달적 어려움을 겪게 되는 경우가 많다. 약물에 노출된 아동의 빈약한 협응 행동 및 운동성 지연은 양육자-영아 간의 결속을 방해하는 요인이 된다. 게다가 알코올이나 약물에 의존적인 양육자들은 아동을 돌보지 않거나 거부할 것이다. 출생 시에 나타난 취약점들은 아동의 일생 동안 남게 되며 결과적으로 빈약한 학업성취와 반사회적 행동을 낳을 수 있다. 부모와 교사는 FAS를 가진 아동이 전형적 발달을 보이는 또래가 학급에서 보이는 행동보다 유의하게 수동적/비참여적이며 부적절한 행동을 더 많이 더 오래 보인다고 보고한다(Olswang et al., 2010).

언어특성

FAS를 지닌 아동들은 구두언어의 발달지체, 반향어, 이해문제로 특징짓는 언어문제를 나타낸다. 약물에 노출된 영유아들은 아기 발성(infant vocalization)이 거의 없으며 부적절한 몸짓을 하고, 언어결함을 갖는다. 학령기 이전에는 단어인출 문제, 짧은 문장, 부적절한 대화 차례 지키기 및 부적절한 주제 유지를 보인다. 이러한 어려움은 지속되며, 추상적 의미, 중복적 의미 및 'before', 'after', 'next', 'near', 'next to', 'in front of'처럼 시간과 공간을 나타내는 용어로 인해 어려움이 악화되어진다. FAS를 지닌 아동과 태아기 약물노출 아동 모두는 읽기 및 다른 학문적 과업들에서 또래보다 뒤처진다.

기타 언어장애

가장 많이 출현하는 언어장애를 다루기는 했지만 결코 논의가 마무리된 것은 아니다. 언어장애의 다른 형태는 한정되지 않은 비특정 언어손상(nonspecific language impairment, NLI), 말 늦은 아동, 아동기 조현병(childhood schizophrenia), 선택적 함묵증(selective mutism, SM), 중이감염(otitis media, 중이염), 인공와우이식을 받은 아동을 포함하고 있다. NLI 아동은 언어발달의 전반적 지연을 보이며 비언어성 지능이 86 또는 그 이하이다. SLI를 가진 아동은 감각이나 지각의 명백한 결함을 보이지 않으면서 대부분 일반적인 특성을 가지지도 않는다(Rice et al., 2004). 아동의 건강이 말 늦은 아동에게 중요한 원인이지만 대부분의 초기 언어지체는 빈곤이나 무주택 거주의 환경요인에 의거한다.

아동기 조현병은 낯선 사고, 기이한 느낌, 특이한 행동을 낳는 심각한 정신과적 질병이며

13세 이하의 아동 1만 4,000명 가운데 1명꼴로 출현한다. 조현병 아동과 청소년의 약 55%가 특히 화용에서의 언어지체를 포함하여 언어결함을 갖는다(Mental Research Association, 2007; Nicholson et al., 2000).

선택적 함묵증(SM)은 다른 경우에는 정상적으로 말을 하면서도 학교와 같이 특정 상황에서는 말을 하지 않는 상대적으로 드문 장애이다. 모든 아동의 0.2%에서 0.7%는 얼마 동안 SM을 나타내기도 하며, 여아들은 남아의 거의 두 배로 영향을 받는다.

많은 어린아이들이 만성적 중이염으로 고통을 받는다. 일반적으로 빈발성 중이염의 축적된 효과는 언어발달지체의 중요한 요인이 될 수 있다(Feldman et al., 2003).

마지막으로 인공와우이식을 받은 아동들은 전형적인 발달을 보이는 아동들과 비슷한 방식으로 언어를 발달시킨다. 나중에 이식받은 아동들은 성숙의 초기 이득을 갖고 언어성장을 개선시키게 되지만, 더 어린 연령에 이식받은 아동들은 계속 증가하는 속도로 구두언어를 발달시키기 시작하여 아동기 후기에 이식받은 아동의 성장 속도를 곧 능가하게 된다(Ertmer et al., 2003).

결론

언어손상과 관련된 장애가 너무 많아서 모두가 비슷해 보이기 시작할 것이다. 여러분의 기억을 돕기 위하여 〈그림 4.1〉에 각 장애의 주된 특징들을 제시하였다. 대부분의 경우 언어손상이 있는 아동들은 다른 신체적, 인지적, 심리적 어려움도 갖게 된다. 실제의 임상에서 말-언어치료사들은 각 아동을 각 범주의 구성원이 아닌 한 개인으로 다룬다. 중요한 것은 각 아동의 개별적 행동과 언어의 특성이지 집단의 특징이 아니다.

이 절에서는 관련 장애에 초점을 맞추었으며 언어손상과 관련될 수 있는 요인 모두에 대해 언급하지는 않았다. 빈곤, 영양섭취, 모자건강, 어머니의 아동에 대한 예민성과 자극 등의 요인 또한 중요하다. 예를 들어 홈리스 거주지에서 생활하는 대부분의 아동과 어머니들은 다양한 이유 때문에 언어결함을 나타낸다(La Paro et al., 2004; O'Neil-Pirozzi, 2003).

손상된 장애	예상되는 결함영역					언어자질(특징)		
	발달	인지	지각	정서	알려진 바 없음	형식	내용	사용
지적장애		×				×	×	×
학습장애						×	×	×
단순언어장애			×		×	×		
자폐스펙트럼장애				×				×
외상성뇌손상		×		×				×
방임 및 학대	×							×

그림 4.1 언어장애와 연관된 장애 요약

손상된 언어영역

앞서 설명했던 병인론적인 범주에 덧붙여서 언어장애는 손상된 언어특징(language feature)에 의해서도 구분할 수 있다. 예를 들어 단어회상과 대화개시에 어려움을 갖는 아동이 있는가 하면 한정된 어휘를 지니고 있으면서도 끊임없이 말하는 것처럼 보이는 아동이 있을 수 있다. 어떤 아이들은 부족한 구문과 매우 짧은 문장을 가졌거나 주고받는 대화에서 매우 위축되어 있기도 하다. 〈그림 4.2〉는 언어장애와 연관된 대부분의 언어특징을 보여준다. 평가시 SLP는 중재를 시작해야 할 곳이 어디인지를 결정하기 위해 많은 언어특징들을 평가하게 된다.

　　다양한 장애 안에서 SLP의 책무범주를 이해하기 위해서는 ASHA 웹사이트(www.asha.org)를 점검하라. 검색창에 'scope of practice'를 써 넣은 다음 탐색하고자 하는 의사소통장애를 클릭해라.

화용(Pragmatics)

질문에 대답하기 및 명료화 요구가 어려움

대화개시, 대화유지 또는 대화순서 지키기의 어려움

청자에게 메시지를 맞추어야 할 때나 의사소통 실패를 복구할 때 언어의 유연성이 부족

짧은 의사소통의 에피소드

제한된 범위의 의사소통 기능

부적절한 주제 그리고 주제에서 벗어난 진술, 불필요하고 부적절한 진술

비사회적 독백

문체다양성 및 청자-화자 역할의 어려움

내러티브의 어려움

상호작용이 적음

의미(Semantics)

제한된 표현어휘와 느린 어휘성장

지금-여기서와 같은 전후관계가 설정된 발화, 즉 구체적 발화가 아니거나 발화 자체가 거의 없음

의미기능의 다양성이 제한됨

관계단어 용어의 어려움(비교, 공간, 시간관계)

비유어와 이중의미 정의하기 문제

접속사(그리고, 그러나, 그래서, 왜냐하면 등)의 혼동

이름대기의 어려움은 덜 풍부하고 덜 정교한 의미저장 또는 실제 인출의 어려움을 반영

구문/형태(Syntax/Morphology)

짧고 덜 복잡한 발화

규칙학습의 어려움

비문법적 문장, 짧거나 미완성으로 남아 있는 문장

형태소, 특히 동사의 어미, 조동사, 대명사 및 기능적 단어(관사, 전치사)가 거의 없음

단어순서를 단어의 관계보다 우선하여 지나치게 정제화함

부정문 구조 및 수동태, 관계절, 축약, 형용사적 어구형태의 어려움

관사(a, the)의 혼동

음운(Phonology)

음절구조 제한

자음목록이 적음

특히 복잡성이 증가된 경우 비일관적 소리산출

이해(Comprehension)

짧은 길이의 단위(의존형태소)에서 변별이 어려움

대화와 같이 연결된 담화에서 이해의 손상

의미를 추출하기 위해 상황에 의지함

의문사 의문문(wh-question)의 혼동

의미의 비언어적 단서에 대한 지나친 의존

그림 4.2 언어장애 아동의 일반적인 언어특성

평가

평가에서 SLP의 과제는 아동이 장애를 가졌는지 그렇지 않은지를 구별하는 것이다. 언어평가는 발견과 정보수집의 과정이라고 할 수 있다. 특별히 부족한 자원이 유익한 방식으로 배분되어 있는 학교에서는 자원을 확보하기 위해서 정확한 진단이 필수적이다.

다른 진단법을 가지고 언어평가를 하는 것은 발견과 정보수집의 체계적인 과정이다. 일어나야 할 일이기에, 좋은 임상의 실제는 평가와 중재 사이의 경계가 투과성이 있을 것을 요구한다. 좋은 평가의 한 부분은 결국 중재로 이르는 가능한 방법을 결정하는 시도가 될 수 있다. 바꾸어 말한다면 각각의 중재회기에는 내담자의 현재 기술 수준 평가가 포함되어져야 할 것이다.

평가는 충분히 광범위하게 또 관련된 모든 영역이 평가될 수 있도록 자세히 실행되어져야 하며 가능한 정확히 기술되어야만 한다. 예를 들어 의미론의 평가는 수용적인 이해를 넘어 표현어휘의 크기까지도 포함되어야만 한다. 철저한 검사를 위해 단어학습능력과 단어저장 및 인출과 같은 영역을 포함할 수 있을 것이다(Brackenbury & Pye, 2005).

이중언어 아동, 영어학습자, 방언화자

미국통계국(2012)에 따르면 미국 학령기 인구의 21%가 가정에서 영어가 아닌 다른 언어로 말하고 있다. 이 아동들의 약 1/3이 영어학습자(ELL)이다. 아프리카계미국인(African American, AA) 아동은 미국에서 두 번째로 큰 소수인종 집단으로 공립학교 등록 아동의 약 17%를 형성하고 있다(Fry, 2007). 몇몇 전문가들은 낮은 수입을 가진 가정의 AA 아동의 보고된 학업부진이 학교생활 중에 사용하는 AAE 때문인 것으로 여겨왔다. 아프리카계미국영어(AAE)는 교사들이 교육을 위해 사용하는 주된 미국영어방언과는 다르다.

문화적·언어적 다양성(CLD) 배경을 가진 아동들의 평가 시에는 언어장애(LI)와 사회경제적 지위(SES)의 위험에 대한 관련성을 인식해야만 한다. 어머니의 부족한 교육여건을 지닌 낮은 SES 배경의 아동은 증가된 LI 발생률을 보인다(Shuele, 2001).

영어학습자(ELL)와 방언차이를 가진 아동들은 특수교육 서비스 요구 집단으로 분류되기 쉽다(de Valenzuela et al., 2006). 특수교육에서 영어학습자와 방언차이를 가진 아동들은 대부분 표준화검사의 성취와 관련되어 있다. 명백히 이러한 아동에게 적합한 언어평가 측정이 개발될 중요한 요구가 존재한다.

CLD 아동의 진단방법은 광범위하게 다양하며 단 하나의 방법만 적절한 것은 아니다. 다양화된 형식에는 부모 보고와 교사의 보고 형식이 포함되며, 동시적-유도적 언어산출 둘 다와 새로운 단어 및 형태소 학습까지도 포함된다. 진단에는 출판된 검사, 언어샘플, 보다 개방형 질문으로 이루어진 역동적 평가가 포함되어 있으며, 아동이 사용하는 영어 및 제1언어에 대한 전사도 포함시킨다. 미국에서 영어학습자들 대부분은 스페인어로 말하지만 스페인어-영어 이중언어 아동을 위한 대안으로 제시된 단일한 평가는 없다(Dollaghan & Horner, 2011). 따라서 SLP는 다양한 평가를 이용한다.

의뢰 및 선별

의뢰란 일생에 걸쳐 어떤 지점에서든 발생할 수 있다. 확실한 증후군을 가지고 있거나 언어장애가 될 수 있는 위험에 처해 있는 어떤 아동들은 출생 당시 혹은 초기 신생아일 때 의뢰될 수 있지만 학습장애처럼 학교에 들어가기 전까지 발견되지 않을 수도 있으며 외상성뇌손상이나 아동기 실어증처럼 어떤 연령에나 발생하는 경우도 있기 때문이다. 부모는 경도 장애를 식별하는 데 있어서 덜 신뢰로울 수는 있지만 보다 심한 언어문제를 지닌 아동을 위해서는 효과적인 의뢰 자원이 될 수 있다(Conti-Ramsden et al., 2006).

공립학교에서 말-언어치료사는 아동이 선별검사를 기초로 하여 후속검사를 해야 할 것인지를 결정한다. 선별검사는 말과 언어에 문제가 있는지 없는지를 결정짓는 데 사용하는 검사로 모든 유치원과 1학년 학생들에게 의무적으로 하게 되어 있다. 선별검사는 매우 신중하게 선택되고 시행되어야만 한다. 일반적으로 편중되지 않은 검사라 하더라도 몇몇 항목은 특정 문화적 언어적 배경을 지닌 아동들에게는 문제가 될 수 있어서 주의 깊게 해석되어야 한다(Qi et al., 2003).

조사 및 부모 설문 역시 효과적인 진단도구가 될 수 있다. 이러한 방법들은 다른 언어검사들과 함께 우호적으로 비교된다(Patterson, 2000; Rescorla & Alley, 2001; Thal, et al., 2000).

아동전문가들로 이루어진 학제간 팀은 의뢰 및 후속의 평가를 다룰 수 있다. 앞서 언급했던 많은 장애의 본질은 소아과의사, 신경학자, 작업치료사, 물리치료사, 발달심리학자, 특수교사, 청능사 및 말-언어치료사로부터 제공될 필요가 있는 것이다. 예를 들어, 능동적 참여자로서의 가족과 협조자를 포함하는 학제간 평가는 ASD를 지닌 어린 아동에게 효과적이다.

> 의뢰, 질문지, 그리고 면담을 통해 얻은 정보는 가능한 언어장애에 대한 조사를 시작하는 데서와 어떤 장애명을 부과해야 할지 결정하는 데 필요한 배경을 제공해 준다.

사례력 및 면담

사례력의 질문지와 면담은 공식적인 정보수집 절차에서 제일 첫 번째 단계이다. SLP는 출생과 발달에 대한 질문에 덧붙여 언어장애와 관련된 보다 특수한 질문을 한다. 언어발달, 가정에서의 언어환경, 언어장애가 일어날 만한 가능한 원인과 관련된 질문들이다. 가능한 질문이 〈그림 4.3〉에 나타나 있다.

관찰

언어는 그것이 발생한 상황에 의해 많은 영향을 받는다. 그러므로 가능한 많은 상황에서 아동의 언어사용을 관찰하는 것은 도움이 된다. 다양한 상황을 모두 관찰하기가 항상 편리한 것만은 아니지만 학교 언어치료사는 학급에서, 임상실 언어치료사는 가정방문을 통해 관찰하거나 대기실에 있는 동안이나 엄마-아동 간 자유놀이시간 동안 관찰을 할 수 있을 것이다. 모든 평가에 있어서 검사와 표집하는 시간은 부가적인 관찰시간을 제공해줄 수 있다.

관찰된 행동은 아동의 연령과 보고된 장애에 따라 다양할 것이다. 언어치료사는 아동의

언어사용

아동이 이렇게 합니까?

정보에 대해 질문합니까? 묻는다면 어떻게 묻나요?

환경 내에 있는 사물에 대해 설명하나요? 어떻게 설명하나요?

과거, 미래, 혹은 즉각적인 맥락의 이면에 있는 사실에 대해 말합니까?

혼자 놀 때 소리를 냅니까?

놀면서 혼잣말에 몰두하나요?

혼자 노는 것과 다른 사람과 같이 노는 것 중 더 좋아하는 것은?

정서를 표현하거나 감정에 대해 말하나요? 어떻게 말하나요?

원하는 것을 요구하나요? 어떻게 요구하나요?

당신의 주의에 따릅니까? 어떻게 따르나요?

대화기술

아동이 이렇게 합니까?

대화를 개시하거나 다른 사람들과 상호작용하는 것을 시작합니까? 아동이 자주 언급하는 주제는 무엇입니까?

다른 사람들이 대화와 상호작용을 시작할 때 거기에 같이 끼어듭니까?

어떤 것에 대해 말하기 전에 당신의 주의를 환기시키려고 합니까?

말하는 동안 지속적으로 눈을 마주칩니까?

말하면서 쉽게 차례를 찾을 수 있습니까? 자주 방해합니까? 당신의 발화와 아동의 반응 사이에 오랜 시간이 경과하지는 않습니까?

혼란스러운 것처럼 보일 때가 있거나 명료화에 대한 요청을 할 때

가 있습니까? 어떻게, 얼마나 자주 합니까?

명료화를 요구받을 때는 반응을 합니까? 어떻게 반응합니까?

이해하지 못할 때 좌절을 표현합니까?

조직화된 양상 내에서 계열정보나 이야기에 대해 교대로 하여 다음을 이을 수 있습니까? 충분한 정보로 다음을 이어갑니까?

다른 사람들과 이야기할 때, 즉 성인들이나 더 어린 아동들이 대화 대상인 경우, 대상에 따라 다른 방법으로 이야기합니까?

특정 인물이나 상황에 대하여 다른 것들에 비해 더 쉽게 반응합니까? 아동이 더 잘, 가장 잘 반응할 때는 언제인가요?

아동이 표현하는 정서는 어떤 정서인가요? 어떻게 표현합니까?

반응들이 의미가 있는지, 모순되지는 않는지, 주제에서 벗어나거나 관련성이 없는 부적절한 반응은 아닙니까?

형식 및 내용

아동이 이렇게 합니까?

환경 내의 일상사건이나, 사물, 사람의 이름을 압니까?

몸짓, 소리, 자기가 이해한 대로의 즉각적인 환경에 의존하는 것처럼 보입니까?

단일 단어, 구, 또는 문장들로 말합니까?

전형적인 발화는 얼마나 깁니까? 아동이 단어수준을 넘어갔습니까?

내일, 어제, 또는 *어젯밤*과 같은 단어를 사용합니까?

동사시제를 사용합니까?

복잡한 묘사나 설명을 만들기 위해 여러 문장들을 함께 씁니까?

간단한 지시를 따를 수 있습니까?

그림 4.3 언어장애가 의심될 때 질문지 및 면담에서 가능한 질문

출처 : Owens(2014)에 근거.

의사소통 행동 관찰에 더해 아동의 흥미와 양육자의 의사소통 스타일, 행동통제 방법에도 관심을 가져야 한다. 〈그림 4.4〉는 평가 시 관찰할 수 있는 행동들이다.

관찰하면서 아동의 언어장애에 대한 가설이 만들어진다. 이러한 가설은 아직 남아 있는 평가과정 및 중재기간 동안 확실시되거나 부정되어질 수 있다.

언어치료사는 관찰 시 지속적으로 초점을 맞추는 것이 중요하다. 이는 매우 조심스럽게 행동과 (또는) 언어특징을 명시하고, 그러한 행동과 언어특징에 선행사건이나 후속사건을 상세히 기술해야 함을 필요로 한다는 의미이다. 예를 들어, 지적장애를 지닌 한 청소년이 "때리지 마세요."라고 반복해서 소리를 질렀다고 하자. 그런데 이 행동은 그 여학생이 질문받을 때 나타나는 것으로 관찰되었으나 일관적이진 않았다. 질문 형태가 반응에 영향을 준 것으로 가설을 세울 수 있다. 질문 형식을 체계적으로 수정하여 만든 세심한 데이터 수집을

아동이 누구와 의사소통하는지
아동의 의사소통 목표
아동의 의사소통의 효율성
　분명한 붕괴(breakdown) 패턴
아동 언어의 성숙
　발화길이
　동사 사용
　복잡성
개시적 의사소통 대 반응적 의사소통의 상대적인 양
비사회적 의사소통 대 사회적 의사소통의 상대적인 양
양육자의 반응성
말 차례의 할당, 아동과 양육자 간 말 차례의 상대적인 크기

그림 4.4 언어장애 평가 시 관찰가능한 행동

통한 평가에서는 나중에 그 가설이 확정된다.

검사하기

아동과 신뢰감이 형성된 후에 언어치료사는 검사를 시작할 수 있다. 과제는 상이한 아동에 따른 잠재적 효과에 근거하여 다양하게 구성된다.

　표준화된(standardized) 규준참조검사(norm-referenced test)는 문제가 존재하는지 결정하기 위해서 적절하기는 하지만 특수한 언어결함을 식별하기 위해서는 덜 유용하다. 오히려 기술적 검사(descriptive test)는 아동의 강점과 약점을 탐색할 수 있도록 언어치료사에게 도움을 준다. 또한 기술적 검사의 결과는 치료계획을 위해 유용한 정보를 제공해줄 수 있다.

　많은 언어특성을 평가하여 확실하게 하기 위해서는 일련의 검사시리즈를 사용하는 것이 최선이다. 한 연구에서는 공유한 이야기 다시 말하기(익숙한 이야기 요소가 변경된 예상 위반 과제)와 같이 유아도서를 이용한 과제의 조합 및 이해질문이 언어장애 아동의 96%를 식별하는 데 효과적이었음을 발견하였다(Skarakis-Doyle et al., 2008). 최소한 언어의 형식, 내용, 사용에 있어서 수용 및 표현영역은 어떤 방법으로든 검사되어야 하며 표본이 수집되어야 한다.

　검사절차는 매우 다양하다. 아동은 구문적으로 비슷한 문장을 만들고, 정확성에 대한 판단을 하며, 섞여진 문장을 재구조/변경하고, 들은 것을 정확히 모방하도록 요구하는 질문을 받는다. 정의를 내리고, 문장을 형성하거나 이름대기를 통해 들은 단어를 지적해야만 할 수도 있다. 이런 모든 과제는 상이한 언어기술을 필요로 한다. 익숙하지 않은 과제가 아동의 결과에 불이익을 주는 경우도 있다(Peña & Quinn, 1997). 언어검사 과제들의 예는 〈그림 4.5〉에 제시되어 있다.

　검사하는 동안 언어치료사는 효율적인 중재절차를 알아내기 위해 아동의 성취 수준을 탐색할 것이다. 재미있는 것은 이러한 탐색전략이 산출을 증가시키거나 특정 언어자질에 대해 보다 정확한 산출을 할 수 있게 해준다는 것이다(Peña et al., 2001). 때때로 **역동적 평가**

검사하기는 대부분의 아동들에게 평범하지 않은 상황이다. 전형적 수행은 오히려 언어표본에 더 잘 나타날 수 있다.

검사절차	예
문법적 완성	내가 낱말 하나가 빠진 문장을 말하려고 해. 잘 들어봐. 그리고 빠진 낱말을 채워봐. 존은 접시를 가지고 있어. 또 프레드도 접시를 가지고 있어. 그들은 _____를 가지고 있어(They have two_____).
수용어휘	이 페이지의 그림들을 봐. 내가 1개의 이름을 말하면 네가 그것을 짚었으면 좋겠다. 내게 보이도록 경찰관을 짚어봐.
낱말정의하기	내가 어떤 낱말을 말할 거야. 그 낱말의 뜻이 무엇인지 말하거나 그 낱말이 들어간 문장을 말해보는 거야. 예를 들어서 내가 "동전."이라고 말하면 너는 "금속으로 만들어진 돈." 또는 "나는 자동판매기에 동전을 넣었다."라고 말하는 거야.
화용기능	내가 지금부터 이야기를 해줄 건데 이 이야기에서 그 사람이 뭐라고 말하고 있다고 생각하는지 너한테 물어볼 거야. 메리는 밴드연습한 다음에 돈을 잃어버렸어. 그래서 집에 데리러 와 달라고 전화를 해야만 했어. 메리는 자기랑 가장 친한 친구인 줄리에게 25센트를 빌리기로 했지. 이것을 실행하기 전에 먼저 줄리 옆에 앉아서 말했어. 이렇게 _____.
문장모방	나는 어떤 문장을 말하려고 해. 그리고 내가 말한 대로 정확하게 따라서 말해주었으면 좋겠어. 자 하나 해볼까? 우리는 내일 방과 후에 공놀이를 하려고 한다.
대응문장산출	여기 2개의 그림이 있지. 나는 첫 번째 그림을 설명할 거야. 그러면 너는 내가 사용한 문장과 같은 형식을 써서 두 번째 그림에 대해서 말해보는 거야. 예를 들어 이 그림에 대해 내가 말해볼게. "여자아이가 자기 자전거(her bike)를 타고 있다." 그러면 너는 "남자가 자기 차(his car)를 타고 있다."라고 말하면 된단다.
문법적 정확성	나는 한 문장을 말하려고 해. 그리고 네가 그 문장이 맞는지 틀린지를 나한테 말해주면 좋겠어. 만일 틀린 문장이라면 너는 그것을 옳게 고쳐서 말해줘야 하는 거야. 예를 들어 내가 "그들에게 춤추러 가고 있다(Thems is going to the dance)."라고 말하면 너는 "틀렸어요. 그들은 춤추러 가고 있다(They is going to the dance)."라고 말해야 하는 거야.

그림 4.5 언어검사 과제의 예

(dynamic assessment)로 불리는데, 이러한 탐색은 나중에 하게 될 중재방향을 제시해주는 면에서 가치가 있다. 평가받는 아동으로 하여금 현실적인 학습요구를 나타내주는 능력을 보여주기를 요청하는 역동적 평가 및 기술은 다문화나 이중언어 배경을 지닌 아동들에게 특히 적합하다(Peña et al., 2006; Ukrainetz et al., 2000).

검사점수는 주의 깊게 해석되어야 한다. 예를 들어 이중언어 아동의 형태 어미 생략은 SLI 아동의 오류패턴과 비슷하다(Paradis, 2005). 이는 잘못된 진단으로 이끌 수 있다. 또한 언어장애 아동이 항상 낮은 점수로만 판별되는 것은 아니다(Spaulding et al., 2006). 언어치료사는 유의하여 검사지침을 염두에 두어야 하며 언어장애에 예민하고 특수한 검사를 선택해야만 한다.

표본수집하기

모든 언어장애 아동이 검사에서 곤란을 겪는 것은 아니다. 또한 검사들이 언어의 모든 측면을 나타내주는 것도 아니다. 이러한 이유 때문에 언어치료사는 평가의 부분으로 언어표본을 수집한다. 언어표본에서 SLI 아동들은 낮은 수행 수준을 나타낸다(Eisenberg et al., 2001; Rice et al., 2010).

언어는 맥락에 의해 영향을 받는다. 검사를 받는 상황은 아동이 산출하는 언어에도 영향을 준다. 어떤 아동에게는 검사의 구성이 수행을 감소시키기도 할 것이다. 이것은 특히 어린 아동, 인종이 다른 아동, 장애를 지닌 아동에게는 사실인 경우가 많다.

언어치료사는 대화 안에 아동을 끌어들이고, 아동은 언어능력을 쭉 뻗어볼 수 있도록 시도할 것이며 이 과정에서 어려움이 나타난다. 이렇게 지지하는 기법은 표준화검사 및 자발화 언어표집 둘 다에서 어려움을 갖는 ASD 아동에게 특히 중요하다(Condouris et al., 2003). 대화, 내레이션, 설명 및 면담과 같은 다양한 담화 형태가 표본에 포함될 수 있다. 예를 들어, 자유놀이에 참여하는 어린 아동들은 이야기를 말하는 것보다는 많은 발화를 산출하지만 이야기 말하기와 대화를 하는 동안 더 복잡한 발화를 산출한다(Southwood & Russell, 2004).

전형적인 수행은 부모나 교사가 아동과 상호작용하는 친숙한 상황에서 보다 잘 나타날 것이다. 또한 경험이 많은 언어치료사는 우수한 대화상대자나 놀이상대자가 될 수 있다. 가능하면 언제든지 상대자, 장소, 활동 및 주제를 다르게 하여 아동당 적어도 각각 2개의 표본을 수집하는 것이 좋다(Owens, 2014). 예를 들어, ASD를 지닌 아동의 특정한 사회적 행동에 대해서 부모와 교사의 인식이 항상 일치하는 것은 아니다(Murray et al., 2009). 이러한 불일치는 특정한 사회적 행동이 상황에 의존적일 수 있으며, 상이한 의사소통 맥락에서 데이터를 수집할 것을 제안하는 것이다.

표본들은 주제와 상호작용이 분명하지 않은 상태로 개방형이거나 혹은 보다 폐쇄적이기도 하다. 그러한 표본에서 SLP는 특정 언어특성을 추출해내야 한다. 반응은 매우 다양하다. 예를 들어, 대화적 전략보다는 보다 제한적인 질문-대답의 기술이 덜 복잡한 발화에서 유도될 수 있다.

내러티브(narratives)나 이야기(stories)는 화자에 대한 요구 때문에 나이 든 아동들이나 TBI 아동의 결함을 보여주는 데 특별히 유용하다. 또한 내러티브는 많은 수의 다양한 구문구조를 유도해낼 수 있는 경향이 있다. 언어장애 아동 개인의 내러티브는 흔히 너무 무질서해서 이러한 아동의 이야기는 사회적 상호작용에 부정적인 영향을 미친다(McCabe & Bliss, 2004~2005). 언어장애 아동의 짧은 개인적 내러티브는 흔히 중요 정보를 생략하며, 사건의 시간 순서를 위반한다. 청소년들에게는 또래-갈등해결 문제를 부과하는 것이 문법적으로 복잡한 발화를 추출해내기 위한 효과적인 방법이다(Nippold et al., 2007). 〈그림 4.6〉은 2개의 아주 다른 언어표본 형태를 보여준다.

언어치료사는 언어표본을 기록하며, 나중에 아동의 정확한 단어를 세심하게 전사한다. 언어샘플을 모으는 데 MP3 플레이어와 휴대용 컴퓨터를 효과적으로 사용할 수 있다(Olswang et al., 2006).

언어치료사는 아동의 언어곤란의 정도와 특성을 결정하기 위해 여러 양적, 질적인 방법으로 전사(transcript)를 분석할 수 있다. 평균발화길이(MLU), 문장당 평균 절의 수, 주어진 시간 안에 사용된 다른 단어 수를 같은 연령이나 같은 발달적 수준에 있는 전형적인 아동의 수치와 비교할 수 있다(Johnston, 2001). MLU는 SLI를 지닌 아동의 10세에 이르기까지 일반적인 언어발달에 대한 신뢰롭고 타당한 측정으로 알려져 있다(Rice et al., 2006). 또한 표본은 과거시제인 -ed처럼 특정 언어자질에 대한 정확한 퍼센트 정보를 줄 수도 있을 것이다. 상세한 기술적 평가(Descriptive Assessment)에서는 아동이 표현한 다양한 의도와 대화양

제약이 없는, 개방성의(open-ended)	구조화된(Structured)
임상가 : 나는 농장세트를 가지고 놀아야지. 같이 할 수도 있고, 아니면 너는 다른 장난감을 꺼내올 수도 있어.	임상가 : 자, 여기 강아지가 있네. 강아지한테 뭐라고 말할까?
아동 : 농장 할래요.	아동 : 안녕 강아지.[인사하기(GREETING)]
임상가 : 그래. 너는 농장놀이를 원하는구나. 우린 같이 할 수 있어. 먼저 뭘 할까.	임상가 : 안녕 티미. 나 배고파. 저 과자를 가지려면 누군가 도와줘야겠다.
아동 : 문 열어요(Open door). 동물들이 밖에 나가요(Animals come out).	아동 : 네가 도와요. 과자 주세요(You help. Want cookie)[요청하기(REQUESTING)]
임상가 : 좋아.	임상가 : 과자에 어떻게 닿을지를 모르겠다.
아동 : 선생님 말이고 나 사람(You be horsie and I man).	아동 : 의자 가져(Get chair).[가정하기(HYPOTHESIZING)]
임상가 : 응, 농부(Oh, the farmer).	임상가 : 응, 의자에 올라가서 꺼내라고, 내가 ***할까?(웅얼거린다)
아동 : 농부사람이 외양간에서 말 쫓아가요(Farmerman chase horsie in barn).	아동 : 응.[명료화 요구를 하지 않음(DOES NOT REQUEST CLARIFICATION)]
임상가 : 응, 그가 그랬구나. 난 더 빨리 달린다(Oh, he did. I better run fast).	임상가 : 너는 내가 ***하기를 원하니?(웅얼거린다)
아동 : 남자가 외양간에서 빨리 가요(Man go fast in barn).	아동 : 그게 뭐야?[명료화 요구(REQUESTS CLARIFICATION)]
	임상가 : 네가 원하는 게 과자야, 의자야?
	아동 : 과자 주세요. 의자 아니야(Want cookie. No chair).[선택하기(CHOICE MAKING)]

그림 4.6 상이한 언어표본의 예

상(conversational style), 대화실패가 일어난 경우 아동이 사용하는 수정양식(type of repair)에 대해서도 보여준다(Yont et al., 2000). 언어치료사는 특수한 평가에 맞게 적절히 선택된 형식, 내용, 사용이라는 모든 언어영역의 표본에 대하여 가능한 철저히 분석하려는 시도를 하게 된다. 예를 들어 이중언어(bilingual) 내담자인 경우 언어치료사는 **부호변환**(code switching, 두 언어 간 이동), 방언, 영어 실력, 두 언어측면에 첨가된 맥락효과를 고려해야 한다(Gutierrez-Clellan et al., 2000).

또한 문식성의 어려움(literacy difficulties)을 경험한 학령기 내담자들에게 언어치료사는 쓰기언어 표본수집을 원할 것이다. 이는 제5장에서 논의된다.

중재

언어의 복잡성은 복합적인 중재방법의 사용을 요구하게 된다. **원격치료**(telepractice) ― 인터넷을 통한 평가와 중재 ― 가 비록 초기에 있기는 하지만 느리게 확대되고 있다(Waite et al., 2010).

다른 중재접근들은 특정 언어의 영역을 목표로 하며 다양한 절차를 이용하게 된다. 우리는 이러한 한계 내에서 언어장애의 치료를 위한 다양한 접근을 탐색한다.

언어의 모든 영역은 상호관련이 되어 있다. 한 가지 영역에서의 변화는 다른 영역에 영향을 준다. 예를 들어, /s/ 말소리의 발달은 복수 s(cats) 또는 소유격 표지(cat's)와 같은 형태표지에 영향을 미칠 수 있다. 언어치료사는 중재에서 그러한 변화를 당연한 것으로 여겨서는 안 되며 언어의 한 가지 영역에 독립적으로 초점을 두어야 한다. 중재목표는 즉각적인 목표를 넘어 언어습득 과정을 자극시키는 데 초점을 두어야 한다(Fey et al., 2003).

또한 언어치료사는 다양한 중재기술을 사용해야 한다. 예를 들어 ASD 아동은 각각의 방법을 단독으로 사용하기보다는 또래훈련과 문서 단서 조합을 통해 더 향상된 사회적 기술을 증진시킬 수 있다(Thieman & Goldstein, 2004). 언어치료사는 아동이 성공하도록 돕기 위해 방법을 함께 융합할 수 있다.

구문장애를 지닌 나이 든 학령기 아동과 청소년을 위해 가장 효과적인 중재접근은 통합된 접근이며 이 접근법 안에는 자연스런 자극접근이 연역적 교수(deductive teaching) 절차로 보충되어 있다. 연역적 방법에서는 과거시제 -ed와 같은 형태소 표지의 사용을 어형변화에 대한 시범에 따라 지도하고 아동에게 규칙을 제공한다(Finestack & Fey, 2009).

SLP들이 훈련에 아동의 환경 내의 다른 사람들을 포함시키는 경우가 증가하고 있다. 언어훈련이 없는 경우 양육자들은 각 아동의 요구에 대해 세심하게 자기 언어를 맞추어주는 데 실패한다(Girolametto et al., 2000). 언어치료사는 극놀이, 미술, 이야기책 읽기를 통한 활동 및 언어교수 절차를 통한 중재를 시행하도록 유아교사를 돕는다(Pence et al., 2008). 아동의 시작에 반응하고, 아동을 참여시키며, 단순한 언어의 시범을 보이고, 또래 상호작용을 북돋아주도록 훈련받은 학령전기 스태프의 존재는 아동의 언어산출에 확실한 영향을 준다(Girolametto et al., 2000). 또래들도 언어장애 아동을 위한 효율적인 교사가 될 수 있다(McGregor, 2000).

SLP의 도움으로 부모와 양육자는 어떻게 아동에게 보다 나은 언어상대자가 될 것인지를 배우게 된다. 홈리스 어머니-아이에 관해 직면하는 많은 요구와 제한점에도 불구하고 학령전기 아동과 상호작용하는 동안 촉진 **언어**(language) 전략을 사용하도록 부모를 가르치는 것은 제한된 언어기술을 지닌 부모에게조차 가능하다(O'Neil-Pirozzi, 2009).

목표선택 및 훈련순서

중재의 목표는 매일의 상호작용 내에서 의사소통 목표를 완성할 수 있도록 최대한으로 효율적인 언어사용을 하는 것이다. 비록 대부분의 언어치료사가 이러한 전체적인 목표에 동의를 하고 있긴 하지만 도달 경로에 대한 전원합의는 거의 존재하지 않는다. 목표선택과 훈련에 대한 결정은 각 아동이나 언어치료사에 따라 다양하게 나타난다.

언어치료사는 평가결과를 사용하면서 같은 아동에 대해서도 다른 목표를 선택할 수 있다. 어떤 언어치료사는 일반적 안내와 같이 언어습득 지식을 사용한다. 또 다른 언어치료사는 아동의 의사소통 실패와 좌절에 초점을 맞추어 중재를 시작하기도 한다. 수업 기반 접근법은 수업 안에서 언어훈련을 사용할 것을 제안한다. 또 다른 접근은 여전히 출현하고 있는 언어자질로부터 시작할 것이다.

일단 목표가 선택되었다면 어디에서 시작할지를 결정해야만 한다. 어떤 언어치료사는 수용언어 훈련에서 시작하여 표현언어로 진행시킨다. 또 어떤 언어치료사는 표현언어 훈련으

목표선택의 기준은 아동, 영향받은 언어측면, 아동의 장애 및 환경의 요구에 따라 다양하다.

그림 4.7 언어중재의 원칙

주 : 우리는 Mark Fey, Steven Long, 그리고 Lizbeth Finestack(2003)의 세밀한 작업에 근거하여 간략한 표를 만들었다. Fey, M. E., Long, S. H., & Finestack, L. H.(2003). Ten principles of grammar facilitation for children with specific language impairment. *American Journal of Speech-Language Pathology, 12,* 3-15 참조.

1. 중재의 목표는 대화, 이야기, 설명, 그리고 듣기, 말하기, 읽기, 쓰기를 통한 텍스트 장르에서 언어사용 능력의 향상이다.
2. 중재프로그램에서 목표로 해야 할 언어영역이 단 1개 영역인 경우의 장애는 드물다.
3. 장애영역들 중 한 가지에만 초점을 둔 목표들보다는 아동의 언어습득 과정에 자극을 주는 매개적인 목표를 선택하라.
5. 언어목표를 위한 많은 기회가 일어나는 상황을 만들어라.
6. 중재목표를 위해 적절한 상황을 개발할 수 있는 다양한 장르와 양상을 이용하라.
7. 다양한 상황에서 보다 뚜렷하고 중요한 목표영역이 될 수 있는 임상에서의 담화를 이용하라.
8. 아동의 발화를 재구성하여(recasting) 들려줌으로써 보다 성숙한 성인의 언어사용과 아동의 언어수행을 체계적으로 대조할 수 있도록 하라.
9. 쉽게 이해할 수 있으며, 잘 구성된 구와 문장으로 된 좋은 모델을 제공하라.
10. 아동의 언어를 유도하고 수정하기 위해서, 또한 자기 의사소통 요구를 달성하려면 언어를 사용해야 한다는 실제를 아동에게 제공하기 위해 구어 또는 비구어적인 전략을 다양하게 사용하라.

로 시작하기도 한다.

표현적 훈련은 상향식(bottom-up)으로, 기호 수준에서 시작하여 대화적 목표로 작업해 나가는 것이다. 반면 하향식(top-down)에서는 훈련이 대화 틀 안에 배치되어 있다. 또는 두 가지를 조합하여 훈련하기도 한다. 명백하게도 아동의 능력은 선택된 방법에 대한 중요한 결정자의 하나이다. 훈련은 가능하면 의미 있는 의사소통 상황 안에서 이루어져야 할 것이다.

근거기반 중재원칙

언어장애 아동의 요구는 중재서비스를 안내해야 하는 여러 원칙들을 제안한다. 〈그림 4.7〉에 나타나 있는 이러한 원칙들은 한 가지 결함영역에 배제적으로 초점을 맞추기보다는 아동의 전체 언어능력에 목표를 두어야 함을 인식할 수 있게 해준다. 언어의 모든 영역이 밀접한 연관성을 지닌다는 것과 언어의 형식이나 내용에서 의사소통적 상황이 중요하다는 것이 보다 전반적인 접근을 수반해야 하는 근거가 된다.

이 책 전반에 걸쳐 우리는 근거기반실제(EBP)의 중요성을 강조했다. 직접적인 실증적 근거 부족이 자동적으로 새로운 교수방법을 배제시키는 일이야 없겠지만 이는 의혹의 기반이 될 수 있을 것이다(Cirrin & Gillam, 2008, p.19). 〈글상자 4.4〉는 언어장애를 위해 추천된 치료실제를 제시한다.

중재절차

SLP는 그들이 일하는 곳이 어디이든 간에 의사소통 기술을 가르친다는 사실을 기억하는 것이 중요하다. 언어치료사는 광범위한 의미에서 선생님이다. 질문이나 단서를 던지고, 옳은 반응을 기대하거나 아동이 틀렸을 때 대답을 제공해주는 것은 가르치는 것이 아니다. 교수는 아동이 지속적으로 실패하는 것에 대해 부족한 것이 무엇인지에 대한 체계적인 분석이다. 언어치료사로서 여러분은 현재 있는 곳으로부터 우리가 원하는 곳으로 아동을 움직여서 순차적 단계로 학습과제를 밀고 들어갈 필요가 있다. 순서에 대한 판정은 과제의 복잡성, 인

글상자 4.4 | 아동기 언어장애를 위한 근거기반실제

일반

- 200개 이상의 연구가 광대한 대다수 아동의 효율성을 보고한다.
- 가능한 조기에 시작된 중재로부터 측정가능한 이익을 획득한다.
- 복합적 평가는 가장 정확하며 타당한 언어평가를 제공한다.

영어학습자(ELL)

- 어떤 단일한 측정도 평가에 적절하지는 않다.
- 영어로 말하지 못하는 부모의 경우 가정언어를 유지하는 것이 언어발달을 지원하게 한다.

전상징기 아동(Presymbolic Children)

- 가정에서 중재하도록 훈련받은 부모들의 상호적 언어중재는 효율적이다. 장기적 측정 및 표준화 측정이 적용되지는 않았다.
- 언어치료사 단독의 모델과 비교했을 때 부모 보완 중재를 받는 아동의 이점은 수용언어와 표현적 구문 둘 다에서 유의하게 높았다.

자폐스펙트럼장애를 지닌 아동

- 효과적 중재는 조기중재와 집중 교수 및 개별 교수에 의해 특정된다.
- ASD 아동에게 사용되는 방법은 특수한 단서를 강조하면서 매우 구조적인 행동적 방법에서부터 보다 자연스러운 놀이와 아동 중심 방법까지 연속선 안에 형성되어 있다. 행동적 접근법과 자연적 접근법 둘 다 ASD 아동 모두에게 작용하는 방법은 아니지만 사회적 상호작용과 함께 문제행동을 대체하는 데 효과적이다.
- 약 2/3의 아동이 유의하게 측정가능한 이익을 얻었다.
- 그림교환 의사소통 체계(Picture Exchange Communication System, PECS)는 물건을 요구하기 위해 그림을 사용하는 방법으로, 의사소통에서는 작거나 중간의 이익이 나타났으며, 말에서는 작거나 부정적인 이익을 보였다.

학령전기

- 말과 언어중재는 음운이나 표현어휘장애를 가진 아동에게 가장 효과적이다.
- 부모 보완 언어중재는 수용언어 및 표현구문기술 둘 다에 유의하게 긍정적인 효과를 주었다.
- 8주 이상의 중재는 단기 중재보다 보다 나은 결과를 보인다.

- 언어장애를 가진 70%의 학령전기 아동은 중재에서 유의하게 측정가능한 이득을 얻었다.

학령기와 청소년기

- 소수의 연구는 초등 저학년 아동을 위한 효과적인 어휘교수법을 지속적으로 연구하고 있다. 우리는 여전히 최선의 가능한 기술에 대한 증거를 갖고 있지 않다.
- 대규모 교수 및 느린 설명 속도에 관해 교사와 협력하는 것은 어휘발달에 긍정적인 효과를 줄 수 있다.
- 상호대화적 읽기전략은 수용어휘 및 표현어휘를 증진시키는 데 다소 도움이 되었다.
- 단어찾기로 아동을 도와주는 다양한 방법들 간에는 명확한 차이가 나타나는 것 같지는 않다.

언어처리 : 아동이 소리, 음절, 단어 및 문장을 지각하고 변별하며 회상하는 데 참여하는 방법

- 변형 말 자극이나 말과 언어게임을 사용하는 컴퓨터 중재는 수행을 증진시키지 않는다.

화용 및 담화

- 주제 개시에 대한 직접교수와 집단 참가 행동은 사회적 의사소통장애를 지닌 학생들에게 중등도의 크기에서 큰 정도의 효과를 나타냈다.
- ASD 청소년에게 사회적 기술을 가르치는 것은 가능하다. 여러 접근법이 효과적으로 사용되어왔지만 중재에 대한 최선의 방법을 밝히기에는 데이터가 충분치 못하다.

중재법

- 극히 작은 수의 연구를 바탕으로 학령전기 및 초등 저학년 언어장애 아동들이 협력적 교수(교사와 언어치료사)와 학급기반 언어중재 모델에서의 증진이 전통적인 이동(pull-out) 중재에 나타난 것보다 더 큰 향상을 보였다고 잠정적으로 결론 내릴 수 있다.

출처 : Bedore(2010); Burgess& Turkstra(2006); Cirrin & Gillam(2008); Dollaghan & Horner(2011); Goldstein & Prelock(2008); Johnston & Yeates(2006); Justice & Pence(2007); Law et al.(2004); McGinty & Justice(2006); Prelock(2008); Roberts & Kaiser(2011)에 근거함.

지 및 언어적 요구, 개별 아동의 학습특성으로 결정될 것이다. 언어치료사는 아동이 필요한 것과 일으킬 수 있는 실수 형태를 지원해주는 양상에 대해 앞서 예상함으로써 교수력을 향상시킨다(Schuele & Boudreau, 2008).

제한된 바는 없으나 좋은 교수행동에 대한 몇몇 기본적 원리에는 다음과 같은 것을 포함시킨다.

- 내담자에게 요구된 행동에 대해 시범을 보여줘라. 시범(modeling)은 중복된 노출, 즉 집중적인 자극(focused stimulation)이라고 부르는 것을 포함하는데 아동에게 언어자질의 산출을 요구하기 전에 먼저 보여주는 것이다(Leonard, 2011). **평행적 문장산출**(parallel sentence production)로 부르는 변형에서는 언어치료사가 요구되는 발화형태의 시범을 제공한다. 아동이 시범을 따라 하도록 하는 것이 아니라 비슷한 형태의 문장을 산출하도록 기대한다. 예를 들어, 그림에 대해 "여자아이가 공을 던지고 있어."라고 말로 설명하고 나서 아동에게 남자아이가 **공을 잡고 있는** 두 번째 그림을 설명하도록 한다. 자질을 배우고 난 다음에는 시범의 필요성이 감소하게 된다. 나이 든 초등학교 아동과 청소년의 경우 목표행동을 설명해주는 것이 이로우며 목표로 하는 행동의 옳은 사용이 왜 중요한지에 대한 합리적 이유가 된다.
- 내담자가 반응하도록 단서를 줘라. 대화에서 내담자가 과거시제 반응을 나타내는지 알아보기 위해서 어제와 같은 단어처럼 신중하게 선택된 단서를 사용하면 도움이 된다. 단서에는 말해 봐. 따라 해 봐. 또는 짚어 봐와 같이 특수한 것에서부터 어떤 맥락 내에서 특정 언어구조를 유도하기 위하여 지금 내가 뭐라고 말해야 할지 잘 모르겠는데(I wonder what I should say now), 우리가 요청을 한다면 캐롤이 우리를 도와줄 수 있을까(Maybe Carol can help us if we ask)와 같이 일반적인 대화상의 단서까지도 포함된다.
  - 단서는 구어, 비구어 둘 다 될 수 있다. 구어 단서는 언어학적 틀을 제공해줌으로써 언어자질을 유도하도록 시도하며 비구어 단서는 자질을 환기시키는 사건의 맥락을 이용한다.
  - 언어치료사는 끼어들고 유지하는 단서나 촉진의 각 형태를 최소에서 최대에 이르기까지 계수해야 할 것이다(Timler et al., 2007).
- 강화(reinforcement)나 수정적 피드백(corrective feedback)의 형태로 내담자에게 반응하라. 강화는 "옳지, 훨씬 좋아졌네."와 같은 직접적이고 명백한 형태에서부터 대화적 반응(conversational response)에 이르기까지 다양하다. 대화적 반응은 아동 모방하기, 모방을 하되 아동 발화를 보다 성숙한 변형으로 확장해서(expanding) 모방하기, 대화에 대답해주기, 명료화 요구하기(asking clarification) 등을 포함하여 많은 종류가 있다. 특히 어휘결함을 가진 어떤 내담자에게는 임상가가 구조적인 피드백을 투입하기보다는 아동 발화의 내용에 반응해주는 상호관계가 오히려 언어에 대해 효과를 주기도 한다. 다시 말해서 아동이 말한 것의 의미에 반응하라.
  - 자연스러운 강화는 훈련목표로부터 나온다. "너는 무엇을 원하니?"라고 단서를 주

언어치료사는 언어선생님이다. 훈련(drill)이나 먹을 수 있는 강화물처럼 덜 자연적인 전략에 과도하게 의존하지 않고 가르치기 위해서는 행동을 잘 계획해야만 한다.

었을 때 아동이 반응하며 원하는 사물 그 자체가 바로 강화제의 정확한 예가 된다.

- 수정적 피드백은 부드러운 주의에서 지시에 이르기까지 다양할 것이다. 예로서 언어치료사는 문장을 재구성(recast a sentence)해야 할 것이다. 만일 아동이 "Boy eating cookie."라고 말하고, 목표가 조동사 *be*라면, 언어치료사는 "그가 먹고 있어 (He *is* eating)." 또는 "소년이 쿠키를 먹고 있어(The boy *is eating* the cookie)."로 문장을 재구성해야 할 것이다. SLI 아동과 낮은 MLU 점수를 보이는 아동은 성인의 재구성에 앞서 구조를 시도하도록 촉진된 발화를 재구성하는 것에서 가장 큰 이점을 갖는다(Yoder et al., 2011).
- 일반적으로 언어치료사는 내담자가 하나의 언어자질을 보다 옳게 산출했을 경우 이러한 직접적인 형태에 덜 의존한다. 하나의 언어자질이 대부분 정확하다면 "뭐?", 또는 "나는 잘 모르겠는데."와 같은 대화적 피드백을 통해 내담자가 몇몇 오류를 스스로 교정하도록 하는 것으로도 충분할 것이다.
- 일상에서 내담자의 환경을 이용할 수 있도록 학습된 자질의 일반화에 대해 계획해라. 언어치료사는 내담자의 일상 의사소통 안에서 자주 일어날 수 있는 훈련목표를 선택하고, 친숙한 장소, 사람, 사물과 같은 일상의 환경을 이용한 훈련요소를 포함시킴으로써 일반화를 도울 수 있다. 어린 아동의 훈련에는 부모가 포함되며 학령기 아동이나 청소년의 중재에는 교사가 포함되곤 한다.

아동은 다양한 상황에서 많은 사람들과의 상호작용을 통해 언어 사용을 배운다.

교수방법들의 특수한 예를 〈그림 4.8〉에 제시하였다.

효과적인 언어중재는 진짜 일상의 삶 속, 상호관계 안에서 언어와 사회적 기술을 증진시켜야 한다(Timler et al., 2007). 새롭게 가르친 언어자질이 아동의 일상환경에서 일반화되었을 때 성공이 나타난다.

전 생애에 걸친 중재

중재목표는 내담자의 연령과 기능수준에 따라 다양하다. 영유아는 학습장애 청소년과는 다른 목표를 갖게 될 것이다. 그러나 심한 지체를 보이는 1세 이하의 기능을 하는 청소년과 영유아가 같은 훈련을 받게 될 수도 있다. 전문가들이 동의를 안 할 수도 있겠지만 둘 다 언어의 어려움을 갖는다는 점에서는 적어도 몇 개의 교수방법을 공통적으로 사용하는 것이 최선인 듯하다(Gutierrez-Clellan, 1999).

특히 지적장애와 자폐스펙트럼장애 아동에게 있어서 조기중재는 매우 긍정적인 이득을 얻을 수 있다. 초기 훈련은 신체적 모방, 몸짓, 사물 이름에 대한 수용적인 이해와 같이 상징 이전 의사소통 기술 및 인지발달을 목표로 할 수 있다. 부모들은 아동의 의사소통적 가치를 갖는 행동을 다루는 방법과 의사소통하고자 하는 시도로서의 일관적인 행동을 해석하는 방법을 훈련받게 된다. SLP는 몸짓으로 나타내기, 의사소통판(communication board), 전자 장치와 같은 보완대체의사소통 체계(augmentative/alternative communicating system, AAC)를 사용하여 초기 의사소통 체계를 수립시키는 시도를 하기도 한다. AAC는 제13장에서 좀더

그림 4.8 교수방법의 예

방법	예
시범(Modeling) 집중적 자극(Focused Stimulation)	내가 먼저 케이크를 만드는 것처럼 할 거야. 틀리는지 잘 봐야 해. 그릇에 달걀을 넣고 있어. 그다음 그것을 탁자에 놓고 있어. 나는 달걀을 *깨뜨린다*. 자, 이제 나는 달걀을 친다. 다음에는 밀가루를 체에 *거르고 있어*. 밀가루에 달걀을 *보태서* 섞고 있어. 자, 이제 나는 설탕을 *계량해서 믹스된 것에 붓는다*...
단서주기(cuing) *직접적 구어 단서(Direct Verbal)* 모방(Imitation) 빠진 단어 채우기(Cloze) 질문	 "과자 주세요." 해 봐. 이것은 _____이다. 그 애가 _____라고 말했어. 내가 지금 뭐라고 말해야 할까? 이게 뭐지? 이것이 어떤 거지?
간접적 구어 단서(Indirect Verbal) 지나치기(Pass it on)	후안이 대답을 알고 있는지 나는 모르겠네. 우리가 어떻게 대답을 알 수 있지? [목표는 질문의 형성임(TARGET IS FORMATION OF QUESTIONS)]
비구어적 단서(Nonverbal) (활동에서 유래한)	[활동 안에 끼워넣기(Inherent in the activity)] 과제를 완성하는 데 필요한 모든 자료를 아동에게 주지 않는다. 할당된 한 가지 과제를 어떻게 완성하는지에 대해 설명하지 마라. 벙어리게임하기(Playing dumb).
반응하기(responding) *직접강화(Direct Reinforcement)*	 그렇지. 나는 네가 그렇게 말하는 방법이 좋단다. 지난번보다 훨씬 좋아졌네.
간접강화(Indirect reinforcement) 모방	 아동 : 나 말 가(I go horsie). 임상가 : 나 말 가.
구문확장(Expansion)	아동 : 나 말 가(I go horsie). 임상가 : 나는 말 타러 가려고 해(I'm going to go on the horse).
의미확대(Extension)	아동 : 나 말 가(I go horsie). 임상가 : 그래, 카우보이도 말을 타지(Yes, cowboys go on horses too).
수정적 피드백(Corrective Feedback)	우리가 2개, 3개 그 이상의 수를 사용할 때는 단어에 '들(/s/)'을 붙이는 것을 기억하렴. 한 마리의 고양이. 두 마리의 고양이들(Two cats). 이렇게 말이야.

상세히 논의될 것이다.

초기 상징 훈련은 어휘습득, 의미범주, 단어조합 및 초기 의도들의 배열 등에 초점이 맞추어진다. 언어발달지체 아동을 치료하는 유용한 효과는 훈련목표를 넘어서 언어 및 전체 발달의 다른 영역에까지도 확대된다.

학령전기 언어수준에 있는 아동들은 대화 및 이야기 둘 다의 언어형태로 접근해야 한다. 더 긴 발화, 의존 형태소와 초기 음운론적 과정이 중재목표가 될 것이며, 어휘는 여전히 중재해야 할 목표로 남아 있을 것이다.

　보다 높은 기능을 가진 아동의 중재는 대화에서의 화용적 기술에 초점을 맞추기도 하고 비유어, 중복의미, 추상적 용어와 같은 의미론적 목표와 접속사처럼 보다 고급의 관계어휘에 초점을 맞출 수 있겠다. 읽기과제를 요약하거나, 다른 양상의 쓰기, 또는 필기를 포함하는 학업기술이 목표가 될 수도 있다. 언어치료사는 면대면 중재를 보완하여 컴퓨터 프로그램을 사용할 수도 있다. 이 경우 주의가 필요하며 언어치료사의 총체적 임상철학과 아동 개인의 요구가 잘 맞물려야만 한다. 언어증진을 교과과정에 통합시킬 수 있다. 언어치료사는 구두언어와 쓰기언어 둘 다에 대해 아동과 작업해야 할 것이다. 또한 언어장애 아동은 교과과정이 안내하는 대로 배우고 학급의 기대를 이해하도록 배우는 것이 중요하다.

　언어중재는 아동기에서 끝나는 것이 아니다. 청소년이 된 다음까지도 언어장애를 지속적으로 보이며 또 서비스를 필요로 한다. 심한 자폐스펙트럼장애나 지적장애를 가진 성인은 언어 및 의사소통 결함 및 자조능력, 교육적-직업적 요구로 인해 지속적인 중재가 필요할 것이다. 학습장애를 가진 개인은 중등과정 후의 교육에서 부가적인 지원이 필요할 수도 있다(Downey & Snyder, 2000; Oliver et al., 2000).

학교에서 언어치료사는 개인, 집단 및 학급 언어중재를 제공한다.

요약

이 장에서 우리는 언어장애와 연관된 여러 장애에 대해 논의하였다. 때때로 초보 학생들에게는 언어장애와 관련된 장애의 특성을 기억하는 것이 어려울 수 있겠다. 이러한 장애들의 주된 차이를 〈그림 4.1〉에서 참고하라.

　정의 및 연관 장애에서 제안했던 바와 같이 언어장애는 매우 복잡하며 여러 양상을 띤다. 이 장에서는 표면만 다루었을 뿐이다. 연관된 장애의 수, 영향받은 언어특징, 그리고 아동 각각의 개인차는 아동의 언어를 매우 개별적인 존재로 만드는 결과를 낳는다. 각 아동들이 독특한 경우라는 것을 기억하는 것은 매우 중요하다. 이러한 것이 사실이라면 평가는 각 아동들의 언어능력을 찾고 설명하기 위한 탐색과정이 될 것이다. 이러한 과정은 의뢰, 사례력 수집, 면담, 관찰, 검사 및 언어표집하기를 통해 이루어진다.

　평가과정을 통해 얻어진 결과와 중재 동안 반복된 평가의 결과를 가지고 SLP는 새로운 기술에 대해 가장 효율적이고 효과적인 방법을 찾으려는 시도를 하게 된다. SLP는 중재를 위한 목표를 찾고 부가적인 언어촉진자의 도움으로 다양한 배경에서 기술을 조합하여 목표를 훈련시킨다. 어떤 아동은 의사소통을 즉시 배우게 되기도 하지만 보완대체의사소통 방법이 필요한 경우도 있을 것이며, 어떤 아동은 보다 효율적인 대화자가 되기는 하였지만 아직은 단어인출전략을 더 학습해야 하는 경우도 있다.

　명백히 모든 SLP는 이러한 장애를 지닌 심한 아동들의 다양한 언어장애에 대해 철저한 훈련과 값비싼 경험을 치러내야 할 필요가 있다. SLP로서의 여러분이 말-언어발달의 확고한 기초를 가지기를 원하며 아동 및 성인에게서 나타나는 언어장애의 여러 경로들을 받아들이고 두 인구집단에 대한 훈련을 완성시키길 소망한다.

추천도서

Nelson, N. W. (2010). *Language and literacy disorders: Infancy through adolescence.* Boston: Pearson.

Owens, R. E. (2014). *Language disorders: A functional approach to assessment and intervention* (6th ed.). Boston: Pearson.

Reed, V. A. (2012). *An introduction to children with language disorders* (4th ed.). Boston: Pearson.

Bernstein, D., & Tiegerman-Farber, E. (2009). *Language and communication disorders in children* (6th ed.). Boston: Pearson.

5 발달 문식성장애

이 장을 마치면 여러분은 다음과 같은 것들을 할 수 있게 될 것이다.

- SLP가 관여하는 문식성의 영역을 설명한다.
- 어떻게 문식성 발달이 되는지 설명한다.
- 언어장애 아동이 경험하게 되는 문식성 결함을 설명한다.
- 문식성 평가를 설명한다.
- 문식성의 중재 예를 들 수 있다.

민주주의는 인간이 어느 정도 교양 있는(informed) 존재라는 전제를 기본으로 한다. 미공화국이 시작되면서 최고로 교양이 있는 사람들은 읽고 쓸 수 있었다. 오늘날 교양이 있는 사람이란 무엇인가? 인구의 한 계층이 문식성 학습에서 결함을 갖는다면 우리가 관여해야만 할까? 그리고 누가 이 사람들에 대한 보조를 담당하는가? 이런 질문들이 발달적 문식성장애에 대해 생각할 때 떠오르는 문제들이다.

이제 **문식성**(Literacy)[1]에 대한 이야기를 시작해보자. 문식성이란 무엇인가? 이것은 의사소통의 시각적 양상, 특히 읽기와 쓰기를 사용하는 것이다. 문식성 측면의 밀접성은 읽기와 철자 능력의 상관관계에 의해 설명된다. 미숙한 독자는 철자를 잘 쓰지 못하는 자가 되는 경향이 있다. 하지만 문식성이란 단지 글자나 소리 그 이상을 의미한다. 문식성은 언어, 학문, 사고 · 기억 · 문제해결 · 계획 · 실행을 포함하는 인지과정, 그리고 다른 의사소통 형태와 관련되어 있다. 〈사례연구 5.1〉은 문식성장애를 가진 한 아동의 사례를 보여준다.

읽기와 쓰기는 단지 인쇄된 말에 대한 것만은 아니다. 명백한 물리적인 차이에 덧붙여 읽기와 쓰기는 주고받는 대화가 부족하지만 보다 영구적이며 말의 준언어학적(paralinguistic) 자질(강세, 억양, 유창성 등)은 부족하며, 스스로의 어휘와 문법을 가지고 뇌에서 다른 방식으로 처리된다(Kamhi & Catts, 2005).

초기 구두언어의 어려움과 문식성 문제 간의 관계는 한 양상에서 다른 것으로의 문제에 대한 단순한 전이 이상의 미묘한 차이가 있다. 아동의 초기 읽기능력과 대화언어능력, 언어의 어려움을 겪은 이력 간에는 상호관련이 있는 듯하다(Segebart DeThorn et al., 2010). 대화적 언어기술은 근소한 기여를 하나 아동의 초기 읽기에는 확실한 기여를 한다.

다른 형태의 의사소통에서와 같이 문식성 사용은 이용자가 부호화하고 해독하는 것을 전제로 하지만 보다 중요한 전제는 사용자가 이해할 수 있는가, 다른 사람에게 메시지를 만들어낼 수 있는가 하는 것이다. 다시 말해서 문식성이란 언어기반에 의존하며 문식성장애 역시 그렇다.

아동 및 성인 언어장애(제4장과 제6장)에서 언급되었던 많은 장애들은 문식성장애의 주요한 원인이 된다. 실제로 언어장애 아동의 60% 정도는 문식성의 어려움을 경험할 수 있다(Wiiget al., 2000). 언어장애를 지닌 아동들은 초기 문식성 기술 및 구두언어 기반의 부족 때문에 문해학습에 대한 준비가 덜 되어 있다. 전형적인 발달을 하는 아동과 비교할 때 언어장애를 가진 학령전기 및 유치원생들은 글자 인식이나 베껴 쓰기를 못하고 읽거나 쓰는 척하는 행동을 덜하며 일상의 초기 문식성 활동에 덜 참여하고, 또는 읽고 쓰는 동안 질문하고 대답하는 활동에 어른을 잘 끌어들이지 않을 것이다.

흔히 독해장애가 아동의 성숙과 함께 사라지는 것은 아니다. 아동기에 문식성 결함을 경험했던 성인은 지속적으로 읽기와 쓰기에서 어려움을 가질 것이다. 이 책의 한 저자가 알고 있는 50대의 똑똑한 남자는 문식성 기술 부족 때문에 경영자 지위로부터 강등되어 육체노동

---

[1] literacy는 읽고 쓰는 능력이나 그 능력이 있다는 의미로서 '문해'와 '문식성'으로 번역되는데 이 책에서는 '문식성'으로 통일였고, 두 가지가 반복되는 경우 때때로 '문해'라는 단어를 사용하였다. — 역자 주

사례연구 4.1

문식성장애 아동의 사례연구 : 후안

비디오 게임을 좋아하고 자전거 타기를 좋아하는 활발한 7세 소년 후안은 콜롬비아로부터 4세 때 미국으로 이민을 왔다. 3명의 누나가 있으며 많은 주목을 받는 아기였다. 후안의 스페인어 발달은 누나들과 비슷했으며 때로는 가족 이외의 사람들이 그의 말을 이해하기 어려워했지만 별로 상관치는 않았다고 그의 엄마는 보고하였다. 후안은 가족이 이민을 오게 되면서 영어를 배우기 시작하였다. 어린아이였던 후안은 다른 가족들보다는 영어를 더 빨리 배웠지만 영어 말소리에서 몇 가지 문제를 보여, 의사소통장애를 가졌다고 분류되지는 않았지만 유치원에서 말-언어서비스를 받게 되었다.

1학년 때 후안의 읽기발달은 처음에 잘 되는 것 같았으나 또래에 비해 점차 뒤처지기 시작했다. 2학년 때는 학급친구들보다 거의 1년이 지체되었다. 언어치료사, 읽기전문가 및 학급담임교사는 철저한 읽기진단을 제안하기 위해 부모와 만났다. 후안은 자기 연령 이하의 읽기수준에 있다는 평가가 확실시되었으며, 읽기전문가가 노력을 강화할 것을 협약하였다. 언어치료사는 후안이 특히 음운인식(PA) 과제에서 부족한 성취를 보인 것에 주목하면서 다른 팀 인원들과 함께 이 영역에 관해 임상적 중재를 권고하였다.

언어치료사는 후안의 어려움과 관련된 실제 요인은 불확실하지만 제2언어 학습과 연관되어 있다고 믿었다. 이러한 가설을 확증하기라도 하듯 후안은 음운인식과 읽기에서 빠르게 따라잡아 뛰어나게 되었다는 것이다. 그의 음운인식 기술이 개선되니 말소리 산출도 더 정확해졌다.

이 장을 읽을 때 다음을 생각해보자.

- 후안의 읽기문제에 관해 가능한 설명
- 읽기의 다른 측면을 탐색해볼 수 있는 평가 팀의 가능한 방법
- 후안의 성공에 대한 가능한 해석

자로 일하게 되었다. 바라건대, 심화된 중재연구로 점진적으로 더 나은 근거기반의 중재의 결과를 갖게 될 미래를 기대한다.

문식성 결함은 복잡성과 심한 정도에 따라 다양하다. 어쩌면 여러분은 읽기나 쓰기에서의 결함을 적응하며 보상하거나 극복함으로써 학문적으로 성공할 수 있게 된, 문해문제를 지닌 대학생일지 모른다. 이 책의 저자들도 문해문제를 극복해야 했던 여러분과 같은 대학생과 함께 작업해왔다.

읽기, 쓰기를 가르치는 데 대한 일차적 책임이 여전히 교사와 다른 교육전문가에게 달려 있지만 언어치료사는 아동의 언어결함과 함께 결함이 문식성 습득에 영향을 주는 방법에 대해 관심을 가진다. 언어치료사가 이 영역에 가져오는 특별한 기술을 인정받아 미국말언어청각협회(ASHA, 2001d)는 언어치료사가 문식성 중재의 역할을 하도록 권고하였다.

결과적으로 언어치료사는 학령전기에서 성인기에 이르기까지 문식성 중재에 관여한다. 학령전기나 초기 초등학생의 수준에서는 예방적 중재에 초점을 맞춘다. ASHA에 따르자면 언어치료사는 다음과 같은 의무가 있다.

- 교사와 부모에게 언어-문식성 관계에 관한 교육을 받게 한다.
- 문식성장애의 위험군 아동을 판별한다.
- 문식성이 풍부한 좋은 프로그램을 추천한다.
- 필요할 때 초기 문식성 기술을 평가하고 치료할 것을 권유한다(Snow, Scarborough, & Burns, 1999).

당연히 언어치료사의 관여는 아동의 성숙 수준, 초기 문식성이나 문해능력에 따라 달라진다.

언어장애를 가진 아동들은 문식성장애를 가질 수 있는 고위험군이기 때문에 초기 문식성 평가와 읽기 및 쓰기평가는 적절할 때 철저한 언어평가의 한 부분이 되어야 한다.

나이 든 아동 및 성인을 중재할 경우 언어치료사는 읽기, 쓰기기술 증진에 관여하게 된다. 언어치료사는 아동과 청소년이 든든한 언어기반을 발달시키고 읽기와 쓰기에 초점을 맞추도록 지속적으로 돕는다. 문식성 평가와 중재는 신경학적 손상을 지닌 성인을 위해 철저한 재활전략의 중대한 한 부분이 된다(제6장을 보라).

이 책에서 언급된 대부분의 의사소통장애를 다룰 때 언어치료사는 어휘, 언어 및 사고기술에 기반하는 프로그램 계획을 위해 교사와 협력해서 팀의 일원으로 일하게 된다(Sillman & Wilkinson, 2004). 언어치료사는 교사와 함께 일하면서 발달적 문식성장애 아동이 중재 시 배운 기술을 학급의 의미 있는 활동 안에서 사용할 수 있도록 기회를 준다. 효과적인 협력이란 교과과정 계획하기, 자연스러운 언어촉진, 그리고 개인에 대한 세심한 팀 모으기까지도 포함해야 할 것이다(Hardley et al., 2000). 문식성 중재 팀은 읽기전문가와 학교심리학자, 부모를 포함할 수 있겠다.

이 장의 뒷부분에서 우리는 처음에는 읽기에 대해, 그다음에는 쓰기에 대해, 문해 및 그와 관련된 기술, 장애, 평가 및 중재를 상기하게 될 것이다. 제4장에서 논의된 바와 같이 대부분의 언어장애는 문식성 습득에 영향을 준다.

읽기

읽기와 읽기이해에는 여러 단계가 포함되어 있다. 언어와 쓰기 맥락 모두 단어재인 및 인쇄물로부터 의미를 구성해내는 능력에서의 역할을 담당한다(Gillam & Gorman, 2004). 글자, 소리, 단어의미, 문법적이고 문맥적인 과정, 그리고 독자의 선행지식의 상호작용으로부터 독자의 인쇄물에 대한 해석이 출현한다.

첫 단계는 활자화된 단어를 **해부호화**(decoding)[2]하는 것으로 이 단계는 단어를 쪼개거나 분절하여 구성 소리단위로 분절하기, 독자가 인식할 수 있는 단어를 만들기 위해 함께 소리를 합성하기로 이루어져 있다. 단어는 문법과 맥락에 근거하여 의미를 더해간다. 또한 지면의 활자와 각 독자의 언어정보 및 개념정보 사이에는 상호작용이 존재한다(Whitehurst & Lonigan, 2001). 우리는 알고 있는 것에 근거하여 읽은 것을 해석한다. 이러한 과정을 감안하면 구어결함을 가진 아동이 읽기문제까지 가지게 된다는 사실이 놀라운 일은 아니다. 〈그림 5.1〉은 텍스트 해석의 역동적 모델을 보여주고 있다.

명백하게도 이해란 단순한 해부호화나 낱말해석 이상의 무엇인가를 요구하는 것이다. 능동적 독자는 자기모니터링(self-monitoring), 의미조직화, 요약, 해석, 심상(mental imagery), 사전지식(prior knowledge)과의 연계, 그리고 상위인지(metacognition, 또는 이러한 과정에 대한 지식)와 같은 기술에 관심을 기울인다.

---

[2] 해독이라고도 함. — 역자 주

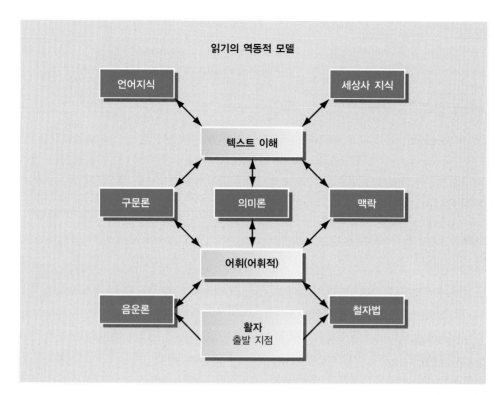

읽기의 역동적 모델

그림 5.1 읽기이해

활자로부터 출발하여, 독자는 철자와 말소리를 이용해서 낱말을 해부호화한다. 다음에 어휘 또는 단어기억에 의존하여 이를 인식한다. 낱말들은 다른 낱말들과 결합되고 구문론, 의미론 및 전체 맥락을 이용하여 해석하고 이해한다.

출처 : Gillam, R.B., & Gorman, B.K.(2004). Language and discourse contributions to word recognition and text interpretation 개작. In E.R. Silliman & L.C. Wilkinson(Eds.), *Language and literacy learning in schools*(pp. 63-97). New York : Guilford.

　　요약하자면 읽기는 기본적으로 해부호화와 텍스트(text)[3] 이해하기로 구성된다. 음운 기술이 해부호화를 위해 필수적이라면 다른 언어영역은 이해를 위해 필요하다(Nation & Norbury, 2005). 독자는 저자가 전달하고자 하는 메시지를 해석하기 위해 언어와 경험을 활용한다. 이것이 바로 언어와 문식성이 동반해서 가는 몇 가지 이유를 여러분에게 줄 수 있을 것이다. 지금부터 읽기와 관련하여 언어치료사가 특별히 관심을 가지는 두 가지 측면인 음운인식과 이해(comprehension)에 관해 간단히 살펴보고자 한다.

음운인식

읽기를 위해 필요한 **음운인식**(phonological awareness, PA)은 소리(sounds)와 음절(syllables) 및 단어의 소리구조에 관한 지식을 말한다. 음운인식은 **음소인식**(phonemic awareness)을 포함하는데 소리를 조합해서 새로운 단어를 만들거나 단어를 소리로 쪼개어 분절하는 것과 같이 소리를 조작하는 특별한 능력을 말한다. 여러분이 추측할 수 있듯이 보다 훌륭한 음운인식, 특히 음소인식 능력은 보다 훌륭한 읽기기술과 관련되어 있다(Cupples & Iacono, 2000; Hogan & Catts, 2004). 또한 음운인식 기술은 초등학교에서의 철자법 능력을 예측해주는 가장 훌륭한 예언자이다(Nation & Hulme, 1997).

　　음운인식은 많은 기술 영역으로 이루어져 있다. 기술 모두가 읽기에 필요한 건 아니다. 음

맞다. 용어는 혼동되기 쉽다. 음운인식을 단순히 음운론에 대한 조심성에 둔다면 그렇다. 음운인식은 음운론의 요소를 포함하고 있다.

---

[3] 텍스트란 본문, 구절 주제 등으로 해석되는데 본 장에서는 맥락에 따라 '텍스트'와 '덩이글'을 혼용하여 사용하였다. — 역자 주

소나 음절이 탈락되었을 때 단어를 결정하며(*cart* – *t* = *car*), 개별 말소리와 음절로부터 하나의 단어를 **합성**(blend)하거나 생성하고, 초성 음소(initial phoneme)가 같은지 다른지를 비교하는 등의 청각적 능력은 특히 읽기발달에 중요한 음운인식 영역이다.

형태소 인식

음운인식 기술이 읽고 쓰는 학습에 중요하기는 하지만 최근 발견에서는 10세 또는 더 어린 연령에서조차도 단어의 형태론적 구조에 대한 인식과 지식이 해부호화 능력의 더 나은 예언자임을 제안하고 있다. 아동이 초등학교 학년이 올라가서 중학생으로 성장하게 되면 그들이 마주치는 단어는 형태론적으로 복잡한 단어의 비율이 증가한다.

이해

텍스트에는 몇 가지 수준이 존재한다. 기초 수준(basic level)에 있는 독자는 일차적으로 해부호화에 주의한다. 의미는 단어와 문장으로부터, 또 개인적인 의미와 경험으로부터 능동적으로 구성된다. 이 수준 이상이 **결정적 문식성**(critical literacy)이며 이 수준에서는 독자가 능동적으로 정보를 분석하고 합성하며 내용을 설명할 수 있게 된다. 독자는 씌어 있는 것과 의미하는 것 사이의 간극에 다리를 놓는다(Caccamise & Snyder, 2005). 최상위 수준인 **역동적 문식성**(dynamic literacy)은 독자가 연역적이며 귀납적인 추론을 거쳐 내용을 기타 지식과 연결할 수 있는 것을 말한다. 역동적 문식성은 문제제기와 해결을 위해 생각을 비교하고 대조하며, 통합하고 활용한다(Westby, 2005).

　의미에 대한 독자의 정신적 표상(mental representation)은 텍스트 및 이해과정을 통해 생성해낸 모델로 구성되어 있다. 이해는 텍스트 자료 및 텍스트 문법과 독자 자신의 세상사 지식 및 경험을 결합함으로써 발생한다.

　읽기는 목표지향적(goal-directed) 활동이다. 예를 들어, 독자는 문제해결 과제를 위해 필요한 정보를 수집할 것이다. 무엇을 어떻게 해야 할지 아는 것을 **상위인지**(metacognition)라고 부르는데 상위인지는 읽기와 관련해 두 가지 중요한 측면을 가지고 있다. 이 중 한 측면이 자기-평가(self-appraisal) 또는 자신의 인지과정에 대한 지식이다. 상위인지의 나머지 다른 측면은 **실행기능**(executive function)[4] 또는 자기-조절(self-regulation)이다. 참여하고, 타당한 목표를 설정하며, 각 목표를 달성하기 위해 계획하고 조직하며, 목표와 관련된 성취를 개시, 점검, 평가하고 피드백에 근거하여 계획과 전략을 수정하는 능력 등이 실행기능에 포함되어 있다. 여러분은 읽을 때 자료에 대한 가설을 세우고 예측하며, 이를 확정하거나 확정하지 않는다.

　쌍둥이 연구에서는 읽기성취를 위해 유전과 환경 둘 다 중요하다는 점을 시사해준다 (Harlaar et al., 2008). 대조적으로 초기의 말과 읽기 간의 관계에서는 유전적 요인만 중요한 역할을 하는 듯하다(Hayiou-Thoas et al., 2010).

각 독자는 자신이 읽은 것을 개인의 경험과 지식에 비추어 해석한다. 다시 말해서 이해는 각각의 독특한 자아에 기반을 두고 상이할 것이다.

---

[4] 집행기능 또는 중앙통제적 기능이라고도 함. — 역자 주

전 생애에 걸친 읽기발달

여러분은 문식성 발달이 학교에서의 읽기, 쓰기교육으로부터 출발하는 것이라고 믿을지도 모르겠다. 실질적으로 문식성 발달은 훨씬 일찍 시작되며 생애를 통해 지속되는 것이다.

초기 문식성[5]

읽기발달은 아동과 양육자 간의 상호작용 안에서 시작되는데 대략 1세경 부모나 그 외 다른 사람들과 유아가 함께 책을 공유하기 시작할 때가 그때다. 책을 공유한다는 것은 보통 대화 속에서 의사소통의 초점으로 책을 이용한다는 것이다. 여기 예를 보라.

성인 : 이것은 …에 관한 책인데….

아동 : 곰.

성인 : 그래. 넌 곰을 바로 여기에서 찾을 수 있었지. 곰이 뭐라고 말하지?

아동 : 그르르르르.

성인 : 으흠. 그들은 으르렁거리는구나. 곰의 눈을 찾을 수 있어?

이야기를 읽는 것은 대화보다 이차적인 것이다.

아동이 성숙하면서 부모는 상호적 그림책 읽기 방법인 **대화식 읽기**(dialogic reading)에 참여한다. 읽을 때는 성인이 아동에게 질문하고 이야기 작가가 될 기회를 줌으로써 읽기과정에 능동적으로 관여하도록 북돋아준다.

대부분의 미국 아동들은 3세경 **활자 인식**(print awareness)이 발달하기 시작한다. 초기 활자 인식은 활자의 의미와 기능에 대한 지식, 지면이나 책 전체에 걸친 활자들의 진행 방향에 대한 개념, 그리고 몇몇 철자에 대한 인식으로 이루어진다. 이후에 발달하는 기술은 별도 단위로 단어인식하기, 글자 변별이 가능해지기, 그리고 **글자**, **단어**, **문장**과 같은 용어 (terminology) 활용하기를 포함한다. 훌륭한 언어기술을 가진 아동은 그렇지 못한 아동에 비해 읽기를 즐기는 듯하며 초기 연령부터 읽는 체하는 행동을 보일 것이다.

4세에 이르러 아동은 자신이 들은 단어의 음운적 유사성이나 음절구조에 관해 주목하기 시작한다. 이것이 음운인식의 시작이다. 또한 4세 아동은 소리와 운(rhyme)에 대해 주목하게 된다. 가정 문식성 환경이나 활자 미디어에 노출된 아동들은 보다 나은 음운인식, 철자 지식, 어휘능력을 갖는다(Foy & Mann, 2003). 불이익의 사회경제적 지위를 지닌 아동, 언어장애 아동, 부족한 문식성 경험을 가진 아동은 이러한 능력을 발달시키기 어려울 수 있다 (McGinty & Justice, 2009).

음운인식은 낱말을 보다 정교한 표상으로 뇌 속에 저장하기 위한 아동의 요구에서 비롯된다. 아동의 어휘가 증가하여 소리에서 매우 비슷한 단어들이 점차 많아짐에 따라 저장을 위해서는 음운인식이 더욱 필요해진다.

초기 아동기 환경은 문식성 기술을 목표로 하는 중복적인 기회로 인해 위험군인 아동에게

---

[5] 초기 문식성(Emerging Literacy)은 발생적 문식성이라고도 함. — 역자 주

는 초기 문식성 경험이라는 큰 잠재적 자원을 갖고 있다. 공적 기금으로 운영하며 미국의 위험군 아동을 받는 학령전기 학급의 경우, 불행히도 문식성 교육의 전반적 질이 낮다(Justice et al., 2008). 많은 학령전기 교사들이 초기 문식성에서 제한된 훈련만 제공하지만 인쇄된/소리의 참고자료와 탈맥락화된 언어를 포함하는 높은 비율의 발화를 사용하여 초기 문식성 발달을 촉진시킬 수 있도록 교육받을 수 있다(Girolametto et al., 2012).

유치원 전기의 말 지각능력과 수용어휘 크기는 유치원 말기의 PA 기술에 대한 좋은 예언자이다(Rvachew, 2006). '문식성이 풍부한(literacy-rich)' 유치원 환경에서, 아동들은 알파벳 시스템을 해부호화하기 시작하고 활자에 대한 경험을 확장시키기 시작한다(Snow et al.,1999). 유치원 때의 다섯 가지 변인이 2학년 시점의 읽기성공을 예언해주는 것 같다 — 철자 판별(letter identification), 문장모방(sentence imitation), 음운인식, 빠른 자동화 이름대기(rapid automatized naming, RAN), 어머니의 교육 수준(Catts, et al., 2001). RAN은 의류나 음식과 같이 동일 범주 내에 있는 일련의 항목들을 빠른 속도로 많이 이름을 대는 능력을 의미한다.

일반적으로 아동은 나중보다는 초기 연령에 더 빠르게 읽기와 관련된 기술을 발달시킨다. 발달은 점차 안정되어지며 느리게 세련되어진다.

1학년이 되면, 아동들은 읽기교육을 받기 시작하고 소위 **발음법**(phonics, 파닉스)으로 불리는 소리-철자 간 대응을 습득하게 된다. 아동은 단어를 읽고 기억에 저장되어 있는 단어 및 의미를 그들 단어와 연결시킨다. 대개 아동의 노력이 철자를 해부호화하는 일에 집중되므로 이해나 해석을 위해 필요한 인지적 에너지는 부족해진다. 이것이 바로 우리가 전쟁과 평화(War and Peace)를 1학년에게 읽히지 않는 한 가지 이유이다.

초기 읽기에서는 음운론(소리)과 철자법(글자)이 중요하지만 문법이나 의미의 역할이 점차 증대된다. 형태론(morphology)에 관한 지식은 나중에 단어를 따로 쪼개고 이를 다시 합쳐 새로운 낱말을 생성하도록 학생들을 돕는다(Berninger et al., 2001).

아동의 읽기가 증진되어감에 따라, 읽기는 특히 친숙한 단어에 대해서 보다 자동화되고 유창해진다. 유창성은 아동의 기억 속에 존재하는 문자소-음소 패턴의 활용 및 낯선 단어를 유사한 철자에 근거하여 친숙한 단어와 비교하는 유추(analogy)를 통해 확보된다.

3학년경이면, 읽기 위한 학습(learning to read)에서 학습을 위한 읽기(reading to learn)로의 전환이 이루어진다(Snow et al., 1999). 언어가 성장해감에 따라, 읽기유창성의 결과로 이어지는 이해 역시 발전하게 된다.

성숙한 문식성

비록 모든 읽기가 활자화된 단어로부터 비롯되는 것이지만 성숙한 독자는 단어의 발음을 결정하는 것에 매우 적은 인지적 에너지만을 소모한다. 처리과정의 최상위 수준에서 텍스트 이해를 위해 언어와 함께 텍스트를 이해하기 위한 경험을 사용하며, 여기서는 정보가 의미를 가지도록 자동적으로 모니터링이 이루어진다.

그 이후 숙련된 독자는 다음에 오게 될 낱말이나 구를 예측할 수 있고 이것을 흘깃 보는

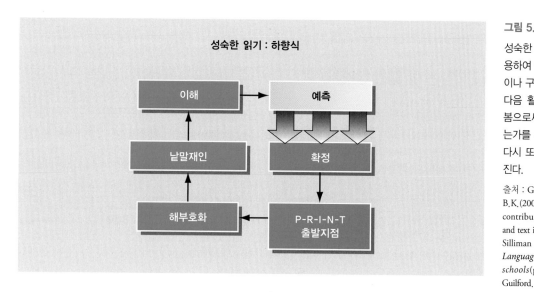

그림 5.2 성숙한 읽기모델

성숙한 독자는 언어기술을 이용하여 글의 다음에 어떤 낱말이나 구가 올지를 예측한다. 그 다음 활자를 순간적으로 흘긋 봄으로써 앞서의 예측이 맞았는가를 확정한다. 그러고 나면 다시 또 새로운 예측이 이루어진다.

출처 : Gillam, R.B., & Gorman, B.K.(2004). Language and discourse contributions to word recognition and text interpretation 개작. In E.R. Silliman & L.C. Wilkinson(Eds.), *Language and literacy learning in schools*(pp. 63-97). New York : Guilford.

것만으로 예측이 맞았는지 확인할 수 있다. 활자화된 낱말들은 빠르고 자동적으로 처리되며 대부분이 의식적 수준 아래에서 이루어진다. 여러분의 뇌가 낱말이나 구(phrase)로부터 예측을 확인하는 데 필요한 모든 정보를 인출하고 다음 낱말이나 구를 위한 또 다른 예측을 만들어내는 데는 1/4초도 걸리지 않는다. 이 같은 과정이 〈그림 5.2〉에 제시되어 있다.

빠르고 정확한 읽기는 의미 처리과정을 따라 철자 및 음운정보를 빠르게 인출함으로써 가능해진다. 인지에 대한 주의와 높은 언어처리의 재할당은 이해에 필수적이다(Wolf & Katzir-Cohen, 2001).

성숙한 독자는 텍스트를 그저 단순히 읽는 것만은 아니다. 읽기란 사고와 개념을 형성·수정하고, 세부 사안을 기억·회상하며 정보를 점검하는 능동적인 과정인 것이다. 대부분의 이러한 일은 새로운 정보에 참여하는 뇌의 무의식적 처리로 이루어진다.

성숙해짐에 따라 읽기의 형식과 목적도 변화된다. 그러나 전 생애에 걸쳐 계속해서 이 과정을 즐길 수 있다. 만일 지속적으로 훈련하고 제6장에 소개된 바와 같은 신경병리 현상을 달리 겪지만 않는다면 읽기기술은 성인기를 거치면서 계속 강해질 것이다. 읽기는 성인이 어휘와 지식을 증대시킬 수 있는 중대한 방식 중 하나이다.

이제 읽기습관을 확립하라. 여러분이 성숙해감에 따라 스스로를 도울 것이다.

전 생애에 걸친 읽기문제

조음문제와 수용 및 표현언어 문제 둘 다를 가진 아동에게 읽기장애의 위험은 매우 크다(Segebart DeThorne et al., 2006). 일반적으로 부족한 읽기이해자는 구두언어 이해 역시 결함을 보이지만 정상적인 음운능력을 갖고 있다. 대조적으로 부족한 아동 해독자는 음운능력은 빈약하지만 구두언어 이해의 어려움은 거의 없거나 존재하지 않는다(Catts et al., 2006). 학습장애를 가진 한 젊은 남자의 이야기가 〈사례연구 5.2〉에 제시되어 있다.

ASHA 웹사이트(www.asha.org)는 읽기장애에 관해 많은 전문 논문에 접근할 수 있도록 해준다. 예를 들어 위쪽 'Publications'를 클릭하고 '2007', 'September 4, 2007 Issue'에

사례연구 5.2

학습장애를 가진 저스틴이라는 한 젊은 남자

저스틴은 중서부의 교외에서 성장하고 공립학교에 다녔다. 그는 네 형제 중 막내였고 형제 중 유일한 남자아이였다. 성인이 되자 그는 매력적이고 우호적이었으며, 파트타임으로 일하면서 지역 대학에 다녔다. 그의 누나들, 특히 바로 손위 누나가 가능할 때마다 숙제를 도와주었다.

학령전기에 저스틴은 책엔 별 관심이 없었다. 누나들에 비해 언어발달이 느렸지만 부모는 결국 그가 나아질 것이며 누나들이 그를 위해 말을 많이 했기 때문에 그가 그토록 말이 없었던 것이라고 여겼다. 어머니는 그를 유치원에 등록하여 발달이 촉진되도록 하였다. 그는 유치원 입학 검사에서 낮은 점수를 보였고 입학이 허락된 후에는 1학년에 필요한 학업 전 기술(pre-academic skill)의 결여로 인해 1년을 다시 다니라는 제안을 받았다. 부모는 마지못해 그 제안을 수용했다.

학교에 입학했을 때 저스틴은 잘 적응했지만 곧 읽기와 쓰기에서 다른 아동들 아래로 떨어지게 되었다. 1학년 말의 평가에서 저스틴은 학습장애로 분류되었다. 그에게는 문식성 추가 교육을 위해 정규반에 남도록 하는 제안이 이뤄졌다. 그의 부모는 가정에서 바로 가까이서 읽기 및 쓰기숙제를 도와주었다.

저스틴은 초등학교 대부분을 주당 몇 차례씩 읽기전문가와 언어치료사를 만나야 했다. 언어치료사는 언어 및 듣기기술과 읽기이해에 초점을 맞추었다.

저스틴이 중학교에 입학했을 때는 읽기전문가와 언어치료사를 만나는 일을 그만두었다. 대신 그와 부모를 포함한 팀은 결함을 보상하기 위한 다른 방법을 찾기로 결심했다. 여기에는 워드프로세서 사용, 교실수업 내용 녹음, 교사에 의한 강의 내용 미리 준비하기와 같은 일들이 포함되어 있었다. 중·고등학교의 전 과정 동안 저스틴은 방과 후 추가교육을 위해 여러 교사를 만나야 했다.

졸업했을 때는 별다른 계획이 거의 없었다. 누나가 지역 단과대학에 입학하라고 설득했을 때까지 근 1년간을 이일저일 되는 대로 떠돌아다녔다. 그는 파트타임으로 일하면서 교육과정을 잘 해낼 수 있었고 물리치료 조수로 채용되었다. 읽기와 쓰기는 여전히 어려운 일이지만 저스틴은 일을 잘하는 것으로 평가받았으며 가족, 특히 누나들이 많은 지지를 해주었다.

서 'The ASHA Leader Online' 밑의 'Archive'를 클릭하면 '읽기와 난독증의 신경생물학(The Neurobiology of Reading & Dyslexia)'이라는 논문을 찾게 될 것이다.

어떤 아동들은 학습장애의 특수한 형태, 또는 일차적으로 읽기와 쓰기에 나타난 장애를 갖기도 한다. 과거에는 이러한 장애를 난독증(dyslexia)이라 불렀다. 제4장에서 언급했듯이 진단 및 통계편람 제5판(DSM-5, APA, 2013)은 이 용어를 폐지하고 특정학습장애라는 용어를 지지했다. 특정학습장애의 형태는 표찰된 것이 아니라 진단에서 묘사된 것이다. 덜 복잡하게 하기 위해 이 책에서는 문식성에서의 특정학습장애(specific learning disorder in literacy, SLDL) 대신에 SLDL을 사용했다.

SLDL 아동들은 음운처리에서의 문제를 동반하며 부족한 단어재인이나 부족한 해부호화 능력을 가진다. SLDL은 학습장애의 한 형태로 근원으로는 뇌생물학적이며 정확하고 유창한 단어재인과 해부호화 능력에서의 어려움과 함께 부족한 철자 등으로 특징짓는다(Lyon et al., 2003). 전형적으로 발달하는 독자들과 SLDL 아동을 비교하여 발견한 것은 다음과 같다.

- 비교할 만한 언어성 지능지수와 (또는) 듣기이해
- 평균 이하의 단어읽기
- 평균에 훨씬 못 미치는 단어공략이나 해부호화 기술
- 평균에 훨씬 못 미치는 음운처리 점수(Sawyer, 2006)

SLDL의 세 가지 다른 형태는 이해와 (또는) 말소리 변별에 영향을 주는 언어기반장애, 말소리 합성과 운동협응에 영향을 주는 말-운동장애, 글자 형태 변별에 영향을 주는 시공간장애를 포함한다.

여러 웹사이트에서 SLDL을 논의하였다. 미국학습장애협회 웹사이트(www.ldanatl.org)는 부모를 위한 증상 체크리스트를 가지고 있다. 사이트로 가서 좌측의 'For Parents'를 클릭하고 상단의 'LD Basics'를, 그 아래의 'LD : Signs, Symptoms, and Strategies', 그다음 마지막으로 'Dyslexia'를 클릭하라. 체크리스트를 발견하는 것은 몇 번의 클릭을 해야 하지만 리스트는 매우 도움이 된다.

보다 상세한 정보는 MedicineNet 웹사이트(www.medicinenet.com)를 이용해볼 만하다. 상단의 'Diseases and Condition'을 클릭하고 글자 'D'를 클릭한 다음 'Dyslexia' 쪽으로 스크롤한다.

마지막으로 WETA의 LD 온라인 공공 서비스 스테이션 웹사이트(www.ldonline.org)는 'Dyslexia Basics'로 제목 붙인 국제난독증협회의 난독증에 관한 상세한 논의를 가지고 있다. 좌측의 'Getting Started'로 가서 'Glossary'를 클릭하라. 일단 그곳에서 글자 'D'를 클릭하고 'Dyslexia' 쪽으로 스크롤하고 'Dyslexia Basics'를 클릭하라.

SLI 아동은 LD 아동과 유사한 모습을 보이기도 하는데, 이들은 읽기 중에 문자소-음소(grapheme-phoneme, 철자-소리) 오류와 구문, 의미, 그리고 화용오류 또는 오해석(misinterpretation)을 보인다. 이해 역시 결함을 보이며 이는 아동 개인의 부족한 어휘와 관련된 것일 수 있다.

고기능읽기장애(hyperlexia) 아동들은 부족한 이해를 가졌지만 단어재인 능력은 정상적이거나 그 이상의 수준을 보이기도 한다. 고기능읽기장애는 ASD 아동의 경우 철자나 단어에 대한 거의 강박에 가까운 관심이 발견되기도 한다. 이 아동들은 읽기능력에 있어서 매우 조숙한 듯 보이기는 하지만 종종 사회성 기술이 부족하며 극단적으로 제한적인 읽기이해 능력을 가진다(Treffert, 2004). 많은 ASD 아동들은 전반적인 읽기이해보다는 보다 나은 단어읽기 기술을 갖고 있다(Church et al., 2000; Diehl et al., 2005; Smith-Myles et al., 2002; Wahlberg & Magliano, 2004).

문식성 결함의 원인 요소는 개인에 따라 외현적인 것일 수도 내현적인 것일 수도 있다(Catts & Kamhi, 2005a). 외현적 변인에는 경험이나 교육방법이 포함될 수 있다. 내현적 변인에는 유전, 시각 관련 결함, 청각처리 결함, 주의결함, 언어장애, 신경학적인 것들이 있다. 예를 들어, SLDL 아동의 뇌와 전형적 아동의 뇌에는 차이가 있는 듯하다(Eckert et al., 2004). 이러한 차이는 측-두정엽(temporal-parietal) 영역(귀의 안쪽), 좌우 뇌의 언어처리 영역, 그리고 소뇌(cerebellum, 뇌간 근처의)에서 발견된 바 있다. 뇌의 좌측 측-두정역 영역에서의 신경경로는 유창한 읽기의 발달에 중요한 역할을 한다(Deutsch et al., 2005).

어쩌면 7개 정도의 염색체가 SLDL의 다양한 영역에 관여한다(Grigorenko, 2005). 좌반구 언어처리 영역과 이 영역 사이, 뇌의 시각처리 부분에서 발견된 기형은 유전적 변화와 관련되는 것 같다(Galaburda, 2005 요약). 가능한 익숙한 연결이 다른 방식으로 나타나기도 한다. 예를 들면 읽기장애 위험이 높은 아동은 읽기장애에 대해 낮은 위험을 지닌 아동보다는 적어도 유의하게 느린 말 속도를 가진 한 부모를 갖는다.

언어학습장애를 갖게 될 것이라 예상하는 대로 많은 ASD 아동들은 문식성장애와 함께 읽기에 대한 특이한 발달기술을 수반한다. 일반적으로 ASD를 가진 학령전기 아동들은 비언어성 정신 연령에 비해 상대적으로 어휘에서 심하게 지체된다(Chapman et al., 2003). 또한 이들에게는 구두 내러티브가 매우 어렵다(Losh & Capps, 2003). 결과로 ASD와 제한된 구두기술을 가진 아동들은 읽기를 학습할 수 없다는 잘못 이끌어진 추측 아래 표준 문식성 교과과정에서 자주 배제된다(Koppenhaver & Erickson, 2003).

전형적 발달을 하는 독자들에서 보는 바와 비슷하게 LD 아동들은 초기 단계에서는 보다 빠르게, 그다음에는 점차 느리게 읽기기술을 습득한다(Skibbe et al., 2008). 그렇다 하더라도 5학년까지 잠재적으로 일반 독자의 이하에 존재한다.

대부분의 독자들에게 음운인식은 초기 단계이다. 특히 지각결함의 음운장애를 가진 사람들은 PA의 어려움에 직면한다. 말지각은 PA 발달에서 특별히 중요한 것 같다(Rvachew & Grawburg, 2006).

읽기를 시도할 때 몇몇 언어장애를 지닌 아동, 특히 부족한 음운적 기술을 가졌지만 평균 또는 평균 이상의 지능을 가진 아동들은 기억해놓은 단어형태나 철자이름을 이용하여 읽거나, 해부호화 기술에 의존하기보다는 추측하기를 이용하여 읽기도 한다. 그 결과, 이들은 낯선 낱말들을 해부호화하지 못한다. 공식적인 해부호화 교육이 종료되는 2학년 시점에서 단어공략 기술이나 해부호화 기술이 없다면 아동은 실패하기 시작한다.

대부분의 초기 읽기문제들은 음운처리나 음운인식의 결함과 관련되어 있다(Catts & Kamhi, 2005). PA 어려움은 단어를 음절로, 그리고 다시 음절을 보다 작은 음운단위로 분석하는 것에서의 실패와 관련되는 것 같다.

초보인 독자가 좋은 음운능력을 가지고 있고, 단어를 잘 해독하는 것으로 보인다면 읽기이해 문제는 눈에 띄지 않을 수 있다(Nation et al., 2004). 3학년까지는 흔히 발음법 기저의 해부호화 문제는 감소하나 이해문제는 여전히 많은 아동들에게 지속된다(Foster & Miller, 2005). 부족한 읽기이해는 발음법(파닉스)에 있는 것이 아니라 부족한 구두언어에 연관되어 있다(Nation & Norbury, 2005). 예를 들어, 다수의 ASD 아동들은 구어단어와 쓰기단어 모두 해석하는 어려움 때문에 숙련된 독자가 되지 못한다(Lanter & Watson, 2008). 만일 한 아동이 이해하고 있지 않다면 읽고 있지도 않은 것이다. 어떤 아동들은 구어내러티브(oral narrative) 능력이 부족하기 때문에 글로 쓰인 이야기를 해석하는 것에 어려움을 가질 수도 있을 것이다(Naremore, 2001). 이들은 내러티브 말하기에 필요한 이야기 틀이나 언어적 기술이 결여되어 있을 수 있다.

읽기이해란 부분적으로 개인의 언어능력과 경험뿐 아니라 의사소통, 특히 사회적 추론이나 개인 간(interpersonal)의 추론에도 의존하는 것이다(Donahue & Foster, 2004). 언어장애를 가진 몇몇 아동들의 낮은 사회적 능력을 감안한다면, 왜 이러한 읽기영역이 역시 어려운 것일 수 있는지 쉽게 알 수 있을 것이다(Brinton & Fujiki, 2004).

능숙한 독자는 자신의 읽기행위를 의도적이고 유연하게 이끌고 통제해낸다. 반대로, 부족한 독자는 이러한 전략이 결여되어 있으며, 이는 실행기능 결함의 가능성을 반영하는 것이다. 이들은 되는 대로, 이해할 수 없는 과정으로 읽기에 접근하는 듯하다. 실행기능의 결함은 외상성뇌손상(TBI) 아동에게서 매우 명백하게 나타났음을 상기할 수 있을 것이다. 또한 ADHD와 LD 아동들은 주의력이 부족하고 충동적이며, 비조직적이고, 행동을 억제하지 못하며, 비효율적인 학습자로 손상된 실행기능 특성을 가지고 있는 것으로 묘사되어 왔다.

읽기실패가 반복되는 경험을 갖게 될 때 아동들은 좌절하거나 수동적이 되기도 한다. 지속적 집중의 결여, 낮은 자존감으로 인해 실패에 대해 무관심하게 되거나 아예 포기하게 되는 경우도 있다. 대조적으로 어떤 읽기곤란 아동은 공격적이거나 행동을 과도하게 과시하며 꾸며 나타내기도 한다. 이러한 행동들 모두는 진전된 학습이나 발달을 방해하는 것이 된다.

능력 있는 독자와 작가는 행동을 이끄는 한 가지 목적을 가지고 과제에 접근한다.

언어장애 아동들은 여러 가지 이유로 읽기장애 위험에 처해 있다고 할 수 있다(Hambly & Riddle, 2002; Miller et al., 2001). 일반적으로 그들은 다음과 같은 특징을 가진다.

- 언어시작에서 말이 적었으며 따라잡는 데(catching up) 어려움을 가진다.
- 언어지식을 자기가 읽은 것과 통합시킬 수 없을 것이므로 부족한 이해능력을 갖는다.
- 상위언어기술(metalinguistic skills)이 부족하다.
- 언어처리과정의 어려움을 갖는다.

여러분이 잊어버린 경우라면 상기하라. 상위언어학은 맥락으로부터 언어를 추측하며, 정확함에 대해 판단하고, 언어를 사용하는 과정을 어느 정도까지 이해하는 능력을 포함한다.

읽기과정에서 잘못되었을 때 덜 자동적이 되거나, 덜 유창한 결과가 나타난다. 단어 해부호화나 텍스트 이해가 손상될 수도 있다.

앞서 언급했던 것처럼 읽기의 어려움은 사라진다. 흔히 읽기곤란은 다른 언어문제와 연관된다. 청소년기에는 부족한 독자는 전형적인 독자와 비교하여 어휘, 문법 및 구두 기억결함을 보인다(Rescorla, 2005).

아동의 비주류미국영어(nonmainstream American English, NMAE)인 방언사용과 읽기성취 간에는 부적 상관이 있었다(Charity et al., 2004; Craig et al., 2004; Terry, 2010). 이는 아동이 NMAE 특성을 더 많이 사용할수록 읽기는 더 부족했다는 것을 의미한다. 이러한 비주류 방언사용만으로 아동이 읽기곤란을 보이기는 했으나 그것 자체로 장애라는 것은 아니다.

발달상의 읽기평가

이 절에서는 음운인식, 단어재인, 이해, 실행기능 등에 대한 상세한 논의를 통하여 전반적인 평가를 토의할 것이다. 제4장에서 말한 대로 평가는 질문지, 면담기록지, 의뢰서, 선별검사 등의 사용을 포함하는 초기의 자료수집들부터 시작된다. 〈그림 5.3〉에는 언어기반 읽기장애(language-based reading difficulties)의 위험군인 유치원과 초등학교 1학년 아동들을 판별하기 위해 고안된 체크리스트를 제시하였다(Catts, 1997). 어떤 한 항목만 가지고서는 읽기문제를 설명할 수 없다.

초기 문식성 질문지는 흔히 책 읽기 행동빈도, 인쇄에 대한 반응, 언어인식, 글자에 대한 흥미, 초기 쓰기 등에 대해 질문한다. 언어장애를 지닌 학령전기 아동의 초기 문식성 기술에 대한 부모 보고는 전문가 평가보다 낫다(Boudreau, 2003).

정보는 교사, 부모, 아동과의 면담을 통해서 모으거나 교실 내에서 관찰로 수집할 수 있다. 면담 질문은 아동 스스로의 자아인식을 비롯하여 읽기의 중요성에 대한 인식, 읽기의 다양한 형태와 어려움에 대한 인식을 포함하여야 할 것이다. 관찰은 아동, 교사 및 부모의 반응을 뒷받침해줄 수 있다.

협동적인 읽기평가(collaborated reading assessment)는 표준화된 읽기평가, 구두언어 표본들, 분석실수를 포함하는 구두읽기 표본, 글로 된 이야기 다시 말하기(written story retelling) 등을 포함하여야 한다(Gillam & Gorman, 2004). 공식적인 읽기검사는 학교의 읽기전문가에 의해 수행될 것이지만 언어치료사는 인쇄물에서 의미를 이끌어내는 능력과 음성학적 인식에 초점을 맞추는 선택된 부가적 검사하기를 원할 것이다. 더 비공식적인 작업에서는 교실 내에서 수행하는 능력을 평가하려는 시도로 전에 읽지 않았던 교과과정의 자료를 읽도록 아동에게 요구하기도 한다(Nelson & Van Meter, 2002). 나중에 아동의 오류분석을 위해 소리 내서 읽은 것을 기록할 수 있다. 이해평가는 질문, 다시 말하기, 바꾸어 말하기(paraphrasing)[6] 등을 사용하여 평가할 수 있다.

음운인식

음운인식 평가는 다면적이며 읽기, 철자법, 음운인식, 구어 작업기억, 빠른 자동화 이름대기(RAN) 또는 사물이나 그림을 빠르게 명명하는 능력 등을 전반적으로 평가하여 수행하여야 한다. 공식적 검사에 부가하여 SLP는 운 맞추기(rhyming), 음절화(syllabication), 분절(segmentation), 음소분리(phoneme isolation), 탈락(deletion), 대치(substitution), 합성(blending) 등을 평가하는 비공식적 방법을 사용할 수 있다. 학령기 아동들에게는 특히 분절하기와 합성하기를 둘 다 평가하는 것이 중요하다.

단어재인

해부호화 기술, 특히 소리-글자 대응 지식은 단어재인의 기초가 된다. 자음 합성(consonant blend), 장모음(*day*)과 단모음(*can*), 다양한 음절구조, 형태 접사(*un-*, *dis-*, *-ly*, *-ed*) 등은 언어치료사가 흥미로워하는 것이다.

단어재인 평가는 다음 지침을 지켜야 한다(Roth, 2004).

- 학생의 연령 및 발달수준에 적절한 자료
- 상이한 수준의 처리과정을 평가하기 위한 다양한 방식의 과제
- 여러 가지 측정도구의 사용
- 학생의 문화와 언어적 배경의 고려
- 친숙하지 않은 과제에 대한 시범과 훈련

---

[6] 부연하기로 번역하기도 한다. ─ 역자 주

아동은...

_____   단어와 이름을 기억하기가 어렵다.

_____   순차적인 말을 외우는 데 문제가 있다(예 : 알파벳, 요일).

_____   지시와 명령을 따르기 어려우며 전체보다는 일부에만 반응할 것이다.

_____   노래와 시의 단어를 기억하기가 어렵다.

_____   더 낫게 이해하지도 못하면서 지시/명령에 대해 여러 번의 반복을 요구한다.

_____   상대방 말을 이해하기 위해 지나치게 문맥에 의지한다.

_____   질문을 이해하기 어렵다.

_____   연령에 적합한 이야기 이해하기, 추론하기, 결과 예측하기, 결론 이끌어내기 등에 어려움을 갖는다.

_____   자주 단어와 이름을 잘못 발음한다.

_____   어려운 소리패턴을 가진 일반 단어(예 : *spaghetti*, *cinnamon*)를 말하는 데 문제가 있다.

_____   비슷하게 발음되는 단어(예 : the **Specific** *ocean*)를 혼동한다.

_____   비슷한 단어의 소리패턴을 결합한다(예 : *nuclear*에 대하여 *nucular*).

_____   머뭇거려서 빈틈을 때우는 말들(예 : *you know*)이나 특정성이 부족한 단어(예 : *that*, *stuff*, *thing*, *one*)를 포함하는 말을 한다.

_____   짧은 문장과 문법에서의 오류와 같은 표현언어장애를 가진다.

_____   어휘의 다양성이 부족하여 단어를 남용한다.

_____   지시하거나 설명하기를 어려워한다.

_____   이야기와 사건을 비조직적이거나 불완전한 방식으로 관련시킨다.

_____   사건을 관련지을 때 구체적인 상세함이 없다.

_____   차례지키기, 주제유지하기, 설명요구하기 등과 같은 대화의 규칙을 어려워한다.

_____   운율을 즐기거나 이해하는 것 같지 않다.

_____   동일한 소리로 시작되는 단어를 쉽게 알아채지 못한다.

_____   음절을 인식하기 어려워한다.

_____   소리-글자의 대응을 배우는 데 문제를 보인다.

_____   가상놀이(pretend play)에 기꺼이 참여하지 않는다.

_____   언어이해 그리고/또는 언어산출에 문제를 가진 적이 있다.

_____   구두언어의 문제 또는 쓰기언어의 문제에 대해 가족력이 있다.

_____   가정에서의 문식성에 노출이 제한되어 있다.

_____   책에 흥미가 부족하며 같이하는 읽기활동에 관심이 없어 보인다.

그림 5.3 언어기반 읽기장애의 조기판정을 위한 체크리스트

출처 : Catts, H. W. (1997) "The early identification of language-based reading disabilities." *Language, Speech, and Hearing Services in Schools, 28*, 86-89 정보에 근거함.

- 발생적 문식성(초기 문식성 발현) 기술을 지닌 아동의 평가는 읽기결함만은 아니다.
- 아동의 검사행동에 대한 관찰과 해석

전통적인 평가절차에서는 표준화된 검사를 강조하지만 언어장애를 가졌거나 문화와 언어가 다른 아동에게는 교과과정기반 측정(curriculum-based measure)과 역동적인 평가 (dynamic assessment)와 같은 대안적 접근법들이 더 적절할 수 있다(Roth, 2004). 역동적 평가는 흔히 평가과정 동안에 아동의 변화량을 측정할 수 있는 검사-교육-검사의 형식을 취한다.

교과과정기반 평가의 자료는 보통 지역의 교과과정에서 유래하며, 아동 자신에 대해 시간을 두고 측정하는 준거-참조 채점(criterion-referenced scoring)을 사용한다. 이 방법에서는 어떤 절대적인 규준을 참조하지 않고 아동의 진보상황을 측정한다.

단어재인이란 한 단어를 독립적으로 해독하는 능력 그 이상이다. 그러므로 단어재인검사는 아동이 이용가능한 그림이나 문장형태와 같은 다양한 단서들을 가지고 수행하며, 또한 독립된 단어 및 텍스트 안에 있는 단어 둘 다에서 수행하는 것이 중요하다. 검사의 점수보다 더 중요한 것은 아동의 강점과 아동이 사용한 전략들을 상세히 기술하는 것이다.

기록된 읽기정보를 분석할 때 언어치료사는 기록된 읽기표본에서의 모든 불일치에 주목한다. 단어 해부호화에서의 모든 시도들, 즉 반복, 교정, 생략된 단어와 형태소, 연장된 휴지(extended pause), 방언의 사용을 아동이 사용한 가능한 전략으로 주목하여 분석해야 한다. 단어의 순서 변화, 단어대치, 첨가, 생략 등과 같이 유형별로 단어수준에서 읽기오류를 분석할 수 있다(Nelson & Van Meter, 2002). 부정확하지만 언어학적으로는 받아들일 만한 단어의 오류율은 올바른 단어를 예측하기 위해 아동이 사용한 언어학적 단서의 정도를 제시해준다. 이에 더해 언어치료사는 아동이 단어를 소리 내는 방식에 대하여 주목해야만 한다 (Nelson & Van Meter, 2002).

형태소 인식

청소년 및 초기 성인을 위한 교과서는 재생(regeneration), 파충류의(reptilian), 격렬한 (strenuous)과 같은 형태론적으로 복잡한 단어를 다양하게 포함하고 있다. 학문적 성공을 위한 파생단어의 중요성을 고려한다면 나이 든 아동에게는 형태소 인식이 평가되어야 한다 (Nippold & Sun, 2008). 적어도 SLP는 청소년기 학생들이 -able(acceptable), -ful(powerful), -less(speechless), -tion(prediction)과 같은 일반적 형태소를 이해하는지 점검해야 할 것이다. 실제 단어는 텍스트와 교과과정 자료의 단어사용 빈도를 기반으로 선택할 수 있다.

덩이글의 이해

아동들의 덩이글 이해를 측정하는 것은 연관된 많은 인지적, 언어학적 과정으로 인해 복잡하다. 언어치료사나 다른 팀 구성원은 아동에 대해 최소한 다음과 같이 평가한다.

- 문헌에 사용된 더 정교한 구문방식에 대해 아동이 사용하는지 특별히 주의하여 구두

언어 평가
- 이야기 도식 및 텍스트 문법도식에 대한 지식
- 상위인지(metacognition)[7](Westby, 2005)

　내러티브 도식(narrative scheme)이나 이야기의 사건은 그림에 대한 내러티브를 말하게 하거나 이야기의 구성과 관련된 그림에 관해 질문함으로써 평가할 수 있다. 이야기 부분을 이루고 있는 아동의 텍스트 문법은 자발적인 내러티브를 통하거나 전에 들었던 내러티브를 다시 말하게 함으로써 평가할 수 있다.
　여러 규준-참조검사(norm-referenced test)들이 읽기이해를 측정하고 있기는 하지만 문법 단위를 변별하는 능력, 텍스트를 이해하고 해석하는 능력, 추론 능력, 개별적 지식 및 경험과 텍스트를 결합하여 의미를 구성해내는 능력에 대한 측정들로 검사를 보완해야 할 것이다(Kamhi, 2003).

실행기능

서투른 독자의 경우 읽기가 단지 단어들을 빠르고 유창하게 소리 내기만 하면 되는 것처럼 행동하지만 능숙한 독자는 텍스트를 이해하고 그 텍스트가 학습정보에 대한 자료가 되기를 기대한다. 결과적으로 능숙한 독자들은 능동적으로 목적을 가지고 읽으며 읽는 동안 정신적 모델을 구축하고 보편적인 정보를 조직화한다.
　읽기에서의 자기조절(self-regulation)은 다음을 포함하여 많은 방법으로 평가할 수 있다(Westby, 2004).

- 상이한 읽기과제와 함께 사용하는 관련 전략에 대한 면담 질문
- 읽기를 하면서 소리 내며 생각하기(Think Aloud) 또는 생각을 말로 표현하기(verbalizing thought)
- 아동이 읽는 동안 오류나 불일치 탐색

평가하는 동안 특히 텍스트에서 오류나 불일치가 나타날 수 있다.

발달단계의 읽기장애 중재

일단 진단적 데이터를 분석하고 문식성 문제가 발견되면 아동과 언어치료사는 중재를 시작할 준비에 이른다. 이상적으로 말하면 발달 문식성장애를 위한 중재는 팀의 노력이다. 언어치료사는 다른 모든 팀 구성원의 노력 및 학급교사와 읽기전문가의 명시적 가르침을 지지한다.
　팀 구성원들은 내재적/명시적(embedded/explicit) 중재모형에 협력할 것이며, 이러한 중재모형에서 아동은 매일의 교과과정에 내재되어 있는(embedded) 문식성이 풍부한 경험과 명백하고(explicit) 집중적인 치료적 읽기교수 두 가지 모두에 참여한다(Justice & Kaderavek,

---

[7] 초인지로도 사용. —역자 주

2004; Kaderavek & Justice, 2004). 문식성이 풍부한 환경은 교사가 매일 남기는 '중요한' 전달에 대해 해독하는 것을 배우게 되는 게시판, 스낵의 이름에 포함된 소리가 들어 있는 스낵 활동, 조리법, 음악과 인쇄물, 책과 말소리 놀이, 운이 맞는 그림(rhyming pictures), 교사 및 다른 사람들과 책 함께 보기가 포함될 수 있을 것이다(Towey, et al., 2004). 8주라는 짧은 기간에 일주일에 두 번씩 15분간 일대일로 어른이 읽어주고 문자적인 질문과 유추 질문을 하는 공유 책 읽기 회기를 시행한 결과, 이해의 두 형태에서 모두 이익을 얻었다(van Kleeck et al., 2006).

읽기를 위한 효율적인 중재는 단어식별(word identification), 문법적인 과정(grammatical processes), 그리고 의미 및 문맥적 판단과정과 이들과의 통합에서 사용된 소리와 글자 과정을 포함해야만 한다(Gillam & Gorman, 2004). 음운 처리과정과 철자 처리과정을 함께 훈련시키는 것은 음운인식(PA) 기술만 따로 작업하는 것보다는 훨씬 효과적인 전략을 제공하는 듯하다(Fuchs, et al., 2001; Gillon, 2000).

학령기 전에 시작하여 인쇄물에 집중된 읽기활동을 통해 언어치료사는 아동의 인쇄물 인식을 증진시킬 수 있다(Justice & Ezell, 2002). 인쇄물에 초점을 둔 전략은 단어개념과 알파벳 지식을 강조하며 다음과 같은 단서를 포함한다.

내가 책을 읽을 수 있도록 어떻게 책을 드는지 보여줘.

내가 이렇게 읽니, 아니면 이렇게 읽니?

이 쪽의 마지막 단어가 어디 있지?

몇 개의 단어가 보이니?

문자 'C'를 찾아봐. 누구의 이름이 'C'로 시작되지?

이처럼 인쇄물에 집중된 촉진(prompt)은 가르치기가 쉬우며 최소한의 훈련으로도 부모들은 가정에서 성공적으로 촉진을 사용할 수 있게 된다.

문식성 이전과 초기 문식성에 대한 대부분의 통합된 접근법은 〈그림 5.4〉에 나타난 문식성 이전 기술의 두 가지 반독립적 세트를 고려한다(van Kleeck & Schuele, 2010).

문식성이 풍부한 환경은 문식성 장애를 지닌 아동에게 중요하다.

그림 5.4 두 단계의 중재

어린 독자의 중재는 단어의미와 문장형성 둘 다에 초점을 두어야 한다.

출처 : "Emphasizing Form and Meaning Separately in Prereading and Early Reading Instruction,"by van Kleeck & Schuele, 2010 정보에 근거함.

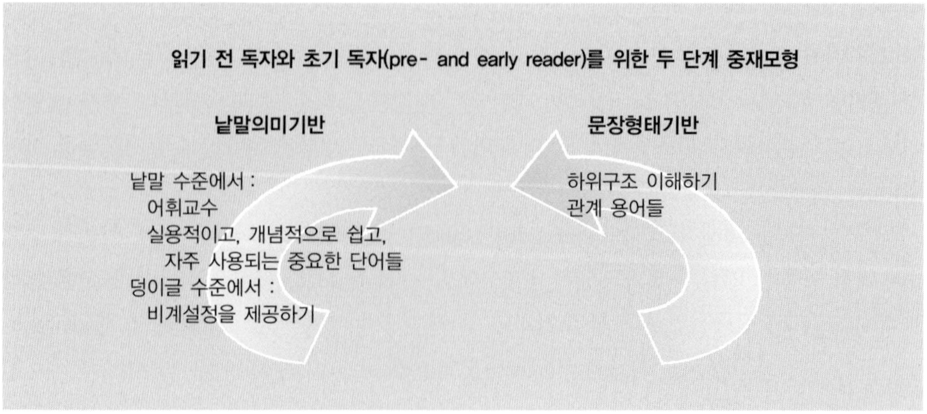

읽기 전 독자와 초기 독자(pre- and early reader)를 위한 두 단계 중재모형

낱말의미기반

낱말 수준에서 :
　어휘교수
　실용적이고, 개념적으로 쉽고,
　　자주 사용되는 중요한 단어들
덩이글 수준에서 :
　비계설정을 제공하기

문장형태기반

하위구조 이해하기
관계 용어들

- 해독을 위한 형태기반(form foundation)은 알파벳에 대해 배우기와 말해진 단어 내의 음운단위를 인식하게 되는 것을 포함한다.
- 읽기이해를 위한 의미기반(meaning foundation)은 어휘 및 문장수준의 의미-구문기술을 포함한다.

나중에 읽기중재는 언어학적, 상위언어학적 기술 모두를 목표로 할 것이며 그 기술에는 핵심단어 인식하기, 용어, 색인과 같은 텍스트의 모든 부분 이용하기, 사진, 그림, 프린트가 들어 있는 도표목록(graphic organizer) 등의 일반적인 학습전략 적용하기가 포함된다(Wallach & Butler, 1995). 이제는 음운인식, 단어재인, 이해, 실행기능에 대한 중재에 대해 살펴보자.

음운인식

근거기반실제(EBP)는 PA 훈련을 받은 아동들이 훈련을 받지 않은 아동들보다 유치원 말기에 이르러 더 나은 음소인식, 단어접근, 단어식별 기술을 갖게 된다는 것을 말해준다. 비록 단기간이긴 하지만 6주 동안 주 두 번, 소그룹 아동의 질 높은 명시적 음소교수는 대부분의 아동들에게 효과적일 수 있다(Koutsoftas et al., 2008). 다른 EBP는 〈글상자 5.1〉에 제시되어 있다. 개별 학생들과 작업하는 것과 더불어 교사들을 위한 음운인식 교수를 제공해 줄 수 있을 것이며, 이는 음운인식의 중요성 및 읽기교과과정에 음운인식의 통합을 강조하는 교수방법으로 작용한다(Hambley & Riddle, 2002). 중요한 점은 아동이 다른 아동들보다 너무 뒤로 처지기 전에 학령전기 또는 유치원 시기에 PA 중재를 시작하는 것이다(Torgeson, 2000).

언어치료사는 분명하고도 넓은 음운인식 관련 지식을 지니고 있으며 교육 팀에서 중대한 역할을 할 수 있다(Cunningham et al., 2004; Moats & Foorman, 2003; Spencer et al., 2008). 학급교수는 특수한 교과과정 결과에 대한 아동의 성취에 초점을 두는 반면 언어치료사의 중재는 바랐던 학급목표를 성취하지 못한 아동의 개별 학습요구에 초점을 둔다.

연령이 더 많은 아동들에게는 체계적이고 명확한 교실교육과 같은 의미 있는 텍스트 경험 내에서 가능할 때마다 음운인식을 가르쳐야만 한다. 그리하여 출현하고 있는 특성으로서의 문식성과 음운인식이 둘 다 서로 상호적으로 지지될 수 있도록 한다(McFadden, 1998). 음운인식 훈련 하나만으로는 읽기이해를 증진시키는 데 충분하지 못하다(Pugh & Klecan-Aker, 2004).

중재 시 언어치료사는 분절(*cat → c-a-t*)과 합성(*c-a-t → cat*) 모두에 초점을 맞출 수 있으며 음소와 음절 수준에서 작업을 하게 된다. 분절과 합성처럼 보다 복잡한 기술 발달을 촉진시키는 정도까지는 운 맞추기와 같이 낮은 수준의 PA 기술을 목표로 하는 것이 이치에 맞을 것이다. 일단 합성과 분절이 확립되면 언어치료사는 단어철자법과 해독에 대한 음소인식의 적용을 촉진하는 치료를 제공함으로써 해독과 철자교수를 수업과 연계시킬 수 있다(Blachman et al., 2000).

일반적으로 1~2개의 PA 기술에 초점을 맞춘 프로그램이 포괄적인 초점을 가지고 가르치

글상자 5.1 | **읽기를 위한 EBP**

일반

- 음소인식과 발음법 훈련 모두를 포함하는 부호중심(Code-focused) 중재는 음운인식, 알파벳 지식, 구어, 읽기 및 철자기술을 증진시키는 데 가장 효과적인 중재전략이다.

음운인식과 상위언어학

- 우리는 학령기 아동의 음운인식을 증진시키기 위해 고안된 중간 정도의 신뢰수준인 기술을 가질 수 있다. 운 맞추기, 소리변별, 음소부절화, 음소조작 및 자소-음소일치를 증진하도록 고안된 과제는 일관적으로 중도에서 큰 정도의 수준으로 효과를 얻는다. 공동수업과 임상가 단독으로 하는 접근법에서 비슷한 효과가 얻어질 수 있다.
- 훈련은 아동의 읽기 전 수준 및 읽기수준에 적합해야 한다. 언어치료사는 나이 든 아동에게 PA 치료를 제공할지 결정할 때 읽기결함의 특성과 PA 지식수준 둘 다를 고려해야만 한다.
- 중재의 적절한 길이 및 강도에 대해서는 별로 알려진 바가 없다.
- 모든 음운기술이 동등하게 중요한 것은 아니다. 분절과 합성은 읽기에 중요한 기술이다. 이후 발달하는 분절과 합성을 촉진하는 정도까지는 낮은 수준의 기술이 중요하다. 이는 우리가 단어 해부호

화 교수가 시작되기 전에 필요한 분절과 합성 두 가지에 대한 기술 수준을 확인하지 않아왔다는 것을 말한다.

- 데이터가 한정적이기는 하지만 기술과 컴퓨터의 사용은 PA 기술을 향상시킬 수 있음이 나타났다.
- 어떤 과제는 다른 과제보다는 쉽다.
  - 자음은 모음보다 분절하기 쉽다.
  - 첫소리는 마지막 소리보다 분절하기 쉽다.
  - 짧은 단어가 긴 단어보다 분절하기 쉽다.
  - 자음-모음-자음(CVC) 단어가 CCV 단어에서보다 첫소리를 분절하기 쉽다.
- 높은 효과를 지닌 중재는 아동 오류와 연관된 성인 반응이다. 단적으로 성인은 아동의 오류에 대한 이유, 학습수준에 대해 생각하며 옳은 반응을 촉진할 것이다.
- 언어치료사가 아동이 만들 것 같은 오류형태를 기대하고 발판화를 계획하며 옳은 반응을 유도하려는 전략으로 안내할 때 가르침이 향상된다.

출처 : Cirrin & Gillam(2008); Lee et al.(2013); Pavelko(2010); Schuele & Boudreau(2008)에 근거함.

는 프로그램보다 더 좋은 결과를 나타냈다(National Reading Panel, 2000). 아동이 매일 하는 수업 과제 수행에 직접적으로 영향을 주는 기술을 언어치료사가 가르친다면 최선이 될 것이다.

중재는 소리인지와 확인에서부터 시작되며 수용과 표현 둘 다가 될 수 있다. 그다음 언어치료사는 음절분절과 합성(예 : *stapler* → *stap-ler*)에서 시작하여 마지막으로 음소분절과 합성(예 : *c-a-t* → *cat*)으로 진행시킬 수 있다. 일반적으로 대부분의 아동들에게 분절은 합성보다 더 쉽다.

음절의 개념은 한 단어에서 자연스럽게 생기는 '강세(beats)'라고 할 수 있다. 다감각적 접근법(multisensory approach) 역시 도움이 되는데, 이 접근법을 쓰면 훈련시간을 재미있게 만들 수 있다. 아동들이 음절들을 인식하고 식별할 수 있게 하기 위해 손뼉 치기나 북 치기를 이용할 수 있다. 다른 예들로는 청각인지훈련을 하는 동안 할 수 있는 아동 놀이 여러 가지 중에 물건을 통에 던져넣기, 장난감 쌓기, 돌 차기 놀이, 차례 지키기가 포함된다.

음소중재는 독립수준에서 목표음(target sound)만 인식하는 것에서 시작하여 다른 소리와 짝을 이루었을 때의 식별을 거쳐 음절 내에 있는 소리로, 다음에는 단어로까지 진행하게 된다(Gerber & Klein, 2004). 한 번에 1~2개의 소리로 작업하는 것이 제일 좋다. 소리를 실제

물건이나 그림과 짝짓고 마지막으로 소리를 인쇄된 문자나 단어와 짝을 이루는 것이 기억에 도움을 줄 수 있다.

형태소 인식

읽기와 철자의 정확성은 형태소 인식에서의 교육을 통해 음운론, 철자법, 구문론 및 의미론 지식을 포함하는 언어인식의 다른 형태와 함께 증가될 수 있다(Kirk & Gillon, 2009). *happy* 와 *crazy*에서의 *y*가 happily와 crazily에서의 표지 *ly* 앞에서는 *i*로 변화하는 것처럼 기본 단어에 접미사가 첨가되었을 때 적용하는 형태 구조와 철자법 규칙에 대한 인식을 증가시키는 것에 중재의 초점을 두게 된다.

단어재인

단어재인을 위한 중재의 목표는 다음과 같다.

- 음소해독기술 가르치기
- 문자단어 어휘 발달시키기
- 읽기이해 증진시키기(Torgesen, et al , 2005)

마지막 두 가지가 성공하는가는 처음 목표를 달성했는가에 달려 있다. 해독기술을 가르치는 것은 어려울 수 있다. 그러나 분명하고 집약적이며 지지적 중재는 후에 결실로 이어져 읽기정확성 및 읽기유창성, 읽기이해력의 증진을 가져오게 된다(Torgesen, 2005). 격려와 긍정적 피드백, 과업을 더 작은 단계로 쪼개거나 과업을 성공적으로 완성하는 데 필요한 지시 등을 통해 학습지원을 제공할 수 있다.

문맥은 아동들이 텍스트 내에서 단어를 예측할 수 있게 도와준다. 중재는 확실한 단어로 시작할 수 있다. 예를 들면, 나는 그게 _____처럼 보여서 내 우산으로 쓴다(I took my umbrella because it looked like _____).[8] 그다음에는 훈련이 더 모호한 단어선택으로, 형태 및 철자법 단서를 포함하는 다른 전략으로 옮겨갈 수 있다. 점심으로 _____을 먹자(Let's have ____ for lunch)라는 문장에서 시작하여 다음에는 점심으로 p로 시작하는 _____을 먹자(Let's have p____ for lunch)[9] 또는 점심으로 p로 시작하고 s로 끝나는 ____을 먹자(Let's have p____s for lunch)와 같은 것이다.

덩이글 이해

이해는 여러 다른 처리과정의 영역에 의존한다. 앞서 언급한 바와 같이 읽을 때는 의미에 대한 정신적 표상을 형성하기 위해 페이지에 있는 정보를 지식과 경험과 혼합한다. 능동적 독자는 텍스트와 과거 지식 및 경험의 간격에 다리를 놓는 추론을 만든다.

내러티브 해석을 위해 필요한 내재된 이야기 틀(internalized story framework)이 부족한 아

---

[8] 여기서의 답은 '우산'이 될 것이다. 우산이라는 단어를 한 번 말해줌으로써 그 답의 확실한 힌트가 되는 문장이 된다. ― 역자 주
[9] 우리말로 만든다면 "점심에 /ㅉ/를 먹자" 정도가 될 것이다. ― 역자 주

동들에게는 이야기 말하기(telling story)로 중재를 시작한다(Naremore, 2001). 중재는 구어 내러티브 말하기에서 시작하여 다음에는 글로 표현된 내러티브 해석으로 진행시킬 수 있다(Boudreau & Larson, 2004). 이야기책 읽기는 이해를 돕기 위해 읽기 전, 읽기 중, 읽기 후 활동으로 단계를 나눌 수 있다. 읽기 후 활동에는 이야기 구성 만들기, 다시 말하기, 내러티브의 변형 만들기를 포함시킬 수 있다. 또한 내러티브는 이야기 부분으로 나누고 다시 재조합할 수도 있다.

유사하게 읽기에 어려움을 지닌 아동의 경우에도 읽기 전, 읽기 중, 읽기 후 전략에 집중하여 이해를 향상시킬 수 있다(Vaughn & Klingner, 2004). 내용 확립하기, 장면이나 상황 만들기, 관계 수립하기, 친숙하지 않은 어휘와 개념 토론하기와 같은 읽기 전 활동을 통해 언어치료사나 교사는 읽은 것에서 의미를 구성하는 것을 돕는다. 특히 LD를 지닌 학생에게는 선행지식에 대한 활성화가 이해를 증진시킬 수 있다.

또한 글로 표현된 의사소통에서 나타나는 보다 분명하고 상세한 언어형식을 아동에게 가르침으로써 이해가 증진된다(Westby, 2005). 이 언어형식은 성공하기 위해 아주 자세한 지시를 따라야 하는 과제나 사물, 그림처럼 문맥 단서가 있는 과제를 통해 가르치기도 한다. 글 어휘는 마주하게 될 단어에 초점을 맞추는 읽기 전 활동을 통해, 시각적-언어적 기억 보조자료 사용을 통해 증진시킨다. 복잡한 문법의 경우 친숙한 이야기책이나 문법이 점차 복잡해지는 책을 통해 가르칠 수도 있다.

성인의 전략은 읽기과정 중 어떤 과정에서 사용했는지에 따라 다르다. 예를 들어, 핵심단어에 대한 정의나 유의어 제시하기처럼 읽기 전 의미전략은 읽기의 실수나 오류를 줄인다(Kouri et al., 2006). 철자음소 전략(graphophonemic strategy)은 단어를 '소리 내어(sound out)' 읽을 수 있도록 하고 아동의 주의를 음소규칙으로 모으며 초성 또는 종성 및 자음 합성을 확인하도록 요구하는 것을 포함한다.

읽기 중에는 언어치료사가 지도, 질문, 시각 및 언어적 단서, 설명 및 논평을 통해 이해를 촉진시킬 수 있다(Crawe, 2003). 성인은 대화형식을 이용하여 구두 소집단 읽기를 할 때 단서와 피드백을 제공한다. 질문은 각 아동이 목표로 하는 이해수준을 반영하는지가 중요하다. 이러한 의미전략(semantic strategy)은 직접 어휘교수에 수반된다(Ehren, 2006).

이상적으로 학생들은 이해전략(comprehension strategy)을 내면화하여 적극적으로 읽음으로써 이를 이용할 것이다. 적극적 전략(active strategy)은 다음을 포함한다.

- 단어의미를 분석하기 위해 맥락 이용하기
- 선행지식 활성화하기
- 어려운 구절 다시 읽기
- 중요한 개념의 틀을 만드는 자기 질문하기
- 읽기형태를 결정짓는 텍스트 구조 분석하기
- 내용을 시각화하기
- 자기 자신의 단어로 바꾸어 표현하기

• 요약하기(Ehren, 2005, 2006; Pressley & Hilden, 2004)

이러한 전략들은 독자가 읽기구절을 이해했는지, 만일 그렇지 않다면 무엇을 할지를 능동적으로 결정하는 모니터링에서 사용된다. 능숙한 독자들은 글의 구절을 이해하지 못했음을 인식하고 따라서 다시 읽는다.

우리는 전형적 독자들의 안구 운동을 분석할 때 주변 의미 내에서 단어의 정확성을 체크하면서 눈을 앞으로 뒤로 움직이는 것을 발견했다. 읽기장애를 지닌 아동들은 단어의미를 결정하기 위해 이러한 정보사용을 배울 수 있다(Owens & Kim, 2007).

또 다른 수준에서 이해는 저자와 등장인물의 사회적인 대화를 포함한다. 이해훈련은 작가의 목표, 등장인물의 느낌과 동기에 관한 논의까지도 포함해야 한다(Donahue & Foster, 2004). 텍스트에 대한 지식은 내러티브 내에서 등장인물의 행동을 예측하는 데 사용될 수 있다.

실행기능

중재의 목표가 되는 실행기능의 특정 영역에는 비언어적 작업기억(nonverbal working memory), 자기-지시적 말(self-directed speech, 예 : 내가 이 단어의 의미를 어떻게 이해해야 하지?), 정서조절(emotional control), 문제해결하기(problem solving)가 포함된다(Westby, 2004). 자기통제 전략을 가르치는 것만으로는 불충분하다. 언어치료사와 학급교사는 각 아동이 이러한 전략을 독립적이고 적절하게 사용할 수 있도록 도와야 한다.

보다 능숙한 독자들에게는 텍스트로부터 거리두기(distancing) 또는 텍스트에 대한 의존에서 벗어나 독립적인 사고를 향해 나아가는 것이 중요하다. 이는 외현적으로 텍스트에 진술된 대답(그녀는 다음에 무엇을 할까?)에서, 텍스트로부터 나왔지만 대답은 학생의 지식에서 생성된 대답으로 옮겨가게 하는 질문(그녀는 이 문제를 다르게 해결할 수 있을까?)을 함으로써 수행할 수 있다.

희망하건대, 더 배우기 위해 동기화되길 바란다. 여러 자료가 온라인에서 이용가능하다. Mayo 클리닉 웹사이트(www.mayoclinic.com)는 읽기장애의 증후, 증상, 원인, 치료에 대해 다루고 있다. 우측의 검색 박스에 '난독증(Dyslexia)'이라고 쳐라. 그다음 '난독증 : 증상(Dyslexia : Symptom)' 또는 '치료(Treatment)'를 클릭하라.

여러 상업적 사이트가 이용가능하다. 이러한 상업 사이트에 언급된 자료를 반드시 우리 저자들이 추천한다는 의미는 아니다. 단지 가능성을 훑어보라. 난독증에 대한 밝은 해결이라는 웹사이트(www.dys-add.com)는 여러 정의를 지니고 있으며 유용한 교수 팁을 제공한다.

학업 출판 웹사이트(www.scholastic.com/home/)는 자료와 링크를 제공한다. 'Teachers'를 클릭하여 'Search the Teachers Site' 박스에 'dyslexia'를 쳐라. 'Dyslexia : What Teachers Need to Know'의 아래로 스크롤하고 생각 및 교수법에 관한 흥미로운 아티클을 읽어라.

쓰기

모든 의사소통의 양상들이 그러하듯이 쓰기는 사회적 행동이다. 화자(speaker)와 똑같이, 쓰는 사람(writer)도 청자를 고려하여야 한다. 그러나 쓰기가 행해질 당시 청자가 있는 것이 아니기 때문에 말하기보다는 계획과 실행을 위한 인지적 자원이 더 많이 필요하다.

요컨대 쓰기란 텍스트(덩이글)를 만들기 위하여 언어지식과 결합되어 있는 지식 및 새로운 생각들을 사용하는 것이다. 쓰기는 생각 생성하기, 조직화와 계획하기, 계획대로 실행하기, 고쳐 쓰기, 자기피드백(self-feedback)에 근거하여 검토하기 등을 포함하는 복합적인 과정이다. 또한 쓰기는 운동성, 인지, 언어, 감정 및 실행과정을 포함한다.

쓰기는 대화보다 더 추상적이며 더 **탈맥락화**(decontextualized)되어 있고 내러티브와 설명문처럼 상이한 쓰기형태에 대한 내적 지식을 갖는 것이 요구된다. 탈맥락화란 대화맥락을 벗어남을 의미한다. 쓸 때는 전체 맥락이 쓰기에 포함되어 있다. 대화상대자가 만든 맥락을 가지기보다는 스스로의 언어로 맥락을 만든다.

쓰기과정의 여러 측면은 언어치료사와 관련된다. 이는 다음을 포함한다(Berninger, 2000).

- 필기(handwriting)
- 실행기능
- 덩이글 구성, 또는 생각으로부터 쓰기로 이동하기
- 기억

앞서 언급한 대로 실행기능은 자기조정 기능이며 주의기울이기, 목표설정하기, 계획하기 같은 것을 포함한다. 기억은 내용에 대한 생각과 언어기호를 제공하고 그 내용의 형성을 이끌도록 지배하며 단어재인과 아이디어 저장을 하고 다시 작업할 때도 사용된다. 알다시피 쓰기는 매우 복잡한 과정이다. 이제는 철자법(spelling)에 대해 더 자세히 살펴보고 그다음 쓰기발달과 쓰기장애, 평가와 중재에 대해 알아보기로 하자.

철자법

여러분의 뇌는 글자에 준거하여 단어를 저장하는 것이 아니라 더 유용한 단위로 저장한다. 예를 들면 'stand'는 아마도 'st-and'로 저장이 될 것이며, 그렇게 되면 'land', 'band', 'hand', 'bland', 'strand'의 철자법도 가능해진다.

대부분의 단어에 대한 철자법은 시행착오 접근을 사용하여 스스로 배우게 된다. 초등학교에서는 명시적으로 단지 4,000개의 단어들만 가르친다고 판단된다. 더구나 학급교사는 아동이 단어철자법을 판단하는 데 쓸 수 있는 전략과 규칙에 초점을 맞춘다.

철자법에 맞게 잘 쓰는 사람은 다양한 전략을 사용하며 단어에서 패턴과 일관성을 능동적으로 찾는다. 더 명확히 말하면 능숙한 철자법을 가진 자는 기억, 철자쓰기 경험 및 읽었던 경험, 음성학적·의미론적·형태론적 지식, 철자법 지식과 심성문자소의 표상(mental grapheme representations), 유추(analogy) 등에 의존한다(Apel & Masterson, 2001). 의미론적 지식은 철자와 의미의 상호관계와 관련되어 있는 반면 형태론적 지식은 단어의 내적 구조와 접사(*un-*, *dis-*, *-ly*, *-ment*), 파생어(*happy*, *unhappily*)를 아는 것이다. 심성문자소의 표상은 "저 단어가 옳게 보이는가?"라고 스스로 질문할 때 가장 잘 나타난다. 표상은 인쇄된 단어에 반복 노출되면서 형성된다. 철자를 쓰는 사람은 마지막으로 유추를 통해서 비슷한 소리를 내는 다른 단어에 대한 이전 지식을 이용해 낯선 단어 철자쓰기를 시도한다.

철자법은 우리의 제한적인 인지에너지를 차지하기 위해 쓰기의 다른 영역들과 경쟁한다. 이 수준에서 과도하게 에너지를 소모하면 언어기능에 더 높은 비용이 든다. 결과적으로 철자법이 미숙한 사람은 보통 더 빈약하고 더 짧은 덩이글을 산출한다.

전 생애에 걸친 쓰기발달

쓰기와 말하기의 발달은 상호의존적이고 평행적이며 언어의 많은 영역들이 두 방식에서 겹쳐진다. 다시 말하면 쓰기발달은 앞서 언급했던 상호의존적 여러 과정의 발달을 포함하고 있다. 이를테면 전형적 발달을 보이는 아동과 읽기수준을 일치시킨 다운증후군을 지닌 아동은 두 그룹 모두 쓰기 내러티브보다는 길고 복잡한 구어 내러티브를 나타냈다. DS를 지닌 아동들 사이에서 어휘이해는 내러티브 기술에 대한 최고의 예측 요인이다(Key-Raining Bird et al., 2008).

초기 문식성

처음에 아동은 쓰기와 말하기를 2개의 별도 체계로 다룬다. 예를 들어 3세 아동은 자기들 방식 — 보통은 낙서하기 — 으로 무엇인가를 "쓴다." 그러나 아직 쓰기가 소리를 나타낸다는 것은 깨닫지 못한다. 4세가 되면 부모 언어의 실제 글자가 포함될 수 있다.

읽기와 마찬가지로 초기 쓰기에서 아동은 소리-글자 연합과 글자모양 만들기와 같은 기계적인 일에 상당히 많은 인지에너지를 사용한다. 점차적으로 철자법도 읽기처럼 더욱 정교해지고 유창해지며 자동적으로 된다.

수년에 걸쳐 구어와 문어의 체계가 하나로 모이게 되며 말이 쓰는 것보다 더 복잡하기는 하지만 아동은 자기가 말하는 방식으로 쓰게 된다. 9세나 10세 정도에는 점점 더 잘 읽고 쓸 수 있게 되면서 대화(talking)와 말하기(speaking)가 분화된다. 글로 표현된 문장이 말하기보다 더 길어지고 더 복잡해짐에 따라 쓰기 역시 말(speech)을 천천히 따라잡게 된다. 아동은 구문론, 어휘, 텍스트의 주제, 태도를 통해 청자에 대해 증가된 인식을 나타낸다(Kroll, 1981). 말할 때는 그런데(and)를 사용하여 많은 문장을 시작하지만 쓰기에서는 거의 사용하지 않듯이 어떤 언어형태는 말하기나 쓰기 중 한 곳에서만 드물게 사용되기도 한다.

성숙한 문식성

모든 쓰는 사람들의 미성취 단계에서는 말하기와 쓰기가 의식적으로 구분되어 있다. 구문론과 의미론은 다소 다르게 자각적으로 인식되며 작가는 문체(style)에 대해 더 큰 유연성을 갖는다. 여러분은 아직 이런 단계에 들어갔을 수도 그렇지 않을 수도 있다. 글을 쓸 때 확대된 어휘를 사용하거나 문장이 여기서 저기로 어떻게 흘러가는가를 생각하고 있음을 문득 깨닫고 있다면 여러분은 아마도 그 단계에 들어가 있다고 할 수 있다. 쓰기는 읽기와 같이 연습을 해야 전 생애에 걸쳐 향상된다. 일반적으로 청소년에 비해 성인의 쓰기는 더 길고 더 복잡한 문장을 포함하며 '장수(longevity)'와 '친절(kindness)' 같은 추상명사를 사용하고 '반영하다(reflect)'와 '불명예(disgrace)'처럼 한층 상위언어학적, 상위인지적 단어를 사용한다 (Nippold, Ward-Lonergan & Fanning, 2005).

쓰기는 필기와 단어 처리과정 또는 덩이글 전달, 철자법, 실행기능, 덩이글 형성이나 생각으로부터 글로 쓴 덩이글로 가기, 그리고 기억 등으로 구성되어 있음을 상기하라. 이제 이 순서대로 언어치료사가 특별히 관심을 갖는 것에 관해 논의해보자.

철자법

철자법의 발달은 느리고 긴 과정이다. 앞서 말했듯이 초기의 **문식성 이전**(preliterate, 말하고 쓰기 이전 단계)의 철자법 시도는 대부분 가끔 글자가 섞여 있는 그림과 낙서로 구성되어 있다(Henderson, 1990). 나중에 아동은 글자 이름과 함께 일부 음소-자소(phoneme-grapheme) 지식을 사용한다. 예로 벌(bee)은 ㅂ(B)의 철자로 쓸 것이다. 점차 관습적 철자법을 알게 될 것이며 얼마간 모음은 어려워하기는 하겠지만 소리와 글자로 하나의 단어를 분석할 수 있다. 먼저 말한 바대로 성숙한 철자법 사용자(mature spellers)는 많은 학습전략과 상이한 형태의 지식을 불러낼 수 있다(Rittle-Johnson, & Siegler, 1999; Treiman & Cassar, 1997; Varnhagen, McCallum, & Burstow, 1997).

알파벳 체계에 대한 지식이 생기면서 아동은 천천히 문자와 소리를 연결하고, *escape* 대신 *SKP*'나 *elephant* 대신 *LFT*처럼 글자 이름이 철자법에 사용되는 '지어낸 철자법(invented spelling)' 체계를 궁리해낸다. *street* 대신에 사용된 *set*에서처럼 하나의 글자가 하나의 소리군(sound grouping)을 표상할 수도 있다.[10] 아동은 음소-자소 체계에 대해 완전히 알지 못하기 때문에 단어를 음소로 분리하는 것을 어려워한다.

철자법이 점차 복잡해짐에 따라 아동은 띄어쓰기(spacing), 배열하기(sequencing), 음소를 나타내는 다양한 방법, 형태소-자소 관계(morpheme-grapheme relationship)에 대해 배우게 된다(Henderson, 1990). 읽기의 평행적 발달은 이 과정을 돕는다.

알파벳 체계에 대해 완전한 지식을 가진 아동의 경우 단어를 음소들로 분절할 수 있으며 관습적 음소-자소 대응을 안다. 더 많은 규칙들을 인식하여 알파벳 체계를 통합 정리하기 시작하면 한층 더 효율적인 철자법을 구사할 수 있게 된다(Ehri, 2000). 이러한 규칙에 대한 기억능력을 늘리는 것이 철자법을 잘 아는 핵심이 된다.

많은 모음 표상, 음운적 변이형태(*later-latter*와 같은), 형태음운적(morphophonemic) 변이형태(*sign-signal* 같은)는 습득하는 데 수년이 걸릴 것이다. 점차 아동은 자음중복하기 (consonant doubling), 강세가 있는 음절과 없는 음절(**report-report**), 그리고 어근단어(root words)와 파생어(*add-addition*)에 대해서도 배우게 된다.

대부분 철자법 사용자는 2학년에서 5학년 사이에 순수한 음운전략에서 혼합전략으로 옮

---

[10] *s*로 *str*을 대치. — 역자 주

겨간다. 단어와 전략이 장기기억에 축적되어 접근이 유연해지게 되면 인지능력에 대한 부하가 감소하여 다른 쓰기과제에 집중할 수 있게 된다.

성인들은 다양한 방식으로 철자법을 사용한다. 한 글자씩, 또는 음절이나 *ckar*(car)에서는 절대 사용하지 않지만 *back*, *stick*, *rock*에서 사용된 *ck*와 같이 준-음절단위(sub-syllable unit)에 의해서다. 방법은 과제에 따라 다양하게 사용된다. 다음에 단어 타자를 칠 때는 여러분의 철자쓰기가 의식적인지 한 자씩 한 자씩인지 주목해보라.

실행기능

글을 쓰는 사람들이 성숙한 쓰기에 필요한 인지과정과 실행기능을 발달시키는 것은 아마도 대부분 여러분의 연령인 성인기 초기가 되어서이다(Berninger, 2000; Yivisaker & DeBonis, 2000). 이렇게 긴 시간이 필요한 것은 실행기능을 담당하는 전두엽의 해부학적, 생리학적 발달이 오래 걸리기 때문이다.

청소년기까지는 글쓰기를 계획하고 교정하는 데 성인의 지도가 필요하다. 중학생이 되어서야 모든 영역의 쓰기를 교정할 수 있게 된다. 장기기억이 증진되면 전반적인 작문의 질이 향상된다.

덩이글 생성

일단 아동이 올바른 철자법을 산출하기 시작하면 비록 약식이라 해도 덩이글을 만들어내기 시작한다. 1학년에는 "*My dog is old.*"에서처럼 단지 한 문장으로 덩이글이 구성될 것이다. 흔히 초기의 작문은 결속성이 부족하고 "*I like school. I like gym. I like recess. I like art.*"에서와 같이 구조를 반복적으로 사용한다.

대조적으로 성숙한 필자는 극적효과를 위하여 많은 변화를 준다. 초기 글쓰기를 특징짓는 사실과 사건은 판단과 의견 설명적 표현, 자격부여, 대비, 일반화 등의 사용으로 진화되어간다(Berninger, 2000).

처음에는 응집성과 체계화가 부족하다. 나중에야 생각이 중심 생각과 관련되고 연속적 사건으로 구성될 수 있다.

글로 표현된 내러티브나 이야기가 먼저 나타나며 설명적 글쓰기가 그 뒤를 따른다. 설명문(expository writing)은 수업 중의 글쓰기인데 어떻게 무엇(서술, 의견, 원인-결과, 비교-대비)을 해야 하는지 설명하기처럼 여러 장르로 이루어져 있다.

청소년기가 되면 설명문은 전체 길이, 평균발화길이(MLU), 복합절 산출에서 크게 증가하고, 사고, 추상명사 및 상위언어/상위인지 동사 간에 전환하는 문어단어 사용도 증가한다(Nippold, Hesketh, Duthie, & Mansfield, 2005). 문어단어는 그러나, **결국**, 개인적으로 같은 단어 및 **친절**, 수익금, **평화**와 같은 추상명사, 그리고 **생각하다**, **반영하다**, 추구하다를 포함하는 상위언어학적, 상위인지적 동사의 단어를 포함한다.

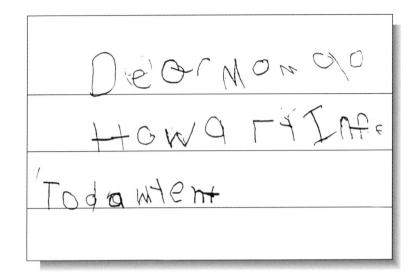

일생 동안의 쓰기문제

언어결함을 가진 아동은 종종 쓰기결함도 갖는다. 불행히도 쓰기의 어려움은 생애에 걸쳐 남게 되며, 그들의 쓰기능력은 전형적으로 발달하는 아동과의 간격도 지속된다.

언어장애 아동은 일반적으로 전체 단어 수, 전체 발화 수, 또는 전체 아이디어 수로 측정한 쓰기산출이 감소했음을 나타냈다(Puranik et al., 2007; Scott & Winsor, 2000). 이 아동들은 쓰기복잡성(complexity)에서도 비슷한 결함을 보였다(Fey et al., 2004; Mackie & Dockrell, 2004; Nelson & Van Meter, 2003; Puranik et al., 2007; Scott & Winsor, 2000). 마지막으로 언어장애를 지닌 아동들은 오류수 측정에서 감소된 정확성(accuracy)을 나타냈다(Altmann et al., 2008; Mackie & Dockrell, 2004; Nelson & Van Meter, 2003; Puranik et al., 2007).

LD를 지닌 아동들은 쓰기과정의 모든 면을 어려워할 것이다(Wong, 2000). LD 아동의 쓰기 예가 〈그림 5.5〉에 제시되어 있다. 이들은 쓰기처리 지식이 적어 계획을 하거나 실질적인 수정을 하는 것에서 실패한다. 또한 쉽게 낙담하고 주어진 쓰기과제에 거의 시간을 충당하지 않는 것 같다. 철자법, 필기, 구두법 때문에 정확성과 체계화를 포기하고, 그 결과 덩이글 생성을 위한 인지능력은 거의 남아 있지 않게 된다. 이러한 과정 중에 의미는 방치되고 만다.

철자법에서의 결함

미숙한 철자쓰기를 하는 사람은 철자법을 자의적이며, 통일성이 없고, 배우기 힘들다고 생각한다. 철자오류는 음절 생략, 복수형 s 및 글자와 같은 형태표지(morphological marker)의 생략, 글자 생략, 글자 대치, to/too/two와 같은 동음이의어(homonym)의 혼동 등으로 특징 짓는다. 특히 LD를 지닌 사람은 성인조차도 철자법이 자기의 일차적 관심영역이라고 언급한다.

보통 철자법 결함은 음운처리과정이 빈약하고 음소-자소 정보에 대한 적은 지식 및 사용의 어려움을 나타낸다. 대부분의 철자법 사용자가 2학년에서 5학년 사이에 더 많은 유추사용으로 전환되는 반면 미숙한 철자사용자는 소리-문자 대응에 대한 제한된 지식을 보상하기 위해 시각자료 매칭 기술(visual matching skill)과 음소위치 규칙(phoneme position rule)에 의존하는 경향이 있다(Kamhi & Hinton, 2000).

실행기능 결함

쓸 때는 생각으로 시작한다. 그 생각은 언어로 변환된다. 이 시점에서 실행기능이 중요해진다.

실행기능이나 자기조절이 손상되면 의사소통과 문제해결 능력조차 특히 쓰기처럼 복잡한 언어과제에서는 감소하게 된다. 자기조절이 결여된 몇몇 LD 아동은 계획에 대한 생각은 거의 없이 마음에 떠오른 것을 종이에 적는 쓰기전략을 따른다. 그들은 쓰기는 하지만 정교하지 못하고 비효율적으로 수정하며 미래의 청자나 독자에 대해 일견 무관심해서 오류를 거의 찾지 못하고 의도한 대로 변화를 주는 데서도 어려움을 겪는다. 언어형성의 어려움 때문에 계획하기가 어렵다.

저자들이 아는 LD를 지닌 한 전문가는 빈칸을 채워야 하는 보고서에 다른 견본을 쓴다. 그렇게 하지 않으면 보고서를 계획하고 쓰고 교정하는 작업이 그의 실행능력을 압도해버릴 것이다. 그와 그의 아내가 그 견본을 창안할 때까지 그는 매일의 마무리에서 보고서 쓰기과정 내내 아내에게 말해달라고 요구해야 했다.

덩이글 생성 결함

이야기말하기(storytelling)처럼 내러티브 쓰기(narrative writing)에서도 언어장애를 지닌 아동은 성숙한 내면화된 이야기 모형이 미숙하거나 자신의 구어 내러티브에서 나온 단어조차 시각화하지 못할 수도 있다. 전형적인 언어를 가진 생활연령대응 또래와 비교했을 때 LD를 지닌 아동의 내러티브는 더 짧고 덜 복잡한 문장이 포함되어 있었다(Scott & Windsor, 2000). 결과적으로 구두 및 쓰기 내러티브 둘 다 더 짧고 적은 에피소드이며 덜 세부적인 항목이 포함되어 있고 청자의 요구를 생각해내지 못한다.

설명문 형태의 쓰기과제는 문제의 진술, 여러 요소의 고찰과 결론이라는 형식을 따른다. 언어장애를 지닌 아동은 이러한 쓰기과제를 어려워하는데, 보기에는 생각이나 계획이 없는 것처럼 쓰기과제에 접근한다. 그 결과물은 흔히 극단적으로 짧고 빈약하게 구성되어 있으며 문법, 구두점, 철자법 실수가 많이 포함돼 있다. 수정도 거의 없다. 덧붙여 LD를 지닌 아동들은 심지어 자기 말에서는 이러한 단위의 정확성을 보였을 때에도 규칙 과거시제 및 규칙 복수형과 같은 형태학적 어미에 상당한 어려움을 가지고 있었다(Windsor, Scott, & Street, 2000).

서투른 독자가 해독에 모든 에너지를 쓰는 것과 똑같이 서투른 필자는 쓰기와 철자과정의 역학에서 수렁에 빠지게 된다. 미숙한 쓰기와 철자 사용자에게는 제각기 이해 또는 덩이글 생성과 같이 더 고차원적 인지기능을 위한 에너지가 거의 남아 있지 않다.

발달적 쓰기평가

학급에서 쓰기를 평가하는 한 가지 방법은 아동의 쓰기 포트폴리오(portfolio) 사용을 통해서이다(Paratore, 1995). 포트폴리오는 아동, 언어치료사, 교사가 협력적으로 선택한 의미 있는 쓰기의 모음으로 시간 경과에 따라 달라지는 아동의 쓰기표본을 포함시켜 진전을 볼 수 있게 한다. 광범위한 다양성이 표본의 타당도를 증가시킨다. 포트폴리오 항목에는 언어치료사나 교사의 관찰노트, 작업표본, 일기와 프로젝트/페이퍼와 같은 쓰기표본의 초고와 완성본, 또래와 교사의 평가 등이 포함될 수 있다.

어린 초등학교 아동의 경우 내러티브 쓰기표본이 최선이다. 더 나이가 많은 초등학교 아동이나 청소년들은 설명문 쓰기표본을 제공할 수 있다.

실행기능은 기능적 의사소통 과제에서 분리시키기보다는 전반적인 쓰기평가의 한 부분으로서의 실제 쓰기과제 내에서 가장 잘 측정된다. 표본은 수정에 대한 분석이 가능하도록 잉크로 쓰게 한다. 아동에게 초고를 계획하고 쓰도록 하는 것이 도움이 된다. 모든 기록과 계획을 최종 결과물과 함께 수집하여 아동의 포트폴리오에 첨가한다.

언어치료사, 교사 또는 교수 보조자는 쓰기과정의 증거로 계획하기, 조직화하기, 초안잡기, 쓰기, 교정하기, 편집하기를 가능하면 언제든지 관찰할 수 있다. 기록하는 동안 아동이 자기 페이퍼를 큰 소리로 읽으면 부가적 정보까지도 얻을 수 있다. 이 과정은 잘못 전달되거나 서투르게 철자쓰기가 된 단어일 때 SLP나 교사가 이해할 수 있도록 도와준다.

쓰기는 덩이글, 언어학, 철자법(철자)을 포함하는 여러 수준에서 분석될 수 있다. 덩이글 수준에서 SLP는 글의 길이, 들인 노력의 표시,[11] 전반적인 질, 구조나 주제를 지원하는 진술의 방법에 대해 주목할 수 있다(Beringer, 2000). 전체 단어 수, 절의 수, 문장 수와 함께 절당 단어, 문장당 절과 같이 구조적 복잡성도 흥미롭다. 대문자와 구두점 같은 쓰기규칙에 더해 문장이나 단락 사용도 주목해야 할 것이다.

철자법 평가

철자법 결함은 매우 복잡하며 설명하기 어려울 수 있다. 광범위한 분석을 하려면 충분한 양의 수집이 되어야 한다. 철자법 결함은 아동의 포트폴리오에 있는 것과 같은 받아쓰기와 연속된 쓰기(connected writing) 둘 다를 통해 평가해야 한다(Masterson, & Apel, 2000). 또한 표준화된 검사가 포함되어야 하며 학급교사, 쓰기전문가, 또는 학교심리학자가 이를 시행할 수 있다. 비공식적 평가는 다양한 단어위치에서의 단일 자음, 자음조합(str-), 형태학적 굴절(morphological inflection, 예 : -est, dis-), 이중모음(diphthongs), 이중자(digraphs, ch나 sh같이 하나의 소리에 대해 두 글자), 복합 형태파생어와 같은 다양한 음소-자소 변이를 포함할 것이다.

단일 단어 철자법이 실제 의사소통 상황에서의 아동 능력을 측정하는 것은 아니다. 포트폴리오에 나타난 연속된 쓰기는 실제의 실행에 가까운 표본을 제공한다.

실행기능은 성취하려는 과제 없이 평가하기가 매우 어렵다. 그래서 맥락이 매우 중요하다.

---

[11] 썼다가 지우고 다시 썼는지, 어느 정도 공을 들였는지, 시간은 얼마나 걸렸는지 등을 점검할 수 있다. ─ 역자 주

그림 5.6 **언어기반 철자법 분석의 예**

음운분석 : 분절, 합성, 음소의식

내부의 비강세 음소생략(omission)과 자음군 축약(cluster reductioin)

　　　　Stop → SOP　　　　Sand → SAD

음절탈락(syllable deletion)

　　　　Elephant → ELFANT

철자법 분석 : 소리-기호 관계(/k/=k, c, ck, cc, ch, q, x), 글자조합, 글자 및 위치의 패턴, 자소 표상

글자-소리 혼동(letter-sound confusion)

　　　　Cash → CAS

허용되지 않는 문자배열(letter sequences)

　　　　Dry → JRIE　　　　Queen → KWEN

위치-양식의 규칙(location-pattern rule)을 위반할 수 있는 철자법

　　　　Chip → TCHIP　　　　Corn → CKORN

반복하여 쓸 때마다 다른 철자법(단어에 대한 인지적 표상이나 자소 표상이 없음)

형태론적 분석 : 굴절형태소(inflectional morphemes, 예 : -ed, -ing, -s)와 파생형태소(derivational morphemes, 예 : un-, dis-, -er, -ist, -ment), 어근 단어와 굴절, 파생형태 간의 관계

하나의 형태가 한 가지 의미 이상을 갖거나(fast*er*, teach*er*), 복수의 발음을 갖거나(walk*ed*, jogg*ed*, collid*ed*) 또는 굴절되거나 파생될 때 음운 및 철자법의 속성이 모두 바뀐다면(ascend and ascension) 한층 어렵다.

의미론적 분석 : 철자법이 의미에 미치는 영향

동음이형이의어(homophone) 혼동

　　　　Won → ONE　　　　They're → THER　　　　Which → WITCH

기술적 분석(descriptive analysis)은 아동의 철자쓰기에서 눈에 띄는 양식에 초점을 둘 것이다. 가장 빈번하고 가장 낮은 수준의 양식은 흥미롭다. 〈그림 5.6〉은 가능한 몇몇의 중재전략을 제안하는 가능한 분석체계를 나타낸다.

덩이글 생성의 평가

언어치료사와 교사는 아동의 포트폴리오에 수집된 페이퍼를 사용하여 쓰기를 평가한다. 분석에는 총 단어 수(total number of words)와 다른 단어 수(number of different words)가 포함될 수 있다. 이것은 아동의 어휘와 어휘사용의 유연성을 전반적으로 평가하는 것이다. 또한 다른 평가에서는 사용된 단어의 성숙도, 절과 문장의 길이, 응집성(coherence)을 포함시키기도 한다. 내러티브 쓰기와 설명문 쓰기는 둘 다에 대해서 요소가 존재하는지 안 하는지를 분석해볼 수 있다(예 : 내러티브가 누가, 무엇을, 언제, 어디서에 대한 배경진술을 포함하는가?).

글상자 5.2 | 쓰기의 근거기반실제

영어학습자(ELL)

- 쓰기를 증진시키기 위한 쓰기전략을 사용하는 것에 대해서는 증거가 제한되어 있기는 하나 명료한 지시, 자기고찰 및 또래시범을 포함하는 자기조절 전략이 성공할 가능성을 보여준다.
- 아동이 영어를 지속적으로 배우는 동안의 스페인어 문식성 지도는 영어학습자의 영어 문식성 발달을 지원한다.

일반

- 철자법에서 발음법 교육의 유익한 효과에 관해서는 데이터가 결론에 이르지 못했다.
- 쓰기과제 접근 시 자기조절 전략 교수 또는 학생에게 전략을 지도하는 것은 청소년에게서 효과가 있었다.

출처 : Brea-Spain & Dunn Davison(2012); Brooks et al.(2008); Jacobson & Reid(2007); Thomason et al.(2007)에 근거함.

발달적 쓰기장애 중재

쓰기중재는 내러티브와 설명문 형태 모두에 대해 일반적 훈련과 더욱 특정적이고 명확한 기법 둘 다가 수반될 것이다. 쓰는 걸 배우려면 써야만 하고, 그래서 중재는 실제 쓰기과정에 초점을 맞출 필요가 있다. 비록 증거가 약하기는 하지만 중재에 대해 몇 개의 잠정적 진술을 만들 수 있다(글상자 5.2를 보라).

창의적 글쓰기 해법 웹사이트(www.creative-writing-solutions.com)는 글쓰기를 가르치기 위한 몇몇의 실제 가이드라인을 가지고 있다. 왼쪽의 'Article Index'를 클릭한 후 'Learning Disabilities' 아래의 'Writing with Dyslexia' 논문을 찾아라.

철자법

철자법의 중재는 수업 내에서 실제 쓰기와 읽기로 통합되어야 한다. 단어는 철자법 규칙을 가르치는 수단이 된다. 이상적으로는 아동이 실제로 쓰고 있으며 알파벳과 철자법 규칙을 상기할 수 있을 때 중재가 행해질 수 있다(Scott, 2000). 철자법은 일반적인 실행기능 교수에서 배우게 되며 그 안에서 아동은 교정하고, 바로잡고, 편집하는 것을 배운다.

아동들이 철자를 쓰는 방식은 그들이 읽는 방식을 나타낸다(Templeton, 2004). 이는 아동이 단어지식을 배우고 사용할 수 있도록 읽기와 철자법 중재가 통합되어야 한다는 것을 시사한다.

중재를 위해 선택된 단어들은 아동마다 개별화되어야 하며 교과과정, 아동의 욕구, 시도했었지만 실수한 단어, 실수 양식이 반영되어야 한다(Bear et al., 2004). 언어치료사가 분석한 자료를 이용하여 철자법 전략을 아동과 논의할 수 있다. 목표는 특정 단어보다는 철자법 전략과 규칙을 배우는 것이다. 예를 들어 아동의 실수가 일차적으로 형태론적이라면(그림 5.6을 보라) 언어치료사는 형태소 찾기와 단어구성 과제를 통해 어근단어(root words)와 다양한 형태소에 대한 효과를 목표로 정할 수 있다. 접두사 첨가 시 적용하는 철자규칙에 특별히 주의하여 단어의 형태 구조 인식을 증가시키는 데 초점을 둔 중재는 철자쓰기 및 읽

언어치료사는 그 주 수업의 철자법 단어를 가르쳐서는 안 된다. 언어치료사는 개별 단어가 아닌 철자법 전략에 목표를 두어야 한다.

철자법에서, 아동이 모르고 있는 것에 초점을 맞추어 시작하기보다는 '사용하고는 있지만 혼동하는 것'에 초점을 맞추어라.

진도를 나가기보다는 복습을 하여 배운 것을 확실히 하라.

한쪽의 문식성 측면이 다른 쪽에 영향을 미칠 수 있도록 아동들이 알고 있고 읽을 수 있는 단어를 사용하라.

*dime-dim, tone-ton, cube-cub*에서와 같이 묵음 *e*와 그렇지 않은 단어가 가진 철자특성을 비교하라.

소리, 빛, 의미가 포함된 분류하기 과제를 통해 여러 가지 방식으로 아동이 단어를 살펴보도록 도와라.

처음에는 명백히 대조를 이루는 것, 즉 듣기 쉽거나 규칙을 명확히 나타내는 것으로 시작하라.

예외를 숨기지 마라. 오히려 예외는 일반화를 증진시키므로 예외를 다루어라.

아동이 규칙을 확실히 알도록 충분한 예를 배울 때까지는 규칙을 피하라.

분류하기와 철자유창성(spelling fluency)을 위해 작업하라.

아동의 쓰기와 읽기로부터 단어를 모으고 그다음 의미 있는 과제나 덩이글로 돌아가라.

그림 5.7 철자법 중재를 이끄는 원칙

출처 : D. R. Bear, M. Invernizzi, S. Templeton, & F. Jonhston, (2004), *Words Their way : Word Study With Phonics, Vocabulary, and Spelling Instruction*(3rd ed.) Upper Saddle River, NJ : Merrill/ Prentice-Hall로부터의 정보에 근거함.

기정확성을 유의하게 증가시켰으며 새로운 단어에까지 일반화할 수 있었다(Kirk & Gillon, 2008). 반면 아동의 실수가 철자법적이라면 언어치료사는 대체 철자쓰기 및 허용과 비허용의 소리-문자 조합을 보여주어 핵심단어(key words)에 걸친 규칙을 가르칠 수 있을 것이다.

LD를 지닌 아동들은 그림, 사물, 또는 행동과 같은 다감각적 입력으로부터 이익을 얻는다. 여러 다감각적 기법(multisensory techniques)이 제안되어왔는데 언어치료사가 말하고 철자화한 단어듣기, 보거나 만지면서 그 단어 크게 말하기, 단어를 말하면서 쓰기, 철자법 검토하기, 순서대로 글자 말하기, 단어를 말하면서 베껴쓰기, 눈을 감고 그 단어를 시각화하기, 단어수정하기, 철자법을 검토하거나 비교하기를 포함하여 이 기법으로 아동은 여러 단계를 완수해낼 수 있을 것이다.

단어분석과 함께 과제분류하기나 그룹에 단어배치하기를 사용한다(Scott, 2000). 과제분류하기는 아동의 오류철자에 나타난 목표 오류패턴에 따라 다르다. *pint-pit, meant-meat, bunt-but* 같이 다른 패턴을 보이는 단어쌍(pair of word)은 오류철자의 연속 행동을 보여주는 데 사용된다. 예를 들어 아동이 *head*와 *hid*의 차이를 알도록 단어의 의미를 사용할 수 있다. 다른 대조 단어에는 *dead-did, read-rid, lead-lid* 등이 있다. 언어치료사는 일반화를 촉진시키기 위해 많이 알고 자주 사용하는 단어로 시작하여, 점차로 덜 알려져 있고 덜 사용하는 단어까지도 소개하여야 한다. 상이한 철자법/의미패턴은 친숙하지 않은 단어의 의미 및 철자법에 대한 단서를 제공한다(Templeton, 2003). 예를 들어 아동에게 *evaluate*와 *evaluation*의 관계를 알도록 도울 수 있다. 단어학습과 철자법 중재를 위한 몇 가지 규칙이 〈그림 5.7〉에 포함되어 있다.

컴퓨터의 사용은 다소 철자쓰기를 돕는다. 컴퓨터를 이용한 문서작성은 아동에게 편집을 격려할 수 있겠지만 알다시피 맞춤법검사기(spell checkers)가 절대 확실한 것은 아니며 아동은 그 과정에서 거의 배우지 못한다. 일반적으로 맞춤법검사기는 오류철자가 우연히 다른 단어로 만들어졌을 때의 단어는 걸러내지 못한다. 추천된 철자조차 서투른 단어시작기술

(word attack skill)을 지닌 아동에게는 혼란만 가중시키는 것이 된다. 게다가 원래의 단어가 심하게 잘못된 철자였다면 추천된 철자는 아주 엉뚱한 단어가 될 것이다. 맞춤법검사기는 전형적으로 발달하는 아동보다 LD를 지닌 아동에게 도움이 덜하다.

문식성장애를 지닌 아동이 옳은 철자법을 확신하지 못할 때는 음성학적으로(소리 나는 대로) 철자를 쓰도록 가르치면 맞춤법검사기는 좀더 정확한 제안을 생성한다. 또한 인쇄출력물을 교정하고 편집하는 일이 옳은 철자단어 수를 증가시킬 것이다(McNaughton et al., 1997).

단어예측 프로그램은 사용자가 초성 글자를 효과적으로 작업하여 프로그램을 바르게 사용해야 하겠지만 언어장애 아동의 철자오류를 반 이상 감소시킨다. 단어예측 프로그램의 어휘는 쓰기과제와 대응시키는 것이 중요하다. 여러 프로그램이 단어빈도나 다양한 주제를 포함할 수 있다.

실행기능

실행기능은 목표-계획-실행-교정 체제를 사용하는 쓰기과정 내의 목표가 될 수 있다. 언어치료사는 아동이 어느 수준의 성공을 경험할 수 있도록 외부 지원을 제공해줄 수 있다(Ylvisaker & DeBonis, 2000).

중재는 아동에게 자신의 주제를 선택하게 하는 것으로 시작할 수 있다. 이는 동기를 증가시키고 발상으로 초점을 전환시킨다. 계획하기 단계에서 언어치료사와 아동은 쓰기에 포함될 아이디어를 브레인스토밍 할 수 있다. 그림 및 '스파이더 다이어그램(spider diagram)' 같은 개념 지도(ideational maps)가 유용할 것이다. 아동이 잠재적 청자에 집중하는 것 또한 유용하다. 언어치료사는 다음과 같은 질문을 할 수 있다(Graham & Harris, 1999).

너는 왜 쓰고 있는가?
누가 이 페이퍼를 읽는가?
독자가 알고 있는 건 무엇인가?
독자가 알 필요가 있는 것은 무엇인가?

SLP와 아동은 쓰기 보조기술로 컴퓨터 사용을 선호할 수도 있다(MacArthur, 2000). Inspiration(Inspiration Software, 2013)과 같은 소프트웨어가 덩이글 생성을 도울 수 있으며, 그 결과물을 아동이나 지도자가 쉽게 수정할 수 있다. 워드프로세싱을 하면서 실행기능을 훈련받는 LD 아동은 실행기능만 배우거나 워드프로세싱만 배우는 아동보다 쓰기의 질 면에서 더 많이 증진된다.

문법검사기(grammar checkers)는 특히 다중 철자오류가 있을 때 많은 오류를 놓칠 수 있다. 이에 더해 아동은 오류가 어떤 것인지 정확히 파악할 수가 없다. 말 인식 소프트웨어(speech recognition software)는 아동에게 구술로 쓰게 하는 것이나, 문법검사기의 부가적 사용이 중재를 할 수는 있어도 구두언어의 어려움을 극복하게 할 수는 없다.

내러티브 덩이글 생성

일부 아동은 내러티브 쓰기중재를 구어 내러티브 수준에서 시작할 필요가 있다(Naremore, 2001). 그들에게는 학교에 가는 준비와 같이 일상적 사건의 순서를 말하도록 가르치고 **이야기문법**(story grammar)이라 불리는 모든 내러티브 요소를 포함시키도록 도울 필요가 있다.

언어장애와 쓰기장애를 지닌 아동들은 자신이 내러티브를 알고 있는지 또는 그것을 어떻게 시작할지 모를 수 있다. 또래와 함께 이야기 번갈아 말하기(story swapping), 읽기나 실생활에서의 부산물(spin-off), 그리고-말하고-쓰는 방법(draw-tell-write methods), 준비된 목록에서 주제 고르기는 모두 이 과정을 촉진시키기 위해 사용될 수 있다(Tattershall, 2004). 일단 주제를 선택하면 아동에게 표현 한 가지를 쓰도록 하며 그다음에는 다른 것, 또 다른 것을 쓰도록(그다음엔 무슨 일이 일어났지?) 격려한다. 언어치료사나 학급교사는 내러티브를 증대시키는 질문(narrative-enhancing questions)과 이야기 사건을 개관하는 그림을 통해 지도할 수 있다.

쓰기과정 동안 언어치료사나 학급교사는 아이디어 브레인스토밍, 스토리 가이드(story guides), 촉진(prompts), 두문자어(acronym) 사용하기를 통해 아동의 쓰기를 지도할 수 있다. 스토리 가이드는 학생들이 내러티브 구성을 하도록 돕는 질문이며, 촉진은 이야기를 시작하고 끝내는 구들을 말한다. *setting, problem, action, consequent events*를 SPACE로 나타내는 것처럼 두문자어 역시 쓰기를 지도하기 위한 촉진으로 작용할 수 있다(Harris & Graham, 1996). 그리고 언어치료사와 교사는 "더 이야기해 봐."와 같이 언어적 촉진으로 아동에게 쓰기를 격려할 수 있다. 또 "그녀가 느낀 걸 어떻게 생각하니?"와 같은 질문과 그림으로 느낌과 동기를 격려할 수도 있다(Roth, 2000).

글로 표현된 내레이션은 이야기 문법이나 구조에서 명백한 교수를 요구한다. 처음에는 내러티브의 주된 사건을 강조하는 그림을 이용한 이야기 지도(story map) 또는 이야기 틀(story frame)이 필요할 것이다. 이야기 틀(Fowler, 1982)은 각각의 주된 이야기 문법요소를 위해 글로 표현된 출발자(starter)의 역할을 한다. 아동은 문장을 완성하고 계속해서 내러티브의 부분을 지속시켜나간다. 카드나 체크리스트는 아동에게 이야기 문법요소를 상기하도록 이용할 수 있다.

설명문 덩이글 생성

설명문 쓰기의 중재절차는 언어치료사/교사 및 또래의 투입으로 협력적 계획하기(collaborating planning) 및 안내를 포함한다. 즉 개인의 독립적인 쓰기, 언어치료사/교사 및 또래와 토의하기, 개별의 독립적인 수정하기, 최종 편집하기 등을 포함할 것이다(Van Meter et al., 2004; Wong, 2000). 협력적 계획하기는 중요하다. 아동은 큰 소리로 생각(think aloud)하여야 하며 의견을 구해야 한다. 이러한 브레인스토밍은 종종 아동에게 대안적인 견해를 갖게 한다.

설명문 덩이글 쓰기를 가르치는 한 가지 유망한 방법은 'EmPOWER'라고 부르는데, 그 방법은 평가(**E**valuate), 계획(**M**ake a **P**lan), 조직화(**O**rganize), 작업(**W**ork), 평가(**E**valuate),

어떤 아동들에게는 읽기, 쓰기가 자의적이며 이해하기 힘든 과정인 것 같다.

그림 5.8 설명문 쓰기 교수 전략

출처 : B. D. Singer and A. S. Bashir(2004), "EmPOWER, A strategy of teaching students with language learning disabilities how to write expository text"에서의 정보에 근거함. In E. R. Silliman & L. C. Wilkinson(Eds.), *Language and literacy learning in schools*(pp. 239-272), New York : Guilford.

지원 환경에 다른 학생을 포함시켜라.

문식성이 풍부한 환경에서 훈련을 배치하라.

확대 모델링(extensive modeling, 시범)을 제공하라.

가르쳐라 :
    명확하고 체계적인 쓰기
    다양한 형태의 쓰기
    전략을 계획하고 조직화하기

사용하라 :
    자기조절을 돕기 위한 언어적 촉진(verbal prompt)
    상이한 요구를 알리기 위한 다양한 전략
    표현을 위해, 또 단어, 문법 및 개념처럼 시험과 관련된 정보를 저장하는 수단으로 도표 사용

구두형태와 문어형태를 통합하기 위해 구술형태에서 필기형태로 옮겨가라.

의사소통과 언어를 발달시킬 수 있도록 충분한 기회를 제공하라.

학생에게 쓰기지도할 때 교사와 협력하라.

언어중재와 교실수업 및 학습의 빈틈없는 통합을 확신하라.

재작업(**Rework**)하는 여섯 단계를 포함하는 문제해결작업으로 쓰기를 다룬다(Englert et al., 1988). 덧붙여 LLD를 지닌 아동에게 특별히 효과적인 특정 전략을 시사하는 연구가 제시되었으며(Singer& Bashir, 2004) 이는 〈그림 5.8〉에 나타나 있다.

일단 주제가 선택되고 또래와 (또는) 언어치료사와 함께 소집단에서 논의되면 아동 스스로의 사고체계화를 하도록 언어치료사는 계획지(planning sheet)를 줄 수 있다. 아동이 계획지를 작성한 후에 언어치료사는 아동이 정보를 체계화하는 걸 돕게 된다. 이때가 아동이 견해를 명백히 하고 독립적인 쓰기를 준비하도록 돕는 도전의 중요한 시기가 된다.

독립적 쓰기에서조차 쓰기는 페이퍼 각 중요 부분에 대해 핵심단어를 포함하는 촉진카드를 사용하여 증진시킬 수 있다(Wong, Butler, Ficzere, & Kuperis, 1996). 〈그림 5.9〉는 표본 촉진을 나타낸다.

아동은 페이퍼를 끝낸 후 중재 동안 언어치료사의 피드백에 대해 또래와 토론할 수 있다. 이때 아동은 이러한 피드백에 근거하여 페이퍼를 수정한다.

과정의 각 단계에서 아동은 쓰기과정에 모델을 제공해주는 체크리스트에 진행사항을 기록할 수 있다. 체크리스트는 아동이 진전을 기록하도록 동기부여를 해주기도 한다.

요약

문식성장애의 많은 영역은 분명 학급교사와 읽기전문가의 범주이지만 어떤 영역은 언어치료사에게 속하는 게 정당화될 수 있다. 팀으로 작업할 때 언어치료사는 문식성을 기초로 하는 언어기반 기술을 아동이 습득하도록 돕는다. 이는 제7장에서 주목하게 될 모든 양상의

페이퍼 부분	예
도입 (Introduction)	내 생각에는(In my opinions...) ~라고 나는 믿는다(I believe...). 내 견해로는(From my point of view...). ~에 나는 동의한다(I agree with...). ~에 나는 찬성하지 않는다(I disagree with...). 보조하는 말(supporting words) : 첫째(first), 둘째(second), 최종적으로는(finally), 예를 들면(for example), 가장 중요한 것은(most important is...), ~을 고려하다(consider), ~을 생각하다(think about), ~을 기억하다(remember).
반론 (Counter Opinion)	그럼에도(Although...) ~에도 불구하고(Even though...) 반면에(On the other hand, ...) ~에 반대로(To the contrary, ...) 아무리 ~해도(However, ...)
결론 (Conclusion)	결론적으로(In conclusion, ...) 양측을 다 고려하면(After considering both sides, ...) 요약하자면(To summarize, ...)

그림 5.9 의견 쓰기를 위한 촉진표본

출처 : Wong(2000); Wong et al. (1996)에 근거함.

의사소통 내에서 언어에 대한 SLP의 관심사에 자연스럽게 확대된다.

추천도서

Catts, H. W., & Kamhi, A. G. (2012). *Language and reading disabilities* (3rd ed.). Boston: Pearson.

Nelson, N. W. (2010). *Language and literacy disorders: Infancy through adolescence*. Boston: Pearson.

Sanders, M. (2001). *Understanding dyslexia and the reading process: A guide for educators and parents*. Boston: Pearson.

6

성인 언어장애

학습목표

이 장을 마치면 여러분은 다음과 같은 것들을 할 수 있게 될 것이다.

- 실어증, 우반구뇌손상, 외상성뇌손상, 치매를 구별한다.
- 실어증에 수반 또는 동반되는 결함을 열거한다.
- 실어증과 뇌졸중의 여러 유형에 대해 설명한다.

아동기에 나타나는 여러 언어장애는 성인기까지 지속된다. 비록 연령에 따라 변화하거나 변경될 수는 있어도 지적장애, 자폐스펙트럼장애, 학습장애가 사라지지는 않는다. 5세에 말이나 언어에 장애를 가지는 것으로 초기에 판별된 성인들의 약 70%는 초기 성인기까지 전형적이지 못한 언어기술을 지속적으로 드러낸다(Johnson et al., 1999). 성인들에 나타나는 지속적인 결함은 이들에게 학업지원 서비스나 직장에서의 협조를 요구하게 만든다.

비록 아동기에서의 언어장애의 지속도 중요한 주제이지만, 이 장에서는 이것이 초점은 아니다. 오히려 이 장의 초점은 성인기 동안에 나타나거나 발전되는 언어장애에 관한 것이다(사례연구 6.1 참조). 우리는 특히 실어증, 우반구뇌손상, 외상성뇌손상, 퇴행성 신경학적 조건들에 대해 논의할 것이다. 우리는 뇌 혈액 공급 차단, 신경조직의 직접적인 파괴, 또는 병리학적 과정과 관련된 언어결함에 대해 기술할 것이다. 이것은 입문 수준이며 따라서 당연히 표면적인 부분만 다루어질 것이다. 비록 1명의 SLP로서 여러분은 일차적으로 의사소통에 관심을 가지겠으나 이 장에서 기술된 장애들은 그것이 기원된 의학적 조건에 대한 지식을 요구할 것이다.

이 장에서 우리는 성인의 언어에 대해 논의하고, 신경계에 대해 소개하고, 성인 언어에 영향을 미치는 네 가지 신경학적 결함에 대해 밝힐 것이다. 각각의 결함에 따라 그 특성, 원인, 생애주기별 논점, 그리고 언어적 결함에 대한 평가와 중재에 대해 논의할 것이다.

지면의 한계로 인해 가능한 신경학적 장애 모두를 다룰 수는 없다. 예를 들어, 우리는 이를테면 만성적인 정신분열증(chronic schizophrenia)과 같은 결함에 대해서는 논의하지 않을

사례연구 6.1

언어장애를 가진 성인의 사례연구 : 마샤

싱글맘인 마샤는 몇 년째 혼자서 가족의 생계를 책임져왔다. 그녀의 세 자녀 중 둘은 이미 성장했고, 막내는 고등학교에 다니고 있다. 고등교육을 받지 못했기 때문에, 마샤는 필요한 생활비를 충당하기 위해 판매원과 가정부 두 가지 일을 해야만 했다. 바로 최근까지 그녀는 대형 백화점의 여성복 매장에서 판매원으로 일하고 있다.

약 1년 전 어느 날 아침, 마샤는 매우 심한 두통으로 깨어났다. 그녀는 발에 약간 이상한 점을 느꼈지만 어쨌든 직장에 가야겠다고 생각했다. 그녀는 버스 정거장까지 걸어가면서 오른쪽 다리에 힘이 빠졌고, 목적지까지 가기도 전에 쓰러지게 되었다.

그녀는 몇 시간 후 병원에서 깨어났는데, 혼란과 지남력 상실(disoriented)을 나타냈다. 그녀는 의사와 자기 가족과 말을 하려고 했지만, 그녀는 이들의 말을 이해하지 못하고, 잘 답하지 못하는 것처럼 보였다. 의사, 신경학자, 언어치료사, 물리치료사 그리고 작업치료사로 구성된 의료 팀은 마샤에게 1주일 후 퇴원을 하고 재활센터에서 서비스를

받을 것을 제안하였다. 그녀의 나이 든 두 자녀는 도움을 간절히 원하고 있었다.

언어치료사가 마샤의 언어와 말의 이해 및 산출을 강화하기 위해 그녀와 그 가족들을 다루었다. 중재서비스는 포괄적이었으며, 물리치료 및 작업치료도 함께 이루어졌다. 현재 마샤의 말과 언어는 꽤 많이 회복되었다. 일부 말소리들이 약간 불분명하고, 여전히 낱말인출의 어려움이 일부 남아 있다. 그녀는 직장으로 복귀할 수 있었고, 잘 의사소통할 수 있다.

여러분이 이 장을 읽고 난 후, 다음에 대해 생각해보라.

- 마샤의 뇌졸중의 가능한 원인들
- 팀이 서비스를 조합하고 협력할 수 있는 가능한 방법들
- 마샤가 여전히 직장에서 겪을 수 있는 가능한 문제점들

것인데, 이것은 말 주고받기(trun-taking), 주제선택, 의도와 같은 언어의 화용적인 측면에 전형적으로 영향을 미치게 된다(Meilijson et al., 2004).

여러분들이 의아할 정도로 ASHA에서는 성인 언어장애에 대한 상당히 많은 정보를 가지고 있다. ASHA 웹사이트(www.asha.org)는 이들 장애에 대한 SLP의 역할에 대해 기술하고 있다. 이곳을 찾아가 각 장애별 'SLP의 역할'이라고 타이핑해보라. 예를 들면 우측 상단의 검색창에 'role of SLP aphasia(SLP의 역할 실어증)'이라고 입력하면 된다. 그러면 이들 인구를 위해 작업하는 SLP의 임상실제의 범위에 대한 일부 개념들을 제공받을 수 있을 것이다.

이 장에서 논의된 일부 성인 장애들에 대해 쉽게 이해할 수 있도록 기술된 내용을 보려면, ASHA 사이트로 가서 좌측 상단의 'The Public(일반)'을 클릭한 후, 다시 화면 중앙의 'Speech, Language, and Swallowing(말, 언어 및 삼킴)'의 'Disorders and Diseases(장애와 질병)'을 클릭하라. 이제 여러분은 실어증, 치매, 우반구뇌손상, 외상성뇌손상과 같은 전 범주의 성인 언어장애를 자유롭게 클릭할 수 있을 것이다. 여기에는 정말 풍부한 정보들이 담겨 있다.

전 생애주기를 통한 언어발달

성인기에 이르면 말과 언어가 성숙해지며, 성인들은 말과 언어뿐 아니라 준언어적 또는 비구어적인 신호들도 효과적으로 사용하는 다양한 양식으로 의사소통을 할 수 있게 된다. 성숙한 화자에게는 미세한 휴지(pause)나 낱말강세의 전환이 의미의 중요한 차이를 나타낸다. 읽기와 쓰기 역시 필수적인 의사소통 수단이다.

사고나 질병 또는 장애로 인한 몇 가지 방식으로 약화되지만 않는다면, 성인들은 자신들의 삶 전체에 걸쳐 지속적으로 의사소통 능력을 정교화시켜나갈 수 있다. 쓰기와 말하기 능력도 사용하면서 계속 개선되고, 새로운 낱말들이 어휘에 추가되며, 새로운 대화스타일이 획득된다.

> 언어와 의사소통은 한 개인의 삶 전역에 걸쳐 지속적으로 발달해야 한다.

성인기 내내 언어발달은 천천히 진행된다. 심지어 지적장애(ID)를 가진 개인들과 같이 발달이 지체된 이들도 느리기는 하지만 지속되는 언어의 성장을 경험한다.

사용

다양한 의사소통 기법들을 통해, 유능한 성인들은 타인에게 영향을 미치고, 정보를 전달하며, 자신의 욕구를 표현할 수 있다. 일부 성인들은 타인들에게 영웅적이며 이타적인 정신을 불러일으킨 마틴 루터 킹(Martin Luther King Jr.)의 그것에 버금가는 웅변능력을 가지기도 한다.

> 성인의 언어사용은 언어형식의 다양성, 풍부한 어휘량, 언어용도의 폭으로 인해 매우 유연하다.

아동에 비해 성인들은 매우 효과적인 의사소통자이며, 공식적인 것에서 일상적인 수준까지 다양한 말하기 스타일(문체)을 소유한 숙련된 대화자들이다. 스타일(문체)은 말하는 방식뿐 아니라 소개되는 주제 그리고 사용되는 어휘를 조정하는 것까지 요구된다. 아래와 같이 어린 왕자(Little Price)가 성인과 이야기하면서 말했던 것과 같다(Saint-Exupéry, 1968).

나는... 교량, 그리고 골프, 그리고 정치학, 그리고 넥타이에 관해서... 말하려고 해. 그리고 어른들은 이런 양식 있는 사람을 만난 일을 무척 기뻐하거든.
(I would talk... about bridege, and golf, and politics, and neckties. And the grown-up would be greatly pleased to have met such a sensible man.)

유능한 성인 의사소통자들은 상호작용 속에서의 자기역할을 빠르게 감지하여 자신의 언어와 말을 그에 맞게 조정해낸다. 예를 들어, 어떤 이들은 님(sir)을, 어떤 이들은 허니(honey)라는 말을 쓰며, 그리고 이 두 가지를 혼동하지 않고 잘 사용한다. 의사소통은 "온도 좀 높여."와 같은 직접적인 것에서 "춥지 않니?"와 같은 간접적인 표현까지 다양하게 변화한다. 이 두 의사소통은 모두 동일한 목표를 공유하지만 그 언어학적 방법론은 서로 크게 다르다.

의사소통 의도의 수는 점진적으로 증가하게 되며, 따라서 성인들은 가설을 세우고, 회유하며, 영감을 불어넣고, 유혹하고, 말장난하기 등 그 밖의 많은 것들을 할 수 있다. 숙련된 화자는 이러한 의도를 어떻게 이행하는지, 그리고 어떨 때 써야 하는지 잘 알고 있다.

비록 성인들이 쓰기 및 읽기능력 모두를 지속적으로 정교화시키지만, 이러한 변화들은 극적인 것은 아니다. 일반적으로 사춘기와 비교하여 성인들의 쓰기는 복잡하며 긴 문장들을 보인다(Nipold, Ward-Lonergan, & Fanning, 2005).

성인의 내러티브는 중년기와 장년기를 거치면서 꾸준히 발전된다(Marini et al., 2005). 70대 후반 이후에는 이 능력들이 감퇴된다. 75세 이상의 성인들은 낱말인출의 유연성과 용이성이 감퇴되며 언어형식에서의 오류들이 증가하게 된다.

내용

성인들은 지속적으로 개인적 어휘량을 늘려가며, 대부분은 3만~6만 개 표현어휘를 사용한다. 수용어휘는 이보다 훨씬 많다. 직장, 종교, 취미, 사회적 집단 및 관심 집단에 맞는 특별한 어휘가 발달한다. 마치 전화번호 *dial*(다이얼)과 같이, 일부 낱말들은 언어에서 소멸되면서 사용빈도가 낮아지는 반면, *texting*(문자주고받기)과 같이 새로운 낱말들이 추가되기도 한다. 다중적 정의 및 비유적 의미들 역시 확장된다.

전형적인 장년들은 낱말인출 및 이름대기의 정확성과 속도에서 일부 결함을 경험한다. 젊은 성인들과 비교하여, 장년들은 특정 이름 대신에 ~는 거(thing)나 그것(one)과 같이 모호한 낱말들을 더 많이 사용한다. 이러한 결함은 동반되는 작업기억의 결함을 반영하는 것이고, 이것은 문법적으로 복잡한 문장을 산출하는 능력에 다시금 영향을 미친다(Kemper et al., 2001).

형식

언어형식 측면에서, 성인들은 접두사(*un-*, *pre-*, *dis-*), 형태론적 대조(*real*, *reality*), 그리고 자주 사용되지 않는 불규칙 동사들을 지속적으로 습득한다. 이를테면 대명사, 관사, 동사 시제, 그리고 상[*aspect*, 예 : "내일쯤 난 어제를 돌아보며 '정말 즐거운 소풍이었어'라고 말하게 되겠지(Tomorrow I'll look back and say, 'That was a great picnic')."라는 문장에서와 같이,

미래의 관점에서 지나간 일에 관해 말할 수 있게 해준다.] 같은 언어장치들을 보다 효과적으로 사용할 수 있게 되면서 대화가 더욱 정합적으로 변해간다. 일반적으로 문어의 형식이 구어형식보다 더욱 복합적이다.

구어문장의 길이와 구문적 복잡성도 초기 성인기에 이르러 더욱 증가되며 중년기에 안정화된다(Nippold, Hesketh et al., 2005). 앞서 언급한 바와 같이, 나이 든 장년들은 복문 산출 감퇴를 경험하는데 이는 낱말인출의 어려움과 관련된 것으로 여겨진다. 구어 및 문어의 이해, 구문적으로 복잡한 문장의 이해, 그리고 추론에서도 역시 감퇴가 일어난다.

신경계

신경계 자체에 대한 기본적인 이해가 부족하면 신경학적 원인의 장애에 관해 논의하기 어렵다. 이 절에서 우리는 신경계의 주요소들을 간략히 소개하고, 신경세포(또는 뉴런)로 시작하여 중추신경계와 말초신경계로 나아갈 것이다.

신경계는 뇌(brain), 척수(spinal cord), 그리고 이에 연합된 모든 신경 및 감각기관으로 구성되어 있다. **뉴런**(neuron)은 신경계의 기본단위이다. 각각의 뉴런은 세 부분으로 이루어져 있다 — 세포체(cell body), 세포체로부터 다음 뉴런으로 신경충동을 전달하는 한 가닥의 긴 **축삭**(axon), 다른 세포로부터 온 충동을 수용하고 이를 세포체로 전달하는 여러 가닥의 수초(dendrites). 신경(nerve)은 뉴런의 집합체이다. 뉴런들은 실제로 연결되어 있지는 않지만, 충분히 인접하여서 전기화학적 충동이 한 뉴런의 축삭과 다음 뉴런의 수초 사이의 작은 공간을 '뛰어넘는(jump)' 즉, **시냅스**(synapse)가 이루어질 수 있다.

중추신경계

뇌와 척수가 **중추신경계**(central nervous system, CNS)를 구성한다. CNS는 신경을 통해 신체의 나머지 부분과 연결된다. 모든 입력 자극과 외부로 나가는 모든 신호들이 CNS를 통해 처리된다. 이 절에서 우리는 뇌 그리고 입출력 언어처리와 관련된 영역들에 대해 소개할 것이다.

뇌

뇌는 대뇌(cerebrum, 또는 상위 뇌), 소뇌(cerebellum), 뇌간(brainstem)으로 이루어져 있다. 〈그림 6.1〉과 같이, 대뇌는 우반구와 좌반구로 나누어진다. 대뇌의 대부분에서 감각기능과 운동기능은 대측성(contralateral)으로, 이는 각 반구는 몸의 반대편을 관장한다는 의미이다. 각 반구는 표층 아래쪽에 뻗어 있는 백색의 섬유질 연결(fibrous connective tract)로 구성되어 있으며, 약 0.25인치 두께의 세포체 회색 피질(grey cortex)로 덮여 있다. 피질은 회(gyri)라고 하는 작은 융기와 열(fissures) 또는 구(sulci)라고 하는 계곡으로 인해 주름진 모양을 가지고 있다. 각 반구는 4개의 엽(lobe)으로 구성된다 — 전두엽(frontal), 두정엽(parietal), 후두엽(occipital), 측두엽(temporal).

그림 6.1 인간 뇌의 단면도

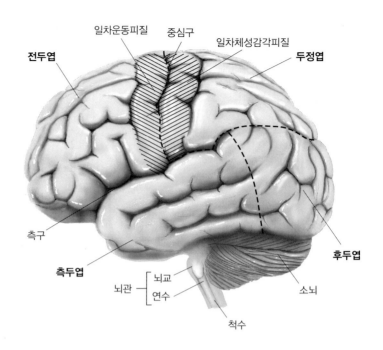

뇌가 고유한 기능에 따르는 특정의 위치 영역을 가지고 있다고 개념화하는 것이 전적으로 정확하지는 않다. 기능에 따르는 상당한 중복성과 확산적 조직화로 인해 뇌의 특정 지역의 손상이 특정 기능 수행 능력을 완전히 제거시키지는 않을 수 있다. 즉 특정 기능을 담당하는 일반화된 영역이 있다는 것이다.

비록 뇌반구는 말이나 언어와 같은 특정 기능 측면에서는 대략 대칭적이지만, 나머지는 비대칭적이다. 개인의 98%에서 좌반구가 거의 대부분의 수용 및 표현언어 그리고 운동구어 산출의 우세반구이다. 일반적으로 모든 오른손잡이, 그리고 왼손잡이의 60%가 언어의 좌반구 우세를 보이며, 나머지 왼손잡이들은 우반구 우세를 보인다. 매우 소수의 사람들은 언어 기능에 있어서 뚜렷한 반구의 우세성을 나타내지 않는다.

뇌의 주된 해부학적 비대칭성은 좌측 측두엽에서 발견되는데, 여기는 많은 언어처리가 일어나는 곳이다. 기능적자기공명영상(fMRI)을 활용한 연구들에서 7세의 어린 아동들의 청각적 이해능력에서 강력한 좌반구 우세 현상이 발견되었다(Balsamo et al., 2002). 다른 연구들에서는 보다 어린 아동들의 청각이해는 좌우반구 양측에서 활성화되는 모습이 뚜렷하게 나타났다. 이 분야에서는 더욱 많은 표본을 대상으로 추가적인 연구가 이루어질 필요가 있다.

소뇌(cerebellum), 즉 '작은 뇌'는 좌우 소뇌 반구와 중심 충부(certral vermis)로 이루어져 있다. 소뇌는 정교하고 복잡한 운동활동의 통제를 조정하고 근긴장을 유지하며, 운동학습에 관여한다. 〈그림 6.2〉에는 소뇌와 기타 피질하(subcortical) 및 뇌의 아래쪽 구조를 보여준다.

신경영상 연구들에서는 소뇌 역시 언어처리 및 상위수준의 인지, 정서 또는 감정적 기능에도 상당한 영향을 미치는 것으로 나타나고 있다(Highnam & Bleile, 2011). 소뇌 후엽 (posterior lobe)은 비운동적 처리(nonmotor processing)를 조정하는 것으로 밝혀져 있다. 여기

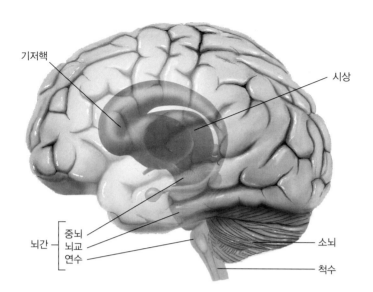

그림 6.2 피질하 및 뇌 하부 구조

기저핵

시상

뇌간 ― { 중뇌 / 뇌교 / 연수 }

소뇌

척수

에는 다음과 같은 것들이 포함된다.

- 집행기능(executive functioning) 또는 특정 목적을 달성하기 위한 몇 가지 인지적 과제를 다루는 능력
- 작업기억, 정보의 처리과정 동안 이를 저장하고 조작하는 데 필수적인 요소. 소뇌는 구어 작업기억에 능동적으로 관여함
- 한 가지 이상의 자극 또는 한 가지 이상의 감각양식(modalities)으로 제시되는 자극에 주의를 분산하거나 집중하는 일
- 정서조절

의사소통 처리가 진행될 때는 정보가 피질에서 소뇌로 유입되고, 다시 이는 피드백 형태로 되돌아간다. 비록 언어처리에 소뇌가 어떤 역할을 하는 것은 명백하지만 그 역할의 정확한 본질은 밝혀져 있지 않다.

언어처리

이제 언어처리에 관해 아주 간략하게 논의함으로써 여러분들이 얼마나 다양한 장애들이 이 과정에 영향을 미치는가에 대해 간단히 알 수 있게 해보자. 대부분의 개인들에 있어서 언어정보는 좌뇌에서 처리된다(그림 6.1 참조). 비언어적 및 준언어적 정보들은 주로 우뇌에서 처리된다. 뇌는 복잡하며 상호연계된 조직이며, 따라서 최대한 전체적으로는 과잉일반화되어 있다.

유입되는 청각정보는 이것이 처리되는 동안 전두엽의 **브로카영역**(Broca's area)의 작업기억 내에 머무른다. 유입된 언어처리의 대부분은 좌측 측두엽의 **베르니케영역**(Werinicke's area)에서 이루어지는데, 비록 정보는 뇌 전역의 저장 영역에서 오지만, 낱말은 각회(angular

그림 6.3 말과 청각에 중요한 대뇌신경

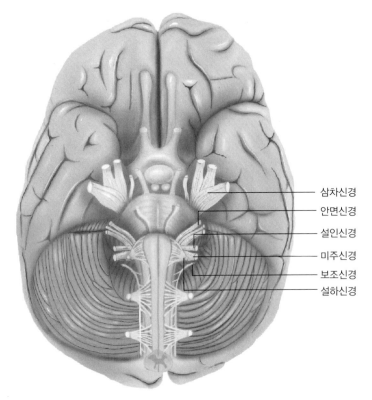

삼차신경
안면신경
설인신경
미주신경
보조신경
설하신경

삼차신경(Trigeminal)(V) : 말과 씹기를 위한 턱과 혀의 감각 및 운동기능의 혼합신경

안면신경(Facial)(VII) : 미각 및 미소, 울음과 같은 안면표정에 중요한 안면근육의 운동통제, 그리고 타액분비를 위한 혼합신경

설인신경(Glossopharyngeal)(IX) : 미각을 위한 혀로부터의 감각입력 그리고 타액분비와 삼킴에 필요한 인두(pharynx)의 운동통제를 위한 혼합신경

미주신경(Vagus)(X) : 심장, 폐, 소화계를 담당하는 혼합신경. 후두 및 목구멍을 향한 감각신경. 후두의 발성, 연구개 상승, 인두의 삼킴을 위한 운동신경

보조신경(Accessory)(XI) : 인두, 연구개, 목과 어깨의 근육운동을 통제하는 운동신경

설하신경(Hypoglossal)(XII) : 혀 운동 근육을 통제하는 운동신경

gyrus), 문법은 연상회(supramarginal gyrus, 모서리위이랑)의 보조를 받는다. 정보를 내보낼 때는 어느 정도 반대 방향으로 처리가 일어난다. 개념이 형성되고, 브로카영역의 작업기억 내에서 정보가 유지되는 동안 베르니케영역에서 발생된 메시지의 전반적인 형성에 각회와 연상회가 공헌한다. 이에 더하여, 브로카영역은 프로그래밍 정보를 **운동피질**(motor cortex)로 보내면(그림 6.1 참조), 이것이 다시 말에 필요한 운동뉴런에 신호를 전달한다. 뇌를 향해 그리고 뇌로부터 온 정보의 전달을 담당하는 대뇌신경(cranial nerve)은 〈그림 6.3〉에 제시되어 있다. 비록 이 처리과정은 너무나도 복잡하지만 여러분은, 예를 들면 왜 베르니케실어증이 개인을 그렇게도 심하게 파괴할 수 있는지를 이해할 수 있을 만큼의 지식 정도는 가지고 있어야 한다.

실어증

실어증(aphasia)은 문자 그대로 '언어가 부재함'을 의미하며, 이 결함의 가장 중증의 상태를 기술하는 속성이다. 실어증 인구는 지극히 다양하다. 비록 실어증은 영역화된 뇌손상에 기인하는 것이지만, 실어증의 정확한 위치와 결과적인 중증도 그리고 그 유형은 완전하게 일치하지 않는다. 비록 경도 수준의 실어증을 가진 개인들은 전형적인 노인들과 유사한 수준의 언어를 가질 수는 있으나, 일반적으로 실어증을 가진 개인들은 표현언어 및 의사소통의 전반적인 효율성 측면에서 커다란 결함을 나타낸다(Ross & Wertz, 2003).

모든 뇌손상이 다 실어증을 초래하는 것은 아니다. 실어증은 운동구어장애, 치매, 또는 지능감퇴의 결과로 나타나는 것은 아니다. 뇌의 손상이 운동이나 감각기능의 손실, 기억손상, 그리고 언어는 정상적이되 판단능력이 부족해지는 결과를 초래할 수도 있다.

100만 명 이상의 미국인들이 실어증을 가지고 있는 것으로 추정된다. 미국에서는 매일 200명의 개인들 — 주로 성인 — 이 새로이 실어증에 걸린다. 이들의 경우, 언어가 갑자기 괴상해지며, 일견 이해하거나 또는 산출하지 못할 것처럼 보이는 낯선 낱말들 투성이로 바뀌게 된다. 여러분 중 많은 이들이 아마도 친척, 친구, 이웃을 통해 또는 어쩌면 여러분 스스로가 직접 실어증과 관련된 일부 경험을 한 적이 있을 것이다.

실어증에는 여러 중증도와 다양성이 존재한다. 청각이해와 낱말인출 두 영역에서의 결함은 모두에게서 단지 그 정도를 달리하면서 공통적으로 나타나는 듯하다. 낱말인출의 결함은 기억 역시 어떤 방식으로든 손상될 수 있음을 시사한다.

실어증은 이를테면 이름대기와 같은 특정 언어기능뿐 아니라 듣기, 말하기, 읽기, 쓰기에도 영향을 미칠 수 있다. 일반적으로 실어증을 가진 개인들은 특히 자주 사용되지 않는 낱말의 경우, 듣기보다는 읽기에서 더욱 큰 어려움을 경험한다(DeDe, 2012). 이를테면 연산하기, 제스처, 시간 알기(시계 보기), 돈 세기, 또는 개가 짖는 것과 같은 환경 소음을 해석해내는 일과 관련된 언어기능들 역시 어려워질 수 있다. 그 커다란 가변성을 감안하면, 실어증은 몇 가지 증후를 나타내는 일반적인 용어로 생각하는 것이 더욱 옳을 것이다.

표현의 결함에는 어휘의 감소, 낱말의 생략 또는 첨가, 상투적인 발화, 말 산출이 느려지고 감소하거나 또는 과잉유창성 말, 그리고 낱말의 대치 같은 것들이 포함된다. 이러한 특징들 각각은 보다 심층적인 수준에서의 언어처리 결함의 한 예이다. 말이 매우 빠르고 거의 쉬지 않는 **과잉유창성 말**(hyperfluent speech) 역시 비정합적이고 비효율적이며, 화용적으로 부적절한 것일 수 있다.

구어이건 문어이건 간에 언어이해의 결함은 유입되는 언어적 정보해석의 손상을 포함한다. 비록 실어증을 가진 개인들은 정상적인 청각과 시각을 가질 수 있으나, 유입되는 신호를 해석하거나 이를 이해하는 능력에서는 결함을 보인다.

중증도는 몇 가지 명료한 낱말을 말하며 이해는 결여된 개인으로부터 일반적인 대화에서는 거의 드러나지 않는 매우 상위수준의 미묘한 언어적 결함을 가진 개인들까지의 범위에 걸쳐 있다. 중증도는 장애의 원인, 뇌손상의 위치와 정도, 손상이 일어난 연령, 그리고 의뢰

뇌손상이 너무나 정확하여 오직 언어에만 영향을 미치는 일은 거의 일어나지 않는다. 인지기능 및 운동행동과 관련된 기타 영역들 역시 손상을 입는다.

인의 연령 및 일반 건강상태와 같은 몇 가지 변인들과 관련되어 있다. 뇌의 개인적 차이로 인해 서로 다른 실어증 특성이 나타나며, 또한 이로 인해 뇌의 유사 영역에서 상해가 발생되어도 유사한 특성이 잘 나타나지 않을 수 있다.

비록 실어증을 가진 개인들마다 서로 매우 다르기는 하지만 몇 가지 행동특성들이 존재하며, 따라서 우리는 많은 유형, 즉 그 증후(syndromes)에 따라서 장애를 분류해낼 수 있다. 비록 장애의 분류가 실어증을 가진 개인들 간의 어떤 유사성을 설명해주기는 하지만, 이 분류가 어떤 개인을 적절히 특징짓지는 못한다. SLP 그리고 신경학자나 재활전문의사와 같은 기타 전문가들은 각 개인들을 철저히 평가해야 하며, 개인의 강점과 약점을 기술해내야 한다.

실행증 또는 마비말장애와 같은 기타 신경학적 장애(중추신경계에 영향을 미치는)가 종종 실어증과 함께 동반될 수 있으며, 이것이 복합적인 분류를 만들어낸다. 실행증과 마비말장애는 제10장에서 논의된다. 실어증을 가진 개인들은 발작이나 우울을 경험하게 될 수도 있다. 우울(depression) 역시 신경학적 장애의 보편적인 현상이다. 대부분의 실어증인들은 또한 다양한 주의 및 기타 인지적 결함을 가지고 있으며 이는 주의, 언어, 기타 인지영역의 연합으로 나타난다(Murray, 2012).

현재가 뇌 안에서 말과 언어가 위치하는 정확한 장소를 정의하는 것은 극히 어렵다는 점을 강조할 수 있는 맥락이라 할 것이다. 언어는 여러 다른 영역들에 의해 수행되는 복합적인 처리과정이다. 뇌영상기법들은 말소리 처리과정에서 활성화되는 몇몇 뇌영역들을 판별해주었다. 활성화되는 영역의 수나 위치는 개인들 간에 걸쳐 과제, 입출력의 유형, 요구되는 기억의 양이나 종류, 상대적인 난이도, 주의수준 그리고 동시에 이루어져야 할 다른 과제들에 따라 서로 달라진다.

비록 단일화된 언어처리 영역에 대한 증거는 부족하지만, 일부 영역들은 다른 영역에 비해 보다 중요한 것처럼 여겨지는데, 특히 좌반구의 전두엽과 측두엽 영역이 그러하다. 이 영역들은 지각 및 산출 모두에서 다른 영역에 비해 더욱 많이 활성화된다.

다만 우리는 앞으로 논의될 장애들로 인해 영향을 받는 뇌영역을 판별하려고 노력하는 것이 최선일 것이다. 이것들은 〈그림 6.4〉에 제시되어 있다. 여러분은 이 책이 진행되면서 이 그림을 다시 참고해야 할 것이다.

수반 또는 동반 결함

'반구(Hemispheres)'에서의 *Hemi*는 '절반'을 의미한다.

신체적 및 심리사회적 결함이 실어증과 동반되며 이는 아마도 동일한 원인에 의거한 것일 수 있다. 신체적 결함에는 반신약화, 반신마비, 편측감각결함이 포함된다. **반신약화**(hemiparesis)는 신체편측상의 힘과 통제가 크게 감소되는 약화를 말한다. 반면 **반신마비**(hemiplegia)는 편측의 마비를 말한다. **편측감각결함**(hemisensory impairements)은 이 둘 중 하나를 동반하며, 감각정보를 지각하는 능력의 손실을 말한다. 의뢰인은 영향을 받은 편측의 차가움, 무감각 또는 저림을 호소하며, 고통이나 촉감을 느끼지 못하기도 한다.

시각처리 결함은 의사소통에 영향을 미칠 수 있다. 귀 안쪽에 해당하는 좌측두엽 부위와

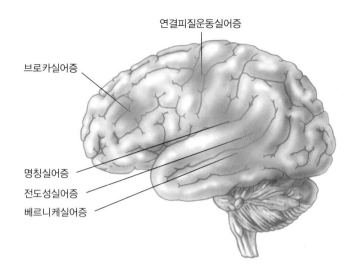

그림 6.4 실어증 유형에 따르는 가능한 위치를 보여주는 뇌 단면도

정수리 부분에 깊은 손상을 입은 개인들은 각 눈의 우측 시야의 맹(blindness)을 경험할 수 있다. **반맹**(hemianopsia)이라고 하는 이 조건은 개인의 읽기능력에 영향을 미치게 될 것이다.

약화나 마비, 그리고 또는 감각결함이 목과 안면에 관련되면 의뢰인은 씹기나 삼키기에 어려움을 가질 수 있다. 침 흘리기와 구토가 여기에 동반될 수 있다. **연하장애**(dysphagia)라고 하는 조건 역시 SLP의 관심영역으로 제11장에서 다루어지고 있다.

추가적으로, 뇌손상은 발작장애(seizure disorder) 또는 간질(epilepsy)을 초래하기도 하는데, 이는 실어증 성인의 약 20%에서 나타난다. 발작은 강직-간대성 유형(tonic-cloinc type)과 심리운동 유형(psychomotor type)으로 구성되는데, 강직-간대성은 무의식 구간에서의 소발작(petit mal)을 초래하고, 심리운동 유형에서는 의뢰인이 운동통제를 상실하지만 의식은 깨어 있다.

실어증에 대한 논의는 복잡한 것이며 여러분에게는 익숙하지 않을 수 있는 용어들을 사용하게 된다. 실어증과 관련된 개개 특성에 관해 논의함에 있어서, 이것은 이미 여러분에게도 나타나는 일부 행동들의 극단적인 형태라고 간주해야 할 필요가 있다. 예를 들어, 우리 모두가 종종 이름을 회상하거나 낱말을 기억하는 것에서 어려움을 보일 때가 있다. 우리는 이것의 극단적인 형태를 **명칭실어증**이라 칭한다. 가장 보편적인 일부 용어들에 대한 간단한 설명은 아래와 같다. 실어증 성인의 문어표현결함의 예가 〈그림 6.5〉에 제시되어 있다.

실인증(agnoisa) : 일부 실어증과 동반되는 감각결함으로, 의뢰인은 유입되는 감각정보를 이해하는 것에 어려움을 보인다. 이 장애는 청각정보 또는 시각정보에 국한된 것일 수 있다.

실문법증(agrammatism) : 문법요소의 생략. 실어증을 가진 개인들은 이를테면 관사나 전치사와 같이 짧은 낱말 또는 비강세 낱말들을 생략하기도 한다. 이들은 이를테면 복수의 -*s*나 과거시제의 -*ed*와 같은 형태론적 접미사도 생략할 때가 있다.

실서증(agraphia) : 쓰기의 결함. 쓰기는 오류로 가득 차고 잘 형성되지 못한다. 의뢰인은

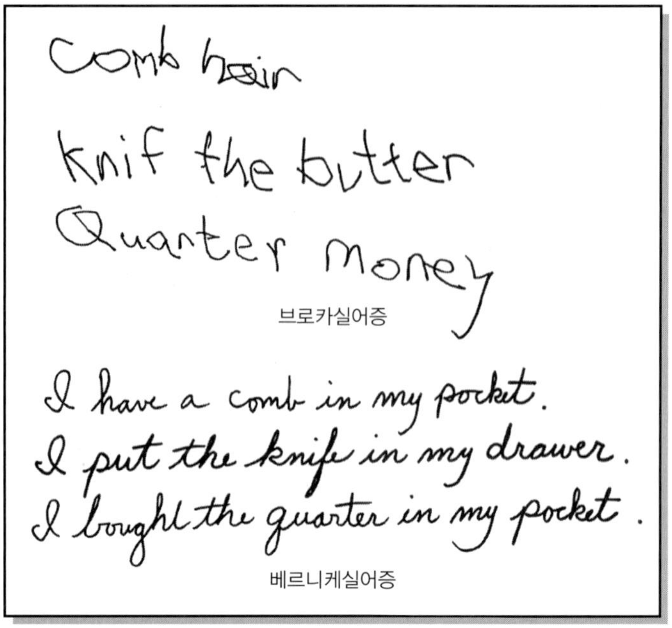

그림 6.5 실어증 성인의 쓰기에서 나타난 표현언어 결함의 예

comb hair

knif the butter

Quarter money

브로카실어증

I have a comb in my pocket.

I put the knife in my drawer.

I bought the quarter in my pocket.

베르니케실어증

자신들이 말할 수 있는 바를 쓰지 못하기도 한다. 실문법증, 자곤, 신조어가 구어에서 뿐 아니라 문어에서도 나타날 수 있다.

실독증(alexia) : 읽기결함. 의뢰인은 심지어 자신들이 구어나 쓰기에서 사용하는 평범한 낱말들조차도 인식하지 못할 수 있다. 착어와 신조어 역시 나타날 수 있다.

명칭실어증(anomia) : 실재에 대한 이름대기 결함. 의뢰인은 매우 커다란 어려움을 겪는다. 실어증에서 회복된 개인들은 자신들이 무엇을 말하고자 했었는지 알고 있었으되, 그에 적절한 낱말을 찾아내기 어려웠음을 보고한다. 의뢰인들은 심지어 부정확한 것임을 알고 있는 가운데에서도 그 부정확한 반응이 지속적으로 산출된다.

자곤(Jargon) : 의미 없거나 관련 없는 말들이 전형적인 억양패턴으로 산출된다. 반응은 비록 무의미한 것들로 이루어져 있지만 종종 길고 구문적으로는 정확하다. 자곤에는 신조어가 포함되기도 한다.

신조어(neologism) : 새로운 낱말. 실어증을 가진 일부 개인들은 기존의 자기언어에 존재하지 않는 새로운 낱말을 창안해내며, 이 낱말들을 꽤나 당당하게 사용한다.

착어(paraphrasia) : 유창하고 문법적으로 적절히 말하는 의뢰인들에게서 나타나는 낱말의 대치. 의도한 낱말이, 이를테면 *car*를 *truck*으로 말하는 것처럼 의미에 의거하여, 그리고 *car*를 *tar*라고 하는 것처럼 유사한 소리에 의거하여, 또는 기타 관련성에 의거하여 연합된다.

구어상동증(verbal stereotype) : 계속하여 반복되는 표현. 한 젊은 남자는 모든 질문마다 "I know."라고 답하였고, 종종 이를 연결하여 "I know I know I know."라고 문장을 만들기도 하였다. 종종 이 표현은 외설적인 낱말이나 비속어 또는 신조어일 때도 있다. 치료실에 찾아온 한 여성 수녀원장은 너무나도 역겨운 외설적 낱말들을 자꾸 반복하여 말하였고 스스로도 너무나 당황스러워했지만 이를 멈출 수 없는 것처럼 보였다.

실어증의 유형

실어증은 말 산출의 용이성에 입각하여 두 가지 커다란 범주로 분류될 수 있다 — **유창성실어증**(fluent aphasia)과 **비유창성실어증**(nonfluent aphasia). 이는 다시 하위범주로 구분된다. 실어증의 가장 보편적인 유형 및 그 특징들은 〈표 6.1〉에 제시되어 있다.

유창성실어증

유창성실어증은 낱말대치, 신조어, 그리고 종종 장황한 구어산출이라는 특징을 가진다. 유창성실어증의 상해는 뇌 좌반구의 뒤쪽 부분에서 발견되는 경향이 있다.

> 유창성실어증 성인은 속도, 억양, 휴지 및 강세패턴에서는 전형적인 모습을 보인다.

베르니케실어증 유창성 실어증의 하나인 **베르니케실어증**(Wernicke's aphasia)은 대답하기나 말 주고받기에서 멈춤이 거의 없이 문장들이 폭발적으로 빠르게 연결된다는 특징을 보인다. 개인들은 종종 자신들의 결함을 인식하지 못한다. 비록 유창하며 조음도 제법 괜찮으나 내용은 뒤죽박죽 섞여 있는 것처럼 보이며, 비정합적이며 이해하기 힘들 수도 있다. 그 특징들은 다음과 같다.

- 유창하거나 또는 과잉유창한 말
- 청각 및 시각적 이해가 저조함
- 구어착어 또는 의도치 않았던 낱말이나 신조어
- 자곤이라고 하는 관련성 없는 낱말들의 연결로 구성된 문장
- 경도에서 중도 수준에 걸친 이름대기 및 따라 말하기의 결함

억양패턴이나 소리조합패턴은 유지된다.

이해의 결여는 듣기뿐 아니라 읽기로도 확장된다. 의뢰인들은 타인의 말뿐 아니라 자신의 말을 이해하는 능력 역시 감소되는 모습을 보인다.

베르니케실어증의 손상은 좌측두엽의 뒷부분인 베르니케영역(좌측 귀의 안쪽) 가까이에서 발생된다. 다음은 베르니케실어증을 가진 한 의뢰인이 한 말의 예이다.

I love to go for rides in the car. Cars are expensive these days. Everything's expensive. Even groceries. When I was a child you could spend five dollars and get a whole wagon full. I had a little red wagon. My brother and I would ride down the hill by our house. My brother served in World War II. He moved away after the war. There was so little housing available. My house is a split-level.

명칭실어증 이름이 함축하는 바와 같이, **명칭실어증**(anomic aphasia)은 이름대기의 장애라는 특징을 가진다. 낱말인출을 제외하고는 말의 측면들 대부분이 정상적이다. 기타 특징들은 다음과 같다.

표 6.1 유창성실어증과 비유창성실어증의 특징

실어증 유형	말 산출	말 이해	말의 특성	읽기이해	이름대기	따라 말하기
베르니케실어증	유창 또는 과잉유창	손상 또는 저조	구어착어, 자곤	손상됨	손상에서 저조	손상에서 저조
명칭실어증	유창성	경도에서 중등도 수준의 손상	낱말인출 결함 및 이름대기 오류, 적절한 구문 및 조음	적절함	말과 쓰기 모두에서 심하게 손상됨	적절함
전도성실어증	유창성	경도 수준의 손상에서 적절함	착어 및 부정확한 어순 및 잦은 자기 교정 시도, 적절한 조음 및 구문	적절함	일반적으로 손상됨	저조함
연결피질감각실어증	유창성	저조함	착어, 보속이 나타날 수 있음	손상에서 저조	심하게 손상됨	보존됨
브로카실어증	비유창성	상대적으로 적절함	짧은 문장과 실문법증, 느리고 힘든 말, 조음 및 음운론적 오류	보존된 수준에서 저조	저조함	저조함
연결피질실어증	비유창성	경도 손상	손상되고 힘든 말, 말의 시작이 어려움, 구문오류	보존된 수준에서 저조	손상됨	적절함
전반실어증	비유창성	저조, 한 낱말 또는 짧은 구로 제한됨	적은 낱말 또는 상동적 표현의 자발적인 능력 제한	저조함	저조함	저조함, 한 낱말 또는 짧은 구로 제한됨

- 말과 쓰기 모두에서 중증의 이름대기 장애
- 낱말인출의 어려움으로 손상된, 유창하며 자발적인 말
- 경도에서 중등도에 이르는 청각이해의 어려움

이름들을 잘 사용하지 못하며, 실체에 대해 관련 낱말 또는 비관련 낱말로 잘못 이름대기를 한다. 모방 또는 따라 말하는 언어는 영향을 덜 받는다.

명칭실어증의 경우, 뇌손상은 두정-측두-후두엽의 교차점(좌측 귀 뒤쪽 윗부분)에 위치하는 것으로 여겨진다. 기억의 결함이 뚜렷하게 나타난다. 다음은 명칭실어증을 가진 의뢰인의 말 표본이다.

It was very good. We had a bird ... a big thing with feathers and ... a bird ... a turkey stuffed ... turkey with stuffing and that stuff ... you know ... and that stuff, that berry stuff ... that stuff ... berries, berries ... cranberry stuffing ... stuffing and cranberries ... and gravy on things ... smashed things ... Oh, darn, smashed potatoes.

전도성실어증 다른 유창성실어증들과 마찬가지로, **전도성실어증**(conduction aphasia)은 비록 착어로 채워져 있기는 하지만 풍부하고 빠른 대화라는 특징을 나타낸다. 그 특성들에는 다음과 같은 것들이 포함된다.

- 명칭실어증
- 청각이해의 어려움은 별로 없으나, 있다면 단지 경도 수준의 손상 정도임
- 따라 말하기나 모방하기의 극단적인 저조함
- 착어 또는 소리추가, 소리(조합)의 잘못된 순서, 또는 관련 낱말로의 대치들로 이루어진 부적절한 낱말사용

착어는 이 실어증을 가진 개인의 말을 이해불가한 것으로 만들 정도로 심각하게 나타난다. 많은 전도성실어증 환자들이 보이는 훌륭한 이해기술을 감안하면, 비록 의뢰인이 타인들의 구어단서로부터 이득을 얻을 능력은 없겠으나 자기교정의 시도는 자주 일어나게 된다.

전도성실어증의 경우, 손상은 뇌의 표면 아래 깊숙한 위치인 언어가 형성되는 곳과 말이 프로그래밍되는 곳 사이일 것이다. 다음은 전도성실어증을 가진 한 의뢰인의 말 표본이다.

We went to me girl, my girl … oh, a little girl's palace … no, daughter's palace, not a castle, but a pal … place … home for a sivit … and he … visit and she made a cook, cook a made … a cake.

연결피질감각실어증 **연결피질감각실어증**(Transcortical sensory aphasia)은 유창성실어증 가운데 가장 희박한 유형으로, 베르니케실어증만큼이나 유창한 대화와 자발어를 가졌으되, 낱말오류를 많이 보인다는 특징을 가진다. 그 특징은 다음과 같다.

- 낱말, 구, 문장을 모방하거나 따라 말하는 능력은 손상되지 않음
- 구어착어 또는 낱말대치
- 명사의 결여 및 중증의 명칭실어증
- 저조한 청각이해

손상되지 않은 모방 능력이 일관적으로 나타난다. 이 유형의 실어증에서는 그 손상이 기타 피질의 통제영역과는 별도의 언어영역에만 국한된 것으로 여겨진다.

피질하실어증 비록 이것의 존재가 가설화되어왔으나, **피질하실어증**(Subcortical aphasia)은 신경영상기법이 출현하기 전까지는 확정되지 못하였다. 손상은 피질과는 무관한 뇌의 깊숙한 부분에서 일어난다. 특징들은 다음과 같다.

- 유창한 말 표현
- 착어 및 신조어
- 따라 말하기는 영향을 받지 않음
- 상대적으로 영향을 받지 않은 청각이해 및 읽기이해
- 인지결함 및 경각심(vigilance) 감소

추가적인 언어적 특징으로는 낱말찾기 결함, 보속성 즉 무엇인가를 계속하여 반복적으로 말하는 것, 그리고 모방적이지 않은(nonimitative) 말이 포함될 수 있다. 다른 특징으로는 마비말장애를 포함하여, 기저핵(basal ganglia) 내의 특정 위치와 관련되어 있다(kirshner, 1995).

비유창성실어증

비유창성실어증은 느리고 힘든 말, 그리고 낱말을 인출하고 문장을 형성해내기 위해 투쟁하는 모습이 특징이다. 일반적으로 손상 위치는 전두엽 내부 또는 그 인접 장소이다.

비유창성실어증 성인들은 전형적인 화자들에 비하여 느린 속도, 단조로운 억양, 부적절한 장소에서 지나치게 긴 휴지, 그리고 다양하지 못한 강세패턴을 보인다.

브로카실어증　**브로카실어증**(Broca's aphasia)은 좌측 대뇌반구의 전방, 즉 앞쪽 부분인 브로카영역의 집중적인 손상과 연합되어 있다. 이 브로카영역은 운동계획 및 작업기억을 관장한다. 가장 보편적인 특성은 다음과 같다.

- 조동사, *to be* 동사, 전치사, 관사, 그리고 형태론적 접미사들이 생략된 실문법증을 동반한 짧은 문장
- 명칭실어증
- 전반적인 말의 어려움으로 인한 따라 말하기의 결함
- 느리고 힘든 말과 쓰기
- 조음 및 음운오류

비록 세심한 검사를 통해 이해의 미묘한 결함이 나타날 수는 있으나, 청각이해는 보존되어 있는 것으로 여겨진다.

다음은 브로카실어증을 가진 한 의뢰인의 말 표본이다.

Foam, foam, phone, damn, phone ... not ude ... phone not ude ... ude ... ude ... use ... can't ude ... no foam can ude.

연결피질운동실어증　이것은 연결피질감각실어증과 대응되는 비유창성실어증이다. **연결피질운동실어증**(Transcortical motor aphasia)을 가진 개인들은 말이나 쓰기를 시작(개시)하는 것에 어려움을 보일 수 있다. 이 증후의 특성은 다음과 같다.

- 특히 대화 시에 손상된 말
- 구어 따라 하기 능력은 훌륭함
- 경도 수준의 청각이해 손상

심각하게 손상된 말은, 비록 그 영향을 받은 영역은 뇌 표면의 아래쪽까지 이어질 수 있겠으나, 운동피질의 손상으로부터 나타나는 특성이다.

전반실어증 또는 혼합성실어증　그 이름이 함축하듯이, **전반 또는 혼합성실어증**(Golbal or Mixed aphasia)은 모든 감각양식에서의 최중도 언어장애라는 특징을 나타낸다. 이것은 가장 취약한 실어증 유형으로 간주된다. 기타 특징들은 다음과 같다.

- 자발적 표현 능력의 제한으로 이를테면 과잉학습된 발화나 감정적 반응들에 국한된 소수 낱말이나 상동적 표현이 나타남
- 따라 말하기와 이름대기에 영향을 받음
- 한 낱말 또는 짧은 구로 제한된 청각이해 및 시각이해

전반실어증은 일부 유창성실어증에서 나타나는 청각이해의 결함과 비유창성실어증의 힘든 말(labored speech) 두 가지를 모두 가진다. 이러한 증후들은 뇌의 표면 아래쪽의 넓고 깊은 손상과 연합된 것이다. 종종 좌반구 앞쪽의 말과 뒤쪽의 언어영역 모두가 관련되어 있다.

기타 유창성 유형

모든 실어증이 유창성 또는 비유창성의 어느 하나로 깔끔하게 분류되지는 못할 수 있다. 다른 실어증은 이를테면 쓰기와 같이 주로 어느 한 가지 의사소통 양식에만 영향을 미칠 수 있다. 이러한 특정 실어증들의 예는 다음과 같다.

- 실서증을 동반한 실독증 : 읽기와 쓰기의 결합
- 실서증을 동반하지 않는 실독증 : 쓰기장애가 동반되지 않는 읽기결함
- 순수 실서증(pure agraphia) : 중증의 쓰기장애
- 순수 낱말농(pure word deafness) : 오류가 없는 자발화에 동반되는 청각이해의 부재
- 교차실어증(crossed aphasia) : 우반구뇌손상을 동반하는 실어증

실어증의 분류 및 그 상해 위치와의 관련성은 논쟁이 지속되는 이슈이며 지속적인 연구가 이루어지고 있는 영역이다.

실어증의 원인

실어증의 개시는 급격하게 이루어진다. 이것은 보통은 과거 말-언어장애 병력이 없던 사람들에게 발생된다. 상해 또는 손상은 해당 뇌영역의 바로 직전까지만 해도 잘 이루어졌던 기능을 할 수 없게 만든다.

실어증의 가장 보편적인 원인은 **뇌졸중**(stroke), 즉 **뇌혈관계사고**(cerebrovascular accidents)로, 이는 미국 내에서의 세 번째 사망원인이다. 매년 50만 명의 미국인이 뇌졸중에 걸린다. 이 중 70%는 65세 이상의 연령에서 발생된다(Internet Stroke Center, 2005). 비록 아동들에서는 뇌졸중이 희박하지만, 유아들도 노령인구만큼이나 유사한 비율로 뇌졸중을 겪게 된다(Lee et al., 2005). 국립실어증협회(National Aphasia Association)에서는 뇌졸중의 결과로 매년 약 10만 명이 실어증을 가지게 된다고 추정하고 있다.

뇌졸중에는 두 가지 기본 유형이 있다 — 허혈성과 출혈성(hemorrhagic). **허혈성뇌졸중**(ischemic stroke)은 뇌졸중의 보다 보편적인 유형으로 뇌동맥경화증, 색전, 혈전에서와 같이 뇌로 혈액을 공급하는 혈관의 완전한 또는 부분적인 차단(또는 폐쇄)으로 인해 발생된다. **뇌동맥경화증**(cerebral arteriosclerosis)은 뇌동맥의 벽이 두꺼워지고, 탄력성이 사라지거나 감소

뇌졸중은 뇌를 향하는 혈액의 차단으로 인해 발생된다.

되어 혈관벽이 약화되면서 혈류가 제한된다. 허혈성, 즉 산소의 감소는 일시적 또는 뇌조직의 사멸로 인한 영구적인 손상을 초래할 수도 있다. **색전**(embolism)은 응고된 혈액 덩어리(clot), 지방질, 또는 공기방울로 인한 혈류의 차단을 말한다. 이 차단은 순환 시스템 내를 이동하다가 작은 혈관에서의 혈류를 막게 된다. 예를 들어, 심장이나 흉부의 큰 혈관에서 형성된 혈액 덩어리가 작은 조각으로 떨어져나가면 이것이 색전이 된다. 뇌동맥경화증에서처럼 차단은 산소(혈액 공급) 결핍을 가져와 뇌세포에 요구되는 산소가 박탈되는 것이다. 마찬가지로 **혈전**(thrombosis) 역시 혈류의 차단을 말한다. 이 경우 침전물(plaque) 조각 또는 응고된 혈액 덩어리가 침착되고 (혈관 속을) 이동하지는 않는다. 결과는 색전과 마찬가지이다.

일부 개인들은 **일과성허혈발작**(transient ischemic attack, TIA)을 경험하게 되는데, 이것은 종종 미니 뇌졸중(mini-stroke)이라고도 하는 일시적인 조건으로 뇌졸중과 동일한 증후가 나타난다. TIA는 뇌의 일정 부분으로 향하는 혈류가 차단되거나 감소될 때 발생된다. 짧은 기간 후, 혈류가 재개되면 증상은 감소된다. TIA는 미래의 뇌졸중 발생가능성이 증가되었음을 알려주는 경고이므로 심각하게 다루어져야 한다.

뇌출혈성뇌졸중(hemorrahage stroke)은 약화된 혈관벽이 압력을 받아 터지는 것으로, 뇌동맥류나 동정맥기형과 함께 발생되기도 한다. **뇌동맥류**(aneurysm)는 약화된 혈관벽이 푸대자루처럼 부풀어오른 것이다. 얇은 벽이 파열되면 그 결과로 뇌출혈이 일어난다. 대부분의 뇌동맥류는 뇌막(meninges)에서 일어나는데, 뇌막은 뇌를 둘러싸고 있는 다층의 막으로, 이 공간으로 유입된 혈류는 뇌를 손상시킬 수 있으며, 심각한 경우에는 사망을 초래할 수도 있다.

동정맥기형(arteriovenous malformation)은 희박한데, 동맥과 정맥이 뒤엉켜 잘못 형성되어 있는 것으로 뇌와 같이 매우 점성이 높은 곳에 발생될 수 있다. 기형적인 혈관의 벽이 약화되고 압력에 취약해진다.

그 회복 양상은 뇌졸중의 유형에 따라 다르다. 종종 허혈성뇌졸중의 경우에는 상해 발생 1주일 후에 현저한 개선이 나타난다. 3개월 후에는 회복이 지체된다. 반대로 뇌출혈성뇌졸중은 일반적으로 손상 후 보다 중증으로 나타난다. 빠른 회복의 대부분은 상해 후 첫 1개월이 끝나갈 무렵에서 2개월로 들어가는 기간인데, 이때 부기가 감소하고 손상된 뉴런이 제 기능을 되찾아가게 된다.

뇌졸중으로 인해 뇌의 어떤 부분에서든 손상이 발생될 수 있다. 모든 오른손잡이 및 일부 왼손잡이들의 경우, 좌반구 언어영역의 손상은 실어증을 야기한다. 우반구 상해에서 실어증이 발생되는 사례의 비율은 매우 낮은데, 일반적으로 우반구가 언어에 더 중요한 왼손잡이들의 경우에는 더욱 그러하다.

머리 상해(head injury), 신경학적 감염, 종양(tumor)에서도 실어증과 유사한 증후들이 나타날 수 있다. 그렇지만 이들 사례의 대부분에서는 기타 피질 영역도 함께 영향을 받게 되며, 따라서 이로부터 임상적으로 서로 다른 장애들이 초래된다.

한 가지 증후인 **원발성진행성실어증**(primary progressive aphasia)을 여기에서 언급할 필요가 있다. 원발성진행성실어증은 기타 지적기능의 보속성과 함께 언어 및 일상적 활동에서의 퇴행성 장애를 말한다. 이 장애가 발현될 때까지는 최소한 2년 정도가 소요되는데, 이것은

뇌졸중의 결과는 뇌졸중 이전의 언어의 저장 양상에 따라 더욱 복잡해진다.

치매나 인지기능의 상실은 아니며, 이 원발성진행성실어증을 가진 개인들은 스스로를 돌볼 수 있으며, 일부는 심지어 직업을 그대로 유지할 수도 있다. 더욱 진행됨에 따라, 장애는 처음의 운동구어장애로부터 출발하여, 이후에는 비록 상대적으로 이해는 보존되기는 하지만, 거의 전적으로 말을 하지 못하는 수준까지 진행된다.

인간의 뇌는 극도로 복잡하다. 우리가 논의했던 실어증들의 유형을 분류하는 일은 뇌의 장애에 대한 일부 지식을 얻는 데는 도움이 되지만, 실제적인 임상적 가치는 거의 없다. 개별 의뢰인들마다 독특한 특성들을 보인다. 그러므로 SLP가 개개 의뢰인들의 능력과 결함을 세심하고 명확하게 기술해내는 것이 무엇보다 중요할 것이다.

생애주기적 논점

비록 아동이나 성인들도 실어증을 겪을 수는 있으나, 특히 뇌종양을 동반하는 대부분의 환자들은 이전까지는 건강하고 생산적인 삶을 영위하던 중년 이상의 성인들이다. 흡연, 음주, 영양결핍, 운동결핍, 고혈압, 높은 콜레스테롤, 당뇨, 비만, 그리고 TIA 또는 이전에 이미 뇌졸중을 겪었던 이들에게서 뇌졸중의 위험성이 증가된다. 그 원인이 혈관계에 있을 경우에는 일반적으로 증상의 개시가 급격하게 일어나지만, 종양이나 퇴행성 질환일 경우에는 증상이 뚜렷해질 때까지 몇 개월 혹은 몇 년이 걸릴 수도 있다. 이러한 양상은 〈그림 6.6〉에 제시되어 있다.

가장 보편적으로는 필요로 하는 산소가 담긴 혈액이 결핍되는 허혈성뇌졸중을 많이 겪는다. 그 첫 번째 증후로는 의식의 상실, 두통, 약화되거나 잘 움직이지 못하는 사지(limbs), 불명료한 말이다. 이 조건은 일시적(이 경우에는 기능이 빠르게 회복될 수 있다)이거나 보다 영구적일 수 있다. 일부 개인들은 경각심을 가지게 되기 전까지 몇 년 동안에 걸쳐 간격을 두고 나타나는 일련의 TIA를 경험하게 되기도 한다. 일부 TIA는 개인들에 의해 지각되지 않은 채로 진행되기도 한다.

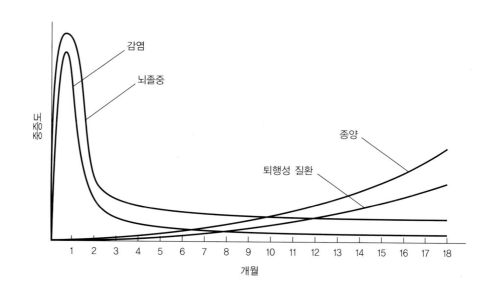

그림 6.6 신경학적 조건에 따른 증후의 중증도. 개인들마다 중증도 및 장애의 경로가 서로 다르다.

일반적으로 실어증이 발발되면 개인은 병원으로 급하게 실려온다. 대략 1/3의 환자들이 뇌졸중으로 또는 그 발발 직후에 사망한다. 생존한 이들의 경우, 일정 무의식 기간이 있고, 이후 지남력 상실(disorientation)이 나타난다. 장기간 지속되는 깊은 무의식 또는 혼수상태 (coma)의 경우에는 궁극적인 회복이 더욱더 어려워진다.

뇌졸중을 경험하게 된 개인들의 경우, 아마도 언어는 자신들의 즉각적이며 중심적인 관심사는 아닐 것이다. 초기 반응은 아마도 공포나 분노일 것이다. 환자와 그 가족은 생존 그 자체에 초점을 둘 것이고, 추가적인 뇌졸중의 발생을 두려워할 것이다. 대부분의 개인들에게 있어, 이것은 새로운 국면이며, 가능한 제약이 자신들의 미래에 얼마나 영향을 미치게 될 것인지에 대해 알지 못한다. 만성적인 영향이 정착하게 되면, 개인은 신체 및 언어합병증에 초점을 두기 시작한다. 이것이 좌절이나 우울을 초래할 수 있다. 이 글의 저자들 중 한 사람의 어머니는 이러한 단계에서 물리치료에 참여하는 것을 거부하였다. 새롭게 실어증을 가지게 된 환자들은 자신들이 처한 조건이나 구조화된 중재에 관한 실질적인 정보를 수용할 준비가 잘 되어 있지 못할 수 있다.

마찬가지로 실어증을 가진 개인의 가족들은 종종 놀라고 혼란스러워한다. 그 누구도 미리 뇌졸중을 준비하지는 않기 때문에, 가족들은 보통 이에 관해 정보를 들은 바는 없을 것이다. 다시 말하자면 환자나 가족들은 공황상태에 빠지게 되는 것이다.

대부분의 개인들은 오직 며칠 이내에, 그 조건들이 고정화되기 전에 빠른 치료에 임하게 된다. 곧이어 개인들은 뇌졸중의 중증도에 따라 다양한 유형의 치료를 받게 된다. 여기에는 병원 내 재활, 통원 재활, 또는 가정 내에서의 돌봄이 포함된다. 대부분은 가정으로 돌아가기는 하지만 일부 결함들은 남아 있다.

비록 중재서비스가 몇 년 동안에 걸쳐 이루어지기도 하지만, 대부분의 개인들은 최소한 첫 몇 달 동안의 서비스를 받는다. 신경운동학적 결함이나 발작에 덧붙여, 실어증 환자들은 상해 부위에 따라 보속, 탈억제, 감정문제와 같은 행동적 변화를 드러낸다. **보속**은 부적절한 반응을 반복하는 것으로, 의뢰인은 한 가지 과제나 행동에 고착되어 이를 반복하는 모습을 보인다. **탈억제**(disinhibition)는 이를테면 타인을 만지는 것과 같이 비사회적이거나 또는 부적절한 행동을 억제하지 못하는 것처럼 보이는 것을 말한다. 마지막으로 뇌손상은 감정의 커다란 동요(exaggerated swings in emotion)를 가져오기도 한다.

감정적 행동은 일부 실어증 환자들이 경험하는 극도의 좌절이라는 관점에서 살펴보아야만 한다. 우울 역시 보편적인 현상이다.

뇌졸중 발생에 뒤이어 발현가능한 증후들의 다양성을 감안해보면, 뇌졸중을 가진 개인은 전문가 팀으로부터 서비스를 받게 될 가능성이 매우 높다. 팀 구성원에는 신경학자, 물리치료사, 작업치료사, 영양사, 말-언어치료사, 청능사들이 포함된다. 삶이 변화되고, 가족들은 사회복지사, 심리학자, 정신과의사, 순회상담사들과의 상담서비스의 필요성에 주의를 기울이게 된다.

사고 직후 신경학적 기능이 매우 심각하게 영향을 받는다. 며칠 이내에 신체의 자연스러운 회복과정이 시작된다. 부기가 감소하면서, 손상된 세포들이 회복되고 정상적으로 기능하

말-언어서비스는 중재를 위한 팀 접근의 한 부분이다.

기 시작한다. 손상된 영역과 뇌기능을 공유하는 뇌의 인접 영역이 더 큰 역할을 담당하기 시작한다. 이 회복과정의 단계와 범위는 예측하기 힘들지만, 그 속도는 뇌졸중 발생 후 첫 몇 주 또는 몇 개월 동안에 보다 빠르게, 그 이후로는 보다 느려지게 되고, 보통 6개월 이후에는 멈춰지게 된다. 이 과정 동안에, 의뢰인이 나타내는 모든 증후들이 변화되고 그 대부분이 중증도 면에서 뚜렷하게 감소하게 된다. 가장 자주 일어나는 언어적 이득은 청각이해 영역이다. 일반적으로, 보다 중증이며 더 나이 들고 건강상태가 열악하며 오른손잡이인 개인들에 비하여, 덜 심각한 영향을 받고 더 어리고 일반적으로 건강상태가 양호한 왼손잡이인 개인들은 실어증으로부터의 회복이 더 양호하고 빠르게 나타난다.

대부분의 개인들은 몇 가지 유형의 **자발적 회복**(spontaneous recovery), 즉 자연스러운 회복과정을 경험한다. 일반적으로 뇌내 뇌출혈(intracerebral hemorrhage)을 겪은 이들에 비해 허혈성뇌졸중을 겪은 개인들은 보다 이른 시점에 자발적 회복이 나타나는데, 하지만 그 개선 속도는 덜 빠르게 일어난다. 비록 언어의 자발적 회복을 위한 해부학적 및 생리학적 기초는 잘 밝혀져 있지 못하지만, 최대한의 개선은 첫 3개월 동안에 나타난다. 이러한 즉각적인 생리학적 복구는 회복의 이후 단계에서 나타나는 뇌기능의 재조직화를 통해 상호보완된다. 신경영상 연구들은 과거 언어기능에 관여했던 좌반구 조직의 사용과 우반구의 유사 영역의 사용이 함께 나타남으로써, 상응하는 일부 언어기능이 우뇌로 이동하는 현상을 보여준다(Pataraia et al., 2004; Thompson, 2004).

자발적 회복이 나타나건 아니건 간에, 의뢰인의 특정 조건이 허락하는 즉시 평가와 중재가 시작된다. 대개 반응적인 의뢰인들이 아마도 중재서비스를 위한 최상의 후보일 것이다. 일반적인 원칙은 치료가 빨리 시작될수록 회복속도도 높아진다는 것이지만, 의뢰인들 모두가 유사한 방식으로 회복되지는 않는다. SLP의 첫 번째 목표는 임상적 중재의 가능성을 결정하는 일이다. 비록 자발적 회복으로부터 얼마나 많은 이득이 나타날지, 그리고 중재로부터 또 얼마만큼의 이득이 나타나게 될 것인지 예측할 수는 없으나, SLP는 어떤 의뢰인이 임상적 중재로부터 최상의 이득을 얻을 수 있을지 결정하려는 시도를 해야 한다.

언어를 효과적으로 사용하는 능력의 상실은 실어증을 가진 개개인들의 사회적 역할을 변화시키며, 사회적 고립을 초래할 수도 있다. 이러한 상황은 종종 인지적 능력 역시 손상되었을 것이라는 잘못된 전제와 얽히게 된다. 게다가 의사소통 능력의 상실은 영향받은 개인들이 가장 단순한 일상과제조차도 타인들에게 의존하게 되는 상황을 초래한다. 가족들의 역할과 책무 역시 변화된다. 아내, 남편, 그리고 자녀들은 새로운 책무를 떠맡게 될 것이다. 만약 개인이 실어증을 야기한 사건이 있기 이전에 자기 가족들을 부양해오고 있었다면, 의료적 문제에 더하여 경제적인 문제까지 야기될 것이다. 〈사례연구 6.2〉에는 실어증을 가진 한 개인의 이야기가 담겨 있다.

평가 및 중재에 관한 논의로 옮겨가기 전에, 여러분은 몇몇 웹의 자료들을 점검하고 싶어 할 수도 있다. 국립실어증협회 웹사이트(www.aphasia.org)에는 몇 가지 유용한 사이트들이 연계되어 있다. 좌측의 '실어증 자료(Aphasia Resources)'를 클릭해보라. 국립농 및 의사소통장애연구소(The National Institute of Deaf and Communication Disorders) 웹사이트(www.

의사소통은 우리의 사회적 상호작용 내에서, 그리고 우리가 누구인가에 관한 우리의 정확한 정의 측면에서 너무나도 복잡하게 얽혀 있는 것이라서 실어증의 효과는 말과 언어 그 훨씬 너머까지 미치게 된다.

실어증을 가진 한 성인의 개인적 이야기

W 씨는 55세일 때는 자신보다 10살이나 더 어린 대부분의 남성들보다 더욱 건강해보였다. W 씨는 코넬대학에서 노사관계 분야의 석사학위를 취득한 후, 그가 살고 있는 작은 도시에서 노사 중재자로 고용되어 여러 해 동안 일해왔다. W 씨는 친구들 간에, 특히 거의 매주 토요일마다 등산로를 함께 달리는 하이커들 사이에서 활기찬 사람으로 여겨져왔다.

비록 W 씨는 다부졌으며, 정열적인 야외활동을 할 수는 있었으나, 자신이 고혈압인 것은 알고 있었으며, 의사의 처방에 따라 투약 중이었다. 뇌졸중 이전까지 W 씨는 거의 아프지 않았으며, 그저 맹장염(appendicitis)으로 딱 한 번 병원에 입원했을 뿐이었다.

어느 일요일 오후, W 씨는 4시간에 걸친 크로스컨트리 스키를 한 후 누워 있고자 하였다. 그는 심한 두통을 겪었고, 함께 스키를 타는 동료와의 저녁식사 전까지 잠시만 쉬면 나아질 것이라고 기대했다. 낮잠에서 깬 그는 일어나서 욕실로 가다가 곧 쓰러지고 말았다. 친구들은 그가 자신들과 만나지 못하게 되자 걱정이 되었다. 그들은 전화를 걸었고, 아무런 응답이 없자 누군가 그의 집으로 찾아갔다. W 씨는 바닥에 쓰러진 채로 발견되었고, 숨은 쉬고 있었으나 의식은 없는 상태였다. 그는 뇌혈관계사고(CVA), 즉 뇌졸중을 겪게 된 것이었다.

W 씨는 지역 병원의 응급실로 실려갔다. 그의 의식이 돌아왔을 때, 그는 지남력이 없었고, 자신에게 하는 말들을 이해하지 못하는 것처럼 여겨졌으며, 말을 하지 못하였다. 그의 신체 오른쪽이 부분적으로 마비되어 있었다. 의료보고서에는 그가 "우측 반신마비와 실어증을 초래한 좌측부 CVA가 있다."라고 기록되었다. 그는 6주 동안 입원해 있었다. 신경학자 및 가족 주치의를 만나는 일 외에, W 씨는 SLP와 물리치료사에게 의뢰되어졌다. SLP는 초기 침상평가(bedside assessment)를 수행하고, 가족 및 친구들에게 상담을 해주었다. SLP의 초기 보고서에는

"W 씨는 중도의 구강운동실행증(oral motor apraxia)과 중도의 청각이해결함, 중등도에서 중도 수준의 한 낱말읽기 이해결함으로 특징지어지는 중도 표현/이해실어증을 나타냄"이라고 기록되었다.

퇴원 후, W 씨는 자기 누이 및 누이의 가족들이 사는 곳으로 이사를 갔다. 가족과 친구들이 그를 주로 보살폈으며, 규칙적으로 병원에 방문하였고, 주 2회씩의 물리치료와 언어치료를 받게 되었다. 치료의 초기 목표는 대답으로 예/아니요를 뜻하는 머리 끄덕이기 정도를 할 수 있는 간단한 청각이해와 '먹어(eat)'와 같은 요구를 표현해내는 것이었다.

뇌졸중 발생 2년 후, W 씨는 보행보조기(walker)로 걸을 수 있게 되었다. 가족 구성원들은 자신들이 그가 하는 의도적인 말의 약 85% 정도를 이해할 수 있다고 보고하였다. 낯선 이들은 그의 말을 약 20%밖에는 이해하지 못하였다. 그는 자발적으로 표현하기 위해 몸짓이나 거의 불명료한 말소리를 사용하였다. W 씨의 언어이해 능력은 극적으로 개선되었으며, 이제 그는 중요한 세 가지 요소가 담긴 지시["연필을 카드 위에 올려놓은 다음, 이를 다시 제자리로 돌려보내라."(Put the pencil on top of the card, and then put it back.)]를 이행할 수 있게 되었다. 친구들은 그가 종종 불안정한 것처럼 보이지만 자신들의 방문을 뚜렷하게 좋아하는 것 같다고 보고하였다. W 씨는 언제나 야외활동을 즐겼었기 때문에 그의 친구들은 그를 데리고 자주 산책을 나갔다. 가족 구성원들은 자신들이 규칙적으로 함께 노래하기를 하려고 노력했으며, W 씨는 자신이 할 수 있는 만큼은 이에 동참하였다.

최근 W 씨는 보완대체의사소통 평가를 받았다. 그는 전자 음성산출시스템을 제공받고, 그 사용법을 배웠다. 그는 결코 정상적으로는 말을 하지 못할 것이지만, 이 장비는 그의 의사소통 능력을 크게 촉진시켜줄 수 있을 것이다.

---

nidcd.nih.gov/Pages/default.aspx)에서는 실어증에 관한 상세한 기술이 담겨 있다. 상단의 '건강정보(Health Info)'를 클릭한 후, '음성, 말, 그리고 언어(Voie, Speech, and Language)'를 클릭하여, '실어증(Aphasia)' 영역으로 내려가보라.

실어증 평가

평가 및 중재는 병원에서 시작되고, 통원서비스 형태로 지속된다. 성공적인 중재는 팀의 노력이다. 개개 전문가들의 상대적 중요성은 의뢰인이 회복됨에 따라 변화될 것이다. 게다가 배우자, 기타 가족 구성원, 또는 친한 친구가 회복과정에서의 중요한 동반자가 될 수 있다.

어떤 중재를 시작하기 이전에 먼저 개별 의뢰인들의 능력과 결함에 대한 철저한 평가가

완수되어야 할 필요가 있다. 이 과정은 의뢰인이 안정화되고 자발적 발화를 경험하게 되는 몇 단계에 걸쳐 지속될 수 있다.

특히 중요한 것은 의뢰인의 병력(medical history), 의뢰인 및 그 가족과의 면담, 말초적 말 메커니즘 검사, 청력검사, 말과 언어에 대한 직접검사이다. 병력은 일반적인 건강상태나 과거의 뇌혈관계사고와 같은 정보들을 알려준다. 게다가 현 상태의 신경학적 보고서 및 의학적인 진전 노트(progress note)는 현재 및 변화해가는 상태에 대한 가치 있는 정보를 제공해준다.

SLP는 면담 시간 동안 자료를 수집하는 것 외에 정보를 제공해주는 일도 해야 한다. 의뢰인은 지남력이 부족할 수 있으며 이를 다시 확인할 필요가 있다. 가족 구성원들은 회복, 가족 역학, 수입, 의료비 등과 같은 것들에 관해 많은 질문을 할 것이다. 종종 사회복지사가 이러한 일들을 담당하기도 한다. 가족들에게 있어 손상의 정도에 대해 알고, 전문가의 도움이 있을 때와 없을 때에 따르는 회복에 대한 현실적인 추정을 하는 일은 중요하다.

팀 구성원들에 의한 가족 상담은 계속 이루어질 것이다. 가족 및 의뢰인은 자신들의 삶에 일어난 거대한 변화들과 맞서기 위한 전문적인 상담을 필요로 할 것이다.

특히 사고 바로 직후여서 공식검사가 불가능한 시점에서는 세심한 관찰이 필수적이다. 의뢰인의 일반적인 말과 언어행동을 관찰하고, 무엇을 그리고 어떻게 의사소통되는지를 듣고 관찰하는 것이 중요하다. 자발적인 언어사용에 대한 관찰은 SLP에게 장애의 본질과 범위에 대한 중요한 정보를 제공해줄 수 있을 것이다.

신경근육상의 마비나 약화의 가능성이 있으므로 말초적인 말 메커니즘에 대한 철저한 검사가 중요하다. 실행증이나 마비말장애와 같은 말장애들이 실어증과 연합되는 경우가 많으며, 따라서 이를 기술해내거나 배제해야 할 필요가 있다. 이에 관한 보다 충분한 논의는 제10장을 보라.

대부분의 실어증 환자들이 노령임을 감안한다면 청력손실의 가능성 역시 확정되어야 한다. 따라서 청력손실과 이해의 결함을 구분해내는 일이 중요하다.

초기 말-언어검사는 종종 환자의 침상 옆에서 일어날 수 있으며, 이 단계에서 폭넓은 공식검사의 필요성을 감소시키는 자발적 회복에 의해 혼란이 야기될 수도 있다. 그러므로 SLP는 환자의 언어강점과 약점에 대한 비공식적 탐침을 이행하기도 한다. 보다 공식적인 검사는 보통은 환자가 단순한 언어과제에 대해 최소한 며칠 동안은 안정수준을 유지할 수 있을 때까지는 뒤로 미루어진다. 간단한 과제들을 최소한 하루 한 차례씩 15분의 짧은 구간으로 이행한다(Holland & Fridriksson, 2001). SLP는 환자의 행동에서 나타나는 미묘한 변화들을 기록한다. 환자의 피로는 의사소통 능력에 부정적인 영향을 미칠 수 있으므로 환자를 지치지 않게 하는 것이 중요하다. 〈그림 6.7〉은 침상평가에 포함되는 몇 가지 간단한 과제들의 예이다.

SLP는 단 며칠 동안에라도 일부 영역에서의 개선을 기대해보아야 한다. 긍정적인 변화는 강화되어져야 하며, 환자와 가족에게 알려져야 한다.

이후 보다 공식적인 말-언어검사 및 표본수집을 통해 모든 감각양식(읽기, 쓰기, 청각이

실어증 의뢰인에 대한 포괄적 검사(comprehensive testing)는 최소한 두 가지 감각양식인 시각과 청각, 그리고 세 가지 산출양식인 말, 쓰기, 몸짓을 포함해야 한다.

그림 6.7 **비공식적 침상평가
에서의 가능한 요소**

기억 : 일단 도입된 이름들은 차기 방문에서의 구어기억평가에 사용될 수 있다.

읽기 : 환자에게 병문안 카드들을 읽어보도록 요구한다.

쓰기 : 환자가 병원 식단을 검토하고 이를 채워넣는 모습을 관찰한다.

낱말인출 및 쓰기 : 환자에게 쓰기도구를 제공하고 이를테면 자기 자녀들의 이름과 같은 몇 가지 낱말들을 쓰게 한다.

기억 및 보다 복잡한 언어 : 환자에게 각각의 인사장(greeting card)을 보낸 사람들이 누구인지 정의하게 한다.

이름대기 : 환자에게 방 안의 일상사물들 몇 가지에 대해 이름을 말하게 한다.

청각이해 : 대화 시에 환자가 어떻게 반응하는지 기록한다.

청각이해 및 작업기억 : 환자에게 몇 가지 단순한 지시에 따라보도록 한다.

자동화된 언어 : 환자에게 알파벳이나 한 주의 요일들을 차례대로 말해보게 한다.

화용론 : 만났을 때와 헤어질 때의 인사말을 기록, 환자의 이름을 다른 이름으로 부르는 것과 같이 고의로 몇 가지 단순한 실수를 저지른 후 그 반응을 관찰, 우스꽝스러운 질문을 함(예 : 헬리콥터는 자기 자식들을 잡아먹나요?), 대화수정(covnersational repairs) 및 말 주고받기 그리고 대화구조의 일반적인 적합성을 세심하게 기록한다.

해, 표현언어, 몸짓 및 비언어적 의사소통)에서의, 그리고 언어의 다섯 가지 측면(화용론, 의미론, 구문론, 형태론, 음운론) 모두에서의 수용 및 표현언어뿐만 아니라, 그 전반적인 의사소통 능력이 평가되어야 한다. 고기능 의뢰인의 경우, SLP는 이를테면 구어추론, 유비(analogies), 비유언어, 범주화, 복잡한 과제 설명하기와 같은 상위언어기술을 평가하고자 할 것이다. 〈표 6.2〉에는 ASHA가 권장하는 의사소통 능력에 대한 기능적 평가에서의 검사영역이 요약되어 있다.

몇 가지 표준화검사를 사용하여 특정 언어기술들을 평가할 수 있다. 공식검사도구는 신중하게 선택되어져야 한다. 대부분의 검사들에는 그림 또는 사물 이름대기, 호명된 그림 지적하기, 자동화된 언어, 문장 따라 하기, 그림 설명하기 및 질문에 답하기, 읽기 및 질문에 답하기, 결론 이끌어내기, 쓰기와 같은 것들이 포함된다. SLP는 유연해야 할 필요가 있으며, 중재기간 동안 특히 행동변화에 따라 의뢰인의 행동에 대한 탐침을 계속 실시해야 한다.

검사 중에 의뢰인이 보이는 행동을 해석해내는 일이 극도로 중요하다. 예를 들어, 의뢰인이 대답을 인출해내는 것에 실패했기 때문인지, 아니면 구어단서 자체를 이해하지 못했기 때문인지를 결정해내는 일이 매우 중요하다.

대부분의 검사들에는 의사결정 또는 문제해결, 몇 가지 인지 및 언어적 처리의 종착점 같은 것들이 포함되어 있다. 이 처리의 하위요인들을 각각 개별적으로 평가하지는 않는다. 온라인(online) 평가를 통해 이 처리과정 내에서의 다양한 측면에서의 효과들을 측정하는 것이 개별 의뢰인들의 강점과 약점을 보다 민감하게 반영해낼 수 있을 것이다. 현재까지 대부분의 온라인 분석 연구는 제한적이지만, 이러한 방식이 서서히 임상용도에 적용되고 있다.

실어증을 가진 대부분의 개인들은 일부 잔존하는 의사소통 결함을 가지고 있으며, 따라서 중재의 목적은 이러한 결함에 직면하여 의사소통의 효과성을 극대화하는 것에 있다.

표 6.2 실어증 성인들의 의사소통 능력에 대한 기능적 평가를 위한 ASHA의 권장사항	
평가영역	행동
사회적 의사소통	친숙한 이들의 이름을 사용 찬성 및 반대 표현 정보요구하기 전화로 정보교환하기 예/아니요 질문에 답하기 지시 따르기 얼굴표정 및 음성의 톤 이해하기 비문자적(nonliteral) 의미 및 의도 이해하기 소음 환경 내에서 대화를 이해하기 TV 및 라디오 이해하기 대화에 참여하기 의사소통 오류를 인식하고 이를 수정하기
기본적 요구를 위한 의사소통	친숙한 얼굴 및 음성인식하기 강력한 호감 및 비호감을 표현하기 감정표현하기 도움 요청하기 요구 및 희망을 표현하기 응급상황에 반응하기
읽기, 쓰기, 숫자 개념	간단한 표식을 이해하기 자료 참조를 사용하기 문어로 된 지시(written direction) 따르기 인쇄물 이해하기 이름을 프린트하고, 쓰고, 타이핑하기 양식 완성하기(채워넣기) 메시지 쓰기 숫자 표식을 이해하기 금전 거래하기 측정단위 이해하기
일상의 계획수립	시간 알기(시계 보기) 전화 사용하기 계획된 약속 지키기 달력 사용하기 지도를 따라가기

출처 : American Speech-Language-Hearing Association.(1994). *Functional assessment of communicative skills for adults(FACS)*. Washington, DC: Author의 정보.

중재

중재의 전반적인 목표는 언어회복을 돕고, 현재의 언어결함을 보상해주는 전략을 제공하는 것이다. 개별 중재목표는 평가결과 및 의뢰인과 가족 양자의 요구에 따라 결정된다. 목표는 실어증의 유형 및 중증도에 따라 그리고 의뢰인들 각각의 개인적인 요구에 따라 개별화된

그림 6.8 실어증을 가진 개인들을 위한 중재지침

연령에 적합한 방식으로 환자를 다루어라.

여러분이 사용하는 언어를 단순하고, 명료하며, 모호하지 않도록 유지하며, 그 길이와 복잡성을 통제하라.

의뢰인의 처리능력에 맞도록 여러분의 언어와 그 산출속도를 조정하라.

일상적인 아이템이나 과제들을 사용하고, 가족들을 참여시켜라.

반복과 친숙한 루틴이나 환경 및 촉진적인 학습에 대한 반응을 활용하라.

수행을 개선시킬 수 있도록 과제를 구조화하고, 의뢰인의 노력을 지지해주되 의존성이 생겨나지는 않을 정도까지만 구조의 양을 조정하라.

의뢰인의 언어처리를 지지하는 맥락을 제공하라.

의뢰인에게 부여되는 요구를 의뢰인의 현 능력에 따라 점진적으로 증가시켜라.

의뢰인으로 하여금 자신의 약점을 보상하기 위해 자신의 강점을 활용하도록 가르쳐라.

다. 한 의뢰인에게 효과적인 중재가 실어증의 유형과 중증도를 달리하는 다른 의뢰인에게는 그렇지 못할 수 있음은 아무리 강조해도 지나치지 않다(Edmonds & Babb, 2011).

이상적으로 목표는 의뢰인, 가족, SLP 상호 간에 수용가능한 것이어야 한다. 팀의 모든 구성원들은 상호협조하여 다른 이들로부터 받은 치료를 더욱 강화시킨다. 실어증을 가진 개인들을 다루기 위한 일부 지침은 〈그림 6.8〉에 제시되어 있다.

중재접근법은 실어증에 관한 SLP의 이론적 입장에 덧붙여 가장 효과적인 기법에 관한 임상적 지식의 강력한 성향이 반영된다. 개개 임상가들은 기억이나 청각이해와 같은 기저 기술을 다룰 것인지, 아니면 이름대기와 같은 특정 기술의 결함을 직접 다루기 시작할 것인지를 결정해야 한다. 만일 SLP가 의뢰인의 뇌를 재조직하도록 도울 필요가 있다고 결정했다면, 이를테면 한 손가락으로 글자들을 따라가며 소리 내어 읽는 것과 같은 교차 감각양식 훈련(cross-modality training)을 선택할 수 있을 것이다.

SLP는 어느 한 감각양식으로 훈련된 기술을 다른 감각양식으로 일반화시키는 교차 감각양식 일반화를 활용할 수도 있다. 예를 들어, 실문법증을 보이는 일부 개인들은 산출훈련보다는 이해훈련에서 더 많은 이득을 얻는다(Jacobs & Thompson). 이해훈련은 이해 및 산출로 일반화되는 것처럼 보인다. 마찬가지로 언어학적으로 관련된 구조들 간에 걸쳐, 그리고 보다 복합적인 구조에서 덜 복잡한 구조로 일반화가 이루어진다(Thompson et al., 2003).

회복의 초기 단계 동안의 치료효과에 관한 자료는 매우 부족하다. 비록 초기 단계에서의 실어증 관리의 초점은 구조화된 언어치료라기보다는 오히려 종종 지원의 제공, 예방, 교육으로 구성되어 있긴 하지만, 많은 개인들은 덜 지시적이며 보다 상담 중심적인 치료로부터 이득을 얻는다(Holland & Fridriksson, 2001).

초기 및 추수 중재 모두에서, 특히 중재의 초기 단계에서는 더더욱 대화기법들을 통해 언어치료 및 치료적 지원을 제공해줄 수 있다(Holland & Fridriksson, 2001). 치료적 대화 내에서, 의뢰인은 가능한 한 많은 '의사소통의 부담(communication burden)'을 진다. 의뢰인 자신에 의한 작은 개선을 염두에 둔 SLP는 의뢰인이 감당해야 할 요구를 고안한다. 대화를 활용한 짧은 회기 내에서, SLP는 의뢰인에게 어떤 일이 일어나고 있는지를 재확인해주고 설명 주며, 그 긍정적인 변화를 명시해준다. 의뢰인이 진보해나감에 따라 SLP는 지원량을 줄여나 가면서 다양한 의사소통 맥락과 경험들을 제공해준다.

중재의 또 다른 방식은 의뢰인으로 하여금 우뇌로부터 '교량을 놓아' 좌반구의 언어에 접 근하는 시도를 하게 하는 것이다. 이는 의뢰인에게 친숙한 사물에 대해 몸짓(제스처)이나 수 화를 하면서 동시에 그 이름을 말하도록 하는 방식으로 시도될 수 있다. 그 속성상 시공간 적인 제스처나 수화는 부분적으로는 우반구에 저장되는 것이 타당할 것이다. 비록 그 일반 화나 장기효과에 관해서는 더 많은 자료가 필요하기는 하겠으나, 보고된 바에 따르면 제스 처와 팬터마임을 사용하는 방식 모두가 명사 인출에 정적인 효과를 가진다(Ferguson et al., 2012). 다른 방식으로는 의뢰인의 일반적으로 보존되어 있는 우반구의 능력을 활용하여 억 양패턴 또는 리듬을 산출해내는 것이다. 의뢰인이 목표낱말과 목표구를 도움 없이 자발적으 로 산출하기 시작하면 수화 또는 억양패턴은 점차 소거시킨다.

다른 많은 언어중재 영역에서와 같이, 교차-반구적 치료(cross-hemispheric treatment)를 모두가 만장일치로 동의하는 것은 아니다. 많은 SLP들이 손상된 인지과정에 대한 보다 직접 적인 다감각적 자극을 통해 언어결함을 치료하는 것을 더욱 선호한다(Peach, 2001). 목표는 우세 반구 내의 말 영역을 재활성화시키는 것이다.

최중도의 언어장애 그리고/또는 말장애를 가진 의뢰인들에게는 수화, 제스처, 또는 일부 기타 양식의 보완대체적 의사소통이 일차적인 의사소통 양식이 될 것이다. 신경근육의 손상 도 함께 가진 의뢰인들에게는 의사소통판(communication board)이나, 이를테면 아이패드 활 용과 같은 전자 의사소통 양식이 적합할 수 있을 것이다. 많은 것들이 단지 한 손으로 할 수 있고 남들이 쉽게 추측해낼 수 있는 미국 원주민, 즉 미국 인디언식의 수화 역시 유용할 수 있다. 제13장을 보라.

중재는 보다 언어적인 목표에 덧붙여 이를테면 기억과 주의 같은 인지적 능력에도 초점을 둘 수 있을 것이다. 임상가가 보조하는 훈련 역시 시각 연결하기나 읽기이해를 포함하여, 이 를테면 컴퓨터가 제공하는 읽기과제와 같은 방식으로 좀더 도움을 최소화하는 훈련으로 보 완될 수 있을 것이다.

중추신경계의 적응적 능력, 즉 가소성(plasticity)은 유망하다. 자료들은 뉴런 및 기타 뇌세 포들이 훈련 등의 다양한 압력에 대응하여 스스로의 구조와 기능을 변화시키는 능력을 가지 고 있음을 강력하게 시사해준다. 가소성은 손상된 뇌가 중재를 거쳐 잃어버린 행동을 재학 습하도록 돕는 핵심요소이다. 임상적 연구와 실제로부터 전환되기 위한 더욱 많은 연구가 이루어져야 할 것이다(Kleim & Jones, 2008).

의뢰인의 가족들이 협조적이라면, SLP의 안내하에 의사소통 훈련 프로그램에 이들을 참 여시키는 것이 보통은 유익한 일이다. 가정의 친숙한 분위기와 사물, 행위, 그리고 그 안의 사람들은 의뢰인의 회복을 촉진하며, 그 또는 그녀의 재학습된 의사소통 행동들을 강화시켜 줄 수 있다. 전문가들은 가족들의 이러한 유익한 참여가 반드시 그들의 감정적 비용을 요구 하는 것이 아니도록 해야 한다는 점을 기억해야 한다. 가족 구성원들은 의뢰인이 거의 진보

글상자 6.1 | **실어증을 가진 개인들을 위한 근거기반실제**

전반적인 중재방식

- 실어증을 가진 개인들은 SLP로부터의 서비스로 중재를 받지 않은 이들에 비해 유의하게 이득을 얻는다. 최소 80%가 언어의 양과 질 모두에 영향을 미치는 측정가능한 진보를 나타낸다.
- 행동적 중재는 언어회복을 촉진시킨다. 일반적으로, 실어증 치료는 자발적 회복 하나만 있을 때에 비해 보다 효과적이다.
- 각기 다른 유형의 실어증 및 서로 다른 언어행동별로 가장 효과적인 중재형태는 아직 완전하게 평가되지 못하였다. 대부분의 평가 연구들은 기능적인 의사소통 사용에 대한 실어증 치료의 효과를 조사하기보다는 검사수행 방식을 사용하고 있다. 이를테면 상해의 크기 및 위치, 연령, 그리고 언어결함의 유형과 같은 뇌졸중 회복 요인들이 치료, 특히 신경의 재조직화에 어떠한 영향을 미칠 수 있는지에 관해 더 많은 연구가 요구되고 있다.

특정 기법들

- 비록 상해 후 중재의 타이밍이 매우 중요하지만, 집중적 중재를 시작하기까지의 최적의 구간은 명확하지 않다. 일반적으로 우리는 첫 3개월 이내의 치료가 가장 유익할 것이나, 그 이후의 치료 역시 언어능력과 그 사용을 개선시킬 수 있다고 말할 수 있다.
- 뇌기능상의 변화 및 생리학을 유지시키기 위해서는 반복이 중요하다.
- 비록 보다 집중적인 중재(주당 9시간 또는 그 이상의)가 더욱 좋은 결과를 가져다주지만, 최적의 양은 명확하지 않다. 만성적인 실어증의 경우, 보다 집중적인 치료에 관해서는 아주 작은 증거만 있

을 뿐이다. 특별히 관심을 끄는 것은 *제약-유도 언어치료*(constrint induced language therapy, CILT)이다(Pulvermuller et al., 2001). CILT는 (1) 환자에게 기타의 모든 통로들의 사용을 제한하거나 제약하면서 구어언어만을 사용하도록 요구하고, (2) 집중훈련 또는 2주 동안 하루 3~4시간으로 계획된 고강도 치료이다. 이 효과는 제약 활용을 적용시키지 않는 다른 치료들과 유사하다(Cherny et al., 2008).

- 복합적 언어(complex language)를 훈련시키는 것은 훈련된 자료와 훈련되지 않은 자료가 언어학적으로 관련된 것일 경우에는 덜 복잡하고 훈련되지 않은 언어의 개선을 가져다준다. 단순한 언어(simple language)를 훈련시키는 것은 보다 복잡한 자료의 학습에 거의 효과가 없다.
- 보완대체의사소통의 활용(제13장을 보라)에 대해서는 아직 결론이 나지 않았다.

일반화

- 치료효과의 훈련받지 않은 언어행동으로의 일반화에 대한 연구결과들은 복합적이다.
- 이를테면 훈련된 문장과 구문적으로 관련 있는 비훈련 문장으로의 일반화와 같이, 훈련된 것과 유사한 언어적 속성일 때 일반화가 가장 잘 일어날 수 있다.

출처 : DeRuyter et al.(2008); Koul & Corwin(2010); Raymer et al.(2008)에 근거함.

보완대체의사소통은 일차적인 의사소통 양식이 될 수 있으며, 또는 구어언어에 접근할 수 있는 촉진적인 도구로 활용될 수도 있다.

하지 않더라도 절대로 죄의식을 가지지 않게 해야 한다.

자원봉사자들을 훈련시켜서 실어증을 가진 개인들의 대화시도를 지원하게 할 수 있다 (Kagan et al., 2001). 이 개인들은 의뢰인의 상호적인 행동을 인정하고 이에 반응해줄 필요가 있다. 이러한 피드백은 동기와 수행에 영향을 미칠 수 있고, 중재의 필수적인 부분이 된다.

근거기반실제

우리는 비록 실어증을 가진 개인에 대한 다량의 중재연구로부터 중재가 회복을 촉진한다는 결론을 얻을 수는 있으나, 다양한 실어증 유형에 대해 어떠한 중재방식이 최상의 것인지 명확히 말할 수는 없다(Raymer et al., 2008). 우리가 말할 수 있는 것은 중재에 참여시키지 못하면 회복에 나쁜 효과가 초래된다는 것이다. 기타의 근거기반실제(EBP)의 결과들은 〈글상자 6.1〉에 제시되어 있다.

결론

실어증은 개인에 따라 그 범위와 정도가 달라지는 복합적인 장애이다. 또한 의뢰인들은 손상의 결과로 인해 이를테면 마비와 같은 기타 결함들을 가질 수 있다. 의사소통의 각 특정 감각양식에 따르는 개인의 능력과 결함에 대한 오직 상세한 진술만이 SLP로 하여금 효과적인 중재를 계획하고 이행할 수 있게 할 것이다. 증후와 중증도에서의 개인차, 팀 접근의 중재, 자발적 회복가능성이 우리가 중재효과성을 측정하고, 또 우리가 관련 연구에 관심을 가지는 여러분들에게 기회를 제공하려는 노력을 어렵게 만든다.

우반구뇌손상

건강센터 세팅에서 일하는 SLP가 **우반구뇌손상**(right hemisphere brain damage, RHBD)을 가진 개인들의 인지-의사소통장애의 평가 및 관리에 참여되는 일이 점차 증가하고 있다. RHBD라는 용어는 거의 대부분의 언어기능과 관련하여 비우세 반구인 우반구의 손상으로 인해 야기된 결함군을 의미한다. RHBD는 시공간적 무시(visuospatial neglect)와 기타 주의 결함에 이르는 다양한 결함을 초래하는 것으로 알려져 있다 — 기억의 장애 그리고 이를테면 문제해결·추론·조직화·계획수립·자각심과 같은 집행기능 요소들의 장애, 폭넓은 범주의 의사소통 결함(ASHA, 2008; Blake, 2006; Lehman & Tompkins, 2000; Myers, 2001; Tompkins et al., 2013). 비록 RHBD의 50~78%가 한 가지 이상의 의사소통 결함을 가지는 것으로 추산되고 있지만, 많은 이들이 이들 장애에 필요한 치료를 받지 못하고 있다(Blake et al., 2002; Côté et al., 2007; Ferré et al., 2009).

비록 뇌졸중을 겪었던 이들의 약 절반가량이 우반구와 관련되어 있으나, RHBD는 좌반구의 손상에 비하여 알려진 정보가 매우 적다. RHBD를 가진 의뢰인이 경험하는 의사소통장애는 엄정하게 언어에 기반한 것처럼 보이지는 않는다. 오히려 인지적 결함들의 조합이 의사소통의 문제를 초래하는 것이다. 그 결과로 의사소통의 효율성, 효과성 및 정확성이 영향을 받게 되는 것이다.

비록 수용 및 산출과정 모두에서 좌반구에 훨씬 더 큰 활성화가 일어나지만, 일부 우반구의 관여 역시 일어난다(Fridriksson et al., 2009). 언어처리에 있어서의 우반구의 역할은 좌반구만큼 밝혀져 있지는 못하다. 언어정보는 좌반구에서 처리되며, 비언어적이고 준언어적인 정보들은 우반구에서 처리된다. 일반적으로 우반구는 화용론의 일부 측면, 이를테면 감정의 지각과 표현, 농담이나 역설 및 비유언어의 이해, 그리고 정합적 담화의 산출 및 이해와 같은 것들을 담당한다. 우반구는 또한 비구어적 맥락 내의 감정처리에 매우 큰 역할을 한다.

우반구 역시도 의미적 처리를 담당한다. 잠시 문장처리에 관해 생각해보자. "앤은 캐시와 부딪혔고, 그녀는 넘어졌다(Ann bumped into Kathy, and she fell over)."라는 문장에서, 넘어진(fell) 사람은 누구인지 모호하다. 사건관련전위(event-related potentials, ERP)를 사용하여 뇌에서 생성된 전기적 활동값으로 뇌활동을 측정해보면, 이 같은 문장의 처리과정에서 뇌가 그 의미의 명료화를 시도하고자 할 때는 우반구가 훨씬 많이 관여하고 있음을 발견할 수 있다(Streb et al., 2004).

인구의 약 4%가량이 우반구가 언어우세 반구이거나 또는 양쪽 반구 모두에서 언어를 처리한다. 만일 이러한 개인들이 좌반구 손상으로 인한 실어증을 가지게 된다면, 일반적으로 좌반구 우세 개인들에 비하여 이들은 좀더 가벼운 결함을 겪고, 좀더 빠른 회복을 보이게 될 것이다. 실어증을 가진 좌반구 우세 개인들의 회복에 관여하는 우반구의 역할은 명확하지 않다.

특징

RHBD의 결함들은 좌반구 손상에 의한 결함들에 비해 명확하지 않다. 가장 보편적인 결함들에는 다음과 같은 것들이 포함된다.

- 좌측으로부터의 모든 정보들을 무시함
- 질병 또는 사지(limb)의 어려움에 대한 비현실적인 부정
- 판단 및 자기모니터링의 결함
- 동기의 결여
- 부주의

RHBD를 가진 개인의 약 절반 정도가 의사소통의 결함을 가진다.

보다 상세한 목록을 보려면 Dr. McCaffrey의 웹사이트를 방문하라.

결함들은 매우 미세한 것이나 일상생활에는 커다란 효과를 미칠 수 있다. 비록 이 결함들은 본질적으로 비언어적인 것처럼 보이나, 의사소통에도 커다란 영향을 미칠 수 있다.

결함들은 주의, 시공간적 및 의사소통적인 것들로 분류될 수 있다. 주의의 문제는 신체의 좌편으로부터 유입된 정보에 대한 반응의 결여라는 특징을 가진다. 경도의 RHBD를 가진 개인의 그림에서 이러한 현상이 나타나는데, 여기에는 좌편이 완전히 생략되거나 혹은 세부적인 부분은 거의 나타나지 않는다. 〈그림 6.9〉는 좌편 무시(left-side neglect) 그림의 예이다. 보다 중도의 손상을 가진 개인들은 (자기 앞의) 좌측편을 보는 것 자체를 거부하기도 한다.

시공간적 결함에는 시각적 변별의 어려움, 탐색 및 추적(scanning and tracking)의 어려움이 포함된다. 의뢰인은 친숙한 얼굴인식하기, 친숙한 루틴을 기억하기, 그리고 지도 읽기에서 어려움을 보이기도 한다. 일부 의뢰인들은 가족들을 알아보는 것에도 실패한다.

ASHA의 국립성과측정시스템(National Outcomes Measurement System, NOMS) 자료에 따르면, 뇌졸중으로 인해 RHBD를 가진 개인들은 삼킴(52%), 기억(41%), 문제해결(40%)의 결함을 치료받는다. 표현(22%), 이해(23%), 화용론(5%)의 장애를 다루는 중재는 그 빈도가 훨씬 낮다(ASHA, 2008). 이처럼 낮은 치료비율은 아마도 부

그림 6.9 좌편 무시를 보여주는 경도 RHBD를 가진 개인의 그림

분적으로는 우반구 의사소통 결함 판별의 어려움, 활용가능한 평가도구의 부족함, 활용가능한 의사소통 중재유형에 관한 명확성의 결여에 기인한 것일 수 있다(Lehman Blake et al., 2013).

RHBD와 연합된 의사소통의 결함은 언어적인 수단뿐 아니라 비언어적이며 준언어적인 방식을 통해 의사소통적 의도를 교환하는 일에도 영향을 미친다. 얼굴표정, 체어(보디랭귀지), 운율(prosody, 억양)이 모두 의도를 전달하는 비구어적인 수단들이다. 의도는 또한 낱말, 문장, 담화(discourse)에 의해서도 전달될 수 있는데, 정보를 전달하기 위해서는 둘 또는 그 이상의 문장들이 조직된다.

RHBD를 가진 의뢰인들은 복잡한 정보에 대한 청각 및 시각이해의 어려움, 낱말변별 그리고 시각 낱말재인의 제한을 나타낸다. 우리가 어떤 낱말이나 문장을 해석할 때, 우리는 의미 또는 범주의 망을 활성화시키며, 이 망 내에서 어떤 것들은 밀접하게 관련되어 있고 또 어떤 것들은 보다 떨어져 있는 것이다. 예를 들어, 낱말 바나나(banana)는 열대과일(triphical fruits)과 같이 밀접하게 관련된 용어들을 활성화시키고, 미끄러운(slippery)과 같이 덜 밀접하게 관련된 것은 덜 활성화시킨다. 우뇌는 멀리 떨어진 낱말과 문장 의미를 활성화시키는 데 중요하다. RHBD를 가진 이들은 이 활성화가 제한되어 이것이 그들의 대화에 영향을 미치는 것으로 믿어지고 있다(Tompkins et al., 2008, 2013).

많은 낱말들이 다중적인 의미들(multiple meanings)을 가지고 있다. 어떤 낱말을 듣거나 읽었을 때는 그 낱말의 다중적 의미들이 모두 활성화되지만, 뇌는 신속하게 맥락에 맞지 않는 것을 억제해버리는 것으로 여겨지고 있다. 우리가 낱말 신혼열차(bridal train)를 듣게 되면, 우리는 철도와 관련된 의미들은 억누르게 된다. RHBD를 가진 개인은 이러한 의미들을 억제하는 것이 보다 느리고, 따라서 이것이 대화해석을 덜 효과적으로 만드는 것이다 (Tompkins et al., 2000, 2013).

언어의 다양한 측면들 가운데 화용론, 즉 언어를 맥락 안에서 기능적으로 사용하는 일이 가장 심각하게 손상되는 것 같다(Myers, 2001). 예를 들어 주제 유지, 의사소통 상황에 대한 이해, 그리고 청자의 요구를 결정하는 일에 영향을 받는다. 일반적으로 RHBD를 가진 개인의 표현언어는 주제와 동떨어지고, 보다 자기중심적인 특성을 보인다. 또한 말이 장황하거나 극히 말이 적은 두 양극단이 나타나기도 한다(Lehman Blake, 2006). 이를테면 의사소통 상대방과의 친숙성, 또는 화자 및 상대방의 사회적 신분, 또는 특정 말 스타일과 같은 맥락 단서들이 생략되거나 무시되기도 한다(Blake, 2007; Ferré et al., 2011).

문장 및 담화에서의 결함들이 이해와 산출 모두에서의 효율성 및 효과성에 영향을 미칠 수 있다(Myers, 2001). 담화는 종종 비조직화되고, 주제와 동떨어져 있거나, 지나치게 개인화된 것으로 기술되고 있다(Blake, 2006; Myers, 2001).

이해의 결함에는 의도된 의미를 잘못 해석하는 것이 포함되는데, 이것은 맥락단서의 활용, 추론 생성 또는 문장들 간의 연계능력에서의 결함과 관련되어 있다. 여기에는 또한 은유(metaphors), 이를테면 *hit the roof*(벌컥 화내다)와 같은 격언(idioms), 유머, 풍자, 그리고 이를테면 "여기 춥지 않니?"와 같은 간접적 요구(indirect request) 등의 비문자적 언어(nonliteral language)에 대한 이해결함 역시 포함되어 있다. 이러한 어려움들이 비문자적 언어처리에 기저하는 결함에 기인한 것인지, 아니면 비언어적 단서 및 맥락적 단서들을 활용하는 것에서의 결함에 기인한 것인지는 확실하지 않다.

문제는 또한 지나치게 많은 의미들을 생성해내고, 이 중 맥락에 적합한 한 가지를 선택하지 못하는 것으로부터 기인된 것일 수도 있다(Blake, 2009; Blake & Lesniewicz, 2005; Tompkins et al., 2000, 2001; 2004). 청자로서 무관하거나 부적절한 정보를 억제하는 것에서의 실패는 이해에 영향을 미치게 된다(Tompkins et al., 2000).

RHBD를 가진 의뢰인들은 유입되는 정보 중 어떤 것이 중요하며 또 어떤 것은 그렇지 않은지를 결정하는 판단력의 열악함을 드러낸다. 이와 유사한 선택 장애의 양상이 언어의 표현적 사용에서도 두드러지게 나타난다. 의뢰인들은 불필요하고, 부적절한, 반복적인, 그리고 무관한 정보들을 포함시킴으로써 일견 자신들의 언어를 의미 있는 방식으로 조직해내거나 또는 이것을 효율적으로 제시하지 못하는 것처럼 보인다. 기타 문제영역들에는 이름대기, 따라 말하기, 쓰기, 특히 철자의 대치 및 생략 등이 포함된다.

준언어적 결함(paralinguistic deficits)으로는 정서적 언어의 이해 및 산출에서의 어려움이 있다. RHBD를 가진 개인들의 말에는 기쁨과 슬픔, 분노와 환희를 표현하기 위해 사용되는 정상적인 리듬인 운율 또는 강세가 결여되어 있다. **실운율증(aprosodia)**이라고 부르는 이것은 언어의 감정적 측면을 산출하거나 이해하는 것에 있어서의 능력 저하 또는 무능함을 말한다 (Baum & Dwivedi, 2003; Pell, 2006). 말 산출은 '평평하게(flat)' 또는 단조롭게 들린다.

RHBD의 특성에 관해 간결하며 잘 정리된 목록을 얻으려면, 캘리포니아주립대 치코캠퍼스 웹사이트(www.csuchico.edu/~pmccaffrey/)의 Patick McCaffrey 교수의 페이지를 방문하라. 'CMSD636'을 클릭한 후, 제11장으로 내려가면, RHBD의 특징 및 진단에 관한 상세한 설명이 제공된다.

평가

실어증에서와 마찬가지로, RHBD를 가진 개인의 평가는 많은 동일 전문가들로 구성된 팀의 노력 및 진단과제들로 이루어진다. SLP는 시각적 탐색 및 추적(scanning and tracking), 낱말과 문장에 대한 청각 및 시각이해, 지시 따르기, 감정에 반응하기, 이름대기 및 그림 설명하기, 쓰기에 관심을 가진다. 예를 들어, SLP는 의뢰인에게 블록으로 같은 모양 다시 만들기 또는 동일한 2개의 사물이나 그림 찾아내기, 듣거나 활자로 본 낱말이나 문장 회상하기 또는 이 두 가지 모두, 그리고 SLP가 똑같이 그려낼 수 있도록 그림을 정확하게 설명해주기와 같은 것들을 요구할 수 있을 것이다. 대화맥락에서 의뢰인의 화용적 능력을 평가할 때는 표본자료 및 관찰자료가 필수적이다.

실어증 검사배터리 가운데 RHBD용 표준화검사, 비표준화된 방식이 평가에 사용된다. 비표준적 방식에는 의사소통 검사와 함께 면담, 관찰, 그리고 의뢰인의 행동평정이 포함된다.

중재

중재는 종종 시각 및 청각재인으로 시작된다. 이것들은 이를테면 이름대기, 설명하기, 읽기 및 쓰기와 같은 보다 복합적인 과제로 나아가기 이전의 필수적인 기술들이다. 자기모니터링 및 준언어학이 먼저 도입되고, 내용상의 복잡성이 점진적으로 증가된다. RHBD를 가진 개인들의 결함에 관한 지식은 점차 증가되고 있기는 하지만, 이들을 어떻게 다루어야 할지에 관한 지식은 제한적이다(Lehman Blake, 2007). 우리가 알고 있는 바는 〈글상자 6.2〉에 제시되어 있다.

표현 실운율증(expressive aprosodia)을 가진 의뢰인의 경우, SLP는 몇 가지 방식을 사용하게 될 것이다. 모방치료에서, 의뢰인은 질문에 대한 대답으로 SLP를 따라 문장을 함께 말한다. 인지-언어치료라고 부르는 다른 방식에서는 의뢰인의 말의 운율, 또는 리듬, 강세, 그리고 억양을 변경시키기 위해 다양한 단서들을 활용한다. 여기에는 이를테면 행복한(happy) 또는 화난(angry)과 같은 정서적 용어, 이 감정을 전달하기 위한 운율적 특성, 그리고 감정을 묘사하는 얼굴표정 그림 등의 활용이 포함된다. 의뢰인이 성공하게 되면, 단서들을 체계적으로 제거해나간다.

이를테면 "home is where the heart is(집은 사랑이 담긴 곳이다)."와 같은 비문자적 또는 상징적 언어를 해석해내기 위해, 개인은 먼저 낱말 *home*과 *heart*의 문자적 의미에 대해 이 낱말들의 은유적 의미를 결합시켜낼 수 있어야만 할 것이다. 예를 들어, *heart*는 *home*이 그러하듯이 따뜻하고, 편안한 감정을 나타내기 위해 사용된 것이다. 의미적 중재접근법에서는 거미 모양의 도식(spider diagram)을 활용하여 낱말의 의미와 함축성을 지도화하고, 두 낱말

RHBD에서 발견되는 바의, 이것이 행동들에 미치는 광범위한 효과로 인해, 우리는 이들 환자들을 위한 치료에 대해 아는 바가 많지 않다.

글상자 6.2 │ 우반구뇌손상을 가진 개인들을 위한 근거기반실제

일반적 측면

- 인지재활중재는 주의, 기능적 의사소통, 기억, 문제해결에 긍정적인 효과를 가진다.
- SLP의 중재서비스를 받고 있는 의뢰인들의 약 70~80%가 의사소통에서의 유의하게 측정가능한 개선을 나타낸다.
- 보다 광범위한 학제간 접근(interdisciplinary approach)의 한 일환으로서의 의사소통 중재서비스에는 신체, 정서, 직업, 그리고 의사소통이 포함된다. 여기에 가족 교육 및 지원이 더하여져 일상생활에서의 보다 확대된 독립성 및 조정된 직업 프로그램으로의 복귀와 같은 결과들이 나타난다.
- 이러한 유망함에도 불구하고, 치료연구는 거의 이루어지지 않아 왔으며, 상대적으로 적은 수의 참여자만을 대상으로 실시되어왔다.

문장 및 대화수준에서의 특정 중재들

- 실운율증 또는 억양을 통해 감정을 표현하는 것에서의 결함의 경우에는 모방하기와 인지-언어학적 치료 모두가 유망하다.
- 수용언어 중재의 경우, 비록 일반화 자료는 여전히 부족하지만, 낱말해석에 앞서 이에 대한 사전자극을 제공하는 것이 유망하다.
- 대화의 조직을 개선시키기 위해 내러티브를 사용하는 것은 매우 제한적인 자료에 입각하여 여러 결과들이 혼재하고 있다.
- 화용적 중재는 비디오 피드백, 모델링, 지도(coaching)와 시연 전략의 조합을 사용하는 기술기반 치료(skill-based treatment)이건 또는 주의 및 주의통제 강화를 위한 청각자극 접근법이건 간에 두 가지 모두 여러 결과들이 혼재하고 있다.

출처 : Lehman Blake et al.(2013) and Lehman Blake & Tompkins(2008)에 근거함.

들을 이러한 방식으로 연계시킨다(Lundgren et al., 2011).

의미를 활성화시키고, 맥락에 맞지 않는 의미는 억제시키기 위한 중재는 **맥락적인 사전자극**(contextual pre-stimulation)이라고 부르는 기법을 통해서 이루어낼 수 있다. 이 방식에서 초반부에는 의뢰인에게 어떤 낱말이 주어지기 이전에 먼저 여러 의미들을 활성화시킬 수 있는 문장을 제시해준다. 예를 들어, 의뢰인에게 *banana*와 *slippery*를 연계시키도록 요구하기 전에 먼저 "He slipped and fell on the floor(그는 미끄러져서 바닥에 쓰러졌다)."라는 문장을 들려줄 수 있다(Tompkins et al., 2011).

의뢰인으로 하여금 일반적인 의사소통의 개시에 적절히 반응하며, 이후 대화 속에서 점차 복잡해지는 정보들을 추적할 수 있도록 도움이 제공된다. SLP로부터 정확한 정보를 요구하는 질문으로 시작하여, 의뢰인은 요점에 도달하는 반응을 할 수 있도록 학습한다. 이 질문들은 의뢰인이 화제에 벗어난 반응을 하는 빈도가 낮아지도록 학습됨에 따라 보다 개방형(openended) 질문으로 바뀌게 된다. 마찬가지로, 시간적 제한을 두어 의뢰인이 길게 횡설수설하지 않도록 대화차례(conversational turns)를 제한시킨다.

이를테면 커피 만들기와 같이 일상에서의 여러 단계로 이루어진 행위에 대한 시퀀싱 과제나 설명하기 과제를 도입하여 의뢰인이 언어적 내용 및 대화에의 적절한 공헌을 조직해낼 수 있도록 돕는다. 초기 단계에서는 조직화를 돕기 위해 사물이나 그림과 같은 단서들이 사용될 수 있다.

마지막으로, 대화를 하면서 SLP는 의뢰인이 이들 여러 기술들을 합성해내도록 도울 것이다. 시각 및 구어단서들이 대화 주고받기를 보조할 수 있다. 눈 마주침, 체어(보디랭귀지), 제스처 같은 중요한 비언어적 표지들을 목표로 삼을 수 있다. 주제 유지 및 대화에의 적절한 공헌 역시 강조된다.

외상성뇌손상

외상성뇌손상(TBI)은 머리에 대한 강타 또는 충격 또는 침습성 머리 상해(penetrating head injury)로 인해 야기된 정상 기능의 붕괴를 말한다. TBI의 주요 원인은 낙상(falls, 28%), 차량사고/교통사고(20%), 기타 머리에 대한 충격, 종종 스포츠(19%), 피격(11%) 등이다(National Center for Injury Prevention and Control, 2009). 낙상은 대개 매우 젊거나 매우 나이 든 사람들에게 영향을 미친다. TBI의 가장 위험군인 두 연령집단은 0~4세와 15~19세이다. 자동차, 오토바이, 오프로드용 차량사용의 증가는 10대들 및 젊은 성인들 가운데에서의 TBI 증가와 직접적으로 관련되어 있다. 그 밖의 충격적인 증가는 도시 지역에서의 의도된 살인 및 총기 관련 상해가 많아졌다는 것이다. 이 책의 저자들은 자동차나 오토바이 그리고 자전거 사고, 낙상, 폭력범죄, 총기가 관련된 자살 미수로부터 야기된 성인 TBI 의뢰인들을 보아왔다.

미국에서는 매년 약 140만 명의 사람들이 TBI를 겪게 된다(National Center for Injury Prevention and Control, 2009). 대부분은 응급실에서 치료를 받고 퇴원하지만, 5만 명은 사

사례연구 6.3

TBI를 가진 한 젊은 남성의 개인적 이야기

그의 가족들은 그를 펠리페라고 불렀지만, 그는 친구들이 자신에게 지어준, 보다 미국화된 애칭인 '칩'이란 이름을 쓰는 것을 더 좋아했다. 그는 집을 떠나 대학에 입학하는 것에 매우 들떠 있었다. 자립한다는 생각과 무한한 가능성에 그는 전율하였다. 비록 그저 신입생일 뿐이었지만, 그는 학교 밖 아파트에서 몇몇 친구들과 함께 살 계획이었다.

학교가 시작된 몇 주 후, 펠리페는 그를 너무나 그리워하는 어머니를 놀라게 해주려고 히치하이크를 해서 집으로 돌아가기로 결심하였다. 그는 금요일 아침 엄지손가락을 추켜세웠지만, 그것이 결코 그를 집으로 돌아가게 해주지는 못하였다. 첫 번째 얻어탄 후, 그는 소다수를 산 후, 다시 엄지손가락을 들기 시작했다. 잠시 후 그는 픽업트럭의 측면 거울에 머리를 부딪치고 말았다. 다행히도 펠리페의 백팩에는 이름표가 달려 있었고, 그의 가족은 그가 병원에 등록된 직후 소식을 듣게 되었다.

사고 몇 시간 후, 의식을 되찾았을 때, 그는 극도의 지남력 상실을 보였다. 그는 말을 전혀 하려 하지 않았고, 매우 심한 기면상태(lethargic)에 머물러 있었다. 비록 자기 가족을 알아볼 수는 있는 것 같았으나, 그들과 의사소통하려는 시도는 전혀 나타나지 않았다. 이후 몇 주가 더 지나자, 그의 조건은 천천히 안정화되어갔다. 의사는 처음에는 손상 영역의 부종(부기)에 대해 염려하였다. 내부에 어느 정도의 출혈이 증명되었으나 이것이 주된 문제는 아니었다.

일단 부종이 감소되기 시작하자, 펠리페의 능력이 천천히 되돌아오기 시작하였다. 그는 가족들의 이름과 일상사물들의 이름을 회상해내기 시작하였다. 그는 신체우측의 마비로 인해 걷기가 극도로 어려웠다. 그는 대학을 휴학하고 집에 머무르며 중재서비스를 받았다. 외래환자로서 그는 언어치료사, 물리치료사, 작업치료사들을 만났다.

1년 휴학 끝에 그는 학교로 돌아가서, 이를테면 녹음기를 사용하고 여분의 시간을 활용한 필기시험과 같은 일부 적응에 성공적으로 임할 수 있게 되었다. 그는 우측 다리를 약간 절었고, 우측 팔에 일부 미세한 약화가 남아 있었다. 비록 그는 일부 경도 수준의 낱말찾기 결함은 있었으나, 그의 언어 및 말 기술들이 되돌아왔다. 그의 인지능력은 사고 이전에 비해 보다 경직되었고, 문제해결 과제에서는 많은 노력이 요구되었다. 비록 그의 신체 및 인지적 제한은 지속적으로 그에게 영향을 미치게 될 것이지만, 모든 지표들은 그가 학업수행에서는 성공적일 수 있을 것임을 나타내주고 있다.

망하고, 23만 5,000명은 장기입원이 요구된다. 자동차 사고가 가장 많은 수의 입원을 초래한다. TBI를 가지고 있으되 의학적인 치료나 돌봄(care)을 구하지 않는 사람의 수는 밝혀져 있지 않다. TBI의 결과로, 최소 530만 명의 미국인들 — 미국 인구의 약 2% — 이 현재 일상활동을 영위하는 데 필요한 장기적 또는 영구적인 요구를 가지고 있다. 남성이 여성에 비해 약 2배 이상 TBI를 더 많이 겪게 된다.

이 통계치는 무서운 이야기를 말해주지만 그 아픔과 고통 또는 회복을 위한 장기적인 투쟁에 관해서는 설명해주지 않는다. 〈사례연구 6.3〉은 TBI를 가진 한 젊은 남자의 개인사적 이야기를 들려주고 있다. 추가 정보를 얻으려면 국립신경학적장애 및 뇌졸중연구소(National Institute of Neurological Disorders and Stroke) 웹사이트를 찾아보도록 제안한다.

여러분은 아동 언어장애에 대한 이전의 논의에서, 뇌의 특정 영역에서의 손상을 초래하는 뇌졸중과는 달리, TBI는 뇌 전체에 대한 미만성 손상(diffuse injury)이라는 점이라고 설명했던 부분이 기억날 것이다. 이것은 비초점적이다(nonfocused). 손상은 다음과 같은 것들로부터 초래될 수 있다.

- 상대적으로 거친 두개골 안쪽 표면과의 강력한 접촉으로 야기된 타박상 및 열상 (laceration, 찢어짐)

- 2차 **부종**(edma), 또는 유액 증가로 인한 부기, 이것이 압력 상승을 초래할 수 있다.
- 감염
- 저산소증(hypoxia, 산소 결핍)
- 조직 부종(부기)으로 이한 뇌내압(intracranial pressure)
- **경색**(infarction), 즉 혈액 공급 차단으로 인한 조직 괴사
- **혈종**(hematoma), 즉 국소적 출혈(focal bleeding)

실어증과 유사한 증후는 흔하지 않지만, 인지손상과 관련된 언어적 결함은 쉽게 나타난다. 게다가 TBI를 가진 개인들은 감각, 운동, 행동, 정서적 결함들을 가지기도 한다. 신경근육학적 손상에는 발작, 반신감각 결함, 편마비 또는 반신불수가 포함된다. 이것이 초래하는 증상 및 삶의 변화는 매우 심대한 것이다.

특성

TBI를 가진 성인들은 신체, 인지, 의사소통, 그리고 심리사회적 결함이 다양하게 결합된 이질적 집단이다. 일반적으로 가장 파괴적인 측면은 손상 이전에 존재했던 수준의 관심사나 일상과제를 재개하지 못한다는 점이다. 일부 의뢰인들은 거의 전적으로 타인에게 의존하는 모습을 보인다. 인지적 결함은 지남력, 기억, 주의, 추론 및 문제해결에서 뚜렷이 나타나며, 또한 목표지향적 행동을 위한 계획, 집행 및 자기모니터링을 담당하는 집행기능에서 뚜렷하게 나타난다.

언어는 TBI를 가진 개인 4명 중 3명이 영향을 받는다. TBI의 가장 보편적으로 보고된 두 가지 증후는 명칭실어증과 이해의 손상이다.

아동들의 경우에서와 마찬가지로, 가장 혼란스러운 언어영역이자 문제가 가장 만연되어 있는 영역이 화용론이다. 출간된 검사들의 대부분은 언어의 형식과 내용을 목표로 하고 있을 뿐 대화에서 명백하게 드러나는 화용적 결함은 간과하고 있다. 화용적 결함은 무능력한 행동억제 및 판단의 오류로부터 기인한다. 이 결과는 횡설수설, 뚜렷하게 주제에서 벗어난 비정합성(incoherence), 부적절한 논평, 주제 유지의 무능함, 타인의 말을 자주 방해하는 것과 같은 말 주고받기 기술의 열악함이 나타나게 된다. 게다가 의사소통에는 정서적 또는 감정적 언어능력의 부족함, 부적절한 웃음이나 욕설과 같은 특성들이 나타나기도 한다.

결함은 언어의 제약에만 그치지 않고 말, 음성, 삼킴장애가 나타나게 될 수도 있다. TBI를 가진 전체 개인의 약 1/3이 마비말장애, 즉 말 산출을 통제하는 근육의 약화 또는 불협응으로 인한 장애를 나타낸다(제10장을 보라). 언어결함은 정보처리, 문제해결, 추론 능력에 기저하는 어려움을 반영한다. 게다가 심리사회적 변화 및 성격 변화에는 탈억제(disinhibition) 또는 충동성, 조직화 및 사회적 판단의 열악함, 위축 또는 공격성이 포함된다. 신체적 징후에는 걷기의 어려움, 협응의 열악함, 시각의 문제가 포함된다. TBI로 야기될 수 있는 보다 완전한 목록들은 〈그림 6.10〉에 제시되어 있다.

중증도는 초기의 의식 및 외상후 기억상실(posttraumatic amnesia) 수준과 관련되어 있는

그림 6.10 TBI로 인해 야기될 수 있는 결과

인지

부주의

지남력 저하

저조한 기억

저조한 문제해결 능력

언어, 말, 구어 메커니즘

연하장애

마비말장애

함묵증(mutism) 가능성

화용장애(의사소통 능력에 비해 말을 더 잘함)

혼란스러운 언어-부적절함, 작화(지어내는 이야기) 또는 마구잡이식의 초점 없는 잡담, 돌려말하기 (circumlocution), 주제에 벗어난 논평, 논리적 시퀀싱 부족, 잘못된 이름대기

감정/성격

공격성/위축

냉담함 및 무관심

거부

우울

탈억제 및 충동성

성급함

공포증

사회적으로 부적절한 행동 및 논평

의심 및 불안

듯하다. 의식수준은 무의식(unconsciousness)이 지속되는 상태, 즉 외부자극에 의해 오직 최소한만의 신체반응이 나타나는 혼수상태로부터 지남력 상실, 무감각, 기면상태(lethargy)인 의식상태(consciousness)까지의 연속선상을 따라 분류될 수 있다. 기억상실증, 즉 기억의 손상은 TBI에서 자주 나타나는 결과이다. 혼수상태 및 기억상실 두 가지 모두 그 지속기간은 중증도와 예후의 예측에 성공적으로 — 비록 반드시 오류가 없는 것만은 아니지만 — 활용될 수 있다. 일반적으로 이 두 가지 모두 단기적인 것일수록 초래되는 TBI의 결함도 덜 중하며, 잠재적 결과 역시 더 좋다.

생애주기적 논점

TBI를 가진 대부분의 성인들은 젊은이들이며, 자동차나 오토바이 사고를 경험한 이들이다. 여러분이 1명의 대학생으로서 친구의 차에 타고 있다고 가정해보자. 이후 여러분이 기억하는 일은 어지럽고, 지남력이 없으며, 그리고 여러분 주변에 대해 자각하지 못한 채로 병원을 돌아다니는 일이다. 여러분은 영원히, 또는 최소한 가까운 미래까지의 삶을 변화시키게 될 언어장애 또는 기타 장애를 가지게 될 것이다.

몇 단계에 걸친 회복이 나타나며, 이 각각의 단계에 따라 임상적 중재가 달라진다. 대부분의 개인들은 완전한 회복에 이르지 못할 것이며, 대개는 일부 잔존 결함이 남아 있게 될 것이다. 초기에 개인들은 자극에 반응하지 못하며 병원 세팅에서 전적인 도움이 필요하게 될 것이다.

개인이 반응을 하기 시작하게 될 때, 그 또는 그녀의 행동은 여러 다양한 자극의 속성을 반영하지 못한다. 다시 말하자면, 환자는 상황이 변화된다 해도 하나의 반응을 고집하게 된

다는 것이다. 반응이 느릴 수도 있다. 목적이 없는 것으로 여겨지는 발성이 나타난다.

점진적으로, 개인은 서로 다른 자극에 따라 서로 다른 반응을 보이기 시작하며, 친숙한 이들을 알아보기 시작한다. 지시에 따른 반응은 여전히 종종 일관적이지 못하다.

의뢰인의 경각 수준이 보다 높아지게 되면, 그 또는 그녀는 혼란스럽거나 흥분된 것처럼 보인다. 단기기억 및 목표지향적인 행동들은 빈약하다. 의뢰인이 비록 앉거나 걸을 수 있게 된다 해도, 이러한 행동들은 목적 없이 수행된다. 의뢰인은 기분의 변동폭이 커지는 일 (mood swing)이 생겨나게끔 되어 있으며, 변덕스럽고 부적절한, 즉 감정적 언어를 나타내게 될 수도 있다. 비록 개인들이 여전히 병원에서의 재활적 치료를 필요로 하겠지만, 그 또는 그녀는 집중 치료로부터 벗어날 만큼은 회복이 된다.

혼란함이 약화되고 언어가 점차 돌아오게 됨에 따라, 개인은 짧은 시간 동안 경각 상태를 유지할 수 있고, 그림이나 사물 같은 강력한 외부자극이 사용된다면 잠깐의 대화는 유지해 낼 수 있게 된다. 여전히 목적 없이 행동하는 기간이 남아 있다. 단기기억은 여전히 심하게 손상되어 있다. 구조화된 상황에서 환자는 학습한 과제를 수행해낼 수 있으나, 여전히 새로운 행동은 학습하지 못한다.

개인이 지속적인 개선을 보이게 됨에 따라, 그 또는 그녀는 필요로 하는 도움이 차츰 줄어들게 된다. 방향을 수정해가며 30분까지 주의를 지속할 수 있게 되면서, 개인은 자기 자신, 가족, 그리고 기본적 요구에 대한 적절한 반응을 지각하게 되면서 보다 목표지향적인 수준으로 변해나간다. 비록 새로운 과제들은 그렇지 못하지만, 재학습된 과제들은 다른 상황으로 일부 전이(carryover)가 이루어진다. 언어는 오직 매우 친숙한 맥락 내에서만 적절히 사용된다.

점진적으로, 개인은 인물 및 장소에 대한 지남력을 되찾아간다. 시간에 대해서는 여전히 혼란스러우며, 개인은 자신의 조건에 대해 오직 피상적인 이해만을 드러낸다. 일반적으로 통원환자로서의 개인은 학습을 할 수 있고, 이러한 학습을 다른 과제로 전이시킬 수 있으며, 또한 최소한의 도움만으로 자신의 행동을 모니터링할 수 있게 된다. 여전히 부적절한 사회적 행동을 잘 인식하지 못하여, 종종 비협조적이며, 비현실적인 기대를 가지거나 타인의 요구 및 감정을 잘 이해하지 못한다.

개인이 자신의 조건에 대해 좀더 많이 이해할 수 있고, 일상의 관례화된(routine) 과제들을 계획하고 시작할 수 있게 되면서, 오히려 좌절이 생겨나고, 우울해지고, 논쟁적이며, 성급하거나, 또는 지나치게 의존적이거나 아니면 지나치게 독립적인 모습으로 변해간다. 집에서 거주하며 어쩌면 직장으로 돌아가게 되면, 개인은 비록 산만하지만 한 시간가량 집중할 수 있으며, 과거와 현재사를 회상해내며, 그리고 오직 최소한의 도움만으로 새로운 과제를 학습해낼 수도 있게 된다.

능력은 계속 증가되나 이것이 좌절에 대한 개인의 낮은 인내심 — 비록 행동적 반응으로 나타나는 것은 덜하지만 — 을 완화시키지는 못한다. 회복의 후반 단계에서, 개인은 2시간에 이르는 과제로부터 친숙한 과제를 개시하고 전이시키는 수준으로까지 전환될 수 있다. 이제 자신의 결함을 인정할 수 있게 된 의뢰인은 자신의 행위가 가져올 결과를 고려하며, 타인들의 요구나 감정을 인식할 수 있게 된다.

마지막으로, 개인은 사회적으로 적합한 방식으로 일관되게 행동할 수 있으며, 타인에게 적절하게 반응할 수 있게 되고, 친숙하거나 낯선 과제들 모두를 계획하고 개시하며, 또 이를 완수할 수 있게 된다. 주기적으로 우울증이 나타날 수 있으며, 질병, 과제 수행의 무능함, 그리고 일부 감정적 상황에서 과민성이 다시 출현하게 될 수도 있다.

TBI를 가진 개인은 장기적인 재활과정에 직면하게 된다. 심지어 거의 완전한 회복에 이른 개인들조차도, 특히 화용 영역에서 일부 연장된 결함들을 보일 수 있다. 이 책의 저자들은 TBI를 가진 대학생들을 다루어왔는데, 이들은 오직 최소한의 적응만으로도 자신들의 학위를 취득할 수 있었다.

평가 및 중재에 관한 논의로 이동하기 전에, 여러분은 먼저 외상성뇌손상에 대한 설명과 몇 가지 기타 유용한 사이트들과 링크를 위해 국립신경학적장애 및 뇌졸중연구소(National Institute of Neurological Disorders and Stroke) 웹사이트(www.ninds.nih.gov/index.htm)를 점검해보고자 할 수 있을 것이다. 이 웹사이트 좌측의 'Disorder A-Z'를 클릭하고, 'T'를 클릭한 후, 아래로 내려가서 'Traumatic Brain Injury(외상성뇌손상)'을 선택하라.

평가

SLP는 TBI를 가진 이들의 평가 및 중재를 위해 협력하는 재활전문가들로 구성된 학제간 팀의 일원이다. 따라서 SLP는 의사소통의 모든 측면들, 인지-의사소통적 기능, 그리고 삼킴을 평가하는 책임을 담당한다.

실어증을 가진 개인들과는 달리, TBI를 가진 개인들은 회복의 뚜렷한 단계들을 거치게 된다. 평가는 지속되어야 하며 이들 단계별로 각각 달라져야 한다. 신경학적, 정신과적, 심리학적 보고서들은 평가 및 중재 두 가지 모두의 계획수립에 도움이 될 것이다. 관찰은 SLP가 어떤 영역을 탐사해야 할지, 특히 공식검사에서는 생략되기 쉬운 화용적 결함을 파악하고자 할 때 도움이 될 수 있다.

현재로서는 TBI를 가진 개인들의 언어기술을 평가하기 위한 포괄적인 도구는 거의 존재하지 않는다. 이 인구를 다루고 있는 많은 SLP들이 언어 및 인지 두 측면 모두에 관한 일련의 개별적인 검사들을 편집해왔다. 이 검사들은 종종 보다 큰 검사배터리의 부분들이다. 언어검사는 반드시 포괄적이어야 한다. 언어의 형식과 내용을 강조하는 검사들은 화용론을 적절히 평가하는 데 실패하기 쉽고, 따라서 언어장애의 정도를 저평가시킬 수도 있다.

의사소통의 맥락에 따라 달라지는 화용적 행동들은 검사맥락 하나만으로는 적절히 평가되지 못할 수 있으므로 표본을 수집하는 것이 반드시 필요하다. 표본수집 맥락에는 전화통화로 말하기, 상점 쇼핑, 또는 가정과 같은 자연스러운 환경에서 나타나는 기능적 행동들이 포함되어야 한다. 표본수집은 메시지를 전달하는 일련의 관련된 언어단위인 담화(discourse) 안에서 이루어져야 한다.

중재

중재가 있건 없건 간에, TBI를 가진 개인들의 회복양상은 예측가능하다. 이를테면 뇌졸중에서와 같이 그 증상이 완만하게 진행되는 국소적 손상(focal damage)과는 달리, TBI를 가진 개인들에서는 한동안 거의 또는 전혀 변화가 일어나지 않는 기간 중에 틈틈이 빠르게 개선이 일어나는 시기가 섞여 있는 것으로 특징지어지는 고원(plateau) 형태의 회복이 나타난다. 무의식상태의 기간이 지난 후, 개인은 종종 무분별한 반응을 보이며, 이는 일견 비의도적인 것으로 보인다. 주의는 순식간에 흩어지고, 전반적인 각성 수준은 심하게 오르내린다. 의뢰인은 종종 자극에 과잉반응하며, 쉽게 성급해지며 불안해한다. 의뢰인들은 매우 감정적으로 바뀌며, 고함치거나 감정적 언어를 보이기도 하고, 일부 사례에서는 이를테면 몸을 계속 흔들흔들하는 것과 같은 반복적이며 상동적인 행동들을 보이기도 한다. 회복이 이루어지게 되면서 의뢰인의 행동은 비록 동요와 성마름이 지속되기는 하지만, 점차 더욱 의도적인 것으로 변해나간다.

의뢰인의 장소 및 시간에 대한 지남력이 증가되면서, 그 또는 그녀는 비록 주의폭(attention span)은 여전히 짧고 산만함이 크긴 하지만, 간단한 요구에 보다 잘 반응할 수 있게 된다. 비록 의뢰인이 일상생활을 더욱 잘 관리해낼 수 있게 되며 독립적으로 기능하기 시작하게 됨에도 불구하고, 기억 및 추상적인 추론은 여전히 문제로 계속 남아 있을 수 있다.

인지재활은 이를테면 기억 및 언어처리와 같은 특정의 인지적 처리과정에 초점을 둠으로써 일상생활에 있어서의 독립적인 기능을 촉진시켜준다.

TBI를 가진 개인들의 인지-의사소통적 결함 중재를 **인지재활**(cognitive rehabilitation)이라 하는데, 이것은 유입되는 정보의 처리능력 개선을 통해 일상생활에서의 기능적 능력을 증가시킬 수 있도록 설계된 치료요법이다. 두 가지 주요 접근법으로는 복원적 접근과 보상적 접근이 있다. 복원적 접근(restorative approach)에서는 반복적 활동들을 통한 신경회로 및 기능의 재건을 시도한다. 반면 보상적 접근(compensatory approach)에서는 일부 기능들은 회복되지 않을 것이며, 따라서 다른 대안을 개발해야 한다는 점에 동의한다. 복원적 기법에는 분류 과제 및 낱말연합이 포함된다. 반대로 기억을 개선시키기 위한 보상적 전략에는 집중적 주의 및 신규 정보의 시연(rehearsal)이 포함된다. 전통적으로는 복원적 전략들이 먼저 시도되고, 시연 및 부호화 전략(encoding strategies) 그리고 기억보조(memory aid) 활용이 포함된다. 보상적 방식은 전형적으로 복원적 시도가 실패했을 때 사용된다. 전문가들은 복원적 발달에 대한 보상적 전략의 도움에 대해 점차 인정하고 있는 추세이며, 이제는 두 방식 모두가 동시에 사용되고 있는 실정이다.

SLP는 손상으로 인한 효과를 약화시키기 위한 치료프로그램의 설계 및 이행을 담당한다. 〈글상자 6.3〉에는 근거기반실제가 제시되어 있다. 직접중재의 제공에 더하여, SLP는 기억일지(memory log)와 같은 기능적 지원 방안, 그리고 성공적인 독립적 삶을 돕도록 해주는 직무 조정방안을 찾아낼 수 있도록 돕는다.

중재프로그램들은 회복단계에 따라 달라진다. 초기 단계 동안 중재는 지남력, 감각운동 자극, 친숙한 인물이나 일상사물 및 일상사들에 대한 재인에 초점을 둔다. 조기중재는 짧은 재활과 상위수준의 인지기능을 가져다준다.

중반 단계에서, 훈련은 점차 구조화되고 공식적으로 바뀌어간다. 목표는 혼동을 감소시

글상자 6.3 │ 외상성뇌손상을 가진 개인들을 위한 근거기반실제

일반적

- 가장 효과적인 중재는 개개 의뢰인들의 고유한 요구와 환경에 맞게 재단된 것들이다. 의사소통 중재를 받는 이들은 인지적 의사소통, 활동, 사회적 참여에서 이득을 얻는다.
- 의사소통 서비스를 받는 이들은 보다 상위수준의 인지기능에 도달하게 되며, 이 중에는 장기요양에 비해 자택요양의 비율이 훨씬

크다.

- TBI를 가진 의뢰인의 80% 이상이 기억, 주의, 화용 영역에서 유의하게 측정가능한 이득을 얻는다.

출처 : Coelho et al.(2008)에 근거함.

키고 기억 및 목표지향적 행동을 개선시키는 데 있다. 많은 훈련들이 일상의 세계에 대한 의뢰인의 지남력 증대와 관련된다. 지남력 훈련에는 일관성과 고정적 관례들이(루틴) 중요하다. SLP는 능동적인 듣기, 청각이해, 점진적으로 더욱 복잡해져가는 정보가 담긴 지시 따르기를 목표화할 수 있다. 낱말정의하기, 실체 및 사건에 대해 설명하기, 사물이나 낱말분류하기 역시 목표로 설정할 수 있다. 대화말(conversational speech) 훈련 역시 시도될 수 있다. 예를 들어, 일부 의뢰인들에게는 대화차례를 취하는 행동이 지나치게 어려운 것일 수 있다고 인식하는 SLP라면 앞뒤로 움직이는 사물을 사용하여 대화차례가 바뀜(turn change)을 알려주는 방식부터 시작해볼 수 있다. 시간이 지나면 이 사물 대신 눈 마주침과 같은 미묘한 비구어적 시그널로 대치시킬 수 있다.

회복의 후반 단계 동안의 목표는 의뢰인의 독립성이다. 목표에는 복잡한 정보 및 지시에 대한 이해, 대화기술 및 사회적 기술들이 포함된다. SLP는 의뢰인이 낱말회상, 기억 그리고 문제해결을 위한 대안적 전략들을 찾아낼 수 있도록 돕는다. 자기억제(self-inhibition) 및 자기모니터링이 수반되는 대화적인 문제해결 과제 역시 목표화된다. 특히 여전히 혼란스러우며 감정적일 가능성이 있는 현실 세계의 맥락이 강조된다.

치매

우리는 젊은이들 중심의 문화 속에 살고 있다. 상업적 이미지들은 나이 먹은 사람들에 대해 몸과 마음이 하락이라는 고정관념을 만들어내고 있다. 비록 나이가 들어가면서 신체적 하락은 불가피하지만, 지적능력은 이에 부합하지 않을 때도 많다. 노령인구의 15% 이하가 치매를 경험하며, 이들의 20% 정도는 치료에 긍정적으로 반응한다(Shekim, 1990). 미국 인구의 65세 이상 인구 비중 증가에 따라 치매 발생률도 빠르게 증가되고 있다. 장기요양기관에 새롭게 등록되는 이들의 약 48%가 치매 진단을 받는 것으로 추산되고 있다(Magaziner et al., 2000).

치매(dementia)는 일상의 활동을 충분히 방해할 만큼 기억과 최소한 한 가지 이상의 기

치매는 지능 및 인지장애이다.

타 인지능력의 유의한 하락을 초래하는 병리적 조건과 증후를 모두 가진 집단을 이르는 포괄적 용어이다(American Psychiatric Association, DSM-4, 1994). 이것은 후천적이며, 신경학적 원인에 의거한 지적하락으로 특징지어진다. 언급된 바와 같이, 영향을 받는 가장 뚜렷한 기능은 기억이다. 추가적인 결함으로는 빈약한 추론 또는 판단력, 추상적 사고능력의 손상, 관련 정보에 주의하는 일의 무능함, 손상된 의사소통, 성격 변화가 포함된다. 비가역적 치매(irreversible dementia)는 알츠하이머병(AD), 혈관성 치매(vascular dementia), 또는 혼합성 치매(mixed dementia)라고 하는 이 양자의 조합에 의해 가장 많이 발병된다(Ritchie & Lovenstone, 2002).

치매는 신경생리학적 손상에 의거하여 피질 유형과 피질하 유형으로 분류된다. 이를테면 알츠하이머병이나 픽병(Pick's disease)과 같은 피질성 치매(cortical dementia)의 특징은 실어증 및 RHBD와 같은 국소적 손상(focal impairment)의 그것과 유사하다. 여기에는 시공간적 결함, 기억의 문제, 판단 및 추상적 사고의 어려움, 이름대기나 읽기 및 쓰기 그리고 청각이해에서의 언어적 결함들이 포함된다. 알츠하이머병은 모든 치매 사례의 60~80%를 차지하여, 미국의 530만 명의 성인들이 이에 해당된다(Alzheimer's Association, 2009).

피질하 치매(subcortical dementia)는 다발성경화증(multiple sclerosis), 에이즈 관련 뇌병증(encephalopathy), 파킨슨병과 헌팅턴병을 수반하기도 한다. 기억, 문제해결, 언어, 신경근육 통제에서의 결함과 함께 인지기능에 있어서의 느리고 점진적인 퇴행이 일어난다. 파킨슨병과 같은 신경근육기능의 장애는 제7장과 제10장에서 논의될 것이다.

대개 기억에 의존해야 하는 언어기능들이 치매에 의해 일차적으로 영향을 받게 된다. 시간이 갈수록 치매와 연합된 의사소통장애들이 점차 진행되며 여기에는 명칭실어증, 담화 산출 및 이해의 결함, 그리고 종래에는 말과 언어를 통해 자기 자신에 대해 표현하는 능력의 상실이 포함된다(Bourgeois & Hickey, 2009).

이름대기 및 낱말인출에서의 유의한 저하가 눈에 띄게 나타난다. 의뢰인은 명칭실어증과 힘겨운 싸움을 벌이면서, 비록 구문론은 과거에 비해 덜 정합적이긴 하지만, 언어의 형식―음운론, 형태론, 구문론―은 일반적으로 덜 손상된다. 이 결과로 대화는 일관성이 결여되며, 이 대화들에는 반복, 상동적 발화, 시작계교(false starts), 구어수정, 자곤, 신조어, 그리고 *that one*이나 *you know* 같은 구의 사용들로 채워진다(Shekim & LaPointe, 1984). 의뢰인은 "I know."와 같은 발화를 여러 차례 반복한다.

건강관리(health care) 세팅에서 일하는 SLP라면, 치매를 가진 이들이 담당하고 있는 사례의 많은 부분을 차지한다. 실어증을 가진 개인들만이 오직 이보다 더 많은 비율을 차지할 뿐이다.

알츠하이머병

알츠하이머병은 대뇌피질의 뉴런에 있어서의 미세한 변화라는 특성을 가진다.

알츠하이머병(Alzheimer's Disease, AD)은 65세 이상의 약 13%, 그리고 아마도 85세 이상에서는 50% 정도, 즉 미국 내 410만 명의 개인에게 영향을 미치는 피질성 병리현상(cortical pathology)이다(Alzheimer's Association, 2009). 미국 인구의 노령화를 감안하면, 만일 과학

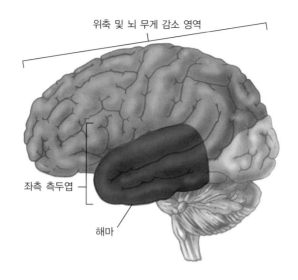

위축 및 뇌 무게 감소 영역

그림 6.11 알츠하이머병

좌측 측두엽

해마

이 이 질환의 진행을 늦추거나 예방할 수 있는 방법을 찾아내지 못하는 한, 2030년경이면 알츠하이머병은 지금보다 50% 증가하게 될 것이다. 비록 암이나 심장질환이 더욱 직접적인 사망원인이긴 하지만, 알츠하이머병은 미국에서 가장 고비용 질환으로 매년 가족과 사회에 약 2,000억 달러를 소모시키며, 이 금액의 거의 대부분이 장기요양 비용으로 지출된다(Associated Press, 2013). AD를 가진 개인들은 이질적인 인구집단으로 일차적으로는 기억, 언어, 또는 시간공적 기술의 결함이 손상되어 있을 수 있다. AD는 보통은 남성보다 여성에서 2배 더 높게 나타나며, 이는 일차적으로는 여성이 남성보다 더 장수하는 경향이 있기 때문이다.

AD의 원인은 밝혀져 있지 않지만 유전 및 환경요인의 조합에 의한 것일 수 있다. 이것의 신경병리는 뉴런의 세포질(cytoplasm) 내의 신경사상체들(neurofilaments)이 꼬여서 세포의 기능을 저하시킨다는 특성을 가진다. 이러한 뒤엉킴은 대개 측두엽과 뇌의 연합영역에서 두드러지게 나타난다(그림 6.11을 보라). 신경섬유(neuro fibers)가 약화되면서, 특히 측두, 전두 및 두정엽에서 뇌의 무게가 약 20% 감소하게 되는 뇌위축(brain atrophy)이 초래된다. 이밖의 물리적 변화로는 측두엽의 안쪽(귀 안쪽)에 위치하는 해마(hippocampus)의 광범위한 손상, 그리고 피질 내에 노인성 반점(senile plaques) 형성이 있으며, 이로 인해 신경세포의 쌍방향적 기능에 영향이 미친다. 모든 인간에게 나타나는 APOE 유전자 변형은 AD의 발현가능성을 크게 증가시킨다. 환경적 위험요인으로는 머리 외상, 심장 및 순환계 문제, 빈약한 전반적 건강 그리고 당뇨가 포함된다.

경도 치매는 이름회상의 장애와 종종 지남력 저하, 기억손상이라는 특징을 보인다. 기억의 문제가 가장 뚜렷하게 나타나는 변화이다. 새로이 학습된 정보의 파지(retention)에 대개 결함이 나타난다. 장기기억은 초기에는 손상되지 않으나, 병이 진행됨에 따라 점차 악화된다.

초기에는 모든 개인들에게서 언어가 영향을 받는 것은 아니다. 초기 문제들에는 낱말찾기, 주제에서 벗어난 논평, 이해가 포함된다. 이 초기 단계에서는 결함들이 대개는 그 속성상 화용 및 의미-개념적인 것들이며, 구문은 AD에 의한 영향을 받지 않는 나이 든 개인들의 그것과 비교하여 상대적으로 영향을 받지 않는다(Kavé & Levy, 2003).

후기에 나타나는 특징으로는 착어(paraphasia, 낱말대치) 및 지체된 반응이다. 보다 중증의 단계가 되면 표현 및 수용어휘와 복문 산출 감소, 대명사의 혼동 및 주제 일탈 그리고 주제로의 복귀 및 주제 전환이 보다 뚜렷이 나타남, 쓰기 및 읽기오류가 발생된다. AD의 최중도 형태에서, 개인의 언어에는 이름대기의 오류와 통칭 낱말(generic words, 예 : that, this) 사용, 구문오류, 최소한의 이해, 자곤, 반향어, 또는 함묵증(mutism)의 특성이 나타난다. 예상될 수 있는 바와 같이, 중증도가 높아질수록 더 많은 대화의 붕괴가 초래된다.

쓰기를 포함하여, 의사소통의 전 영역이 영향을 받는다. 쓰기의 손상은 그 과정상에 있어서는 계획하기, 시퀀싱하기, 그 조직에 있어서는 철자, 낱말, 문장, 내러티브 수준에 따라 서로 다른 몇 가지 단계에 걸쳐 발생된다(Neils-Strunjas et al., 2006). 결함들에는 철자오류, 내러티브 조직의 빈약함, 내용어(content words) 오류, 보속증(즉 낱말이나 개념의 반복), 문법오류, 구문적 복잡성 저하가 포함된다. 쓰기의 문제점들에는 일반적인 언어결함뿐 아니라, 작업기억, 주의 및 운동통제의 결함도 함께 반영된다.

생애주기적 논점

AD는 비록 일부 사례의 경우 조기선별도 가능하기는 하나, 은밀하게 존재하는 유전적 장애이다. 종종 질병으로 인해 고통을 받게 될 이들은 초기 징후들을 잘 알지 못하거나 또는 이를 무시해버린다. 현재로서는 어떠한 치료법도 없으며, 그러나 일부 초기 약물치료는 악효과를 완화시키는 것으로 여겨지고 있다.

AD의 초기 단계에서, 개인들은 특히 새로운 정보들에 대한 기억손상을 경험한다. 개인들은 낱말인출의 결함, 그리고 유머나 유비(analogies)와 같은 상위언어기능의 일부 결함을 경험한다. 개인은 무관심한 것처럼 보이고, 의사소통을 거의 시작하지 않는다. 가정에서 생활할 수 있을 경우, 개인은 나이 든 배우자 또는 자신들의 가족을 달리 구성하고 있는 성인 자녀들에게 커다란 짐이 될 수 있다.

질환이 진행됨에 따라 기억의 손상이 증가되고, 이 효과로 어휘 및 이해가 감소한다. 열악한 주제 유지와 오류수정, 잦은 반복 및 낱말인출의 결함, 대화상대자에 대한 비민감성이 수반되는 의례적(ritualistic)이거나 또는 고빈도 구(high-usage phrases) 사용 형태로 언어산출이 제한된다. 성급함과 불안정함이 증가되기도 한다. 개인은 집에 거주하면서 가정간호사가 방문하여 일상생활의 루틴들을 도움받을 수 있다.

질환이 가장 진전된 단계에서는, 기억을 포함한 모든 지적기능들이 심각하게 손상되며, 거의 대부분의 개인들은 양로원(요양소)에 거주하게 된다. 언어는 무의미해지거나, 또는 함묵이나 반향어를 보일 것이다. 대부분의 의뢰인들은 사랑하는 이들의 이름을 기억하지 못하며, 급진적인 성격 변화를 겪게 될 것이다. 운동기능 역시 중증의 손상을 보이며, 개인들은 전적인 관리(total care)를 요구하게 된다.

평가

AD는 병의 초기 단계에서는 명확한 진단이 어렵다. 특히 뇌의 특정 단백질 구성에 대한 신경영상기법들이 초기 판별에 도움이 될 수 있다(DeKosky, 2008). 동공확장검사(pupil dilation test) 역시 초기 단계에서의 병의 존재를 알려줄 수 있다. 마지막으로 경도의 인지손상 컴퓨터 평가(Computerized Assessment of Mild Cognitive Impairment, CAMCI)와 같은 컴퓨터 기반 평가들이 개발되어 검사도구로 사용되고 있다. 이 도구들은 일반적으로 주의, 재인, 낱말 및 그림 회상을 검사한다.

SLP는 진단 팀의 일원으로 참여하면서 일반적으로 지적인 저하, 변화에 따른 행동측면들을 나타내주는 언어수행상의 변화 판별을 돕는다(Hopper, 2005). 이 평가의 결과는 AD와 기타 신경병리를 변별하는 데 도움이 될 것이다.

유전력(genetic history)과 일반적 및 신경학적 건강상태에 대한 자료들이 평가과정의 중요한 요소가 된다. 여러 의사소통 상황에서 개인들을 관찰하는 일 역시 중요하다. 초기 단계에서, 치매는 이를테면 우울증과 같은 다른 장애들과 혼동되기 쉽다. 장애의 진행적인 속성을 감안하면 SLP가 현재 계속 변화하는 의뢰인의 조건 및 학습능력에 주목하는 것이 매우 필수적이다.

이 인구를 위한 언어검사는 많이 존재하지 않는다. 중요한 것은 인출, 지각 및 언어의 결함들을 평가하고, 의뢰인이 많은 영역에서의 일상적 의사소통을 주고받는 능력에 대해 평가하는 것이다.

문어(written language)의 약화는 다른 인지구어언어 결함보다 먼저 선행하기 때문에 쓰기 평가가 중요하다(Kavrie & Neils-Strunjas, 2002). 철자쓰기와 같은 기능적 쓰기과제가 가장 최초로 영향을 받게 되는 언어수행 영역들 중 하나이다.

의뢰인의 손상의 중증도를 평정하기 위한 몇 가지 척도들이 존재한다. 특히 중요한 부분은 기억결함이다. 게다가 실어증을 가진 개인들에게 사용되는 많은 평가배터리들이 치매를 가진 이들의 의사소통 기술 평가에 유용할 수 있다. 의뢰인의 강점과 약점에 대한 상세한 이해는 가족들로 하여금 가장 효과적인 의사소통 전략을 선택할 수 있도록 돕는 데 필수적이다.

> 치매가 생기면, 기억의 결함으로 인해 언어에 영향을 받게 된다.

중재

진행성 질환을 가진 이들에 대한 중재는 종종 파도를 가지 못하게 붙잡으려고 애쓰는 것 같은 느낌이 들 수 있다. 우리가 현재까지 아는 바로는 쇠퇴는 피할 수 없다. 그렇지만 이것이 우리가 아무것도 하지 않는다는 것을 뜻하지는 않는다. 사실은 이와 정반대이다. SLP에 의한 임상적 중재는 의뢰인이 자신의 최고 수준의 수행을 유지하도록 도우며, 타인들로 하여금 대화상호작용에 대한 의뢰인의 참여를 극대화시키도록 도움을 줄 수 있다. 그러므로 SLP는 결함이 있는 부분을 보상할 수 있도록 나머지 온전한 인지적 능력을 사용하는 것을 강조하는 일이 절실하다(Hopper, 2005). ASHA의 웹사이트에서는 치매를 다루는 SLP의 역할에 대해 정의하고 있다(ASHA 웹사이트로 가서, 검색창에 'dementia'라고 쳐보라).

다양한 전문가들은 치매를 가진 개인들에 대한 세 가지 일반적인 접근법을 사용하고 있다. 인지재활 접근법에서는 의뢰인과 보건전문가들, 그리고 가족들이 개별화 목표를 발전시키고, 이 목표에 입각한 전략들을 이행한다. 목표들은 이를테면 가족들의 이름을 대략적으로 회상하기, 또는 덜 손상된 의뢰인의 경우에는 손주들에게 책 읽어주기와 같이 매우 기초적인 것들일 수 있다. 두 번째 접근법인 **인지훈련**(cognitive training)은 이를테면 주의, 기억, 집행기능과 같은 특정 인지기능들을 개선시키기 위한 구조화된 훈련을 의미한다. 과제에는 식료품 목록 기억하기 또는 미리 녹음해놓은 대화에 잠시 동안 주의를 기울이기 같은 것들이 포함될 수 있다. 마지막으로 세 번째 중재방식인 **인지적 자극**(cognitive stimulation)은 덜 직접적인 것이다. 일반적으로 집단 안에서 수행되는 인지적 자극은 인지 및 사회적 기능의 일반적인 강화에 중점을 두며, 이완 연습(relaxation exercises)이나 음악치료(music therapy)가 포함되기도 한다.

현재로서는 어떠한 치매 치료법도 없는 채로, 많은 연구 및 중재들은 치매 증상을 완화시키고 치매를 가진 개인들 및 그를 돌보는 이들의 삶의 질을 향상시키는 비약물적 치료에 초점을 두고 있다. 광범위한 비약물적 치료법들이 치매 또는 경도 인지장애(mild cognitive impairment, MCI) 치료를 위해 사용되고 있다. 여기에는 이를테면 컴퓨터 보조 인지중재, 몬테소리 기반(Montessori-based) 중재, 추억하기 치료(reminiscence therapy), 무오류학습(errorless learinig, EL), 가상현실 치료(simulated presence therapy), 간격-인출(spaced-retrieval, SR), 소거단서(vanishing cues, VC)와 같이 치매를 가진 이들에 집중하는 직접중재뿐 아니라, 이를테면 양육자(주변에서 치매를 돌보는 이들)에게 이행되는 인지적 자극법이나 양육자 의사소통 전략 교육과 같이 양육자들을 위해 사용되는 간접중재들도 함께 포함된다(Olazarán et al., 2010). 이 방식들 모두에 대해 상세히 논의하는 것은 불가능하지만, 우리는 여러분들에게 이들 중 많은 것들을 조금씩 맛보게 해주고자 한다. 효과성에 대한 현재까지의 최상의 증거들은 〈글상자 6.4〉에 제시되어 있다.

많은 중재방식들에는 올바른 행동을 이끌어낼 수 있도록 단서 또는 촉진단서(prompts)의 사용이 포함되어 있는데, 이것들은 이를테면 원하는 아이템을 요구하거나 도움 요청하기, 이름들이나 사건들과 같은 것들이다. 무오류학습(EL), 즉 기억중재기법에서는 SLP가 개인의 오류발생 가능성을 차단하거나 감소시키기 위해 단서 또는 지시를 사용한다(Clare & Jones, 2008). 이 방식을 통해 원하는 정보에 접근하게 되며, 추측건대 이 정보에 대한 신경경로가 강화될 것이다. 의뢰인이 진보를 보임에 따라, SLP는 소거단서(VC)를 사용하는데, 이는 회상 시도(recall trial)가 성공할 때마다 단서 또는 촉진단서들이 한 번에 하나씩 점진적으로 감소되는 기법이다. VC의 한 변형으로, 오반응이 있을 때마다 기존 단서는 그대로 유지시킨 채로, 한 번에 하나씩 단서를 추가시킬 수도 있다. 정반응에 도달하게 되면, 단서들을 소거해나간다(Sohlberg et al., 2005). 마지막으로 간격-인출(SR) 방식에서는 간격을 둔 채로 또는 지연 구간(spaced or delayed interval)에 따라 한 반응에 대한 촉진된 회상을 산출하게 한다.

중재는 홀로 독립적으로 이행되는 것이 아니다. 이 장의 다른 장애들에 대한 논의에서와

글상자 6.4 | **치매를 가진 개인들을 위한 근거기반실제**

지침

- 중등도 및 중도의 치매를 가진 개인들에 대해서는 증거가 부족하지만, 경도 및 경중도에서 중등도의 인지적 약화를 가진 개인들은 특정 인지중재 전략을 사용하여 사실 및 절차에 대한 학습 및 재학습이 가능하다.
- 비록 더 많은 연구가 필요하긴 하나 간격 인출, 무오류학습, 소거 단서, 특정 단서 및 촉진단서 제공은 유망한 기법들이다.
- 중재과제들은 가능한 한 기능적인 것이어야 하며, 생태학적으로 타당한 사실들이나 절차들에 관한 것이어야 한다.

- 비록 훈련된 아이템들에 대한 개선이 기대될 수 있으나, (학습된) 사실들 및 절차들은 추가 중재가 없으면 전이 및 장기적 유지가 제한적일 수 있다.
- 특정 인지과제 및 정보에 대한 중재로부터는 일반적인 인지기능의 개선을 기대해서는 안 된다.
- SLP는 학습결과에 대한 예후를 진술하고자 할 때는 인종, 문화, 언어, 교육적 요인들을 고려해야만 한다.

출처 : Hopper et al.(2013)에서 발췌한 자료.

마찬가지로, SLP는 팀의 구성원이다. 전문가들은 서로 간에, 그리고 의뢰인 및 그 가족에게 최선의 행동지침에 대해 상담해주어야 한다.

SLP는 다음과 같은 작업들을 통한 기억인출 또는 낱말인출을 목표로 삼을 것이다 ─ 낱말연합 및 범주, 대화맥락에 대한 청각적 주의 및 이해, 일관적인 구어반응, 기억보조수단(memory aids)의 도움을 통한 더 길고 보다 복잡한 발화형성. 가족들은 현재에 초점을 둔 대화를 유지하게 하며, 의뢰인의 논평을 정당화시켜주고, 주의를 흩어버릴 만한 것들을 감소시키며, 대화참여자의 수를 제한시켜주며, 자신들의 발화속도를 늦추고 복잡성을 감소시키고, 비언어적 단서 및 예/아니요 반응 질문을 사용함으로써 의뢰인의 이해와 참여를 촉진시키도록 도울 수 있다(Small & Perry, 2005). 의사소통의 붕괴를 최소화시켜주는 쌍방향적 전략들에는 주의를 흩어버릴 만한 것들을 제거하고, 간단한 문장으로 말하며, 예/아니요 질문을 사용하는 방식들이 포함된다. 상대적으로 온전한 읽기 및 시각기억을 사용하여 구어기억을 촉진시킬 수도 있다(Hopper, 2005).

새로운 약물치료 및 유전자치료법 그리고 생명공학기술들은 치매를 유발하는 많은 질병들이 언젠가는 통제될 수 있을 것이라는 희망을 전해주고 있다. 현재로서는 기억에 중요한 특정 신경화학물질을 증가시키기 위한 약물요법과 인지적 처리과정을 자극하는 중재법을 조합하는 것이 최상일 것이다. 언젠가는 뇌조직 재생을 위해 줄기세포(stem cell)가 사용되는 날도 올 것이다.

적합하면서도 효과적인 중재를 위해서는 SLP가 의뢰인의 가족이 경험하고 있는 것이 무엇인지에 관해 이해하는 일이 요구된다.

요약

실어증, 우반구뇌손상(RHBD), 외상성뇌손상(TBI), 치매는 매우 다양한 유형의 언어장애를 초래한다. 국소 뇌손상, 거의 대개는 뇌졸중으로부터 야기된 실어증은 의사소통의 한 가지 또는 그 이상의 감각양식에 영향을 미치는 다양한 결함들을 초래한다 — 일반적으로 이해, 말, 이름대기가 손상된다. 뇌졸중은 또한 RHBD의 일차적 원인이기도 하다. 준언어학 및 복잡한 언어구조의 이해 및 산출에 영향을 미친다. 가장 커다란 영향을 받는 언어측면은 화용론이다. 이는 국소적 상해인 실어증이나 RHBD와는 반대로 미만성 상해로 인한 외상성뇌손상의 경우에도 역시 마찬가지이다. 마지막으로 치매, 특히 알츠하이머병으로 인한 치매는 퇴행성 질환이다. 낱말찾기의 결함, 주제와 무관한 논평, 이해의 결함이 가장 보편적인 특징이다.

논의된 성인의 언어장애에 대해, 말-언어치료사(SLP)는 다학제적 협력 팀의 일원으로 기능한다. SLP의 역할에는 의사소통 능력 및 다른 인지결함으로 인한 합병증, 삼킴, 연합된 신경학적 장애들에 대한 평가가 포함된다. SLP의 책무에는 치료계획 수립 및 프로그램 수립, 직접중재 서비스, 학제간 자문, 가족 훈련 및 가족 상담이 포함된다. 중재는 일반적으로 언어기술의 인출 및 보상적 전략에 초점을 둔다.

추천도서

Brookshire, R. H. (2007). *Introduction to neurogenic communication disorders* (7th ed.). Boston: Elsevier.

Davis, G. B. (2007). *Aphasiology: Disorders and clinical practice* (2nd ed.). Boston: Pearson.

Martin, N., Thompson, C., & Worrall, L. (2007). *Aphasia rehabilitation: The impairment and its consequences*. San Diego: Plural.

7

유창성장애

학습목표

이 장을 마치면 여러분은 다음과 같은 것들을 할 수 있게 될 것이다.

- 유창한 말과 더듬는 말의 차이를 설명한다.
- 말더듬의 시작과 전개과정에 대해 설명한다.
- 말더듬의 주요 병인론과 개념적 모델을 설명한다.
- 말더듬 평가와 관련된 주요소에 대해 설명한다.
- 말을 더듬는 아동 및 성인들에게 효과적인 근거기반의 치료접근법 및 치료기법들에 대해 설명한다.

유창한 말은 말 산출기관을 힘들이지 않고, 부드러우며 신속한 방식으로 운동시키는 일 관적인 능력으로, 이를 통해 지속적이며 중단되지 않고 나아가는 말의 흐름을 만들어 내는 것이다. 말과 언어의 산출에 해로운 영향을 미치는 몇 가지 조건들 역시 유창한 말을 붕괴시키는 요인이 될 수 있다. 마비말장애, 실행증, 뇌성마비, 몇몇 유형의 실어증들이 말의 유창성에 영향을 미친다. 이 장애들 및 말과 언어에 미치는 이 장애들의 효과는 이 책의 제6장과 제10장에서 논의된다. 이 장의 초점은 발달적 말더듬이라고 하는 말장애에 관한 것이다. 발달적 말더듬, 즉 말더듬(stuttering)은 이차적으로 화자의 유창한 말 산출능력에 영향을 미친다. 더듬는 말은 말소리와 음절의 불수의적인 반복(예 : *b-b-b-ball*), 말소리 연장(예 : *mmmmm-mommy*), 깨진 낱말(broken word, 예 : *b−oy*)의 특징을 보인다. 이 세 가지 방해 모두 말더듬 행동으로 간주되며, 화자의 유창한 말 산출능력에 부정적인 영향을 미친다. 〈사례연구 7.1〉은 발달적 말더듬을 가진 어린 아동의 예를 제공하고 있다.

이 장에서 우리는 말더듬을 정의하고, 하나의 장애로서의 말더듬이 어떻게 시작되어 전개되어나가는지 논의할 것이며, 특히 더듬는 말과 유창한 말이 어떠한 차이가 있는지에 초점을 둘 것이다. 말더듬에 관한 몇 가지 주요 이론들과 말더듬의 임상적 진단, 마지막으로는 근거기반의 임상적 실제에 관한 몇 가지 주요 이론들에 관해 고찰할 것이다.

그 길고 복잡한 역사에도 불구하고, 말더듬의 원인은 모호하며 말더듬에 대한 우리의 이

사례연구 7.1

말더듬 아동 사례연구 : 타마라

피셔 부인은 타마라라는 4세 딸아이를 인근 대학의 말-청각클리닉에 데려갔다. 클리닉 소장과의 면담에서, 피셔 부인은 타마라가 3½세부터 *C-c-c-can I have some ice cream?* 또는 *Ba-ba-ba-ba-baseball is boring*과 같이 각 발화의 첫 말소리나 첫 음절을 반복하는 것 때문에 말을 시작하는 것에 어려움을 보인다고 설명하였다. 이 어려움은 약 2주간 지속되다가 막 시작되었을 때와 똑같이 어느 날 갑자기 사라져 버렸다. 타마라의 말은 이후 6개월간 이러한 어려움으로부터 자유로웠다. 피셔 부인은 이 클리닉에 방문하기 2주 전부터 타마라의 말의 정지(interruption)가 다시 나타나기 시작했다고 설명하였다. 그녀는 소장에게 발화의 첫 말소리나 음절들을 반복하는 것 외에도, *I-I-I-I want to sssssssssit over there*에서와 같이, 발화의 여러 위치에서 말소리들을 지속하는, 즉 연장하고 있다는 말을 하면서 커다란 염려를 드러내고 있었다.

클리닉 소장은 일방경(one-way mirror)을 통해 놀이방 안에서의 피셔 부인과 딸아이 간의 상호작용을 관찰하였다. 소장은 피셔 부인이 딸에게 말할 때는 매우 빠른 속도로 말하였고, 복잡한 문장구조를 사용하

는 경향이 있음을 관찰하였다. 타마라의 말에 대한 공식검사 결과 아이는 100개 낱말당 평균 15번의 말더듬을 산출하였고, 검사자와 눈 마주침을 피하는 모습이 빈번하였고, 말더듬예측검사(Stuttering Prediction Instrument)에서 30점을 기록하는 것으로 나타났다. 이 결과에 기반하여, 타마라에게는 주당 2회의 직접치료, 피셔 부인에게는 말 속도와 문장의 복잡성을 낮추는 것과 관련된 교육제공이 제안되었다.

직접중재 및 부모 교육이 시작된 지 4개월 후, 타마라의 비유창 행동은 현저하게 감소하였으며, 평균범주 이내로 적절히 낮아지게 되었다. 게다가 타마라의 어머니는 딸과 대화할 때는 말 속도를 늦추고 비교적 간단한 문장구조를 사용하는 방법을 익히게 되었다.

이 장을 읽으며 다음에 관해 생각해보라.

- 타마라에게서 진행되었던 말의 정지의 속성
- 타마라의 비유창 행동의 발달적 과정
- 클리닉 소장이 타마라에게 직접중재를, 어머니에게는 말 속도와 언어적 복잡성을 감소시키기 위한 교육을 제안한 이유

해 역시 불완전하다. 말더듬은 역사가 기록된 모든 기간 동안 인간적 조건들의 일부를 차지해왔다. 메소포타미아에서 발견된 점토판에는 기원전 시기들에서도 이 장애가 기록되어 있고, 기원전 20세기의 상형문자에도 말더듬이 묘사되어 있으며, 2,500년도 더 된 중국의 시에서도 말더듬이 암시되고 있다(Van Riper, 1992). 말더듬은 전 세계 사람들에게 영향을 미친다. 물리학자 뉴턴, 인간의 굴레에서(Of Human Bondage)의 저자인 서머셋 모음, 정치가 윈스턴 처칠도 말을 더듬었다. 연예인인 제임스 얼 존스, 칼리 사이먼, 마릴린 먼로, 브루스 윌리스도 말을 더듬었다. 말더듬은 인종, 교리, 피부색, 지능 및 인간을 다른 이들과 구분해주는 사실상의 그 어떠한 속성들과도 무관하다.

생애의 일정 기간 동안 말을 더듬었음을 보고한 성인의 수는 5%에 이른다(Andrews et al., 1983; Conture & Guitar, 1993). 그렇지만, 이 5%의 발생률(incidence)에는 6세가 되기 이전에 자연스럽게 이 장애로부터 회복되는 아동들의 높은 비율이 포함된 것이다(Conture, 1996). 비교적 새로운 정보로는 아동의 65~75%는 말더듬이 시작된 지 첫 2년 이내에 이로부터 회복되며, 85%는 이후 몇 년 이내에 회복되는 것으로 알려져 있다. 약 85%의 회복률(즉, 아동 5명 중 4명 이상)을 감안한다면, 일생 동안의 5%의 발생률은 약 1%의 발생률로 낮아진다(Conture, 1996; Yairi & Ambrose, 1992a; 2004; Yairi et al., 1993). 왜 일부 아동들은 말더듬으로부터 자연회복되는데 다른 아동들은 그렇지 않는지 잘 밝혀져 있지는 않다. 예를 들어, 여성은 남성에 비해 보다 잘 회복되는 것처럼 여겨지고 있다.

말더듬 출현율(prevalence)은 일정 기간 동안 일정 인구 내(일반적으로 학령기)에서 나타나는 사례수로 결정된다. 미국 전역의 다양한 지역에서 수행된 많은 연구들의 결과로는 학령기 아동의 평균 출현율은 0.97%인 것으로 시사되고 있다(Bloodstein, 1995). 이 수치는 유럽과 중동 국가들에서 나타나는 1%의 발생률 추정치와 출현율 추정치와 일치하는 것이다. 말더듬의 출현율은 1학년에서 9학년까지는 고정적이다가 10, 11, 12학년 기간 동안 가파르게 감소된다.

말더듬은 여성보다는 남성에 더 많은 영향을 미치며, 보고된 성비율 차이는 2.3 대 1에서 3.0 대 1에 이른다. 이 차이는 소년과 소녀의 신체적 성숙의 차이 및 말과 언어의 발달에서의 차이에 따른 것일 수 있으나 유전적 요인 역시 포함된 것일 수 있다.

말더듬은 가계 내에서 높은 발생률을 보인다. 말을 더듬는 사람들의 50%가 자기 생애 중 일정 기간 동안 말을 더듬었던 친척을 가지고 있다고 보고한 바 있다. 말더듬이들의 직계 가족(부모, 자매 및 형제)의 15%가 현재 말을 더듬고 있거나 이로부터 회복된 이들이다. 이처럼 일반 인구 중 보고된 바의 생애 발생률 5%의 3배에 달하는 수치는 유전적으로 유의한 의미가 있다(Felsenfeld, 1997; Felsenfeld et al., 2000; Kidd, 1984). 게다가 쌍둥이 중 하나가 더듬으면 나머지 역시 더듬게 될 확률이 높으며, 그 동시 발생(쌍둥이 모두가 한 장애를 드러냄) 비율은 이란성 쌍둥이에서보다 일란성 쌍둥이(유전적으로 동일한)에서 더욱 높게 나타난다.

최근의 유전 연구에서는 말더듬이 3번과 12번 염색체에서의 유전적 변이와 관련된 것일 수 있는 것으로 나타났다(Rowden-Racette, 2012). 지속적인 유전 연구는 궁극적으로 말더듬에 대한 이해에 중요한 역할을 할 것이며, 말-언어치료사들이 말더듬을 치료하는 방식에도 함축적인 영향을 미치게 될 것이다.

유창한 말 대 말더듬

누구라도 어린 아동이 말하는 것을 주의 깊게 들어보면 대부분 아동들의 말의 흐름이 멈춰지지 않으며 지속적으로 진행되는 것이 아님을 알아차릴 수 있게 될 것이다. 아동들은 발화 중에 많은 주저, 수정, 정지를 보인다. 아동들은 유창한 화자로 태어나는 것이 아니다. 유창성이란 일정 수준의 신체적 성숙과 언어경험을 요구하는 것이지만, 아동의 성숙에 따라 선형적으로 발전하는 것은 아니다. 종단연구에서 아동들은 29개월과 37개월일 때에 비해 약 25개월 전후에 더욱 유창한 것으로 나타난다(Yairi, 1981, 1982). 비유창한 말 행동이 2세경에 시작되어 점진적으로 증가하다가 세 번째 생일이 될 무렵 정점에 이르게 된다. 그러고 나면 3세 이후부터 유창성이 증진되고, 비유창성의 유형이 변화된다.

정상적 비유창성

25개월에서 37개월 사이에 정상발달 아동에서 나타나는 비유창성의 유형에 변화가 나타난다. 대략 2세경의 전형적인 비유창성은 낱말 전체 반복(whole-word repetition, 예 : *I-I-I want a cookie*), 간투사(interjection, 예 : *Can we-uhm-go now?*), 음절 반복(*I like ba-baseball*)이다. *He can't-he won't play baseball*과 같은 수정(revision)은 아동이 약 3세경일 때의 주된 비유창성 유형이다(Yairi, 1982). 정상적 비유창성은 한 개인의 삶 전체에 걸쳐 지속되지만, 말의 지속적인 진행에 좀처럼 부정적인 영향을 미치지는 않는다. 정상적으로 유창한 화자는 종종 다음절 낱말 전체 반복(*I really-really like hockey*), 낱말이나 구의 간투사 삽입(*He will, uhhhhh, you know, not like that idea*), 구 반복(*Will you, will you please stop that*), 또는 문장수정(*She can't-She didn't do that*)에 의해 말 흐름의 진행에 방해를 받는다.

말더듬의 비유창성

말더듬은 무엇인가? 이것은 정상적으로 유창한 말이나 정상적으로 비유창한 말과 어떻게 다른 것인가? 이것은 간단한 질문이 아니며, 간단한 답도 없다. 영문학에서의 천재작가 새뮤얼 존슨(1709~1784)이 시에 관해 노래했을 때의 언어들을 생각해보라. "시란 무엇입니까? 왜 이것은 무엇이 아닌지를 말하는 것이 훨씬 더 쉬운 걸까요?(Sir, what is poetry? Why, sir, it is much easier to say what it is not?)"(Gregory, 1981, p. 416). 우리는 말더듬에 관해서도 이와 똑같이 말할 수 있다.

말더듬이 무엇인지, 그리고 이것을 어떻게 정의할 것인지의 문제는 몇 가지 해결되지 못한 논점들의 중심에 놓여 있다(Ingham & Cordes, 1997). 임상가들은 말더듬이 발생된 것인지 아닌지, 그리고 언제 발생된 것인지 확실히 결정할 수 있는가? 정상적 비유창성과 말더듬의 비유창성은 동일한 연속선상에 놓여 있는 것인가 아니면 범주적으로 다른 행동적 사건들인가? 이러한 질문들에 대한 절대적인 답은 전혀 없다. 말더듬에 관해 보편적으로 수용되는 정의란 아직까지 존재하지 않는다. 그렇지만 정상적인 비유창성과 말더듬의 비유창성으로 간주될 수 있을 것 같은 행동들을 구별하기 시작할 수 있는 합리적인 모형이 제기되어왔다.

특정적으로, 말더듬 즉 더듬어진 말은 들을 수 있는 또는 들리지 않는(silent) 반복과 연장을 포함한다(Andrews et al., 1983). 낱말 간에 또는 낱말 내에서의 긴장된 휴지(tense pause)와 주저(hesitation) 역시 말더듬으로 간주될 수 있다. 낱말 내의, 그리고 일부 낱말 간의 비유창성들은 말더듬의 대표적이며 보편적인 속성으로 믿어지고 있다(특정 예를 표 7.1에서 보라). 말더듬 기관 웹사이트(www.stutteringhelp.org)를 방문하여 말을 더듬는 아동과 청소년의 비디오를 보라. 이 웹페이지의 아래쪽의 검색엔진에 'videos'라고 입력하여 시청가능한 비디오의 전체 목록에 접근하라.

어린 아동들의 경우, 말의 비유창성이 어떨 때 말더듬 행동을 구성하는 것인가에 관한 일부 논쟁이 지속되고 있다. 일부 연구들에서는 말더듬으로 여겨지는 아동들은 말을 더듬지 않는 것으로 간주되는 아동들에 비하여 낱말의 부분 반복(part-word repetition)과 연장을 더욱 많이 보이는 것으로 나타났다. 다른 연구들에서는 동일한 유형 및 동일한 수준의 비유창성을 보인 아동들이 말을 더듬지 않는 아동으로 간주되는 것으로 나타났다. 이렇게 상충하는 결과들은 말더듬에 대한 '지각적 역치(perceptual threshold)'의 개념과 관련된 것일 수 있다(Martin & Haroldson, 1981). 말더듬의 예로 간주되기 쉬운 비유창성에는 단음절 낱말 전체 반복(he-he-he-he-hit me), 말소리 반복(p-p-p-p-pail), 음절 반복(ba-ba-ba-baseball), 들을 수 있는 연장(sssssss-snow), 들리지 않는 연장(g----irl)이 포함된다.

표 7.1 낱말 내(말더듬) 및 낱말 간(정상)의 말 비유창성의 유형

비유창성 유형	낱말 내	낱말 간	예
말소리/음절 반복	×		*He's a b-b-b-boy.* *G-g-g-g-go away.* *Yes, puh-puh-please.*
말소리 연장	×		*Sssssee me swing!* *T−oronto is cool.*
깨진 낱말	×		*Base-(휴지)-ball.*
단음절 낱말 전체 반복	×	×	*I-I-I-hit the ball.* *It's my-my-my-turn.*
다음절 낱말 전체 반복		×	*I'm going-going home.*
구 반복/간투사		×	*She hit-she hit me.* *I like, uh, ya know, big boats.*
수정		×	*He went, he came back.*

출처 : Conture(1990b)에 근거함.

말의 정상적인 진행을 방해하는 일정 붕괴 내에 한 가지 유형 이상의 낱말 내 비유창성이 나타날 수 있다. 낱말 *mommy*에서 다음과 같이 말소리 반복과 들을 수 있는 연장 두 가지 요소가 모두 나타나는 비유창한 산출을 생각해보라 — m-m-m-mmmommy(Yaruss, 1997). '군집화된 비유창성(clustered disfluencies)'이라 부르는 이러한 산출은 말을 더듬는 어린 아동들의 말에서 꽤나 보편적으로 나타나는 현상이다. 일부 연구자들은 군집화된 비유창성은 초기 말더듬(이제 막 시작된 말더듬)을 나타내며, 이러한 비유창성은 말을 더듬는 아이와 더듬지 않는 아이를 구별해줄 수 있는 것이라고 제안하고 있다.

다른 행동들도 말 비유창성의 예를 동반할 수 있다. 말더듬의 비유창성과 동시에 나타나는 이러한 행동들을 **이차적 특징**(secondary characteristics), 또는 **부수적 행동**(accessory behaviors)이라 하며, 이것들은 매우 다양하고 이질적이다. 일부 보편적인 이차적 특징들로는 눈 깜박이기, 얼굴 찡그리기, 안면긴장, 머리나 어깨 및 팔의 과도한 움직임이 포함된다. 발화에서 지나치게 많이 나타나는 삽입된 말의 파편들 역시 이차적 특징으로 간주되는데, 이것들은 특히 비유창성이 나타나는 순간과 연합되어 발생된다. *I met her in T-T-T-T, that is to say, I met her in Toronto*에서와 같이 *that is to say* 같은 불필요한 구가 삽입된 말 파편의 한 가지 예가 된다.

화자는 말더듬의 발생을 감소시키기 위한 노력으로 이러한 행동들을 선택한 것일 수 있다(Bloodstein, 1995). 말을 더듬는 이들은 일부 행동(예 : 신체움직임)이 순간적으로 발화행위를 흩어버리게 되는 시행착오를 거쳐 말더듬의 발생을 종료시키거나 또는 이를 피할 수 있도록 도움이 되는 행동을 발견해낸다. 그렇지만 예를 들어 눈 깜박임 같은 행동들은 말더듬을 감소시키는 현저한 효과를 곧 상실하게 되고, 개인은 어쩔 수 없이 이 비효과적인 행동 대신 이를테면 어깨를 움츠리는 것과 같은 새로운 행동으로 이를 대체해야만 한다. 불행히도 눈 깜박임 행동은 너무나 강력하게 습관화되었기 때문에 개인의 말더듬과 영구적으로 연합된 채로 남아 있게 될 것이다. 이러한 핵심적인 말더듬 행동과 이차적 특징들은 개인의 생애과정 동안 어떻게 진전되는 것이며, 또 어떻게 변화되어나가는가?

생애주기를 통한 말더듬의 개시와 진전

말더듬은 어떠한 연령대에서든 진전될 수 있으나, 말더듬의 가장 보편적인 형태는 학령전기에 시작되며, 이를 **발달적 말더듬**(developmental stuttering)이라 한다. 발달적 말더듬은 **신경학적 말더듬**(neurogenic stuttering)이라 하는 다른 형태의 말더듬과는 대조되는데, 신경학적 말더듬은 전형적으로 신경학적 질환 또는 외상과 연합된 것을 말한다. 신경학적 말더듬은 보다 보편적인 발달적 말더듬과는 몇 가지 측면에서 서로 다르다.

발달적 말더듬과 연합된 비유창성은 일반적으로 내용어(content words, 예 : 명사, 동사)에서 발생되는 반면, 신경학적 말더듬과 연합된 비유창성은 기능어(function words, 예 : 접속사, 전치사)와 내용어에서 발생될 수 있다. 발달적 말더듬을 가진 이들은 종종 이차적 특징과 말에 대한 두려움을 드러내는 반면, 신경학적 말더듬이들은 그렇지 않다. 또한 발달적

일부의 삽입어구 간투사 또는 무심코 하는 말들은 성인들의 말에서 쉽게 나타나는 것으로 청자들의 관심을 지속시키는 데 도움을 주는 장치들이다. 삽입어구 간투사의 한 예는 "존은 계단에서 미끄러져서 — 메리도 지난주에 같은 곳에서 미끄러졌었는데 — 발목이 부러졌다(When John slipped on the stairs — like Mary slipped in the same spot last week — he broke his ankle.)"이다.

말더듬은 낱말의 첫 음절에서 발생되는 경향이 있는 반면, 신경학적 말더듬은 발화 전역에 걸쳐 보다 광범위하게 분포되어 있을 수 있다(Ringo & Dietrich, 1995). 발달적 말더듬과는 달리, 신경학적 말더듬에서는 발화과제에 걸친 말더듬 빈도에 뚜렷한 차이가 나타나지 않는다(즉, 낱말 따라 하기 대 연결발화). 마지막으로 신경학적 말더듬이들은 발달적 말더듬이들과는 달리 반복하여 읽기 또는 노래 부르기에서도 개선(적응)되지 않는다(Duffy, 2013). 우리는 이 시점에서 주로 발달적 말더듬에 치중할 것이다.

일반적으로 발달적 말더듬의 개시는 2~5세 사이에 발생되며, 말더듬이 진전될 위험의 75%는 아동이 3½세 이전일 때인 것으로 받아들여지고 있다(Yairi, 1983, 2004; Yairi & Ambrose, 1992a, 1992b, 2004). 말더듬의 개시는 이 조건이 진전되고 있는 아동들의 대부분에서 점진적으로 나타나며, 말더듬의 중증도는 아동이 성장해감에 따라 점차 증가된다. 말더듬이 점진적인 방식으로 진전될 때는 말더듬 행동, 말더듬에 대한 반응, 말더듬을 촉진시키는 조건들과 관련한 몇 가지 일반적인 경향들이 관찰된다. 우리는 이러한 몇 가지 발달적 경향들에 대해 요약할 것이다(Bloodstein, 1995). 모든 아동들이 말더듬의 이 같은 발달적 모형을 정확하게 따르는 것은 아니지만, 이것이 일반적으로 이 장애의 개시와 진전을 잘 나타내줄 것이다. 이 발달적 모형은 각각이 순서에 따른 관련성을 가지는 네 가지 단계로 구분된다.

1단계는 학령전기에 대응하는데, 대략 2~6세 시기이다. 1단계 동안, 말더듬 기간 후 상대적인 유창성 기간이 이어진다. 말더듬의 일화적 속성은 말더듬이 가장 근본적인 형태 내에 있음을 나타내준다. 아동은 정상적으로 유창하게 말하는 중간중간의 일정 시점에 몇 주에 걸쳐 말을 더듬는다. 아동은 흥분하거나 화가 났을 때, 이를테면 부모가 친구나 친척들 앞에서 무엇인가를 암기해보라고 강요할 때와 같은 의사소통의 압박을 느끼는 조건하에서 가장 많이 더듬는 경향이 있다. 말소리 및 음절반복이 지배적인 특징이지만, 낱말 전체를 반복하는 경향도 나타난다. 말더듬은 문장, 절, 구의 시작 지점에서 그리고 보다 진전된 형태의 말더듬에서는 일반적으로 내용어에만 국한되는 것과는 달리, 내용어(예 : 명사, 동사)와 기능어(예 : 관사, 전치사 등) 모두에서 말더듬이 발생되는 경향이 있다. 마지막으로 1단계에서는 대부분의 아동들이 자신들의 말이 말더듬에 의해 정지된다거나 또는 방해받는다는 사실을 인식하지 않는다.

2단계는 장애의 진전을 나타내며, 학령기 시기의 아동들과 연합되어 있다. 2단계에서는 말더듬은 필연적으로 만성적인, 즉 유창한 말의 구간이 거의 없는 습관적인 것이 된다. 아동은 말을 더듬는 사람이라는 자아개념을 발전시키고 스스로를 그런 식으로 지칭하게 될 것이다. 2단계에서의 말더듬은 주로 내용어에서 발생되며, 문장이나 구의 오직 첫 낱말에서만 말을 더듬는 경향은 많이 감소한다. 말더듬은 아동의 발화 전체에 걸쳐 보다 광범위하게 확산된다. 2단계에서의 말더듬 역시 흥분된 조건하에서 증가한다.

3단계는 8세에서 젊은 성인기 사이의 연령 범주에 속하는 개인들과 관련되어 있다. 3단계에서의 말더듬은 낯선 이에게 말하기, 집단 앞에서 말하기, 전화통화와 같은 특정 상황에 대한 반응인 듯하다. 어떤 낱말들은 다른 것에 비해 더욱 어려운 것으로 인식되며, 말을

표 7.2 Bloodstein의 말더듬의 개시와 진전 4단계 요약

단계	연령	요점
1	2~6세	말더듬이 일화적이다. 대부분의 말더듬은 아동이 화가 나거나 흥분했을 때 발생된다. 말소리/음절 반복이 지배적인 말 특성이다. 아동은 말더듬을 자각하지 못하는 듯하다.
2	초등 학령기	말더듬이 만성적이다. 말더듬은 내용어(명사, 동사)에서 발생된다. 아동은 자신을 말더듬이라고 간주한다.
3	8세~성인	말더듬이 상황적이다(전화상에서 말하기, 여러 사람들 앞에서 말하기). 특정 낱말들은 다른 것보다 더 말하기 어려운 것으로 인식된다. 에둘러대기와 낱말대치가 자주 발생한다.
4	8세~성인	말더듬이 가장 심한 단계에 이른다. 말더듬에 대한 공포스러운 예측을 한다. 특정 말소리, 낱말, 발화상황을 회피한다. 에둘러대기와 낱말대치의 증가가 나타난다.

더듬는 이들은 이러한 낱말들을 낱말대치나 에둘러대기를 사용하여 회피하려고 한다. 낱말 대치의 한 예로, *I want a ni-ni-ni-five cents*에서처럼, 개인은 최초 의도했던 낱말 *nickel* 대신 *five cents*로 대치해버린 것이다. 에둘러대기는 우회적으로 또는 간접적인 방식으로 말하는 것이다. 한 아동이 장난감을 요구하는 말 속에서 *fire truck*이라는 말을 회피하기 위한 에둘러대기는 다음과 같은 형태를 취할 수 있다. "*I want a—ya know—red thing—siren and ladders—truck for my birthday.*" 말더듬에 대한 개인의 자각에도 불구하고, 그 또는 그녀는 일반적으로 공포나 당황스러움의 증거를 잘 드러내지 않게 될 것이며, 특정 발화상황을 회피하지 않게 될 것이다.

4단계는 그 진전의 극단으로, 말더듬은 가장 진전된 형태를 취하게 된다. 4단계의 주된 특징은 말더듬에 대한 생생하고 두려운 예상이다. 4단계에서, 말을 더듬는 사람은 특정 말소리·낱말·발화상황을 회피하며, 낱말대치를 자주 하며, 에둘러대기를 사용하고, 자신의 말더듬에 대해 당황스러워한다. 더듬는 낱말들은 뚜렷하게 들리는 음성의 긴장과 음도의 상승과 연합되어 있다. 이들 단계들은 〈표 7.2〉에 요약되어 있다. 〈사례연구 7.2〉에서 말에 대한 두려움 때문에 좋아하는 음식을 먹지 못하는 한 소년의 개인적 이야기를 보라.

말더듬이 언제나 점진적으로 진전되는 것만은 아니다. 일부 개인들의 경우에는 말더듬이 어린 아동들에서 처음 진단되었을 때부터 그 증후가 매우 진전된 형태로 나타나며, 이차적 특징도 나타날 수 있다(Van Riper, 1982; Yairi, 2004; Yairi & Ambrose, 1992a, 1992b, 2004; Yairi et al., 1993). 아동들의 36%에서는 말더듬의 개시가 뚜렷하며 갑작스러운 사건이며, 말더듬 행동은 중등도에서 중도인 것으로 판정될 수 있다(Yairi & Ambrose, 1992a). 말더듬의 개시와 그 진전 그리고 그 지속 및 자연회복에 기저하는 변인들에 대해서는 더 많

사례연구 7.2

말더듬을 가진 한 소년의 개인적 이야기

제프는 10대 소년으로 그의 13번째 생일에 말-청각클리닉에 처음 나타났다. 그의 부모는 초기 면담과정에서 제프가 3세경에 처음 말더듬이 시작되었다고 설명하였다. 이들은 말더듬이 있다가 없다가 하고, 때로는 2개월 정도 유창하게 말하는 기간도 있었다고 하였다. 비록 부모는 제프의 말더듬 행동에 대해 걱정하였으나, 그가 말더듬을 극복할 것이라고 생각하였다. 이러한 믿음은 그가 보인 장기적인 유창성 기간에 의해 강화되었다.

한 SLP가 제프를 평가하였다. 공식 말더듬 검사결과, 그는 중도 말더듬이었고, 그의 말더듬 행동의 대부분은 말소리의 긴 연장 형태를 취하였다. 제프는 SLP에게 자신이 학급에서 말을 하지 않아서 성적이 떨어졌으며, 학급 친구들이 '내가 말하는 방식을 항상 놀리기' 때문에 그들과 상호작용하고 싶지 않았다고 말했다. 그는 또한 심하게 말을 더듬지 않고서는 말할 수 없는 특정 낱말들이 있다고 보고하였다.

SLP는 제프에게 6개월의 시행 기간 동안 주당 2회의 치료에 등록하도록 제안하였다. 부모와 제프는 동의하였다. 그는 이 기간 동안 훌륭하게 개선되었고, 추가적인 4개월의 치료를 더 받았다. 10개월의 치료가 끝날 무렵 치료가 종결되었고, 그는 자신의 말더듬을 잘 통제하는 모습을 보였다.

2개월 후, 유창성 기술에 대한 재평가를 위해 그와 그의 어머니가 클리닉에 방문하였다. 재평가 중, 제프는 SLP에게 자신이 원하는 낱말을 더듬지 않고 말할 수 있게 되었기 때문에 자신의 새로운 말로 인해 행복하다고 말하였다. 그는 SLP에게 치즈버거와 프렌치프라이를 먹기 위해 맥도날드나 버거킹에 가는 것이 기쁘다고 말하였다. 그러나 치료 이전이었다면, 그가 스스로 주문해야 할 때는 자신이 낱말 '프렌치'를 더듬을 것임을 알고 있었기에 프렌치프라이를 주문하지 않았을 것이다. 그는 스스로 기억하고 있는 것보다 더 많이 프라이 없이 돌아가곤 했었다. 현재 제프는 자기 스스로 주문한 치즈버거를 *프렌치프라이*와 함께 즐기고 있다. 제프의 말에 따르면, 이것이 자신을 '지구에서 가장 행복한 어린이'로 만들어주었다고 한다.

은 연구가 필요할 것이다.

생애주기에 걸친 말더듬의 효과

말더듬은 거의 언제나 초기 아동기에 시작된다. 일리노이대학에서 수행된 연구에 따르면, 조사된 아동의 68%에서 36개월경에 말더듬의 개시가 일어났고, 95%의 아동은 48개월경에 말더듬이 시작되었다(Yairi, 2004; Yairi & Ambrose, 2004). 비록 말더듬의 출현율(말을 더듬은 인구에 속한 사람의 수)은 1%이지만, 연구에 따르면 "이 문제의 크기는 어린 아동들 가운데에서 훨씬 크게 나타난다"(Yairi & Ambrose, 2004, p. 5). 그렇지만 말더듬의 효과를 전 생애에 걸친 조망으로 살펴보기 위해 우리는 세계보건기구(WHO)에서 개발한 모델에 관해 간략히 논의할 것이다.

이 모델의 맥락 내에서는 말더듬은 장애 또는 장애를 가진 조건으로 여겨지고 있다. 특히 장애란 "말을 더듬는 사람의 불이익을 포함하여, 한 사람의 말더듬으로부터 들리며 보이는 사건들에 대한 반응으로부터 야기된 불이익"으로 구성된다(Conture, 1996, p.S20). 공식 및 비공식적 관찰 모두에서 말더듬이란 광범위한 일상의 활동들, 특히 삶의 세 가지 주요 갈래, 즉 학교, 직장, 사회적 상호작용 측면에서 부정적인 영향을 미치는 것으로 시사된다. 아동들은 학교에서의 구어 의사소통에 대해 위축되고 이를 거부하며, 성인들은 구어 의사소통이

거의 또는 전혀 필요 없는 직업을 택하게 될 수도 있으며, 아동 및 성인 모두 발화에 대한 두려움으로 인해 사회적 접촉을 회피하게 될 수도 있다.

먼저 말더듬이 한 아동의 학교수행에 미칠 수 있는 부정적인 영향에 대해 고려해보자. 전체적으로 말더듬이는 전형적인 화자들에 비해 교육적인 적응이 보다 열악할 수 있다. 이러한 결론은 학교에서의 성적을 유지하는 정도에 의거한 것이다. 평균적으로 말을 더듬는 아동들은 약 반년 또는 반학년 수준이 지연되고 있다. 말을 더듬는 학령기 아동들은 말을 더듬지 않는 급우들보다 나이가 더 많으며, 이러한 결과는 말을 더듬는 아동들이 학교에서 더 어려움을 겪을 것임을 시사해준다. 그렇다면 시의적절한 치료는 말을 더듬는 아동의 학업수행을 개선시키게 될 것으로 기대할 수 있을 것이다(Bolldstein, 1995; Conture, 1996). 추가적인 염려 사항은 아동들이 괴롭힘 당하는 일에 대해 취약성을 보인다는 점이다. 말을 더듬는 아동들은 그렇지 않은 또래들에 비하여 유의하게 더 많이 괴롭힘 당하거나 놀림을 당할 가능성이 높다(Blood & Blood, 2004).

말더듬이 젊은 개인에게 부과하는 교육 및 사적 불이익은 아동이 학교를 떠난다고 끝나는 것이 아니다. 말더듬은 직장에서도 부정적 영향을 미치며, 고용주가 이를 장애로 간주하기 때문에 고용가능성과 승진 기회를 감소시키는 취약한 조건이 될 수도 있다(Hurst & Cooper, 1983). 이러한 견해에도 불구하고, 말을 더듬는 피고용인이 치료를 받고자 할 때는 피고용인에 대한 고용인의 인식이 개선되기도 한다(Craig & Clavert, 1991). 이렇게 강화된 인식은 치료를 추구했던 피고용인들 가운데에서의 승진되는 수의 증가로 반영되며, 이어지는 치료에서의 유창성 유지에 성공적인 요인이 된다.

말더듬이 개인의 사회적 상호작용과 삶의 질에 미칠 수 있는 잠재적 효과는 잘 알려져 있지 않다. 임상적 관찰은 성공적으로 치료된 개인들, 특히 성인들은 사회적 상호작용에서의 개선을 경험하지만, 이러한 사회적 행동에서의 변화의 본질과 중요성은 충분히 기록되어 있지 못함을 시사해준다(Conture, 1996). 그렇지만 상당한 연구들이 말을 더듬는 사람들은 한 집단으로서 일관적이며 동의된 바의 심리신경학적 불안 패턴을 드러내지는 않으나, 가벼운 형태의 사회적 부적응이 자주 보고되고 있음을 나타내고 있다(Bolldstein, 1995). 말더듬 치료가 사회심리적인 적응에 영향을 미치는지 그리고 그 정도는 어떠한가에 대한 추가적인 연구가 필요할 것이다(Conture, 1996).

말더듬의 이론 및 개념화

말더듬에 관한 몇 가지 가장 유명한 병인 이론들을 살펴보면 여러분들에게 지난 80여 년간 말더듬 연구 및 치료에 영향을 미쳐왔던 다양한 모델들을 이해할 수 있게 해줄 것이다. 또한 우리가 논의하고자 하는 몇 가지 이론들의 다양한 측면들은 현시대의 말더듬 연구 및 치료에도 함축적으로 나타나고 있다. 말더듬의 병인론은 다음의 세 가지 범주로 분류될 수 있다 — 기질적, 행동적, 심리적 범주.

기질적 이론

기질적 이론은 말더듬의 실질적인 신체적 원인을 주장한다. 말더듬의 신체적 원인에 대한 고찰은 말더듬이란 정신과 몸의 분리이며, 혀 근육이 뇌의 명령을 이행하지 못한다고 제안했던 아리스토텔레스의 저술까지 거슬러 올라간다(Rieber & Wollock, 1977). 아리스토텔레스의 저술 이후 많은 기질적 이론들이 제기되어왔으나, 이들 모두 어느 한 가지 또는 그 밖의 다른 한 가지 방식으로는 말더듬을 성공적으로 설명하는 것에는 실패해왔다. 예를 들어, 1930년대에 Samuel Orton과 Lee Travis에 의해 주장된 뇌 우세 반구 이론(cerebral dominance theory), 즉 '우세손잡이 이론(handedness theory)'(Bolldstein, 1995)에서는 뇌 우세 반구가 없다면, 양반구 모두가 각각의 말 근육에 경쟁적인 신경충동(neural impulse)을 전달하고, 이로 인하여 결국 말 근육조직의 좌우 반구 간 불협응이 초래된다고 가정하였다. 이들은 이 불협응이 말더듬을 초래한다고 믿었다. 최근의 뇌영상 연구들의 결과로부터 만성적인 발달적 말더듬을 가진 성인들의 뇌의 구조적이며 기능적인 차이가 밝혀지게 되면서 이 이론에 대한 관심이 다시 새롭게 제기되었다.

　현재의 뇌영상 연구는 유창한 말과 더듬는 말을 모두 아우르는 포괄적인 신경생리학적 모델의 발달을 촉진하였고, 이것은 말더듬에 대한 새로운 예방 및 치료방법을 이끌어줄 수 있었다(Brown et al., 2005; c.f., Ingham et al., 2003).

행동적 이론

행동적 이론들은 말더듬이란 개인의 외적조건에 대한 학습된 반응이라고 주장한다. 1940년대와 1950년대에 Wendell Johnson은 유명한 행동이론의 하나인 진단착오이론(diagnosogenic theory)을 개발하였다. 이 이론에 따르면, 말더듬은 아동의 입이 아닌 부모의 귀에서 비롯된다는 것이다. 지나치게 걱정이 많은 부모는 아동의 정상적인 주저와 반복에 대해 부정적으로 언급하면서 아동에게 더 느리게 말하고 더듬지 말라고 훈계한다. 이러한 부모의 행동은 아동으로 하여금 말에 대해 근심하게 만들고, 아동의 두려움은 더 심한 주저와 반복을 키워낸다.

　이 이론을 지지하는 근거도 없을 뿐만 아니라, 심지어 이와 반대되는 근거도 있다. 연구들은 자연회복 과정은 실질적으로 자기 아이가 말을 더듬을 때는 이들에게 천천히 말하고, 멈추었다가 다시 시작하며, 또는 말하기 전에 생각하라고 분명하게 이야기하는 부모의 편에서 비롯될 수 있음을 나타낸 바 있다(예 : Langford & Cooper, 1974; Martin & Lindamood, 1986).

심리적 이론

심리적 이론에서는 말더듬이 무의식적 요구와 내적갈등이 연합된 신경증적 증후로서 대개는 심리치료를 통해 적절히 다루어지는 것이라고 주장한다. 일부 심리학적 이론들은 말을 더듬는 사람들을 신경증 환자로 인식한다. (다른 이론들에서는 말더듬을 공포증의 한 현상이라고 간주한다.) 말을 더듬는 일부의 사람들은 실제로 신경증을 가지고 있지만, 심리적 이론은 말더듬의 기저 원인 또는 그 개시와 진전에 대한 설득력 있는 설명이 아직은 부족한 편이다.

말더듬에 대한 현재의 개념적 모델

내적수정가설(covert repair hypothesis)은 언어산출모델에 기반한 것으로, 말더듬은 말 산출계획의 일부 오류에 대한 반응이라고 가정하고 있다(Postma & Kolk, 1993). 화자는 말이 형성되는 과정에서 이를 모니터링하여 말 계획상에서 오류를 발견할 수 있는 능력을 가지고 있다. 말을 더듬는 사람들은 음운부호화(phonological encoding) 기술의 발달이 부족하며, 이것이 이들을 말 계획(speech plan)에서의 오류로 이끌게 된다. 만일 말 계획 내에 더 많은 오류가 있게 되면, 오류수정이 더 많이 일어나게 될 것이다. 말더듬은 오류가 아니다. 오히려 말더듬은 잘못된 음성계획에 대한 '정상적인' 수정 반응이다.

말더듬에 관한 또 다른 개념은 **요구용량모델**(demand and capacities model, DCM)이다(Starkwether, 1987, 1997). 이 모델에서는 아동에게 부여되는 유창한 말에 대한 환경으로부터의 요구가 그 아동의 신체적 용량 및 학습된 용량을 초과하게 되면 말더듬이 전개된다고 주장하고 있다. 유창한 말에 필요한 아동의 용량은 운동기술, 언어산출기술, 정서적 성숙도, 인지발달의 균형에 달려 있다. 말을 더듬는 아동들은 아마도 유창한 말에 필요한 이들 능력 중 어느 한 가지 또는 그 이상이 결핍되어 있을 수 있다. 유창성을 위해 요구되는 필요한 운동기술이 부족한 아동의 경우 부모가 말을 빠르게 하는 것일 수 있다―빠른 말 속도는 반응에 필요한 아동 자신의 운동능력을 초과하는 시간적 압박을 가하게 될 것이다. 어떤 부모들은 아동의 언어발달을 초과하는 보다 상위수준의 언어구조를 사용하도록 고집하기도 한다. DCM 모델 내에서의 모든 말더듬 사례에서는 아동에게 부과되는 환경적 요구와 아동의 유창한 말 능력(용량) 사이의 불균형이 존재하는 것이다.

DCM은 말더듬 이론이 아니며, 이것이 말더듬의 원인을 제안하는 것도 아니다. 오히려 DCM은 임상가들이 말더듬의 진전을 설명하는 역동적인 힘을 이해할 수 있도록 돕는 유용한 도구이다. 치료적 측면에서, DCM은 아동이 유창한 말의 산출에서 결여되어 있는 능력이 무엇인지, 그리고 이 능력을 위험하게 하는 아동의 환경요인이 무엇인지에 관해 이해할 수 있는 유용한 지침을 제공해준다.

말더듬에 관한 또 한 가지의 이론적 구조에 대해 언급할 필요가 있다. EXPLAN 모델(Howell, 2004)은 유창한 화자와 말을 더듬는 화자 모두의 자발적 말 산출을 설명해준다. 이 모델에서 말 계획(PLAN)은 언어형성의 언어학적 과정이며, 집행(execution, EX)은 언어형성의 산출과 관련된 운동활동을 말한다. 비록 말더듬에 대한 일부 이론적 설명들은 언어형성 단계에서의 붕괴를 주요인으로 설정하고, 기타 설명들에서는 운동시스템에 전달되는 정보를 주요인으로 하고 있으나, EXPLAN 모델은 PLAN 및 EX 처리과정 사이의 정상적인 상호작용의 실패로부터 말더듬이 야기된다고 주장한다(Howell, 2004). 유창성의 실패는 언어학적 계획이 운동시스템에 너무 느리게 전달될 때 발생되는 것이다.

대안적으로, 말 산출에 대한 컴퓨터 시뮬레이션 모델을 사용하여 말더듬을 시뮬레이션하도록 프로그램된 바 있었는데, 이것은 말을 더듬는 개인들의 말 운동통제 시스템 붕괴에 대한 증거를 제공해주었다(c.f. Max et al., 2004). 이러한 과학적으로 정교한 모델들은 말더듬 및 말더듬 치료의 기초적인 본질에 대한 우리의 지식을 더욱 확장시켜줄 것이다.

어린 아동들에게 사용되는 치료기법들

아이가 말을 더듬고 있다고 걱정하는 부모가 있다면, 이에 관해 정말 염려해야 하는지를 결정하고, 그렇다면 이에 관한 적절한 조치 과정을 계획하는 것이 SLP의 책무이다. 말더듬으로 의심되는 아동에 대한 평가의 중요한 두 가지 요소는 아동의 말에 대한 관찰, 그리고 상세한 부모 면담이다(비유창한 아동의 부모에 대한 몇 가지 보편적인 질문들은 〈그림 7.1〉을 보라).

말더듬 평가

말더듬 평가의 일차적인 요소는 아동의 말 행동에 대한 상세한 분석이다. SLP는 아동이 산출한 각각의 비유창성 유형별 평균 수(예 : 낱말 내 반복, 말소리 연장)를 결정한다. 발화된 100개의 낱말 가운데 3개 이상의 낱말 내 비유창성이 포함된다면 아동은 유창성의 문제를 가지고 있는 것이다(Conture, 1990b). 전체 비유창성 비율에서 각 비유창성 유형이 차지하

도입
왜 이곳을 방문하셨습니까?
우리(나)에게 아이가 가진 문제에 관해 말해주십시오.

일반적 발달
우리(나)에게 아이가 태어났을 때부터 현재까지의 발달에 관해 말해주십시오.
이 발달은 아이의 형제들과 비교하여서는 어떻습니까?

가계력
가족 중에 말, 청각 또는 언어적 문제를 가진 또 다른 사람이 있습니까?
이들이 말 치료를 받았습니까?

말-언어발달
아이가 첫 낱말을 말한 시기는 언제입니까?
처음으로 구 그리고 문장을 말한 시기는 언제입니까?

문제에 관한 역사/진술
아이의 말의 문제에 대해 말해주십시오.

문제는 언제 시작되었습니까?
이에 대한 당신의 반응은 무엇이었습니까? 이 문제에 관해 아이가 주의를 기울이도록 했습니까?
아이의 말더듬이 처음 시작되었을 때에 관해 말해주시겠습니까?
이것은 시간이 지나면서 변화되었습니까?
아이가 당신과 말하면서 눈을 마주칩니까?
아이가 말을 하면서 과도한 신체움직임을 보입니까?
아이가 말해야 할 상황을 회피합니까?
아이가 말더듬을 멈추도록 돕기 위해 무엇인가 해본 일이 있습니까?

가족 상호작용
당신과 당신의 아이가 함께 하는 때는 언제이며, 그때는 함께 무엇을 합니까?
가족의 일원으로서 당신은 이를테면 주로 어떤 일을 합니까?
당신은 형제들 간의 마찰을 어떻게 다룹니까?

종합
당신의 아이를 위해 세 가지 소원을 가질 수 있다면 무엇을 빌겠습니까?

그림 7.1 비유창한 아동의 부모에 대한 보편적 질문들

출처 : Conture(1990b)에 근거함.

는 정도가 중요한 평가치가 된다. 예를 들어, 한 아동이 100개의 낱말 중 10개의 비유창성을 산출하였고, 이 중 6개가 말소리 연장이었다면, 모든 비유창성 중 60%가 말소리 연장이다. 말소리 연장의 비율이 높다는 것은 만성적인 유창성의 문제를 나타낼 수 있는 것이다. SLP 는 몇 가지 비유창성의 길이(duration) 역시 측정해야 할 것이다. 길게 지속되거나 또는 말소리나 음절이 여러 번 반복된다면 말더듬 문제의 중증도가 높아지게 될 것임을 의미한다.

말더듬예측검사(Stuttering Prediction Instrument, SPI)(Riley & Riley, 1981)나 말더듬중증도검사-제4판(Stuttering Severity Instrument-Fourth Edition, SSI-4)(Riley, 2009) 같은 표준화검사들을 말더듬 평가에 사용될 수도 있다. SPI는 특히 3~8세의 어린 아동들을 위한 것이다. 이것은 이를테면 비유창 길이, 말더듬 빈도와 같은 말더듬 관련 행동의 수에 기반한 점수를 산출해준다. 이 숫자 점수(numerical score)는 구어 말더듬 중증도의 등급(rating)으로 전환된다. SSI-4는 아동이나 성인에게 사용될 수 있다. 이 검사는 말더듬이 일어난 음절의 비율과 말더듬 순간의 지속 시간, 그리고 이차행동을 측정한다. SLP는 이차적 증후의 유형 역시 기록해둘 것이다. 이차적 증후의 다양한 분류는 장애의 진전 정도를 나타내줄 것이다.

SLP의 치료제안에 대한 결정은 어느 단일한 행동이나 검사결과에 근거하는 것이 아니다. 아래와 같은 행동들이 두 가지 이상 관찰된다면 치료가 제안될 수 있을 것이다.

- 아동에 의해 산출된 전체 비유창성 행동 가운데 25% 이상이 말소리 연장으로 구성됨
- 반복적인 말하기 과제상에서 낱말의 첫 음절에서의 말소리 또는 음절의 반복 또는 말소리의 연장이 발생됨(예 : *pa-ta-ka*, *pa-ta-ka*, *pa-ta-ka* 반복 산출)
- 아동 발화의 50% 이상에서 눈 마주침이 결여됨
- SPI(Conture, 1990b)상에서 18점 이상
- 최소한 1명 이상의 성인이 자녀의 말 유창성 기술에 대해 우려를 나타냄(Chang et al., 2002)

말더듬 간접 및 직접중재

SLP가 아동이 말더듬 문제를 가지고 있거나 말더듬으로 발전될 위험이 높다고 결정했다면 치료적 중재가 시작된다. 일반적으로 말을 더듬는 어린 아동에게는 크게 두 가지 중재전략이 사용될 수 있다 — 간접치료와 직접치료. 간접적 접근법은 이제 막 말더듬이 시작되었거나 또는 말더듬이 상당히 경도 수준인 아동에게 적합한 것으로 간주되고 있다. 직접적 접근법은 전형적으로는 최소 1년 이상 말을 더듬어왔으며, 중등도에서 중도 수준의 말더듬을 가진 아동을 위한 것이다.

간접적 접근에서는 아동의 말 유창성에 대한 외현적 수정이나 변화를 시도하지 않는다 — 대신 아동, 아동의 부모, 아동의 환경에 초점을 둔다. 간접치료의 주된 측면은 정보를 공유하고 부모들을 교육하여 아동에게 느리고 이완된 말 모델을 제공해주도록 하는 것이다. 느리고 이완된 말을 촉진하는 놀이 중심의 활동이 이 중재의 핵심적인 요소이다. 아동의 유창한 말 또는 더듬는 말 행동에 대한 직접적인 언급을 하지 않는다. 간접치료의 목적은 환경

적 조정을 거쳐 유창성을 촉진시키는 데 있다.

직접적인 접근법은 아동의 말과 말 관련 행동들을 수정하고자 하는 뚜렷하면서도 직접적인 시도를 포함한다. 직접치료에서는 '힘든(hard)' 말과 '쉬운(easy)' 말 같은 개념들이 도입된다. 힘든 말은 빠르고 상대적으로 긴장된 것(예 : ssssssss-snake에서와 같은 /s/의 긴장된 말소리 연장)인 반면, 쉬운 말은 느리고 이완된 것이다. '힘든'과 '쉬운'이라는 용어는 단순한 의미로, 아동에게 부정적인 의미를 전달하는 것은 아니다. 아동들에게 먼저 녹음된 자기의 발화에 대해 모니터링함으로써 이 두 가지 유형을 정의하고, 나중에는 직접 말을 산출하는 동안 이 유형들을 정의할 수 있도록 가르친다. 일단 아동이 힘든 말과 쉬운 말 분절을 정확하고 일관적으로 정의해낼 수 있게 되면, SLP는 아동에게 쉬운 말을 증가시키는 데 도움이 될 만한 전략을 가르치고, 필요하다면 힘든 말을 쉬운 말로 변화시킨다. 판별 후 판별/수정으로 이어지는 치료과정은 아동 및 성인을 위한 많은 전략들의 핵심적 요인을 구성한다.

말을 더듬는 나이 든 아동 및 성인들을 위한 치료기법들

10대 및 그 이후까지 말을 더듬는 개인들은 자신들의 사회적 삶과 직업적 목표에 영향을 미칠 수 있는 발화상황에 대해 많은 부정적 반응을 겪게 될 것이다. 이들 중 많은 개인들은 과거의 성공적이지 못했던 말 치료, 그리고 아마도 유창성장애와 싸우기 위한 그 밖의 다른 형태의 중재를 경험했을 것이다. 말을 더듬는 성인들은 "치료과정에 대해 복합적인 태도, 경험, 반응을 보이며 이것들은 직접적으로든 간접적으로든 반드시 다루어져야만 한다(Gelfer, 1996, p.160)."

이 절의 첫 번째 초점은 성인 말더듬을 다루기 위해 사용되는 치료기법들에 관한 것이다. 특히 우리는 유창성 확립을 위해 사용되는 직접적인 기법들에 대해 밝힐 것이다. 개인이 가진 말 행동의 특정 측면을 변화시키는 일이 바로 말더듬 중재의 근본적인 요점이며, 이는 또한 말더듬 성인을 다루는 임상가들 사이에서의 어려움의 원천이기도 하다(Sommers & Caruso, 1995).

말더듬 행동을 수정하기 위해 설계된 치료기법들은 일반적으로는 크게 다음의 두 가지 범주로 분류된다―유창성완성법(fluency shaping techniques)과 말더듬수정법(stuttering modification techniques). 적절히 사용된다면, 이 두 가지 기법 모두 말더듬 감소에 강력한 효과를 미친다. 유창성완성법에는 개인의 말더듬 감소 또는 제거를 위해 말 시간 조절 패턴을 변화시킨다. 여기에서는 전형적으로 말소리와 낱말의 길이를 연장시키고, 전반적인 말 속도를 매우 느리게 하는 방식이 수반된다. 말더듬수정법에서는 오직 말더듬 행동만을 변화시킨다. 전형적으로 이 방식에서는 오직 말더듬이 발생된 말 분절의 길이 연장 또는 이것에 대한 몇 가지 방식에 의한 수정을 사용한다. 말더듬 치료프로그램들은 종종 이 두 가지 접근법을 결합시킨다(Guitar, 2006). 유창성완성법과 말더듬수정법의 역사적 및 근거기반적 조망에 관해서는 Prins and Ingham(2009)을 보라.

유창성완성법

연장된 발화(prolonged speech)라고 하는 말 속도 감소는 가장 강력한 말더듬의 감소 및 제거 방식 중 하나이다. 연장된 발화는 특정 치료목적이 될 수 있는데, 즉 이것은 말 속도를 늦추고 유창성을 증가시키는 데 공헌하는 다양한 기법들의 사용을 포함한다. 연장된 발화라는 용어는 말 산출에 있어서의 지연청각피드백(delayed auditory feedback, DAF)의 효과와 관련하여 1960년대에 이루어진 연구들로부터 비롯된 것이다. DAF는 화자가 자신의 말이 이를테면 250ms 또는 500ms의 특정 구간만큼 조작적으로 지연되어 들리도록 하는 조건을 말한다. 화자가 DAF상에서 말할 때, 음절의 길이가 연장되기 때문에 자기도 모르게 말이 느려지게 된다. 예를 들어, 말을 더듬는 사람이 DAF 조건하에서 말을 하게 되면 말 속도가 극적으로 감소하게 되며, 지연 시간이 길면 길수록 말 역시 더욱 느려지게 된다. 이처럼 DAF 조건하에서 느려지게 된 말은 말더듬의 실질적인 감소를 수반하게 된다.

임상적으로 말을 늘이기 위해 DAF를 사용할 때는 말 속도가 분당 30~60음절이 되도록 피드백의 지연을 설정한다. 이 첫 단계에서 말을 더듬는 사람에게 각 음절의 길이를 늘여서 말하도록 하되, 음절들 사이의 휴지(pause) 길이를 증가시키지는 않게끔 가르친다(Boburg & Kully, 1995; Max & Caruso, 1997). 중재과정을 거치는 동안, DAF 시간을 조정하는 방식을 통해 유창한 말을 유지하면서 음절의 연장 정도를 점차 줄여나가게끔 하여 연장된 발화패턴을 체계적으로 변화시켜나간다. 분당 120~200음절 수준의 말 속도가 이 치료의 전형적인 종결 목표가 된다.

말 속도 감소뿐 아니라 말더듬 발생 직전 또는 발생 중의 말 근육의 신체적 긴장 감소에 도움을 주어 부드러운 말을 촉진시키는 행동적 기법들로 **가벼운 조음접촉**(light articulatory contacts) 그리고 **부드러운 발성 개시**(gentle voicing onsets, GVOs)가 있다. 가벼운 조음접촉의 치료적 활용에서는 화자에게 특히 성도에서의 완전한 협착이 이루어지는 정지 자음(stop consonants, 예 : /p/, /b/, /t/, /d/, /k/, /g/) 산출 시에 조음기관의 긴장을 줄여서 말하도록 가르친다(Max & Caruso, 1997).

조음긴장의 감소는 말소리에서 다음 말소리로의 부드러운 조음전이(articulatory transition)를 방해하는 연장된 조음자세(prolonged articulatory posture)의 발생을 막아주는 것으로 알려져 있다. 가벼운 접촉은 조음기관의 과도한 압박과 긴장을 막아줌으로써 조음의 지속성과 용이성을 촉진시켜준다(Boburg & Kully, 1995).

부드러운 발성 개시는 많은 치료프로그램들의 근간이 되는 속성이며, 이를테면 제스처의 유창성 개시(Fluency Initiation of Gestures, FIGs)(Cooper, 1984)와 같은 여러 다른 이름들로 알려져 있다. GVOs의 기본적 특성은 긴장이 전혀 없는 발성의 개시와 이어지는 점진적인 강도(intensity)의 형성이다. 누구든 모음 /a/의 산출을 속삭임으로 시작하여, 이 모음을 기식성 음질(breathy voice quality)로 산출되도록 성대를 점진적으로 조작하여 마지막으로는 모음의 강도가 높아지도록 해보면 이 기법의 원리가 이해될 수 있을 것이다. GVOs는 전형적으로는 모음산출에서 시작하여 음절의 산출로, 이후에는 낱말의 산출로 이어지는 위계적인 방식에 따라 학습된다.

지연청각피드백 체계는 마이크와 이어폰을 사용한다. 이어폰을 착용한 화자가 마이크에 대고 말을 하면, 이것이 말을 장비로 전달하고, 장비는 다시 이를 전자적으로 지연하여 이어폰에 전달한다. 만일 이 지연이 250ms(또는 ¼초)로 설정되어 있다면, 화자는 말을 하고 ¼초 후에 자신의 발화를 듣게 될 것이다. 청각피드백의 지연은 화자가 말 속도를 늦추게끔 만든다.

말을 더듬는 사람은 종종 말소리를 산출할 때 조음기관의 과도한 압박을 보일 때가 있다. 예를 들어, 이들은 /t/나 /d/ 소리를 산출하면서 혀를 입천장에 매우 강하게 압박하기도 한다. 개인에게 이러한 압박을 감소하도록, 즉 조음기관을 가볍게 접촉하도록 가르치는 것이 유창성을 촉진시켜준다.

이 밖에 말더듬 완화 효과가 있는 임상적인 말 속도 감소 기법으로 **휴지/구 나누기** (pausing/phrasing) 기법이 있는데, 이것은 자연스럽게 발생되는 휴지(절이나 문장의 경계)를 길게 늘이고, 기타 낱말들이나 구들 사이에 휴지를 첨가하도록 설계된 방식이다. 게다가 휴지/구 나누기 기법은 발화의 길이를 2~5음절 이하로 제한하려는 시도를 한다. 점진적인 발화 길이 및 복잡성 증가(Gradual Increase in Length and Complexity of Utterances, GILCU)로 알려져 있는 공식적인 말더듬 치료프로그램(Ryan, 1974)은 휴지/구 나누기 기법의 기저 원리를 활용하며, 특히 학령기 아동들의 말더듬 감소 또는 제거에 효과적인 것으로 알려져온 바 있다.

말더듬 감소 또는 제거에서 일관적으로 사용된 바 있는 또 다른 강력한 유창성완성 기법이 반응-수반적 자극(response-contingent stimulation, RCS)이다. RCS 방식은 학습이론에서 기원한 것으로 스키너의 행동적(조작적) 조건화 패러다임에 기반한 것이다. 조작적 조건화(operant conditioning)는 하나의 행동(반응)과 자극(후속결과를 가져오는)의 연합을 형성하며, 그 결과로 그 행동의 미래 출현을 결정하게 된다.

스키너의 행동수정(behavioral modification) 체계는 말에 대한 반응-수반적 타임아웃(response-contingent time-out, RCTO)의 토대가 되는데, 이 방식은 개인에게서 말더듬 행동이 발생되면 그에게 말을 잠시 멈추게끔 하는 것이다. 이러한 말의 휴지 또는 중지가 말더듬의 후속결과(consequence)로 작용하는 것이다. 이것이 말더듬의 빈도를 0 또는 0에 가까운 수준까지 감소시켜주는 정적인 효과가 있음을 연구들은 일관적으로 보여주고 있다. 말을 더듬는 청소년들이나 성인들에게 자기 스스로 말더듬의 발생을 자각하면, 그 직후 스스로 자신의 말을 타임아웃하도록 하는 자가집행자(self-administer)가 되도록 가르쳐온 바도 있다(Hewat et al., 2006; James, 1981b). 그렇지만 RCTO의 성공에 기저하는 메커니즘에 관해서는 아직 명확히 밝혀져 있지는 못하다.

반응-수반적 방식은 말을 더듬는 어린 아동들을 위해 아동의 일상환경 내에서 부모들에 의해 이행될 때 특히 효과적인 행동치료가 되어왔다. 치료의 장기목표 평가는 **리드콤 프로그램**(Lidcombe program)이 2~7세의 어린 아동들의 치료 후에 말더듬을 0에서 0에 가까운 수준까지 감소시키는 데 매우 효과적이었음을 보여준 바 있다(Lincoln & Onslow, 1997; Nye et al., 2012). 리드콤 프로그램은 부모가 이행하는 치료방식으로, 더듬지 않은 말에 대해 아동에게 정적 강화(positive reinforcement)가 제공되고, 말더듬이 발생되면 이를 수정(아동에게 더듬은 낱말을 수정하여 다시 말하도록 요구함)해주는 방식이다. 부모들은 더듬은 말에 대해 수정을 요구하는 일에 비해 유창한 말에 대한 칭찬과 강화를 5배 이상 제공해야 한다. 리드콤 프로그램에 대해 더 알기 위해서는 http://sydney.edu.au/health-sciences/asrc/docs/lidcombe_program-guide-2011.pdf.를 보라.

말더듬수정법

말을 더듬는 개인들에게 말더듬을 예방할 수 있는 방식으로 말을 하도록 가르침으로써 말더듬을 감소하거나 제거하는 유창성완성 접근법과는 달리, 말더듬수정법에서는 말을 더듬

지난 30년간에 걸친 잘 통제된 실험조사에서는 이를테면 유창한 말에 대해 보상을 제공하고, 더듬은 말은 수정해주는 방식과 같은 행동수정 기법들의 강력하면서도 즉각적인 효과가 일관적으로 입증되어온 바 있다.

Dr. Charles Van Riper는 웨스턴미시간대학교에서 여러 해 동안 유명한 말-언어병리학 교수로 재직하였다. Dr. Van Riper는 자신의 말더듬을 조절하는 방식을 익혔고, 말더듬의 원인과 치료방법을 탐구하는 데 자신의 생애 대부분을 바쳤다. 그가 개발한 중재 기법들은 오늘날에도 여전히 사용되고 있다.

는 사람에게 불필요한 노력이나 투쟁 없이 말더듬에 침착하게 대응하도록 가르친다(Prins & Ingham, 2009). 말더듬수정법의 절차들은 말더듬에 대한 Charles Van Riper의 개념으로부터 비롯된 것인데, 그는 말더듬을 말 시간 조절의 실패이며 이것이 유창성을 붕괴시킬 뿐 아니라, 이러한 붕괴에 대한 부정적인 반응을 촉발한다고 보았다.

이에 따라 Van Riper에 의해 개발된 세 가지 기법들은 말의 시간 조절을 수정할 뿐만 아니라 말더듬에 대한 비정상적인 반응 역시 수정하는 데 사용된다(Prins & Ingham, 2009). 이 방식들은 취소(cancellation), 빠져나오기(pull-outs), 예비책(prepatory sets)이다.

치료적으로 이 세 가지 기법들은 말더듬의 취소로부터 시작되어 다음 순서에 따라 도입된다. 치료의 취소 단계에서는 개인에게 더듬은 낱말산출 후에 의도적으로 휴지를 가진 후 그 낱말을 다시 끝내도록 요구한다. 개인은 최소 3초 이상 휴지를 가진 후 더듬은 낱말을 느린 동작으로 다시 산출한다. 이것은 명백히 해당 낱말의 유창한 산출에 요구되는 운동통합 및 말 시간 조절 운동훈련을 제공하게 된다. 개인이 취소 효율성의 일정 준거 수준에 이르게 되면, 빠져나오기라고 알려진 두 번째 기법으로 진행하게 된다.

빠져나오기 치료단계에서 개인은 부적절한 행동을 수정하면서 더듬은 낱말을 다시 끝낼 때까지 기다리는 것이 아니다. 오히려 개인은 실제로 말더듬이 발생하는 과정 중에 더듬은 낱말을 수정한다. 이 수정에서는 말더듬이 일어났을 때 그 음절이나 낱말의 운동절차를 취소 치료단계에서 사용되었던 느리고 과장된 움직임과 유사한 방식으로 느리게 가져간다. 요약하자면 개인은 즉석에서 말더듬을 수정하는 것이고, 말더듬 행동으로부터 '빠져나오기'를 하면서 의도했던 낱말을 보다 유창한 산출로 마무리하는 것이다. 마찬가지로 개인이 일정 준거의 효율성에 이르게 되면, 예비책이라고 하는 마지막 단계가 진행된다.

예비책 단계에서는 앞서의 두 가지 치료단계에서 습득했던 느린 동작의 말(slow-motion speech) 전략을 사용하되, 말더듬이 발생하고 난 후의 반응으로서가 아니라, 말더듬에 대한 예측된 행동으로 이를 사용한다. 말을 더듬는 사람들은 전형적으로 언제 그리고 어떤 낱말에 대해 말더듬 순간이 다가올지 알고 있다. 개인이 말더듬을 예상하면 그 또는 그녀는 그 낱말을 시도하기 전에 새롭게 습득한 유창성 산출전략을 미리 사용할 준비를 시작한다. 이 치료단계에서의 목표는 개인이 비록 연속적인 말 운동을 하고 있기는 하지만 보다 유창한 방식으로 해당 낱말을 개시하면서 느린 방식으로 소리들을 전이해나가는 것이다.

중재기법 선택

SLP가 어떠한 특정 관리기법을 선택할 것인가는 말더듬 문제의 중증도, 말을 더듬는 사람의 동기와 특정 요구, 사용가능한 특정 기법들에 대한 SLP의 지식을 포함하는 여러 가지 변인들에 달려 있다. 치료를 시작하기 전에 그리고 치료과정 동안 개인의 말더듬 행동에 대한 주의 깊고 상세한 관찰은 성공적인 임상적 관리를 위한 필수 요소이다. 이러한 관찰은 SLP로 하여금 "의뢰인에게 말 운동의 시간 조절 및 긴장도 측면을 변화시키는 방식을 가르치기 위해 사용가능한 기법들을 선택하고, 조합하며 수정할 수 있도록 도울 것이다(Max & Caruso, 1997, p.50)." 요약하자면, 만병통치식의 임상적 프로그램이란 존재하지 않으며, 존재해서도 안 된다. 말더듬 인구 내 개인들 간의 고유한 차이점이 개인의 요구 충족을 위한 변경이 허용되지 못하는 고정적인 임상 프로토콜의 사용을 어렵게 만드는 것이다.

전 생애주기에 걸친 말더듬 중재의 효과성

말더듬 치료의 효과성 검증은 대개는 효과(effectiveness)를 어떻게 정의하는가에 달려 있다. 이것은 복잡한 문제이다. 그렇지만 "말더듬 치료가 개인으로 하여금 언제 그리고 누구에게 말하든 간에 발화에 대한 과도한 주의나 걱정 없이 정상적인 한계에 속하는 비유창성 수준으로 말할 수 있는 능력을 가져다주었다면, 이 치료는 효과적인 것이라고 간주될 수 있을 것이다(Conture, 1996, p. S20)." 말더듬 치료는 빈도 및 그 속성뿐만 아니라 회복속도라는 측면에서 한 개인의 생애주기에 걸쳐 서로 다르다. 그러므로 치료효율성에 대한 검증은 아마도 다음의 네 가지 연령집단에 따라 상대적으로 고려하는 것이 최선일 것이다 — 학령전기 아동, 학령기 아동, 10대, 성인. 말더듬 중재에 관해 그간 출간된 연구를 검토해보면 몇 가지 치료접근법, 치료기법들의 사용을 지지하는 증거가 있다. 이는 〈글상자 7.1〉에 간략히 요약되어 있다.

글상자 7.1 | 말더듬을 가진 개인들을 위한 근거기반실제

일반적 측면

- 말을 더듬는 개인들은 자신들의 생애 중 어떠한 기간에서도 SLP에 의한 중재로부터 이득을 얻을 수 있다.
- 나이 든 아동들과 성인들의 말더듬 감소에 최상의 효능을 가진 치료에 발화 중 말 속도 및 긴장도를 변화시키는 방식이 포함된다.
- 의뢰인들의 보고에 따르면, 발화 한 가지에만 초점을 두는 접근법들에 비하여 발화에 대한 개인의 태도에 초점을 두고, 말더듬이 개인의 삶에 미치는 부정적인 영향을 다루는 데 집중하는 포괄적 접근법으로부터 보다 많은 이득을 얻을 수 있다.
- 말더듬 치료에 참여한 의뢰인의 60~80%가 유의한 개선을 보였다.

특정 행동적 치료접근법 또는 기법들

- 부모가 이행하는 행동적 중재인 리드콤프로그램의 장기적 효과는 특히 학령전기 아동들에게서 충분히 밝혀져 있다. 부모들은 "잘했어, 훌륭하고 부드러운 말이네."와 같은 말로 아동의 유창한 말을 칭찬해주고, "아이고, 울퉁불퉁하네. _____라고 다시 말해보겠니?"와 같은 말로 더듬게 된 말을 수정해주되, 말더듬수정에 비해 정적 강화를 5 : 1의 비율이 되도록(칭찬을 5배 더 많이 해주도록) 교육받는다.

- 아동들이 더듬지 않는 말을 한 낱말 반응, 5분 동안 읽기, 독백, 그리고 대화로 점차 진보되어나가게 하는 GILCU라고 하는 발화길이 및 복잡성의 점진적 증가 프로그램은 나이 든 아동들에게 매우 효과적인 것으로 밝혀져온 바 있다.
- 연장된 발화기법들(예 : 가벼운 조음접촉, 부드러운 발성 개시)은 특히 일상의 연습 기회가 제공되는 구조화된 프로그램의 맥락 내에서 가르칠 때는 나이 든 아동들과 성인들에게 매우 효과적인 것으로 밝혀져온 바 있다. 그렇지만 어떤 한 가지 기법이 그 자체만으로 효과적이라고 밝혀진 바는 없다.
- 발화의 RCTO는 행동적(조작적) 조건화의 기반이며, 말더듬 발생 직후마다 잠깐 동안의 휴지를 가지게 하는 방식을 포함한다. 이 절차는 청소년 및 성인의 말더듬 감소에 매우 효과적이다. 일반적으로 SLP는 개인에게 말더듬 발생 직후 발화를 멈추도록 지시한다. 그렇지만 개인은 말더듬 순간을 자기 스스로 자각하면 발화의 타임아웃을 스스로 이행하도록 배울 수 있다.

출처 : Bothe et al.(2006); Conture & Yaruss(2009); Craig et al.(1996); Hewat et al.(2006); James(1981b); Nye et al.(2013); Onslow et al.(2004); Ryan(1974)에 근거함.

학령전기 아동에 대한 중재효능

일반적으로 가장 최근의 연구결과들은 매우 긍정적이며, 또한 말더듬의 초기 진단 및 치료에 대한 함축적 이득을 보여주고 있다. 말더듬 치료프로그램 내에 있었던 학령전기 아동의 91%가 초기 평가 후 5년 동안 유창한 말을 유지하였다(Fosnot, 1993). 부모-이행 중재프로그램에 등록되었던 학령전기 아동들 전원이 치료종결 후 7년 동안 유창한 말을 유지하였다(Lincoln & Onslow, 1997). 또 다른 연구에서는 말을 더듬었던 45명의 학령전기 아동의 100%가 치료종결 후 2년 동안 유창한 말을 유지하였다(Gottwald & Starkwether, 1995).

학령기 아동에 대한 중재효능

말더듬 치료효과성에 관한 주목할 만한 한 가지 연구에서는 학령기 아동을 대상으로 네 가지 치료접근법들을 적용하고, 평균 60%의 치료 후 개선에 대해 보고한 바 있다(Ryan & Van Kirk Ryan, 1983). 또 다른 연구에서는 이보다 더 높은 결과가 나타났었는데, 여기에서는 두 가지 치료프로그램에 등록한 학령기 아동의 96%가 치료 후 14개월 동안 유창한 말을 유지하였다(Ryan & Van Kirk Ryan, 1995).

말더듬 치료의 효과성에 관해 학령기 아동 160명을 포함한 아홉 가지 조사결과는 어느 정도 고무적이다. 이 연구결과들은 아홉 가지 연구 전체에 걸쳐 평균 61%(범위는 33~90% 이상)에서 말더듬 빈도 그리고/또는 중증도의 감소가 있었던 것으로 나타났다. 학령전기 아동들의 말더듬 치료효능 연구에서와 마찬가지로, 이 연구들은 비교적 낙천적인, 그러나 어느 정도 주의는 필요함을 시사해준다(Conture, 1996).

청소년 및 성인에 대한 중재효능

말을 더듬는 10대들은 임상적으로 다루기가 어려울 수 있으며, 이 연령집단을 위한 특정 중재프로그램과 관련하여 사용가능한 정보도 많지 않다(Daly et al., 1995; Schwartz, 1993). 이와는 매우 대조적으로, 말을 더듬는 성인들의 치료결과에 대해서 보고된 것은 많이 있다. 조작적 조건화 기법에서 약물치료에 이르는 매우 광범위한 성인 말더듬 치료기법들에 대한 조사가 이루어져왔다. 전체적으로 이 연구들은 사용된 치료기법과 무관하게 60~80%의 개선 비율을 시사하고 있다.

요약하자면, 모든 연령집단에 걸친 말더듬 중재는 모든 사례의 약 70%에서 개선 결과를 가져다주었고, 더 오랜 기간 동안 말더듬을 가져왔던 이들에 비하여 학령전기 아동들의 개선이 보다 빠르고 더욱 쉽게 일어났다. 우리가 살펴왔던 임상연구는 효과적인 말더듬 치료는 말을 더듬는 이들이 언제 말할지 그리고 누구에게 말할지 결정하건 간에 말에 대한 지나친 걱정 없이 의사소통할 수 있는 능력을 증진시킴으로써 점진적으로 이들의 일상적인 삶을 개선시켜줄 수 있다는 것을 알려주고 있다.

요약

말더듬이란 일차적으로 말의 부드러운 진행을 방해하는 말소리나 음절의 반복 및 말소리 연장이라는 특징을 가지는 장애조건이다. 말더듬은 여성보다는 남성에게 더 많은 영향을 미치는 보편적인 문제이다. 대부분의 사례에서, 말더듬은 2~4세에 출현하며, 장애가 진행됨에 따라 그 중증도 역시 증가된다. 말더듬은 개인의 학업수행, 직업 및 사회적 상호작용에 부정적인 영향을 미친다. 말더듬 치료는 비록 어느 연령대에서든지 말더듬을 감소시켜줄 수 있기는 하지만, 초기 아동기에 시작되었을 때가 가장 효과적이다.

많은 이론들—기질적, 행동적, 심리적—이 말더듬의 시작과 진전을 설명하고자 시도했으나, 그 원인은 아직 밝혀져 있지 못하다. 말더듬의 수수께끼를 해결하기 위해서는 말-언어치료사, 신경언어학자, 유전학자, 의료전문가들을 포함하여 필연적으로 많은 전문가들이 필요하다.

추천도서

Bloodstein, O. (1995). *A handbook on stuttering.* San Diego, CA: Singular.

Bothe, A., Davidow, J., Bramlett, R., & Ingham, R. (2006). Stuttering treatment research 1970-2005: I. Systematic review incorporating trial quality assessment of behavioral, cognitive, and related approaches. *American Journal of Speech-Language Pathology, 15,* 321-341.

Guitar, G. (2006). *Stuttering: An integrated approach to its nature and treatment.* Philadelphia: Lippincott Williams & Wilkins.

Onslow, M., Packman, A., & Harrison, E. (2003). *The Lidcombe program of early stuttering intervention: A clinician's guide.* Austin, TX: PRO-ED.

Prins, D., & Ingham, R. (2009). Evidence-based treatment and stuttering-Historical perspective. *Journal of Speech, Language, and Hearing Research, 52,* 254-263.

8

음성 및 공명장애

학습목표

이 장을 마치면 여러분은 다음과 같은 것들을 할 수 있게 될 것이다.

- 발성과 공명의 정상적 과정을 설명한다.
- 음성 및 공명장애의 청지각적 징후를 기술한다.
- 음성오용 혹은 남용, 의학적 혹은 신체적 상태, 심리적 혹은 스트레스 조건과 관련된 음성장애들을 기술한다.
- 음성 및 공명평가의 주된 요소들을 논의한다.
- 음성 및 공명치료의 주요 목표, 효과적인 음성 및 공명치료 접근법이나 기법에 대해 기술한다.

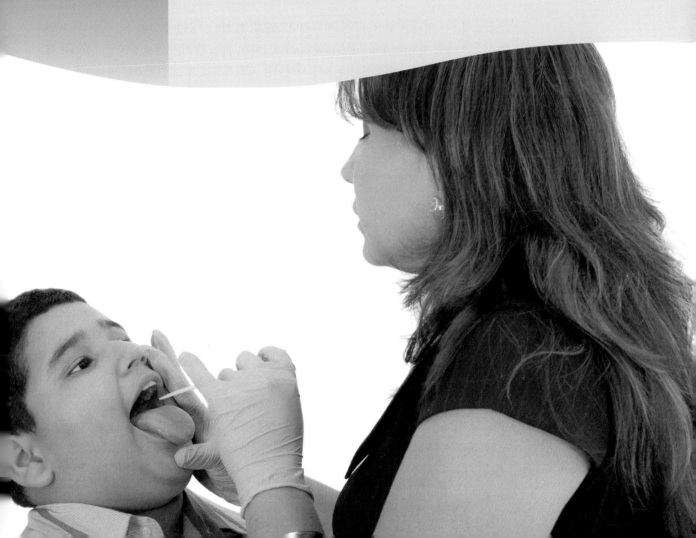

음성은 표현의 주된 수단이자 말로 알려진 유일한 인간 속성의 필수적인 특징이다 (Boone & Farlane, 2000; Colton & Casper , 1996; Titze, 1994). 음성은 성별, 성격, 개인적 습관, 나이, 건강의 일반적 상태를 반영한다. 연구에 의하면 음성의 어떤 특성들은 다양한 성격 차원을 반영하며, 이러한 음성의 특징들은 표준화된 성격 검사들과 밀접한 연관성이 있다(Colton & Casper, 1990; Markel et al., 1964). 여러분의 목소리는 기분, 태도, 일반적 느낌을 투영하는 감정적 배출구이다. 여러분은 소리를 지르면서 분노를 표시하고 부드럽게 말하면서 애정을 표현한다. 이러한 음성표현의 유형들은 청자로부터 정서적 반응을 불러일으키는 엄청난 잠재력을 가진다.

공명은 인두강, 구강 및 비강에서 소리의 진동으로부터 산출되는 음성의 질(quality)을 나타낸다. 제3장을 상기해보라. 소리에너지는 성대가 진동하고 특정 주파수를 증폭시키거나 감소시키는 기능을 하는 음향공명기인 성도를 통과함으로써 만들어진다. 즉, 인두강, 구강, 비강의 크기나 모양은 목소리에 대한 지각된 소리나 음질에 직접적으로 영향을 줄 것이다. 이 외에 말하거나 삼키는 동안 구강과 비강을 연결하거나 혹은 분리하는 것을 담당하는 연인두 기전은 구강과 비강에서 소리에너지와 공기의 압력을 조절한다(Kummer & Lee, 1996). 대부분의 말소리들은 코로 공기가 빠져나가지 못하도록 연구개 거상이 요구되며, 또한 고압력 자음(예 : /p/, /b/, /s/)을 산출하기 위해 구강 내에 적절한 공기압을 형성하기 위한 연구개 거상이 요구됨을 기억하라. 구어와 삼킴 동안에 구강과 비강을 분리하는 데 실패하는 것은 흔히 **연인두 폐쇄부전**(velopharyngeal inadequacy, VPI)이라고 불린다. 연인두 폐쇄부전은 초기 배아기 발생에서 빈번히 나타나는 경구개와 연구개 기형(malformation)의 결과이다.

이 장에서는 정상적인 음성 및 공명과 관련된 기본적인 개념뿐 아니라 음성오용과 과다기능, 비정상적인 의학적·신체적 상태, 심리적 혹은 스트레스 상황과 관련된 음성장애로 확대하여 논의할 것이다. 또한 **두개안면 기형**(craniofacial anomalies), 혹은 머리와 얼굴(예 : 구개파열)을 포함한 선천적 기형과 관련된 공명장애를 논의할 것이다. 마지막으로, 음성 및 공명과 관련된 평가, 중재, 치료효과 쟁점, 근거기반실제를 논의할 것이다.

정상적인 음성 및 공명산출

음도

성대 진동의 완전한 한 번의 진동 주기 동안, 성대는 폐쇄된 혹은 내전된 위치에서 개방된 혹은 외전된 위치로 그리고 다시 폐쇄된 위치로 돌아온다.

음성산출이 발성 혹은 성대 진동에 의해 산출되어지는 소리와 함께 시작된다는 제3장의 내용을 기억해보라. 기본주파수는 성대 진동의 속도와 관련 있으며, **헤르츠**(hertz, Hz) 혹은 초당 완전한 진동의 수로 측정한다.

기본주파수의 청지각적 상관은 음도(pitch)이다. 예를 들면, 평균적으로 성인 남성은 약 125Hz(초당 성대가 125번 열고 닫힌다)인 반면 성인 여성은 약 250Hz의 기본주파수를 가진다. 그러므로 평균적으로 지각된 남성의 음도는 여성의 음도보다 더 낮다. 어린 아동들의 기본주파수는 500Hz에 달할 수 있으며, 그 결과 매우 높은 음도의 목소리가 된다. 남성, 여

표 8.1	생애주기에 걸친 후두의 발달과 기본주파수 특성	
시기	구조적 발달	기본주파수
출생 시	후두는 목에서 높은 위치에 놓여 있다. 성대 길이는 3mm이다.	평균 약 400Hz, 불안정하다.
4세	성대 길이는 약 10세까지는 거의 성별 차이가 없다.	성이 거의 영향을 미치지 않으며 4~10세까지 안정적이다.
사춘기	남성은 성대 길이가 10mm 증가, 여성은 4mm 증가한다.	남성은 1옥타브 감소, 여성은 3음도 감소한다.
성인	성대 길이는 남성은 20mm, 여성은 17mm이다.	남성은 평균 125Hz, 여성은 평균 250Hz이다.

출처 : Kent(1997)에 근거함.

성, 아동 간 기본주파수(그리고 결과적으로 초래된 음도) 차이점은 대체로 성대 그 자체의 구조 때문이다. 생애주기에 걸친 성대의 구조적 변화와 기본주파수와의 관계는 〈표 8.1〉에 요약되어 있다.

비록 개개인이 습관적 발화 기본주파수(평균음도)를 가진다 할지라도, 말하는 동안 음성의 기본주파수는 계속해서 변한다. **단조로운**(monotonous 혹은 monotone) 음성은 말 산출 동안 습관적 발화 기본주파수가 변하지 않은 결과이다. 단조로운 목소리를 사용하는 사람들은 청자에게 듣는 것이 매우 흥미 있지 않게 하며, 청자는 말해진 것에 대해 재빠르게 관심을 상실하게 된다. 음성의 음도변이는 또한 언어적 중요성을 가진다. 이 두 문장을 생각해보라.

Tom has a dog.

Tom has a dog?

이 두 문장에서 단어는 동일하지만, 문장의 의미는 매우 다르다. "Tom has a dog."은 사실에 대한 서술(평서문)인 반면에, "Tom has a dog?"은 질문(의문문)이다. 이 두 문장을 큰 소리로 말하되, 특히 각 문장의 끝부분에서 여러분의 음도에 어떤 일이 일어나는지 주의를 집중해보라. 평서문의 경우, 여러분 목소리의 음도는 *dog*이라는 단어를 말할 때 감소하거나 떨어지게 될 것이다. 이와는 반대로, 의문문에서 여러분 목소리의 음도는 *dog*이라는 단어를 말할 때 증가할 것이다. 어떻게 음도를 변화시킬 수 있는가? 음도변화를 산출하기 위해서 성대의 길이와 긴장을 조정하는 것은 필수적이다.

음량

목소리의 음도를 변화시키는 것처럼, 목소리의 음량을 변화시키는 것은 적절한 의사소통을 위해 필수적이다. 목소리의 음량은 강도(intensity)와 청지각적 상관성이 있으며 **데시벨** (decibels, dB)로 측정한다. 일반적으로, 음성의 강도가 증가할 때, 인식되는 목소리의 음량 (loudness)이 증가한다. 식탁에서의 대화와 같이 정상적인 일상대화에서의 말의 음량은 평균적으로 약 60dB이다. 음성강도의 변화는 성대의 폐쇄주기 동안 성대가 더 오랫동안 서로 접촉해 있는 것이 요구되지만, 폐압(alveolar pressure)은 강도를 결정하는 주요인이 된다(Kent, 1997; Zemlin, 1998). 제3장에서 논의된 바와 같이 폐압은 폐에 의해 성대에 가해진 압력이다. 폐압이 2배 증가할 때마다 음성강도는 8~12dB 증가한다. 기네스북에 기록된 가장 큰 고함치는 소리는 123.2dB에서 산출되었고, Anthony Rieldhouse라는 이름을 가진 한 남성은 세계 고함치기 대회에서 112.4dB로 기재되었다(Kent, 1997). 만약 여러분이 기록을 쫓는 사람이 아니라면, 이 장에서 나중에 보게 되듯이 이러한 종류의 행동은 권장되지 않는다. 음도와 음량조절을 심도 있게 살펴보기 위해서는 National Center for Voice & Speech 웹사이트 www.ncvs.org를 조사해서 검색창에 'tutorials'를 입력해보라.

공명

정상적인 공명(resonance)은 대개 연인두 구조들과 그것의 적절한 기능에 의해 결정된다. 연인두 기제의 구조들은 연구개, 인두측벽 그리고 인두후벽을 포함한다. 연인두 폐쇄(velopharyngeal closure)는 덮개(flap)방식의 연구개 상승 운동과 인두측벽과 인두후벽의 움직임의 괄약근(sphincter)방식의 결합된 작용에 의해 이루어진다. 연인두 입구(velopharyngeal port)는 코로 호흡을 가능하게 하기 위해 대부분 시간 동안 계속 열려 있다. 또한 연인두 입구는 비강음(예 : /m/, /n/, /ng/)을 산출할 때에도 열려 있지만 구강음을 산출하기 위해서는 완전히 혹은 거의 완전히 닫혀야만 한다(Hixon et al., 2014).

연인두 폐쇄패턴은 개인에 따라 다양하며, 연령과 함께 시간에 따라 변할 수 있다는 것을 기억하는 것이 중요하다. 예를 들면, 비대한 아데노이드를 가진 어린 아동들은 아데노이드 덩어리에 연구개를 들어올려 연구개를 폐쇄시킨다. 만약 아데노이드제거술이 시행되었다면, 아동은 수술 후 과다비성 소리가 나는 말이나 비강을 통해 공명되는 것과 같은 소리를 가진 말소리를 경험할 수도 있다. 다행히 대부분의 아동들은 발달 동안 자연적인 재조직(natural reorganization)을 경험하는데, 부족한 아데노이드 조직에 적응하기 위해서 연인두 폐쇄의 패턴에 인두벽의 움직임이 서서히 관여되기 시작한다(Hixon et al., 2014).

음성장애

장애음성의 산출은 음질(voice quality), 음도, 음량 및 유연성(flexibility)의 일탈을 포함하며 질병이나 의사소통의 방해를 의미할 수 있다(Aronson, 1990). 음성장애(voice disorders)는 어떤 연령의 사람에게도 영향을 줄 수 있다. 미국의 경우, 학령기 아동의 약 3~6%, 성인의 약 3~9%가 음성장애를 가지고 있다. 성인의 경우, 일반적으로 남성이 여성보다 더 많이 영향을 받는다(Ramig & Verdolini, 1998).

국립음성말센터의 자료에 따르면 미국에서 직장인의 약 3%가 공공의 안전을 위해 필수적으로 음성을 사용하는 직업(예 : 경찰, 항공 교통 관제관, 조종사)을 가졌다. 최근의 자료에 따르면 미국 노동인구의 약 10%가 직업적으로 음성을 매우 많이 사용하는 사람들이다(Roy,

2005, p. 8). 예를 들면, 교사들은 교사가 아닌 성인에 비해 음성장애의 유병률이 더 높다 (11.0% 대 6.2%)(Roy et al., 2004). 자료로부터 보듯이 건강관리 관점에서 볼 때 성인의 음성장애 발생은 더 문제가 많은 것이 분명하다.

주로 음성의 오용 혹은 남용과 관련된 대부분의 경우 일시적인 아동의 음성장애와는 달리 성인의 음성장애는 매우 다양하다. 음성장애의 청지각적 징후는 사람 목소리의 특정한 특성이며 SLP에 의해 평가될 수 있다. 임상적으로, 청지각적 징후는 그 사람의 사례력과 함께 음성장애 감별진단의 초기 기준으로서 제공된다. 음성의 청지각적 징후는 5개의 넓은 범주 ― 음도, 음량, 음질, 비발성적 행동(non-phonatory behaviors), 실성증(aphonia) 혹은 발성의 부재(absence of phonation) ― 로 구분할 수 있다(Colton & Casper, 1996).

음도장애

이 장에서 전술한 바와 같이, 음도는 기본주파수와 청지각적 상관이 있다. 음도의 세 가지 측면은 음성장애로 간주될 수 있다. 첫 번째 **단음도**(monopitch)이다. 단음도는 정상적인 억양변이의 결여이며, 어떤 경우에는 자발적으로 음도를 변화시킬 수 있는 능력이 결여된 것을 말한다. 단음도는 신경학적 손상 혹은 심리적 장애(psychiatric disability)의 징후이거나, 혹은 단순히 사람의 성격을 반영할 수 있다. **부적절한 음도**(inappropriate pitch)는 성과 연령에 대해 정상적인 범위 밖에 있는 것으로 판단되어지는 음성을 말한다. 너무 높은 음도는 성대의 발육부전을 나타내는 반면, 음도가 지나치게 낮은 것은 갑상선기능부전 (hypothyroidism)과 같이 내분비 문제와 관련이 있을 수 있다. 음도가 지나치게 높거나 낮은 경우 역시 개인의 선호도나 습관과 관련이 있을 수 있다.

음도일탈(pitch breaks)은 갑작스런 통제되지 않는 높아지거나 낮아지는 음도변화이다. 음도일탈은 사춘기를 거치는 청소년들에게 흔하지만, 이러한 상태는 주로 시간이 지나면서 해결된다. 후두병리의 특정 유형 혹은 비정상적인 신경학적 상태는 음도일탈과 관련이 있을 수 있다.

음량장애

음량은 음성의 강도와 청지각적 상관이 있다. 음량과 관련된 두 가지 측면은 음성장애를 나타낸다. 첫 번째 **단조로운 음량**(monoloudness)이다. 단조로운 음량은 말하는 동안 정상적인 강도의 변이가 부족하게 나타나며 자발적으로 목소리의 크기를 변화시키는 데 실패하는 것일 수 있다. 단조로운 음량은 신경학적 손상이나 심리학적 장애를 반영하거나 단순히 개인의 성격과 관련된 습관일 수 있다. **음량변이**(loudness variations)는 음량의 극심한 변이이며 특별한 구어상황에서 음성이 너무 작거나 혹은 너무 큰 것을 말한다. 목소리의 음량을 조절하지 못하는 것은 호흡이나 후두기제의 신경학적 조절의 상실을 반영할 수 있다. 심리학적 문제 역시 음량의 비정상적 변이에 기여할는지 모른다.

음질장애

음성의 몇 가지 청지각적 특성들은 음질과 관련이 있다. 애성(hoarseness, 목쉰)/거친소리(roughness)가 첫 번째이다. 애성/거친소리는 명료성(clarity)이 결여되어 있고, 소음이 있다. 성대 진동에 영향을 미치는 병리현상들은 애성/거친 음질을 초래할 수 있다. 이러한 병리현상의 몇몇은 이 장에서 나중에 논의될 것이다. 애성/거친소리는 일시적일 수도 있는데 부종(edema)이라 불리는 성대의 부기를 일으키는 음성오용이나 남용의 가벼운 형태이다.

바람새는소리(breathiness)는 발성 동안 성문(glottis)을 통해 빠져나가는 공기를 귀로 들을 수 있는 지각(perception)이다. 성문을 통과하는 지나친 기류는 주로 성대가 진동하는 동안 부적절한 성문폐쇄를 나타낸다. 성대가 진동하는 동안 성문을 폐쇄할 수 없는 것은 성문폐쇄를 방해하거나 신경학적 손상의 어떤 형태를 반영하는 성대의 병변 존재와 관련이 있을 수 있다.

진전(tremor)은 자발적인 통제하에 있지 않은 음성의 음도와 음량변이와 관련된다. **음성진전**(vocal tremor)은 주로 후두 메커니즘에 대한 중추신경계 조절의 상실을 나타낸다. **긴장되고 쥐어짜는 소리**(strain and struggle) 행동들은 음성을 시작하고 유지하는 데 어려움을 보이는 것과 관련되어 있다. 음성산출 동안, 음성은 점점 더 커지거나 작아지며, 실제적으로 음성이 멈출 수 있다. 긴장되고 투쟁적인 행동들은 대개 신경학적 손상과 관련이 있지만, 심리적인 문제 또한 원인이 될 수 있다.

비발성적인 음성장애

협착음(stridor)은 들숨(inspiration)과 날숨(expiration)에 동반되는 소음성 호흡이나 불수의적인 소리이다. 협착음은 기도의 어느 부분이 좁아진 것을 나타낸다. 협착음은 항상 비정상적이고 심각하다. 왜냐하면 그 자체가 기도의 막힌 상태를 나타내기 때문이다.

지나친 목청 가다듬기(excessive throat clearing)는 많은 음성장애에 빈번하게 동반되며 성대로부터 점액(mucus)을 없애기 위한 시도이다. 비록 목청 가다듬기가 전형적인 행동이라 할지라도, 그것이 지나친 빈도로 나타날 때 비정상적이라고 간주한다.

지속 실성증(consistent aphonia)은 오랫동안 지속되는 음성의 부재로서 속삭임(whispering)으로 인식된다. 실성증은 성대마비(vocal fold paralysis), 중추신경계 장애, 혹은 심리적 손상과 관련이 있다.

삽화적 실성증(episodic aphonia)은 통제되지 않고 예측할 수 없는 실성적 일탈(aphonic break)이며 1초의 몇 분의 1 동안에 혹은 더 길게 지속될 수 있다. 중추신경계장애와 심리학적 문제가 삽화적 실성증에 기여할 수 있다. 음성장애의 청지각적 징후는 〈그림 8.1〉에 요약되어 있다.

구체적인 음성장애를 살펴보기 전에, 음성장애의 청지각적 징후의 대부분은 SLP가 손쉽게 이용가능한 임상기기를 사용하여 객관적으로 정량화될 수 있다는 점을 유의하라(Behrman & Orlikoff, 1997). 간략히 말하면, 음성장애는 특별히 고안된 컴퓨터 하드웨어나 소프트웨어를 사용하여 쉽게 정량적으로 평가할 수 있다. 예를 들면, Kay Elemtrics는 Visi-

몇몇 연구에 의하면 전형적인 여성의 음성은 전형적인 남성의 음성에 비해 좀더 바람새는소리로 들린다고 한다. 연구들은 또한 젊은 여성들이 젊은 남성에 비해 한 음절을 산출하기 위해 더 많은 공기를 사용한다고 제안한다.

**그림 8.1 음성장애의 청지각
적 징후**

출처 : Colton & Casper(1990)에 근
거함.

I. 음도
　A. 단음도
　B. 부적절한 음도
　C. 음도일탈
II. 음량
　A. 단조로운 음량
　B. 부적절한 음량(작은, 큰, 통제되지 못한)
III. 음질
　A. 애성/거친소리
　B. 바람새는소리
　C. 음성진전
　D. 긴장되고 쥐어짜는 소리
IV. 비발성적 행동
　A. 협착음
　B. 지나친 목청 가다듬기
V. 실성증
　A. 지속
　B. 삽화적

pitch라 불리는 컴퓨터 기반 기기를 제조한다(그림 8.2). 그것은 사용자 친화적 기기로서 수
많은 객관적 평가를 가능하게 하며 음도, 음량, 애성/거친소리와 물리적 상관을 가진다. 객
관적 평가는 음성중재 동안 개선을 모니터링할 뿐만 아니라 진단적 목적으로 유용하다.
　기기들은 또한 발성 동안 바람새는소리를 객관적으로 평가하기 위해 사용될 수 있는 기
류(airflow)와 환기량(air volume exchanges) 측정이 가능하다. 이 기기들은 음성평가를 위
해 특별히 고안된 컴퓨터 하드웨어와 소프트웨어와 접속될 수 있다. 음성장애의 청지각적
인 징후와 관계가 있는 많은 객관적인 연관성을 규명하기 위한 정상규준 데이터가 존재한다

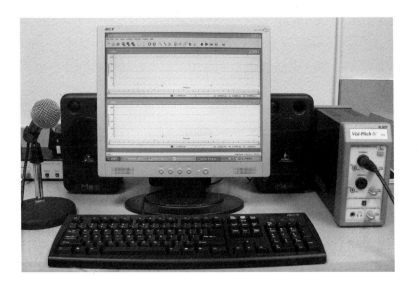

**그림 8.2 Kay Elemetircs사의
VisiPitch**

출처 : Kim Farinella.

(Baken & Orlikoff, 2000).

음성장애의 일반적인 세 가지 병인은 음성오용 혹은 남용(기능적) 상태, 의학적 혹은 신체적(기질적) 상태, 심리적 혹은 스트레스 조건이다(Ramig, 1994). 특정한 음성장애의 정확한 병인을 결정하는 것은 항상 쉽지 않으며, 몇몇 음성장애들은 여러 가지 복합적인 병인을 가질 수 있다. 기억해야 할 것은 보통 흔히 볼 수 있는 음성장애를 조사하기 위하여 우리는 이 세 가지 일반적인 병인들을 사용한다는 점이다.

음성오용 혹은 남용과 관련된 음성장애

음성오남용은 흔히 성대 조직의 구조적인 손상에 기여한다고 하며 그것은 결국 성대의 진동 행위에 영향을 준다. 비록 성대의 오용과 남용 간에 아주 미세한 차이가 있더라도, 음성남용은 그 두 가지 중에서 성대 조직에 더 많은 손상 위험을 주는 더 심한 것으로 간주된다(Colton & Casper, 1996). 음성오용(Vocal Misuse)과 남용(Abuse)으로 간주되어지는 조건과 행동들은 〈표 8.2〉에 나열하였으며 이후 논의된다.

성대 결절(vocal nodules)은 음성오남용에 의해 이차적으로 발생하는 일반적인 성대 질환이다. 결절은 예를 들면, 고함치기나 소리치기 동안 발생하는 잦은 강한 성대 부딪힘으로 초래되는 성대의 국소적 종양이다(Colton & Casper, 1996; Gray et al., 1987). 비록 한쪽 성대에만 나타날 수 있지만(그림 8.3), 일반적으로 양측성(양쪽 성대에 나타나는)이다. 결절은 초기 형성과정에서는 부드럽고 유연하다. 하지만 시간이 지남에 따라 딱딱하고 섬유화되며 성대 진동을 매우 방해하게 된다. 결절은 주로 가장 접촉이 많은 성대의 뒤쪽 2/3와 앞쪽 1/3에 나타난다. 결절은 성인 여성 특히, 20~50대의 여성에 가장 빈번히 발생한다. 그러나 지나치게 큰 목소리로 말하거나 소리 지르는 경향이 있는 아동 또한 성대 결절로 발전할 수도 있다 — 이 연령집단에서는 남자아이들에게 더 많이 발생할 가능성이 있다(Colton & Casper, 1996).

성대 결절의 첫 번째 청지각적 음성징후는 애성과 바람새는소리다. 성대 결절이 있는 사람들은 목에서 통증을 호소하며 그들의 음역의 위쪽 1/3을 사용할 수 없게 된다.

새로 형성된 결절은 주로 음성휴식(말하지 않기)에 의해 종종 치료된다. 그러나 재발을 막기 위하여 성대 결절을 가진 사람들은 성대 결절을 유발하는 음성행동을 변경할 필요가

표 8.2 음성오남용으로 간주되는 일반적인 상태나 행동들

오용	남용
갑작스러운 발성 개시	소리치거나 고함지르기
높은 후두 위치	지나친 알코올 섭취
음도의 변이성 부족	지나친 목 가다듬기와 기침

출처 : Colton & Casper(1990)에 근거함.

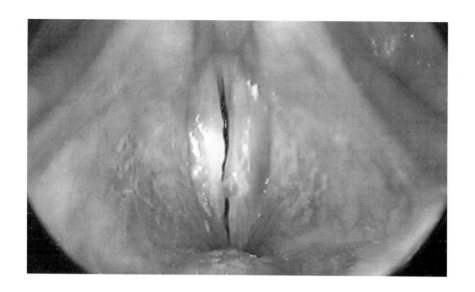

그림 8.3 편측성 성대 결절

출처 : Robert Orlikoff, Ph.D.에게 사진을 허락받음. Memorial Sloan-Kettering Cancer Center, New York, NY.

있다. 음성중재와 교육을 위하여 주로 SLP와 상담하는 것이 권고된다. 오래된 결절은 외과적 제거 후 뒤이어 음성적 오용 행동을 제거하기 위해 고안된 음성치료가 요구된다. 음성중재와 음성휴식이 효과적으로 치료된 성대 결절을 가진 음대 학생의 개인사적 이야기인 〈사례연구 8.1〉을 보라.

접촉성 궤양(contact ulcers)은 피열연골(arytenoid cartilages) 부위에서 성대의 후방 표면에 생긴 붉어진 궤양이다. 접촉성 궤양은 성대 결절처럼 주로 양측성이지만, 결절과 달리 통증이 있을 수 있다. 통증은 주로 편측성이며, 그것은 귀로 퍼져나간다. 주로 40세 이상의 남성에게 나타나는 접촉성 궤양은 한때 억압적이고 공격적인 구어행동으로부터 초래된다고 믿었다(Colton & Casper, 1996; Titze, 1994). 하지만 동시에 수면 중 식도나 목 안으로의 위산 역류가 접촉성 궤양 발달에 중요한 소인이 되는지 모른다고 제안한다. 위산은 지나친 목 가다듬기를 촉진하여 성대 조직을 자극하고 그것은 성대 조직을 남용하여 궤양의 원인이 된다(Colton & Casper, 1996).

접촉성 궤양의 첫 번째 음성징후는 애성과 바람새는소리다. 목 가다듬기와 음성피로가 이 질환과 함께 동반된다. 비록 어떤 사람들은 접촉성 궤양이 음성치료로 효과적으로 치료될 수 있다고 주장하는 반면(Boone & McFarlnae, 2000), 또 다른 사람들은 성공적 치료에 의문을 가지며 관련 증거가 많이 없다고 제안한다. 접촉성 궤양은 아주 빈번히 수술적 제거 후 재발된다. 그러므로 수술적 중재 이전에 약물치료와 함께 위산을 조절하도록 제안되었다(Catten et al., 1998).

성대 용종(vocal polyp)은 성대 결절처럼 목소리의 오남용과 관련된 성대 외상(trauma)에 기인한다. 용종은 성대에 있는 혈관이 파열되거나 액체로 가득 찬 병변으로 발전되어 성대가 부어 있을 때 발생한다. 용종은 일측성이고, 결절보다 더 크고, 혈관성이며 출혈성의 경향이 있다(Colton & Casper, 1996). 성대 결절과 달리, 성대 용종은 스포츠 경기에서 고함치기와 같은 단 한 번의 외상성 사건으로부터 초래될 수 있다.

사례연구 8.1

성대 결절을 가진 어느 여대생의 사적 이야기

성악을 전공으로 하는 제시카는 2학년 가을학기에 여학생 사교 클럽에 들어가기 위해 서약하기로 결정하였다. 뛰어난 재능을 가진 가창 공연자인 제시카는 전문적으로 가창을 가르치고 공연하는 열망을 가졌다. 가을학기 동안, 그녀의 교과과정은 빠듯했고, 여러 개의 가창 공연과 긴 시간 동안의 리허설을 요구하였다. 목소리에 대한 부담도 컸다. 제시카는 여학생 클럽에서 큰 목소리로 소리 지르는 것 이외에 하루 종일 오랜 시간 동안 밤이 이슥할 때까지 지나치게 말을 많이 했다.

학기 5주째 동안, 제시카는 목소리가 쉽게 피로해졌고 쉰 목소리가 났으며 가창에서 요구되는 고음 중 몇몇에는 도달할 수 없었다. 성악 선생님은 그녀의 감소된 음성능력의 원인을 결정하기 위한 노력으로 그녀에게 대학교에 있는 말-청각클리닉에 가서 평가를 받아 보기를 제안하였다. 그 대학의 의사소통과학과 장애학과에 다니는 2명의 대학원생에 의해 제시카의 음성에 대한 청지각적 기기적 평가가 이루어졌다. 평가결과 성대 결절의 가능성이 제안되었다. 평가 후 상담 동안, 감독하는 교수와 2명의 대학원생이 제시카에게 결과에 대해 설명하였고,

더 많이 진행될 수 있기 전에 이비인후과의사에게 검사받을 필요가 있음을 말하였다. 이비인후과적 검사는 성대 결절의 존재를 확진하거나 성대 결절의 부당성을 증명하기 위하여 요구되며 SLP들은 초기 치료 전에 그러한 검사가 실행되었다는 것을 윤리적으로 보장하기 위하여 요구된다.

새로이 형성된 양측성 성대 결절의 존재가 이비인후과 검사로 확진되었다. 그녀의 의사는 한 주 동안 완전한 음성휴식 후 음성치료를 받도록 처방하였다. 제시카는 6주간 대학에서 음성치료에 등록하였다. 음성휴식이 치료회기 동안 강조되었다. 제시카는 6주가 끝날 무렵 이비인후과의사에게 검사를 받았다. 그녀의 성대 결절의 크기가 의미 있게 감소하였으며, 더 이상 그녀의 음성에 불리한 영향을 주지 않았다.

제시카는 그녀의 학업 학기와 여학생 클럽을 성공적으로 완전히 끝마쳤으며 2년 후 졸업하였고 뉴욕시 줄리아드음대 대학원에 입학하였다. 그녀는 대학의 말 클리닉과 연락을 유지하면서 지속적으로 좋은 음성위생을 시행한다고 보고하였다.

성대 용종의 두 가지 일반적인 형태가 확인되어왔다 — 무경형과 유경형(Colton & Capser, 1996; Titze, 1994). **무경형**(sessile, 성대 조직에 가까이 달라붙어 있거나 부착되어 있는) **용종**(polyp, 그림 8.4)은 성대의 2/3까지 덮을 수 있다. **유경형 용종**(pedunculated polyp)은 자루(stalk)에 의해 성대에 부착된 것으로 나타나며 성대의 위아래 표면뿐 아니라 성대의 가장자리에서도 발견될 수 있다.

애성, 바람새는소리, 거친소리가 전형적인 음성징후이며, 성대 용종을 가진 사람들은 목에 이물감을 보고하는지 모른다. 용종의 수술적 제거와 음성의 오남용을 제거하기 위한 음성치료의 결합이 이러한 상태를 치료하는 데 효과적이다(Ramig, 1994).

급성 후두염(Acute laryngitis)과 **만성 후두염**(chronic laryngitis)은 유해한 물질(담배, 알코올 등)에 노출로부터 초래될 수 있는 성대의 염증(inflammation)이다(Colton & Casper, 1996). 급성 후두염은 쉰 목소리를 초래할 수 있는 성대의 일시적인 부종이다.

만성 후두염은 급성 후두염의 기간 동안 성대의 남용의 결과이며 그것은 성대 조직의 심각한 악화를 초래할 수 있다. 성대는 지나친 액체를 보유하고 팽창된 성대의 혈관으로 인하여 두꺼워지고 부어오르며 붉어진다. 만약 만성 후두염이 지속된다면, 성대의 뚜렷한 위축(조직의 약화)이 일어날 것이다. 성대는 건조하고 끈적거리게 되며 그 결과 지속적인 기침을 야기시키며, 환자들은 빈번한 목의 통증을 보고한다(Boone & McFarlane, 2000). 만성 후두염의 음성증상은 경도의 애성부터 실성증에 가까운 범위에 이른다. 수술과 후속의 음성치료

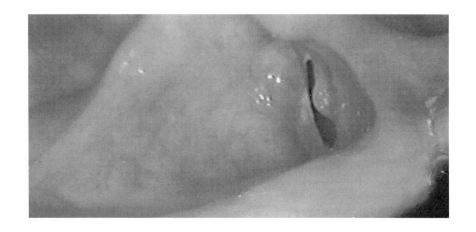

그림 8.4 무경형 성대 용종

출처 : 사진은 뉴욕주 뉴욕의 메모리얼 슬론 케터링 암센터의 Robert Orlikoff 박사의 허가로 이루어졌음.

는 모두 보통 만성 후두염을 효과적으로 치료하는 데 필수적이다.

의학적 혹은 신체적 상태와 관련된 음성장애

음성장애의 두 번째 주요군은 중추신경계(central nervous system, CNS)장애, 기질적(organic) 장애, 혹은 후두외상(larygeal trauma)이다.

본 장의 이 부분에서 논의되어진 다수의 상태들은 전반적인 건강에 해로운 영향을 준다. 중추신경계(CNS) 질환들은 근육약화, 불협응, 진전 혹은 마비의 특징을 보이는 말과 음성 장애를 초래할 수 있다.

이 질환의 대부분은 일반적으로 마비말장애(dysarthrias, 제10장에서 논의됨)라고 불리며 말과 음성증상의 복잡한 패턴을 초래하는 전반적인 신경학적 손상이 수반된다. 음성에 영향을 주는 중추신경계장애를 두 가지 분류 — **과소내전**(hypoadduction) 혹은 감소된 성대 내전 (adduction)을 초래하는 것, **과다내전**(hyperadduction) 혹은 증가된 성대 내전을 초래하는 것 — 로 크게 나누는 것은 유용하다(Ramig, 1994).[1] 이러한 분류는 일반적으로 중추신경계 병변 혹은 질병의 해부학적 위치와 관련이 있다. 중추신경계장애는 제10장에서 더 자세히 논의될 것이다.

과소내전과 관련된 음성장애

파킨슨병(Parkinson disease)은 성대의 과소내전을 초래하는 중추신경계장애이다. 근육의 강직(rigidity), 진전, 전반적인 느린 움직임, 혹은 과소운동증(hypokinesia)은 파킨슨병의 특징이다(Aronson, 1990; Colton & Casper, 1996). 얼굴표정은 무감정적(unemotional)이며, 때때로 가면 같은(masklike) 모습으로 불린다. 파킨슨병과 관련된 음성징후는 단음도, 단조로운 음량, 거침(harshness), 바람새는소리다(Duffy, 2013).

파킨슨병은 전형적으로 다양한 약물을 사용하여 공격적으로 치료하는 심각한 의학적 상

---

[1] Ramig(1994)은 또한 발성의 불안정성(phonatory instability)이라 불리는 세 번째 분류를 제안하였으며, 그것은 음도와 음량의 불수의적인 변이로 특징지어진다.

태이다. 비록 그러한 신경약물학적 치료가 사지 움직임에 긍정적 효과를 가져다주기는 하지만, 말과 음성징후는 일관되게 개선되지 않는다. 성대 내전 향상에 목표를 두는 집중적인 음성치료는 음량과 말 명료도를 개선하는 데 성공적이었다(Ramig et al., 2001).

편측 및 양측 **성대마비**(vocal fold paralysis)는 중추신경계 손상으로 초래될 수 있는 또 다른 일반적인 과소내전 질환이다. 10번 뇌신경(미주)의 **반회신경가지**(recurrent branch)는 음성산출과 관련된 대부분의 후두근육에 신경공급을 한다. 이 신경은 뇌간에서 나와 흉강 안으로 내려가 심장의 관상동맥 주변에서 고리를 만든다. 그리고 나서 후두 안으로 삽입하기 위해 위로 올라간다. 이 신경의 손상은 머리나 목 혹은 가슴의 손상을 통해, 바이러스 감염으로부터, 때때로 목이나 가슴 수술 동안 발생한다.

만약 반회 후두신경이 한쪽에만 손상을 입었다면, 편측성 성대마비를 초래한다. 만약 양측에 손상을 입었다면 양측 성대마비를 초래한다.

편측 성대마비의 음성증상은 쉰 소리, 약한 소리, 바람새는소리를 포함한다.

마비된 성대는 마비되지 않은 성대와 비교 시 이완(flaccid)되거나 느리거나(limp) 혹은 약화(weak)되어 있다. 그러므로 2개의 성대는 서로 다른 속도에서 진동하며 2개의 주파수가 지각되는 **이중음성**(diplophonia)을 초래한다. 음성은 매우 약하거나 양측 성대마비의 경우 전혀 소리가 나지 않는다. 만약 신경재생과 개선된 기능이 손상 후 6개월 이내에 관찰되지 않는다면, 성대 폐쇄를 용이하게 하기 위하여 수술적 치료가 요구될 수 있다. 콜라겐이나 테플론은 성대의 질량을 증가시키기 위해 때때로 마비된 성대에 외과적으로 주입되어질 수 있다. 성대 주입(implantation)은 성대 접촉을 촉진하는 데 도움을 준다. 수술 후 음성치료는 성대 폐쇄와 목소리 크기를 증가시키는 것을 목표로 한다.

과다내전과 관련된 음성장애

경직형 마비말장애(spastic dysarthria)는 과다내전을 초래하는 신경학적 운동구어장애이다. 이것은 주로 뇌졸중, 뇌손상 혹은 다발성경화증(multiple sclerosis)의 결과로서 양측 뇌손상에 의해 기인된다. 또한 경직형 마비말장애를 가진 양측 뇌손상을 입은 사람들은 삼킴과 구어(speech)에 매우 큰 어려움을 가진다. 또한 명백한 이유 없이 울거나 웃는 감정적 불안정성(lability)을 보이거나 아무런 명백한 이유 없이 갑자기 울거나 웃기 시작할는지 모른다. 그러한 행동들은 통제할 수 없는 것처럼 보인다. 경직형 마비말장애의 두드러진 음성증상은 거친 음성, 음도이탈, 긴장되고 쥐어짜는 듯한 음성을 포함한다(Duffy, 2013). 이러한 증상들은 모두 성대 과다내전의 모든 특징들이다.

또 다른 성대의 과다내전과 관련된 신경학적 장애는 **연축성 발성장애**(spasmodic dysphonia, SD)로 불린다. SD는 남성과 여성에게 동등한 발생율로 나타나며, 평균 발병 나이는 45~50세이다. 여러 해 동안 SD는 스트레스, 걱정, 혹은 감정적 외상으로부터 초래된 심리적 음성장애로 믿어져왔다. 우리는 SD가 신경학적, 심리학적 혹은 원인불명(원인이 알려져 있지 않은)일 수 있다고 알고 있다. 심리학적(psychological) 혹은 **심인성**(psychogenic) 음성장애는 이 장에서 나중에 논의될 것이다. 신경학적 원인의 SD는 긴장된 노력성의 꽉 조

미주신경의 반회 후두신경가지는 심장절개수술 초기에 빈번히 절단되며 그 결과 수술 후 실성증을 초래한다. 비록 위험 요소는 여전히 존재하지만, 개선된 수술 절차들은 이러한 문제들을 최소화하고 있다.

보툴리눔독소(보톡스)는 가장 독성이 있는 물질 중 하나로 알려져 있다. 그것은 오염된 고기에서 발견되는 박테리아에 의해 만들어진다. 그것을 섭취했을 때, 호흡을 조절하는 호흡근을 포함한 신체근육마비의 원인이 되며, 사망까지 이르게 할 수 있다. 그러나 국소 부위에 소량을 주입했을 때, 보톡스는 비정상적인 근육수축을 감소시키고, 통증을 다스리고, 주름을 감소시키는 것을 포함하여 의학적, 미용적 이유로 일시적으로 선택적 근육을 약화시키거나 마비시키기 위해 안전하고 효과적인 방법으로 알려졌다.

인 음성과 간헐적인 음성멈춤이 원인이 되는 비정상적인 내전형 후두경련으로부터 초래된다. SD는 종종 /a/ 모음 연장발성 동안 가장 흔히 들리는 음성진전과 관련이 있다. 불완전한 성대마비를 위해 특정 후두근육으로 보툴리눔독소를 주입하는 것이 신경학적 또는 원인불명의 SD를 위한 가장 선호되는 치료방법이다(Duffy, 2013).

음성산출에 영향을 주는 다른 조건들

CNS 장애와 관련이 없는 다른 많은 조건들이 후두에 영향을 줄 수 있으며 차례로 음성산출에 영향을 줄 수 있다. **후두유두종**(laryngeal papillomas)은 성대와 후두의 내측을 덮는 작은 사마귀와 같은 종물이다. 이 병변들은 파포바바이러스(papovavirus)에 의해 원인이 되며, 6세보다 더 어린 아동들에게 일반적이다(Boone & Mc Farlane, 2000; Colton & Casper, 1996). 유두종은 암은 아니지만 기도를 폐쇄할 수 있으며 호흡을 방해한다. 이 질환을 가진 아동들은 흡기 동안 협착음을 보이며, 실성증을 보일 수도 있다(Wilson, 1987). 후두유두종은 외과적으로 제거되어야만 하나, 성대 조직에 손상을 줄 수 있는 여러 차례의 수술을 요구한다.

　　선천성후두격막(congenital laryngeal webbing)은 전형적으로 출생 시 출현될 수 있다. 선천성횡격막은 전형적으로 성대의 앞부분에 형성되고 호흡을 방해할 수 있다. 후두격막은 외과적으로 제거되어야 한다. 후두격막은 고음도, 쉰 목소리의 음질을 나타낸다.

　　후두암(laryngeal cancer)은 가장 심각한 기질적 음성장애이다. 그것은 담배 흡연과 알코올 섭취와 관련이 있어왔다. 후두암의 초기 증상 중 하나는 감기나 알레르기가 없는데도 지속적인 쉰 목소리이다. 후두암으로 일단 진단되면, 후두암이 신체의 다른 부분으로 퍼지는 것을 막기 위해 종종 후두 전체를 제거하는 것이 필수적이다. 후두가 외과적으로 제거되어지면, 기관(trachea)은 기공(stoma, 구강과 같은 개방)을 형성하기 위해 호흡을 위한 목적으로 목의 전방부에 재배치된다. 후두의 제거는 음성산출을 위한 대안적 방법을 요구한다.

　　어떤 무후두(alaryngeal, 후두가 없는) 화자는 **식도발성**(esophageal speech)이라 불리는 기술을 사용하며 그것은 진동원으로 식도를 사용한다. 기본적으로, 이 화자들은 실제적인 음성산출을 위한 대용으로 '트림(burps)'을 사용하여 말하는 것을 배운다. 여러 보철 기기는 이러한 무후두 화자를 위한 발성의 대안적 형태를 산출하기 위해 이용될 수 있다. 그러한 하나의 기기는 배터리로 전원을 공급하는 **전기인공후두**(electrolarynx)이다. 전기인공후두는 목의 측면에 놓여지는 진동하는 격막(diaphragm)을 가진다. 이 진동은 성도 안에 있는 공기를 흥분시키고 그리고 나서 발성의 대안적 형태로 제공된다. 몇몇 무후두 화자들은 수술적 개방을 통해 삽입하는 장치에 대한 후보자일 수 있다. **기관식도천공**(tracheoesophageal puncture, TEP) 혹은 **기관식도션트**(tracheoesophageal shunt)라 불리는 장치는 음성산출을 위해 화자가 식도근육 중 하나인 윤상인두근(cricopharyngeous muscle)과 호흡기관의 공기를 사용하게 하기 위하여 기관에서 식도로 공기가 향하도록 한다(Ramig, 1994). 이 장치는 식도발성을 향상시킨다. 또 다른 보완대체의사소통체계가 이용가능하다(제13장 참조).

　　외상은 후두에 신경을 공급하는 데 손상을 주거나 혹은 후두연골과 성대에 구조적 손상

후두암으로 진단된 사람 중 75% 이상이 골초였다. 담배 연기에 있는 소립자들은 성대 조직 주요 자극원이다.

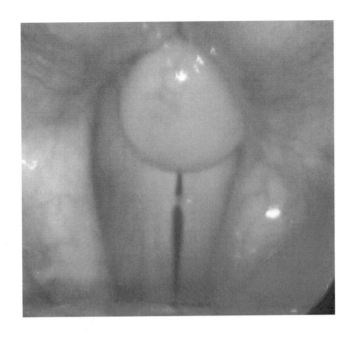

의 원인이 될 수 있다. 예를 들면, 후두의 수술적 삽관(intubation)과 관련된 상태(성대 사이에 놓여진 호흡관)는 **육아종**(granuloma)이라 불린다(그림 8.5를 보라).

이 상태의 중증도는 직접적으로 튜브의 크기와 성대 사이에 놓여진 시간의 길이와 관련이 있다(Titze, 1994). 육아종은 상피조직(epithelial tissue)을 덮고 있는 모세혈관을 파열시킨다(Colton & Casper, 1996). 육아종을 위해 가장 선호되는 치료법은 수술적 제거 후 음성치료이다.

심리적 혹은 스트레스와 관련된 음성장애

여러분의 목소리는 무의식적으로 감정적 변화에 반응한다. 극심한 슬픔, 두려움, 분노, 혹은 행복과 같은 강한 감정적 반응들은 여러분의 목소리에 반영된다. 강한 감정들을 경험할 때, 여러분은 자신의 목소리를 통제할 수 없을지 모른다.

강한 감정들을 참거나 감정이 억압되었을 때 심리적 음성장애의 원인이 된다. 감정의 심리적 억압으로 초래된 심리적 음성장애는 **전환장애**(conversion disorders)라고 불린다. 왜냐하면 감정의 충돌이 신체적 징후로 전환되기 때문이다. 이러한 경우, 성대는 구조적으로 정상이며, 성대는 비구어적 행동에서 정상적으로 기능한다. 성대의 전환장애 중 하나의 형태는 **전환실성증**(conversion aphonia)이라고 불린다. 전환실성증으로 고통받는 사람들은 음성을 산출하기 위하여 속삭인다. 비록 이 사람들은 성대 폐쇄의 능력을 나타내는 기침과 목 가다듬기를 할 수 있을지라도 말을 산출하기 위해 성대를 서로 접근시키지 않는다. 많은 경우, 전환실성증을 가진 사람들은 그들의 신체적 상태가 그들의 목소리를 사용할 수 없도록 만든다고 믿는다(Duffy, 2013).

전환실성증은 어떤 사적인 충돌 혹은 사람들의 생활에서 불쾌한 상황을 회피하기 위한 갈망에서 나온 것이 발전한 것으로 보인다(Duffy, 2013).

　전환실성증은 일반적인 현상은 아니며, 그것은 사람들이 기꺼이 감정적 충돌을 해결하려고 할 때까지 계속 지속될 것이다. 심리적 문제가 깊게 뿌리박힌 사람들은 심리치료나 정신과 치료가 요구될는지 모른다.

공명장애

공명장애는 구강과 비강 공명의 정상적인 균형에 어떠한 붕괴가 있을 때 초래된다. 그것은 구개파열을 포함하며, 많은 구조적인 비정상 상태에 의해 기인될 수 있다. 열(cleft)은 초기 배아기(embryonic) 발달에서 정확하게 구조물들의 접합이나 병합의 실패로 인한 해부학적 구조의 비정상적인 개방이다(Shprintzen, 1995). 또 다른 형태로 공명장애는 비음을 산출하기 위해 비강을 통해 지나가는 음향에너지가 방해를 받아서 비인두에 막힘이 있을 때 발생한다(Kummer & Lee, 1996).

　연인두 기제가 구강과 비강을 분리하는 것에 실패하면 VPI로 인해 이차적으로 **과다비성**(hypernasality)이 발생한다. VPI는 구개열(palatal celfts)의 빈번한 결과이며, 연구개 조직과 근육의 결핍과 관련되어 있다. VPI를 가진 사람들은 과다비성의 음질을 가졌다고 말한다. 하지만 과다비성은 발성(phonation)과 관련된 문제가 아니다. 오히려 그것은 연인두 기제의 움직임에 의해 구강과 비강이 분할되지 않은 결과이다. 과다비성은 이차적인 여과기(filter)로서 부적절한 비강의 활동에 의해 형성되는 공명의 문제이다. 이러한 이차적인 여과기의 추가는 마치 코를 통해 말하는 것처럼 들리는 방식으로 성도의 출력을 변경시킨다.

　VPI는 또한 들리는 특히, 고압력자음(예 : /p/, /b/, /s/, sh, ch, j)을 산출하는 동안 **비누출**(audible nasal emission)을 초래할 수 있다. VPI를 가진 사람들이 고압력자음을 산출하기 위해 구강 내에서 필수적인 공기압을 증가시키는 시도를 할 때, 이어서 그 뒤에 공기압은 비강을 통하여 빠져나간다. 이것은 매우 큰 비강 난기류(nasal turbulence) 또는 비강 소음(nasal rustle)이라 불리는 난기류의 소음으로 들릴지 모르며, 작은 연인두 개방을 통해 많은 공기가 움직이는 것에 기인된다고 여겨진다(Kummer & Lee, 1996; Peterson-Falzone et al., 2006). 구순열 그리고/혹은 구개열로 태어난 아동을 가진 가족 이야기를 보려면 www.cleft.org를 방문해보라.

　비음 /m/, /n/, 그리고 ng을 산출하는 동안 요구되어진 것만큼 불충분한 비강 공명이 있을 때, 말소리는 과소비성의 소리로 들릴는지 모른다. 여러분이 심한 감기를 경험할 때 목소리가 과소비성의 음질을 가질는지 모른다. **과소비성**(hyponasality)은 비인두나 비강 어딘가에서 부분적 막힘이 있을 때 발생한다. 완전한 막힘이 있을 때에는 무비성(denasality)이 나타나며, 그 결과 좀더 심한 공명장애가 초래되는데 이때 비음 소리를 동일한 조음위치에서 산출되는 구강자음으로부터 감지할 수 없게 된다(Peterson-Falzone et al., 2006).

음성 및 공명장애의 평가와 치료

음성 및 공명장애의 평가와 치료는 다학제적 팀 접근이 요구된다. 질병의 구체적인 본질과 원인이 팀의 정확한 구성을 결정한다. 최소한도로, 음성평가는 이비인후과의사와 SLP가 요구된다. 공명평가를 위해서는, 특히 구개열로 인하여 이차적으로 발생한 VPI는 외과의, SLP, 치과의사, 청능사, 사회복지사로 구성되지만 이러한 전문가로만 제한되지 않는 구개열이나 두개안면(craniofacial) 팀이 이러한 집단의 효과적인 임상중재를 위해 필수적이다.

음성평가

어떠한 의심되는 음성장애를 평가하기 위한 첫 번째 단계는 이비인후과의사에 의해 실행되는 검사이다. 이비인후과와 관련된 검사는 성대 조직의 손상, 성대 결절, 용종, 혹은 다른 비정상적 종물의 존재에 대한 정보를 제공한다. 성대와 다른 후두조직의 직접적인 검사는 음성장애가 기질적 문제를 가지는지를 결정하는 데 필수적이다. 이비인후과의사는 후두경(치과의사에 의해 사용되는 거울과 비슷한)을 사용하거나 **내시경**(endoscope)을 사용하여 직접적인 관찰을 한다. 내시경(그림 8.6)은 기본적으로 광원과 연결된 렌즈이다. 광원[2]은 렌즈를 통해 보여지는 후두와 후두 구조물을 비춘다. 후두암이 의심되어질 때 성대 조직의 생검(biopsies)이 이뤄질는지 모른다.

음성평가에 참여하는 SLP는 전형적으로 철저한 사례력을 얻음으로써 시작한다. 음성장애 본질에 대한 정보, 어떻게 그것이 매일 일상생활에 영향을 미치는지, 발달력, 발병기간, 개인 음성의 사회적 · 직업적 사용, 그 혹은 그녀의 전반적인 신체적 · 심리적 상태가 사례력을 얻는 데 있어서 중요한 관심 영역이다(Colton & Casper, 1996).

SLP는 또한 음성의 음도, 음량, 음질을 기술하기 위하여 청지각적 평정을 실시한다. 어떤 임상현장에서는 성대 기능에 대한 좀더 자세한 음향학적 · 생리학적 데이터가 수집되고 정상적인 데이터와 비교된다. 이비인후과의사와 SLP에 의해 얻어진 데이터는 종합적으로 고려되고, 치료적 계획이 권고된다.

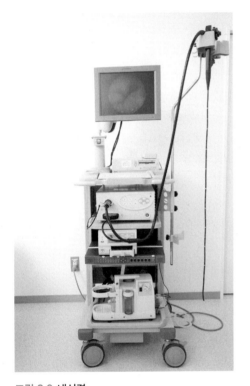

그림 8.6 내시경

출처 : KPG Payless/Shutterstock.

광학 섬유들은 특히 유연하고, 한 방향에서만 빛을 전도하는 튜브 모양의 유리 막대로 구성되어 있다. 내시경에서 작은 광학 섬유들은 사물을 비추기 위해 소스로부터 불빛을 전달하고, 좀더 큰 광학 섬유는 보여지는 물체로부터 카메라 렌즈까지 혹은 보이는 기기까지 빛을 전달한다.

공명장애 평가

공명장애를 평가하기 위하여 많은 표준화된 평정척도가 있다. 평정척도는 질병의 증가하는 중증도를 표시하기 위하여 숫자에 배정하는 것을 허용한다. 일반적으로, 그러한 평정척도는 신뢰롭고 타당하다. 2개의 그러한 척도는 〈그림 8.7〉에 제시되어 있다.

연인두 기능을 평가하기 위한 비기기적인 절차는 비식경검사와 코막기검사(nostril-

---

[2] 광원은 성대 진동과 동시에 재빠르게 불빛을 터뜨리는 스트로보스코피의 광선일 수 있다.

(a)

		과다비성				
정상		경도		중등도		중도
1	2	3	4	5	6	7

(b)

		과다비성					
과소비성	정상	경도		중등도		중도	
−1	0	1	2	3	4	5	6

pinching test)이다. 말 산출 동안 비강 기류의 존재를 결정하기 위해서는, 환자들이 고압력 자음을 포함하는 단어나 문장을 산출하는 동안 작은 치과용 거울을 코 아래에 놓을 수 있다 (예 : *Buy Bobby a puppy*). 만약 이러한 과제 동안 거울에 김이 서린다면, 그때 공기는 코를 통해 빠져나갈는지 모른다. 그것은 정상적인 공기 누출은 발화가 막 시작하기 전에 그리고 다시 발화가 막 끝날 때 일어나기 때문에 거울을 코 아래에 정확한 시간에 갖다대는 것이 중요하다(Kuehn & Henne, 2003).

말하는 동안 코막기검사를 이용하여 비정상적인 기류를 평가하기 위해서는 콧구멍을 막고 비음이 아닌 단어를 산출하게 하고 그러고 나서 다시 콧구멍을 열고 비음이 아닌 단어를 산출하게 한다. 지각된 공명과 음질이 동일한 소리로 들려야만 한다. 만약 청지각적인 차이가 있다면, 그것은 비인두 입구(velopharyngeal port)가 열린 상태일는지 모른다(Kuehn & Henne, 2003).

특별히 고안된 기기들이 역시 공명장애를 평가하기 위해 가능하다. 그러한 기기 중 하나는 Kay Elemetrics사에 의해 제조된 **나조미터**(nasometer)라 불리는 기기이다. 나조미터는 발성 동안 코와 입을 거쳐 방출된 음향에너지의 상대적인 강도를 동시에 측정한다. **비음치**(nasalance score)의 수치는 과다비성의 크기를 반영하기 위해 계산된다. 비음치는 평정척도와 연인두 개방의 실제 정도와 밀접한 연관성이 있다(Dalston, 1995, 2004; Dalston & Seaver, 1990). 나조미터는 또한 효과적인 치료피드백 기술로 사용되어질 수 있다.

연인두 기능을 평가하기 위한 다른 결정적 방법은 **다시점비디오투시검사**(multiview videofluoroscopy)이다. 비디오내시경검사는 DVD에 녹화된 동작 엑스레이 사진이다. 다시점비디오투시검사는 3개의 서로 다른 관점(전면, 측면, 아래쪽)으로부터 연인두 기능 이미지를 가능하게 한다. 이러한 이미지들은 연인두 폐쇄 혹은 부전에 대한 완전한 그림을 제공한다.

음성오용 혹은 남용과 관련된 음성장애 중재

어떠한 음성장애의 치료는 행동적 음성치료, 수술적 중재, 심리적 혹은 정신과적 상담, 약물

그림 8.8 좋은 음성위생을 증진하기 위한 행동들

충분한 수분 특히, 물을 마셔라.

카페인 섭취를 제한하라.

알코올 음료의 섭취를 제한하라.

담배 소비를 피하라.

고함치거나 소리치는 것을 피하라.

편안한 음량 수준에서 말하라. 여러분의 목소리를 밀어붙이지 마라.

시끄럽고, 건조한, 또는 담배연기가 있는 환경을 피하라.

만화 영화 캐릭터와 같이, '부자연스러운' 목소리를 사용하지 마라.

음성휴식을 하라.

지나친 목청 가다듬기와 기침을 피하라.

치료, 혹은 이것들의 다양한 결합을 포함할는지 모른다. 치료프로토콜 결정은 개개인의 구체적인 요구와 수립된 중재의 임상적 효과에 기초한다(Ramig, 1994). 음성중재는 빈번히 음성오용 혹은 남용으로부터 초래된 음성장애 치료를 위해 선택할 수 있는 임상적 방법이다.

음성치료가 주된 기본적인 치료방법이 될 때, SLP는 몇 개의 목표를 향해 일하게 된다. (1) 건강한 상태로 성대 조직의 회복 (2) 확실하고 완전한 성대 기능의 회복 (3) 음성을 남용하는 행동의 발견과 제거 (4) 개선된 음성습관 수립(Colton & Casper, 1996). 〈그림 8.8〉은 SLP가 상담회기 동안 권고할지 모르는 좋은 **음성위생**(vocal hygiene)을 위한 몇 개의 제안들을 열거해놓았다. 성대 결절이나 용종의 수술적 제거 후에 음성치료가 부수적인 중재법일 때, SLP는 이 목표들을 위해 노력하는 것은 필수적이다. (1) 건강한 성대 기능 회복 (2) 그 혹은 그녀가 할 수 있는 것 중 개개인의 가장 최선의 음성을 찾도록 조력하기 (3) 환경적 변화 조성하기(Colton & Casper, 1996).

SLP는 지금까지 개요된 목표들에 도달하기 위한 노력으로 다수의 치료적 기술 ― 호흡과 이완 운동, 부드러운 성대 접촉(속삭이기와 함께 발성 개시), 음량 줄이기, 음성의 건강한 사용을 촉진하는 다양한 또 다른 기법들 ― 을 사용한다. 치료절차는 또한 개인적 관심에 대한 논의들이 포함될 수 있고, SLP가 판단하지 않는 방식으로 듣는 것이 중요하다. 아울러, SLP는 환자 개개인이 변화되거나 회복된 목소리를 수용하는 것을 돕기 위하여 지지하고 격려한다(Colton & Casper, 1996).

의학적 또는 신체적 조건과 관련된 음성장애 중재

질병의 진행과 관련된 음성장애의 치료는 질병의 제거(예 : 성대 결절의 크기 감소)나 촉발조건(예 : 스포츠 경기에서 빈번한 소리 지르기)에 초점을 맞추는 것이 아니라, 오히려 가능한 개개인이 직업적 그리고 사회적 상황에서 기능적인 의사소통을 유지하기 위해 가장 최적의 음성을 달성할 수 있도록 도와주거나 혹은 음성을 산출하기 위하여 대안적인 방법을 수립하는 것이다. 예를 들면, 신경학적 문제와 관련된 음성장애는 주로 일차적인 장애가 아니다. 그러므로 어떤 신경학적 질병과 관련된 음성장애의 직접적인 치료는 실행증, 실어증, 연하장애(dysphagia)와 같은 관련 장애에 대한 SLP 중재에 있어서는 부수적인 문제일 수 있다.

만약 음성치료가 필요하다면, 최우선시되는 치료목표는 직업적 그리고 사회적 상황에서 개개인이 기능적인 의사소통을 유지하기 위하여 가능한 최적의 음성을 산출하도록 돕는 것이다. 이 외에 SLP는 음성산출에 있어서 약물 혹은 외과적 수술의 효과를 평가하는 데 도움을 줄 수 있다. SLP가 가능한 최적의 음성을 수립하기 위해 사용하는 특별한 기술들 중 몇몇은 구어를 위한 증가된 호흡기능, 변화된 말 속도, 전반적인 운율을 포함한다. SLP는 어떤 의학적 혹은 신체적 상태는 음성치료의 한계가 있음을 인식하고, 의사소통의 가장 최적의 가능한 수단을 달성하도록 개개인에게 도움을 주는 것이 필수적이다(Colton & Casper, 1996).

심리적 혹은 스트레스 조건과 관련된 음성장애 중재

심리적인 혹은 스트레스 조건과 관련된 음성장애 치료는 만약 SLP가 그의 혹은 그녀의 음성에 신체적으로 아무 문제가 없다는 것을 설득하는 데 성공한다면 효과적일 수 있다. 그들의 일상생활에서 스트레스 상태나 감정적인 충돌과 그들의 음성에 그러한 스트레스와의 관계를 인식하는 개개인들은 음성중재를 위한 가장 좋은 후보자이다. 이러한 개개인들은 그들의 음성을 다시 사용하는 능력을 원하고, SLP는 그들의 심리사회적 내력이 음성문제에 어떻게 기여하였는지 아는 데 도움을 줄 수 있다(Duffy, 2013).

심리적 혹은 스트레스 조건과 관련된 음성장애(전환실성증)에 대한 권고된 치료적 기술은 끙끙 앓는 소리부터 한숨 소리, 연장된 발성을 함으로써 시작하고 그리고 나서 음절 혹은 단어(예 : 우-후)까지 소리를 낸다. 그러한 기술들은 개개인에게 그 또는 그녀가 신체적으로 정상적인 음성산출을 할 수 있다는 확실한 증거를 제공한다(Boone & McFarlane, 2000; Duffy, 2013).

전환실성증이나 발성장애를 가진 많은 환자들에게 있어서, 음성은 SLP의 도움으로 몇 분 안에 혹은 몇 회기 동안에 걸쳐 정상으로 되돌아올 수 있다. 이러한 환자들에게 사실 정신과 의뢰는 SLP에 의한 성공적인 치료 후에 종종 필요하지 않다(Duffy, 2013).

성전환자/트랜스젠더 환자를 위한 선택적인 음성중재

몇몇 개인들은 성전환 재지정 후에 그들의 목소리와 의사소통 스타일의 여러 가지 면을 변화시키기 위해 SLP의 도움을 구할 것이다. 이것은 남성에서 여성으로의 성전환자에게 가장 전형적이다. 여성에서 남성으로의 성전환자에게는 호르몬 대체요법이 종종 적정한 수준으로 저음을 제공하고 이렇게 하여 남성 음성화 성전환자들은 보통 음성치료를 찾지 않는다(Van Borsel et al., 2000). 또 다른 한편으로는 남성에서 여성으로의 성전환자들은 종종 여성으로 지각될 수 있도록 음도를 올리는 데 도움을 필요로 한다. 여성들은 약 250Hz의 기본주파수를 가지는 반면, 남성들의 기본주파수는 약 125Hz를 가진다는 것을 회상해 보라. 연구 결과, 생물학적 남성이 여성으로 인식되어지기 위해서는 그들의 기본주파수가 155~165Hz

로 올라가야만 하는 것으로 밝혀졌고(Gelfer & Schofield, 2000), 어떤 경우에는 180Hz만큼 되어야 한다고 알려져 있다(Gorham-Rowan & Morris, 2006). 기본주파수를 상승시키는 것 이외에 청지각적으로 여성의 목소리로 들리기 위해서는 성도 공명을 변경시키는 것이 필수 적이다. SLP는 말할 때 그들의 입에서 혀의 위치를 좀더 앞쪽에 위치하도록 훈련시킬 수 있 다. 그렇게 함으로써 여성의 목소리의 특징으로 생각되는 좀더 '앞쪽으로' 공명을 할 수 있 도록 한다.

공명장애의 치료

의학적 치료

전형적으로 구개열을 가진 아동들에게서 이차적으로 발생하는 과다비성의 치료는 수술적 중재에서 시작한다. 정상적인 연인두 기능은 연인두 기제의 구조적인 무결점 없이는 도달할 수 없다. 그러므로 구개열로 태어난 아동들은 9~12개월에 열을 폐쇄하기 위한 수술을 받는 다. 만약 아동이 구순열도 가지고 있다면, 3개월 이전에 종종 입술에 대한 재건을 위한 수술 을 받는다(Kuehn & Henne, 2003).

보철적 치료

초기 구개열의 수술적 복구 후에, 그것은 누공(fistula)이나 자연스럽게 생겨난 비강과 비강 사이에 있는 개방된 구멍을 위해 가능하다(Peterson-Falzone et al., 2010). 더 많은 외과적 수 술이 뒷받침될 때까지 결손 부위를 덮기 위하여 치아 교정 장치와 유사한 보철기기인 **구개 폐쇄장치**(palatal obturator)가 사용되어질 수 있다. 폐쇄장치는 아크릴 소재로 만들어졌으며 개개인의 구강의 일반적 형태에 맞도록 주문 제작된다. 폐쇄장치는 치아에 그것을 걸어서 움켜쥐게 함으로써 제 위치에 고정시킨다.

보철기기는 또한 연구개가 너무 짧아서 인두후벽에 접촉할 수 없을 때 또는 신경학적 질 병으로 인해 완전히 움직일 수 없는 경우처럼 다른 해부학적 제한이 있을 때 고려해볼 수 있 다. 연구개가 너무 짧은 경우, **스피치벌브**(speech bulb obturator)가 사용될 수 있다. 벌브는 연구개와 인두벽 사이 공간을 채우기 위해 제공되며 이렇게 하여 말하는 동안 지각되는 과 다비성이 감소될 수 있다(Kummer & Lee, 1996). 신경학적 질병으로 이차적으로 발생하는 마비로 인하여 움직이지 않는 연구개를 위하여, **구개거상기**(palatal lift)를 고려해볼 수 있다. 구개거상기는 연구개가 인두후벽과 완전히 접촉하도록 거상시키거나 인두벽의 움직임이 폐 쇄를 시키기에 충분하도록 연구개를 위치시키는 일을 한다(Peterson-Falzone et al., 2006).

행동적 중재

구개열을 가진 개개인에게 수술적 처치가 연인두 기제의 구조를 개선시키는 데 효과적인 반면, 그것은 기능을 개선시키지는 않는다. 그런 경우 언어치료가 전형적으로 보장된다 (Kummer & Lee, 1996). 구개파열의 수술적 처치 후에 경도의 과다비성을 초래하는 VPI를 가진 환자들은 구개열 팀이 행동적 중재가 적절한지를 결정할는지 모른다.

SLP가 VPI를 치료하는 데 사용하는 접근법 중 하나는 지속적인 양압치료(continuous positive airway pressure, CPAP)라고 불리는 저항운동치료 프로그램이다. CPAP 치료법은 연구개의 근육을 강화시키기 위해 고안된 8주 근육저항 가정 훈련 프로그램이다. CPAP 장치는 수면무호흡(obstructive sleep apnea) 환자를 위해 사용되어진 것처럼 코 마스크를 통해 전달되어진 지속적인 양압을 발생시킨다. 치료는 코를 통해 압력이 전달되는 동안 50개의 특정 단어와 6개 문장을 산출하는 것을 포함한다. 전달되어진 압력의 양과 연습 시간의 양은 매주 점차적으로 증가된다(Kuehn, 1991; Peterson-Falzone et al., 2010).

CPAP 치료법은 점진적인 저항훈련의 운동생리원칙을 기반으로 한다. 점진적인 저항훈련은 근육들이 그들이 익숙한 것보다 체계적으로 더 많은 무게를 받을 때 근육조직을 추가함으로써 적응하고 근력은 증가한다. 근육조직을 지속적으로 키우기 위하여 무게는 원하는 근력에 도달할 때까지 체계적으로 증가된다.

CPAP 절차는 체계적인 무게 증가에 대해 연구개 근육계가 일하게 함으로써 연인두 기제의 근육을 강화하기 위해 시도된다. 왜냐하면 축소된 아령이나 덤벨을 사용하는 것은 아주 비현실적이며 아마도 불가능하므로, CPAP는 하나의 대용품으로 비강에 있는 공기 압력을 사용한다. 비강 내에 강화된 공기압은 연인두 기제에 저항하며 일하는 '중량물(weight)'이다 (Tomes et al., 1997).

치료하는 동안, 연구개는 /n/ 혹은 /m/과 같은 비음, 모음, 비음이 아닌 자음들을 포함하는 음절을 산출하는 동안 비강 내에서 증가된 공기압에 대항하여 움직인다. 연구개는 비음을 산출하는 동안 내려가고 모음과 비음이 아닌 자음을 산출하는 동안 올라간다. 비음이 아닌 자음 산출과 관련된 연구개 상승 동안 비강 압력은 체계적으로 증가된다.

VPI로 인하여 이차적으로 발생하는 조음장애의 치료

구개열을 가진 사람들은 또한 조음장애를 가질 위험이 높다. 말소리 발달을 위해 SLP에 의한 직접적인 중재는 막 옹알이 시작 전인 빠르면 5~6개월부터 첫 번째 구개 수술 이전에 시작해야만 한다(Peterson-Falzone et al., 2006). 조기 말-언어중재는 아동의 자음 목록의 증가 특히 고압력자음에 초점을 두어야 하며, 구강 기류를 증가시키는 것에 중점을 두어야 한다 (Hardin-Jones et al., 2006). 조음음운장애를 가진 아동들을 위해 제9장에 기술되어 있는 행동적 치료접근법과 기법들은 구개열 아동의 치료에도 적용할 수 있다. 상향식 반복 접근법들(bottom-up drill approaches)은 습관화된 보상적인 오조음을 치료하는 데 특히 유용할 수 있다.

어떻게 기류가 입을 통과하여 내보내지는지뿐만 아니라 비음과 구강음 간의 차이를 가르치는 것도 역시 유용하다. 이것은 코로 바람이 새는 것을 막기 위해 수영 선수들의 코마개를 사용함으로써 구어산출 동안 기류가 입을 통과할 때 어떻게 기류를 느끼는지 아동이 학습할 수 있도록 도움을 줌으로써 달성할 수 있다(Peterson-Falzone et al., 2006).

심지어는 구개열의 수술적 교정 이후에도 파열음, 마찰음, 파찰음과 같은 고압력자음을 성문파열음(예 : 성문이나 목에서 앓는 소리를 산출)으로 계속 대치하는 아동들을 위해서는 직접적인 조음치료를 가능한 빨리 시작해야만 한다. 성문파열음은 나중보다는 초기에 훨씬 제거하기가 쉬우며 특정한 치료절차가 가능하다(Kuehn & Henne, 2003; Peterson-Falzone et al., 2006).

말소리 산출훈련을 위한 유망한 기술은 **전자구개도**(electropalatography, EPG)이다. 이 기술은 컴퓨터에 연결된 전극을 포함한 인공 구개판이다. 구개판은 환자의 입에 장착되고, 말하는 동안 혀가 이 전극들에 접촉할 때 조음패턴을 컴퓨터 화면에서 볼 수 있다. 구개열 아동들은 EPG를 사용하여 말소리 산출을 위한 조음기관들의 정확한 위치를 배울 수 있다.

VPI로 인하여 이차적으로 발생하는 음성장애의 치료

성대 과기능을 감소시키거나 제거하기 위해 이전에 기술되어진 치료기법이나 접근법들을 여기에 또한 적용할 수 있다. 음성치료의 추가적인 목표는 **강한 성대 접촉**(hard glottal attack)의 제거이다. 강한 성대 접촉은 환자들이 과도한 성대 접촉을 이용하여 말을 시작하는 것이다.

강한 성대 접촉을 제거하기 위해서 환자들은 부드러운 발성 개시를 사용하여 모음들로 시작하는 말을 소리 내기 시작하는 훈련을 한다. SLP는 환자에게 연장된 /h/로 소리 내기 시작하도록 함으로써 이 전략을 가르치고 그리고 나서 단어에서 첫 모음으로 점차적으로 이동한다. 이러한 기식화되고 이완된 발성 개시는 환자가 느끼고 귀에 들려질 수 있고, 환자들에게 이완된 발성을 감지하도록 가르친다. /h/와 함께 단어를 시작하는 것을 점차 단계적으로 폐지하고 두 단어 조합, 문장, 최종적으로 대화로 진행해나간다.

SLP는 환자의 새로운 목소리를 두 단계로 습관화하도록 한다 — 제한된 습관화(limited habituation), 전반적 습관화(overall habituation)(McWilliams et al., 1990). 제한된 습관화는 그 혹은 그녀가 새로운 목소리를 오직 SLP 앞에서만 사용하고 그리고 나서 치료실 밖의 매우 통제된 상황들 속에서 사용하도록 한다. 전반적 습관화는 전체 치료회기 동안에 새로운 목소리를 사용하고, 그리고 나서 학교의 특정 수업에서, 그리고 나서 가정에서 어떤 시간 동안에 사용하는 것을 포함한다. 치료는 환자와 그 혹은 그녀의 주 양육자나 다른 중요한 사람들이 새로운 목소리의 일관적인 사용을 보고할 때 종료된다.

음성 및 공명치료의 효과

음성 및 공명장애를 만드는 조건들이 다양하고, 이러한 질병들의 특정 형태의 중증도 단계가 다양하고, 사용가능한 행동적 의학적 치료의 결합과 다양성, 그리고 치료효과를 정의하는 방법 때문에 음성 및 공명장애에 대한 치료효과를 평가하는 것은 매우 복잡하다. 이러한 복잡성에도 불구하고, 임상적이고 실험적인 데이터는 일반적인 임상적 효과가 있다고 제안한다. 음성장애의 경우, 구조적 조직 손상이 있는 것을 포함한 음성장애, 특히 음성오남용과 관련된 것, 그리고 파킨슨병과 같이 신경학적 조건과 관련된 음성장애, 심리적 혹은 스트레스 조건과 관련된 음성장애들은 상당히 효과적임을 보여준다. 마찬가지로, 조기에 일찍이

글상자 8.1 │ 음성 및 공명장애 환자의 근거기반실제

후두에 기초한 음성장애에 대한 일반적 중재

- SLP가 시행하는 음성중재는 외과적 수술처럼 의학적 중재가 보장되지 않을 때, 효과적이다.
- 어떤 형태의 후두병리 경우, SLP의 음성중재는 의학적 중재만큼 혹은 그보다 더 효과적일는지 모른다.
- 일반적으로, 수술 전과 수술 후 치료는 외과적 수술만 하는 것보다는 더 좋은 결과를 초래한다.

특정 행동적 치료접근법이나 기법들

- 음성사용감소 프로그램(Voice Use Reduction Program)과 같이, 음성휴식의 체계적인 프로그램은 의사소통 상황에서 음성이 개선됨에 따라 점진적으로 증가하는 목소리 사용과 함께 특별한 날 혹은 한 주 동안 언제 그리고 얼마나 많이 목소리를 사용할 수 있는지에 관한 구체적 가이드라인을 제공한다. 그러한 프로그램들은 음성오남용과 관련된 음성장애를 개선시키는 데 효과적이다.
- 성대기능훈련(Vocal fuction exercises, 예 : 음도 활창, 저음 혹은 고음에서 연장 발성)은 후두의 위치를 낮춤으로써 그리고 좀더 이완된 목소리 산출을 용이하게 함으로써 후두 과기능과 관련된 음성장애뿐 아니라 심인성 음성장애를 치료하는 데 효과적이다.
- 하품-한숨(Yawn-Sigh) 기법은 효과적으로 후두를 내리고 성문을 연다. 그렇게 함으로써 후두긴장을 감소시키고 편안한 발성을 촉진시킨다. 이 기법은 성대 과기능(예 : 성대 결절)과 관련된 후두병리를 가진 사람들에게 제안될 수 있다.
- 음성산출에 대해 개개인을 교육하고 음성남용 행동들(예 : 고함치기, 지나친 목 가다듬기)에 대한 대안을 제공하는 음성위생 프로그램은 후두병리를 종종 이끌 수 있는 행동들을 제거하거나 예방하는 데 다소 효과적이다. 그러나 치료지속 이행은 결정적 변수이다. 또한 학교기반 음성위생 프로그램들은 어린 아동들에게 유용하다고 판명될지도 모르나 연령에 적합한 자료와 교구가 요구된다.
- 음량을 증가하는 데 초점을 둔 집중적인 치료법인 리실버만 음성치료(Lee Silverman Voice Treatment, LSVT)는 신경학적 질병(예 : 뇌성마비, 파킨슨병, 다발성경화증)을 가진 아동과 성인 모두에게 음성 산출을 향상시키는 것을 계속해서 보여주었다. 치료는 4주 동안 매주 네 번씩 복잡성을 증가시키면서 /a/라고 말하기, 기능적 문장 산출하기, 발화를 산출하는 동안 좀더 큰 목소리를 사용하여 연습하는 것을 수반한다.

구개열을 위한 수술적 중재

- 비록 비증후군성 구개열을 가진 아동 중 약 90%는 첫 수술 후 개선된 연인두 기능을 가지게 될 것으로 예상되지만, 조음치료는 여전히 요구된다. 머리와 얼굴의 구조가 성장함에 따라, 연인두 기능은 악화되는지 모른다.
- 어떤 아동들(예 : 이차적인 구개 수술 혹은 인두 피판술)에게 사용되는 이차적인 수술 절차의 형태는 연인두 폐쇄부전의 중증도에 따라 좌우된다. 이차적 수술 후에 조음치료는 고압력자음을 산출하는 동안 종종 습관화된 보상적인 조음오류와 비누출을 제거하는 것이 요구된다.

공명장애를 위한 특정 행동적 치료접근법이나 기법들

- CPAP 치료법은 작은 연인두 틈(2mm 미만)과 움직일 수 있는 연구개를 가진 사람들에게 가장 적합하며, 그것은 경도에서 중도의 과다비성을 가진 몇몇의 환자들에게 효과적임이 발견되었다.
- 전기구개도(EPG)는 혀-구개의 접촉의 타이밍과 위치에 관한 시각적 피드백을 제공하며, 구개열을 가진 사람 중 말소리 장애의 교정을 위해 계속해서 가능성을 보여준다. EPG는 학령전기 구개열 아동들에게 /s/의 정확한 산출을 가르치는 데 효과적이다.
- 음소적 위치와 소리형성에 중점을 둔 상향식(Bottom-up) 조음훈련 절차들은 수술로 복구된 구개열을 가진 아동들에게 권장되며, 이러한 아동들이 종종 어려워하는 소리들에 효과적일 수 있다. 예를 들면, 치아를 닫고 /t/를 산출하는 아동에게 비누출 없이 /s/를 산출하는 것을 가르친다. 그때, 아동에게 이 소리를 연장하게 하고 그 결과 아동은 정확한 /s/음을 산출할 수 있게 된다. 그러한 기법들은 다른 마찰음이나 파찰음에 적용할 수 있다. 비정상적으로 매우 높은 혀 위치와 함께 산출되어진 모음을 교정하기 위해, 아동이 모음을 산출하는 동안 하품을 하도록 할 수 있다. 하품은 혀가 아래로 내려가도록 하며 연구개는 올라가게 된다.
- 집중적 자극(focused stimulation)과 강화된 환경훈련(enhanced milieu training, EMT) 모델들은 부모가 어린 아동들에게 가정에서 할 수 있는 말과 언어를 촉진하는 자연주의적인 방법이다.

출처 : Boone & McFarlane(1993); Eliiott et al.(1997); Fox et al.(2002, 2006); Hardin-Jones et al.(2006); Kuehn et al.(2002); Kuehn & Henne(2003); Kummer(2006); Michi et al.(1993); Peterson-Falzone et al.(2006); Pindzola(1993); Ramig & Verdolini(2009); Roy et al.(2001); Sabol et al. (1995); and van der Merwe(2004)에 근거함.

의학적 행동적 치료를 받은 구개열로 태어난 아동들은 일반적으로 그들이 사춘기 때까지 정상적으로 말한다(Peterson-Falzone et al., 2010). 〈글상자 8.1〉은 음성 및 공명장애를 치료하는 데 효과적으로 보이는 특정 접근과 기법들을 간단히 요약한 것이다.

이 외에, SLP가 치료회기 동안 인내심을 가지고 격려함으로써 음성 및 공명장애를 가지는 사람들이 특정 치료기법들을 잘 따르도록 돕는 것이 중요하다. 음성오남용에 기여하는 습관화된 행동들을 변화시키는 것은 어려운 일이며 시간이 걸린다. SLP로서, 진전에 있어서 작은 진보조차도 여러분의 헌신이 여러분의 노고와 열정을 통하여 환자들에게 압도적으로 동기를 줄 수 있다.

SLP들은 의사소통을 전문으로 하며, 우리는 흔히 그것을 말하는 것과 동일시한다. 하지만 우리의 환자들과 그들의 보호자들의 말을 동정적으로 자상하게 경청하는 것이 때때로 더 중요하다. 이것은 특히 구개열 아동을 가진 부모들의 경우, 양육자들에게 그들 자녀의 미래에 관하여 중대한 걱정을 초래할 수 있는 것이므로 더욱 그러하다. SLP로서 여러분이 아마도 말과 언어발달에 대한 예후에 대하여 어떠한 신뢰로운 추론을 하거나 특정 대답을 줄 수 없는 동안에 여러분은 주의 깊게 들을 수 있고, 양육자의 관심사나 두려움을 확인하고 항상 공감하는 방식과 돌보는 것을 할 수 있다. SLP로서 여러분의 성공은 환자들과 양육자나 보호자와 신뢰로운 관계를 형성하기 위한 여러분의 능력에 달려 있고, 이러한 관계는 임상가로서 여러분의 효과성에 기여할 뿐 아니라 일생 전체에, 경력에 진정한 의미심장함을 더하여줄 것이다.

요약

인간의 후두는 외부물질의 침입으로부터 하기도를 보호하는 주요 생물학적 기능 이외에, 구어 의사소통을 위해 일차적인 소리의 생성기로서 역할을 하는 다재다능한 기기이다. 사람의 목소리는 그 사람의 성격, 일반적인 건강상태와 연령, 감정적인 상태를 반영한다. 인두강, 구강, 비강으로 구성된 사람의 성도는 후두에 의해 생성된 소리를 변경시키기 위해 크기와 모양을 변화시키는 여과기로서 역할을 한다. 이렇게 하여, 목소리의 공명, 또는 음질에 기여하게 된다. 연인두 기제의 폐쇄는 영어 말소리의 대부분을 산출하기 위해 필수적이며 구개파열과 같은 구조적 기형에 기인한 부적절한 폐쇄는 과다비성이나 비강을 통해 비강을 통과하여 부적절하게 공명하는 음향에너지 지각을 초래한다.

음성 및 공명장애는 많은 실질적인 사람들에게 영향을 주며 병인과 중증도 모두 다양하다. 음성 및 공명장애는 스포츠 경기에서 지나치게 고함지르기, 혹은 상기도 감염으로 인한 과소비성의 말소리를 초래하는 비교적 복잡하지 않은 비정상적인 쉰 목소리부터 후두암과 구개열까지 다양할 수 있다. 특정한 치료방법은 대개 질병의 병인과 중증도에 의해 좌우된다.

SLP는 음성과 공명장애의 치료에 있어서 중심축이 되는 역할을 하지만 효과적이고 윤리도덕적인 중재는 팀 접근법이 요구된다. 많은 경우, 외과 수술적 중재 후에 행동적 중재는 표준적인 프로토콜이다. 다른 경우에, 코 막힘과 같은 경우처럼 의학적 중재만으로 혹은 때때로 성대 결절 환자의 경우처럼 행동적 중재만으로 충분한 경우도 있다. 음성 및 공명장애를 가진 사람들을 효과적으로 중재하는 것은 후두와 연인두 기제들의 정상과 비정상 기능에 대한 상세하고 구체적인 지식을 요구한다. 많은 음성 및 공명장애들은 SLP에 의해 사용된 기법들에 잘 반응하며 그러한 장애와 일하는 것은 보람 있고 흥미진진한 임상적 노력이 될 수 있다.

추천도서

Colton, R. H., & Casper, J. K. (1996). *Understanding voice problems: A physiological perspective for diagnosis and treatment* (2nd ed.). Baltimore: Williams & Wilkins.

Hollien, H. (2002). *Forensic voice identification.* San Diego, CA: Academic Press.

Language, Speech, and Hearing Services in Schools, 35(4) (2004) — The entire issue is devoted to the assessment and treatment of children with voice disorders.

Peterson-Falzone, S., Hardin-Jones, M., & Karnell, M. (2010). *Cleft palate speech* (4th ed.). St. Louis, MO: Mosby.

Peterson-Falzone, S., Trost-Cardamone, J., Karnell, M., & Hardin-Jones, M. (2006). *The clinician's guide to treating cleft palate speech.* St. Louis, MO: Mosby.

Shprintzen, R. (2000). *Syndrome identification for speech-language pathology: An illustrated pocket guide.* San Diego, CA: Singular.

Titze, I. R. (1994). *Principles of voice production.* Englewood Cliffs, NJ: Prentice Hall.

9 조음음운장애

학습목표

이 장을 마치면 여러분은 다음과 같은 것들을 할 수 있게 될 것이다.

- 말소리의 본질 그리고 음운론과 조음 간의 관련성에 대해 설명한다.
- 음운론과 조음장애의 상관 및 조음장애의 원인에 대해 설명한다.
- 말소리장애를 평가하는 절차들에 관해 설명한다.
- 조음음운장애의 치료접근법 및 치료기법, 이에 관한 접근가능한 지지 근거에 대해 설명한다.

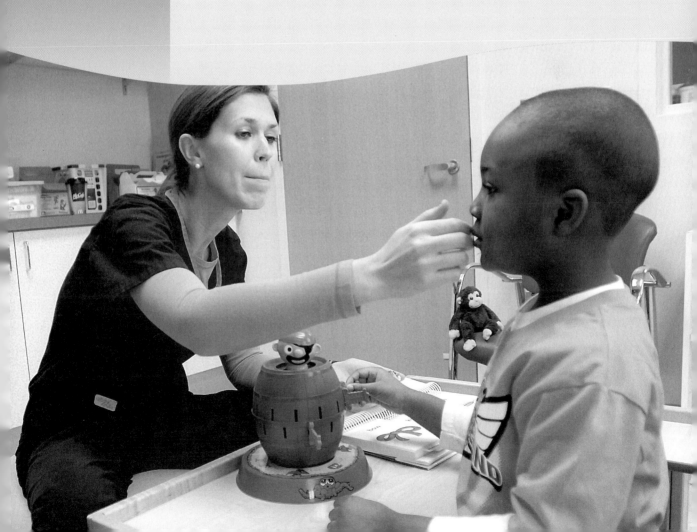

비록 우리가 사용하는 문어 알파벳에는 26개의 철자가 포함되어 있지만, 구어영어에는 41개에서 43개의 말소리들이 있다. 이 장에서 우리는 우선 말소리, 즉 구어낱말, 구, 문장으로 결합되는 음소들에 관해 다룰 것이다. 예를 들어, 낱말 *cat*은 3개의 음소들[kæt]로 구성되어 있다. 음소와 철자(letter)는 동일한 것이 아님에 주목해야 한다. 낱말 *that* 역시 3개의 음소[ðæt]를 가진다. 음소는 /p/에서와 같이 일반적으로 2개의 사선(슬래쉬) 안에 적고, 낱말에서와 같은 음성학적 조합은 [ðæt] 같이 대괄호 안에 전사한다. 일부 음소들은 보편적이며 모든 언어에서 발견되고, 다른 음소들은 오직 몇 개의 언어에서만 사용된다. 예를 들어, 일부 아프리카 언어에서 사용되는 혀를 차는 소리들(tongue clicks)은 영어에서는 사용되지 않는다. 일반적으로 두 언어가 공통적으로 가지는 음소가 많으면 많을수록 이 언어의 소리는 보다 더 유사해진다. 표준미국영어의 말소리들을 나타내는 음성학적 기호가 〈표 9.1〉에 제시되어 있다.

말의 구성요소가 되는 음소에 더하여, 수용가능한 순서와 위치를 결정하는 **음소배열론**(phonotactic) 규칙도 존재한다. 예를 들어, 'ks' 조합은 영어낱말의 첫 위치에는 절대로 사용되지 않지만, *books*[buks]에서와 같이 낱말의 끝자리에서는 괜찮다. 폴란드와 러시아의 많은 이름들은 영어화자에게는 발음하기 어려운데 그 이유는 이들 슬라브어에서는 영어에서 발견되지 않는 자음 조합이 허용되기 때문이다.

실제로 개별 음소들이란 관련된 소리들의 집합으로서 일부 변이된 소리로 말해질 수는 있으나 여전히 그 특정 음소로 간주된다. 이러한 변이를 **변이음**(allophones)이라 한다. 낱말 *pot*과 *spot*의 *p*를 비교해보자. *p*가 낱말의 초성에 위치하고 뒤에 모음이 이어지면 공기가 약간 터지는(puff) 소리[**격음**(aspiration, 거친 소리)]로 발음되지만, 미국의 대부분의 지역에서 *p*가 *s* 바로 다음에 이어지면 격음화되지 않는다. 그렇지만 우리는 여전히 이를 /p/로 인식한다.

변이음의 변이는 지역 및 외국 방언에 영향을 미친다. 이 책에 제시된 예들은 모든 영어화자들에게 동일하게 적용되지는 않는다.

표 9.1 표준미국영어 말소리들의 음소기호

자음				모음			
음소	예	음소	예	음소	예	음소	예
/p/	pan	/ʃ/	shed	/i/	eat	/ɔ/	sauce
/b/	boot	/ʒ/	measure	/ɪ/	pit	/ɑ/	father
/t/	tall	/h/	high	/e/	cake		
/d/	down	/tʃ/	chop	/ɛ/	bed	이중모음	
/k/	kite	/ʤ/	jump	/æ/	at	음소	예
/g/	go	/m/	mat	/ʌ/	cup		
/f/	fan	/n/	noon	/ə/	above	/aɪ/	ice
/v/	vase	/ŋ/	ring	/ɝ/	bird	/aʊ/	cow
/θ/	thumb	/l/	lamb	/ɚ/	paper	/ɔɪ/	toy
/ð/	then	/w/	wit	/u/	you		
/s/	sun	/j/	yellow	/ʊ/	would		
/z/	zoo	/r/	rod	/o/	no		

사례연구 9.1

조음장애를 가진 한 아동에 대한 사례연구 : 키

비록 그의 조부모는 다소 최근의 이주민이지만, 키는 미국에서 태어났고 오직 영어만을 말한다. 그는 철저히 동화되어 야구와 피자를 좋아한다. 이제 5학년인 그는 어렸을 때 겪었던 조음의 문제가 더는 남아 있지 않다.

키의 부모는 그가 학령전기 아동이었을 때 그의 말에 관해 염려하게 되었다. 누구에게 문의해야 할지 확실치 않아서 이들은 가족 주치의에게 물어보았고, 의사는 그들에게 아동들이 말소리의 문제를 가지는 것이 특별한 것은 아니며, 걱정할 필요 없다고 말해주었다. 그들은 이에 안심하여 더는 문의하지 않았다.

유치원 시절, 학교에서는 키를 말의 문제가 있을 가능성이 있는 아동으로 판별하였고, 그의 부모는 말-언어치료사(SLP)를 통한 추가 검사 실시에 동의하였다. SLP에 의하면 키는 's'와 'sh' 소리 모두에서의

어려움, 그리고 'z'에서는 다소 가벼운 정도의 어려움을 가지고 있으며, 이 세 가지 소리들 모두 전방화된 혀짜래기 소리(frontal lisp)를 보였다. 키는 's'와 'sh'를 각각 전체의 12%, 19%로 정확히 산출하였고, 'z'는 전체의 42% 정확도로 산출하였으므로 그의 예후는 좋았다.

키는 유치원 초기에는 주당 2회씩 학교의 말-언어치료 서비스를 받았다. 2학년 중반이 되자 만족스러운 진보가 있어서 치료가 종결되었다.

여러분은 이 장을 읽고 다음에 대해 생각해보라.

- 키의 어려움에 대한 가능한 해석들
- 키의 SLP가 진단자료를 수집할 수 있는 가능한 방식들
- 키의 진보에 공헌할 수 있었을 법한 가능한 중재방식들

만일 잘못된 변이음이 사용되면, 구어낱말은 올바르게 들리지 않는다.

우리는 소리들이 어떻게 산출되며 분류되는가에 관한 정보로부터 조음 및 음운에 대한 논의를 시작할 것이다. 우리는 조음과 음운의 차이를 살펴본 후, 말의 발달 및 조음음운장애와 관련된 말소리 결함에 대해 기술할 것이다. 이 장의 나머지 절반은 평가 및 치료에 할애될 것이다. 〈사례연구 9.1〉에는 말소리 산출기술의 결함을 가지는 것으로 진단되어 말-언어치료사(SLP)에 의해 성공적으로 치료된 한 아동에 관해 기술되어 있다.

말소리에 대한 이해

음소는 종종 **모음**(vowels) 또는 **자음**(consonants) 중 하나로 분류된다. 매우 일반적으로, 모음은 상대적으로 개방된 또는 방해받지 않는 성도(vocal tract)를 통해 산출되며, 자음은 어느 정도 수준의 협착(constriction)을 통해 만들어진다.

자음 음소들은 어떤 조음기관이 사용되는가에 따라(조음위치), 소리가 어떻게 만들어지는가에 따라(조음방법), 그리고 이것들이 성대의 진동으로 발생되는가에 따라(유성음) 분류될 수 있다. 모음들은 일반적으로 혀와 입술의 자세 및 이 조음기관들의 상대적인 긴장 정도에 따라 기술된다. 추가적으로 자음과 모음에 관해 기술하기 위하여 **변별자질**(distinctive features)이라는 개념이 사용되기도 한다. 이렇게 음소의 특징을 결정하는 방식들에 대한 설명이 이어질 것이다.

모든 구어언어는 모음과 자음을 가지고 있다. 발화의 명료성은 주로 자음에 의해 결정되며, 반면 소리에너지는 일차적으로 모음으로부터 온다.

위치 및 방법에 따른 자음 분류

이미 언급한 바와 같이, 자음은 성도의 어떤 지점에서 일어나는 협착이라는 특징을 가진다. 이러한 접촉 또는 협착 지점을 사용하여 자음을 분류한다. 두 입술에 의해 협착이 일어나는 자음을 **양순음**(bilabial)이라 하며, 이는 '두 입술'이라는 뜻이다. **순치음**(labiodental) 자음은 아랫입술과 윗니가 접촉하여 만들어진다. **치간음**(interdental) 자음은 치아 사이에 혀를 위치하여 산출되며, 종종 **설치음**(linguadental)이라고도 한다. **치경음**(alveloar) 소리는 치경 즉 입천장 상단 융기(upper gum ridge)에 혀끝(tongue tip)을 접촉하여 만들어진다. **구개음**(palatal) 자음은 혀의 중앙이 굳은입천장(hard palate) 가까이 위치한다. **연구개음**(velar) 자음의 산출에서는 혀의 뒷부분이 연구개(velum) 즉 여린입천장(soft palate)을 향해 접근한다. 협착이 성대(vocal folds) 수준에서 발생될 때는 **성문음**(glottal)이라는 음소가 산출된다.

자음은 유성(voiced) 또는 무성(vocieless) 즉, 성대의 진동을 수반하거나 수반하지 않을 수 있다. **방해음**(obstruents)은 기류(ariflow)가 차단되거나 방해되는 것으로, 여기에는 정지음(예 : /p/, /b/), 마찰음(예 : /f/, /v/), 그리고 파찰음('ch'와 'j')이 포함된다. **정지음**(stops) 산출 시, /p/ 소리에서와 같이 협착의 바로 뒷 지점에 공기압(air pressure)이 형성되고, 순간적인 정지가 일어난 후 방출된다(released). **마찰음**(fricatives)은 공기가 좁은 통로를 통과하면서 마찰되는 소리가 창출되는 비공명음(nonresonants)이다. **파찰음**(affricates)은 정지음처럼 시작하여 마찰음처럼 방출되는 소리이다. **공명음**(resonants)은 **비음**(nasals)과 **접근음**(approximates)이다. 비음의 특별한 특성은 비강에서 공명(nasal cavity)이 일어난다는 점이다. 접근음에는 **활음**(glides)과 **유음**(liquids)이 포함된다. 활음은 조음 자세가 자음에서 모음을 향해 점차 변화된다. 유음에는 /l/과 /r/이 포함된다.

혀와 입술의 위치 및 긴장에 의한 모음 분류

모음은 날숨 공기를 구강 안에서 공명시킴으로써 산출된다. 만들어지는 정확한 소리는 혀의 어떤 부분(전방, 중앙 또는 후방)이 상승하는가에 따라, 그 상대적 높이(고, 중, 저), 그리고 조음기관에서의 긴장 정도(긴장 또는 이완)에 달려 있다. 입술이 동그란 모양(앞으로 내밀어짐)이거나 뒤로 물러나는(일종의 미소에서와 같이 뒤로 잡아당겨짐) 것 역시 산출되는 소리에 영향을 미친다. 〈그림 9.1〉은 미국영어 모음의 도식이다. 이 그림상에서 짝을 이룬 전방과 후방의 고모음들 그리고 /ɝ/는 상대적으로 긴장된 소리이고, 기타 나머지 소리들은 모두 이완된 것이다. 고설 및 중설 후방 모음과 후방의 중앙 모음들은 입술이 다소 원순형(rounded)으로 산출된다. 나머지 모든 영어 모음들은 비원순형(unrounded)이다. 영어의 모든 모음들은 정상적으로는 유성음이며 비음이 아니다. 여러분들이 속삭이거나 또는 어떤 몇 가지 이유들로 인하여 /m/이나 /n/과 같은 비음 음소에 근접한 소리들을 포함하는 비강 공명이 일어날 때는 예외가 발생된다.

두 모음이 가까이 인접하여 발음되면 **이중모음**(diphthong)이라고 하는 특별한 유형의 음소가 산출된다. 영어에서의 낱말 *sigh*, *now*, 그리고 *boy*가 이중모음이다. *sigh*에는 /aɪ/, *now*에는 /aʊ/ 그리고 *boy*에는 /ɔɪ/가 들어 있다.

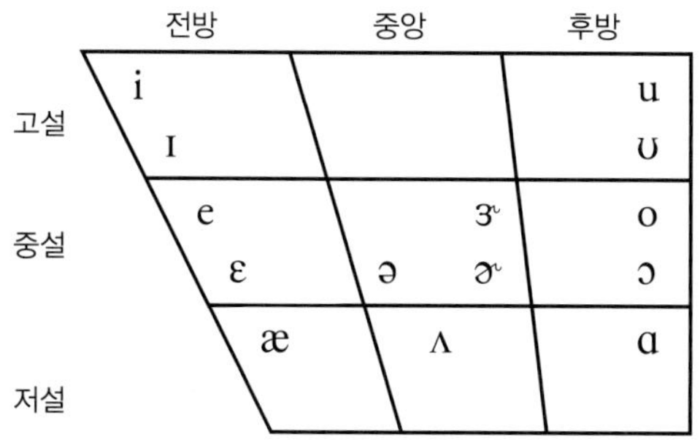

그림 9.1 혀의 높이 및 전방성/후방성에 의한 미국영어 모음 분류

출처 : Shriberg & Kent(1995) and Yavas(1998) 인용.

변별자질 분석

모든 언어에 존재하는 음소들을 기술하는 체계를 제공하려는 시도로, 언어학자들은 개별 말소리들의 구성요소를 정의하고 이를 변별자질(distinctive features)이라고 명명하였다. 이후 개별 음소는 이 개개 자질들의 존재와 부재에 의해 이론적으로 정의될 수 있게 되었다 (Chomsky & Halle, 1968). 예를 들어, 영어의 세 가지 음소들(/m/, /n/, /ŋ/)은 비강 공명에 의해 산출된다. 이들은 +비음성(+nasal)으로 간주된다. 나머지 모든 영어음소들은 −비음성 (−nasal)이다. 비음 음소들 간을 다시 구별하기 위해, /m/과 /n/은 구강 앞부분에서 차단되어 산출됨에 주목한다. 이것들은 +전방성(+anterior)이고, 반면 /ŋ/은 −전방성(−anterior)인 것이다. 다시 음소 /m/과 /n/은 '분산성(distributed)'이라는 변별자질에 의하여 차별화될 수 있다. 만일 협착이 기류의 진행방향을 따라서 어느 정도 더 연장된다면 +분산성이다. 우리가 사용한 예에서, /m/은 +분산성이고, /n/은 −분산성이다.

　변별자질 분석이라는 개념은 말소리 오류의 패턴을 찾아내고, 따라서 이를 통해 그 오류의 수정을 용이하게 하는 것에 유용하게 사용되어왔다. 〈그림 9.2〉에는 가장 보편적으로 사용되는 변별자질들의 간단한 정의와 예가 담겨 있다.

생애주기를 통한 말소리 발달

비록 여러분들은 말에 필요한 대부분의 근육에 대한 통제 능력을 초기에 습득하였겠으나, 그 움직임을 완전하게 하고, 미국영어의 모든 소리들의 산출을 습득하는 것에는 긴 시간이 요구된다. 이와 마찬가지로 대부분의 아동들은 초등 학령기 초기에 이르러서야 영어말소리들을 산출할 수 있게 된다.

발화 이전

비록 신생아들은 짜증 내기나 울기와 같은 반사적 소리, 트림이나 삼키기와 같은 섭식과 관련된 소리들을 주로 산출하지만, 이러한 소리들은 성장하면서 감소된다. 이러한 소멸은 빠른 속도의 뇌 성장 및 수초화와 관련되어 있다. **수초화**(myelination)란 보호적 마이엘린 막 (myelin sheath) 즉, 대뇌신경을 둘러싼 막의 발달을 말한다. 수초화는 성인기까지 지속된다.

**그림 9.2 보편적인 일부 변별
자질들의 정의 및 예**

출처 : Chomsky & Halle(1968)에
근거함.

전방성(Anterior) :	구강 앞부분에서의 방해로 산출되는 소리들 — 특히 순음, 치음, 치경음
	+전방성의 예 : /m, p, b, f, v, θ, ð, n, t, d/
자음성(Consonantal) :	구강 내에서의 방해로 산출되는 소리들 — 특히 장애음과 비음
	+자음성의 예 : /s, z, t, d, m, n, r, l/
	−자음성의 예 : /æ, i, e, o, u/
계속성(Continuant) :	기류가 정지되지 않는 소리들 — 특히 마찰음, 활음, 유음, 모음
	+ 계속성의 예 : /f, v, s, z, h, j, r, l, e, i, o, u/
	−계속성의 예 : /p, t, k, b, d, g/
분산성(Distributed) :	기류의 방향을 따라 상대적으로 멀리 연장되는 협착에 의해 산출되는 자음
	+분산성의 예 : /m, p, b, ʃ, ʒ, ʧ, ʤ/
비음성(Nasal) :	연구개를 하강시켜 산출되는 음소
	+비음성의 예 : /m, n, ŋ/
공명성(Sonorant) :	상대적으로 개방된 성도로 산출된 소리, 그리하여 자발적인 유성음화가 가능함 — 특히 모음, 비음, 유음, 활음
	+공명성의 예 : /æ, o, m, n, l, r, w, j/
	−공명성의 예 : /p, b, t, d, k, g, ʃ, ʧ/
소음성(Strident) :	기류의 흐름이 고강도의 소음을 산출시킬 수 있는 방식으로 협착되어 산출되는 소리
	+ 소음성의 예 : /s, z, f, v/
	−소음성의 예 : /p, b, i, e, o/
음절성(Syllabic) :	음절핵(nucleus of a syllable)으로 기능할 수 있는 소리 — 특히 모음, 음절성 유음, 음절성 비음
	+ 음절성의 예 : 'button'에서의 /bʌ tn̩/
	−음절성의 예 : 'button'에서의 /b/와 /t/
유성성(Voiced) :	성대 진동으로 산출되는 소리 — 특히 모든 모음, 비음, 활음, 유성자음
	+ 유성성의 예 : /i, e, o, m, n, j, w, b, d, g, z, v/
	−유성성의 예 : /p, t, k, s, f/

신생아는 초기에는 울음이 들숨과 날숨 모두에서 일어난다. 날숨 단계 — 보다 효율적인 소리산출의 원천 — 는 점차 증가된다. 울음은 아동이 성대를 거치는 기류에 보다 쉽게 적응하며, 호흡패턴을 수정할 수 있도록 돕는다. 말소리는 후두(larynx) 수준에서 기원하는 것이므로 이러한 초기 자극이 필요하다. 그러나 말 발달을 위해서는 비울음발성(noncrying vocalization)이 훨씬 더 중요하다.

비울음소리는 일반적으로 섭식에 수반되는 소리이며, 양육자의 미소나 말에 대한 반응으로 산출되는 것이다. 이러한 모음과 유사한(vowellike) 비울음소리는 후두에서의 일부 발성 (phonation) 및 진동(vibration)이 포함되어 있는 것이지만 아동은 완전한 말소리들을 산출하기에는 능력이 불충분한 상태이다.

2개월경이면, 영아들은 울음이나 짜증이 아닌 소리들을 발달시키는 데 이를 '구잉(gooing)' 또는 '쿠잉(cooing)'이라 한다. 영아들은 구잉을 하면서 /g/나 /k/와 유사한 후설자음 소리들, 그리고 다소 불완전한 공명으로 /ʌ/나 /ʊ/와 같은 중설 및 후설 모음을 산출한다.

3개월경이면, 영아들은 타인의 말에 대한 반응으로 발성을 한다. 영아들은 양육자들이 자신들에게 반응을 해주면 이에 대해 대부분 반응적인 모습을 보인다.

5개월경이면, 영아들은 양육자들의 톤과 음도신호를 모방할 수 있게 된다. 대부분의 영아들의 모방적이며 비모방적인 발성들은 자음-모음(CV) 또는 모음-자음(VC) 조합의 단음절(single syllable) 단위이다. 약 4개월경에 시작되는 이러한 소리단위들을 **옹알이**(babbling)라 한다.

점차 성숙해져감에 따라 보다 긴 시퀀스와 연장된 개별 소리들이 발전하게 된다. 아동들은 점차 더욱 복잡한 조합을 산출한다. 소리들은 이제 성인의 말소리와 더욱 흡사해진다. 근육조절이 구강의 전방부로 옮겨감에 따라 4~6개월경이면 강력한 혀 내밀기가 관찰된다. 초기에는 옹알이에서 후설 자음이 지배적이지만 6개월경이면 /m/이나 /p/와 같은 순음 또는 입술 소리들이 보다 자주 출현한다.

옹알이는 제멋대로 나오는 소리유희(sound play)이며, 심지어 농 영아도 옹알이를 한다. 영아들은 옹알이를 하면서 소리산출을 실험한다. 개월이 진행됨에 따라 아동들의 옹알이는 점차 자기 양육자의 음절구조 및 억양을 반영하게 된다.

대략 6~7개월경에, 영아의 옹알이는 **반복적 옹알이**(reduplicated babbling)로 변화하기 시작하는데, 이것은 *ma-ma-ma* 같은 자음-모음 음절 반복 또는 자기모방(self-imitation)(CV-CV-CV)의 연쇄를 포함한다. 청각능력은 매우 중요한 것처럼 보인다. 농 아동들도 계속 옹알이를 하지만, 자음의 범주가 감소되며, 반복적인 조합은 거의 산출되지 않는다.

옹알이와는 달리, 반복적 옹알이는 그 공명의 질과 시간 조절이라는 면에서 성숙한 말에 보다 가까이 근접해 있다. 아동은 환경으로부터의 말 패턴에 적응하기 시작하는 중인 것이다. 어떤 언어인가와 무관하게 영아들의 발성과 이후의 첫 낱말은 유사한 음운론적 패턴을 갖는다. 예를 들어, 정지음(/p, b, t, d, k, g/), 비음(/m, n, ŋ/), 그리고 접근음(/w, j/)이 영아 발성에서 나타나는 자음들의, 그리고 스페인어, 한국어 및 영어를 사용하는 아동들의 첫 50낱말에서 나타나는 자음들의 약 80%를 차지한다.

8~12개월 기간은 반향적 단계(echolalic stage)라고 명명되어왔다. **반향어**(echolalia)는 어떤 다른 화자들을 모방하는 말을 의미한다. 아동들은 처음에는 오직 자기 자신이 자발적으로 산출했던 소리만을 모방한다.

점차 영아들은 자신들의 말소리 목록을 확장하고 수정하는 용도로 이 모방을 사용하기 시작한다. 대략 같은 시기에 이들은 발성과 함께 또는 발성 없이 제스처를 사용하여 의사소통하기 시작한다. 이 기간 동안의 말은 **변형옹알이**(variegated babbling)라는 특징을 보이는데, 이것은 소리흐름 속에서 인접한 그리고 연속되는 음절들을 의도적으로 달리하는 것이다.

자음-모음(CV) 음절은 첫 낱말을 구성하는 지배적인 구성요소들 중 하나이다.

첫해의 중반 이후에 아동들은 특정 상황에서 소리들이 반복적으로 재현되는 패턴을 인식하기 시작한다. 아동은 심지어 이러한 상황들에서 소리들을 산출하기도 한다. 예를 들어, 한 아동이 섭식 중에 *M-m-m* 소리를 말하기 시작할 수도 있다. 이 소리가 그에게 모델링되었다면 말이다. 영아들은 양육자의 대화에 대한 반응으로 자곤으로 성인과 유사한 억양으로 나타나는 긴 음절 조합을 실험하기 시작한다.

많은 말소리들이 소리-의미의 관련성으로 발전된다. 이것은 음성학적 지속 형태(phonetically consistent forms, PCFs)라고 불리는데, 이 소리패턴들이 영아들에게는 원형낱말(protowords) 또는 '낱말'로 기능하게 된다(Dore et al., 1976). 영아는 성인들이 환경 내의 동일한 사물들을 언급할 때마다 특정 소리패턴들을 일관적으로 사용하고 있음을 알아차리게 된다.

낱말산출은 소리묶음(sound grouping) 및 소리변이(variation)에 달려 있다. 아동들은 낱말산출을 위해 문제해결 또는 시행착오적 접근을 채택한다. 그리하여 말은 목표음절에 대한 산출 및 지각의 용이성, 그 구성소리들 간의 복잡한 상호작용의 결과인 것이다.

PCFs는 어떤 무엇인가를 표상하거나 또는 '의미하기 위해' 어떤 소리를 일관되게 사용하고자 하는 아동의 최초의 시도이다.

유아의 말

여러분은 아마도 약 12개월경에 최초로 인식할 수 있는 낱말을 산출하였을 것이다. 종종 아동의 낱말은 타인들에게 쉽게 인식될 수 있으나, 일부 낱말들은 아동이 말하기 쉽게 변형시킨 것일 수 있다.

어려운 낱말과 마주치면, 아동들은 유사한 전략을 선택한다. 아동들은 자신들이 직면한 성인의 낱말을 옹알이의 자음-모음(CV) 구조 및 반복적 옹알이의 CV-CV-CV 연쇄를 사용하여 발음하려고 할 것이다. 따라서 많은 낱말들이 CV 구조의 변형이나 기타 단순화 형태로 감축되는 일은 그리 놀라운 것이 아니다. 이러한 선택을 음운변동(phonological processes)이라 하며, 〈표 9.2〉에 제시되어 있다.

유아들은 종종 종성자음을 생략하며, 그 결과로 이를테면 *cake*가 *ca*로 발음되는 것과 같이 CVC 낱말들이 CV 형태로 나타난다. 아동들이 모음을 추가하여 CV-CV 형식인 *cake-a*를 만들어내는 것도 역시 가능하다. 다음절 낱말들이 1음절이나 2음절로 감축될 수도 있으며, 같은 음절들이 반복될 수도 있다. 예를 들어, *telephone*은 *tephone*으로, *baby*가 *bebe*로 조정되는 것이다. *doggie*가 *goggie*로 바뀌는 것처럼 음절을 반복하지 않을 때는 자음만 그렇게 하기도 한다. *stop*이 *top*으로 바뀌는 것처럼 자음군은 단일 자음으로 축약되기도 한다. 마지막으로 어떤 소리유형이 다른 것으로 대치될 수도 있다. 예를 들어, *Go bye-bye*가 *Bo bye-bye*로 바뀌는 것처럼, 낱말의 첫소리(초성)가 동일한 자음으로 발음되기도 한다.

학령전기 아동의 말

개개 말소리들의 발달은 낱말 내 위치, 사용 빈도, 그리고 다른 말소리들로부터의 영향에 따라 다르다.

유아들에게서 기술되었던 대부분의 음운변동들은 4세경이면 사라지게 된다. 'strong'에서와 같이 2개 이상의 인접 자음들로 구성된 자음군은 일부 아동들에게는 여전히 어려운 채로 지속되며, 따라서 단순화 전략으로 'tong'과 같은 형태가 초기 학령기까지 지속될 수 있다. 계

표 9.2 어린 아동들의 음운변동		
음운변동	설명	예
종성자음 탈락(Final consonant deletion)	CVC 구조를 보다 친숙한 CV 구조로 축약시킴	*Cat*을 *ca*로 *Carrot*을 *cara*로 CVCVC → CVCV
약세 음절 탈락(Weak syllable deletion)	아동이 다음절 낱말산출을 위하여 자신의 능력에 맞게 음절 수를 감소시킴	*Telephone*을 *tephone*으로 *Vacation*을 *cation*으로
반복(Reduplication)	다음절 낱말의 음절들을 반복함	*Baby*를 *bebe*로 *Mommy*를 *mama*로
자음군 축약(Consonant cluster reduction)	CCV+ 구조를 보다 친숙한 CV 구조로 축약시킴	*Tree*를 *te*로 *Stay*를 *tay*로
동화(Assimilation)	비록 모음은 일반적으로 영향을 받지 않지만, 한 자음이 다른 자음과 유사하게 바뀜	*Doggie*를 *goggie*로
정지음화(Stopping)	마찰음(/f/, /v/, /s/, /z/ 등)이 정지음 (/b/, /p/, /d/, /t/, /g/, /k/)으로 대치됨	*Face*를 *pace*로 *This*를 *dis*로
전설음화(Fronting)	연구개음이 보다 전방에서 산출되는 소리로 대치됨	*go*를 *do*로 *ring*을 *rin*으로

속하여 음적 어려움을 경험하는 아동들에서는 보다 미성숙한 음운변동의 사용이 지속될 수 있다.

아동들은 학령전기 기간 내내 새로운 말소리들을 숙달한다. 습득과정은 점진적인 것이며, 개별 말소리들, 낱말 내에서의 위치, 사용 빈도, 그리고 다른 말소리들과의 근접성에 따라 달라진다. 한 낱말 안에서 정확히 산출된 소리가 연결발화에서는 그렇지 못할 수 있다.

우리는 어린 아동들의 말소리 습득에 대해 아래와 같이 몇 가지를 일반화할 수 있다.

- 음소 습득은 점진적인 과정이다.
- 모음이 자음보다 숙달하기가 더 쉽다. 일반적으로 영어모음들은 3세경이면 습득되는데 반해, 일부 자음들은 7~8세가 될 때까지 숙달되지 못할 수 있다.
- 많은 소리들이 낱말의 초성 위치에서 최초로 습득된다.
- 비록 일부 자음군은 4세 정도면 출현하지만, 자음군(*consider*)과 자음 혼합(*street*)은 7~8세까지 숙달되지 못한다.
- 일부 소리들은 다른 소리들보다 더 쉽게 습득되며, 또한 대부분의 아동들이 처음으로 습득하는 소리이다. 한 집단으로서, 정지음(/p, b, t, d, g, k/)과 비음(/m, n, ŋ/)이 가장 먼저 습득된다.

그림 9.3 영어말소리 숙달

출처 : Olmsted(1971); Prather et al. (1975); and Sanders(1972)에서 편집.

> 대부분의 아동들이 모든 위치에서 말소리들을 습득하게 되는 연령
> 모음은 일반적으로 2~3세경이면 숙달되기 때문에 여기에 포함시키지 않음
>
> 2세   p, h, n, b, k
> 3세   m, w, g, f, d
> 4세   t, ʃ(sh), j(y)
> 5세   s, v, ŋ(ng), r, l, tʃ(ch), z, ʤ(j)
> 6세   θ(thin의 th), ð(the의 th), ʒ(measure의 zh)
> 8세   자음혼합 및 자음군

- 상당한 개인차가 존재한다.

이 정보는 〈그림 9.3〉에 제시되어 있다. 신경근육상의 문제, 감각결함, 지각의 문제, 그리고 열악한 학습기술을 가진 아동들은 언어의 모든 말소리들을 습득하는 데 어려움을 갖는다.

학령기 아동의 말

여러분들의 음운론적 체계는 아마도 학령기 초기에 이르러 성인의 그것과 흡사해졌을 것이다. 어떤 아동들은 *street*, *beasts*에서의 각각 *str*이나 *sts*와 같은 다중적인 자음군에서는 여전히 어려움을 가질 수도 있다.

형태음소론적 대조(morphophonemic contrasts) ─ 형태론적 변화에 따른 발음의 변화 ─ 는 숙달하기까지 몇 년이 소요될 것이며, 일부는 성인기에까지 연장될 것이다. 예를 들어, 동사 *drive*의 두 번째 모음인 장음(long) i는 음성학적으로 /aɪ/로 전사된다. 우리가 *drive*를 명사 *derivative*로 변화시키면 두 번째 모음은 *give*에서의 i와 같이 소리 나서 /ɪ/로 전사될 것이다. 기타 대조들은 제2장에서 언급한 바 있다.

5세 아동들은 일부 자음들과 자음군에서 여전히 어려움을 보인다. 6세 아동들은 대부분의 영어말소리들을 습득한다. 8세 무렵이면 아동들은 *str*, *sl*, 그리고 *dr*과 같은 자음군을 습득한다.

음운론과 조음

음운론과 조음 간의 차이점은 종종 이해하기 어려울 수 있다. 조음이란 말소리의 실질적인 산출을 지칭하고, 음운론이란 한 언어에 내재하는 말소리들과 이들이 조합되는 방식에 관한 지식을 말한다.

한 언어에서의 말소리의 정확한 사용을 위해서는 그 언어의 소리들에 대한 지식이 요구되며, 그 산출과 조합을 지배하는 규칙 즉, 음운론(phonology)이라는 지식이 요구된다. 말 역시 말소리, 낱말, 그리고 문장을 실제로 말하는 일, 즉 조음(articulation)을 위한 신경운동학적 협응이 요구된다.

이 차이점에 대한 이해를 돕기 위해, 예를 들어 불어와 같은 새로운 언어를 학습하는 장면을 떠올려보자. 여러분은 새로운 낱말과 말소리 조합에 노출될 것이며, 이 언어의 소리체계, 즉 음운론의 본질을 깨닫기 시작할 것이다. 그러나 여러분은 이 낱말들을 여러분의 입

술, 혀 등등으로 형성해낼 수 있어야만 할 것이다. 그러나 여러분의 신경운동 경로는 영어 낱말을 만드는 것에 길들여져왔기 때문에 이러한 일이 어렵게 여겨질 것이고, 이 낱말을 정확히 산출하기 위해 여러분의 근육을 협응시키는 것에서의 무능함은 조음의 문제로 나타나게 된다.

음운적 결함은 개념화 또는 언어적 규칙에 대한 장애이다. 음운론은 소리범주 그리고 낱말 안에 담긴 소리패턴과 관련된 것임을 기억하라. 예를 들어, 영어는 낱말 종성위치에서 개방음절과 폐쇄음절을 모두 가진다. **개방음절**(open syllable)은 모음으로 끝나는 것을 말한다 (예 : *hi*). **폐쇄음절**(closed syllable)은 자음으로 끝나는 것이다(*hat*). 오직 개방음절만을 사용하고 모든 종성자음을 탈락시키는 아동은 음운론의 장애를 보이는 것이다. 이 예에서, 아동은 *hi*는 정확히 말할 것이나 *hat*은 *ha*로 산출하게 될 것이다.

조음의 결함은 산출의 장애이다. 말의 오류가 오직 /s/ 음소에서만의 부정확한 산출이라면 그는 조음장애를 가지고 있는 것이다. 조음장애는 전형적으로 다음과 같은 특징을 갖는다.

- 대치
- 생략
- 왜곡
- 첨가

대치는 한 음소가 다른 음소로 바뀌는 것이다. 예를 들어, *chair*를 *shair*로 말하는 사람은 *ch*를 *sh*로 대치하고 있는 것이다. 생략은 *chair*를 *chai*로 말하는 것처럼 음을 탈락시키는 것이다. 왜곡은 한 음소의 비표준적인 형태를 말한다. 첨가의 예는 *chair*를 *chuhair*로 말하는 것이다. 일부 개인들은 음운론 및 조음 모두에서 장애를 가진다. 우리는 이 장의 후반부에서 오류의 특정 패턴 및 오류유형에 관해 좀더 논의할 것이다.

연합된 장애 및 관련 원인

대부분 아동들의 음운 및 조음장애의 원인들은 완전히 정의하기 어렵다. 이들 사례 중에 어떠한 원인도 알려진 것이 없을 경우에는 이를 **기능적 장애**(functional disorder)라 칭할 수 있다. 이러한 개념의 제한적인 유용성을 인식한 연구자들은 **상관**(correlates), 즉 관련된 요인들로 주의를 돌렸다. 상관관계란 두 가지 이상의 것들이 동시에 발현되지만, 어느 하나가 반드시 나머지 것을 야기시킨 것은 아님을 의미한다.

그럼에도 불구하고, 상관은 추가 연구를 통해 밝혀야 할 인과성에 대한 일부 단서를 제공해준다. 〈그림 9.4〉는 음운장애의 몇 가지 상관에 관해 열거하고 있다. 다음 절들에서 우리는 음운 및 조음장애에 관해 충분히 밝혀진 바 있는 몇 가지 상관들에 연합된 특징들을 다룰 것이다. 장기연구로부터 수집된 자료들은 보다 지속적인 문제점들이 운동구어의 결함과 연합된 것임을 시사해주고 있다(Flipsen, 2003).

조음 및 음운의 장애를 가지는 대부분의 아동들은 해당 문제에 대한 판별가능한 신체적 원인을 나타내지 않는다.

그림 9.4 음운 및 조음결함과 관련가능한 상관들

청각장애
생의 첫해 동안 중이염의 병력
말소리 지각 및 변별 능력 감소
비전형적인 치열 및 치아결손
구강운동기술 결함
섭식문제
6세 이후의 혀 내밀기 삼킴(tongue thrust swallowing)
신경운동학적 장애
지적장애(정신지체)
언어장애
남성
말 지체의 가족력
어머니의 낮은 교육수준

아동의 발달적 결함

언어와 말의 학습이란 쉬운 일이 아니다. 전형적으로는 8세경이 될 때까지 점진적으로 습득되는 음소들로 낱말이 구성된다. 조음음운의 결함을 가진 많은 아동들은 충분히 밝혀진 바의 필연적 요인들이 전혀 없이도 말소리 산출에서의 발달적 결함을 보인다. 아동의 말이 지체되면 여러분은 그 또는 그녀가 그 연령대에서 기대되는 음소를 산출하지 못하고 있는 것이라고 예측하게 될 것이다. 다른 아동들은 음소사용 측면에서 이질적일 때도 있다. 일부 연구자들은 이 아동들을 발달에 있어서 '장애를 가진' 것으로 판별한다. 그렇지만 어린 아동들의 광범위한 행동을 감안하면 이러한 이분법은 어려운 것이다(Howell & Dean, 1994; Stoel-Gammon & Dunn, 1985).

음운변동은 개별 음소들 이상의 것을 포함한다. 목표 말 "Give him the book."을 "Gi- hi- the boo."라고 말하는 것에서처럼 종성자음 탈락은 어떤 특정 음소에만 국한하는 것이 아니다. 많은 아동들은 여러 가지 복수의 변동(processes)을 보인다.

음운장애

앞서 언급한 바와 같이, 아동들이 보이는 음운론적 및 음소배열론적 단순화를 음운적 **패턴** 또는 **음운변동**이라 한다(표 9.2). 비록 음운적 결함의 근원은 이보다 훨씬 이르게 출현할 수 있으나, 음운장애의 평균 진단연령은 4세 2개월이다(Shriberg & Kwiatkowsi, 1994). 〈사례연구 9.2〉는 평범하지 못한 **후설음화**(backing) 음운변동을 보이는 어린 소녀의 이야기를 다루고 있다.

생애주기적 논점

6세경이면, 아동들의 75%는 자신들의 말소리 오류를 이겨내고, 9세경이면 아동 대부분이 자신들의 오류를 정상화시켰을 것이다(Shriberg, 1997). 그렇지만 말 치료는 아동들로 하여금 말소리 오류를 보다 신속하게 교정해내도록 도울 수 있다. 낮은 비율의 아동들만이 생의 전역에 걸쳐 잔존하는 말소리 오류를 지속하게 될 것이다. 여기에는 종종 /r/, /s/, /z/, 또는 /l/의 대치나 왜곡이 포함된다. 이러한 오류들은 개인의 학업 및 직업적 성취뿐 아니라 대인

사례연구 9.2

음운장애를 가진 아동의 개인사적 이야기

브랜디가 그녀의 엄마 A와 함께 대학의 말-청각센터에 처음 방문하였을 때는 막 3세가 되었을 때였다. 학령전기 선별검사 결과 브랜디에게 추가 검사가 요구되었다. A는 브랜디가 여러 낱말들을 잘못 발음하였고 가족 외의 타인들이 잘 알아듣지 못하여서, 5세 오빠가 타인들이 이를 알아듣게 하기 위해 브랜디의 말을 다시 반복하여 말하는 일이 많았다고 기록하였다. 센터에서의 검사결과, 브랜디는 말에 필요한 청력 및 신체구조는 정상이었다. 그녀의 수용 및 표현언어 기술도 음운론을 제외한 모든 영역에서 평균 이상이었다. 브랜디는 원인미상의 중등도에서 중도 수준의 음운장애로 진단되었으며, 치료가 제안되었다.

치료 초반부에 브랜디가 했던 말의 예는 아래와 같다.

목표음 : Stop playing with my toy.
브랜디 : Kop payin' wid my koy.

그녀의 어린 나이 및 높은 감성을 감안하여 구조적 놀이활동을 통한 치료가 제공되었다. 3개월이 다 되어갈 무렵, 그녀는 치료세팅 안에서는 자기교정을 곧잘 하였다. 1년의 치료가 끝나갈 무렵, 브랜디의 어머니는 딸이 가정에서도 자기교정을 하게 되었다고 보고하였다. 결과적으로 그녀의 말 명료도는 심지어 낯선 청자들에 대해서도 극적으로 개선되었다.

관계에도 부정적인 영향을 미치게 될 수 있다. 비록 말소리 산출은 삶의 어느 연령대에서도 수정이 가능하지만, 오래된 습관은 보다 강력히 고착되어서 변화되기가 더 어려울 수 있다.

언어장애

제4장에 기술된 바와 같이 언어장애를 가지는 아동들은 그 언어의 소리산출에서도 역시 결함을 보일 수 있다. 언어이해에 어려움을 보이거나 여러 가지 말소리 오류를 보이는 아동의 약 60%에서 표현언어상의 일반적인 결함이 나타나는 것으로 추산되고 있다(Shriberg & Kwiatkowsi, 1994; Tyler & Watterson, 1991). 이 아동들은 오직 음운 또는 조음에서의 결함만을 독립적으로 가진 아동들에 비해 좀더 복합적인 문제를 가지고 있는 것이다.

말의 특징

비록 복합적인 음절구조는 특별히 더 어려운 것이지만, 언어학습장애(language learning disabilities)를 가진 아동들의 말소리 산출은 발달적 결함을 가진 아동들의 그것과 유사하다(Orsolini et al., 2001). 언어학습장애 아동들 역시 형태소 산출에 영향을 미치는 음운적 오류를 드러낼 가능성이 더욱 높다(Owens et al., 2001). 아동들이 보다 길고 더욱 복잡한 문장을 산출해야 할 때는 말소리 오류 역시 함께 증가한다.

생애주기적 논점

비록 언어학습장애를 가진 많은 개인들이 정상 또는 정상에 가까운 지능을 가지고 있으나, 말소리 장애는 읽기 및 쓰기기술 습득에 해로운 영향을 미친다. 읽기를 위한 학습(learning to read)에는 소리에 대한 지식 및 인식, 그리고 소리들이 조합되어 음절, 낱말, 문장을 형성하는 방식(즉, 음운인식 기술)이 요구된다. 언어학습장애 및 음운장애 아동들은 음운인식 기술이 열악할 수 있으며(Larrivee & Catts, 1999; Peterson et al., 2009), 읽기 및 쓰기결함의 위험성이 보다 높을 수 있다. 따라서 이들의 완전한 잠재력 실현을 위해서는 다양한 전략의 지원 및 활용이 요구될 것이다(Owens, 2010).

청각장애

청각은 우리가 언어의 말소리를 습득하는 일차적인 수단이므로 청각장애를 가진 개인들이 조음 및 음운의 결함을 보이는 것은 놀랄 만한 일은 아니다. 청력손상을 가진 이들은 타인의 말을 듣는 능력에서만 제한을 보이는 것이 아니라, 자신들의 말 산출을 모니터하는 능력 역시 부족할 수 있다. 음운론은 그 혼자만 손상되는 것이 아니라, 음성의 질, 음도, 속도 및 리듬을 포함하는 말의 모든 패러미터들 역시 마찬가지의 영향을 받게 될 것임을 반드시 인식해야 할 것이다.

말 특징

비록 세부적으로는 다를 수 있으나, 일반적으로는 개인의 청력손상이 심하면 심할수록 그의 말 역시 더욱 불명료할 것이다(Wolk & Schildroth, 1986). 비록 청각장애의 유형 및 손상도와 말 사이의 정확한 관련성이 확립될 수는 없겠지만, 특정 양상이 자주 관찰된다(Bernthal et al., 2013). 〈표 9.3〉에는 농 아동들에 의해 산출된 말소리 오류들이 제시되어 있다.

생애주기적 논점

청각장애의 개시 연령, 손상도 및 그 유형이 조음음운장애의 속성에 영향을 미친다. 농이거나 중도의 청각장애를 가지고 태어난 개인들은 생의 이후에 청력이 손상된 이들에 비해 전형적으로 더욱 열악한 말 능력을 보인다. 그렇지만 초기에는 들을 수 있었으나, 말을 배우고 난 이후에 난청이나 농이 된 경우에는 시간이 갈수록 말이 점차 악화된다. 보청기(hearing aids, 일부 청력이 남아 있는 개인들에 대한)의 사용 및 적절한 훈련(제12장을 보라)을 통해 말소리 산출의 정확도를 향상시킬 수 있다. 심지어 농을 가진 많은 성인들의 경우에는 최상의 말조차도 타인들에게는 거의 대개는 명료하지 못하게 들린다.

신경근육장애

마비말장애는 말 근육의 약화 또는 마비 그리고/또는 열악한 협응을 초래하는 신경근육상의 결함으로 야기된 운동구어장애의 한 집단이다. 마비말장애는 전형적으로 호흡, 발성, 공명 및 조음에 영향을 미친다. 이것은 제10장에서 보다 상세히 설명될 것이다.

 뇌성마비(cerebral palsy, CP)를 가진 아동들의 약 75~85%가 말 산출기술의 결함을 가진다(Love & Webb, 2001). CP는 출생 전, 출생 중이나 출생 직후의 뇌손상으로 인한 신경운동장애의 하나이다(Pena-Brooks & Hedge, 2007). 뇌손상의 위치 및 손상정도가 마비말장애의 유형(들) 및 의사소통장애의 정도를 예언해준다. 그렇지만 조음의 결함이야말로 CP를 가

표 9.3 농 아동들의 전형적인 말소리 오류

소리대치 패턴	예
무성음의 유성음화	see → zee [zi] can → gan [gæq]
구강자음의 비음화	dog → nong [nɔŋ]
지각하기 어려운 소리들을 촉지각적으로 쉬운 것으로 소리 냄	run → wun [wʌn]
이완 모음의 긴장 모음화	sick → seek [sik]
모음의 이중모음화	miss → mice [maɪs]
이중모음의 단모음화	child → chilled [tʃɪld]

출처 : Bernthal et al.(2013) and Calvert(1982)에 근거함.

진 아동들의 가장 뚜렷한 결함이다(Mecham, 1996).

말 특징

말의 특징은 CP 유형별 마비말장애와 연합되어 있다. 가장 흔한 유형은 경직형 CP인데, 이 것은 전두엽의 편측 또는 양측의 운동뉴런 손상에 의한 것이다. 손상이 양측성일 경우 아동 은 경직형 마비말장애를 보이는데 이로 인해 느린 말 속도, 부정확한 자음 조음, 거친 소리 (harsh voice), 과비성(기류의 비강 누출과 함께), 운율의 이상(예 : 동등하며 과도한 강세패 턴)이 초래된다. 소리 내어 읽기, 집단을 향해 말하기, 또는 일대일의 대화 중 어디에서나 오 류가 유사하게 나타나는 경향이 있다. 말 훈련이나 보완대체의사소통의 사용이 요구될 수 있다.

생애주기적 논점

CP에서는 초기 아동기부터 일반적인 운동 및 말의 징후가 진행된다. CP를 가진 개인들의 약 1/3가량이 평균 이상의 지능을 가지며, 나머지는 인지결함의 정도가 다 다르다. 간질 발 작, 시각처리 결함, 청각장애가 함께 수반될 수 있다(Cummings, 2008). 비록 뇌에 일어난 손상이 진행성으로 악화되지 않는다 해도, 일반적인 운동기능은 시간이 갈수록 악화될 수 있다(Long, 1994).

아동기 말실행증

아동기 말실행증(childhood apraxia of speech, CAS)은 정확한 말 산출에 필요한 운동 시퀀 스의 계획 및 프로그램 능력에 영향을 미치는 신경학적 말소리 장애의 하나이다. 이것은 신 경근육계 약화로 인한 것이 아니다(ASHA, 2007). 말 산출 이전에, 뇌 안에서는 그 발화의 정확한 산출을 위해 필요한 모든 패러미터들을 규정(예 : 조음기관의 자세 및 타이밍, 근육의 활성화 정도)하는 운동계획/프로그래밍에 접근하게 된다. 이를 통해 말이 빠르면서도 정확하게 산출될 수 있는 것이다. 우리가 만일 말할 때마다 매번 각각의 구조들(예 : 입술, 혀, 턱, 성대, 호흡근육들)이 어떻게 움직여야 하는지, 그리고 이것들이 어느 정도의 힘으로 움직여야 하는지에 대해 생각해야 한다면, 보통은 몇 초면 그만인 하나의 문장을 산출하는 것에도 몇 분씩은 필요할 것이다.

말실행증을 가진 아동들은 운동계획/프로그래밍 능력에 결함을 가지므로, 손상되지 않은 아동들과 같은 방식으로 빠르고 정확한 말 산출을 하는 데 필요한 운동계획/프로그램을 습득하지 못하게 된다. 그 결과로 이들의 연결발화는 종종 매우 불명료하며 분절되거나 짧게 끊어지고, 비유창하며, 운율적 변화가 결여되어 있다. 중도 수준의 말실행증을 가진 정상적인 인지 및 수용언어 능력의 아동들은 종종 자신들이 실패할 것임을 알고 있기 때문에 말하기 어려움을 인식하고 있으며, 또한 처음에는 좀처럼 말을 시도하려 하지 않을 수 있다. 그러므로 SLP로서의 여러분은 아동과 먼저 신뢰관계를 형성하는 일이 중요할 것이다. 일단 아동이 실제로 CAS를 가지고 있는지 확정하기 위해서는 아동이 최소한 SLP를 따라 낱말모방을 시도하는 것이 필수적인 일이다. CAS를 가진 아동들을 위한 특정 치료에 관해서는 이 장의 후반부에 논의할 것이다.

말 특징

비록 CAS의 명확한 신경학적 또는 행동적 표지는 존재하지 않으나, ASHA(2007)는 SLP가 CAS를 적절히 진단할 수 있도록 안내하기 위해 다음과 같은 말 특징들의 좌표를 제시하였다.

- 음절 또는 낱말모방 산출 시, 자음과 모음의 비일관적 오류가 나타남
- 말소리 및 음절들 사이를 길게 늘이거나 그 전이가 붕괴됨
- 특히 낱말이나 구의 강세를 실현하는 과정에서 부적절한 운율이 나타남

추가적으로, CAS를 가진 아동들은 종종 자음과 모음의 목록이 제한되어 있으며, 모색하기나 시행착오적 행동들을 나타내며, 소리를 생략하거나 부적절하게 추가하는 행동이 자주 나타나며, 연결발화를 할 때보다는 단일 낱말을 보다 잘 산출한다(Davis et al., 1998). 대개는 CAS를 운동구어장애로 판단하기는 하지만, 언어 및 언어의 소리표상을 학습하기 위해서는 말이 필요하기 때문에 CAS를 가진 아동들은 이와 동시에 표현언어 및 음운에 있어서의 결함도 함께 가지게 된다.

생애주기적 논점

아동들은 3세나 4세에 CAS로 진단될 수 있다. 그렇지만 정확한 진단을 위해서는 아동이 임상가에게 주의집중하고, 낱말자극에 대해 여러 차례의 모방을 시도해야 할 필요가 있다. Verbal Motor Production Assessment for Children(Hayden & Square, 1999)이나 Kaufman Speech Praxis Test for Children(Kaufman, 1995)과 같은 표준화된 검사들을 사용할 수 있다. 그렇지만 CAS 진단에 관한 한, 단일한 검사도구 중 그 어떤 것도 완전하게 신뢰롭고 타당한

것으로 밝혀진 것은 없다(McCauley & Strand, 2008). 중도 CAS를 가진 아동들은 초기에는 무발화 상태일 것이다. 그러므로 이들이 말하기를 배우는 과정에서는 효과적으로 의사소통하도록 도울 수 있는 다른 수단들에 의존해야만 할 것이다(즉, 보완대체의사소통).

정상 또는 정상에 가까운 인지 및 수용언어 능력을 가진 아동들은 구어 의사소통의 예후가 좋다. 그렇지만 이들은 학령기 내내 저조한 명료도가 지속될 것이다. 이들은 또한 음운인식 기술, 읽기, 쓰기, 철자하기에서도 어려움을 보이기가 쉽다. CAS를 가진 아동들은 이미 해결될 연령을 많이 지나친 시점까지도 음운적 오류들을 지속적으로 나타낼 것이다. 이들은 청소년기 및 초기 성인기에 이를 때까지도 특정 소리군 그리고/또는 다음절 낱말(예 : umbrella) 산출에 지속적인 어려움을 보일 것이다. 실행증 어린이(Apraxia-KIDS) 웹사이트 (www.apraxia-kids.org)에는 CAS 아동들의 부모나 양육자들을 위해 CAS 영역에 대한 최신 연구들이 제공된다.

운동계획/프로그래밍의 결함이 지속되는 개인들에게서 가장 뚜렷하게 드러나는 결함은 운율적 기형이다. 심지어 말이 명료한 경우조차 이들은 지속적으로 운율변화의 단조로움, 분절화된 말 패턴, 부정확한 낱말과 문장강세를 나타낸다. CAS란 성숙 및 치료에 따라 변화되는 말 진단(speech diagnosis)이라는 점을 주의하라. 한 아동이 초기에 CAS로 일차 진단되었다 해도 나이를 먹어가면서 이것이 변경될 수도 있다. 일부 아동들은 그 일차적 진단이 음운장애로 나타날 수도 있으나 일부 미세한 운동계획/프로그래밍 결함을 함께 보일 수도 있다. 적절한 치료접근법과 치료목표를 선택하기 위해서 아동을 정확하고 차별적으로 진단해내는 일은 SLP로서의 여러분들의 책무이다(Strand & McCauley, 2008).

구조 기능적 이상

조음의 정확성을 위해서는 턱, 입술, 혀, 경구개 및 연구개, 치아를 포함하는 신속하고 정확한 움직임이 요구된다. 그렇지만 일반적으로 이 구조들의 전반적인 이상(abnormalities)은 말 명료도에 부정적인 영향을 미칠 수 있다. 개인들은 심지어 혀의 일부 또는 전체의 외과적 제거가 있는 경우에조차 대부분의 구조적 이상을 매우 능숙하게 보상해낸다. 제8장에서 논의된 바와 같이, 구개열로 인한 경구개와 연구개의 심각한 기형은 말 산출에 훨씬 더 해로운 영향을 미친다.

언어 및 방언에 따른 변이

만일 여러분이 미국영어의 원어민 화자인데, 예를 들어 그리스와 같은 다른 나라에 가서 그곳에서 살고 있다면, 여러분은 주위 사람들과 의사소통하기 위해 그리스어를 배우게 될 것이다. 여러분이 그리스어로 말할 때, 여러분의 말은 여러분의 미국적 배경을 드러내줄 것이다. 여러분은 '미국식 악센트'로 그리스어를 말할 것이다. 이것은 말장애가 아니다.

마찬가지로, 여러분이 조지아 출신으로서 매사추세츠로 이주한 것이라면, 여러분은 자신의 조지아 지역색을 함께 가지고 왔을 것이다. 다시금 이것은 장애가 아니라 여러분의 새로

자신의 말에 지방 또는 외국어의 영향력이 반영되고 있는 사람은 말장애 역시 가진 것일 수도 있다. 그렇지만 지역주의 또는 외국 방언 그 자체는 장애가 아니다.

운 환경의 말과의 방언적 차이(dialectal difference)일 뿐이다. 많은 미국인들이 자신들의 지역 및 언어적 배경에 자부심을 가지며, 이 나라를 특징짓는 문화적 다양성을 소중히 여긴다.

음운적 기술을 평가함에 있어서 SLP는 특히 이중언어 화자 및 소수방언 화자들에 대해서는 더더욱 과다진단 및 과소진단이 일어나지 않도록 경계해야 한다(Yavas & Goldstein, 1998). SLP는 장애가 있는 음운론과 그저 외국어 또는 방언의 영향으로 인해 단순히 다른 것 사이를 구분해야만 한다. 이것은 다음과 같은 것들을 통해 이루어질 수 있을 것이다.

1. 문화적 차이에 대해 인식하라.
2. 가능하다면 모든 관련 언어 안에서의 음운적 능력을 평가하라.
3. 적절한 평가수단을 선택하라.
4. 종종 이중언어 사용자의 도움과 함께 비표준적인 평가를 사용하라.
5. 음운적 패턴을 기술하라.
6. 존재하고 있는 모든 음운장애를 진단하라(Yavas & Goldstein, 1998).

SLP는 그다음에 적절한 계획과 중재를 이행한다. 만일 방언적 차이를 다루는 것이 목표라면, SLP는 의뢰인이 자신의 방언에 대해 가지는 관점 및 그 억양을 감소시키고자 하는 개인의 동기를 평가해야만 한다. 다양한 언어 및 지역적 배경으로부터 온 개인들의 말과 관련된 일부 일반화가 이루어질 수 있을 것이다. 〈표 9.4〉는 이들 중 몇 가지를 강조하고 있다.

조음 및 음운특성

비영어 또는 방언의 영향을 반영하는 조음 및 음운상의 모든 변이들을 다 기술하는 것은 불가능하다. 처음 배우는 언어는 이후에 배우는 언어에 개입하게 될 수 있다. 예를 들어, 스페인어에서는 /d/와 /ð/가 변이음 즉, 동일 음소 안에서의 변이인 것에 비해, 영어에서는 낱말 *dough*[do]와 *though*[ðo]에서와 같이 이 두 가지는 독립적인 별개의 음소이다. 그렇지만 스페인어 원어민 화자는 /d/와 /ð/를 혼동할 수 있으며, 따라서 두 낱말들을 서로 같은 방식으로 발음하게 될 수도 있다(Yavas, 1998). 일부 제1언어(first language)의 개입이 중립적이거나 긍정적인 것도 있다.

생애주기적 논점

영어가 제2(또는 제3이나 제4의)언어를 차지하는 일부 성인들은 자신들의 외국인 억양의 수정을 선택한다. 종종 이러한 욕구는 직업 측면에서의 고려에 기초한 것이다. 제2언어로서의 영어를 가르치는 교사나 SLP들은 영어의 표현 및 이해의 증진에 기여할 수 있다. 그렇지만 청소년 및 그 이상 연령대의 경우 제1언어의 조음패턴이 종종 굳게 확립되어 있으며, 이를 완전히 제거해내는 것은 어렵다. 그렇다면 목표는 비원어민 화자를 원어민처럼 말하게 하는 것보다는 명료도를 향상시키고, 이를 통해 의사소통의 효과를 향상시켜주는 것이다.

표 9.4 미국영어 방언의 음운적 특징과 비영어권 언어가 구어영어에 미치는 영향의 표본	
규칙	예
아프리카계 영어 방언 종성자음군 축소 초성 및 중성 치간 마찰음의 정지음화 *r* 탈락	*presents → presen* *they → dey* *nothing → noting* *professor → puhfessuh*
애팔래치아 지역 영어 *t* 첨가 초성 *h* 첨가 자음군 내에 모음 첨가	*once → oncet* *it → hit* *black → buhlack*
포르투갈, 이탈리아, 스페인어 종성자음 탈락	*but → buh* *house → hou*
중국 광동어 /i/와 /ɪ/의 혼동	*heat → hit* *leave → live* *hit → heat* *live → leave*
스페인어 /d/와 /ð/의 혼동 *z*의 탈유성음화 /ʃ/ 파찰음화	*they → day* *lies → lice* *shoe → chew*

출처 : Iglesias & Goldstein(1998) and Yavas & Goldstein(1998)에 기초함.

평가

말소리 장애의 속성을 결정하기 위해서는 SLP에 의한 포괄적 평가가 이루어져야 한다. 다음 절에서는 음운 및 조음결함을 평가하기 위해 특별히 설계된 공식 및 비공식검사들에 관해 논의될 것이다. 말소리 평가의 목적은 다음과 같다.

> 조음음운장애는 항상 그런 것은 아니지만 종종 다른 의사소통 결함과 함께 나타난다.

- 개인의 말소리 목록을 기술한다.
- 오류의 패턴(즉, 음운변동)을 정의한다.
- 말소리 오류 또는 오류패턴이 의사소통의 효과성에 미치는 영향을 결정한다.
- 말소리 결함의 병인론 또는 이를 유지시키는 요인들을 정의한다.
- 필요하다면 치료계획을 수립한다.
- 예후를 수립한다.
- 시간에 따른 변화를 모니터한다(Bernthal et al., 2013).

추가적으로 사례력, 면담, 청력선별, 그리고 구조 기능적 검사들이 장애의 병인론에 대한 통찰을 제공해줄 것이며, 개선의 예측을 도울 것이다. 기초선 자료를 수집하고 이로부터 중재 또는 중재가 없이 진행되는 시간에 따른 변화를 측정하는 일은 초기 평가의 통합적 요소들 중 하나이다. 다음 절에서는 전형적인 평가절차에 관해 간략히 기술하고 설명할 것이다.

음운 및 조음상태에 관한 기술

SLP는 말소리 산출의 몇 가지 측면에서 자료들을 수집해야만 한다.

말소리 목록

발달의 매우 초기 단계에 속한 아동들이나 말의 명료도가 현저히 낮은 이들에 대해서는 말소리 목록 및 낱말과 음절의 형태에 관해 기술하는 일이 매우 적절하다. 권장되는 음소열거 시스템은 산출방법 및 음절과 낱말위치에 따른 것이다(Grunwell, 1987; Klein, 1998).〈표 9.5〉는 현재 말–언어치료를 받고 있는 4세의 파블로가 산출한 말소리 목록이다.

한 의뢰인이 오직 1개 또는 2개의 말소리 오류만을 가지며 나머지 모든 음소들을 정확히 산출하고 있다면, 그 효과에 대한 진술만으로도 충분하다. 정확한 음소들 모두를 나열하는 것은 불필요하다.

음절 및 낱말구조

낱말 안에서 산출된 CV 패턴에 대한 목록은 그 복잡성에 관해 암시해준다. SLP는 발생된 축약이나 단순화뿐만 아니라, 의뢰인의 말에서 나타난 가장 특징적인 낱말 및 음절형태를 열거한다. 〈그림 9.5〉는 파블로의 언어표본에서 나타난 낱말목록을 표준 철자법 및 음성전사로 함께 제시하고 있다.

소리오류 목록

SLP는 모든 사례에 대해 의뢰인의 오조음목록을 판별해야 한다. 이 목록은 전형적으로 낱말 내 소리들에 대한 공식검사를 기초로 수집된다. Goldman-Fristoe Test of Articulation-2(GFTA-2)(Goldman & Fristoe, 2000)와 Structured Photographic Articulation Test II-Featuring Dudsberry(SPAT-DII)(Dawson & Tattersall, 2001)는 보편적으로 사용되는 두 가지의 출판된 검사도구이다. 소리오류들은 음절/낱말위치에 따른 **대치**(substitution), **생략**(ommission), **왜곡**(distortion), **첨가**(addition)로 보고된다. 예를 들어, 만일 8세의 아만다가 *lemon*을 *wemon*으로 발음했다면, SLP는 아래와 같이 기록한다.

w/l (I) [초성 위치에서 w가 l로 대치된다는 의미, 즉 낱말의 첫 위치에서]
오류는 아동의 연령에 따른 규준과 비교할 수 있다.

음운변동 분석

많은 조사연구들로부터 개별 음소들을 다루는 것보다 음운변동을 목표화하는 것이 학습을 유사한 음소들 및 음적 맥락으로 일반화하는 것을 촉진시키는 데 더욱 이롭다는 점이 밝혀져온 바 있다(Gierut, 1998). 그러므로 한 개인이 여러 가지 오류를 가지고 있다면, 어떤 음운변동이 나타나는가를 판별하는 것이 유용하다. SLP는 아동의 대화 또는 한 낱말발화에 대한 전사를 기초로 음운변동 정보를 분석할 것이다. SLP는 종종 Khan-Lewis

표 9.5 4세의 파블로가 낱말의 여러 위치에서 산출한 음소들

산출방법	음절초성 낱말초성	음절초성 낱말 내	음절종성 낱말 내	음절종성 낱말종성
비음	/m/ /n/ *more, no*	/n/ *nana*	/m/ *Sam-uel*	/m/ *drum*
정지음	/p/ /b/ /t/ /d/ *put, ball, top, drum*	/p/ /b/ /d/ *happy, Toby, lady*		
마찰음	/h/ /f/ /s/ *house, face, see*	/f/ *coffee*		
활음	/w/ /j/ *wet, you*	/j/ *yo-yo*		

주 : 낱말들은 자발화 언어표본에서 추출된 것임. 이탤릭체 낱말들은 해당 낱말 위치에서 산출된 표본임. 전체 낱말들에 대한 산출정확도는 제시되지 않음.

---

more → [mɔə]	*happy* → [hæpi]	*baseball* → [bebɔ]
no → [no]	*Toby* → [tobi]	*ice cream* → [aɪtim]
banana → [nænə]	*lady* → [ledi]	*face* → [fe]
Samuel → [sæmu]	*house* → [hau]	*wet* → [wɛ]
put → [pʊ]	*face* → [fe]	*you* → [ju]
ball → [bɔ]	*see* → [si]	*yoyo* → [jojo]
top → [tɑ]	*shoe* → [su]	*light* → [jaɪ]
drum → [dʌm]	*coffee* → [tɔfi]	*ballon* → [bʌju]

산출된 낱말형태는 CV([no]), CVCV([jojo]), CVC([dʌm]), 그리고 VCVC([aɪtim]).

축약된 낱말형태

CVC → CV	(*put* → [pʊ])
CVCVCV → CVCV	(*banana* → [nænə])
CVCCVC → CVCV	(*baseball* → [bebɔ])
VCCCVC → VCVC	(*ice cream* → [aɪtim])

그림 9.5 파블로의 언어표본에서 나타난 낱말들의 표준 철자법 및 음성전사

Phonological Analysis-2(Khan & Lewis, 2002)와 같은 출간된 검사도구를 사용하는데, 이 것은 Goldman-Fristoe Test of Articulation-2(Goldman & Fristoe, 2000)에서 나타난 결과에 기초하여 음운변동을 분석해준다. 음운변동을 결정하는 기타 출간된 검사도구로 Hodson Assessment of Phonological Patterns-3(HAPP-3)(Hodson, 2004)와 Bankson-Bernthal Test of Phonology(Bankson & Bernthal, 1990)가 있다. Comprehensive Test of Phonological Processing의 한 버전은 7세에서 24세까지의 나이 든 개인들에게 적용된다(Wagner et al., 1999).

컴퓨터 프로그램을 사용한 음운변동 분석도 가능하다. 이 시스템은 수기로 기록하는 방식에 비해 종종 시간을 벌어주며 보다 상세한 정보를 제공해준다. 컴퓨터 음운분석 프로그램의 한 예는 Computerized Articulation and Phonological Evaluation System(Masterson & bernhardt, 2001)이다. 앞서의 문단에서 언급된 HAPP-3 역시 *Hodson Computerized Analysis of Phonological Patterns*(4th edition)(Hodoson, 2012)라는 컴퓨터 버전으로 업데이트되어 이를 사용할 수 있다. 또한 앞서 언급한 Kahn-Lewis Phonological Analysis-2 역시 추가비용을 지불하여 구매할 수 있는 컴퓨터 지원 소프트웨어를 가지고 있다.

앞서의 아만다의 사례에서, 만일 그녀의 오직 유일한 음소오류가 /l/→/w/(I)라면, 이것은 음운변동의 표지가 아니라 단일 말소리 대치인 조음오류이다. 그렇지만 만일 아만다가 /l/→/w/(I, M), 그리고 /r/→/w/(I, M)의 산출을 보였다면, /l/과 /r/은 모두 유음(liquids)이고, 이것들이 활음(glide) /w/로 산출되었으므로 이 패턴은 유음의 활음화라는 음운변동으로 기술될 수 있다.

명료도

말 명료도(speech intelligibility)란 개인의 말이 얼마나 쉽게 이해되는가를 의미한다. 낮은 명료도는 의사소통의 효과성에 부정적인 영향을 미친다. 명료도는 말소리 오류의 수, 유형, 그리고 일관성과 같은 요인에 따라 달라진다. 개인의 음성, 유창성, 속도, 리듬, 언어, 그리고 제스처 사용 역시도 이해의 용이성에 공헌하며, 이에 관해서도 주의를 기울여야 한다. 화자 이외의 기타 변인들에는 청자의 청각민감성, 화자와의 친숙도, 장애를 가진 말을 들어본 경험이 있으며, 뿐만 아니라 환경의 소음, 메시지의 복잡성, 환경적 단서 같은 것들이 더 있다. 〈그림 9.6〉은 보편적으로 사용되는 주관적인 명료도 보고 방식을 보여준다.

보다 객관적인 명료도 측정은 이해가능한 낱말의 비율로 나타내는 것이다. 만일 말이 지나치게 열악할 경우에는 음절 또는 자음에 입각하여 명료도를 측정한다(Strand & McCauley, 1997). 연결발화의 녹음된 표본을 전사한 후, 다음과 같이 이해가능한 낱말비율을 계산한다.

$$이해된 낱말비율 = 이해된 낱말 수 / 전체 낱말 수 \times 100$$

이해가능한 음절 또는 자음의 비율도 같은 방식으로 계산한다. 명료도 측정은 연구 및 임상적 사용에서 갈수록 보편적인 것이 되어가고 있다(Shriberg et al., 1997; Wilcox & Morris, 1999). 일반적으로 매우 불명료한 말은 중도의 장애를 의미하는 반면 꽤나 명료한 말은 이 장애가 경도임을 시사한다.

일단 프로그램을 배우고 나면 컴퓨터 음운변동 분석을 통해 비록 시간이 절약될 수는 있겠으나, 그래도 의뢰인을 효과적으로 다루기 위해 SLP는 변동의 본질에 대해 잘 이해하고 있어야만 한다.

그림 9.6 명료도에 대한 주관적 진술

1. 맥락이 분명하지 않은 경우에도 충분히 이해가능함
2. 맥락이 분명하지 않을 때는 세심한 청취로 이해가능함
3. 맥락이 분명할 때 세심한 청취로 이해가능함
4. 맥락이 분명한 경우 세심한 청취로도 이해하기 어려움

예후를 알려주는 표지들

의뢰인의 말에 대한 상세한 기술은 치료가 있을 때 그리고 없을 때의 개선의 예후에 대한 일종의 통찰을 제공해준다. 의뢰인의 연령, 장애의 중증도, 기타 의학적 문제 또는 동반되는 문제들, 가족의 지원 가능성 역시 의뢰인의 개선을 예측하는 데 도움을 준다. 성인의 경우, 말소리 장애의 병인이 예후에 주된 영향을 미친다(즉, 뇌졸중 대 신경퇴행성 질환). 아동의 경우에는 말소리 오류의 일관성, 오류음의 정확한 산출에 대한 자극반응도, 그리고 아마도 목표음과 오류음의 변별력이 예후를 결정하는 데 도움을 줄 것이다.

일관성

여러분 자신의 말에 관해 생각해보자. 만일 여러분이 학급에서 큰 소리로 읽기를 한다면, 이때 여러분은 자신이 낱말의 모든 말소리들을 어떻게 산출해야 할지에 대해 매우 신중할 것이다. 반대로 단순히 친구에게 말할 때 여러분의 조음은 아마도 훨씬 덜 정확해질 것이다. 비일관성은 이상한 것이 아니며, 이것은 조음 또는 음운적 오류에 관한 정확한 속성을 알려주는 단서가 될 수 있다. 아만다의 사례로 돌아가보자. 만일 그녀의 오조음 /l/이 오직 대화에서만, 오직 낱말초성 위치에서만 발생된다면, 그녀의 말소리 오류는 보다 쉽게 변화될 것이다. 일관성의 결여는 긍정적인 예후 표지이다. 역설적으로 일관적인 오류를 보이는 개인들의 말은 그 오류패턴이 비일관적인 사람들에 비하여 더 쉽게 알아들을 수 있다. 한 가지이상의 과제를 통해, 그리고 낱말의 한 가지 이상의 위치 및 음소맥락에서 의뢰인의 말을 평가함으로써 음소오류의 일관성을 알아낼 수 있다(Bernhardt & Holdgrafer, 2001).

자극반응도

평가에는 언제나 시도적 치료(trial therapy)가 포함되어야만 한다. **자극반응도**(stimulability)란 집중적인 청각 및 시각적 단서가 주어지면 목표음소를 산출하는 개인의 능력이다. 전형적으로 SLP는 "날 보세요. 내 말을 들어보세요. 이제 내가 한 말을 정확히 말해 보세요—_____"라고 말한다. SLP는 먼저 오조음되었던 낱말 내의 오류음소나 오류패턴의 정확한 산출을 유도한다. 의뢰인이 SLP를 정확히 모방하지 못하면, 이 유도는 음절 또는 음소 수준으로 이동한다.

비록 자극반응도가 종종 긍정적인 예후 표지인 것은 사실이지만, 조사연구들은 보다 복합적인 관련성을 시사하고 있다. 자극반응도가 있는 아동들은 그렇지 않은 아동들에 비하여 목표음소의 교정에 보다 빠르게 반응하며, 또한 치료가 없이도 자기교정을 보다 잘할 가능성이 있다. 한 아동에게 자극반응도가 없는 말소리들은 치료 없이 변화될 가능성은 매우 낮을 것이다. 그렇지만 치료를 받는 아동들 가운데 자극반응도 점수가 낮은 아동들이 자극반응도가 더 높은 아동들보다 특히 치료하지 않은 소리들에서 더 많은 진보를 보일 때도 종종 있다.

오류음 변별은 종종 내적 및 외적 방식 모두를 통해 평가된다. **외적 오류음 변별**(external error sound discrimination), 또는 **개인 간 오류음 변별**(interpersonal error sound

> 목표가 상대적으로 더 어려운 것일 때는 가르친 음소들 외에도 비목표음소들이 함께 개선되는 경우가 종종 있다.

discrimination)은 다른 사람의 말에서 나타나는 차이를 지각하는 능력을 말한다. 예를 들어, 외적 변별에서 SLP는 의뢰인에게, "*wemon-lemon*, 이것이 서로 같은지 다른지 말해보세요."라고 요구한다. 종종 2개의 낱말이 비교되기도 하는데, 여기서는 의뢰인에게 목표음소 또는 대치된 음소 중 한 가지를 사용하여 이름이 맞는 그림을 지적하도록 요구한다. 예를 들어, 의뢰인에게 그림을 보여주며, "awake를 가리켜보세요. 이제 lake를 가리켜보세요."라고 말한다. **내적 오류음 변별**(internal error sound discrimination), 또는 **개인 내 오류음 변별**(intrapersonal error sound discrimination)이라는 용어는 개인이 자신의 말을 판정하는 능력을 말한다. 의뢰인에게 자신의 음소산출의 정확성을 판단해보도록 요구한다.

말소리 변별과 조음/음운의 관련성은 불명확한 채로 남아 있다. 전형적으로 발달하는 아동들의 경우에는 /r/ 또는 /l/, /w/와 같은 대조의 지각은 일반적으로 산출보다 선행한다 (Strange & Broen, 1980). 게다가 내적 변별이 더 훌륭한 아동들이 더욱 정확한 조음능력을 가진다고 보고되어온 바 있다(Lapko & Bankson, 1975). 우리는 이로부터 오류음 변별능력은 이 능력의 결여된 것에 비하여 더욱 훌륭한 예후를 알려준다는 결론을 얻을 수 있다. 음소변별 검사에 관한 두 가지 주의사항이 있다. (1) 오직 오류음소만이 치료적 예후와 관련되어 있는 듯하며, 따라서 오직 이것들만을 주기적으로 평가해야 한다. (2) 많은 어린 아동들이 '같다/다르다'라는 개념을 잘 이해하지 못한다. 그러므로 이들의 오류음 변별은 판단하기 어려운 것이다.

중재

만일 평가결과 치료가 필요한 것으로 나타났다면 SLP는 이를 어떻게 진행해야 할지 결정해야 한다. 답해야 할 초기 질문들에는 다음과 같은 것들이 포함된다.

가족 구성원들에게 SLP의 안내에 따라 치료의 목표를 강화시키는 역할에 참여하도록 협조를 구할 수 있다. 가정에서 할 수 있도록 신중하게 구조화된 숙제는 의뢰인에게 추가적으로 이로운 훈련을 제공해줄 수 있다.

- 치료는 어디서 이루어지게 될 것인가? (치료실, 학교, 또는 가정 세팅?)
- 의뢰인을 어떠한 빈도로 만나야 할 것인가? (주 1회 또는 2회 또는 3, 4, 5회?)
- 회기별 시간을 어떻게 할 것인가? (전형적 범위는 20~60분이다.)
- 치료는 일대일로 할 것인가 아니면 그룹 세팅에서 할 것인가?

이 질문들에 대한 답은 의뢰인의 요구뿐 아니라 가용한 시설에 따라서도 달라지게 될 것이다. 이러한 시행 유형에 관한 결정에 덧붙여, SLP는 다음과 같은 것들도 결정해야 한다.

- 치료의 목표는 무엇인가?
- 어떠한 치료접근법이 가장 적절하다고 여겨지는가?

목표선택

치료의 주된 목적은 치료인의 말이 더 쉽게 이해될 수 있게 해주며 그 의사소통의 효과성을 향상시켜주는 것이어야 한다. 한 가지 요인은 특정 오조음 음소가 해당 언어 안에서 차지하는 빈도(frequency)이다. 예를 들어, *treasure*[trɛʒɚ]에서의 /ʒ/는 미국영어 낱말들 가운데 많이 발생하는 것은 아니며, 따라서 일반적으로 초기부터 주의를 기울이는 소리는 아닐 것이다. 그렇지만 음운변동의 수정이 일어나도록 일반화시켜주는 것이 목표라면 명료도 향상에 큰 도움이 된다. 만일 한 아동이 *zoo*를 [du]로, *five*를 [paɪb]로 말하는 것처럼 마찰음의 정지음화를 보이고 있다면, /z/의 정확한 산출을 위한 중재는 /f/와 /v/를 포함하는 다른 마찰음들로 일반화될 것이다.

목표선택에 있어서의 두 번째 요인은 성공가능성이다. SLP는 의뢰인이 아마도 상대적으로 빠르게 숙달될 가능성이 있는 목표들을 우선적으로 선택할 수 있다. 숙달의 용이성에 관한 최상의 예언변인은 자극반응도와 비일관성이다. 의뢰인이 만일 확대된 시각 및 청각적 자극을 모방하도록 단서를 제공받았을 때 목표음소를 산출해낼 수 있다면, 이것은 바람직한 신호이다. 게다가 만일 의뢰인이 특정 목표를 모든 낱말들 또는 모든 상황에서 다 오조음하는 것은 아니라면, 이 역시 성공적인 중재가 가능할 것임을 알려주는 것이다(Miccio et al., 1999)

일부 조사연구들에서 목표가 보다 어려운 것일수록 ― 즉, 자극반응도가 낮고, 보다 후기에 발달하며, 음성학적으로 보다 복잡한 소리들 ― 목표화되지 않은 음소들로의 일반화가 더 잘 일어나는 것으로 입증되어온 바 있다(Gierut, 1998). 복잡성접근법(complexity approach)은 이 장의 후반부에서 논의할 것이다. 소수의 목표들에 대한 초기 성공과 여러 음소들에 대한 장기적인 진보 중 무엇이 개개 의뢰인들에게 최선일 것인지를 결정하는 것은 SLP의 책무일 것이다.

중재접근법

다양한 치료접근법과 기술들이 존재한다. SLP는 한 번에 하나 또는 두 가지 또는 여러 음소들을 목표로 삼을 수 있다. 치료는 오류의 음운론적 패턴에 초점을 두고, 운동구어 산출을 강조하거나 또는 속도, 리듬 및 강세와 억양과 같은 말의 비분절적 측면을 목표로 할 수도 있다. 대부분의 SLP들은 자신이 가진 접근법을 의뢰인에 맞게 조절하며 개개인에 맞게 재단된 치료를 제공하기 위해 각 방식들을 조합하기도 한다. 치료접근법 선택의 초점은 다음 절들에서 제시될 것이며(보다 상세한 부분은 Kamhi, 2006b를 참조하라), 특정 접근법 또는 기법들을 지지하는 증거들은 〈글상자 9.1〉에 요약되어 있다.

상향식 훈련접근법

상향식 훈련접근법은 개별 기술들에 초점을 두고 가장 단순한 운동에서 가장 복잡한 운동을 향해 진전시켜나가는 방식이다. 어떤 이는 청각변별 훈련, 구강운동 훈련부터, 또는 개별 소리산출에서 시작하여 연결발화에서의 정확한 오류음 산출작업이 이루어질 것이다(Kamhi, 2006b). 그렇지만 구강운동 훈련을 지지하는 증거는 없으므로 이 방식의 사용은 권장되지 않는다. 청각변별 훈련의 활용 역시 충분히 확립된 것이 아니며, 따라서 추가적인 조사가 더 요구된다.

글상자 9.1 | 조음음운장애를 가진 개인들을 위한 근거기반실제

일반적 중재

- 말소리 장애로 중재를 받는 학령전기 아동의 약 70%가 명료도 및 의사소통 기능에서의 개선을 보였다.
- 친숙한 청자 및 낯선 청자 모두에게 불명료했던 아동의 약 50%가 개선을 보였으며, 따라서 이들은 모든 청자들에게 명료하게 말하게 된다.
- 보다 많은 치료가 보다 많은 개선을 가져다준다.

특정 행동주의적 치료접근법 또는 치료기법

- *전통적인 운동 및 감각운동접근법*들은 오직 하나 또는 소수의 말소리 오류를 가지며(예 : /l/, /r/), 그 언어기술이 정상범주 이내에 속하는 아동들에게는 매우 효과적이다.
- *역동적인 공간 및 촉각단서제공(DTTC)*은 중증의 아동기 말실행증을 가진 소수의 아동들에게 효과적인 것으로 나타난 바 있다. 이 집중적 치료에는 총 6주간, 주당 5일, 1일 2회씩(각각 30분)의 말 산출훈련 회기가 포함된다. 주당 횟수를 감소시킨 DTTC(즉, 주당 60분짜리 3회)의 효과성 검증을 위한 복제연구에서는 일부에게는 긍정적 결과가 나타났으나 실험에 참여한 모든 대상들에게 그렇지는 않았다. DTTC의 장기적 효과를 확정 짓기 위해서는 추가 연구가 필요하다.
- *리실버만 음성치료*는 경직형 CP를 가진 4명의 어린 아동들에게서 효과적인 것으로 밝혀졌다. 6개월 후의 추수조사에서 강도 및 말 명료도가 유지되고 있었다.
- *복잡성접근법*은 Judith Gierut와 동료들의 작업에 기반한 것인데, 이 접근법으로 후기에 습득되는 말소리들 그리고/또는 자음군을 목표로 치료를 하면, 치료된 소리 및 치료하지 않은 소리들까지 소리군(sound classes) 내 및 소리군들 간 양자에 걸쳐서 함께 개선되는 결과를 나타냈다. 또한 최대대조 음소쌍(즉, 소리군의 주요 특성을 달리함)을 사용하고, 새로운 두 가지 음소를 비교(vs. 아동의 오류음 포함)하는 방식을 사용하는 것 역시 체계적으로 보다 커다란 변화를 가져다준다.
- 이야기책 읽기과정에서 사용되는 *총체적 언어*(whole language) 단계들은 일부 아동들에게서 음운적 수행의 개선을 가져다주지만, 추가적인 연구가 더 필요하다. 이 접근법은 중증의 말소리장애를 가진 아동들에게는 적합하지 못하며, 이들에게는 보다 직접적이며 구조화된 치료가 요구된다.
- *주기적 접근법*은 연장된 기간 동안에 다중적 음운변동들을 겨냥하는 것이며, 매우 불명료하게 말하는 아동들에게 효과적이다. 아동이 명료하게 말할 수 있기 위해서는 30~40시간의 교육으로 구성된 3~6주기의 음운중재가 필요한 것으로 보고되고 있다.
- *다중대립접근법*은 여러 다른 소리들을 오직 하나의 소리로 모두 대치해버리는 아동들에게 가장 적합하다. 이 접근법은 매우 불명료한 아동들에게, 특히 치료의 초기 단계에서 효과적인 것으로 알려져온 바 있다.
- *상위음운접근법*은 두 단계에 걸쳐 아동들의 상위음운인식 발달을 겨냥하는 방식이다. 그렇지만 이 접근법의 효과성에 관해 사용할 수 있는 근거들은 제한적이다.

출처 : Fox & Boliek(2012); Gierut(2009); Gierut et al.(1996); Hodson & Paden(1991); Hoffman et al.(1990); Howell & Dean(1994); Jarvis(1989); Maas & Farinella(2012); Maas et al.(2012); Strand et al.(2006); Williams (2000)에 근거함.

상향식 훈련접근법에서는 한 번에 한 가지씩 오류음을 목표화한다. 말 산출 임상은 오류음을 독립적으로 또는 무의미 낱말들 속, 구조화된 구, 문장 또는 대화 수준에서 산출하는 일을 포함한다. 오류음의 정확한 산출을 확립하기 위해, 음성배치법(phonetic placement, 예 : 혀끝을 밀어서 조음기관이 적절한 위치에 있도록 한다.) 또는 소리형성 기법(sound shaping, 아동이 이미 산출할 수 있는 어떤 소리를 이용하여 새로운 소리의 산출을 돕는다.)을 포함하여, 다양한 방식들이 사용될 수 있다.

소리가 치료세팅에서 숙달되면, 의뢰인이 새롭게 습득한 기술을 일상에서 연습하고 치료세팅 밖으로의 일반화를 촉진시킬 수 있게 해주는 말 과제를 제공한다. 정확한 말소리 산출에 대한 자기모니터링 교육 그리고/또는 아동의 환경 내에 존재하는 타인들에 의한 모니터링 교육 역시 도입될 수 있다(Pena-Brooks & Hegde, 2007).

상향식 훈련접근법의 유명한 두 가지 방식이 **전통적인 운동접근법**(traditional motor approach)과 **감각운동접근법**(sensory-motor approach)이다. 전통적인 운동접근법은 청각변별훈련(즉, 듣기훈련)부터 시작하여, 소리유도 기법(예 : 음성배치법)을 이용하여 새로운 소리를 확립하고, 새로이 확립된 소리에 대한 독립음 · 무의미 음절 · 낱말 · 구 · 문장 · 대화 수준에서 산출연습을 한 후, 일반화 및 유지훈련(예 : 가정에서 할 수 있는 과제, 기타 의사소통 세팅 또는 상황에서의 연습)을 하는 것이다(Van Riper & Emerick, 1984). 감각운동접근법도 이와 유사하지만, 여기에서는 청각변별 훈련은 포함되지 않으며, 독립음 수준이 아닌 음절 수준에서의 소리를 산출훈련으로부터 시작한다(McDonald, 1964; Pena-Brooks & Hegde, 2007).

언어적 기반의 접근법

언어적 기반의 접근법들(language-based approaches)은 놀이나 이야기책 읽기 및 다시 말하기 중 어느 한 가지 방식을 통해서든 의미 있고 기능적인 맥락 안에서의 오류음 학습을 통합해내는 것이다. 초점은 말소리 산출에 대한 외현적 지시 없이 언어 그리고/또는 내러티브의 복잡성을 실질적으로 증가시키는 것에 있다. 말소리 산출에 대한 지시는 오히려 내현적이거나 또는 언어학습의 맥락 안에서 이루어진다. 이러한 접근법은 중증의 말 지체를 보이거나 보다 직접적이며 구조화된 말 훈련이 요구되는 아동들에게는 적합하지 않다. 언어적 기반의 접근법들은 일단 성공적인 훈련유형의 치료 후에는 새롭게 습득된 말소리들이 자발적 발화로 일반화되는 것을 촉진시켜주는 것으로 입증된 바 있다(Williams, 2000).

음운적 기반의 접근법

여러 말소리들의 오류를 보이며 명료도가 매우 낮은 아동들이라면 개별 말소리들과 반대로 음운적으로 패턴화된 오류(음운변동)의 목표에 초점을 두는 음운론적 기반의 치료(phonological based approach)를 통해 이득을 얻을 수 있다. 이를테면 종성자음 탈락과 같은 일종의 음운변동을 목표화함으로써 한 번에 많은 말소리들이 훈련될 수 있으며, 따라서 아동의 말소리 목록을 증가시키고 말 명료도를 보다 빠르게 개선시킬 수 있다.

가장 잘 알려져 있으며 또한 광범위하게 사용되고 있는 음운적 기반의 접근법은 주기적 접근법(cycle approach)이다(Hudson & Paden, 1991). 하나의 주기는 60분 1회기, 30분 2회기, 또는 20분 3회기로 구성될 수 있다. 한 번에 오직 하나의 음운변동만을 목표화하며, 각각의 목표변동별로 몇 차례의 쥬기가 필요할 수 있다. 치료는 먼저 자극반응도가 가장 높은 음운변동으로 시작하여, 모든 음운변동들이 다루어질 때까지 여러 번의 주기들을 거치게 된다(Pena-Brooks & Hegde, 2007).

주기적 훈련회기들은 매우 구조화되어 있다. 각 회기마다 직전 회기에 대한 복습, 청각-지각훈련, 산출훈련이 포함되는데, 산출훈련에서는 **최소짝**(minimal pair) 대조, 즉 낱말짝 안에서의 음소대조를 통합한다. 이것은 아동에게 한 가지 음소만 다른 낱말을 보여주는 두

장의 그림을 제시한다. 한 장의 그림에는 아동의 오류음/오류패턴이 담긴 낱말그림이 담겨 있고, 나머지는 정확히 산출하는 낱말그림이다(예 : *pig-big*). 이 산출훈련에서는 아동에게 이 낱말들을 문장 속에서 산출하도록 한 후, 해당 문장이 의미가 적절한지를 묻는다(예 : "The *big* lives on the farm").

하나 또는 소수의 음소자질(features)만을 달리하는 최소짝 대조뿐 아니라 위치, 방법, 유성성(예 : *chop-mop*)을 포함하여, 서로 간에 많은 자질들을 달리하는 음소대조를 활용하는 치료접근법도 있는데, 이러한 음소쌍을 **최대대조**(maximal contrast)라 한다. **다중대립접근법**(multiple opposition approach)은 최대대조 낱말짝을 사용한다. 이 접근법은 하나의 소리로 여러 소리들을 대치하여, 결국 서로 다른 낱말들을 동일한 하나의 낱말로 산출(예 : *chip*, *trip*, *ship*, *kip*을 모두 'dip'으로 산출함)하는 아동들에게 효과적이다. 모든 오류음들을 함께 대조하기 위해 모든 낱말짝들을 동시에 구성한다.

기타 음운론 기반의 접근법들은 아동의 **상위음운론적 기술**(metaphonological skills), 즉 말소리를 분석하고, 이에 관해 사고하며 조작하는 능력의 증가를 목표로 한다(Pena-Brooks & Hegde, 2007). 이것들 중 한 가지 접근법으로 **상위음운접근법**(metaphon approach)이 있는데, 이것은 아동이 자신의 말소리장애 치료에 능동적이며 인지적인 참여를 증대시키도록 설계된 방식이다. 상위음운 이론가들은 아동이 자신이 말 오류를 자각해야 하며, 이것을 수정하고자 하는 욕구를 가지며, 적절한 말 목표에 대해 알며, 다양한 맥락 안에서 적합한 속도로 목표를 정확하게 산출하는 신경운동학적 능력을 가질 수 있어야 한다고 믿는다(Hewlett, 1990).

상위음운접근법은 두 단계로 구성된다. 1단계에서는 언어의 소리체계에 대한 아동의 지식을 확장시키고, 이를 통해 소리들이 어떻게 산출되고 소리들이 서로 간에 어떻게 다른지 학습할 수 있도록 아동을 준비시키는 것에 초점을 둔다. 2단계에서는 이러한 지식을 의사소통 상황으로 전이시키는 데 초점을 두며, 아동으로 하여금 자기모니터링을 하고 정확한 말 출력을 산출하도록 가르친다(Howell & Dean, 1994).

복잡성접근법

치료에서 **무엇을** 다룰 것인가의 문제가 그것을 **어떻게** 다룰 것인가의 문제보다 더욱 중요할 것이라는 주장이 있어왔다(Gierut, 2005). 어떠한 하나의 접근법도 다른 방식에 비해 조음음운장애를 치료하는 데 더욱 효과적으로 밝혀진 것은 없다는 사실에 입각하여, 어떤 사례들에서는 짧은 시간의 틀 안에서 오류음 패턴을 제거하고 아동의 말소리 목록을 증가시키는 것이 보다 훌륭한 목적일 수 있을 것이다. 복잡성접근법에서는 보다 어려운 소리들의 훈련(예 : 3세 아동에게 /v/를 훈련시키는 것인데, 이는 한참 후에까지도 쉽게 숙달되지 않는 소리이다.)이 포함되는데, 이것이 아직 치료하지 않은 보다 덜 복잡한 소리들(예 : /f/)로의 일반화를 이끌어낸다.

이 접근법은 다른 음운적 접근법들(예 : 주기법)보다 더욱 효율적인 것으로 여겨지고 있는데, 이는 오직 몇 가지의 복잡한 목표들만으로도 아동의 말소리 체계의 전반적인 변화를 촉진시킬 수 있기 때문이다(Gierut, 2001, 2005). 그렇지만 이것의 어려움은 치료 초기에 보다 복잡한 말 목표들을 산출하도록 아동들을 훈련시키는 데 더 많은 시간이 소요된다는 점이다. 그 결과로 이 아동들은 처음에는 보다 긴 기간 동안 불명료한 채로 남아 있게 될 것이며, 따라서 이들은 자신들에게 여전히 의사소통의 효과성 결핍이 지속된다는 점 때문에 좌절하게 되기도 한다. 그러므로 이 접근법의 성공 여부는 아동이 가진 장애의 중증도, 아동의 좌절 수준, 전반적인 치료목표(즉, 말 명료도 증가 대 아동의 전반적인 말소리 체계에 있어서의 유의한 변화 촉진)에 달려 있다(Kamhi, 2006; Pena-Brooks & Hegde, 2007).

신경학적 기반의 운동구어장애 치료

신경학적 기반의 운동구어장애를 가진 아동에게 적용되는 두 가지 근거기반 접근법들이 인기를 얻고 있다. 한 가지는 아동기 말실행증을 가진 아동을 위해 특별히 설계된 것이고, 다른 하나는 파킨슨병 환자에게 사용되던 성인용 치료를 마비말장애 아동에 맞도록 적용시킨 방식이다. 이 특정적인 접근법들은 다음 절에서 논의될 것이다.

역동적 공간 및 촉각단서화

역동적인 공간 및 촉각단서화(DTTC)는 중증의 말실행증을 가진 아동들을 위해 설계된 집중적인 운동기반의, 훈련중심 치료법이다(Strand et al., 2006). 상향식접근법에서와는 달리, DTTC는 소수의 기능적인 낱말과 구를 목표로 삼는다. 각 낱말 또는 구의 말 산출연습에서는 말실행증 성인들에게 효과적인 기법들을 활용한다(Rosenbek et al., 1973; Strand & Skinder, 1999). 예를 들어, 치료사는 의뢰인에게 "나를 봐라, 내 말을 들어라, 그리고 내가 하는 대로 따라 하라."라고 말한 후, 의뢰인의 요구에 맞는 다양한 수준의 단서들(예 : 촉각, 동시적 산출)을 제공한다.

DTTC에서는 처음에는 의뢰인이 목표낱말들을 천천히 연습하고 이를 임상가와 함께 동시에 산출한다. 추가적으로 이 접근법에는 운동학습을 촉진하는 원리들(예 : 일상에서의, 반복적 연습, 체계적인 피드백)이 통합되어 있다. 임상가는 아동이 원하는 발화에 맞는 정확한 출발점을 얻을 수 있도록 돕기 위해 촉각단서들(예 : 아동의 턱을 정확한 위치를 잡도록 물리적으로 조작함)을 활용할 수 있다. 아동의 산출이 개선되어나감에 따라, 목표발화를 점차 직접모방, 지연모방, 자발적 산출로 유도해나간다.

궁극적인 목적은 아동으로 하여금 치료실 안팎에서 낱말들을 정확하고 자발적으로 산출하게 하는 것이다. 가족과 함께 매일 5~10분씩 연습하는 것도 권장된다. 오직 적은 수의 낱말세트만을 연습하는 원리는 이것이 운동계획/프로그래밍 토대와 관련한 신경학적 성숙을 가져다줄 것이며, 이것이 결국 이후의 운동구어 학습을 촉진시켜줄 것이라는 점이다(Strand et al., 2006).

리실버만음성치료

리실버만음성치료(LSVT)는 제8장에서 간략히 논의된 바 있는데 이것은 주당 4회기, 회기당

60분씩, 총 4주간 제공되는 집중치료로, 원래는 파킨슨병 환자의 음량 수준 증가를 위해 고안된 방식이다. 이 치료는 그동안 뇌성마비(CP) 아동들에게 성공적으로 적용되었던 방식이므로 아주 조금만 수정해서 사용한다(Fox & Boliek, 2012). SLP는 이 접근법을 의뢰인에게 사용하기 전에 먼저 적절한 훈련을 받고 자격을 얻어야만 한다는 점을 주의하라. LSVT 자격을 인증받기 위한 추가 정보를 위해서는 LSVT 웹사이트(www.lsvtglobal.com)를 방문해 보라.

컴퓨터 장비

SLP가 제공하는 직접치료와 결합하여 사용할 수 있는 컴퓨터 프로그램, 게임, 앱들이 있다. 이 프로그램들은 말소리 목표뿐 아니라 비분절적 목표(nonsegmental targets)들(즉, 음도, 길이, 음량)의 지각 및 산출연습을 제공해준다. 컴퓨터 장비들은 치료목표에 대한 일상에서의 연습 기회를 제공해주며, 이것은 새로운 기술의 학습에 매우 필요한 것이다. 심지어 어떤 컴퓨터 게임들은 치료과정에 양육자들이 참여할 수 있도록 설계된 것도 있으며, 이것이 아동과 아동의 일차적인 의사소통 파트너 사이에서의 효과적인 의사소통을 촉진시켜준다(Patel & Salata, 2006).

일반화 및 유지

치료의 성공이란 임상세팅에서 습득된 것이 일상생활에 적용되는 바에 따라 결정된다.

일단 의뢰인이 정확한 음소산출에 있어서의 적절한 수준에 도달하게 되면, SLP는 이것이 다시 낮아지지 않도록 하며 새로운 말 패턴이 습관적인 것이 될 수 있도록 보장해야 한다. 많은 SLP들은 치료의 가장 초기 시점부터 자기모니터링 연습을 도입한다. 이렇게 함으로써 의뢰인들에게 성공은 궁극적으로 스스로에게 달려 있음을 이해할 수 있게 하는 데 도움이 된다. 일단 SLP에게 의뢰인이 치료가 종결될 준비가 되어 있다고 여겨지면, 점차 구간을 연장시켜나가는 추수회기가 계획될 것이다. 시간이 지나도 개선 상태가 유지되고 있다면 치료는 효과적인 것이었다.

요약

말을 하는 동안 언어에 존재하는 소리들을 산출하는 일은 복잡한 과정이다. 여기에는 음소와 소리배열 규칙에 대한 내면적 개념화가 포함되며, 이를 통해 우리는 우리의 '정신의 귀' 안에서 우리가 말하는 언어가 어떻게 소리 나야 하는가를 알게 된다. 말의 산출을 위해서는 원하는 소리들을 형성해낼 수 있도록 우리의 조음기관을 부드럽고, 빠르며, 자동화된 방식으로 움직일 수 있는 신경운동학적 능력도 필요하다. 아동들은 구어언어를 발달시켜나가면서 전형적으로 음운변동을 적용하여 성인의 형태를 단순화시킨다. 만일 이것이 기대 연령 이상으로까지 지속된다면 이는 장애를 나타내게 되는 것이다. 청각장애, 신경학적 결함, 그리고 구조적 기형이 음운 및 조음장애의 원인이 된다. 외국어 배경 및 지역 방언도 말의 변이에 한 원인이 된다. 조음 및 음운에 대한 평가에는 개인의 음운적 산출에 대한 상세한 진술뿐 아니라, 병인론 조사 및 예후에 관한 결정도 포함된다. 중재전략에는 지각훈련, 낱말짝 내에서의 음소대조, 말 산출훈련 연습들이 포함된다. 일반적인 목표는 자발적 발화에서의 명료도 향상이다.

추천도서

Bernthal, J., Bankson, N., & Flipson, P. (2013). *Articulation and phonological disorders: Speech sound disorders in children* (7th ed.). Boston: Pearson Education.

Caruso, A., & Strand, E. (1999). *Clinical management of motor speech disorders in children.* New York: Thieme.

Gildersleeve-Neumann, C. (2007). Treatment for childhood apraxia of speech: A description of integral stimulation and motor learning. *The ASHA Leader, 12*(15), 10-13, 30.

Kahmi, A. (2006). Treatment decisions for children with speech-sound disorders. *Language, Speech, and Hearing Services in Schools, 37*, 271-279.

Strand, E., & McCauley, R. (2008). Differential diagnosis of severe speech impairment in young children. *The ASHA Leader, 13*(10), 10-13.

10

운동구어장애

학습목표

이 장을 마치면 여러분은 다음과 같은 것들을 할 수 있게 될 것이다.

- 운동구어장애를 정의한다.
- 마비말장애와 말실행증을 구별한다.
- 성인 및 아동의 운동구어장애의 세 가지 병인론에 대해 설명한다.
- 운동구어장애에 사용되는 일반적인 평가 및 치료기법들뿐 아니라, 그 효과성에 대한 연구기반 결과들을 설명한다.
- 말 산출의 각 하위체계들(즉, 호흡, 발성, 공명, 조음)에 따르는 특정 치료기법들을 설명한다.

운동구어장애(motor speech disorders)는 신경학적 장애나 손상으로부터 초래된 운동의 문제와 관련된 결함들이다. 이것은 성인 및 아동 모두에서의 말 산출을 위해 사용되는 운동의 계획, 프로그래밍, 협응, 시간 조절(timing), 운동패턴의 집행에 영향을 미치는 신경학적 결함들로 구성된 이질적 집단이다. 이전의 장들에서 기술되었던 호흡, 발성, 공명, 조음과정의 일부 또는 전체가 영향받을 수 있다. 비록 음성 및 유창성도 역시 관련될 수 있으나, 이것들은 다른 장에서 부연될 것이다. 언어장애는 종종 운동구어장애와 함께 발생되기도 한다. 이것은 제6장에서 설명된다.

이 간략한 설명이 운동구어장애의 범주 안에 속하는 장애의 복잡성에 대한 암시를 시작하지는 못한다. 말에 요구되는 움직임은 너무나 한정되어 있고 특별한 것이므로 심지어 걷기와 같은 다른 신체운동에 비해 뇌의 더욱 많은 영역들이 성대, 혀, 입술, 기타 조음기관의 통제에 관여하게 된다. 이러한 복잡성을 감안하면, 말 산출과정은 우리가 말을 할 때 이에 대해 거의 생각하지 않을 정도로 그처럼 자동적이라는 것은 경이로운 일이다. 실제로 우리는 무엇인가 잘못된 경우가 아니라면 이에 대해 거의 고려하지 않는다.

언어에 관한 한, 말 운동통제에 기여하는 특정한 뇌영역은 존재하지 않는 것처럼 여겨진다. 심지어 말에 중요한 전두엽의 영역조차도 단독으로 말-특정 과제에 공헌하지는 않는다. 이 영역들은 비구어 운동통제에도 역시 참여한다. 이 장에서 우리는 우리의 논의를 운동구어(motor speech)로만 한정시키고자 한다. 우리는 운동구어장애의 주요한 두 가지 유형에 대해 논의한다—마비말장애와 말실행증. 추가적으로 우리는 마비말장애의 다섯 가지 유형에 대해 논의하고, 각각의 유형들을 서로 간에 구분하는 방식, 마비말장애와 말실행증을 구분하는 방식에 대해 간략히 설명할 것이다. 〈사례연구 10.1〉은 뇌종양으로 인해 운동구어의 결함이 발전된 한 10대 소녀의 예이다.

운동구어 통제

운동구어 기능에 중요한 뇌구조

뉴런은 신경계의 기본 단위이다. 각각의 뉴런은 다음의 세 부분으로 구성된다—세포체(cell body), 세포체로부터의 신경충동을 인접한 뉴런으로 전달하는 한 가닥의 긴 축삭(axon), 다른 세포로부터의 충동을 받아들여서 이를 세포체 안으로 전달하는 여러 가닥의 수상돌기(dendrites). 하운동뉴런들(lower motor neurons)은 근육의 활성화를 담당한다. 근육은 수백 개의 하운동뉴런들에 의해 활성화된다. 근위축성측삭경화증(예: 루게릭병)과 같은 질환의 사례에서 그러하듯이, 하운동뉴런이 퇴행하거나 죽게 되면 근육이 약화되며, 결국에는 근위축, 다시 말해 근육의 소실이 일어나게 된다.

뇌의 구조 및 경로의 복잡한 망이 운동구어의 통제를 담당한다. 〈그림 10.1〉에서 제시되는 바와 같이, 제6장에서 대뇌의 좌우 반구는 각각 4개의 엽—전두, 두정, 후두, 측두엽—으로 구분된다고 하였음을 기억하라. 전두엽에는 **일차운동피질**(primary motor cortex)이 위치하는데, 이것은 중심구(central sulcus) 바로 앞의 폭 2cm의 껍질이다. 일차운동피질로부터 하향로(descending pathway)가 기원하는데, 이것은 수의적 근육운동의 시작에 중요하다. 대뇌 반구 어느 한쪽의 일차운동피질 영역(예: 좌반구의 팔 담당 영역) 손상은 그 반대편 신체의 해당 영역(즉, 우측 팔)의 약화나 마비를 초래할 것이다. 대뇌의 감각 및 운동기능은 반측성(contralateral)으로, 이는 각 반구는 신체의 반대편에 관여함을 의미한다는 사실을 기억하라.

추체로(pyramidal tract)라고 알려진 **직접활성화경로**(direct activation pathway)는 일차운동피질에서 기원하여 사지(limbs), 말 산출에 필요한 조음기관의 빠르고 독립적이며 자발적인 운

사례연구 10.1

운동구어장애를 가진 10대에 관한 사례연구 : 첼시

치어리더이자 고교 연극반원이던 16세의 첼시는 학교에서 독감에 걸린 것 같아 집에 일찍 돌아왔다. 그녀는 다음 날 학교에 갔지만 말하기와 쓰기가 어려워졌음을 느꼈다. 그날 밤, 그녀의 부모는 첼시의 말이 뭉개져서 이해하기 어려웠다고 하였다. 이들은 그녀에게 조금 천천히 말하도록 요구했지만, 첼시는 스스로 말을 고치려 할 때마다 매번 오류를 계속했다. 그녀는 매우 좌절하기 시작했고, 그녀의 부모 역시 이를 염려하였다. 다음 날 아침, 첼시는 심각한 두통을 호소하여 부모는 그녀를 데리고 응급실로 달려갔고, 그녀는 그곳에서 뇌영상 스캔 등의 신경학적 검사를 받았다. 첼시는 좌측 전두엽을 압박하는 종양을 가진 것으로 판정되었고, 다음 날 아침 신경수술을 받도록 계획되었다.

비록 수술은 성공적이었으나 첼시는 여전히 말의 어려움을 겪어서 말-언어치료사에게 의뢰되었다. 첼시의 운동구어 산출기술에 관한 포괄적인 평가가 시행되었고, SLP는 말을 개선시키기 위한 치료를 제안하였고, 이후 그녀의 친구와 가족 그리고 교사들은 그녀가 하는 말을 이해할 수 있게 되었다. 학교기반 SLP가 그녀의 병원 SLP와 협업함으로써 학교에서도 유사한 서비스가 제공될 수 있었다.

첼시는 병원에서 주 1회의 작업치료를 받으며, 그녀는 자신이 하는 말의 이해도를 높이기 위한 다양한 전략들(예 : 보다 잦은 휴지, 말 속도 늦추기)을 학습하였다. 학교기반 SLP는 주 2회 첼시를 만나서 학교에서 그녀가 학급토의 시간에 동일한 전략을 사용하도록 작업하였다. 그녀의 부모 역시 치료에 참여하였고 그녀에게 가정에서도 그 전략을 사용하도록 상기시켜 그녀를 돕는 역할을 했다. 8개월 후, 첼시는 정상적이며 외상 이전의 말 수행 수준으로 회복하게 되었다.

여러분은 이 장을 읽고 다음에 관해 생각해보라.

- 첼시가 보인 수술 이전과 수술 이후의 말장애에 관한 가능한 설명들
- SLP가 첼시의 운동구어 산출을 평가하기 위해 사용할 수 있었을 만한 검사과제들
- 수술 후, 첼시의 말이 보다 잘 이해될 수 있도록 돕기 위해 그녀에게 유용할 법한 기타 치료기법들

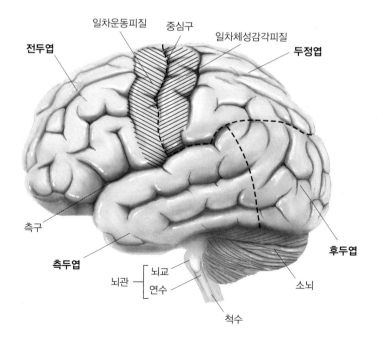

그림 10.1 인간 뇌의 단면도

일차운동피질　중심구　일차체성감각피질

전두엽　　　　　　　　　　　　　　　두정엽

측구

측두엽

뇌관 ┤ 뇌교 / 연수

후두엽

소뇌

척수

동을 담당한다. 추체로는 피질(뇌의 바깥층)을 운동개시에 필요한 근육의 활성화를 직접 통제하는 뉴런들과 직접적으로 연결시킨다.

간접활성화경로(indirect activation pathway), 즉 **추체외로**(extrapyradmidal tract)는 반사를 조절하고 자세와 근긴장을 유지하는 데 중요하며, 따라서 직접활성화시스템에 의해 전달된 운동을 촉진시키는 필수적인 틀을 제공해준다. 직접 및 간접활성화경로들은 함께 상운동신경시스템(upper motor neuron system)을 구성한다(Duffy, 2013).

기저핵(basal ganglia)은 피질 아래쪽의(subcortical) 커다란 핵으로 운동기능을 조절하고 자세 및 근긴장을 유지한다. 따라서 이것들은 뇌 추체외로의 일부분이다. 기저핵은 일차운동피질의 활동을 조절하며 운동에 간접적인 영향을 미친다. 이는 서로 대립적인 기능을 담당하는 직접 및 간접통제회로(loop)를 통해 이루어진다. 직접경로는 운동의 증가 또는 촉진에 관여하는 반면, 간접경로는 운동의 감소 또는 억제에 관여한다. 기저핵의 손상은 이 중 어떤 경로가 관련되어 있는가에 따라 파킨슨병에서와 같이 감퇴 또는 느린 운동이 초래되거나, 또는 헌팅턴무도병에서와 같은 비정상적이며 불수의적인 운동이 초래될 수도 있다. 무도병은 급격하고 지속적이며 불수의적인 머리, 얼굴, 혀, 사지의 운동이 나타나며 이는 이 장의 후반에 조금 더 논의될 것이다(Duffy, 2013).

소뇌 즉 '작은 뇌(little brain)'는 좌우의 소뇌 반구와 중심층(central vermis)으로 구성되어 있다. 소뇌는 뇌의 다른 여러 부분들과 연결되어 있으며, 뇌로부터의 많은 정보들에 접근할 수 있다. 소뇌와 그 연결들은 정교하며 복잡한 근육운동 통제를 조정하며, 근긴장을 유지시키고 운동학습(motor learning)에도 관여한다. 〈그림 10.2〉는 운동통제에 중요한 뇌의 주요 영역들을 요약하고 있다. 여러분들의 PC나 아이패드에 무료 3차원(3D) 뇌응용프로그램을 다운로드하려면 http://sciencenetlinks.com을 방문하라(이 웹사이트의 검색창에 '3D brain'을 입력하라).

운동구어 산출과정

운동구어 산출과정에서 그 첫 번째인 운동계획/프로그램은 운동에 필요한 모든 매개변인(패러미터)들을 규정하는 운동명령이 조직화된 세트인데(Keele, 1968), 이는 기억으로부터 인출된다. 다음 이것이 운동통제 영역(예 : 일차운동피질)으로 보내지고 나면, 이것이 신경을 따라 정확한 타이밍과 함께 말 메커니즘의 근육 및 구조들로 전달되어, 말소리로 인식될 수 있는 음향학적 신호(acoustic signal)의 연속체를 만들어낸다. 이러한 경로를 따라서 신경충격들이 조정되어 정확하고 부드러운 근육운동을 가능하게 한다.

전형적인 운동패턴은 의도적이며 효율적인 것이며, 따라서 운동을 변화시키거나 조정해낼 수 있는 개인의 통제하에 있을 수 있는 것이다. 외적 및 내적 감각정보 양측의 토대 위에서 운동반응들이 개시되고, 변화되며, 협응된다. 외적 감각 메커니즘은 외부환경을 감지하고 분석한다. 근육으로부터의 내적 운동피드백(고유수용피드백)과 신경들은 우리가 공간 안에서의 위치 및 신체구조의 운동에 관해 알 수 있게 해준다. 말 산출의 경우, 청각 및 고유수용피드백이 말 메커니즘의 적절한 협응을 보장해준다. 운동구어 산출과정에 관해 폭넓은 검

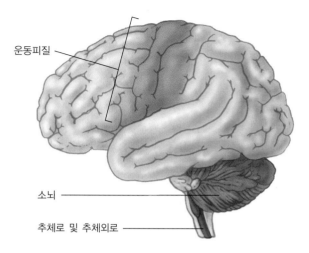

그림 10.2 **운동기능에 중요한 뇌영역**

운동피질

소뇌

추체로 및 추체외로

근육을 향하는 신호는 운동피질에서 발원하며 뇌의 깊숙한 부위로 보내져 아래로 내려가기 시작한다. 소뇌는 전반적인 긴장과 자세를 결정하여 운동피질로 하여금 의도적 운동을 할 수 있게 해준다. 게다가 비록 어떤 방향으로 운동할지를 결정하는 것은 운동피질이지만 적절한 시간과 힘을 결정하는 것은 소뇌이다. 운동신경의 충격은 의도적 운동을 전달하는 추체로와 자동화되고 불수의적 운동을 전달하는 추체외로를 거치게 된다.

토를 위해서는 Maas et al., 2008을 보라.

말 산출에 중요한 대뇌신경

중추신경계(CNS)는 뇌와 척수로 구성되어 있는 데 반해, **말초신경계**(peripheral nervous system, PNS)는 대부분이 뇌간(brain stem)으로부터 기시하는 12쌍의 대뇌신경, 척추의 기둥 내에 존재하며 신체의 근육을 드나드는 31쌍의 척수신경으로 구성되어 있다. PNS는 근육에 메시지를 전달하고 감각정보를 받아들임으로써 CNS가 신체와 소통할 수 있도록 돕는다.

대뇌신경(cranial nerve, 그림 10.3)은 말 산출에 특히 중요하다. 이것들은 뇌간을 따라 수직적으로 배열되어 있기 때문에 그 수직적 순서에 따라 로마숫자로 지칭된다. 그래서 숫자 Ⅶ, 안면신경(facial nerve)은 위에서부터 일곱 번째에 위치한다. **척수신경**(spinal nerve)의 대부분─31쌍 중 22쌍─은 말 산출을 목적으로 한 의도적인 호흡에 중요하다. 반대로 뇌간의 특별한 통제 센터는 생명유지를 위한 호흡을 지배한다.

운동구어장애

말 산출과정에 관여하는 어떠한 조직이나 경로에서의 손상이라도 운동구어장애를 초래할 수 있다. 운동구어장애는 마비말장애와 말실행증을 아우르며 또한 운동계획, 프로그래밍, 신경근육 통제, 즉 말의 집행에서의 결함을 반영하게 된다는 점을 상기하라(Duffy, 2013).

마비말장애

마비말장애(dysarthria)는 말 산출근육을 통제하는 중추 및 말초신경계의 결함으로부터 초래

그림 10.3 말 산출에 중요한 대뇌신경

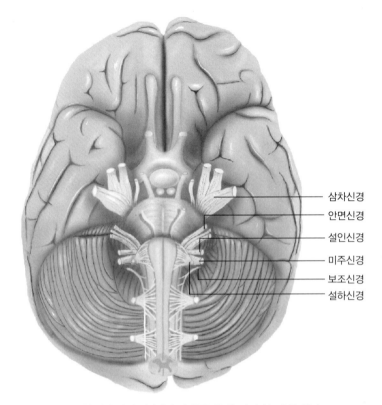

삼차신경

안면신경

설인신경

미주신경

보조신경

설하신경

삼차신경(V) : 말과 씹기에 필요한 턱과 혀의 신체감각 및 운동기능을 담당하는 혼합 신경

안면신경(VII) : 맛에 대한 감각, 얼굴표정에 중요한 안면근육 그리고 미소, 울음, 침 분비 같은 운동통제에 관여하는 혼합 신경

설인신경(IX) : 미각을 위한 혀로부터의 감각입력과 침 분비 및 삼킴을 위한 인두의 근육통제에 관여하는 혼합 신경

미주신경(X) : 심장, 폐, 소화계에 관여하는 혼합 신경. 후두 및 목구멍으로 들어가는 감각신경. 발성을 위해 후두로, 연구개 상승, 그리고 삼킴을 위해 인두로 들어가는 운동신경

보조신경(또는 부신경)(XI) : 인두, 연구개, 머리, 어깨를 통제하는 운동신경

설하신경(XII) : 혀 운동을 통제하는 운동신경

된 일련의 말장애군을 지칭하는 일반적인 진단용어이다. 마비말장애는 호흡, 발성, 공명, 조음을 위한 근육운동의 속도, 범위, 방향, 힘, 타이밍에 영향을 미치며, 약화, 경직, 불협응, 또는 불수의적 운동의 결과에 의한 것이다. 과거에 확립된 근육운동이 — 비록 그 운동패턴은 여전히 남아 있다 할지라도 — 상실되었거나 일부 측면에서 변화가 일어나게 된 것일 수 있다.

　마비말장애는 언어장애가 아니라는 점에 주목해야 한다. 개인은 마비말장애 하나만을 드러낼 수 있고, 따라서 그는 훌륭한 언어구조와 어휘, 훌륭한 읽기이해 기술을 보이며, 자신의 신체적 제약이 허용하는 한 대화 주고받기에 효과적으로 참여할 수 있다. 마비말장애를 가진 개인은 이를테면 컴퓨터 장비와 같은 다른 수단들을 통하여 말로는 자유롭게 산출해내지 못할 문장들을 전달할 수 있다.

표 10.1 마비말장애의 특징

마비말장애 유형	손상 위치	말 특성
이완형 마비말장애 : 근육의 약화 및 긴장도 감소, 반사 감소, 이완형 마비, 결과적으로는 근위축	하운동신경(즉, 대뇌신경 및 척수신경) 손상 또는 근육단위 자체의 손상	지속적인 기식성, 단음도, 과비성, 짧은 구, 부정확한 조음
경직형 마비말장애 : 근육약화 및 경직, 과잉반사, 근긴장도 증가	상운동신경(즉, 직접 및 간접활성화경로)의 손상	느린 속도, 쥐어짜고 목졸린 듯한 음성의 질, 과비성, 부정확한 조음, 과도하고 동일한 강세
실조형 마비말장애 : 불협응, 근긴장 감소, 저조한 운동정확성 및 타이밍	소뇌 또는 소뇌 통제회로의 손상	불규칙적인 조음붕괴, 부정확한 자음, 모음 왜곡, 비정상적 운율(예 : 과도하고 동일한 강세, 긴 휴지)
과소운동형 마비말장애 : 운동감소, 근육강직 및 뻣뻣함, 운동의 개시 및 종료의 결함	기저핵 및 기저핵 통제회로의 손상	빠른 말 속도, 조음기관 운동범위 감소로 초래된 부정확한 조음, 기식성/거칠고/목쉰 음성 질, 음량 감소, 비유창성
과다운동형 마비말장애 : 불수의적 운동	기저핵 및 기저핵 통제회로의 손상	불규칙적인 조음붕괴, 비정상적 운율, 말 속도의 변화가 큼
혼합형 마비말장애 : 두 가지 이상의 마비말장애 조합	복수의 뇌구조들 또는 회로들의 손상	부정확한 조음, 느린 속도, 거친 음성, 단음도/단음량, 과비성, 과도하고 동일한 강세

출처 : Duffy(2013)에 근거함.

마비말장애의 유형

마비말장애를 초래하는 근육계 장애들은 다양한 신경학적 질병으로 출현된다. 비록 마비말장애를 가진 개인들은 일부 공통적인 증후를 공유하기는 하지만 신경학적 특징 및 말의 특징에 따라 뚜렷한 집단이 형성되며 이것이 장애의 특정 유형을 규정한다.

마비말장애의 서로 다른 유형들은 CNS, PNS의 서로 다른 부분들에서의 상해로부터 기인한다. 〈표 10.1〉에서와 같이 이들 유형들 간에는 일부 공통점들이 존재한다ー부적절한 호흡운영, 높이 및 강도의 문제와 같은 음성결함, 과도한 강세패턴과 같은 운율적 비정상성, 느린/빠른 또는 빠르기가 변화되는 것과 같은 말 속도의 결함, 과비성, 부정확한 조음.

마비말장애 유형은 말의 특성과 손상된 신경근육계 과정에 따라 다섯 가지로 분류되며, 여기에는 **이완형**(falccid), **경직형**(spastic), **실조형**(ataxic), **과소운동형**(hypokinetic), **과다운동형**(hyperkinetic) 마비말장애가 있다(Duffy, 2013). 다중적인 근육시스템이 관련되어 있을 경우에는 혼합형(mixed) 마비말장애가 발생되는데, 이를테면 근위축성측삭경화증(ALS)이나 다발성경화증(MS), 윌슨병(Wilson's disease)을 가진 개인들에서 나타나는 것이 그 몇 가지 예가 될 것이다.

이완형 마비말장애

이완형의 마비(Faccid Dysarthria)를 보이는 근육들이 약화되고 부드러워지며, 낮은 긴장도를 보이며[즉, 근긴장저하(hypotonia)], 쉽게 피로를 느낀다. 이완형 마비말장애는 함께 묶여 하운동신경이라고 하는 대뇌신경 및 척수신경의 손상이나 또는 근육단위 그 자체의 손상으로부터 야기되는 경우가 많다. 영향을 받은 근육들은 말 호흡에 필요한 호흡운영의 감소, 지속적인 기식성의 음성 질, 음도 및 음량 수준 저하, 단음도, 과비성, 부정확한 조음을 초래하게 된다. 이완형 마비말장애의 병인으로는 벨 마비, 안면신경(CN VII)장애, 진행성 연수 마비, 근무력증, 근위축이 있다.

벨 마비

벨 마비(Bell's Palsy)는 안면신경(즉, 대뇌신경 VII)의 편측성(즉, 어느 한편의) 손상을 야기하는 원인 미상의 특발성 조건(idiopathic condition)을 말한다. 이것은 사례의 대대수가 갑자기 발병하고 자발적으로 해결된다는 꽤나 공통적인 특성을 보인다. 안면신경의 편측성 손상은 안면의 상부 및 하부 근육들에 영향을 미치고, 일부 사례에서는 손상된 측면의 눈꺼풀을 닫는 능력에 영향을 미친다(Duffy, 2013). 벨 마비와 연합된 이완형 마비말장애는 매우 경도(mild)의 경향을 보여, 말의 일차적 특성으로 가벼운 수준의 조음 부정확을 나타낸다.

진행성 연수 마비

진행성 연수 마비(Progressive Bulbar Palsy)는 하운동신경의 퇴행을 일으켜 근육의 이완형 마비를 초래하고 결국에는 근육위축을 가져오는 신경학적 질환이다. 진행성 연수 마비의 하운동신경 손상은 또한 근섬유다발의 **연축**(fasciculation)을 초래하기도 하는데, 이것은 신경퇴행의 결과로 인해 신경충격(nerve impulse)의 자발적 점화가 일어나고 이로 인해 안정 상태의 근육에 관찰가능하며 분리된 경련이 나타나는 것이다(Duffy, 2013). 진행성 연수 마비를 가진 개인들은 이 연축을 피부 밑에서 거품이 오르는 것 같은 느낌이라고 설명한다. 진행성 연수 마비에 의한 이차적인 이완형 마비말장애에서는 혀나 턱 부위에서 연축이 종종 나타나며, 부정확한 조음과 함께 말소리의 약화, 과비성, 단음도가 나타난다.

근무력증

근무력증(Myasthenia Gravis)은 신경근육계 접합부(즉, 운동신경의 축삭과 근육 사이의 영역)에 영향을 미치는 자가면역질환(autoimmune disease)이다. 이 장애는 신경충격의 근육을 향한 부적절한 전달로 인한 급격한 근육약화라는 특징을 보인다. 이를테면 말을 산출하는 동안에서와 같은 반복적인 사용으로 근육은 점차적으로 약화되지만 잠시 휴식하고 나면 곧 힘을 되찾는다. 이로 인한 이완형 마비말장애는 부정확한 조음과 과비성의 특징을 보이는데, 이러한 특징들은 말을 지속하게 되면 급격하게 악화되었다가 1~2분의 휴식 후 극적으로 개선되는 형태를 보인다.

여러분의 신체 면역체계는 세포, 조직, 유기체로 구성된 하나의 망(network)으로서 이것은 감염을 일으키는 이물질이 신체로 유입되는 것을 막고, 일단 들어오게 된 침입자 미세조직들을 파괴하는 역할을 한다. 면역체계가 건강한 세포와 조직을 감염된 것으로 잘못 파악하여 이를 공격하고 파괴하게 되면 자가면역질환이 발생된다. 면역체계가 건강한 신체조직에 대해 이러한 방식으로 반응하는 이유는 명확하지 않다.

근위축

근위축(Muscular Dystrophy)은 일군의 유전질환으로서 근육 자체의 진행성 퇴행을 초래한다. 근육은 정상적으로 수축하고 이완되지 못하며, 궁극적으로는 말 산출의 모든 측면들이 영향을 받게 된다.

경직형 마비말장애

근육의 경직형 마비는 근육약화와 억제적 운동통제 능력의 상실이라는 조합적인 효과를 반영한다. 그 결과로, 반사(reflexes)가 과다해지고, 안정 시의 근긴장이 증가하며, 개인들은 경직성(spasticity), 즉 수동적 신장(passive stretch)에 대한 저항의 증가를 보이게 된다. 말 메커니즘에 있어서의 경직성은 경직형 마비말장애의 대표적인 특성으로써, 조음기관의 운동을 느리게 하며 그 움직임의 힘과 범위를 감소시킨다. 후두 수준에서의 경직성은 말 산출 동안 성대의 부적절한 내전(닫힘)을 초래하여 쥐어짜고 목이 졸리는 듯한 음성 질을 야기한다. 경직형 마비말장애는 전형적으로 대뇌 반구에서의 상운동신경의 양측성 손상(뇌졸중으로 인한) 또는 뇌간에서 직접 및 간접활성화경로가 가깝게 인접해 있는 부위의 단일 손상으로 인해 야기된다(Duffy, 2013).

실조형 마비말장애

소뇌 또는 소뇌의 통제회로 손상은 근육불협응과 근긴장 저하를 초래하는데 이를 **운동실조**(ataxia)라고 한다. 실조형 마비말장애(Ataxic Dysarthria)는 불협응과 부적절한 운동타이밍을 반영하여, 불규칙적인 조음의 붕괴와 비정상적인 운율을 초래한다. 운동실조와 실조형 마비말장애는 약증에 의해 초래되는 것은 아니다. 근육은 강도 면에서 저하되지는 않으며, 오히려 운동 중에 타이밍의 열악함과 부적절한 협응이 문제가 된다. 운동은 부정확하며, 급작스럽고 부드러움이 결핍된다. 지나치게 과도한 알코올 섭취가 일시적인 운동실조를 초래할 수 있다. 사실상 소뇌에 뇌졸중이 일어난 개인들이나 소뇌의 퇴행을 야기하는 신경학적 질환을 가진 개인들은 종종 자신들이 술에 취한 것처럼 보이거나 그렇게 말하는 것 같다고 호소하고 있다.

과소운동형 마비말장애

과소운동형 운동은 강직(rigidity) 효과, 즉 모든 방향으로의 수동적 신장에 대한 저항의 증가로 인하여 느린 운동과 저하된 운동범위를 나타낸다. **운동저하증**(hypokinesia, 운동의 감소)을 가진 개인들은 뻣뻣한 느낌을 가지며 운동을 개시하는 것에서의 어려움을 겪는다. 일단 시작되고 나면 그때는 오히려 멈추는 것이 어려워진다. 운동저하증의 가장 보편적인 원인은 파킨슨병으로, 이것은 뇌간에서 도파민 활성 뉴런(즉, 운동통제에 중요한 신경전달물질인 도파민을 생성하는 뉴런)의 퇴행이 운동의 질에 간접적으로 영향을 미치는 피질하 구조인 기저핵의 적절한 기능을 방해하는 질환이다. 운동범위의 감소는 과소운동형 마비말장애의 대표적인 특징이다. 말 산출 동안 조음기관은 거의 움직이지 않는 것처럼 보이며, 그

사례연구 10.2

파킨슨병을 가진 한 남자 카를로스의 이야기

카를로스는 64세이고 은퇴한 자이다. 그는 외국어 강사로서의 일을 지속하지 못하게 만든 파킨슨병의 효과로 인해 은퇴해야만 했다. 그보다 세 살 어린 그의 아내 역시 자기 남편을 돌보기 위해 은퇴를 했다. 약 15년 전, 카를로스는 가만 있을 때는 늘 자기 손이 떨리는 것을 알게 되었다. 처음에는 이 증상이 간헐적이었고, 그는 신경과민, 스트레스, 또는 근육의 피로 때문인 것으로 생각했다. 이것이 점차 잦아지자 카를로스는 이 증상들이 갈수록 점점 더 무시하기 어려운 것임을 깨달았다.

카를로스의 병은 더욱 진행되어 걸을 때 발이 꼬이고, 도움과 조력이 없이는 계단을 올라가지 못하는 지경에 이르게 되었다. 걸을 때는 낙상할 위험이 있는 카를로스는 이제는 심지어 뒤집힌 카펫 가장자리를 바로잡는 일조차 진정한 하나의 모험이 된다는 사실을 깨닫게 되었다. 이 때문에 그와 그의 아내는 비록 집 앞의 평평하고 그럭저럭 그가 감당해낼 만한 도보용 도로를 매일 가볍게 걷는 일 외에는 거의 외출도 하지 않았다. 카를로스는 이것을 그의 '운동일정'이라고 불렀다.

카를로스는 식사가 여느 때보다 만족스럽지 못함을 깨달았는데, 이는 늘상 먹던 일부 음식들이 씹기 어려워졌기 때문이다. 비록 카를로스는 스스로 먹었지만, 그가 먹는 음식은 미리 작은 조각들로 잘라놓아야만 했다. 그가 칼을 쓸 때는 자르기 위해서가 아니라 오직 바르기 위해서였다.

비록 그의 말이 손상되었고, 짧고 조용한 터짐으로 말을 했지만, 카를로스는 자신의 유머감각과 풍자적인 재치는 유지하고 있었다. 그는 여전히 뉴욕에서의 어린 시절에 관해 이야기하는 것을 즐겼다.

안정 시 진전(resting tremor)과 운동범위의 감소와 함께, 카를로스는 파킨슨병과 관련된 기타 생리적 변화를 경험하였다. 그는 쉽게 피로해졌으며, 호흡이 빠르게 가빠졌으며, 집중하는 것에 어려움을 가졌다. 다른 때는 이를테면 보푸라기를 집는 것과 같은 일견 반복적인 과제에 빠졌다. 그의 도파민 수준을 상승시키기 위한 약물은 그에게 보다 부드러운 운동을 가져다주었지만 그것은 오직 일시적인 완화였을 뿐이다. 그는 종종 투약에 대한 자신의 반응에 대해, 그리고 자신의 운동에 대한 약물의 효과를 이를테면 손자들이 찾아왔을 때와 같은 특정한 시간으로 때를 맞출 수 없다는 사실에 좌절할 때도 있었다.

결과로 말 속도는 매우 빨라지게 된다. 비유창성이 흔하며, 파킨슨병 환자가 말을 할 때는 종종 듣기 어려워질 만큼 음량 수준이 점진적으로 약화되어간다.

〈사례연구 10.2〉는 파킨슨병을 가지고 살아가고 있는 한 개인에 대한 직접적인 설명을 제공하고 있다.

파킨슨병

파킨슨병(PD)은 50세 이상의 1~2%에 영향을 미치는 보편적인 퇴행성 신경학적 질환이다. 진단 후의 평균 기대수명은 약 15년이다(Duffy, 2013). 파킨슨병은 특발성 질환으로 이는 곧 알려진 원인이 없음을 의미하며, 유전 및 환경요인이 일정 역할을 하는 것으로 여겨지고 있다. 파킨슨병에 관한 더 많은 정보를 위해서는 www.michaejfox.org에 방문하여 'Understanding Parkinson's'를 클릭해보라. Mayo병원 웹사이트 역시 유용한 원천이 될 것이다(www.mayoclinic.com). 'Health Information' 탭을 클릭한 후, 'Diseases & Conditions A-Z' 클릭, 다시 'P'를 클릭하고 Parkinson's diseases 탭이 나올 때까지 찾아 내려가면 된다.

과소운동형 마비말장애는 PD의 초기 단계 후 처음 몇 년 동안에는 명확하지 않을 수도 있지만, 궁극적으로는 병이 진행되면서 PD 사례의 90%에서 나타나게 된다(Duffy, 2013). 앞서 언급된 바와 같이, 과소운동형 마비말장애와 관련된 음성과 말의 결함에는 음량 저하,

말 속도 증가, 비유창성, 조음기관 운동범위의 감소로 인한 조음 부정확이 포함된다. 추가
적으로 음성의 질은 기식성, 거칠거나 목쉰 소리가 나타나며, 음도 및 강도의 다양성이 유의
하게 감소하며, 이로 인해 단음도 및 단음량이 초래된다.

과다운동형 마비말장애

과다운동형 마비말장애(Hyperkinetic Dysarthria) 역시 기저핵 통제회로 손상에 기인한다. 그
렇지만 이 경우에는 간접경로 그리고/또는 의도치 않은 운동의 억제를 돕는 기저핵 구조가
손상되어 있다. 그 결과, 운동과다증(hyperkinesia, 증가된 운동)이 발생된다. 과다운동형 마
비말장애는 필연적으로 운동측면에서 정상적인 말의 산출이 비정상적인 불수의적 운동에
의해 어떤 방식으로든 정지되는 현상이 초래된다(Duffy, 2013). 많은 수의 과다운동형 운동
장애들이 과다운동형 마비말장애를 초래할 수 있다.

진전(Tremor)은 가장 보편적인 불수의적 운동장애로 사지, 머리와 같은 신체부위 또는 음
성의 리드미컬한 운동과 관련되어 있다(Duffy, 2013). 한 개인이 음성진전을 가지고 있는지
확인하는 최상의 방법은 그 또는 그녀에게 모음 /a/를 가능한 한 오래 지속해보도록 요구하
는 것이다. 음성진전은 대화 중에는 눈에 띄지 않을 수 있으나 모음 연장 시에는 매우 뚜렷
하게 나타난다.

틱(Tics)은 빠르고 정형화된 움직임으로써 완전히 불수의적인 것은 아니며 노력을 하면
잠시 동안은 이를 제어할 수는 있다. 틱은 일반적으로 뚜렛증후군(Tourette's syndorme)과
연합되어 있는데, 이것은 여성보다는 남성에게 더 많은 영향을 미치며(대략 3 : 1의 비율),
18세가 되기 이전에 발현된다. 이것은 그 속성상 운동(예 : 눈 깜박임, 머리 흔들기) 또는 음
성적(예 : 목 가다듬기, 코 훌쩍거리기, 킁킁거리기, 강박적인 욕설)인 것일 수 있다. 음성 틱
(vocal tic)은 뚜렛증후군을 가진 개인들의 과다운동형 마비말장애의 대표적인 특징으로써
이러한 소음이나 소리들 또는 낱말들의 빠른 산출이 정상적인 말의 흐름을 뚜렷하게 방해하
는 모습을 보인다.

근긴장이상증(dystonia)은 느린 운동과다증(slow hyperkinesia)으로 이것은 신체 전체(즉,
전신성 근긴장이상증)와 관련된 것이거나 또는 신체의 오직 일부분에만 위치(즉, 국소 근긴
장이상증)하는 것일 수 있다. 느리고 지속적인 비정상적 자세에 의한 불수의적 운동이라는
특징을 가지며, 신체 일부(예 : 팔, 다리, 머리)가 뒤틀릴 수도 있다. 근긴장이상증을 가진 개
인의 과다운동형 마비말장애는 음도 및 음량의 과도한 변화, 불규칙적인 조음의 붕괴, 속도
의 변이, 부적절한 침묵을 보일 수 있다(Duffy, 2013).

근긴장이상증과는 달리 **무도병**(chorea)은 사지, 안면, 혀의 빠르고 예측불가능한 운동이
라는 특성을 가진다. 이 용어는 그리스어로 '춤'이라는 뜻의 낱말에서 기원한 것이며, 무도
병 환자들은 불안정하게 춤을 추는 것과 같은 모습으로 쉬지 않고 움직이는 것처럼 보인다.
무도병을 보이는 개인의 과다운동형 마비말장애는 말 속도의 변이, 불규칙적인 조음붕괴,
뚜렷한 운율적 비정상성의 특징을 가진다.

헌팅턴무도병

헌팅턴병(Hungtinton's disease)이라고도 알려진 **헌팅턴무도병**(Huntington's Chorea)은 유전적인 진행성 질환으로 기저핵 구조의 퇴행을 초래한다. 초기 증상은 30세에서 50세 사이에 나타나는데, 여기에는 불수의적인 무도병적 움직임과 행동의 변화가 포함된다. 병이 진행되면 불수의적 운동은 더욱 악화되고 보다 일반화된다. 감정과 성격에서의 변화가 뚜렷해지며, 이어서 우울증 및 치매로 발전된다. 평균 생존율은 약 20년이다. 그렇지만 헌팅턴무도병으로 진단된 개인들은 다른 신경퇴행성 질환을 가진 이들에 비해 자살 위험성이 더욱 높은데, 이 원인에 대한 메커니즘은 거의 밝혀져 있지 못하다.

혼합형 마비말장애

한 개인에게 두 가지 이상의 마비말장애 유형이 함께 나타나면 SLP는 그 개인에게 혼합형 마비말장애(Mixed Dysarthria)를 진단하게 된다. 혼합형 마비말장애는 중추신경계의 여러 영역에 손상을 초래하는 신경퇴행성 질환들에서 흔히 나타난다. 루게릭병(Lou Gehrig's disease)이라고도 알려져 있는 **근위축성측삭경화증**(amyotrophic lateral sclerosis, ALS)이 그 한 예이다. ALS의 경우, 상운동신경과 하운동신경 모두에서 퇴행이 일어나며, 이로부터 경직성 마비와 이완형 마비가 동시에 발생된다. 따라서 ALS를 가진 개인은 경직형–이완형의 혼합형 마비말장애를 보이게 될 것이다. ALS에서는 경직형 마비말장애의 말 특성이 보다 흔하게 나타난다. 그러므로 환자는 느린 말 속도, 과비성, 부정확한 조음, 쥐어짜며 목이 졸리는 듯한 음성 질을 보이게 될 것이다. ALS 환자의 하운동신경 손상의 일차적인 특징으로는 혀의 연축과 위축(fasciculations and atrophy)의 출현일 것이다. 연축은 신경퇴행의 결과로 신경충격의 자발적인 점화에 의해 안정 근육(resting muscle)이 관찰가능하며 고립된 경련이라는 점을 기억하라(Duffy, 2013). ALS를 가진 개인의 혼합형 마비말장애의 손상도는 병이 진행될수록 더욱 악화되며, 이들의 75%는 사망할 때까지 말을 하지 못한다. 개시 연령은 일반적으로 50대 중반이며, 여성에서보다 남성에서 더 많이 발병한다. 일반적으로 초기 진단 후 5년 이내에 사망하게 된다.

제6장에서 다룬 외상성뇌손상(**TBI**) 역시 혼합형 마비말장애를 초래한다. 이를테면 교통사고나 낙상과 같은 TBI의 발생 이후, 전형적으로 경직형–실조형의 혼합형 마비말장애가 나타난다. 이러한 특별한 외상의 경우에는 한 뉴런과 다른 뉴런 간에 소통할 수 있게 하는 축삭이 심각하게 손상된다. 이를 축삭 전단(axonal shearing)이라 하는데, 이것은 뇌 전역에 걸친 미만성 손상(diffuse damage)을 초래한다. 외상성 손상 발생은 여성보다 남성이 훨씬 높은 위험군이며, TBI를 초래하는 외상의 약 70%가량이 35세 이하의 연령집단에서 발생된다.

생애주기적 논점

대부분의 후천성 마비말장애는 성인기에 일어난다. 심지어 경도 수준의 마비말장애를 가진 개인들조차도 좀처럼 말하기를 꺼리기 때문에, 아마도 타인들은 그에 대해 긴장되고, 수줍어하거나 또는 불친절한 사람인 것처럼 여기기 쉽다. 일부 개인들의 경우, 말에 있어서의 약간의 비정상성만으로도 수치와 우울감의 원인이 될 수 있다. 보다 중증의 마비말장애 사례들에서는 사랑하는 이들이나 지인들이 그들의 말을 대신 마무리해주거나 또는 식당에서 음식을 대신 주문해주는 방식으로 그들과 의사소통을 시도할 때는 좌절감을 느끼기도 한다. 결국 이들은 좀처럼 의사소통하지 않으며 남들과 사귀려 하지 않는다. 의사소통의 결함은 사회, 직업, 교육활동에의 참여 기회를 제한시키며, 이는 다시 고립감을 가져다줄 수 있다. SLP로서의 여러분들은 마비말장애인들과 이들의 의사소통 상대방들에게 다양한 전략들을 제공하여 의사소통 참여의 증가를 촉진시키고, 그 삶의 질을 뚜렷이 개선시켜줄 수 있을 것이다.

진행형 퇴행성 질환의 후기 단계에서, 마비말장애를 가진 개인들은 독립적으로는 삶을 영위하기 어려우며, 이들에게는 일상생활에 필요한 조력 및 기관을 통한 보살핌이 요구된다. 움직임이 어려워질 것이고, 개인은 스스로를 보살피지 못하게 될 것이다. 이들은 결국에는 전혀 말을 하지 못하게 되며, SLP로서의 여러분들은 이와 같이 최중도 마비말장애를 가진 이들을 위해 보완대체의사소통(AAC) 장비의 도움을 통해 이들의 삶의 질을 개선시키도록 지속적인 작업을 할 수 있을 것이다.

> 운동구어장애는 말의 산출에만 국한되는 것이 아니라 개인의 삶에 있어서의 많은 측면들에 부정적인 영향을 미칠 수 있다.

말실행증

말실행증(Apraxia of Speech)은 말의 산출에 요구되는 감각 및 운동명령을 계획하거나 프로그램하는 능력을 손상시키는 임상적으로 뚜렷한 신경학적 말장애이다. 마비말장애와 달리 말실행증은 말 근육의 손상에 의한 것이 아니며, 근육의 약화와 관련된 것 또한 아니다. 오히려 이것은 운동통제에 있어서의 상위수준의 결함이다. 운동구어 산출과정은 기억으로부터 인출되는 운동프로그램으로부터 시작된다. 운동프로그램은 말 산출을 위한 운동에 필요한 모든 매개변인(패러미터)들이 규정되는 하나의 조직화된 세트이다. 이것은 반복을 통해 학습되며 기억 속에 공고화된다. 말실행증은 운동구어 프로그램을 적절히 인출하는 것에서의 결함을 초래하고, 그리하여 모음과 자음의 잘못된 조음, 느린 말 속도, 운율의 어려움(예 : 부적절한 휴지 또는 말 분절의 연장, 낱말 또는 문장의 부적절한 강세패턴)을 초래하게 된다. 이것은 일반적으로 좌측 대뇌반구, 특히 좌측 전두엽의 운동 및 전운동영역(motor and premotor area)의 손상에 따라 발생된다.

말실행증을 가진 개인들은 정확한 조음위치를 찾기 위해 모색 시도(groping attempt)를 하며, 반복적인 시도 속에서 그 변이성이 매우 크다(비일관성)는 특징을 갖는다. 다음절 낱말을 산출할 때 말소리들을 연속해내는 것에서의 유의한 결함과 함께, 말소리의 빈번한 대치와 생략, 말소리의 첨가가 나타난다. 말소리의 왜곡 오류 그리고/또는 관련된 소리로의 대치 오류들을 지배적으로 보이는 마비말장애인들과는 달리, 말실행증을 가진 개인들은 종종 관련 없는 소리로의 대치, 반복, 또는 첨가를 보인다. 말실행증을 가진 사람들은 자신의 오류를 인식하며, 이를 수정하기 위하여 반복적인 시도를 할 것이다. 이들이 정확한 소리 또는 낱말산출을 시도하면서 빈번한 휴지, 연장된 소리분절, 낱말이나 문자의 재시작이 나타나기도 한다. 이 결과, 말 산출은 그 속성상 마치 말더듬과 비슷하게 보이기도 한다. 동일 오류를 반복하는 마비말장애인들과는 달리, 말실행증을 가진 개인들은 종종 반복된 시도 속에서 매우 다양한 산출을 나타낸다. 이러한 비일관성은 말실행증에 특정한 것으로써, 따라서 SLP로서의 여러분들이 마비말장애와 말실행증을 정확하게 진단해낼 수 있도록 도울 것이다. 실행증을 가진 한 개인의 말 표본은 다음과 같다.

> O-o-on...on our cavation, cavationcavation...oh darn...vavation, oh, you know, to Ca-ca-caciporenia...no. Lacifacnia, vafacnia to Lacifacnion... on our vacation to Vacafornia, no darn it... to Cacaliborneo... not bornia...fornia, Bornifonrnia... no, Balliforneo, Ballifornee, Baliforneo, Californee, California, Phew, it was hard to say Cacaforneo, Oh darn.

비록 자주 사용되는 음소들이나 낱말들은 보다 정확히 산출되기는 하지만, 실행증을 가진 이들에게는 자음 및 자음군 그리고 합성음들이 특별히 어려운 소리가 된다. 여러분들이 예상할 수 있는 바와 같이 복잡하고, 길며, 익숙하지 못한 낱말들이 가장 산출하기 어렵다.

말실행증을 가진 개인들은 다른 때는 산출하기 위해 매우 애썼던 낱말들을 또 어떤 경우에는 전혀 어려움 없이 산출하기도 한다. 사실상 의뢰인들은 자동화된 발화나 감정적 발화들을 산출할 때는 오류 없이 말하는 모습을 보일 때도 있다. 한 의뢰인이 이를테면 *vacation* 같은 낱말을 자발적으로 산출하는 것을 매우 어려워하다가도 나중에 "와, 난 *vacation*을 말하는 게 정말 너무나 어렵더군요!"라고 이 낱말을 쉽게 말하는 모습은 그리 특별한 일도 아니다.

말실행증을 가진 사람은 앞서 언급한 것처럼, 보통은 자신들의 오류를 인지하고 있으며, 심지어 그것을 예상하면서도 수정하지 못할 수도 있다. 비록 느린 말 속도와 동등한 강세패턴과 같은 운율적 비정상성이 이 장애의 대표적인 특징이긴 하지만, 이러한 오류들을 예상하면서 말을 모니터링하기 때문에 느리고, 대개는 말 속도에 주의하면서 동등한 강세와 간격을 두고 말을 하는 결과가 초래되는 경향도 있다. 의뢰인들은 종종 자신들이 말하고자 하는 것이 무엇인지 알고 있으나 그 연속체를 시작하거나 이어지게끔 하지 못한다고 보고하는 경우가 많다. 이름대기 과제를 만나면, 이들은 다음과 같이 답할 때가 많다. "난 그걸 알지만 말하지는 못하겠군요."

비록 실행증과 실어증은 종종 동반출현하기도 하지만, 이 둘이 서로 같은 것은 아니다. 실어증은 언어장애인 데 비해, 실행증은 운동구어장애이다. 실어증을 가진 개인은 모든 감각양식에 있어서 낱말인출에 결함을 보이지만, 말실행증을 가진 이들은 쓰기에서는 보다 쉽게 낱말을 회상해낼 수 있지만 이것을 정확하게 말하지는 못한다. 게다가 말실행증은 오직 개별적으로 진단될 수 있는 것이며, 따라서 언어구조는 완전히 온전한 것일 수 있다. 〈사례연구 10.3〉은 말실행증을 가진 한 여성에 관한 이야기이다.

비록 마비말장애와 말실행증 간의 중복적인 특성이 있는 것처럼 보이기도 하지만, 이 둘은 운동구어 결함에 있어서 명백히 다른 유형들이다. 말 치료가 효과적일 수 있기 위해서는 의뢰인에 대한 정확한 진단이 필수적일 것이다. 비록 많은 개인차가 존재할 수는 있으나, 〈표 10.2〉에는 이 장애들의 주요한 차이점들이 제시되어 있다.

사례연구 10.3

말실행증을 가진 한 여성의 개인사적 이야기

루스는 좌뇌반구 전두엽 뇌졸중을 겪은 75세의 여성이다. 병원에서 퇴원 후, 루스는 재활센터에서 주 2회씩 뇌졸중으로 인한 말과 기타 운동 결함을 치료받기 시작하였다.

발병 6개월 후, 그녀는 자음군 축소, 비일관적인 말소리 생략, 왜곡된 자음 대치, 그리고 대화 중 주로 한 낱말 발화의 사용 특징을 가지는 말실행증을 지속적으로 보이고 있다. 읽기를 할 때는 읽기자료가 점차 복잡해질 때마다 말 명료도가 따라서 감소한다. 그녀는 말을 시작하는 것에 어려움을 가지며, 말소리나 음절 시퀀싱에 결함을 보인다. 미리 형성된 메시지를 말하거나 몸짓을 사용할 때는 루스의 말이 개선된 것처럼 보인다.

대화 중의 청각이해나 조용한 읽기이해는 모두 온전하다. 비록 루스는 신문을 읽지만, 그녀의 이전 삶에서 훨씬 더 많이 차지하던 보다 실질적인 읽기의 즐거움에는 관심이 줄어든 것처럼 보인다. 그녀의 기억과 주의술은 영향받지 않은 듯하다.

은퇴한 교사이자 미망인인 그녀는 혼자 살고 있다. 그녀는 6명의 자녀를 두고 있다. 2명의 큰 딸들은 그녀의 재활이 보다 빠르게 진전되도록 돕기 위해 그녀가 받고 있는 가정 요양을 보완하고자 하고 있다.

표 10.2 마비말장애와 실행증의 차이점

마비말장애	말실행증
말소리 왜곡	말소리 대치
대치 오류는 목표음소와 관련되어 있음	대치 오류는 종종 목표음소와 무관함
매우 일관적인 말소리 오류	비일관적인 말소리 대치
자음군 단순화	중성모음(/ə/)이 종종 자음군 사이에 삽입됨
목표음소에 대한 들을 수 있거나 조용한 모색행동이 거의 없음	목표음소에 대한 들을 수 있거나 조용한 모색행동
빠르거나 느린 말 속도	반복, 연장, 첨가의 특성을 보이는 느린 말 속도
온전한 말을 보이는 시기가 없음	유창하게 말하는 구간이 있음
연쇄적 또는 자동적 말과 자발적 말 사이에 차이가 없음, 두 가지 모두 영향을 받음	연쇄적 또는 자동적 말은 종종 매우 유창하지만, 자발적 말은 유창하지 못함

생애주기적 논점

후천성 말실행증이 개인의 삶에 미치는 영향은 장애의 병인뿐 아니라 그 중증도에 달려 있다. 말실행증에 걸린 대부분의 개인들은 좌반구, 특히 좌전두엽의 브로카영역의 뇌졸중에 뒤이어 그렇게 된 것이다. 뇌졸중의 중증도에 따라 개인들은 완전한 회복을 할 수도 있고 말역시 정상으로 복귀될 수 있다. 그 밖의 경우, 말은 어느 정도 회복되기는 하지만 느린 속도, 부정확한 강세패턴과 같은 경도 수준의 운율적인 비정상성이 지속되기도 한다. 진행성 신경학적 질환(예 : 피질 기저부의 퇴행)에 이차적으로 수반된 말실행증을 가진 개인의 경우, SLP는 의뢰인에게 조기에 AAC를 사용할 것을 고려해보도록 해야 한다. 왜냐하면 이러한 개인들은 말을 하는 대부분의 능력을 잃게 되거나 심지어 말의 모든 능력을 상실하게 될 가능성이 높기 때문이다. SLP는 언제나 의뢰인들에게 그들이 할 수 있다면 지속적으로 말하기 훈련을 하도록 격려하고, 또한 가능한 한 자주 AAC 장비를 사용하여 의사소통에의 참여를 촉진할 수 있도록 촉구하는 일이 중요하다. 또한 다른 모든 운동구어장애 유형에도 모두 마찬가지이듯 말실행증을 가진 의뢰인에게 긍정적인 태도를 촉진시키는 일도 중요할 것이다. 퇴행성 질환이 진행되는 과정 전역에 걸쳐 만족스러운 삶의 질을 유지하도록 돕는 일은 SLP의 핵심적인 역할이기 때문이다.

운동구어장애의 병인론

운동구어장애는 후천적(즉, 신경운동시스템이 완전히 성숙된 이후에 발생된)이거나 또는 선천적(즉, 출생 이전에 발생된)인 것일 수 있다. 지금까지 우리는 이를테면 파킨슨병 같은 신경퇴행성 질환이나 뇌졸중 또는 외상성뇌손상에 의한 말의 결함을 포함하여, 성인기의 개인에게 전형적으로 영향을 미치는 많은 질환들에 대해 논의하였으며, 따라서 이는 후천적 장애를 의미한 것이다. 운동구어장애는 출생 시점 또는 출생 이전에 존재한 선천적 결함으로 인하여 아동들에게도 발생될 수 있다.

뇌성마비

뇌성마비(Cerebral Palsy, CP)는 비진행성이자 영구적인 운동 및 자세발달장애의 이질적 집단으로써, 아동의 마비말장애를 초래하는 선천적 장애 중 하나이다. CP는 종종 태아 발달과정, 분만 과정, 또는 출생 바로 직후 중 어디에서든 발생된 뇌 산소 결핍[즉, 산소 결핍 뇌손상(anoxic brain injury)]에 의해 초래되기도 한다. 뇌출혈(hemorrhages) 역시 CP를 초래할 수 있다. 뇌출혈에서와 같이 어떠한 형태로든 혈관계로의 혈액 공급 정지는 발달 중인 뇌에 손상을 초래할 수 있다.

감염 및 중독 역시 뇌발달을 방해할 수 있다. HIV와 같은 박테리아나 바이러스 감염은 타 신체조직으로부터 뇌로 침투하거나 혈액 공급을 통해 뇌 안으로 전달될 수 있다. 임신 첫 몇 개월 동안 그리고 태반장벽(placental barrier)이 형성되기 전, 배아(embryo)는 이를테면 독감(influenza), 풍진(rubella), 볼거리(mumps)와 같은 산모의 감염에 특히 취약하며, 이것이 뇌의 발달을 손상시킬 수 있다. 중금속, 수은, 납과 같은 독성 물질들은 뇌조직에 축적되어 발달을 붕괴시킨다. 임신한 여성의 영양실조 그리고/또는 알코올이나 약물남용 역시 태어날 아이의 뇌기능 손상을 초래할 수 있다. 마지막으로 임신 중이나 신생아 시기의 사고도 태아의 뇌손상을 초래할 수 있다. 여기에는 자동차 사고 그리고 불행히도 임신 중인 산모에 대한 학대 또는 유아에 대한 학대가 포함될 수 있다.

CP는 소아 인구(아동 1,000명당 2~3명)의 만성신체장애의 가장 보편적인 병인이다. 이

표 10.3 뇌성마비의 특징

뇌성마비 유형	특징	손상된 뇌영역
경직형	경직성, 반대편 근육군의 근긴장 증가 과잉신장반사 급작스럽고, 힘들며, 느린 움직임 유아들의 반사 패턴	운동피질 그리고/또는 추체로
무정위형	느리고 불수의적인 몸부림 비조직적이며 비협응적인 수의적 운동 동반된 수의적 움직임에 따른 움직임이 발생	추체외로, 기저핵
실조형	비협응적인 움직임 균형감 부족 운동의 방향, 힘, 조절이 결여됨	소뇌

것은 기형적인 근긴장(종종 과긴장), 선택적 운동조절 상실, 근육약화, 균형 손상을 야기한다(Narayanan, 2012; Rosenbaum et al., 2007).

CP를 가진 개인들은 연령, 문화, 교육, 그리고 그 유형 및 중증도에 따라 다르다. CP의 유형은 손상된 중추신경계의 영역에 따라 달라진다. 손상은 운동피질, 추체로 또는 추체외로, 소뇌에서 발생될 수 있다. 대부분의 CP 유형은 다음의 세 가지 중 하나로 분류될 수 있다 — 경직형, 무정위형, 실조형.

경직형 뇌성마비

CP를 가진 개인의 약 60%에서, 경직성과 근긴장 증가의 현저한 특성이 나타난다. 경직성은 상운동신경의 손상으로 인해 나타나는 수동적 신장(passive stretch)에 대한 저항의 증가이며, 이는 **경직형 CP**(Spastic Cerebral Palsy)를 가진 개인의 근육이 수축할 때는 반대 근육의 근긴장도가 정상수준 이상으로 증가하여 그 신장에 기형적으로 반응하게 되는 것임을 기억하라. 이를 과잉신장반사(exaggerated stretch reflex)라고 한다.

손상된 상운동신경은 근긴장을 증가시키는 신호를 억제하지 못한다. 이 결과 과긴장성(hypertonicity)이 나타난다. 운동이 시도되고 있는 근육의 반대 근육에서의 근긴장 증가로 인해, 원하던 움직임은 급작스럽고 뻣뻣하며 힘든, 그리고 느린 운동으로 종료된다. 중증의 경우에는 사지가 안쪽으로 향하면서, 팔은 위쪽으로 끌어올려지고 머리는 어느 한쪽으로 기울어진다. 〈그림 10.4a〉는 중증의 경직형 뇌성마비를 가진 개인의 신체자세를 보여준다.

무정위형 뇌성마비

뇌성마비의 약 30%가 **무정위형 CP**(Athetoid Cerebral Palsy)를 가지고 있다. 무정위운동증(athetosis)은 대개 개인이 수의적 움직임을 하고자 할 때 뚜렷이 나타나는 느리고 불수의적인 몸부림의 특징을 가진다. 이 결과로 운동행동은 비조직적이며 비협응적이다. 다른 불수

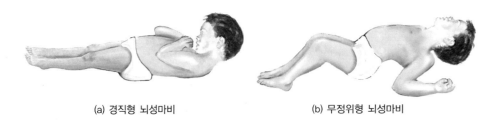

그림 10.4 중증의 경직형 및 무정위형 뇌성마비의 특징적인 자세

(a) 경직형 뇌성마비　　　　　　　　　(b) 무정위형 뇌성마비

의적 운동과 마찬가지로, 무정위운동증은 기저핵 구조의 손상 그리고/또는 불수의적 운동 억제 경로의 손상에 의한 것이다. 손상된 억제 기제는 운동피질의 흥분 기제를 적절히 모니터하지 못하고, 이로 인하여 지나치게 과도한 운동이 발생된다. 무정위형 CP를 가진 개인에게서는 다른 어떤 유형에서보다도 더 심각한 말과 호흡의 문제가 나타난다.

가장 중증의 형태에서는 개인의 발이 안쪽으로 향하게 되고, 등과 목이 활처럼 구부러지며, 팔과 손이 머리 쪽을 향하여 과도하게 뻗친다. 〈그림 10.4b〉는 중증의 무정위형 CP를 가진 아이의 자세를 보여주고 있다. 그렇지만 무정위형 CP의 중증도는 다양하다. 예를 들어, 개인이 가만히 있거나 안정 중일 때는 무정위형 움직임은 잘 드러나지 않는다. 무정위운동증은 의도적인 움직임을 시도할 때만 그리고/또는 개인이 흥분하거나 감정적으로 화가 났을 때만 발생되거나 또는 과장된다.

실조형 뇌성마비

뇌성마비 인구의 약 10%를 차지하는 **실조형 뇌성마비**(Ataxic Cerebral Palsy)는 비협응적인 움직임과 균형의 손상이라는 특징을 나타낸다. 움직임은 그 속도와 방향 통제가 부족하여 서툴고 어색하다. 실조형 뇌성마비에게는 특히 보행이 어려우며, 극단적인 경우에는 보폭은 넓게, 얼굴은 앞으로 내밀고, 팔은 뒤로 한 채로 거의 새와 같은 모습으로 걷는 특징을 보인다. 심지어 손상 정도가 약한 개인들조차도 마치 취한 사람 같은 걸음걸이를 보일 수 있다.

운동실조증은 소뇌의 손상에 의한 것임을 기억하라. 뇌의 이 부분의 손상은 내이(inner ears)로부터의 균형 정보, 뿐만 아니라 근육으로부터의 운동의 속도, 힘, 방향에 대한 고유수용감각 정보(proprioceptive information)의 모니터링을 손상시킨다. 정확한 피드백이 없다면 근육운동의 협응이 어려워진다. 왜 보행이 특히 문제시되는지 쉽게 이해될 수 있을 것이다.

뇌성마비와 연합된 운동구어장애

CP를 가진 모든 사람들이 다 운동구어의 결함을 가지는 것은 아니다. 예를 들어, 어떤 개인들은 오직 다리[하지마비(paraplegia)]와 연관된 경직형 CP를 가지고 있을 수도 있다. 반대로 무정위형 CP를 가진 대부분의 사람들은 호흡, 발성, 공명, 조음의 말 산출 하위시스템 각각에 영향을 미치는 운동구어의 이상을 나타낸다. 후천성 운동구어장애를 가진 성인은 과거 정상적인 말을 가지고 있었던 반면, 발달 중인 CP 아동은 그렇지 않으며, 그 결과로 잘못된 운동시스템을 통한 말 학습과정에서의 비전형적인 운동산출 패턴 역시 나타낼 수 있는 것이다. 그러므로 SLP로서의 여러분은 말의 결함을 초래하는 운동통제 기능부전 및 그간 누적되어온 잘못된 학습 두 가지 모두를 고려해야만 할 것이다.

말 호흡의 결함은 CP 아동, 특히 경직형 CP를 가진 아동에게는 보편적인 문제이다. 폐활량(즉, 깊은 들숨 후 내쉴 수 있는 총 공기량)이 감소할 수 있기 때문에 말 산출의 목적으로 내쉬는 공기량이 충분하지 못하다. 그러므로 CP를 가진 개인들은 짧은 구를 산출하거나 심지어 한 낱말 발화에도 제한을 보일 수 있다.

후두근육과 연관된 비일관적이거나 부적절한 기류가 발성에 영향을 미칠 수 있다. 약증이나 경직성으로 인하여 음성의 질은 공기가 터지는 듯한 기식성 음성으로부터 쥐어짜는 듯하며 거친 음질까지 다양하게 나타날 수 있다. 기식성 음성은 폐로부터 보다 많은 공기를 밀어내기 위한 보상적 전략의 사용을 나타내는 것일 수 있다.

공명은 연인두 기능부전(velopharyngeal dysfunction)의 결과로 인한 과비성의 특징을 보일 수 있다. 구강으로부터 비강을 차단하는 것에서의 무능함은 자음의 정확한 산출에 필수적인 공기압의 손실을 초래한다.

혀, 입술, 턱의 문제와 관련되면 조음이 극히 어려워질 수 있다. CP를 가진 개인의 혀는 부분별로 차별화시키는 능력이 제한되어 한 덩어리로만 움직이게 될 수 있다. 이 결과 말소리, 특히 혀끝(tongue tip)의 운동을 통해 만들어지는 소리들(예 : /s/, /z/, /l/, /r/)이 특별히 어려워지게 될 것이다. 입술의 움직임이 느리고 제한적일 수 있다. 조음의 결함은 CP의 유형에 따라 달라질 것이다. 예를 들어, 무정위형 CP를 가진 개인들은 과도한 턱 운동, 제한적인 혀 운동성, 그리고 연인두 부전을 나타낼 수 있다.

CP를 가진 개인들에서는 음도, 음량, 길이를 포함하여, 말의 운율적 측면 역시 영향을 받을 수 있다. 내담자는 어휘적 강세를 나타내거나 낱말의 보다 미묘한 의미를 전달하기 위해 호흡 및 발성시스템상에서의 근육의 빠른 조정을 만들어내지 못할 수 있다. 열악한 근육 통제는 발성을 개시하고 이를 유지하는 일을 어렵게 만들 수 있다. 이 결과, 짧은 구나 낱말 그리고 빈번하게 정지하는 형태로 말이 단절된다(즉, 뚝뚝 끊어진다). 말은 비유창하며, 리드미컬하지 못하며 매우 단조로운 특징을 나타낸다.

지적능력, 주의, 청각적 처리, 언어결함을 포함하는 기타의 문제점들 역시 말 산출과 연루된다. CP를 가진 많은 개인들이 평균 또는 평균 이상의 지능을 가지고 있지만, 대략 1/3 정도는 유의한 인지결함을 가지고 있다. 청각 및 말소리 변별에 문제를 보일 수 있으며, 지체된 언어발달로 미성숙한 언어구조 및 사용이 포함될 수도 있다.

생애주기적 논점

CP의 초기 증후에는 성마름, 약한 울음, 빨기, 과도한 수면, 환경에 대해 최소화된 관심, 그리고 신생아 단계 이후까지 지속되는 원시 반사들(primitive reflexes)이 포함될 수 있다. 자신들의 유아가 CP를 가지고 있다는 사실에 대한 부모들의 초기 반응은 다양하며 죄의식, 슬픔, 분노, 그리고 거부가 포함될 수 있다. 전형적으로 부모들은 자기 자녀들에게 잘 적응하지만 만성적인 슬픔을 보이거나 자녀가 '정상'이 되는 지속적인 욕망을 가지기도 한다. 아동이 기대했던 방식으로 반응하지 못하게 됨에 따라 부모-아동 간 유대감 형성과정에 어려움이 생길 수 있다. 추가적으로 CP를 가진 아동을 보살피는 일은 가족에게 짐이 되며, 가족의 환경 내에 스트레스를 가져올 수 있다.

경도 수준의 영향을 받은 유아의 경우 CP 진단이 확정되기까지는 2년이 소요될 수 있다. CP의 유형은 첫 몇 해 동안 변화될 수 있으며, 따라서 아동 및 가족은 의료 및 교육전문가들과 지속적으로 접촉하는 것이 중요하다. CP와 연합된 운동의 지체가 종종 첫 번째 징후이다. SLP로서의 여러분들은 말, 언어의 지체, 그리고/또는 섭식 및 삼킴을 다루는 조기중재 팀에 참여하게 될 것이며, 뿐만 아니라 CP를 가진 자녀를 두었다는 사실과 싸워야 하는 가족들에 대한 상담을 돕게 될 것이다.

중증도, 함께 수반된 장애들, 부모의 참여, 학교시스템의 유연성과 같은 변인들이 CP 아동을 위한 적절한 교육환경 결정에 중요하다. 일반적으로 평균 또는 평균 이상의 지능을 가진 경도의 CP 아동들은 다른 CP 아동들에 비하여 전형적인 교육경험을 가질 가능성이 높아진다. 신체적 결함은 지적기능에서의 결함을 모호하게 할 수 있기 때문에 중증의 운동결함을 가진 개인들의 인지적 능력을 적절히 평가하는 일은 극히 중요하다.

많은 개인들, 특히 경도의 신체 및 인지적 결함을 가진 이들은 보다 상위교육을 받으며, 그리고/또는 경쟁력 있는 직장에 들어간다. 종종 교육 및 직장환경에서의 수행을 증진시키기 위한 신체적 적응이 이루어지기도 한다. 기타 개인들은 주(state)나 대행기관에서 운영되는 센터에서 일과 학습을 병행할 수도 있다. 중증의 운동결함, 인지적 결함을 가진 이들에게 일상생활 및 직업기술 훈련을 제공하는 주간치료프로그램(Day treatment program)을 활용할 수도 있다. 〈사례연구 10.4〉에는 CP를 가진 한 소년의 이야기가 담겨 있다.

운동구어장애 평가

운동구어장애를 정확히 판별하기 위해서는 먼저 의뢰인이나 의뢰인의 보호자로부터 충분한 사례력을 수집해야 한다. 왜냐하면 운동구어장애는 종종 예측가능한 주 호소 및 증상과 함께 수반되기 때문이다. 이에 덧붙여, 의뢰인에게 차별적인 진단목적에 맞게 설계된 다양한 말 산출과제를 시도하게 하면서, 말 산출 하위시스템(즉, 호흡, 발성, 공명, 조음)에 대한 지각적이며 객관적인 검사를 해야 한다. 이러한 검사들은 의뢰인을 위한 가장 효과적인 치료접근법을 결정할 수 있게 해줄 것이다.

SLP로서의 여러분은 특히 의뢰인이 일반화된 신경학적 결함을 나타낼 때는 더더욱 의료전문가들로 구성된 진단 팀에서 한 역할을 맡게 될 것이다. SLP로서의 여러분은 운동구어장애의 특정 유형들에 부합하는 서로 다른 말 패턴을 정확히 판별해냄으로써 기저하는 신경학적 조건에 대한 차별적 진단을 담당해야 할 팀의 나머지 구성원들에게 중요한 정보를 제공하여 주게 된다.

아동이나 성인 의뢰인을 사정할 때의 운동구어 평가목적은 다음과 같은 여러 가지를 포함한다.

사례연구 10.4

뇌성마비를 가진 한 소년의 개인적 이야기

제이크는 시골의 한 작은 병원에서 3½개월 조산된 미숙아로 태어났다. 비록 그는 태어나자마자 곧바로 인큐베이터에 들어갔지만, 분만을 담당한 산부인과의사는 출생 시점에서의 산소 결핍 가능성을 염려하였다.

제이크의 부모는 미숙아로 태어난 아들 때문에 발달적 지체가 예상된다는 조언을 들었다. 이들은 그가 성마르며 우유를 소화하는 데 어려움을 보이는 것 같다고 보고하였다. 4개월경, 그의 담당 소아과의사는 깜짝 놀라는 것에 대한 전신 반응과 같은 반사와 눈-손 협응 결핍에 대해 우려를 표하였다. 그녀는 대도시 병원의 발달 팀으로 제이크를 의뢰하였다.

소아과의사, 신경학자, 물리치료사, 작업치료사, 말-언어치료사로 이루어진 다학제적 팀이 구성되었다. 이들은 제이크가 운동이상증에 더하여 인지 및 운동의 지체를 가지고 있다고 결정 내렸다. 그는 무정위형 뇌성마비로 진단되었다.

뒤이어진 평가에서 제이크에게 다학제 팀의 재활전문가들(즉, 물리치료사, 작업치료사, SLP)로부터 제공되는 가정 기반 조기중재 서비스 및 병원에서의 주기적인 추수평가에 참여하도록 제안되었다. CP의 진단은 제이크의 부모에게는 매우 가슴 아프고 고통스러운 일이었다. 그러므로 이 팀은 또한 부모에게 상담을 받고, 아들을 위한 치료계획의 한 일환인 부모지원집단에 참여할 것을 제안하였다.

3세경에 제이크는 손으로 집어먹을 수 있는 음식을 스스로 먹을 수 있었지만, 여전히 몇 가지 어려움은 남아 있었다. 옷 입기의 경우 소매와 팔에 걸려 있는 셔츠를 끌어내리는 것에 제약을 가지고 있었다. 그는 걸을 수는 있었으나 안정된 자세로 있어야 할 때는 상당한 어려움이 나타났다. 그의 말은 몇 개의 낱말과 구로 이루어졌으며, 그의 가족을 제외한 나머지 타인들에게는 종종 불명료한 것이었다. 제이크가 다니는 특수 취학전기관의 SLP의 충고에 따라 그는 AAC 장비 훈련을 받기 시작했다. 처음에는 의사소통판상에서 그림을 가리키는 것이 포함되어 있었다. 그의 가리키기 반응은 다소 부정확하였지만, 제이크는 초등학교에 입학하기 전까지 의사소통판을 계속 사용하였다.

1학년에, 그는 특수한 의사소통 소프트웨어가 있는 컴퓨터를 사용하기 시작하였다. 그림이 낱말로 바뀌고 이것이 다시 개별 철자로 이어지는 것이었다. 현재 3학년이 된 제이크는 스스로 하는 말과, 컴퓨터상의 그림, 낱말 및 간단한 철자선택을 조합하여 의사소통하고 있다. 그는 어디든 자신의 컴퓨터를 가지고 다니며, 심지어 식당에서도 자신이 좋아하는 음식을 자기 스스로 주문할 수 있다.

- 유의한 장기적 문제가 존재하는가의 여부를 결정한다.
- 손상된 기능의 본질, 특히 문제의 유형, 그 범위/손상도, 이 손상이 일상의 기능적 의사소통에 미치는 영향에 대해 기술한다.
- 손상되지 않은 기능을 판별한다.
- 적절한 중재의 목표를 수립하고, 어디서부터 중재를 시작할 것인지 결정한다.
- 장애의 본질, 의뢰인의 연령, 상해 또는 질환의 정도 또는 단계, 기타 수반 조건들, 의뢰인의 동기, 가족의 지원에 기초하여 훌륭하게 추론된 예후를 결정한다.

말-언어치료사로서의 여러분은 의뢰인의 구강 메커니즘의 구조와 기능, 연결 발화, 특정 과제에서의 말을 평가할 것이다. 비록 몇 가지 상업적 검사방식들을 활용할 수도 있지만, 많은 병원이나 외부 클리닉에서 일하는 SLP들은 소아 및 성인 인구의 운동구어 평가를 위해 사용하는 표준적인 평가프로토콜을 가지고 있다. 이 방식들은 기기적 접근 및 컴퓨터를 통한 분석을 사용하는 것에 의존하는 방식과 그렇지 않은 방식이 있다.

초기 시점에 여러분은 구강의 말초적 메커니즘를 조사하고, 다음과 같은 특정 영역에 대해 기록해야 한다.

- 휴식 상태에서의 안면, 턱, 입술, 혀, 치아, 경구개 및 연구개의 대칭, 구성, 색, 일반적인 외형
- 턱, 입술, 혀, 연구개 운동
- 운동 중의 턱, 입술, 혀의 운동범위, 힘, 속도, 방향

여러분은 또한 다음과 같은 사항을 직접적으로(기기 및 컴퓨터 방식 사용) 또는 간접적으로(비구어과제 또는 지각적 말 산출과제 중에) 결정해야 한다.

- 말 산출과정에서의 폐용량(lung capacity), 호흡 구동 시 압력 및 통제
- 발성 개시, 유지 및 정지
- 음도 및 음도 변이성
- 음량 및 음량 변이성
- 자발적인 음도-음량 변화
- 연인두 기능

후천성 말실행증을 가진 성인들의 경우, 차별적 진단을 위해서는 다음과 같은 말 산출과제들이 도움이 될 것이다.

- 길이가 다른 한 낱말(single words) 모방하기
- 문장 모방하기
- 소리 내어 읽기
- 자발화
- "퍼", "터", "커" 및 "퍼-터-커"(또는 "buttercup") 빠르게 반복하기

이 과제들은 반복적이거나 모방적인 방식임을 주의하라. 말실행증에서는 반복적인 수행에 따라 수행 정도가 달라지기 쉬우며, 따라서 오류는 비일관적임을 기억하라. 자극 제시 방식 역시 중요한데, 그 이유는 실행증을 가진 사람은 청각이나 시각자극 한 가지만 제공되었을 때에 비하여 시각-청각자극을 함께 주었을 때 보다 훌륭하게 반응하기 때문이다. 아동기 말실행증을 가지고 있는 것으로 의심되는 아동들을 위한 추가적인 평가기법은 제9장에서 상세히 다룰 것이다.

운동구어장애 치료

아동 및 성인을 위한 운동구어장애 치료에는 몇 가지 기본적인 원칙들이 있다. 여기에는 (1) 잃어버린 기능 복구하기 (2) 보상적 전략 사용하기 (3) 잃어버린 기능을 조정하기(Duffy, 2013)가 포함된다. 마비말장애나 실행증과 같은 후천성 운동구어장애를 가진 성인들의 경우, 특히 예를 들어 경도의 뇌졸중 사례에서는 완전한 복구가 상당히 가능하다. 그러나 일반적으로는 후천성 장애를 가진 많은 개인들 그리고 특히 뇌성마비와 같은 선천성 장애를 가

진 이들의 경우에는 잔존하는 운동구어의 결함이 장기간에 걸쳐 지속된다. 그러므로 운동구어 체계의 부적절한 기능에 대한 보상이 필요할 수 있다. ALS나 파킨슨병과 같은 진행성의 퇴행성 질환들의 경우, 손실된 기능에 대한 지속적인 적응이 필요할 것이며, 따라서 질환이 진행되는 전 과정에 걸쳐 보상적 전략과 보철장비의 사용이 효과적일 수 있다.

마비말장애의 관리

마비말장애는 말 산출의 모든 측면에 영향을 미치기 때문에 의뢰인의 호흡, 발성, 공명, 조음, 운율에 대한 관리가 시행되어야 한다. 말 호흡 목적을 위한 증가된 호흡구동(respiratory drive)을 목표로 한 특정 중재기법으로는 휴지/구 나누기(pausing/phrasing) 전략을 사용하는 말 훈련 산출이 있다. 이 방식에서, 의뢰인(가능할 때는 성인 및 아동 모두)은 더 많은 공기를 얻기 위한 수단으로 보다 짧은 구(phrase)를 사용하여 보다 자주 쉬는(pause) 법을 배우고, 높은 폐용적(lung volume) 상태에서 발화를 개시하는 법을 배운다. 이 결과로, 말 발화의 강도는 더욱 커지고(비록 발화 길이는 보다 짧아지지만), 종종 보다 명료해지게 될 것이다. ALS나 일부 경직형 뇌성마비 아동들의 경우에서처럼, 만일 호흡근육의 약증으로 인해 이러한 전략의 사용이 어렵다면, 복대(abdominal binder)를 사용하는 것이 호흡구동 증가, 그리고 이에 따라 강도와 음질을 개선시키는 효과적인 보철이 될 것이다. 중증의 호흡약화로 강도가 유의하게 낮은 환자들은 음성확성기(voice amplifier)를 사용할 수도 있을 것이다.

음성 및 음성의 질을 개선시키기 위한 특정 의료적 중재 및 음성기법들은 제8장에 기술되어 있다. 파킨스병을 가진 성인들의 발성 능력을 향상시키며, 경직형 뇌성마비 아동의 호흡 및 발성 결함을 치료하기 위한 근거기반의 행동적 접근이 리실버만음성치료(LSVT)이다. LSVT는 4주간의 집중적인 말 치료로 음성 및 말 기능의 뚜렷하면서도 장기적인 개선을 가져다주는 것으로 알려진 바 있다. LSVT는 화자에게 보다 큰 소리를 사용하며 이 새로운 큰 음성의 사용을 자기모니터링하도록 훈련시킨다. www.lsvtglobal.com의 'Video/News'를 클릭하여 'Shirley'에 대한 LSVT LOUD 치료 전 및 치료 후 비디오를 보라.

LSVT의 결과로 음성과 음성의 질이 개선될 뿐 아니라 연인두 기능, 조음, 삼킴에서 역시 이 치료의 간접적 이득이 밝혀진 바 있다. 개인이 가정에서 LSVT 프로그램에 참여할 수 있는 새로운 컴퓨터 소프트웨어를 사용할 수 있다. www.lsvtglobal.com의 LSVT Global 웹사이트를 방문하여 'Products'를 클릭하라. 다음 'LSVT Companion System'을 클릭하여 이 소프트웨어를 시연해보고 그 적용에 관해 더욱 학습해보라.

지속적 양압 치료(continuous positive airway pressure, CPAP)와 구개거상기(palatal lift)의 사용을 포함하여, 연인두 기능을 개선시키는 기법 및 보철장비들에 관해서는 제8장에 상세히 기술되어 있다. 마비말장애의 이차적인 구개 약화를 가진 개인들에게도 이와 동일한 관리 기법들이 유용한 것으로 입증될 것이다. 앞서 언급한 바와 같이, LSVT 역시 다양한 병인에 의한 마비말장애를 가지는 성인 및 아동들의 연인두 기능을 개선시키는 것으로 밝혀져 온 바 있다.

의미 있는 낱말과 구를 활용하는 집중적이며 반복적인 말 산출훈련 임상은 조음정확도를 증가시키고, 이에 따라 말 명료도를 향상시키는 효과적인 방식이 된다. 말 속도를 늦추는 것 역시 소아 및 성인 인구 모두에서 조음정확성을 증가시키는 효과적인 방식이다. 제8장에서 언급되었던 전기구개도(EPG)는 조음정확도를 위한 혀 운동위치에 관한 피드백을 시각적으로 제공해줌으로써 CP에 의한 마비말장애 아동들 및 후천적 마비말장애를 가진 성인들의 조음정확도 향상에 유용하다. 비록 처음에는 이 장비에 적응하기 쉽지 않지만, 하루 동안 약 2시간가량 구개에 EPG를 부착하게 되면 전형적으로 들리는 말을 결과로 얻을 수 있다(McLeod & Searl, 2006). EPG의 컴퓨터 화면, 말 모니터링, 생체 피드백의 조합을 통하여 마비말장애를 가진 일부 소아 및 성인 의뢰인들은 말소리의 향상된 조음을 위한 보다 훌륭한 혀 조절을 배우게 된다.

역사적으로 마비말장애를 가진 개인의 조음개선을 위한 중재는 비구어구강운동치료(nonspeech oral-motor treatments, NSOMTs)를 포함하는데, 이 치료에는 운동, 마사지, 불기(blowing), 자세 잡기, 아이싱(icing), 볼 부풀리기, 기타 비구어활동이 포함된다. 이 방법론의 가치에 대한 데이터는 부족하다. NSOMTs의 인기에도 불구하고, 근거기반실제는 이 방식의 사용을 지지할 만한 근거가 부족하며, 따라서 현시점에서 NSOMTs는 마비말장애를 가진 성인과 아동의 조음향상 수단으로 제안되지는 않는다.

말의 보완 전략들은 마비말장애 성인들이 산출한 말에 대한 청자의 이해를 높여주는 것으로 밝혀진 바 있다. 특히 화자가 낱말을 말하면서 알파벳판 위의 그 낱말의 첫 번째 철자를 가리키는 알파벳 단서 사용 방식은 말의 이해가능성을 향상시키는 데 매우 효과적이다. 추가적으로, 주제 단서(대화주제를 진술하고 주제 전환을 알림)와 함께 알파벳 단서를 사용하는 조합 단서(combined cues) 역시 말 이해도 향상에 효과적인 것으로 알려져왔다(Hustad et al., 2003). 이러한 전략들은 마비말장애를 가진 더 나이 든 아동들에게도 역시 효과적일 수 있다.

뚜렷하게 중도에서 최중도 마비말장애를 가진 아동 및 성인들의 경우에는 AAC(제13장을 보라)를 구어형식의 의사소통과 결합하여 사용하는 것이 가장 이로울 수 있다. 의뢰인 장비의 인터페이스는 입력 방식을 포함하여 최적의 체계를 결정하기 위해서는 개개인에 맞는 평가가 요구된다.

후천성 말실행증 관리

Rosenbek 등(1973)이 개발한 말 산출접근법인 통합적 자극법(integral stimulation)은 지금까지 줄곧 후천성 말실행증을 위한 가장 효과적인 치료 중 하나였는데, 이것은 "나를 바라보고, 내 말을 듣고, 내가 하는 대로 하라(watch me, listen to me, and do what I do)."라는 기본 절차를 활용한다. 통합적 자극법에는 8단계의 연속체로 이루어진 위계적인 단서 제공 기법들(예: 촉각, 동시적 산출, 즉각 모방, 지연 모방)이 포함되는데 SLP는 이를 사용하여 의뢰인으로 하여금 자신의 정확한 말 산출에 요구되는 운동계획/프로그래밍 능력을 재훈련할 수 있도록 돕는다. 치료접근법에서 역시 훈련 자극이 의미 있는 것이 되며, 따라서 동기를 부여할 수 있도록 기능적인 어휘낱말이나 구로 이루어진 핵심세트(core set)들을 사용한다.

통합적 자극 기법들은 또한 운동학습 원리를 도입하는데, 이것은 뇌손상(예 : 뇌졸중) 이후 더 이상 접근불가능한 운동기술의 재학습을 위해 중요한 것이다. 운동학습 원리에 관한 포괄적인 논의에 대해서는 Maas et al.(2008)을 보라.

후천성 말실행증에 유용한 기타 치료접근법들에는 **멜로디억양치료**(melodic intonation therapy, MIT)가 포함되는데, 이것은 운율에 초점을 두어 구어발화의 멜로디, 리듬, 강세패턴을 강조하는 접근법이다. SLP는 이 방식을 사용하여 의뢰인에게 구를 마치 '노래 부르는' 것처럼 말하는 발화를 모델링해주고, 의뢰인이 이를 모방하는 동안 리듬에 맞게 두드려준다 (tapping out). 의뢰인이 발화를 산출하는 동안, SLP는 의뢰인이 이러한 단서 없이도 발화를 모방할 수 있게 될 때까지 리듬 단서를 점차 감소시켜나간다(Yorksont et al., 2010). 후천성 말실행증은 전형적으로 좌반구의 경색(infarct)과 관련되어 있기 때문에 멜로디억양치료법은 우반구의 기능에 접근(즉, 노래 부르기)함으로써 말 산출에 필요한 운동계획/프로그래밍을 촉진시켜주는 것으로 믿어지고 있다.

운율에 초점을 두는 또 다른 후천성 말실행증 치료접근법이 대조적 강세(contrastive stress) 이다. 이 방식에서는 의뢰인이 문장 내의 특정 낱말들에 강세를 두고, 그리하여 해당 문장의 의미를 변화(예 : "I didn't say he stole the money.", "I *didn't* say he stole the money.", "I didn't say *he* stole the money.")시키도록 하는 문장산출 훈련을 한다. 대조적 강세기법은 기타 말 조음기술에서는 적절하되 운율의 이상을 지속적으로 나타내는 경도에서 중증도 수준의 말실행증을 가진 의뢰인들에게 가장 효과적이다(Yorksont et al., 2010). 〈글상자 10.1〉에는 운동구어의 결함을 가진 개인들에게 이로울 수 있는 근거기반의 치료접근법들이 요약되어 있다.

요약

운동구어장애의 두 가지 주된 유형은 마비말장애와 말실행증이다. 마비말장애는 말 근육의 마비, 약화, 또는 불협응의 결과로 인한 운동의 속도, 범위, 방향, 힘, 타이밍에 영향을 미치는 말장애군이다. 다섯 가지 독립적인 유형은 이완형, 경직형, 실조형, 과다운동형, 과소운동형 마비말장애이다. 중복적인 운동시스템에 영향을 미치는 장애는 혼합형 마비말장애이다.

마비말장애는 성인기의 파킨슨병과 같은 신경학적 질환의 결과로 인해 후천적으로 발생될 수 있으며, 한편 뇌성마비(CP) 아동의 사례와 같이 선천적인 것일 수도 있다. CP는 태아기 매우 초기 또는 유아 발달기에 발생되는 뇌손상으로 야기된 발달성, 비진행성 신경학적 결함군으로 근육운동, 의사소통, 인지, 성장 및 발달, 학습, 감각에 영향을 미치게 된다. CP의 세 가지 주요 유형―경직형, 무정위형, 실조형―은 서로 매우 다른 운동패턴 및 말 결함을 초래한다.

실행증은 말에 필요한 운동동작의 자발적인 운동계획 및 프로그래밍상의 후천적인 장애로 근육약화, 지연, 또는 마비와 무관한 것이다. 후천성 말실행증은 종종 좌측두엽의 말에

글상자 10.1 | 운동구어 결함에 대한 근거기반실제

반복/연습

- 반복은 뇌 안에서 일어난 변화 및 이와 관련된 기능적 이득을 유지하는 데 중요하다. 일반적으로 중재이득의 유지를 위해서는 해당 기술에 대한 장기적이며 일관적인 사용이 요구된다.

중재강도

- 뇌졸중 이후 약화된 사지(limb)의 남용은 더 큰 결함으로 초래할 수 있지만, 그렇다고 이를 전혀 사용하지 않는 것 역시 회복을 지연시킬 수 있다. 이것이 운동구어 통제와 정확히 어떻게 관련되는가에 대해서는 명확치 않다. 그렇지만 이는 상해가 발생된 매우 초기에는 운동구어 중재는 덜 집중적이어야 하며, 점차적으로 강도를 높여야 함을 시사하고 있다.
- 운동구어 학습 촉진을 위해서는 집중적이며 강도 높은 임상보다는 연장된 임상을 시간에 걸쳐 분산시키는 것이 더 이로운 결과를 가져다준다.

기법

- 전기구개도(EPG) 기술은 말 산출에 그리 크지 않은 수준의 이득을 제공한다.
- 증거는 비구어구강운동치료(NSOMTs)의 사용을 표준적인 치료법

으로 지지하지는 않는다. 이 방식은 말 산출 중재로 사용되어서는 안 될 것이다.

말실행증

- 후천성 말실행증을 가진 개인들의 말 산출 결함을 다루고자 할 때는 통합적 자극법이 이로운 방식이다.
- 말 산출이 매우 어려운 후천성 말실행증 초기 단계에서는 멜로디억양치료법(MIT)이 유용하다.
- 운율적 이상이 지속되는 경도에서 중등도 수준의 말실행증에 대해서는 대조적 강세가 이로운 방식이다.

파킨슨병

- 리실버만음성치료(LSVT)는 PD를 가진 개인들의 음성, 말, 그리고 삼킴기능의 현저하면서도 장기적인 개선을 가져다준다.
- 뇌심층자극(deep brain stimulation)과 같은 외과적 중재는 사지의 운동기능을 향상시킬 수 있지만, 실질적으로는 운동구어의 추가적인 결함을 초래할 수도 있다.

출처 : Fossett(2010) ; Ludlow et al. (2008) ; and Yorkston et al. (2010)에 근거함.

필요한 순서화된 근육운동의 통합을 명시하고 계획을 수립하는 중추 프로그래밍 영역에서의 손상으로부터 야기된다.

운동구어장애는 그것이 선천적이건 후천적이건 간에 모두 영향을 받게 된 개인, 가족, 친구 및 SLP에게 특별한 도전에 직면하게 한다. 많은 의뢰인들은 메시지를 형성해낼 수 있는데도 불구하고 이를 명료하게 산출하지 못하는 자신에 대해 매우 심한 좌절 상태에 빠진다.

중재방식은 저마다 서로 크게 다르다. CP를 가진 아동은 보완대체의사소통(AAC) 장비를 사용하여 의사소통하는 법을 배울 수 있다. 반면 운동구어의 결함을 가진 더 나이 든 성인들은 이전에 학습되었던 말 패턴을 재학습하거나 복구하는 법을 배운다. 마지막으로 이를테면 파킨슨병이나 근위축성측삭경화증(ALS)과 같은 진행성이며 퇴행성 질환을 가진 개인들은 이전까지 가능했던 효과적인 의사소통 수준을 유지해내고자 하는 시도를 하거나, 또는 추가적인 의사소통 방식을 찾아낼 수 있다. 중재기법의 변화와 유망한 새로운 외과적 절차 그리고 의료적 관리는 신경학적 원인으로 인한 운동구어장애를 가진 개인들에게 지속적으로 희망을 부여해줄 것이다.

추천도서

Duffy, J. (2013). *Motor speech disorders: Substrates, differential diagnosis, and management* (3rd ed.). St. Louis, MO: Elsevier, Mosby.

Yorkston, K., Beukelman, D., Strand, E., & Hakel, M. (2010). *Management of motor speech disorders in children and adults* (3rd ed.). Austin, TX: PRO-ED.

Yorkston, K. M., Miller, R. M., & Strand, E. A. (2004). *Management of speech and swallowing disorders in degenerative disease* (2nd ed.). Austin, TX: PRO-ED.

11 삼킴장애

학습목표

이 장을 마치면 여러분은 다음과 같은 것들을 할 수 있게 될 것이다.

- 말-언어치료사가 삼킴장애에 관심을 가지는 이유를 설명한다.
- 인간의 삼킴의 기본적인 과정을 기술한다.
- 아동과 성인에서의 삼킴장애의 원인을 확인한다.
- 기본 임상적 도구적 평가기술에 대해 기술한다.
- 삼킴치료에서의 근거기반실제에 대해 토론한다.

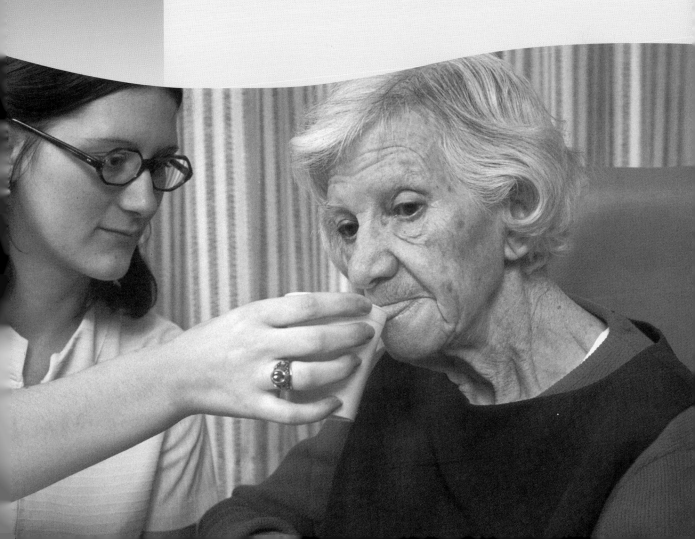

언어치료사(SLP)는 삼킴장애(dysphasia) 또는 삼킴장애의 평가와 관리에 중요한 역할을 수행한다. 미국말언어청각협회(ASHA)의 SLP의 2005년 보건조사에서 응답자의 87%가 SLP가 그들의 작업환경에서 기본적인 삼킴장애 관리 제공자임을 보고했다. 같은 조사에서 의료기관에서 일하는 SLP의 16%가 유아와 아동에게 식이(feeding)와 삼킴서비스를 제공하고 있다고 보고했다(ASHA, 2005c). 또한 SLP는 학교환경에서 아동의 삼킴장애를 관리하도록 요구될 수도 있다.

SLP는 식이와 삼킴장애를 가진 개인들을 확인하고 평가하고 치료하는 데 책임을 가진다. 매년 식이와 삼킴장애를 가진 것으로 확인된 성인과 지속적으로 성장하는 아동 환자의 수와 더불어 정상적이고 비정상적인 삼킴의 유형에 대한 특별한 지식은 이 같은 환자군의 효과적인 평가와 관리를 위해 핵심적이다. 〈사례연구 11.1〉은 SLP가 노인인구들에서 가장 빈번하게 만나는 사람들과 유사한 삼킴의 어려움을 가지고 있는 한 노인여성을 기술한다.

SLP가 하는 일의 대부분에서 그들은 혼자 일을 하지 않는다. 삼킴장애를 가지고 있는 환자들을 치료하는 SLP는 일반적으로 의사, 간호사, 영양사, 방사선의사, 위장병학자, 치과의사, 이비인후과의사, 신경학자, 작업치료사, 물리치료사, 호흡치료사, 그리고 가족 일원들로 구성된 팀의 일부분이다. 이들 전문가들의 각자 역할은 이 장의 후반에서 평가와 치료를 논의할 때 분명해질 것이다.

사례연구 11.1

삼킴장애를 가진 한 여인의 사례연구 : 리아

리아는 혼자 사는 80세의 노인여성이다. 그녀의 자식은 빠르고 현저한 몸무게의 상실에 걱정하고 있고 이 걱정으로 리아의 담당의사를 찾았다. 일상적인 내과검사에서 몸무게가 빠지게 하는 어떤 원인도 나타나지 않았다. 내과검사 이후 의사와 환자의 면면과정에서 리아는 그녀의 목구멍이 꽉 조이는 느낌을 자주 가졌고 먹을 때 자주 구역질도 난다는 것을 말했다. 그녀 아들 역시 그녀의 정상적인 건강한 식욕이 최근 심각하게 축소되었고 식사시간에 지나치게 불안해하는 것처럼 보인다고 의사에게 말했다. 리아의 몸무게 상실에 대한 내과검사의 부정적인 결과와 후속의 면담에서 제시된 정보에 기초하여 그녀의 의사는 잠재적인 삼킴장애의 평가를 하도록 대학병원에 의뢰했다.

삼킴장애를 책임지는 SLP 직원이 리아의 삼킴검사의 첫 부분을 실행했다. 사례정보 검토 후 SLP는 리아와 그녀의 아들을 면담했다. 면담과정 동안 리아는 경계하는 듯했지만 인지적으로는 정상적이었다. 구강운동검사 동안 SLP는 머리와 몸의 자세, 리아의 구강의 해부와 일반적인 건강, 구강구조의 기능, 강한 기침을 할 수 있는 그녀의 능력 등을 평가했다. 이 같은 영역에서는 어떤 문제도 없었다. 수정된 바륨삼킴검사[비디오투시검사(videofluoroscopy)]에서는 효율적인 삼킴을 보였다. 액체와 음식의 다양한 감촉을 통한 추가검사는 두껍거나 끈적끈적하고 땅콩버터나 질긴 육류와 같은 씹기 어려운 음식들은 리아의 불안을 가중시키고 종종 구역질 나게 한다는 것을 나타내었다. 삼킴검사의 결과들을 검토한 후 삼킴 팀은 리아의 삼킴의 어려움은 삶의 환경과 관련되어 있음에 동의하였다. 그 팀은 리아가 혼자보다는 다른 사람들과 함께 먹을 기회를 더 제공하도록 추천했다. 또한 그들은 특히 두껍고 질기고 꼭꼭 씹어 먹어야 하는 음식을 줄이도록 즉, 그녀의 음식물 섭취를 수정하도록 추천했다. 그 삼킴 팀의 추천을 따르자 리아는 몸무게가 불기 시작하였고 그녀의 가족은 그녀가 먹을 때 덜 불안해한다고 보고하였다.

이 장을 읽을 때 다음을 생각해보라.

- 어떻게 음식의 농도가 그 사람의 삼킴능력에 영향을 미치는가?
- 어떻게 삼킴장애가 개인의 일상생활에 영향을 미치는가?
- 나이보다 다른 조건들이 개인의 삼킴능력에 악영향을 미치는가?

삼킴과 효율적인 음식의 섭취는 의학적이고 심리사회적인 의미를 가진다. 먹기는 신체건강에 본질적이다. 적절한 영양 없이 사람은 성장하고 발전하거나 생존할 수 없다. 삼킴장애는 질식의 위험을 증가시키고 폐로의 음식흡인과 폐렴과 같은 호흡질환을 유도할 수 있다. 삼킴의 해부와 관련된 문제나 약화는 위로부터 식도로의 음식이나 산의 움직임, 즉 **위식도 역류**(gastroesophageal reflux, GER)를 초래할 수 있다. 먹기는 또한 인간의 주요한 사회활동 중 하나이다. 아동에서의 식이의 어려움은 부모와 아동의 관계에 스트레스를 줄 수 있다. 노인들 사이에서 삼킴장애는 고립감, 우울증, 좌절감, 그리고 축소된 삶의 질을 유도할 수 있다.

이 장에서 삼킴의 정상적인 과정, 삼킴장애의 특성과 관련성, 평가, 치료를 기술하고자 한다.

삼킴장애라는 용어는 '식이의 어려움'을 의미하는 그리스어에서 유래한다.

전 생애적 관점

식이와 삼킴의 문제들은 아동과 성인 모두에게 존재한다. 이 문제들은 전 생애의 어떤 시기에서도 일어날 수 있다. 신생아는 음식물을 빨거나 삼킬 수 없을 수도 있다. 나이가 들어감에 따라 유아들은 음식을 거절하고 건강하지 않은 음식기호를 발전시킬 수 있다. 어떤 나이에 선천적이거나 후천적인 신경운동장애와 구조적 변형은 다수의 심리사회적 요인들과 같이 식이와 삼킴을 간섭할 수 있다. 삼킴장애는 아주 많은 다양한 조건들과 관련될 수 있으므로 가장 공통적인 것들 가운데 단지 몇 가지를 기술할 수 있다. 삼킴장애와 상관이 있는 것들은 서로 배타적이지는 않다. 예를 들면, 개인은 지적장애나 후두암 때문에 삼킴이 손상될 수가 있다. 병인이 무엇이든지 간에 어떤 나이에서 삼킴장애의 결과들은 영양상실, 병, 몸무게 상실, 피로, 좌절, 호흡감염, 흡인, 그리고 사망을 포함한다. 〈표 11.1〉은 아동과 성인에 있어서의 삼킴장애와 연관성이 있는 것들의 목록을 보여준다.

표 11.1 아동과 성인에서의 삼킴장애와 연관성이 있는 것

선척적인 어려움	후천적 조건
뇌성마비	뇌졸중
이분척추	구강, 목, 인후, 또는 식도암
지적장애와 발달지체	인간면역결핍바이러스(HIV)/후천성면역결핍증후군(AIDS)
전반적 발달장애/자폐증	다발성경화증
인간면역결핍바이러스(HIV)/후천성면역결핍증후군(AIDS)	근위축성측삭경화증(루게릭병)
구순구개열	파킨슨병
피에르로빈증후군	척수 또는 외상성뇌손상
트리처콜린스증후군	약물
유문협착증	치매
	우울증과 사회적 고립

삼킴의 과정

우리의 대부분은 전형적으로 어떻게 음식을 삼키는지 생각하지 않는다. 일반적으로 우리는 입속으로 먹을 수 있는 어떤 것을 넣고 잠깐 동안 씹고 나서 삼킨다. 그러나 종종 그 과정에서 주의를 요하는 어려움을 경험한다. 예를 들면, 음식을 먹고 기침을 하거나 음식이 잘못된 관으로 내려간 기분을 느낀다. 때때로 마실 때 웃으면 액체가 코로 흘러나오는 것을 발견하기도 한다. 잠깐 동안 감정에 겨워 목이 메어 먹고 삼킬 수 없다고 느낄 수도 있다. 삼킴장애를 이해하기 전에 정상적인 삼킴의 기초를 알 필요가 있다. 정상적인 삼킴은 네 가지 단계들 — 구강준비(oral preparation), 구강(oral), 인두(pharyngeal), 식도(esophageal)단계 — 로 기술될 수 있다.

구강준비단계

먹을 준비가 되었을 때 음식이나 음료를 입안으로 넣고 입술을 닫는다. 마시기(drinking)의 구강준비단계에서 혀는 움푹한 모양으로 경구개의 전면에 기대어 삼키기 위한 물질인 **액체 음식물덩이**(liquid bolus)로 액체를 담고 있다. 고형식의 삼킴을 위한 준비에서는 혀와 뺨은 고체 음식물덩이(solid bolus)를 만들기 위해 씹어서 타액과 섞기 위해 치아로 음식을 이동시킨다. 준비된 액체나 고체 음식물덩이는 연구개에 의해 입안에 있게 된다. 연구개는 혀의 뒷부분과 닿기 위해 전하방쪽(foward and down)으로 움직이고 인두나 목구멍의 통로를 닫는다.

구강단계

음식물덩이가 한번 만들어지면 구강단계가 시작된다. 이 단계는 구강의 앞에서 뒤까지의 음식물덩이의 이동으로 구성된다. 그 물질이 구강 뒤에 있는 전구개궁(anterior faucial arch)에 도달할 때 인두삼킴반사(pharyngeal swallow reflex)가 촉발된다. 구강통과(oral transit)는 전형적으로 약 1에서 1.5초가 걸린다.

인두단계

인두단계 동안 연구개(velum)는 인두의 뒷벽과 만나기 위해 위로 움직이고 음식물덩이가 비강으로 가는 것을 막는다. 혀의 기저부분과 인두벽은 음식물덩이가 인두로 주입되는 데 필요한 압력을 만들기 위해 서로의 방향으로 움직인다. 인두는 수축하여 그 음식물덩이를 밑으로 누른다. 이것이 일어날 동안 설골(hyoid bone)이 상승하면서 후두를 위와 앞으로 움직이게 한다. 후두는 진성대와 가성대를 닫고 후두개를 낮추고 기도(airway)를 덮으면서 음식물덩이가 기도로 들어가는 것을 막는다. 식도의 윗부분이나 인두식도 부분이 열리고 음식이나 액체가 식도로 움직일 때 인두단계는 완성된다. 인두단계는 매우 빨리 일어나는데 보통 1초 미만에서 완성된다.

삼킴의 구강과 인두단계들은 말하는 데 사용되어지는 것과 같은 해부(구조)와 많이 관련되어 있다. "먹으면서 동시에 말하지 마라."라는 전통적인 충고에 지혜가 있다.

식도단계

식도근육이 음식물덩이를 식도의 윗부분에서 위까지 연동(리드미컬하고 물결 같은)수축으로 움직일 때 삼킴의 마지막 단계는 일어난다. 전형적으로 손상되지 않은 개인에서는 약 8에서 20초 소요된다.

손상된 삼킴의 과정

삼킴의 문제는 삼킴과정의 어떤 또는 모든 단계에서 일어날 수 있다. 사람은 식욕이 부족하거나 음식물덩이를 만들어 그것을 구강의 뒤쪽으로 밀어넣지 못할 수도 있다. 게다가 음식물덩이가 부적절하게 이동되거나 그것이 인두와 식도를 통해 위를 통과할 때 막히면 어려움이 그 이후에 일어날 수도 있다.

구강준비/구강단계

입술이 적절하게 닫히지 않는다면 침흘리기(drooling)가 일어날 수 있다. 구강을 포함한 빈약한 근긴장이나 마비 또는 빠진 치아 때문에 씹기도 손상될 수 있다. 불충분한 침은 적절한 음식물덩이 형성을 방해할 것이다. 혀의 근육은 음식물이 씹히도록 치아까지 이동하고 인두단계를 준비하도록 구강의 앞에서 뒤까지 그 음식물덩이를 운반할 만큼 의도한 대로 혹은 충분히 효율적으로 기능하지 않을 수 있다.

인두단계

인두단계 동안 몇 가지 심각한 문제들은 삼킴의 제한과 관련되어 있다. 삼킴이 일어나지 않거나 지체된다면 음식물은 흡인되거나 기도로, 그리고 결국 폐로 떨어질 수 있다. 코로의 통로, 즉 연인두 입구를 닫는 것의 실패는 음식물들이 코로 들어가서 밖으로 나올 수도 있다. 빈약한 혀 움직임은 음식물덩이가 식도로 내려가게 하는 데 필요한 인두 내 압력을 불충분하게 할 수 있다.

식도단계

연동운동이 지체되거나 없다면 음식물덩이는 인두에서 위로 운반되지 않을 것이다. 잔여물은 식도벽에 남아 감염과 영양문제를 일으킬 것이다.

소아 삼킴장애

삼킴장애를 가진 소아와 아동은 부적절한 성장, 질병, 피로, 학습의 어려움, 그리고 빈약한 부모-아동의 관계를 경험할 수 있다. 중추신경계 혹은 말초신경계 손상, 또는 신경근병을 가진 아동들은 식이와 삼킴장애에 취약할 수 있다. 삼킴장애는 어떤 단계에서도 일어날 수 있고 경도에서 고도의 범위를 가진다. 소아 삼킴장애와 가장 발병률이 높은 상관관계를 가지는 것들은 다음에 기술된다.

뇌성마비

제10장에서 토론된 바와 같이, 뇌성마비는 출생 전, 동안, 그리고 후의 뇌손상의 결과로서 일어나는 비진행성의 신경운동장애이다. 이것은 신경성 소아 삼킴장애의 가장 일반적인 원인이다(Arvedson & Brodsky, 2002). 경직성 뇌성마비 아동은 지나친 근긴장, 비정상적인 자세와 움직임, 과구토반사(hyperactive gag reflex)를 나타낼 수 있다. 아동은 증가된 근긴장 때문에 팔의 과도한 구부리기, 아치모양의 자세, 비정상적인 다리자세를 가질 수 있어서 자세를 유지하기 어려울 수 있다. 유아는 모유수유 동안 토하거나 젖을 빨기 위해 혀를 리듬감 있게 움직일 수 없을 수도 있다. 식이환경의 불쾌함은 아동과 부모의 상호작용의 질에 악영향을 미칠 수 있다.

위식도역류(GER)는 뇌성마비를 가진 유아와 아동에게 흔하게 나타나고 음식의 섭취는 고통이 될 수 있다. 협응이 잘 되지 않는 삼킴은 또한 뇌성마비를 가진 개인에게 또 하나의 문제가 되며 그것 때문에 흡인의 위험이 증가된다(Sullivan, 2008). 삼킴장애가 심한 경우, 뇌성마비 아동은 위조관 영양(gastrostomy tube feeding)을 필요로 한다.

이분척추

대략적으로 1,000명의 유아 중 1명이 제한된 감각과 운동통제의 어려움을 야기하는 **이분척추**(spina bifida), 즉 전형적으로 신경손상과 관련된 선천적인 척추손상을 가지고 태어난다. 이분척추를 가진 아동은 삼킴의 모든 단계에서 식이의 어려움을 경험할 수 있다. 감각손상과 빈번하게 보이는 통합운동장애(dyspraxia, 운동조절의 어려움) 때문에 빨기와 음식섭취는 종종 방해받는다. 삼킴의 인두와 식도단계들은 이 질환 때문에 뇌신경 손상에 의해 영향을 받을 수 있다.

지적장애와 발달지체

100명당 약 2에서 3명의 사람들이 지적장애와 발달지체의 자격을 부여하는 평균이하의 지적기능을 가진 것으로 생각된다. 지적장애와 발달지체를 가진 아동들은 또한 운동조절기술이 지체되어지고 이 지체는 식이와 삼킴의 구강단계를 간섭할 수 있다. 의사소통장애는 이런 사람들에게 공통적으로 나타나고 아동들은 음식의 욕망과 기호를 표현하는 능력에서 제한될 수 있다.

자폐스펙트럼장애

자폐스펙트럼장애(ASD)를 가진 아동은 보통 삼킴장애를 보이진 않지만 심각한 식이문제를 가질 수 있다. ASD를 가진 아동들은 사회적으로 고립되고 손상된 의사소통을 가지고 반복 또는 고정화된 행동을 나타낼 수 있다. 그들은 또는 소리, 빛, 고통, 냄새, 접촉에 과민할 수도 있다. 이러한 증상의 양식은 종종 식이의 어려움에 기여할 수 있다. 예를 들면, 사회적 고립과 의사소통의 결핍은 성인이나 양육자에게 배고픔이나 목마름을 나타낼 수 있는 아동의 능력을 방해할 수 있다. 또한 반복 양식이나 감각의 문제는 소비되어야 하는 음식의 유형을 제한하여 영양부족으로 이끌 수도 있다(Lukens & Linschied, 2008).

인간면역결핍바이러스(HIV)/후천성면역결핍증후군(AIDS)

HIV(Human immunodeficiency virus)는 **AIDS**(Acquired immunodeficiency syndrome)로 알려진 병의 원인이다. 그것은 백혈구, 뇌, 피부, 그리고 몸의 다른 조직들을 감염시킨다. HIV에 감염된 아동들은 종종 출산과정 동안 자궁에서 그들의 어머니 또는 어머니의 모유로부터 그 병을 얻는다. HIV-양성반응의 아동의 수는 미국에서 매일 증가하고 식이와 삼킴장애는 이런 사람들에서 아주 많이 나타난다(McNeilly, 2005). 한 연구는 150명의 아동의 20.8%가 식이나 삼킴장애를 가지는 것으로 밝혀졌다고 보고했다(Pressman, 1992, 2010). 이것은 식이장애의 원인이 될 수 있는 구순포진(oral herpes)과 같은 감염에 의한 축소된 면역력 때문에 발생할 수 있다.

이 병의 마지막 단계에서, HIV 양성반응의 아동들은 침분비를 다루는 데 어려움을 가지고 **연하통**(odynophagia), 또는 삼킴통증을 보일 수 있다. HIV는 진행성 질환이기 때문에 HIV-양성반응 아동들은 종종 발달지체, 언어결핍, 빈약한 집중력을 보일 수 있다.

구조적 생리적 기형

구순구개열 또는 구개파열을 가지고 태어난 아동들은 삼킴의 구강단계에서 손상을 보인다. **피에르로빈증후군**(Pierre Robin syndrome)에서와 같이 턱이나 **트리처콜린스증후군**(Treacher Collins syndrome)에서와 같이 얼굴의 선천적인 기형은 또한 음식의 섭취와 삼킴을 위해 구강을 사용하는 능력에 부정적으로 영향을 미친다. 식도가 막혀 있을 때 일어나는 **식도폐쇄**(esophageal atresia)는 정상적인 식도의 삼킴을 방해하여 질식(choking)을 결과한다. 이것은 신생아에겐 생명을 위협하는 조건으로 즉시 수술로 치료를 받아야 한다(Prontnicki, 1995).

유사하게 생명을 위협하는 것은 위의 출구에 있는 유문괄약근이 좁아져서 음식이 소장을 통과하는 것을 방해하는 **유문협착증**(pyloric stenosis)이다. 이것이 선천적인 조건일 때 유아는 구토를 하고 우유나 물을 삼킬 수 없다. 빠른 수술중재는 보통 이 같은 어려움을 교정한다. 유문협착증은 또한 삶의 후반기에 일어날 수 있는데 이 경우에는 소화성 궤양(peptic ulceration) 또는 상피성 암(carcinoma)에 의해 발생한다.

요즘 태어나는 신생아는 병원에서 많은 시간을 보내지 않는다. 선천적 결함에 대한 빠른 진단과 주의는 그 아동의 복지에 본질적이다.

성인에서의 삼킴장애

55세 이상의 성인들의 22% 이상이 삼킴의 어려움을 경험한다(Howden, 2004). 그러므로 다양한 임상상황에서 성인 환자에게 식이와 삼킴의 서비스를 제공할 수 있는 자격 있는 SLP에 대한 수요가 증가되고 있다.

삼킴장애의 공통의 신경원인은 뇌졸중, 두부외상, 진행성 신경질환을 포함한다. 삼킴의 문제는 머리와 목에 암이 있어 수술로 절제가 필요한 환자에게 나타날 수 있다. 많은 다른 조건들은 이런 성인들에게 식이와 삼킴의 문제의 원인이 될 수 있다. 이것은 다음 부분에 언급되어진다.

뇌졸중

삼킴장애는 뇌졸중(Stroke)을 경험한 사람들의 25%에서 75%에게 심각한 문제이다. 유병률의 추정은 다른 평가방법, 평가의 시기, 연구된 뇌졸중 환자의 개별 특성의 결과에 의해 달리 나타난다. 안면마비(근력저하)는 뇌졸중에 의해 일어나는 삼킴장애와 관련된 기본적인 요인으로 보인다. 섭취의 모든 단계들은 지연되고 손상될 가능성이 높다. 삼킴과 호흡은 빈약하게 조정되어 환자를 흡인성 폐렴의 위험에 노출시킨다. 폐렴은 뇌졸중으로 인한 사망의 1/3의 원인이다(Martino et al., 2005; Odderson et al., 1995).

구강, 인후, 또는 후두암

수술, 방사선, 화학요법은 구강, 목, 후두의 종양을 치료하는 데 사용되어진다. 삼킴의 문제는 어떤 치료의 유형이나 치료의 결합 이후에 나타날 가능성이 있다. 수술은 종양의 제거와 상처의 폐쇄를 필요로 한다. 더 큰 병소에서는 또 다른 면적의 조직이 절단되어 그 결핍을 치료하기 위해 사용된다. 삼킴손상의 정도는 원래의 종양의 크기와 위치에 밀접하게 상관되고 수술절차는 그 지역을 폐쇄하거나 재구조화하기 위해 사용되어진다. 예를 들면, 혀의 상대적으로 적은 면적이 제거되면 수술 이후의 부종 때문에 단기적인 삼킴의 문제가 일어난다. 구강의 바닥을 닫기 위해 혀가 턱에 꿰매지는 더욱 급진적인 수술절차에서 삼킴은 더욱 심각하게 영향을 받는다(Logemann, 1998).

치과치료로 인해 종종 삼킴의 구강단계에서의 어려움이 발생한다. 구강수술이나 방사선치료 후에 한 사람이 얼마나 더 손상될 수 있는지를 상상해보라.

방사선치료는 축소된 침분비, 팽창(종기), 때때로 입안의 발진을 초래한다. 삼킴반사는 축소될 수 있다. 정상적인 삼킴에 대한 이러한 장애들은 구강 방사선치료 동안, 후 바로, 또는 1년이나 2년 후 일어날 수 있다. 화학요법은 식이과정을 방해할 수 있는 메스꺼움, 구토, 식욕의 상실의 원인이 될 수 있다(Tierney, 1993).

인간면역결핍바이러스(HIV)/후천성면역결핍증후군(AIDS)

AIDS를 가진 사람들은 그 병의 면역결핍의 특성 때문에 수많은 기회감염에 걸리기 쉽다. AIDS를 가진 61세의 노인이 삼킴의 어려움을 호소한 상황이 보고되었다. 임상평가의 결과들은 암의 한 형태인 호드킨병(Hodgkin's disease)에 기인하는 식도에서의 천공과 종양을 나타내었다(Gelb et al., 1997). 식도궤양(esophageal ulcers)과 식도염(esophagitis)은 AIDS를 가진 이성애자 집단의 약 16%에서 보고되었다(Yang et al., 1996).

다발성경화증

팔다리나 얼굴의 한 측면에서의 무감각 또는 저리는 감각은 MS의 초기 증상일 수 있다.

중추신경계 질환인 **다발성경화증**(multiple sclerosis, MS)은 하나 또는 몇 개의 뇌신경에 영향을 미칠 수 있다. MS의 원인은 알려져 있지 않지만 재발과 회복의 기간에 의해 특성화된다. 주요한 일반적인 증상은 비약한 조정, 근력저하, 그리고 종종 말과 시각의 방해이다. 지연된 삼킴반사와 축소된 인두연동운동은 다발성경화증과 관련된 기본적인 삼킴장애의 형태이다(Logemann, 1998).

근위축성측삭경화증(루게릭병)

제10장에서 토론된 근위축성측삭경화증(amyotropjic lateral sclerosis, ALS)은 중년에 시작될 수 있는 진행성 병이다. 그것은 운동신경의 퇴행으로 인한 근위축에 의해 특성화된다. 빈약한 혀의 운동은 때때로 초기의 징후다. ASL은 몇 가지 방법에서 삼킴을 간섭할 수 있다. 축소된 혀의 운동성은 인두삼킴이 시작되기 전에 기도로의 유출을 결과할 수 있다. 후두는 인두단계 동안 올라가 적절하게 닫히지도 않는다. 인두연동은 자주 축소되어 인두 안에 물질이 남아 있도록 한다. 이러한 어려움의 일부는 음식이나 액체의 흡인을 결과할 것이다.

파킨슨병

제10장에서 토론된 파킨슨병(Parkinson disease, PD)은 전형적으로 중년기의 진행성 질환으로 느린 움직임(서동), 근육강직(rigidity), 떨림을 특징으로 한다. PD를 가진 사람의 약 30%는 삼킴장애를 가진 것으로 보고되었다. 그러나 이것은 질병의 중증도나 발병기간과 연관된 것 같지 않다(Castell et al., 2001).

비록 한 연구에서 PD를 가진 사람의 단지 10%만 식이요법의 도움이 필요한 것으로 발견되었지만 삼킴과정의 어떤 또는 모든 단계가 손상되어질 수 있다(Clark et al., 1998). 삼킴장애가 일어날 때, 음식물덩이는 보통 정상적으로 구강준비단계에서 형성되어진다. 그러나 구강이동은 혀의 뒷부분이 마지막으로 충분히 음식물덩이가 인두를 통과하도록 낮추어질 때까지 앞뒤의 운반패턴에 의해 손상될 수 있다. 질병이 진행된 PD 단계에서 인두삼킴은 지체될 수 있고 후두폐쇄는 손상될 수 있다. 때때로 흡인은 환자가 삼킴 이후 숨을 들이마실 때 일어나고 인두에 남아 있는 물질은 기도로 떨어진다(Logemann, 1998). 삼킴을 방해하는 식도운동의 비정상은 심지어 질병의 초기 단계의 PD에서 일어날 수도 있다(Bassotti et al., 1998; Johnstone et al., 2001).

한 사람의 사지에서 보여질 수 있는 떨림과 경직은 몸 안에서도 일어나 삼킴과 다른 어려움들을 야기할 수 있다.

척수손상

사고로 척수손상(Spinal cord injury)을 가진 사람들은 손상이 없는 사람보다 더 높은 식도 삼킴장애의 발생률을 보인다. 그들이 경험하는 문제들은 속 쓰림, 삼킴 동안의 흉통, 식도의 느리고 비정상적인 연동수축이다(Stinneford et al., 1993).

척추 위쪽의 앞부분(경추 전방) 수술은 삼킴장애를 결과한다. 이러한 삼킴의 문제들은 삼킴의 모든 단계에서 영향을 미칠 수 있다. 어떤 수술 후 환자들에서는 구강준비 및 이동단계가 손상되어지고 또 다른 사람들은 인두단계에서 약화(weakness)를 경험하거나 위식도괄약근 기능부전의 어려움을 겪는다(Martin et al., 1997).

약물과 비식품물질

비록 약물은 병의 치료와 관리를 위해 사용될지라도 그들은 또한 부정적인 부작용을 가질 수 있다. 충혈완화제, 기침억제제, 근육이완제와 같은 약물들은 환자들을 졸리고 혼란스럽게 느끼도록 한다. 이런 조건은 기대감과 삼킴의 구강단계를 방해할 수 있다. 건조한 구강 또는 불충분한 침은 300개 이상의 약물의 부작용인 것으로 보고되어왔다(Toner, 1997). 스테로이드의 대량투여는 인두삼킴을 방해할 수 있다. 정신병약자들은 사용한 지 1년이나 더 이상 후에 불수의적 반복적인 얼굴, 혀, 또는 손 운동인 **지연성 운동장애**(tardive dyskinesia)를 초래할 수 있다. 극단적인 경우 지발성 안면마비는 씹고 삼키는 능력을 무력화시킨다.

흡연과 카페인과 알코올의 과도한 섭취와 같은 행동들은 역시 정상적인 삼킴을 방해할 수 있다. 식욕은 억압되고 감각은 둔해져서 선행적 조절단계(anticipatory phase)의 손상을 결과할 수 있다. 알코올의 오용은 인두단계의 삼킴장애와 관련될 수 있다(Feinberg, 1997).

치매

발달지체와 연관된 지적장애와는 달리 치매(Dementia)는 후천성 질환이다. 비록 몇몇 노인들에게 발견된다고 할지라도 지적능력의 감소는 항상 노화과정의 결과는 아니다. 80대와 90대에 있는 노인들도 그들의 정신은 예리하고 능력이 있다는 것을 우리 모두는 알고 있다. 제6장에서 배웠듯이, 치매는 노인들에게 일어날 수 있는 알츠하이머병, 몇 가지 작은 뇌졸중, PD, MS, 그리고 다른 병들과 연관되어 있다. 치매의 인지결핍은 주의력과 음식에 대한 지남력을 방해할 수 있다. 치매를 가진 사람은 먹는 것을 잊어버리거나 기억결핍으로 인해 같은 식사를 여러 번 할 수도 있다. 구강준비의 혀와 턱 운동은 목적이 결여되어 빈약한 음식물덩이 형성과 침흘리기를 초래할 수 있다. 음식물덩이의 운반은 길어지고 인두의 삼킴은 지연되고 후두의 거상과 제한되어 흡인을 초래한다(Cherney, 1994; Hardy & Robinson, 1993).

우울과 사회적 고립

노인들의 삶의 환경은 삼킴의 모든 단계들을 방해할 수 있다. 식사는 전통적으로 사회적 사건들이다. 우리는 가족 구성원들과 친구들과 식사한다. 나이가 들어감에 따라 노인들은 그들 스스로 혼자이고 외롭다는 것을 발견한다. 배우자들과 친구들이 죽는다. 자식들도 떠난다. 일부 노인들은 음식을 준비한 어떠한 경험도 없어 적절한 식사도 하지 못한다. 다른 노인들은 그들 스스로를 위해 요리하는 데 동기화되지 않는다. 퇴직자 전용 아파트나 장기요양원에서의 공동의 식사는 친숙하지 않은 음식들이 특징이고 시끄럽고 급한 상황에서 제공된다. 예를 들면, 노인들을 위한 집에서의 식사시간의 어려움은 거주자의 87%에서 기록된다(Steele et al., 1997).

노인들의 우울감은 공통적이다. 우울은 음식에의 축소된 흥미, 초초함, 그리고 피로와 연관된다. 목은 꽉 조여 있는 것 같아 삼킴을 불편하게 만든다. 일부 사람들은 먹는 데 너무 지쳐 먹고 난 후 지친다. 이것은 부적절한 음식의 흡입, 몸무게 상실, 영양실조를 신속하게 만들 수도 있다(Toner, 1997).

삼킴장애의 평가

이전에 기술된 부분과 상관이 있는 모든 사람들이 삼킴장애를 가지고 있는 것은 아니다. 게다가 삼킴의 문제는 항상 빨리 분명하게 드러나는 것은 아니다. 환자들은 어려움을 보고하지 않을 수도 있고 일부 사람들은 **무증상흡인**(silent aspiration, 음식이나 액체가 기도에 들어갈 때 기침의 부족)을 경험할 수도 있다(Logemann, 1996). 그러므로 평가의 첫 번째 단계는 삼킴장애의 위험이 있는 사람들을 확인하는 것이다. 선별검사 이후 SLP는 배경정보를 얻고 삼킴을 평가하기 위한 임상적이고 도구적인 기법을 사용하기 위한 팀에서 봉사할 수 있을 것이다. 적절한 중재에 대한 결정이 만들어지고 다른 전문가들과의 협력 속에 치료전략이 개발되고 수행되어진다. SLP는 그들의 환자들의 대변인이고 환자들, 그들의 가족, 그리고 관련된 타인들에게 교육과 상담을 제공한다.

일부 출산센터에는 간호과정에서 엄마와 아기를 격려하고 도와주는 수유 컨설턴트가 있다.

신생아와 노인에 대한 삼킴장애 선별검사

영아에 있어 삼킴장애의 기본적인 지표는 **성장의 실패**(failure to thrive)이다. 신생아 집중치료실에서의 유아는 주의 깊게 체중 증가와 발달을 위해 모니터링된다. 모유나 젖병을 받아들이지 않는 영아들은 식이문제의 신호를 보낸다. 이런 영아들은 호흡과 신체적 조정력(예 : 빨기/삼키기/호흡의 연속), 구강-운동기능(예 : 혀 높임), 그리고 영양과 비영양의 빨기 기술의 양화를 가능하게 하는 기술(예 : 구강 주위를 치는 반응)을 평가하기 위해 식사시간 동안 관찰될 수 있다(Arversion, 2000). 영아를 돌보는 사람들은 상담받을 수 있고 보장된다면 도구적 평가도 추천될 수 있다.

노인들에서 삼킴장애를 선별하는 체크리스트들도 역시 유용하다. 버크 삼킴장애 선별검사(Burke Dysphagia Screening Test)는 뇌졸중 환자들을 선별하기 위한 비교적 빠른 방법이다(DePippo et al., 1992). 버크 검사에 사용된 3온스 물 삼킴검사는 후에 더욱 세련된 검사에서 확인된 것과 같이 흡인하고 있는 환자들의 80~98% 사이를 확인하는 것으로 발견되었다(DePippo et al., 1992; Suiter & Leder, 2008). 〈그림 11.1〉은 이 절차를 개괄한다. 그러나 버크 검사는 침묵의 흡인을 경험하는 환자들을 확인할 수 없을 수도 있음을 제안하는 증거들이 있다는 것을 언급하는 것은 중요하다.

추가적인 선별검사 도구는 삼킴검사능력(Examine Ability to Swallow, EATS)(Wood & Emick-Herring, 1997)과 사람들이 빨대를 통해 물을 마실 때 삼킴의 기능을 선별하는 반복

과업 : 환자는 중단 없이 컵으로 3온스의 물을 마신다.

결과

1. 문제 없음
2. 삼킴 동안 기침

3. 삼킴 후 기침
4. 삼킴 후 젖은 쉰 목소리의 질

통과 : 결과 1, **실패** : 결과 2, 3, 4

그림 11.1 3온스 물 삼킴검사
출처 : DePippo et al.(1992)에 근거함.

적인 **구강흡입삼킴**(Repetitive Oral Suction Swallow, ROSS)을 포함한다(Nilsson et al., 1998). 침상에서 구강 앞에서 뒤로 음식을 움직이는 데 지체와 불완전한 구강운동을 보이는 뇌졸중 환자들은 삼킴장애의 합병증의 가능성을 보인다(Mann & Hankey, 2001).

사람의 크기에 부적절한 몸무게는 삼킴장애 때문에 일어날 수 있는 영양의 문제들의 지표 일 수 있다(Sheppard, 1991). 이 모든 측정들과 지표들은 심각한 삼킴의 어려움과 더욱 완벽 한 임상과 도구적 평가를 위한 요구를 확인하는 데 유용한 것으로 보고되고 있다.

삼킴장애에 대한 병력과 배경정보

환자, 보호자, 내과의사, 간호사, 또는 조기중재 프로그램이나 성인 낮 치료센터의 전문가 들은 전형적으로 세 가지 일반적인 관심영역에 기초하여 삼킴장애 팀에 의뢰를 할 수 있다.

- 음식이나 액체의 식이와 섭취와 관련하여 관찰된 어려움
- 환자가 음식이나 액체를 폐로 흡인하는 위험성
- 환자가 적절한 영양을 받지 못함

SLP는 〈그림 11.2〉에서 제시된 것과 같은 질문들에 해답을 찾는다. 이런 질문들에 대한 해답은 삼킴문제의 위치(구강, 인두, 또는 모두), 삼키기 가장 쉽고 가장 어려운 음식의 종 류, 그리고 그 장애의 특성과 심각함에 대한 준비 정보들을 제공한다(Logemann, 1998).

임상평가

보호자와 환경요인

치료임상가는 보호자와 환자 사이에서 정상적으로 일어나는 식이를 관찰하기를 원한다. 치 료사는 다음의 사항들에 특별하게 주의를 기울일 것이다.

그림 11.2 삼킴에 관한 중요한 질문들

출처 : Hardy & Robinson(1999)에 근거함.

유아는 모유 또는 우유병을 받아들이는가?	첫 번째 문제는 언제 관찰되었는가?
어떤 음식을 거절하는가?	문제가 천천히 또는 빨리 악화되었는가?
음식을 씹는가?	삼키려고 할 때 정확히 무엇이 일어났는가?
침 흘리는 것이 관찰되는가?	물질은 어디에서 멈추는 것 같은가?
아동이나 성인은 지나치게 천천히 먹는가?	의학적 진단 또는 조건이 삼킴에 영향을 미치는가?
아동이나 성인은 지나치게 빨리 먹는가?	삼킴과 관련된 수술을 받았는가?
식사 때 기침이나 질식이 일어나는가?	어떤 약을 복용하는가?
음식이나 액체가 코에서 나오는가?	환자의 호흡건강 상태는 어떠한가?
음식이나 액체가 역류되는가?	환자는 얼마나 주의를 기울이는가?
아동은 몸무게가 증가하는가?	환자는 지침을 따를 수 있는가?
성인은 몸무게를 유지하는가?	

삼킴장애를 가진 한 남성의 개인적 이야기

가르시아 씨는 지방병원의 신경학과 재활의학과의 과장으로부터 삼킴장애를 책임지고 있는 SLP에게 외래환자로 의뢰되었을 때 51세였다. 의뢰 노트는 '근긴장퇴행위축, 영양실조, 마비말장애, 고형식에 대한 삼킴장애'로 기록되어 있었다. SLP는 환자의 안전을 보장하는 그녀의 역할을 인식했다. 음식을 삼키는 데의 어려움은 질식이나 흡인성 폐렴을 초래할 수 있다. SLP는 또한 말장애에 관심이 있었고 이것이 어느 정도까지 가르시아 씨의 의사소통에 영향을 미치는지를 의아해했다.

첫 번째 미팅에서 SLP는 콜롬비아로부터 최근의 이민자인 가르시아 씨가 제한된 영어능숙도를 가졌다는 것을 알았다. 다시 한번, SLP는 그녀 자신의 스페인어 실력에 감사했다. 대학 3학년일 때 스페인에서 보낸 여름은 많은 방법에서 가치가 있었다. 이 병원에서 많은 환자들과 직원들이 주 언어로 스페인어를 사용했다. 가르시아 씨가 약간의 말장애가 있다고 할지라도 그의 말은 아주 명료했다. 면담 동안 그의 반응은 형태와 내용에 있어 적절했다. 가르시아 씨는 그의 주식인 쌀이 목에 걸려 숨을 쉬지 못한다고 보고했다. 다른 음식물과 액체는 문제가 없어 보였다. 그는 토요일 저녁 춤을 출 때 담배를 조금 피운다고 보고했다. 구강 메커니즘에 대한 평가는 입술, 혀, 연구개, 턱의 적절한 힘과 운동을 보여주었다. 식이 동안 기침, 질식, 그르렁거림은 관찰되지 않

았지만 인두삼킴반사의 지연이 액체와 고체에서 모두 관찰되었다. SLP는 삼킴장애를 확인하고 기록하기 위해 수정된 바륨삼킴검사를 추천했다.

몇 가지 음식유형들이 X-선 절차의 준비로 바륨과 함께 혼합되었다. 가르시아 씨는 방사선사와 SLP가 X-선 모니터를 보고 있을 때 한 스푼의 사과소스와 쿠키 한 입을 먹었다. 구강단계에서는 어떠한 어려움도 관찰되지 않았다. 그러나 음식물이 식도에 남아 있고 각 연속적인 삼킴에 축적되는 음식을 관찰했다. 삼킴을 위해 후두가 상승하였지만 음식물덩이는 깨끗하지 않고 나머지는 오른쪽 **후두개곡**(vallecula)과 **피열후두개주름**(aryepiglottic fold)에 남아 있었다. 가르시아 씨는 복부기침을 하도록 지시를 받았지만 성공적으로 하지 못했고 음식이 그 주름에 남아 있었다.

SLP는 다음과 같이 추천했다 — 가르시아 씨는 혼자 먹지 말아야 하고, 맑은 액체를 피해야 하고, 삼킴 전에 적은 양의 음식만 취해야 하며, 음식이 목구멍에 걸릴 때 깊게 기침을 하려고 해야 한다. 2주 후의 다음 회기에서, 가르시아 씨는 성문상의 단단한 삼킴기법을 배울 것이다. 근긴장퇴행위축은 하나의 진행성의 병이기 때문에 가르시아 씨는 규칙적인 검사가 필요하다.

- 보호자는 인내심이 있고 주의를 기울이는가?
- 식이는 산만하지 않은 합리적으로 조용한 환경에서 일어나는가?
- 먹거나 마실 때 어떤 자세인가?
- 환자가 선호하는 식이를 어떻게 표현하는가?

부모나 보호자는 삼킴장애 팀의 중요한 일원이다. 주의 깊은 관찰과 의사소통은 SLP가 부모나 보호자의 협조가 가장 잘 개선되었는지를 평가하는 데 도움을 줄 것이다. 이것은 또한 SLP가 환자의 가족에서의 위치와 중재기법에 영향을 미치는 문화적이고 개인적인 요인들을 배울 수 있는 기회를 제공한다. 가능하다면 개인적이고 문화적인 욕망은 존중되어야 하고 조절되어야 한다(Logemann, 1998). 〈사례연구 11.2〉는 삼킴의 평가를 받도록 의뢰된 51세 남자에 대한 평가의 부분들을 기술한다.

인지와 의사소통의 기능

환자는 식이 동안 정신이 초롱초롱하고 깨어 있는가? 지침을 따를 수 있는가? 환자의 일반적인 기능의 수준은 무엇인가? 이런 질문들에 대한 해답은 환자에게 가장 적합한 중재의 유

형에 영향을 미칠 것이다.

머리와 몸의 자세

환자가 머리를 똑바로 세울 수 있는지를 언급하는 것은 중요하다. 머리가 한쪽이나 다른 쪽으로 기울어져 있는가? 그것은 앞이나 뒤쪽으로 기울어져 있는가? 환자에게 머리위치를 변경하도록 요청했을 때 머리를 배치할 수 있는가? SLP는 또한 일반적인 몸의 자세와 상태를 주목할 것이다. 음식과 음료의 삼킴과 섭취는 머리보다 더 많은 것에 관련되어 있으므로 개인에 대한 완벽한 그림을 그리는 것이 중요하다.

구강 메커니즘

환자의 구강의 해부와 건강의 온전함은 밝혀질 필요가 있다. 입술, 치아, 혀, 구개, 연구개 구조의 이상도 언급되어진다. SLP는 얼굴의 대칭을 찾고 있다면 약함(예 : 침흘림)을 주목한다. 떨림, 근육이완, 과도한 근긴장, 빈약한 조정과 같은 운동의 어려움은 관찰되어진다. 구강반사들도 조사된다. 빨기와 발근력(rooting, 만져지는 볼의 방향으로 돌리는 것)과 같은 어떤 반사들은 유아들에서 보이지만 아동이 성장할 때 사라진다. SLP는 신경근육 결핍, 잇몸과 치아 감염, 그리고 상기도폐색을 시사할 수 있는 침흘림을 관찰한다. SLP는 또한 감각에 대한 환자의 반응을 메모한다. 환자는 세수와 같은 접촉을 받아들이는? 환자가 나이든 아동이나 성인이라면 그 환자는 잔여음식이나 얼굴 위의 침을 인식하는가?

후두기능

SLP는 직접적으로 구강 메커니즘을 볼 수 있는 방법으로 후두를 관찰할 수 없다. 그러므로 SLP는 어려움의 비간접적인 징후들을 찾아야 한다. 나이 든 아동들과 성인에서 삼킴 전, 동안, 또는 후에 거칠고 젖은 기식성 음성의 질은 후두의 기능상실을 시사한다. 후두의 문제에 대한 다른 지표는 다음을 포함한다.

- 분명한 유성모음의 소리로 /ha/ 음절을 빠르게 반복할 수 없음
- 음색을 위아래의 음계로 산출할 수 없음
- 1.3보다 더 큰 s/z의 비율(제8장을 보라)
- 강한 기침을 할 수 없음

SLP가 위의 이런 어려움들 중 어떤 것이라도 관찰한다면 철저한 후두의 평가를 위해 이비인후과의사에게 환자를 의뢰해야 한다.

침상 삼킴검사

환자가 민감하고 흡인의 병력이 없다면 침상 삼킴검사가 수행되어질 수 있다. 어떤 SLP는 흡인의 위험을 줄이기 위하여 물속에 담겨진 하나의 거즈조각으로 이 평가를 수행하는 것을 선호한다고 할지라도 보통 음식이나 음료가 사용되어진다. 실제 음식이 사용되어진다면 삼

근긴장성 영양증은 드물고 천천히 진행되는 유전병이다. 이것은 처음에는 수축 후 빈약한 근육이완과 후에 특히 얼굴과 목의 근육위축으로 특성화된다.

SLP는 하나의 사례 이상의 삼킴을 관찰해야 한다. 제공된 음식과 환자의 편안한 수준과 배고픔의 특성은 음식의 수용에 영향을 미친다.

킴의 구강준비와 구강단계들이 평가될 수 있다. 인두단계의 삼킴의 효율성은 음식이나 음료의 섭취 동안 특별한 행동들을 주목하면서 부분적으로 판단되어질 수 있다.

SLP는 환자의 활동 수준이 변화하는지와 음식을 열심히 먹는지를 관찰하면서 음식이나 음료의 모습, 그리고 연관된 그릇에 대한 환자의 반응을 평가한다. 맑은 액체나 진한 액체의 적은 양(1티스푼)이 입속에 놓여질 수 있고 그 환자는 삼키도록 격려된다. 구강 메커니즘의 기능은 삼킴을 통하여 관찰되어진다.

SLP는 음식의 섭취 전에 환자의 입술들이 함께 있는지를 보기 위해 그들을 검사한다. SLP는 다음과 같은 질문에 답하는 것에 흥미롭다.

- 젖꼭지, 컵, 또는 숟가락 주위에서 입술을 열고 나서 닫는가?
- 젖꼭지를 빠는 활동이 있는가?
- 음식은 성공적으로 숟가락에서 제거되는가?
- 액체나 음식은 구강의 측면으로 흘러내리는가?

SLP는 또한 혀 운동을 관찰할 수 있다. 다시 다음 질문들에 대한 응답은 중요하다.

- 음식을 섭취하기 위해 구강이 열릴 때 혀는 미리 컵모양으로 만들어졌는가?
- 음식이 측면으로 제시될 때 환자는 구강의 한 측면으로 혀를 움직이는가?
- 환자는 음식물덩이를 형성하도록 혀를 적절하게 움직이는가?
- 음식물덩이는 구강의 앞으로부터 뒤로 효율적으로 운반되었는가?
- 혀는 입술로부터 음식물을 제거하기 위해 사용되고 있는가?

추가적으로 SLP는 딱딱한 음식이 제시되었을 때 턱의 움직임과 씹는 양식을 메모한다.

- 환자는 음식을 효율적으로 씹는가?
- 환자는 혀와 턱 운동을 분리시키는가?
- 씹기는 적절한 기간 동안 계속되는가?
- 턱은 맞물려 있는가?

인두삼킴의 적절성에 속하는 몇 가지 관찰이 실행되어져 왔다. 환자가 기침할 수 없을 때 이것은 기도를 보호하기 위하여 후두를 닫는 어려움일 수 있다. 코의 역류는 부적절한 연인두 폐쇄를 나타낸다. SLP는 목의 설골과 갑상연골을 지켜보고 그 부근을 손가락으로 만져봄으로써 그들의 운동을 관찰한다. 인두삼킴 동안 이들은 위로 움직인다. SLP는 환자가 음식이나 음료의 양을 섭취하는 동안 삼킴의 수를 기록한다. 다수의 삼킴은 부적절한 인두의 수축을 나타낼 수도 있다. 삼킴 후에 음질이 변한다면 이것은 성대에 남아 있는 음식물을 나타낼 수 있다.

SLP에게는 음식의 농도가 어려움의 원인인지 또는 그것이 효율적으로 삼켜지는지는 중요하게 보인다. 이와 유사하게, SLP는 음식이나 음료의 삼킴에 입안에서 선호되는 장소가 있는지도 주목한다.

기관절개튜브의 관리

일부 환자들은 호흡을 촉진하기 위해 놓인 **기관절개튜브**(tracheostomy tube)를 가질 것이다. 삼킴의 평가는 의사의 승인으로 다행한 사례들에서 여전히 수행되어질 수 있다. SLP나 간호사는 평가 전에 튜브 테두리에 공기를 빼고 구강으로부터 그리고 기관절개튜브의 안과 아래의 분비물을 빨아들인다. 삼킴의 평가는 방금 소개된 것과 유사하지만 기관압력을 정상화하기 위해 환자에게 각 삼킴 전에 거즈 패드나 장갑 낀 손가락으로 그 관을 덮도록 한다 (Logemann, 1998). 기관절개튜브에 관한 심층 정보를 더 많이 얻기 원한다면 기관절개튜브의 웹페이지(www.tracheostomy.com)를 참고하기를 바란다.

측정기기

비디오투시조영검사의 삼킴연구를 정확하게 해석하기 위해서는 해부와 생리학에 대한 단단한 지식이 필수적이다(Wooi et al., 2001).

침상 삼킴평가가 삼킴의 문제가 있는지 없는지를 확인하는 데 유용하다고 할지라도 인두단계에서 삼킴장애의 특성이나 심각성을 적절하게 결정할 수 없다(Coyle et al., 2009). 삼킴기능의 완전하고 정확한 평가는 측정도구의 사용을 필요로 한다. SLP는 진단기술의 사용에서 의사, 방사선 전문의, 그리고 X-선 기사와 같은 다른 팀의 일원들과 협력해야 한다. 가장 공통으로 사용되는 도구 절차의 일부는 다음 단락에 기술된다.

수정된 바륨삼킴검사

비디오투시조영검사(Videofluoroscopy)로 불려지는 **수정된 바륨삼킴검사**(Modified Barium Swallow Study)는 아동이나 성인에서 삼킴장애 진단의 '황금 표준(gold standard)'으로 생각되어지는 하나의 X-선 절차이다(Sonies & Frattalli, 1997). 이 절차는 임상평가나 선별검사가 삼킴장애 또는 흡인을 제안할 때 사용되어진다. X-선에 보여지는 물질인 바륨은 섭취되는 음식이나 음료에 덮여지거나 혼합된다. SLP는 전형적으로 제시되는 음식이나 음료의 크기, 조직, 그리고 농도와 연구 동안 환자의 머리와 몸의 위치를 결정한다. 방사선 전문의와 X-선 기사는 삼킴 동안 바륨의 운동을 관찰하기 위해 투시검사(X-선) 장비를 사용한다. 이런 사진들은 의사와 SLP에 의해 더 많은 분석을 위해 녹화되어진다. 이 연구는 삼킴과정의 실시간 시각화를 제공하고 환자가 구강 또는 비구강으로 식이되어야 하는지, 무슨 음식이 가장 안전한지, 무슨 치료의 유형이 적절한지를 결정하는 데 아주 유용하다(Hardy & Robinson, 1999; Rogers et al., 1994).

삼킴의 광섬유 비디오내시경평가

FEES 절차는 그것의 편리함과 이동성 때문에 점점 더 사용되어지고 있다.

삼킴의 광섬유 비디오내시경평가(Fiber-optic endoscopic evaluation of swallowing, FEES)는 수정된 바륨삼킴검사를 위해 너무 아파 방사선과에 방문할 수 없는 소아와 성인 환자들에게 사용될 수 있다. FEES는 X-선 방법이 아니다. 대신 국부마취 후, 이비인후과의사가 유연한 광섬유 후두내시경을 환자의 코에서 인두까지 삽입한다. 특별하게 잘 훈련된 SLP도 의사와의 협의로 이 방법을 실행할 수 있다. 내시경이 제자리에 놓여지면 환자는 기침하거나 숨을 참고 더 좋은 시각화를 위해 염색된 다른 질감과 두께를 가진 음식을 삼키도록 요구될 수 있다. FEES는 삼킴 전에 인두에 들어가는 음식물덩이를 나타낼 수 있고 나머지는 삼킴 후에 보여질 수 있다. 실제적인 삼킴은 후두개가 그 장면을 보기 어렵게 희게 하는 기간 때문에 FEES로 보여질 수 없다. 삼킴의 구강과 식도단계들도 FEES로 보여질 수 없다. 그럼에도 불구하고, FEES로의 관찰은 침상에서 수행되어질 수 있고 식이 동안 바람직한 머리와 몸의 자세, 선호된 음식유형, 흡인에 관한 가치로운 정보를 제공한다. FEES는 또한 두경부 암을 가진 환자들에게 특히 비디오투시검사보다 더욱 비용이 효과적일 수 있다(Aviv et al., 2001; Ledar et al., 1998; Sonies, 1997). FEES의 비디오 보기들을 보려면 ASHA의 웹사이트인 www.asha.org에 가서 색인에 삼킴의 내시경평가(Endoscopic Evaluation of Swallowing)를 입력하고 그 페이지의 아래쪽으로 내려가서 '유튜브로부터 내시경의 비디오 보기(Video Examples of Endoscopy from YouTube)'를 클릭해라.

섬광조영술

섬광조영술(Scintigraphy)은 삼킴 동안이나 후에 흡인의 양을 측정하기 위하여 성인에게 때때로 사용되어지는 컴퓨터 기술이다. 방사선의사, 소화기 내과의사, 또는 이비인후과의사와 같은 전문의사가 섬광조영술을 수행한다. 그러나 SLP는 환자의 위치를 잡고, 삼킴방법을 제안하고, 검사결과를 해석하는 데 중요한 역할을 수행한다. 방사성 추적자를 섭취하기 위해 음식이나 음료에 섞는다. 방사선 표식은 측정을 촉진하기 위해 턱, 입술, 갑상절흔, 그리고 다른 해부적인 주요장소에 놓여질 수 있다. 전문화된 감마 섬광조영술 카메라도 사용될 수 있다. 섬광조영술이 사용되어질 때, 다른 검사들로부터 얻어진 정보를 보충하는 것은 일반적이다. 섬광조영술은 식도의 기능에 통찰력을 제공하고 구강식이의 안전을 확인하는 데 도움을 줄 수 있다.

초음파검사

초음파검사(Utrasound) 또는 **초음파촬영술**(ultrasonography)은 인간의 귀로는 들을 수 없는 2만 Hz 이상의 주파수의 소리파를 사용하는 하나의 영상기술이다. 이것은 성인뿐만 아니라 유아와 아동에게 사용하기 안전한 비침습적인 방법이다. 소리파를 생성하고 받아들이는 변환기(transducer)는 구강을 보기 위해 턱 아래와 후두 면적을 시각화하기 위해서는 갑상절흔 위에 놓여진다. 음향 영상은 비디오 테이프된다. 초음파 실시간 측정은 혀와 설골의 구조와 운동뿐만 아니라 삼킴의 구강단계의 지속을 평가하는 데 특히 도움이 된다. 하나의 결점은 초음파는 삼킴의 인두단계의 시각화를 허락하지 않는다는 것이다(ASHA, 1992; Logemann, 1998; Sonies, 1997).

삼킴장애 중재와 치료

삼킴장애는 의학적, 영양적, 심리적, 사회적, 그리고 의사소통의 문제들을 나타내므로 많은 사람들이 해결점을 찾는 데 관여되어 있다. 전에 언급한 바와 같이, SLP는 보통 서비스의 조정자이고 삼킴장애 치료를 수행할 가능성이 가장 높은 전문가이다. 그럼에도 불구하고 다른 팀원들로부터의 조언은 만족스러운 결과에 본질적이다.

섭식환경

환자가 유아, 어린 아동, 또는 성인이라도 식이환경은 만족스런 경험을 위한 무대를 꾸민다. 삼킴문제를 가진 사람들이 성공에 도움이 되는 환경에서 식사를 하는 것은 특별히 중요하다. 시각적이고 청각적인 산만함은 최소화되어야 한다. 이것은 식사장소는 부적절한 대상을 포함하지 말아야 한다는 것을 의미한다. 빛은 너무 밝지도 너무 어둡지도 않게 편안해야 하고 소음은 축소되어야 한다.

보호자는 느긋하고 여유로운 예의를 가져야 한다. 보호자는 식이속도, 음식선택, 그리고 양에 관하여 환자의 신호에 귀 기울여야 한다. 필요하다면 이런 의사소통 전략들은 개발되어져야 하고 훈련되어져야 한다. 보호자는 먹는 사람에게 흥미를 보여야 하고 보호자의 건강하고 효과적인 식이행동을 강화해야 한다. 가능하다면 목표는 자가 섭식기술의 발전이다.

섭식 시 사용하는 그릇은 환자의 기능에 적절할 필요가 있다. 느리게 흐르는 젖꼭지는 유아에게 한 번에 취해지는 음료의 양을 통제하는 데 도움이 될 수 있다. 테플론 또는 라텍스로 덮인 숟가락은 치아와 잇몸 위에 놓여진 대상을 단단하게 깨무는 긴장성 물기반사(tonic bite reflex)를 가진 아동들을 위해 사용될 수 있다. 운동조정의 어려움을 가진 아동들과 성인은 얕은 그릇과 숟가락을 사용함으로써 이로울 수 있다. 특별한 오려내기 컵은 물 마시는 데 혀의 위치를 개선하는 데 도움이 될 수 있다(Hall, 2001; Jelm, 1994; Sheppard, 1995).

몸과 머리의 위치

몸의 자세와 안정성은 구강-인두운동에 강한 영향을 미친다. 기본적인 전제는 통제된 이동성은 단단한 기초에서 나온다는 것이다(Woods, 1995). 90도의 엉덩이 각도를 가진 직립의 대칭적 자세와 안정성을 제공하는 충분한 자세 지원이 일반적으로 요구된다. 개인의 머리와 목은 잘 정렬되어져야 하고 과도한 움직임을 막을 수 있어야 한다.

때때로, 아동이나 성인은 90도보다 다른 엉덩이의 각도로부터 도움을 얻을 수 있다. 예를 들면, 심한 호흡과 삼킴의 문제를 가진 일부 유아들은 다른 각도에 놓여졌을 때 보다 잘 식이할 수 있다. 상당한 양의 인두의 잔여물을 가진 어떤 노인들은 식도로부터 기도로 음식이 역류하는 것을 막기 위해 45도로 구부려서 더욱 안전하게 먹을 수 있다(Martin, 1994; Woods, 1995).

SLP는 삼킴을 위한 최적의 위치를 얻는 데 물리치료사와 직업치료사와 가깝게 일한다. **턱 내리기**(chin tuck) 자세는 지연된 인두삼킴을 가진 환자들에게 종종 추천된다. 이 자세는 음식과 음료가 기도로 들어가는 것을 막는다. **고개를 젖히는 자세**(head-back position)는 빈약한 혀의 움직임을 가진 환자들이 훌륭한 기도 폐쇄를 가지고 있다면 그들을 위해 유용하다. **머리 기울임**(head tilt) **머리 회전**(head rotation) 자세는 사람이 한쪽에 손상을 가졌을 때 사용되어진다. 이 자세에서 머리는 회전의 방향으로 움직여지거나 손상으로부터 멀어질 수도 있다. 비디오투시조영검사 동안 인두에서 잔여물을 가지고 있는 것으로 발견된 환자들은 먹을 때 한쪽으로 기울도록 권고될 수 있다(Hall, 2001; Logemann, 1998; Martin, 1994).

음식과 음료의 수정

질감, 양, 온도

평가 동안 농도, 양, 가능한 온도가 다른 액체와 음식들이 환자에게 제시될 것이다. 이런 검사들의 발견에 기초하여 적절한 권고가 제공될 것이다.

씹기 어렵고, 젖으면 작거나 미끄럽거나, 두껍고 끈적거리는 어떤 음식들은 신경근육의 어려움을 보이는 5세 미만의 아동에겐 추천되지 않는다. 이런 유아들과 어린 아동들이 피해야 하는 특별한 음식들은 〈그림 11.3〉에 목록되어 있다.

환자들은 음식농도의 필요성의 범위를 나타낼 수 있다. 그들은 구강으로 어떤 음식을 참지 못하거나, 단지 묽거나 진한 음료들을 받을 수 있거나, 퓨레 농도를 필요로 하거나, 혹은 정상적인 음식의 범위를 섭취할 수 있다. 2002년에 설립된 국립삼킴장애식이요법(National Dysphagia Diet, NDD)은 삼킴장애 치료를 위해 식이요법 질감의 수정을 위해 표준용어와 가장 좋은 임상절차를 설립하도록 발전되었다(McCullough et al., 2003). 네 가지 음식질감의 수준들에 기초하여 음식들의 분류에 대해 자세히 기술한다.

- NDD 수준1 : 삼킴장애-퓨레(즉, 점착성의, 푸딩과 같은, 최소한의 씹기가 필요함)
- NDD 수준2 : 삼킴장애-기계적인 변화(반고체의, 점착성의, 촉촉한 음식들, 조금의 씹기가 필요함)
- NDD 수준3 : 삼킴장애-고급(더 많은 씹기가 필요한 부드러운 음식)
- NDD 수준4 : 규칙적인(모든 음식이 허용되는)

NDD는 또한 음료의 네 가지 수준들도 자세히 언급한다 — 묽은, 넥타 같은, 꿀 같은, 걸쭉한(McCullough et al., 2003). 환자들이 그들의 입속에서 관리할 수 있는 음식의 질감의 수준, 음료의 수준, 음식과 음료의 양은 수정된 바륨삼킴검사에 의해 결정된다. 음식과 음료의 양에 관하여 목표는 전형적으로 제시된 양을 축소하는 것이다. 전형적으로 빨대를 통한 마시기는 너무 많은 액체가 입으로 들어가게 한다. 그래서 빨대는 항상 추천되지 않는다. 얕은 그릇과 숟가락은 음식의 양을 제한하는 데 도움이 된다. 양육자와 부모들은 이전의 음식물 덩이가 삼켜질 때까지 입속에 음식을 넣는 것을 피해야 한다. 마지막으로, 부모들은 깨물 때

핫도그	견과류	추잉껌
포도	씨앗	당근
팝콘	단단한 캔디	

그림 11.3 신경운동 문제를 가진 5세 미만의 아동들이 피해야 하는 특별한 음식들

출처 : Lotze(1995)에 근거함.

마다 또는 한 모금당 두 배 삼키도록 격려할 수 있다.

변화하는 온도의 음식물을 제공하는 것은 음식에 대한 환자의 감각인식을 증가하여 삼킴을 개선할 수도 있다. 차가운 음식이나 음료는 때때로 구강전달단계 동안 혀의 운동을 개선하고 비록 호흡의 문제를 가진 사람들은 모든 물질이 방 온도에서 섭취되는 것을 선호한다고 할지라도 인두의 삼킴을 자극하는 데 도움을 준다.

배치

음식이나 음료는 환자가 본래의 감각과 적절한 근력을 가지고 있는 입안에 놓여져야 한다. 예를 들면, 구강암을 가진 사람은 수술한 부분에서 감각이 약화된다. 유사하게, 느낄 수 있는 능력은 방사선치료 후에 축소될 수 있다. 신경병과 손상은 입안에 놓여진 음식에 대한 사람의 완전한 인식을 손상시킬 수 있다. 수술과 신경의 문제들은 또한 근긴장을 손상시킬 수 있고 사람이 혀, 입술, 또는 뺨의 부분들을 움직이지 못하게 만들 수 있다. 질감, 양, 온도의 적응에 따른 적절한 배치는 성공적인 삼킴장애 중재에 결정적이다(Martin, 1994).

행동적 삼킴 치료방법

여기에 기술된 각각의 방법들은 임상적이고 도구적인 평가가 그것의 안정성과 적절성을 증명한 후에만 사용될 수 있다. 또한 환자들은 지침을 따를 수 있는 것이 필요하다. 모든 기법들은 음식 없이 연습될 수 있다. 그러나 삼킴기술들은 실제적인 삼킴의 과정을 개선하는데 특별한 음식이나 음료의 사용과 함께 기술된다. 이런 치료들에 대한 근거기반은 이 장의 끝에 제시된다.

강화운동

삼킴은 생리학 운동을 통해 개선될 수 있다. 손상된 삼킴을 가진 환자들은 입의 열림, 혀 또는 입술의 운동, 후두의 높이에 제한을 받을 수 있다. **운동의 범위**(range of motion)는 특별한 운동을 연습함으로써 개선되어질 수 있다. 서로 다른 크기의 물림보호대(Bite blocks)는 턱 낮춤을 유도하기 위해 사용되어질 수 있다. 향이 나는 거즈나 구강세척용 스펀지(toothette)는 혀와 입술 운동을 자극하기 위하여 입 주위 다양한 장소에 놓여질 수 있다. 감초사탕(licorice stick)이나 생명구조원 사탕(Life Saver candy)은 혀의 운동을 개선하기 위하여 사용될 수 있다. 환자는 주름에서 미소까지 그리고 그 반대로 입술을 움직이도록 요청받을 수 있다. 후두운동의 인식을 촉진하는 운동은 설골의 수준에 있는 목에 손을 올려놓는 것과 관련될 수 있다. 거울은 종종 환자에게 시각적인 피드백을 제공하기 위하여 사용될 수 있다.

입술의 힘과 밀폐는 환자가 입술로 설압자를 잡게 함으로써 개선될 수 있다. 설압자로 혀를 미는 것은 근육을 강화하는 방법 중 하나이다. 앞과 뒤의 앞니를 밖과 안으로 물색하려고 혀를 움직이게 하는 것과 같이 지침을 따르도록 환자에게 요구함으로써 개선된 조절을 가르칠 수 있다. 후두 근육강화 운동은 엎드려 반듯이 눕게 하고 고개를 들어 그 자세를 1분 동안 유지하게 하는 고개를 올리는 운동과 관련되어 있다. 환자는 30회의 추가적인 고개 들기를 수행한다(Shaker et al., 2002). Clark(2004)는 삼킴장애의 신경근육치료법에 대한 훌륭한 개별지도를 제공한다.

노력삼킴과 이중삼킴

또 하나의 어렵거나 부자연스러운 삼킴은 인두삼킴을 할 만큼 충분히 혀를 오므리지 못하는 환자에게 도움이 될 수 있다. 이런 경우에 환자는 강압적으로 삼키고 뒤로 움직이는 혀를 느끼도록 지시된다. 이런 기법은 음식이나 음료와 더불어 또는 없이 삼킴연습으로 도움이 된다(Logemann, 1997; Martin, 1994).

이중삼킴(Double Swallow) 또는 다수삼킴은 무슨 이유 때문인지 하나의 간단한 삼킴 후에 입안에 음식을 유지하는 개인들에게 추천된다. 아주 단순하게 환자는 각 음식물덩이를 2배 이상 삼키도록 지시를 받는다(Martin, 1994).

성문위삼킴

정상삼킴에서, 음식이 기도로 들어가지 못하도록 성대는 닫힌다. 성문위삼킴(Supraglottic Swallow)은 삼킴 동안 성문을 완전하게 닫지 못하는 사람이나 후에 성문을 닫는 사람들을 위해 사용되어질 수 있다. 이 기법은 성문 부분의 자발적인 폐쇄를 가르치고 잘못된 삼킴의 깊이를 축소시킨다(Bulow et al., 2001). 환자는 다음과 같이 하도록 지시된다.

1. 숨을 들이켜고 유지하라.
2. 입안에 적은 양의 음식이나 음료를 넣어라.
3. 삼켜라.
4. 기침하거나 숨을 내쉴 때 목을 깨끗하게 하라.
5. 다시 삼켜라(Hardy & Robinson, 1999).

생리학적 연구들의 결과에 의하면 성문위삼킴 기법들은 삼킴에서 더 일찍 성대를 닫고 오래 유지하도록 만든다(Wheeler-Hegland et al., 2009).

최대성문위삼킴

최대성문위삼킴(Super-Supraglottic Swallow) 기법은 부자연스러운 숨의 유지를 필요로 한다는 것을 제외하고 성문위삼킴과 같다. 이것은 삼킴 동안 완벽한 성문폐쇄를 보장하는 것이다(Groher & Crary, 2010).

멘델슨법

멘델슨법(Mandelsohn Maneuver)은 삼킴 동안 적절한 후두 상승을 가지지 못하는 환자들에게 유용하다. 환자에게 삼킴 동안 가장 높은 위치에 후두를 유지하도록 가르친다(그림 11.4를 보라). 그 지침은 다음과 같다(Hardy & Robinson, 1999; Groher & Crary, 2010).

그림 11.4 멘델슨법에서 환자는 손으로 삼킴을 촉진하기 위하여 가장 높은 위치에서 후두를 잡는다.

출처 : Kim Farinella.

1. 입안에 적은 양의 음식이나 음료를 넣어라.

2. 필요하다면 씹어라.

3. 엄지손가락과 앞 손가락을 후두 양 측면 중 하나에 놓는 동안 삼켜라.

4. 삼킴 동안 도달한 가장 높은 위치에서 삼킴 동안과 후에 약 3에서 5초 동안 후두를 잡아라.

5. 후두로 가서 그것을 떨어지게 해라.

　www.ucdvoice.org의 삼킴 앱이 환자들과 SLP를 위한 이런 삼킴기법들의 각각을 실행하는 방법에 관한 종합적인 지침과 비디오 개인지도를 제공한다.

　평가과정 동안, SLP는 이런 운동과 기법들 중 어느 것이 특별한 환자를 위해 적절한지를 결정한다. 그러나 평가가 계속될수록 치료접근들에 대한 수정이 치료가 진행될 때 종종 만들어진다.

의학적 약리학적 접근

약물치료

그들의 상황을 개선하기 위해 약물을 먹고 있는 PD와 MS를 가진 사람들과 같이 신경환자들은 먹기 전에 약을 먹는 것으로부터 이점을 가진다. 또한 아트로핀(atropine) 약은 침흘림을 통제할 수 있다고 보고되었고(Logemann, 1998), 니페디펜(nifedipine)은 뇌졸중을 가진 사람들에게서 삼킴장애를 관리하는 데 유용할 수 있다(Perez et al., 1998). 보툴리눔독소(botulinum toxin)의 주사는 윤상인두근의 경련(spasticity)과 과긴장(hypertonicity)을 가진 사

처방약들을 기술하는 현재의 참고서는 박식한 SLP의 개인 서재의 중요한 부분이다.

람들의 삼킴을 개선하는 것으로 알려져왔다(Shaw & Searl, 2001). 이 장의 초반부에 논의된 바과 같이, 사실 일부 약물들은 삼킴장애의 원인이 되거나 원인에 기여한다. 이런 경우에 SLP는 대안이 사용될 수 있는지를 결정하기 위해 의사와 함께 일할 필요가 있다(Feinberg, 1997).

보철과 수술방법

기형, 수술, 또는 다른 이유들 때문에 본래의 삼킴 메커니즘이 그대로 있지 않는 환자들은 보철장치를 사용함으로써 이득을 얻을 수 있다. 예를 들면, 구강암과 연구개의 중요한 부분이 제거된 사람들은 말하거나 식이 동안 이 부분을 폐쇄하는 데 도움을 주는 영구적 또는 제거가능한 판(plate)인 구개 폐쇄장치(palatal obturator)를 사용할 수 있다(Logeman, 1998). 또한 삼킴장애를 보이는 뇌성마비 아동들은 적절하게 설계된 입속장치를 사용할 때 그들의 섭식기술과 성장이 의미 있게 개선됨을 보여준다(Haberfellner et al., 2001).

덜 비침습적인 접근이 성공하지 못한다면 삼킴을 개선하고 흡인을 예방하는 수술이 때로는 필요하다. 어떤 기법들은 기질성 결점을 교정하기 위해 시도된다. 예를 들면, 환자가 인두후벽을 변위시키는 경추에 뼈의 성장을 가지고 있다면 이것은 수술로 축소될 수 있다. 다른 수술방법들도 성대의 차원들을 증가시키고 후두를 높이기 위해 사용될 수 있다. 심각한 흡인의 사례들에서, 진성대 또는 가성대는 봉합될 수 있고 호흡을 기관절개술로 할 수 있다(Logeman, 1998). 식도 삼킴장애를 가진 환자들에게, 보툴리늄독소의 주사는 때때로 효과적이다(Sonies, 1997).

비구강식이

액체나 음식물덩이를 삼키는 데 10초 이상이 필요하거나 둘 중 10% 이상을 흡인하는 환자들은 적어도 일부 비구강식이(Nonoral Feeding)가 필요할 것이다(Logemann, 1998). 몇 가지 접근들이 사용된다.

비강영양튜브(Nasogastric tube, NG 튜브) 식이에서는 튜브는 코로부터 후두, 식도, 그리고 마지막으로 위에 놓여진다. 액화된 음식과 물은 이 구멍으로 삽입된다. 후에 기술될 더욱 장기적인 방법과는 달리 NG 튜브는 전형적으로 5 또는 6개월 이상 동안 사용되어지지 않는다.

인두절제술(pharyngostomy)에서 식이튜브는 **기공**(stoma) 혹은 목의 바깥쪽 피부에 있는 구멍(hole)에 삽입되고, 그것은 인두까지 연장된다. **식도절개술**(esophagostomy)도 유사한 방법이지만 구멍은 가슴에서 식도로 만들어져 음식튜브도 그것을 통해 삽입된다.

경피적내시경위조루술(percutaneous endoscopic gastrostomy, PEG, 또는 G-튜브)에서 구멍은 수술적으로 배에서 위까지 만들어진다. 부드러운 튜브는 이 구멍을 통해 놓여지고 혼합된 보통 음식은 그 튜브로 삽입될 수 있다. 이 방법은 심도 삼킴장애의 사례들에서 사용되어지고 영양과 소화작용을 위한 하나의 영구적인 수단이 될 수 있다.

삼킴장애를 위한 예상과 결과

삼킴중재의 최우선 목적은 음식과 음료의 섭취를 개선하고 이 물질들이 폐로 흡인되는 것을 막는 것이다. 삼킴중재의 성공 잠재력은 그 장애의 원인, 흡인의 심각성, 치료의 시작에 의해 크게 결정된다(Denk et al., 1997). 발달장애를 가진 어린 아동에서 섭식장애의 주의 깊은 진단에 기초한 치료는 일반적으로 더 좋은 건강을 초래한다(Schwarz et al., 2001). 삼킴장애의 조기확인과 성공적인 중재는 흡인의 위험과 뇌졸중 이후의 사망의 위험을 줄이고 환자가 병원에 머무는 시간의 길이를 줄이고 삶의 질을 개선한다(Odderson et al., 1995). 삼킴의 문제의 최초 원인이 치료될 수 없다고 할지라도 삼킴장애를 위한 치료는 적어도 사례들의 80%에 유익한 것으로 보고되고 있다(Johns Hopkins, 2000). 〈글상자 11.1〉은 삼킴장애를 가진 환자를 위한 다양한 치료접근들과 방법들의 사용을 지원하는 연구결과에 대한 짧은 개요를 제공한다.

SLP는 때때로 삼킴장애를 예방하는 데 성공적이다. 위험에 처해 있는 청소년을 돌보는

글상자 11.1 | 삼킴장애를 가진 사람들을 위한 근거기반실제

일반적 중재

- 임상적이고 도구적인 평가방법들은 효과적으로 삼킴장애를 평가하고 중재의 목표들의 선택을 안내한다.
- 비영양적인 빨기의 발달은 미숙아의 입원기간의 길이를 의미 있게 감소시킨다.
- 입속장치 치료는 중도 삼킴장애를 가진 일부 아동들을 위한 턱의 안정성과 의미 있게 개선된 식이를 결과한다.
- 성인의 중재는 영양과 소화를 개선하고 폐렴과 폐의 문제들에 기인하는 사망률을 감소시켜 입원의 비용과 입원기간의 길이를 단축시킨다.
- 성인에게 사용되는 보상적이고 직접적인 중재기법은 적은 흡인에서와 같이 영양, 섭식효율성, 삼킴의 안전 개선을 초래한다.
- SLP의 중재의 결과로서 대략적으로 환자의 60%는 더 이상 섭식의 대안적인 방법이 필요하지 않다.

특별한 행동치료접근 또는 기법

- 식이요법의 수정, 특히 맑은 액체는 치매와 PD와 연합된 삼킴장애를 가진 환자에서 적어도 단기에서는 아주 효과적이다. 꿀처럼 진한 액체는 두 환자군 모두에 가장 효과적이고 넥타처럼 진한 액체와 턱을 당기는 기법의 사용이 그 뒤를 따른다.
- 자세기법(postural techniques)은 더욱 체계적인 연구가 특별 환자군에 필요하다고 할지라도 맑은 액체의 흡인을 제거하는 데 효과적이다. 신경 환자군에서 턱을 당기는 기법은 약 50%가 효과적이다. 고개 돌리기 기술은 제한된 증거를 가지지만 신경적인 기원의 삼킴장애를 가진 환자들에겐 전도유망하다.
- 성문위삼킴법은 많은 환자들에게 어렵지만 신경병과 연합된 삼킴장애를 가진 일부 환자들에게 효과적이다.
- 최대성문위삼킴법은 두경부암을 가진 환자들의 삼킴에 긍정적인 변화를 보인다.
- 근강화운동(muscle-strengthening exercises)은 인두단계의 삼킴장애를 가진 사람들에게 효과적이다. 하루에 세 번 고개를 드는 운동에 관여한 6주 운동프로그램에 참가한 환자들은 그 프로그램 후 삼킴기능의 의미 있는 개선을 보였다.
- 사례연구에 의하면, 운동학습(즉, 최대화된 연습시행, 무작위 연습, 체계적인 피드백)을 촉진하는 원칙들을 사용하는 개별화된 삼킴프로그램은 삼킴장애를 가진 젊은 아동들에게 효과적이다.
- 삼킴장애를 가진 성인에서 기능적인 삼킴결과에 표면전극을 통해 목에 적용된 신경근육 전기자극(neuromuscular electrical stimulation, NMES)의 효과를 시험하는 연구들은 촉망된다. 그러나 잘 통제된 실험의 실행이 필요하다.

출처 : Arvedson(2009); Ashford et al.(2009a, 2009b); Clark et al.(2009); Groher & Crary(2010); (Logemann et al., 1989), (Logemann et al., 1997), Logemann et al.(2008); Nagaya et al.(2004); Shaker et al.(2002); and Sheppard(2008)에 근거함.

사람들은 그 아동의 출생 이후 곧 식이기법에 대한 가르침을 받았다. 노인들을 위한 정보도 또한 유용하다. 노인들에 있어 삼킴장애는 적절한 치과치료에 의해 교정될 수 있는 빈약한 이의 상태와 때때로 관련되어 있다. 알코올, 카페인, 향신료, 그리고 아주 뜨겁거나 차가운 음식물을 피하는 것은 삼킴을 개선하고 삼킴장애를 예방하는 것이다(Toner, 1997).

요약

삼킴장애의 분야에 그들의 경력을 집중하기를 원하는 SLP는 특별하게 소아와 성인들에서 삼킴장애를 평가하고 치료하도록 훈련된다. 그들은 적절하게 간호할 수 없는 유아, 식이문제를 가진 아동들, 그리고 삼킴장애를 가진 노인들과 일을 한다. 삼킴의 구강준비, 구강, 인두, 식도단계들은 손상될 수 있다. 원인들은 선천적 또는 후천적 신경문제들, 뇌졸중, 암, 발달장애, 치매, 사고를 포함한다. 삼킴은 영양과 건강뿐만 아니라 사회적 개인적 삶의 면에도 영향을 미친다. 팀 접근은 평가와 중재 모두를 위해 사용되어진다. 평가는 먹는 동안 환자에 대한 주의 깊은 사례력과 직접적인 관찰을 포함한다. 수정된 바륨삼킴검사는 비디오투시조영검사 장비를 사용하고 삼킴장애 평가의 황금표준으로 여겨진다. 치료방법은 식이환경, 환자의 몸과 얼굴자세, 음식의 식감과 온도, 구강-운동의 기동성, 특별한 삼킴기법을 다룬다. 의학적, 보철, 수술접근들은 필요할 때 사용될 수 있다. 비구강식이도 심각한 사례들에서 요구될 수 있다.

추천도서

Clark, H. M. (2004). Neuromuscular treatment for speech and swallowing: A tutorial. *American Journal of Speech-Language Pathology, 12*, 400-415.

Hall, K. (2001). *Pediatric dysphagia resource guide*. San Diego, CA: Singular.

Logemann, J. A. (1998). *Evaluation and treatment of swallowing disorders* (2nd ed.). Austin, TX: PRO-ED.

The 2009 issue of the *Journal of Rehabilitation Research and Development, 46*(2), 175-222, provides a systematic review of evidence-based practice in dysphagia treatment.

12

청각학과 난청

David A. DeBonis, Ph.D.

학습목표

이 장을 마치면 여러분은 다음과 같은 것들을 할 수 있게 될 것이다.

- 난청의 심리사회적 결과를 설명한다.
- 장애로서의 농을 보는 시각과 문화로서의 농을 보는 시각의 차이점을 설명한다.
- 청각학의 정의와 다양한 환경에서의 청능사의 역할을 설명한다.
- 소리생성의 메커니즘과 청각기관의 해부와 생리학에 대한 기본적인 이해를 설명한다.
- 난청의 일반적인 유형과 잠재적인 원인을 안다.
- 청각검사의 구성요소와 각 검사의 일반적인 목적과 사용방법을 안다.
- 청력자활/재활의 정의와 의사소통에 대한 난청의 효과 축소를 위해 사용되는 기본적인 기술을 설명한다.

난청의 주제에 익숙하지 않은 사람들은 난청은 기본적으로 노인인구에 영향을 미치고 노화에 의해 야기되는 장애라는 오해를 가진다. 실제적으로 난청은 신생아, 학령기 아동, 청소년, 성인, 그리고 노인을 포함하는 모든 나이의 사람에게 공통적으로 나타나며 많은 요인들로 인해 유발될 수 있다. 또 다른 흔히 발생되는 오해는 난청은 단순히 사람의 청력에 영향을 미치는 장애라는 것이다. 난청은 사람의 삶의 종합적인 질에 영향을 줄 수 있다. 난청은 말과 언어발달, 읽기기술, 교육성취, 직업수행, 사회적 상호작용, 그리고 심리적 복지에 아주 부정적인 영향을 줄 수 있다. 또한 가족 구성원과 절친한 친구에게도 심각한 부정적인 영향을 미칠 수 있다. 이 장에서는 난청이 어떻게 발생하고 사람의 삶에 미치는 다양한 방법들과 어떻게 진단되고 치료되는지에 대한 서론적인 개괄을 제공하고자 한다.

난청의 발생률과 유병률

난청의 주제를 학생들에게 소개할 때 생각나는 첫 번째 질문 중의 하나는 "얼마나 많은 사람을 이야기하고 있는가?"이다. 비록 이 질문은 명확하게 답하기 어렵다고 할지라도 일반적인 추측은 미국 인구의 약 12%, 즉 3,000만 명이 한쪽 귀에 어느 정도의 난청을 가지고 있다는 것이다(John Hopkins Medicine, 2011). 이 숫자는 1980년 중반 이후에 배가 되었고 2025년에는 약 4,000만 명에 도달할 것으로 기대된다. 신생아 1,000명 중 대략 3명이 난청을 가진 아동으로 가장 빈번하게 발생하는 출생결핍증이다(질병관리예방센터, 2009). 또한 출생 1,000명당 약 1명은 고도에서 심도 난청을 가진 아동이 나타난다. 미국의 1,000명의 아동당 약 83명은 한 평생 결과를 나타내는 '교육적으로 의미 있는' 난청이란 용어로 불리는 것을 보인다(장애아를 위한 국립보급센터, 2003). 2012년 세계보건기구(WHO)의 웹사이트는 2억 7,800만 명의 사람들이 한쪽 귀에 경도 난청이상을 가지며 개발도상국에서는 40명 중 1명 미만이 보청기가 필요한 것으로 보고했다.

청각장애 관련 용어들의 분류

난청의 효과를 기술하게 될 때, 특히 이 주제에 새로운 사람들에겐 용어들이 혼동될 수 있다. 손상, 장애, 핸디캡과 같은 용어들은 의미가 중첩되는 것으로 보일 수 있다. 1980년 세계보건기구(WHO)는 이 용어들을 구별하려는 노력의 일환으로 국제분류체계를 채택했다. 그 분류는 그 후 2000년에 다시 개정되었고 현재 다양한 학문분야에서 사용되고 있다.

세계보건기구는 **손상**(impairment)은 구조 또는 기능의 상실로 정의하였고 청각학과 관련하여 손상의 보기들로는 고막외상, 중이골의 손상 또는 내이의 감각세포 손상 등이 포함될 수 있다. 모든 손상은 장애로 이끄는가? 그 대답은 "아니요"이다. WHO는 특별한 손상과 관련된 기능적인 결과를 활동제한(activity limitation) 또는 **장애**(disability)라고 언급한다. 난청을 가진 사람들에게 장애의 실례들은 배경소음에서의 말 이해능력의 하락, 전화로 하는 대화의 이해 어려움, 또는 낮은 강도의 말소리 이해 어려움 등을 포함할 수 있다. 청능사가 치료를 추천할 때 청각장애를 종종 언급할 수 있다.

　마지막으로, 손상과 장애는 실제 상황에서 참여하려고 하는 개인의 무능력으로 정의되는 참여제한(participation restriction) 또는 **핸디캡**(handicap)으로 이끌 수 있다. 여기에 해당하는 보기들은 고용을 불가능하게 하거나 긍정적인 사회관계를 유지할 수 있는 능력을 간섭하는 난청을 포함할 수 있다. 난청을 가진 많은 사람들은 난청이 실제 상황에 참여하고자 하는 능력을 간섭하지 않기 때문에 청각 핸디캡을 가지지 않는다는 것을 기억하는 것은 중요하다. 예를 들면, 전화 청취나 소음환경에서 대화이해의 문제에도 불구하고 난청을 가진 많은 사람들은 잘 적응하고 독립적이고 온전하게 참여하는 사회의 구성원들이다.

농, 농공동체와 농문화

손상과 장애에 대한 토론은 **농인**(deaf)에 대한 짧은 토론으로 이끈다. 이 장의 후반부에서 자세히 배울 것이지만 난청이 90 dB 이상일 때, 심도 난청으로 불리거나 농인으로 불린다. 농과 관련된 문제에 친숙하지 않은 사람들에게 이런 심각한 난청을 가진 사람들은 보청기를 착용하거나 인공와우이식을 받고 말-언어서비스를 받는 것에 아주 흥미로울 것이라고 생각하는 것은 논리적으로 보인다. 그러나 진실은 농인들은 그들의 농을 장애로 보지 않고 오히려 문화적인 특성으로 보려 한다는 것이다. 이런 사람들이 구성원들을 단결시키고 긍정적인 자아정체성을 형성하는 자존감으로 농을 보려고 하는 한 집단인 **농공동체**(Deaf community)로 불리는 것을 구성한다.

　이 점에서 어떻게 농이 한 문화로서 생각될 수 있는지에 당황해질 수 있다. 일련의 사람들이 공통의 언어, 전통, 가치를 공유할 때 한 문화가 만들어진다는 것을 생각해보라. 미국에서 농문화로 동일시하는 사람들은 하나의 공통언어인 **미국수화**(American Sign Language, ASL)를 공유한다. 미국수화는 집단의 결속과 융합을 가져오는 농인의 자연언어로 생각되어진다. 게다가 **농문화**(Deaf culture)는 스스로의 풍부한 역사, 민속, 시, 춤, 영화를 포함하는 예술에 대한 다양한 공헌에 의해 특성화된다. 이 점에서 소문자를 사용하는 **농**(deaf)과 대문자를 사용하는 **농**(Deaf)을 구별하는 것이 필요하다. 소문자를 사용하는 농(deaf)은 하나의 공통의 심리적 조건인 고도에서 심도 난청을 공유하지만 대문자를 사용하는 농(Deaf)은 농공동체의 일원들인 개인들을 언급한다.

　농인이 이 장의 후반부에 세부적으로 토론될 인공와우이식을 받는 것을 가능하게 한 최근의 공학적인 발전을 잠깐 생각해보자. 이 수술은 많은 사람들이 말-언어정보를 수용하고 구화기술을 발전시킬 수 있도록 허락했다. 비록 이것이 농인에게 긍정적인 발전일지라도 문헌에서는 이것이 농문화에 미칠 효과에 대한 아주 과열된 토론이 있었다. 훨씬 적은 사람들이 농학교에 출석하고 더 많은 사람들이 인공와우이식을 선택하여 구화를 배우고 건청인과 더욱 완벽하게 통합될 때 농공동체와 문화의 미래가 불안해질 것이라고 일부 사람들은 두려워했다. 이러한 이유 때문에 농공동체의 지도자들은 인공와우이식 사용을 강력하게 반대했다. 그러나 Hossain(2012)이 지적한 것처럼 인공와우이식의 장점이 더욱 분명해졌을 때 농공동체는 그 장치를 수용하였고 그 장치의 사용은 존중되어야 할 개인의 선택이라는 사실에 더욱 열린 마음을 가지게 되었다.

오늘날 문화적으로 다양한 사회에서 살고 일하는 말-언어치료사와 청각학의 전문가들은 농문화에 대한 인식과 이해를 발전시키고 농을 둘러싼 복잡하고 답하기 어려운 질문들을 신중하게 생각하는 것이 중요하다. 비록 많은 대학의 훈련프로그램들이 농인들은 치료받아야 한다는 병리학적 관점에서 모든 난청을 보았다고 할지라도 SLP 또는 청능사로 경력을 시작하고자 하는 학생들은 이것이 유일한 관점이 아니라는 것을 인식해야 한다. 또한 근거기반 실제를 사용하기 위해서도 환자들의 신념과 기호를 소중하게 생각하고 존중해야 한다. 우리의 역할은 의뢰인에게 해야 할 것을 말하는 것이 아니라 오히려 그들의 목표와 우선순위를 잘 듣고 그들의 신념과 문화와 일치하는 방법으로 지도하는 것이다. 우리는 의뢰인에게 새로운 정보와 새로운 사고방법을 확실하게 제공할 수 있지만 그들 스스로 의사소통의 목표와 성취방법에 관하여 마지막 결정을 하도록 해야 한다.

청각학은 무엇인가?

미국말언어청각협회(ASHA)는 **청각학**(audiology)을 "청각, 전정, 그리고 관련된 손상들의 예방과 평가뿐만 아니라 이런 손상들을 가진 사람들의 자활/재활 그리고 유지"와 관련된 학문분야로 정의한다(ASHA, 2004). 청각학은 평가와 자활/재활 모두와 관련된 직무로 구성되어 있다. 종종 사람들은 청각학을 난청의 진단을 엄밀하게 다루는 학문으로 지각한다. 비록 평가는 청각학의 중요한 부분이라 할지라도 청각문제가 진단된 환자의 치료와 중재도 똑같이 중요하다. 청능사는 **증폭기**(amplification) 상담, 처방, 그리고 적합을 포함하는 자활/재활 서비스와 의사소통을 지원하고 개인의 삶의 종합적인 질을 개선하도록 설계된 다양한 치료서비스를 제공하는 데 숙달되어야 한다.

청능사를 위한 교육필수와 고용

미국청각학회(American Academy of Audiology, AAA)에 따르면 1960년도에서 2007년까지 청능사가 임상실무를 하기 위해 필요한 학위는 청각학 석사학위였다. 2007년에 Au. D.(Audiology Doctor)로 표현되는 임상박사학위(clinical doctorate degree)가 임상청각학실무를 위한 입문학위가 되었다. 학위 필수에서도 이 같은 변화가 만들어져 청각학프로그램의 학생들은 많은 고용환경에서 필요한 광범위한 기술의 필요를 충족할 만큼 잘 준비되어 있다. 대부분 Au. D. 훈련프로그램은 석사학위 이후 4년의 수학을 필요로 한다. 비록 Au. D. 학생들이 연구를 이해하고 임상연구를 수행하도록 잘 준비시키지만 기본적으로 연구를 수행하고 대학 수준에서 일을 하는 데 흥미로운 학생들은 청각학박사학위(Ph. D.)를 받아야 한다.

청능사는 다양한 작업환경에서 고용될 수 있다. ASHA에서 자격증을 취득한 청능사에 대한 조사에서 50% 이상의 청능사가 의료보건분야, 27%는 병원, 11%는 학교, 9%는 대학, 그리고 나머지는 산업분야에서 일을 하는 것으로 보고되었다.

기초음향학

소리가 만들어지고 지각되기 위해서는 몇 가지 조건들이 존재해야 한다. 이 토론의 목적으로 특별하게 말 신호에 초점을 맞추어보자. 다음의 조건들이 유용하다. (1) 허파로부터의 공기의 유출과 같은 에너지 근원, (2) 에너지 근원이 작용할 수 있는 후두의 성대와 같이 진동 가능한 대상, (3) 결과하는 진동을 만들 수 있는 공기와 같은 매체, (4) 결과하는 소리를 받고 해석하는 수용기.

소리는 공기에서 사람의 귀까지 먼 거리를 어떻게 여행할 수 있는가? 한 발걸음 돌아가서 하나의 간단한 기타줄과 같은 대상이 어떻게 진동할 수 있는지를 먼저 생각해보자. 진동은 일련의 주기적인 앞뒤 운동으로 생각되어질 수 있다. 기타줄을 치면 앞뒤로 진동한다. 기타줄이 한 방향으로 움직일 때 서로에게 가까운 공기분자가 이동되어 서로 밀접하게 압축될 때 압력의 증가가 일어난다. 기타줄이 반대방향으로 움직일 때, 처음에 압축된 공기분자들이 다시 튀어올라 멀리 퍼지면 희박상으로 불리는 압력의 감소가 발생한다. 그러므로 소리는 진동원으로부터 밖으로 움직이는 일련의 **압축**(compression)과 **희박상**(rarefaction)이다. 각각의 공기분자가 그 처음의 위치에서 청취자의 귀까지 스스로 여행하지 않지만 그들의 움직임은 귀까지 여행하는 소리파를 만든다는 것을 인식하는 것은 중요하다.

보통의 휴지위치에서 앞뒤로 움직이는 하나의 진동물체는 특별한 자질을 가진다. 첫째, 진동체는 양방향으로 측정가능한 거리를 움직인다. 이것을 진동의 **진폭**(amplitude)이라 한다. 한 소리의 진폭은 데시벨(dB)로 측정되는 **강도**(intensity)를 결정한다. 둘째, 이 같은 앞뒤 운동은 규칙적으로 반복되면서 특정 기간 동안 아주 많은 완성된 사이클을 결과한다. 이것을 진동의 **주파수**(frequency)라 부르고 초당 사이클의 수, 즉 헤르츠(Hertz, Hz)로 표현된다. 그러므로 모든 소리는 그것의 독특한 강도와 주파수 특성에 비추어 기술되어진다. 이 정보는 청각기관에 의해 부호화되거나 해석되어져서 청취자가 하루 동안 노출되는 무한히 많은 소리들을 분별가능하게 만든다.

청각기관의 해부와 생리학

난청의 다양한 유형들과 원인들을 토론하기 전에 청각기관의 해부와 생리학에 대한 일반적인 이해는 필수적이다. 해부적으로 청각기관은 몇 가지 일반적인 영역으로 나뉠 수 있다. 이 영역들은 외이, 중이, 내이, 청신경(전정와우신경), 청성뇌간, 그리고 뇌의 청각피질을 포함한다. 첫 번째 네 가지 영역(그림 12.1)은 일반적으로 **말초청각기관**(peripheral auditory system)으로 불리고 뒤의 두 가지 영역은 **중추청각기관**(central auditory system)의 부분이다. 전형적으로 난청을 말할 때 말초기관의 문제를 언급한다. 중추청각기관에서의 결핍이 있다면 처리 또는 청각처리의 문제가 있는 것이다.

그림 12.1 말초청각기관

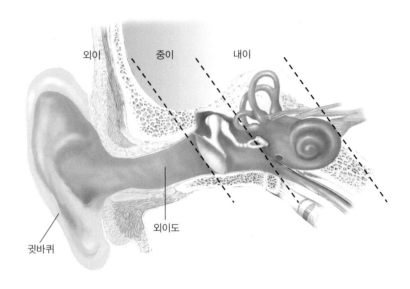

외이   중이   내이

외이도

귓바퀴

외이

외이(outer ear)는 **귓바퀴**(pinna 또는 auricle)와 **외이도**(external auditory meatus 또는 external auditory canals)로 구성되어 있다. 귓바퀴는 청각기관의 가장 시각적인 구조로 피부로 덮인 연골로 만들어져 있다. 귓바퀴를 보면 다양하게 튀어나온 부분(ridges)과 오목한 부분을 볼 수 있는데 이들은 귀에 들어오는 특정 소리를 자연적으로 증폭시키는 역할을 하므로 음향적으로 중요하다. 귓바퀴는 깔때기같이 소리를 외이도로 모으고 소리가 어디에서 들리는지를 나타내는 **위치분별**(localization)로 불리는 과정을 도와준다.

이관(ear canal)으로 불리는 외이도는 **이개**(concha)로 알려진 귓바퀴의 접시와 같이 오목한 부분에서 **고막**(tympanic membrane 또는 eardrum)까지 피부로 되어 있는 관이다. 외이도는 성인에서 길이가 약 1인치이며 고막 쪽으로 S자 형태인 곡선을 가지며 바깥 부분은 모낭과 일반적으로 **귀지**(cerumen)를 생산하는 선(glands)을 포함하고 있다. 귓바퀴와 유사하게 외이도는 소리가 고막을 지날 때 고주파수의 소리를 증폭시킨다.

중이

외이도는 외이와 **중이**(middle ear)의 경계를 나타내는 고막으로 이끈다. 고막은 외이도의 소리파에 반응하여 진동하는 얇고 오목한 구조이다. 고막 표면의 대부분은 세 가지 뚜렷한 조직층으로 구성되어 있는데 중간층은 고막의 힘과 탄력성을 제공하는 섬유조직으로 구성되어 있다. 건강한 고막은 종종 진주빛 회백색(pearl gray)을 띤다. 고막은 반투명하기 때문에 고막에 대한 이경검사 때 그 구조의 일부를 눈으로 보는 것도 가능하다.

고막 뒤에는 공기로 가득 찬 **중이강**(middle ear space)이 위치한다. 이 강은 점막으로 쌓여 있고 **이관**(Eustachian tube)의 입구를 포함한다. 이 중요한 관은 중이를 코 뒤와 입천장에 위치한 **비인강**(nasopharynx)에 연결시킨다. 이관은 정상적으로 닫혀 있지만 주기적으로 열려

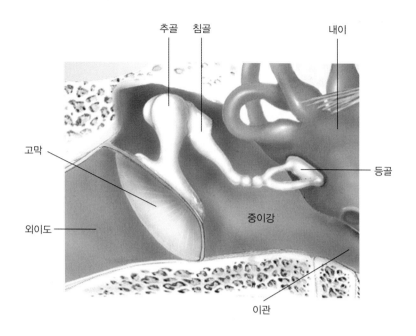

추골　침골　　　　내이

고막

등골

외이도

중이강

이관

그림 12.2 중이의 구조

서 중이강에 공기를 넣어주는 통로를 제공하고 고막의 전후 공기압력을 똑같게 해준다.

중이강 안에는 세 가지 소골에 의해 형성된 연결고리가 있다. **추골**(malleus), **침골**(incus), **등골**(stapes)로 불리는 이 뼈들은 **이소골**(ossicles) 또는 **이소골 연결고리**(ossicular chain)로도 불린다(그림 12.2). 이 연결고리의 첫 번째 뼈인 추골은 가장 큰 뼈로 고막의 섬유층에 내장되어 있고 추골의 윗부분은 침골과 연결되어 있고 침골은 인간의 몸에서 가장 적은 뼈인 등골과 접촉되어 있다. 등골의 발판은 내이의 입구를 나타내는 얇은 막인 **난원창**(oval window)에 부착되어 있다.

내이

이 시점에서 어떻게 우리가 듣게 되는지를 생각하기 시작할 수 있다. 소리파는 공기를 통해 외이도로 들어가고 고막을 진동시킨다. 이 진동은 이소골의 연결고리를 지나 내이의 입구인 난원창과 연결되어 있는 등골의 발판으로 전달된다. **내이**(inner ear)는 두 가지 중요한 역할을 수행하는 하나의 복합구조이다. 하나의 주요 구성요소인 **와우**(cochlea)는 청각자극을 중추신경계로 보내주는 역할을 책임지고 또 다른 주요 구성요소인 **전정기관**(vestibular system)은 균형에 관한 정보 공급을 책임진다.

달팽이 껍질모양과 비슷한 완두콩 크기의 구조인 와우에 먼저 관심을 기울여보자. 와우는 청각자극에 반응하는 청각감각수용세포(auditory sensory receptor cells)로 알려진 특별한 신경세포를 내포하는 내이의 부분이다. 와우는 미로(labyrinths)로 불리는 두 가지 복잡한 통로망으로 구성되어 있다. 외부미로는 뼈로 만들어져 있고 **외림프액**(perilymph)으로 불리는 액체로 가득 차 있고 내부 미로는 점막물질로 구성되어 있고 **내림프액**(endolymph)으로 불리는 액체를 포함하고 있다.

그림 12.3 코르티기관

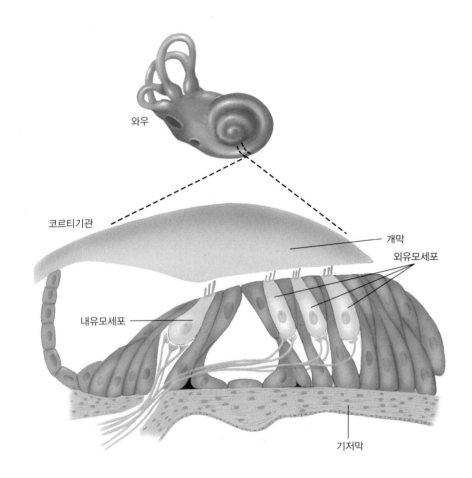

와우

코르티기관

개막

외유모세포

내유모세포

기저막

막미로의 중심에는 **코르티기관**(organ of Corti)으로 불리는 구조가 있다(그림 12.3). 코르티기관의 마루는 기저막에 의해 형성되어 있다. **기저막**(basilar membrane)의 아래쪽인 기저부(base)는 좁고 가늘고 뻣뻣한 데 비해 위쪽인 첨단부(apex)는 더 넓고 굵고 유연하다. 잠깐 기타줄에 대해 생각해보자. 더 가늘고 뻣뻣한 줄은 고주파수 소리를 만들지만 더 굵고 느슨한 줄은 저주파수 소리를 만든다. 비록 그 과정은 완벽하게 이해되지 않았지만 기저막의 이런 해부적인 차이가 다른 주파수의 음을 다르게 반응하도록 한다. 즉 등골에 가까운 기저막 부분은 고주파수 음에 가장 잘 반응하고 와우의 끝 또는 첨단부에 가장 가까운 부분은 저주파수 음에 가장 잘 반응한다.

기저막의 위에는 청각기관의 감각수용세포로 알려진 아주 작은 수천 개의 **유모세포**(hair cells)가 위치되어 있다. 각 세포의 위에는 **섬모**(stereocilia)로 불리는 미세한 털과 같은 돌기들이 위치하고 있다. 코르티기관의 지붕은 **개막**(tectorial membrane)으로 불리는 구조에 의해 형성되어 있다. 개막의 한쪽 끝은 고정되어 있지만 다른 쪽은 열려 있어 주위의 액체이동에 반응하여 자유롭게 위아래로 움직인다.

이 시점에서 위에서 기술된 바와 같이 공기의 소리파에서 난원창의 등골의 움직임까지의 소리통로를 다시 한번 살펴보고 아래 진술에 대한 이해를 추가하자 — 등골이 난원창 안쪽과 바깥쪽으로 흔들릴 때 액체는 막미로에서 이동된다. 개막과 기저막의 운동으로 섬모가 휘어지면 화학전달물질이 유모세포의 기저부에서 만들어지고 신경전기에너지가 생성되어 **전정와우신경**(vestibulocochlear) 또는 **8번 뇌신경**(VIIIth cranial nerve)의 음향적 가지부분을 형성하는 청신경에 전달된다. 이 정보는 다시 뇌간과 뇌에 전달된다.

내이에 대한 토론을 끝내기 전에 전정기관에 대한 짧은 언급이 만들어져야 한다. 전정기관은 뼈와 막으로 구성되어 있고 머리운동을 지각하는 감각수용세포들을 내포한다. 전정기관의 감각세포를 자극하는 신경섬유는 8번 뇌신경의 전정가지부분을 형성한다. 균형과 청각기전 사이의 해부적인 연결에 대한 더 좋은 이해를 가진다면 왜 전정검사와 비의도적인 중재가 청능사의 실무영역인지를 더 쉽게 이해할 수 있을 것이다(ASHA, 2004).

중추청각계

중추청각계(Central Auditory System)는 세포핵, 신경섬유, 신경계로 구성되어 있고 청각정보를 뇌로 보내는 통로(구심성 전달통로)와 뇌로부터 정보를 받는 통로(원심성 전달통로)를 포함한다. 겉으로는 뇌로 이끄는 해부적인 구조가 단순하게 신경충동을 보내는 것으로 보이지만 그것은 능동적으로 청각자극의 주파수, 강도, 그리고 지속에 관한 정보들이 해석을 위해 청각피질에 도달하기까지 있는 그대로 남아 있는지를 확인하는 데 중요한 역할을 수행한다. 중추청각계에 대한 추가적인 연구는 해부와 생리학과 같은 청각학의 교과목에서 전형적으로 학생들에게 제시된다.

난청유형과 청각질환

이전의 부분은 해부적이고 생리학적 관점에서 귀를 기술했다. 외이와 중이는 소리를 모아 증폭시켜 와우로 전달하는 역할을 수행한다. 그러므로 외이와 중이는 **전도계**(conductive system)로 불린다. 와우는 실제적인 청각감각기관이며 8번 뇌신경의 청각가지부분으로 신경신호를 뇌간과 청각처리를 위해 청각피질에 전달하는 책임을 진다. 그러므로 와우와 청신경은 **감각신경계**(sensorineural system)를 구성한다. 청능사가 말초난청을 기술할 때 일반적으로 **전도성**(conductive)과 **감각신경성**(sensorineural)이란 용어들을 사용한다. 중추청각계에서 결핍이 생기면 이것이 어떻게 사람의 청각처리능력에 영향을 미치는지에 비추어 전형적으로 기술되어진다.

전도성 난청

전도성 난청은 외이 또는 중이의 기형, 기능부전, 또는 파손의 결과로서 일어난다. 외이와 중이의 모든 질환이 난청을 결과하는 것은 아니다. 그러나 많은 경우 이들에서의 문제들은 소리가 와우로 전달될 때 귀의 자연적인 소리전달을 축소하거나 제거한다. 이것은 낮은 강도에서 보통 강도의 소리가 모두 들리지 않게 하고 높은 강도의 소리는 정상보다 훨씬 부드럽게 지각되게 한다. 전도성 난청의 일차적인 결과는 음량 또는 가청력의 상실이라는 것을 기억하는 것은 중요하다. 감각신경계가 그대로 있는 한 소리가 충분히 크다면 라디오나 텔레비전의 볼륨을 올리거나 목소리의 수준으로 올리거나 하면 어려움 없이 들을 수 있다.

전도성 난청에 대하여 기억해야 하는 몇 가지 다른 중요한 요소들이 있다. 첫째, 전도성 난청은 전체적인 난청을 결과하지 않는다. 다른 말로 표현하면, 농인은 전도성 결핍의 결과로서 단지 청각을 상실하지 않는다. 둘째, 모든 전도성 난청은 영구적이지 않다. 일부는 어떠한 치료도 없이 회복되고 대부분 다른 것들은 의학적으로 치료가 가능하다. 의학적 치료가 제공될 수 없거나 환자가 그것을 선호하지 않을 경우 의사에 의한 의학적인 승인이 된다면 보청기가 도움이 될 수 있다.

외이질환

외이의 몇 가지 질환은 배아 발생기간에 구조의 기능부전으로 일어날 수 있다. 첫째, **소이증**(microtia)은 작은 기형의 귓바퀴를 나타낸다. 소이증은 단독으로 난청을 유발하지 않지만 폐쇄증과 같은 다른 선천적인 조건이 더해지면 난청의 가능성은 훨씬 증가된다. **폐쇄증**(atresia)은 외이도가 완벽하게 폐쇄되는 질환으로 소리가 일반적인 방법으로 외이도를 통과할 수 없기 때문에 난청이 일어난다. 외이도가 심하게 협소되는 협착증(stenosis)은 일부 개인에게 일어날 수 있다. 그러나 폐쇄증과 다르게 협착증은 귀지나 작은 파편조각이 좁은 외이도에 끼어 있지 않다면 유의미한 난청을 유발하지 않는다. 이 같은 사례들은 다른 두개안면질환(craniofacial disorders)과 연결될 때 자주 일어난다(제11장 참조).

외이에서 전도성 난청의 가장 일반적인 원인은 귀지나 이물질 때문이다. 비록 많은 사람들이 귀지를 문제로 본다고 할지라도 그것은 실제적으로 외이도에 들어오는 곤충과 이물질로부터 적어도 어느 정도 귀를 보호한다. 귀지는 또한 때와 작은 조각이 끼면 그것들을 밖으로 밀어내어 자연적으로 외이도를 깨끗하게 한다. 귀지는 외이도가 건조하지 않도록 피부를 보호하는 윤활유 같은 역할을 하고 박테리아와 곰팡이 감염에 대한 화학적인 장벽을 친다. 귀지의 이러한 긍정적인 속성에 비추어볼 때 귀지를 제거하는 면봉이나 다른 도구들의 사용은 가급적 피해져야 한다. 사실 면봉의 공격적인 사용은 종종 귀지를 외이도 안으로 더 밀어넣는다. 종종 외이도가 귀로 막혀 의사에 의해 제거될 필요도 있다. 많은 주에서 귀지 관리는 조심스럽게 적절한 훈련 후에 수행되어져야 하지만 청능사의 영역에 속한다.

중이질환

몇 가지 질환들은 중이의 문제 때문에 일어날 수 있다. 예를 들면, **이경화증**(otosclerosis)은 주로 젊은 성인 특히 여성에 영향을 미치는 질환으로 대부분 유전적인 요소들과 관련된다. 이것은 등골의 발판에서 건강한 뼈가 스펀지 같은 부드러운 뼈로 대치되는 것이 특징으로 종종 등골의 축소된 움직임과 난청을 결과한다. 이경화증의 치료는 등골발판의 일부나 전부를 수술로 제거하고 인공등골로 작동하는 보철기구를 삽입하는 것으로 구성된다.

전도성 난청의 가장 일반적인 원인들 중의 하나는 중이강 내부 점막의 염증인 **중이염**(otitis media)이다. 중이강에 적절한 공기공급을 방해하는 중이염은 일반적으로 **이관의 기능**

상실(Eustachian tube dysfuction)로 나타난다. 정상적으로 기능하는 이관은 껌을 씹거나 하품하거나 삼킬 때 규칙적으로 열리고 닫히며 중이와 외이도 사이의 공기압력을 균등하게 한다. 아동에서 이관은 성인보다 덜 효율적이고 중이를 환기하는 데 덜 효과적이다. 이관의 기능과 중이의 환기를 간섭할 수 있는 또 다른 요소는 확대된 인두편도(adenoid)이다.

중이가 일관성 있게 환기되지 않으면 중이강 속의 산소는 점막내벽에 흡수되어 부분적인 진공상태를 형성한다. 이것은 차례로 부정적인 중이압력으로 알려진 상태를 결과한다. 이것은 고막을 중이강 쪽으로 오므라들게 하여 자유롭게 진동하는 능력을 축소한다. 이 상황이 치료되지 않거나 치료에 반응하지 않으면 액체의 분비, 즉 **삼출성 중이염**(otitis media with effusion, OME)으로 불리는 조건이 중이에서 일어난다. 액체가 중이강을 채우면 소리는 공기로 가득 찬 환경 대신 액체를 통해 전도되어야 한다. 그 액체가 마르면 그것은 **장액성 중이염**(serous otitis media)으로 분류되어진다. 그러나 박테리아가 있어 고름이 중이강 안에서 만들어지면 **화농성 중이염**(purulent or suppurative otitis media)으로 불리는 조건의 원인이 된다. 이런 경우에 아동은 전도성 난청 이외에 불안감, 초조감, 이통, 열병, 구토를 경험할 수 있다. 이 과정 동안 고막은 붉은색을 띠거나 툭 튀어나온다. 어떤 경우에는 고막은 뒤에서 만들어진 압력 때문에 파열될 수도 있다.

중이염은 드물게 발생하는 것이 아니다. 사실 미국에서는 15세 이하의 아동에게 가장 빈번하게 진단되는 질환이다. 90% 이상의 아동이 7세까지 적어도 1회 이상 경험하고, 6개월에서부터 2세까지 최고의 발생률을 보인다(Jung & Hanson, 1999).

어떤 하나의 치료방법이 모든 아동들에게 가장 좋은 효과를 보이지 않기 때문에 중이염을 치료하는 것은 복잡한 과정이다. 어떤 경우, 가장 적절한 조치는 간단하게 기다리고 그 상황을 모니터링하는 것이다. 왜냐하면 많은 이 같은 사례들은 치료 없이 해결되기 때문이다. 다른 경우, 충혈완화제나 항히스타민제의 사용이 부적절한 이관기능의 근본적인 문제를 해결할 수 있다. 감염된 액체로 급성중이염을 앓는 아동들에겐 아목시실린(amoxicillin)과 같은 항생제가 자주 사용되지만 이것은 주의 깊게 사용되어져야 한다. 왜냐하면 일부 아동들은 항생제를 견디는 데 어려움을 가질 수 있고 의학전문가들 사이에 항생제의 남용에 대한 우려가 있기 때문이다.

일부 치료의 선택은 소아과의사에 의해 사용될 수 없고 **이비인후과의사**(Ear, nose, and throat physician, ENT)의 진료를 필요로 한다. 비수술적인 치료가 비효과적일 때 이비인후과의사는 연구와 임상관찰이 청각을 회복시키고 추가적인 중이의 병리 가능성을 축소한다고 밝힌 하나의 수술치료를 수행할 수 있다. **고막절개술**(myringotomy)로 불리는 이 방법은 중이강으로부터 액체를 빼내기 위하여 고막을 절단하는 방법이다. 이 수술 후에 종종 **압력균등화튜브**(pressure equalization tube, PE 튜브 또는 tympanostomy tube)가 고막에 삽입된다. 이 관들은 중이강 속에 공기가 통과하도록 하는 이관과 같은 목적을 수행한다. 그러나 일반적인 방법에서 비인두를 통과하는 것 대신 고막에 삽입된 열린 PE 튜브를 통해 공기가 외이도로부터 중이로 들어간다. 다양한 외이와 중이질환에 대한 영상은 Roy Sullivan의 비디오 이경 웹사이트에서 구할 수 있다.

중이염 치료는 부모와 전문가 모두에게 스트레스가 많을 수 있다. 왜냐하면 문제해결은 종종 효율적인 과정이 아니기 때문이다. 의사의 관점에서 볼 때, 먼저 더 보수적인 치료옵션들을 선택하고 나서 더욱 공격적인 치료옵션으로 움직이는 것이 이치에 맞다. 그러나 치료가 효과를 보이지 않을 경우, 중이염을 동반하는 난청은 말-언어발달에서 결정적 시기에 있는 아동에게 여러 달 동안 해결되지 않고 남아 있을 수 있다. 이것은 부모, SLP, 청능사에게 큰 우려가 될 수 있다. 게다가 어떤 치료옵션만이 한 이비인후과에서 사용될 수 있다는 사실은 더 많은 시간을 기다리게 할 수 있다.

마지막으로 이 시점에서 난청을 동반한 초기 중이염이 아동의 후기 인생에 부정적인 효과를 가질 수 있는지는 문헌에서 불일치한다. 예를 들면, Zumach와 동료들(2010)은 27개월의 나이에 중이염을 앓은 아동들에게서 측정된 수용 및 표현언어에 대한 부정적인 효과는 7세에 중이염을 앓은 아동에게는 사라졌다는 것을 발견했다. 대조적으로 Shapiro와 동료들(2009)은 2세 이전에 중이염을 앓은 적인 있는 아동들은 앓은 적인 없는 아동들 및 2세 이후에 중이염을 앓은 아동들보다 독서와 음운인식에서 9세의 나이에 더욱 빈약하게 실행했다는 것을 발견했다. 초기 난청에 대한 가능한 장기적인 효과에 대한 이 질문은 중요한 것이다. 장기적인 효과가 존재한다면 중이염을 가진 아동의 초기 난청을 빨리 해결하려는 더 큰 노력은 치료계획서의 일부가 되어야 할 것이다.

감각신경성 난청

난청의 두 번째 일반적 유형인 감각신경성 난청은 와우 속의 유모세포를 포함하는 내이의 결핍이나 고장, 구조의 손상에서 결과한다. 감각신경성 난청은 출생 때 있거나 전생에 걸쳐 발전될 수도 있다. 그것은 몇 시간에 걸쳐 시작되거나 점차적으로 몇 년에 걸쳐 일어날 수 있다. 감각신경성 난청의 일부 형태는 유전적인 토대를 가지지만 다른 형태들은 후천적으로 습득되어진다. 감각신경성 난청의 일부 사례들은 안정적이지만 다른 사례들은 더 악화되고 일부는 변동을 보인다. 일시적인 전도성 난청과는 달리 감각신경성 난청은 보통 영구적이다.

비록 감각신경성 난청은 어떤 주파수 범위에도 청각민감성에 영향을 미친다고 할지라도 대부분의 경우 더 높은 고주파수가 영향을 더 받는다. 문제가 충분히 시끄럽지 않은 소리에서 발생하는 전도성 난청과는 달리 감각신경성 난청은 음량과 명료도의 부족 모두와 관련되어 있다. 어떤 소리는 가청불가능하거나 듣기 어려울 뿐만 아니라 들을 수 있는 소리도 종종 왜곡되어 지각된다. 이 점을 설명하기 위해 다음의 예를 생각해보자. 낮은 볼륨에서 휴대전화로 대화하는 것은 전도성 난청을 시뮬레이션 한다. 즉 소리가 정상보다 더 약하기 때문에 지각하기 어렵다. 그러나 볼륨이 증가된다면 신호는 듣기가 더 쉽게 될 뿐만 아니라 더 명료하게 된다. 같은 휴대전화에 왜곡이나 잡음을 추가한다면 신호는 들을 수 있지만 이해하기는 더 힘들어진다. 즉 볼륨을 증가시키는 것은 왜곡된 신호를 더 크게 만들지만 여전히 불명료해진다.

기대한 것과 같이 감각신경성 난청은 말, 언어, 그리고 인지발달에 부정적인 영향을 미칠 수 있다. 이 같은 발달의 측면에 영향을 미치는 요인들은 (1) 난청의 정도, (2) 난청이 발생한

나이, 즉 시작의 나이, (3) 난청이 확인된 나이, (4) 적절한 중재가 시작된 나이를 포함한다.

난청이 시작된 나이는 일반적으로 **선천적**(congenital)이거나 후천적(acquired)인 것으로 기술된다. 이것을 보는 또 다른 방법은 난청이 **언어습득 전**(prelingually, 말과 언어기술이 발달하기 전)이나 **언어습득 후**(postligually, 구화기술 습득 후)에 일어났는지를 고려하는 것이다. 이와 같은 용어들을 정의하는 정확한 나이는 없지만 전통적으로 2세 이전에 난청이 시작되면 언어습득 전으로 고려되고 5세 이후에 발생하는 난청은 언어습득 후에 속한다. 4세 또는 5세 때까지 발견되지 않은 중도 난청으로 태어난 아동과 태어나면서 난청으로 확인된 아동을 비교해서 생각해보자. 말과 언어에 미치는 난청의 부정적인 효과는 첫 번째 아동에게 훨씬 더 크다. 두 번째 아동에겐 이런 부정적인 효과를 축소하도록 언어발달의 결정적 시기에 조기중재 서비스가 제공될 수 있다.

내이질환

감각신경성 난청에 대한 일반적인 이해를 가지고 있다면 그 원인들 중 선천적이고 유전적인 것들을 먼저 살펴보자. 난청이 태아 발생기간 동안 내이구조의 결핍이나 고장으로 인해 발생한다면 그것은 **무형성증**(aplasia) 또는 **이형성**(dysplasia)으로 불린다. 내이의 어떤 부분이 영향을 받은지에 따라 무형성증의 몇 가지 유형들이 있다. 가장 빈번한 선천적인 유전적 감각신경성 난청은 증후군(syndrome)과 연합된 질환군 중 하나의 요소이다. **어셔증후군**(Usher's syndrome)은 야맹과 축소된 말초시력을 결과하는 퇴행성 시력변화뿐만 아니라 심각한 감각신경성 난청에 의해 특성화되는 유전적 질환이다. **바르덴부르크증후군**(Waardenburg's syndrome)은 머리털, 피부, 그리고 눈의 색깔 변화뿐만 아니라 경도에서 고도 감각신경성 난청으로 특성화되는 또 다른 유전적 질환이다. **알포트증후군**(Alport's syndrome)을 가진 아동은 종종 감각신경성 난청과 신장병을 가진다.

비록 감각신경성 난청이 출생 때 발생될 수 있지만 그것은 항상 유전적인 요소들의 결과는 아니다. 대신 임신 중 어머니에 의해 경험되는 병이나 독성제(toxic agents)가 원인이 될 수 있다. 가장 잘 알려진 보기 중 하나는 1960년 초반과 중반에 태어난 약 1만에서 2만 명의 아동에서 발생된 **모계풍진**(maternal rubella) 또는 독일홍역(German measles)으로부터 결과하는 난청이다. 현재는 풍진백신이 유용하지만 인간면역결핍바이러스(HIV)와 거대세포바이러스(cytomegakovirus, CMV)와 같은 다른 바이러스들도 임신 중 어머니에 의해 감염되면 선천적인 감각신경성 난청의 주요 원인들이 될 수 있다. 매독(syphilis)과 같이 성적으로 전달되는 박테리아 병은 자라는 태아의 중추신경계를 심각하게 손상하여 난청뿐만 아니라 지적 발달장애를 유발할 수 있다. 감각신경성 난청은 전 생애기간 동안 어느 시점에서 만나는 환경의 결과로서 발생할 수도 있다. 후천적 난청은 유행성 이하선염(mumps)과 같은 바이러스 감염 때문에 일어날 수 있거나 젊은 아동과 성인에게 고도 또는 심도 난청을 유발할 수 있는 뇌를 둘러싼 조직의 염증인 **뇌수막염**(meningitis)과 같은 박테리아 감염 때문에 발생할 수도 있다. 내이의 구조는 병의 원인이 되는 박테리아나 종종 고통을 동반하는 고열병으로부터 쉽게 손상될 수도 있다. 게다가 어떤 경우에는 박테리아 뇌수막염은 **이독성**(ototoxic)을 가진 강한 항생제의 다량의 복용의 치료를 필요로 한다. 이독성 난청은 영구적이거나 되돌릴 수도 있다. 이독성 약물로 치료를 받은 사람들의 청력은 자주 모니터링을 받도록 추천한다. 청력의 변화가 감지되면 약의 유형과 복용량은 적용되어질 수 있다.

메니에르병(Meniere's disease)은 갑자기 시작되는 난청을 만드는 질환이다. 1861년 프로스퍼 메니에르(Prosper Meniere)에 의해 처음으로 기술된 메니에르병은 내이의 막미로 속 내림프액의 증가로 결과하는 압력에 의해 일어난다고 믿어졌다. 내이의 와우와 전정 모두가 관련될 수도 있고 단지 한 부분에 특별할 수도 있다. 메니에르병과 연합된 고전적인 증후군은 변동이 심하고 점진적인 감각신경성 난청으로 이명, 현기증, 그리고 귓속이 꽉 찬 느낌이 든다. 게다가 전형적으로 그 증후군은 예견할 수 없고 너무 심해서 더 좋아질 때까지 가만히 누워 있을 수도 있다. 메니에르병에 대한 알려진 치료는 없지만 약물치료, 수술적 중재, 그리고 증후군을 축소할 수 있는 식이요법의 변화는 성공의 양은 다르지만 모두 사용될 수 있다.

내이질환의 또 다른 유형인 **청각신경병증스펙트럼질환**(auditory neuropathy spectrum disorder, ANSD)은 최근에 상당한 주목을 받아왔다. 일반적으로 ANSD는 정상적인 이음향방사의 결과에서와 같이 정상적인 외유모세포기능과 비정상적인 뇌간반응에서와 같이 내유모세포나 청각신경섬유의 비정상적인 반응에 의해 특성화된다. 소리에 대한 반응으로 청각신경섬유의 동시적인 자극의 결핍이 이러한 사례들에서는 근본적인 문제인 것으로 보인다. ANSD를 가진 개인은 정상범위에서 심도 난청까지의 순음청력을 보인다. 순음청력검사는 그들의 실제 세계에서의 어려움이나 언어발전에 대한 그들의 잠재력과 전형적으로 상관되지 않는다. 이런 사람들은 순음상실은 심각하지 않더라도 말 이해능력에서는 상당한 어려움을 보인다. Berlin과 동료들(2010)에 따르면 이 질환을 가진 일부의 사람들에게 보청기는 도움이 되고 인공와우이식은 더 많은 사람들에게 도움이 되는 것으로 밝혀졌다. ANSD를 가진 사람들과 일하는 데 도전의 일부는 진단이 적절한 방법으로 이루어지지 않는다는 것이다. 이것은 그에 따른 치료계획에 필요한 지원을 제공하지 않는다는 것을 의미한다. 또한 진단이 수행되더라도 사용할 최선의 치료접근법에 대한 합의가 이루어지기 힘들다. 이 질환을 가진 아동과 일할 때 청능사들은 보청기 적합에서 시작하여 아동의 청각행동과 기술의 발전까지 면밀하게 모니터링해야 한다. 진척이 보이지 않는 경우, 부모들과 인공와우이식의 사용에 대하여 토론하는 것도 가능하다.

대부분의 경우 피할 수 있는 높은 수준의 소리(소음)에 과도한 노출로부터 결과하는 난청인 감각신경성 난청의 원인에 대해 주의를 기울여보자. 점차 증가되는 소음환경에 둘러싸여 있는 이 시대를 살아가고 있다. 공장기계와 건축현장에서 전동공구, 오토바이, 그리고 악기와 같은 공통의 일상생활 항목까지 소음에서 벗어나는 것은 거의 불가능하다. **소음성 난청**(noise-induced hearing loss)은 청장년의 후천적인 감각신경성 난청의 주요 원인들 중 하나이다. 인기장난감, 전자게임, 귀에 착용하는 개인 스테레오는 잠재적으로 위험한 소음수준을 배출하기 때문에 현재 아동들도 소음노출로 위험한 상태에 처해 있다. 연구는 개인 음악장구에 대한 일부 충격적인 사실을 드러내고 있다. 고등학생과 대학생의 압도적인 다수가 개인 음악장구를 소유하고 있고 거의 75%의 대학생이 매일 그것을 사용하지만 청년들은 안정하지 않은 청취수준에 대한 정보를 잘 알고 있지 않다(Danahauer et al., 2012; Punch et al., 2011; Vogel et al., 2010). 고강도 소리에의 노출은 와우의 복잡한 구조에 상당한 스트레스를 제공하고 되돌릴 수 없는 손상을 유도할 수 있다.

강한 소음수준의 노출로 발생하는 난청은 일시적이거나 영구적이다. **일시적 역치변화**(temporary threshold shift, TTS)는 짧은 기간의 노출로부터 결과하지만 자발적으로 회복되는 난청을 일컫는 용어이다. TTS를 더 잘 이해하기 위해서, 시끄러운 연주회에 참석해 이명과 함께 동반하는 청각의 하락을 경험한 것을 생각해보자. 몇 시간의 휴식 후 귀울림은 멈추었고 청력은 다시 정상으로 돌아왔다는 것은 TTS를 경험한 것이다. TTS는 청력역치가 정상적으로 돌아오는 한 문제가 아니라고 믿어왔지만 Truong와 Cunningham(2011)에 의한 연구는 TTS 이후 청취력이 정상으로 돌아왔다고 할지라도 와우와 청신경 모두에 대한 영구적인 손상은 측정될 수 있었다.

지금 매일 시끄러운 소리에 노출된 공장노동자를 생각해보자. 높은 강도의 소음에 빈번한 노출은 결국 **영구적인 역치변화**(permanent threshold shift, PTS)를 유도할 수 있다. PTS는 3,000에서 6,000 Hz의 고주파수 범위에서 청각민감성의 상실로 특성화된다. 장기적인 노출로부터 결과하는 손상이 증가하면, 더 많은 청력은 상실되고 말을 이해하는 능력은 특히 배경소음하에서 감소한다.

산업안전보건부(Occupational Safety and Health Administration, OSHA)는 PTS의 위험에 처한 사람의 수를 축소시키기 위해 노동자가 높은 소음지역에 노출되는 시간의 양을 제한하는 안내서를 출판했다. 게다가 OSHA는 노동자를 위한 청력보존프로그램 사용과 해마다 청력검사로 청력을 모니터링하는 정책을 개발했다. 불행하게도 이 지침들은 모든 사례들에서 실제적이지 않았다. 예를 들면 갑자기 예견할 수 없는 타격에 노출된 군인들은 소음성 난청의 위험에 크게 노출되어 있다.

마지막으로 대부분의 사람들은 노화과정을 통해 전 생애에서 어느 정도의 감각신경성 난청을 경험할 것이다. 이것을 **노인성 난청**(prebycusis)으로 부르고 이것은 와우의 유모세포의 상실, 축소된 유모세포의 반응, 또는 청신경섬유의 상실 때문에 일어난다. 나이와 함께 일어나는 변화들은 귀에 영향을 미칠 뿐만 아니라 중추청각계에도 영향을 미치기 때문에 노인성 난청은 축소된 청각민감성뿐만 아니라 청지각의 결핍과 관련되어 있다. Cruickshanks 등(1998)은 48세와 92세 사이의 45%의 성인이 대략적으로 어느 정도의 난청을 가지고 있고 남자가 여자보다 높은 유병률을 보임을 증명했다. 고령인구가 미국에서 가장 빠르게 증가하는 인구 중 하나임을 알면 SLP와 청능사가 노인성 난청에 대한 좋은 이해와 그것이 노인의 삶에 미치는 영향을 아는 것은 중요하다.

Mizutari와 동료들에 의해 수행된 연구정보로 감각신경성 난청에 대한 이 토론을 결론짓는 것은 매우 흥분된다. 농을 가진 생쥐를 사용한 이들 연구자들은 어떤 존재하는 세포들에 대한 모의실험을 통해 이들이 와우의 유모세포처럼 기능할 수 있다는 것을 증명했다. 이것은 부분적인 청력회복을 결과했다. 이 유형의 연구는 언젠가 유모세포의 손상에 의한 난청의 치료제로 이끌 것이라는 희망이 있다.

혼합성 난청

난청의 세 번째 일반적인 유형인 혼합성 난청(Mixed Hearing Loss)은 전도성 난청과 감각 신경성 난청이 동시에 존재하는 것이다. 예를 들면, 노인성 감각신경성 난청(age-related sensorineural hearing loss)은 일시적으로 청각민감성을 더욱 감소시키는 중이염과 축적된 귀지로 발전될 수 있다. 대부분의 경우, 전도성 난청은 의학적으로 치료될 수 있어 종합적인 청각민감성의 개선을 이끌 수 있다. 그러나 감각신경성 난청이 남아 있기 때문에 청력은 정상적인 수준으로 회복될 수 없다. 난청의 다른 정도에 대한 청각 모의실험은 Scott Bradley의 웹사이트에 유용하다.

중추청각처리장애

이전에 기술된 난청의 세 가지 유형은 말초청각계 또는 귓바퀴에서 청신경까지의 귀의 구조의 손상을 언급한다. 말초청각계의 기능은 종합적인 청각평가 동안 일상적으로 평가되어진다. 듣는 것은 유용하게 처리될 필요가 있으므로 청능사는 중추청각계에 영향을 미치는 문제들을 포함하는 전체 청각체계를 고려해야 한다. 전체 청각체계는 일반적으로 청각구조, 통로, 그리고 뇌간에서 대뇌 피질까지의 신경 시냅스로 생각될 수 있다(그림 12.4). 중추청각계와 연합된 문제들은 전형적으로 난청의 원인이 아니다. 대신 그들은 음향정보를 효율적이고 효과적으로 사용하고 해석할 수 없는 능력에 의해 특성화된다. 이것은 종종 유사한 발음의 단어들의 미묘한 차이를 듣는 것의 어려움과 배경소음하에서의 말을 이해할 수 없는 것과 같은 문제에 반영되어진다. 정상적인 말초청력을 가진 개인에게 이러한 유형의 어려움은 **중추청각처리장애**(Central Auditory Processing Disorders, CAPD)의 하나의 지표일 수 있다.

오늘날 가장 일반적으로 사용되는 CAPD 검사에 관하여 말하기 전에 오래전에 사용된 청각처리검사에 대하여 간략하게 검토해보자. 몇 년 전 CT스캔과 MRI와 같은 최신 영상기술이 유용하기 전에 청각처리검사들은 어떤 뇌의 부분이 손상되었는지를 확인하고 수행하기 힘든 종류의 과업에 관한 정보를 제공하기 위하여 환자들에게 사용되어졌다. 예를 들면, 우측 뇌에 종양을 가진 사람은 왼쪽 뇌에 종양을 가진 사람보다는 이 검사에 다른 반응을 보일 것이다. 유사하게 측두엽 문제를 가진 환자는 전두엽 손상을 가진 사람과는 다르게 실행할 것이다.

오늘날, 청각처리검사들은 종양이나 뇌졸중과 같은 의학적 문제를 가진 환자가 아니라 오히려 청능사에 의해 교실에서 기능하는 데 어려움을 경험하는 학생들에게 가장 빈번하게 사용된다. 이러한 아동들은 산만함, 빠른 말이나 음향적으로 빈약한 환경에서 말을 이해하는 데 어려움, 복잡한 청각지시를 따르는 데 어려움, 주의집중을 하는 데 어려움, 말 메시지에 느리거나 일관성 없는 반응, 또는 시각적 단서에 대한 증가된 의존성 중 하나를 가지는 것으로 증명되었다.

위에 제시된 증상들을 가진 학생이 정상적인 말초청각, 정상적인 인지능력, 경도 언어손

그림 12.4 **중추청각신경계의 구조**

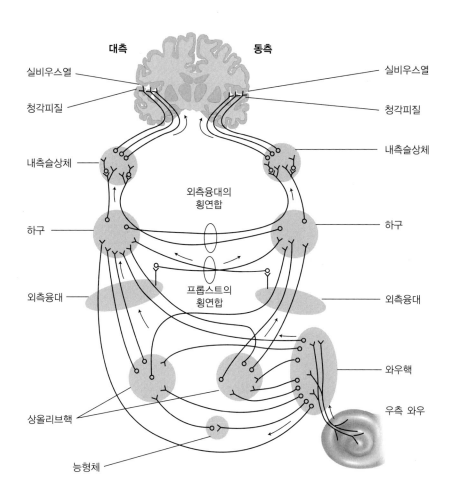

상을 가지고 적어도 7세의 나이를 먹었다고 하더라도 자격 있는 청능사는 CAPD를 검사할 수 있다. 이런 행동검사들은 또래들과 비교하여 한 아동이 어떻게 실행하는지에 대한 정보를 제공할 뿐만 아니라 무슨 유형의 과업이 이 아동에게 도전이 될 것인지를 이해하도록 도와줄 것이다. 적절한 검사들로 구성된 종합적인 검사를 실시함으로써 청능사는 CAPD의 존재를 진단할 수 있다는 것을 언급하는 것은 중요하다.

　CAPD에 관하여 전문가와 대중 사이에 큰 흥미와 증가된 인식에도 불구하고 이 장애는 여러 가지 이유 때문에 여전히 논쟁적이다. 첫째, 중추청각계의 결핍을 가진 개인들은 종종 아주 다양한 증상들을 보이고 이러한 증상들은 학습장애와 주의력장애와 같은 다른 질환들과 관련된 것들과 똑같거나 유사하다. 둘째, 부모와 전문가들은 검사에 적절한 지원자가 아닌 개인이 검사를 종종 찾고 그 검사가 수행될 수 없다는 이야기를 들었을 때 속상하게 될 수 있었다. 셋째, CAPD는 자폐증이나 주의력결핍과 같은 다른 질환들의 근본적인 원인일 수 있다고 믿는 경향이 있다. 여기에 언급할 중요한 요점은 자폐증과 주의력결핍을 가진 개인들이 자주 청각정보를 이해하고 처리하는 능력에 문제를 보일지라도 그들의 어려움의 근본적인 신경적 문제는 청각적인 것이 아니라는 것이다. ASHA는 CAPD는 중추신경계에 의해 청각정보 지각적인 처리의 어려움과 관련되어 있다고 진술한다. 마지막으로 연구로부터 청각처리체계가 작동하는 방식을 개선하는 방법에 관한 증거가 결핍되어 있기 때문에 이 검사는 논쟁적이다. 이것은 그들의 자녀들을 위해 도움을 찾는 부모들을 좌절시킬 수 있다.

CAPD에 관하여 하나의 마지막 요점은 제시되어야 한다. CAPD를 의심받는 아동과 일하는 SLP의 역할은 결정적이다. 왜냐하면 이런 질환의 증상들은 교실에서 먼저 보이기 때문이다. 학교에서 일하는 대부분의 SLP는 아동이 추가적인 검사를 위해 청능사에게 소개되어야 하는지를 결정하는 데 도움을 주는 중요한 역할을 가진다. 또한 한 아동이 CAPD로 진단된다면 추천은 청능사에 의해 만들어지지만 대부분 이 추천은 학교에서 일하는 청능사의 부족 때문에 청능사가 아닌 전문가에 의해 학생의 학교프로그램에서 수행되어진다. 종종 SLP는 이 질환에 대하여 학교에서 가장 지식이 많고 이 수행과정에서 가장 중요한 전문가로 보여진다.

전 생애를 통한 난청

이 시점에서 다루어진 난청의 다양한 유형에 관한 정보와 더불어 청각은 출생 후 즉각적으로 시작하여 모든 나이와 삶의 단계에서 주목되어져야 하는 특별한 것임에는 의심할 여지가 없다. 토론된 것처럼, 신생아는 출생과정에서 일어나는 어려움, 유전적인 장애, 그리고 증후군을 포함하는 많은 요소들 때문에 난청의 위험에 노출될 수 있다. 지난 20년 이상 미국 전역에서 수많은 **조기청력탐지와 간섭프로그램**(Early Hearing Detection and Intervention, EHDI program)이 개발되어왔다. 이 프로그램 중 일부는 주정부에서 시행되었지만 다른 일부는 자발적인 것이다. 이 모든 프로그램들은 신생아의 난청을 확인하고 후속조치로 신속한 청각중재서비스를 제공하도록 설계되었다. 2010년 미국에서 거의 98%의 신생아들이 출생 후 1개월 안에 난청검사를 받았다(질병통제와 예방센터, 2009). 이 검사의 목적은 신생아 청력검사와 후속재검사에 불합격한 아동은 난청의 존재를 확인하거나 배제하기 위해 3개월의 나이 전에 종합적인 청력과 의학적인 평가를 받도록 하는 것이다. 비록 출생 때 제공된 난청의 진단이 보편적 신생아청각선별검사(universal newborn hearing screening program, UNHS) 때문에 최근에 더 이른 나이에 가능하다고 할지라도 이것은 단지 청각중재과정의 첫 단계이다. 적절한 초기중재서비스는 난청이 확인된 이후 가능한 빨리 계획되고 가급적 6개월까지 제공되는 것이 중요하다. 사실 연구들은 6개월 안에 보청기와 조기중재를 제공받은 아동들이 난청으로 진단되고 6개월 이후에 난청으로 확인된 유사한 아동들보다 의미 있게 더 좋은 언어기술을 발전시킨다는 것을 강하게 제안한다(Meinzen-Derr et al., 2011; Yoshinaga-Itano et al., 1998). 미국에서의 조기청력탐지와 중재프로그램의 현황에 대한 최신정보를 얻고 싶다면 국립청각평가와 관리센터(National Center for Hearing Assessment and Management)의 웹사이트를 방문하라.

신생아와 학령전기 아동들 모두 이관의 기능상실과 중이염 때문에 특히 난청에 걸리기 쉽다. 이것은 종종 일시적이지만 해결하기 어려워 말과 언어발달에 부정적인 영향을 줄 수 있다. 청각처리질환을 가진 학령기 학생들은 음향적으로 빈약한 교실환경에 있을 때 특히 학교의 학습 일부인 더욱 복잡한 언어구조들을 처리하기 위해 싸우는 모습을 발견한다. 학령기, 청소년기, 그리고 대학생 모두 귀에 직접적으로 매우 강한 소리강도를 전달할 수 있는 귀 높이의 음악장비의 광범위한 사용 때문에 소음성 난청의 위험에 놓여 있다.

초기 소음노출의 역사를 가진 중년기 성인은 소음과 노화의 효과가 말을 이해하는 그들의 능력에 영향을 미치므로 난청을 경험하기 시작한다. 게다가 메니에르병과 이경화증과 같은 질환들은 중년기 개인에게 더욱 공통적이다. 역시 일부 연구는 중년기 청취자들은 비록 정상적인 청력을 가짐에도 불구하고 그들의 청각처리능력에서의 변화를 경험할 수 있다는 것을 제안한다.

마지막으로 노인에게 노화와 관련된 변화들은 와우 유모세포와 청신경섬유에 영향을 미쳐 종종 좋은 증폭기에도 불구하고 말 이해도는 축소될 수 있다. 이러한 청각변화가 기억이나 인지기능의 변화와 결합되면 의사소통에 대한 효과는 더욱 커질 수 있다.

전 생애에 걸친 난청에 대한 어떤 논의에도 난청이 개인적으로 정서적으로 개인에게 미치는 가능한 효과들은 포함되어야 한다. 난청에 적응하고 난청을 다루는 과정은 난청을 가진 사람뿐만 아니라 그들의 가족들에게도 어려운 과정일 수 있다. 이 적응의 과정은 난청을 받아들이지 않는 환자들이 치료에 대한 추천들을 따르지 않기 때문에 전문가들에게도 도전이 될 수 있다. 난청인들은 광범위한 심리적, 사회적, 그리고 정서적 결과들을 경험한다(English, 2002). 난청 아동들은 말과 언어의 지체가 자아인식과 자기표현의 문제와 더불어 나타날 수 있으며 이것은 사회적 기술 발달의 어려움을 이끌 수 있다. 단지 경도 난청 아동들도 종종 낮은 자존감과 축소된 자부심을 보이는데 이것들은 그들의 동료들과 가족 일원들과의 대인관계에 영향을 줄 수 있다.

다음과 같은 놀라운 통계를 잠깐 생각해보자. 대략 난청 아동의 95%가 정상적인 청력을 가진 부모들에게서 태어난다(Mitchell & Karchmer, 2004). 이것이 이런 아동들의 부모들에게 무엇을 암시하는지를 생각해보자. 그들 대부분이 난청과 관련된 지식이나 경험과 아동을 양육할 때 그것이 제시하는 도전들을 거의 알고 있지 않다. 아동의 출생에 부모가 느낀 기쁨, 희망과 낙관은 그들의 신생아가 심각한 난청을 가진 것으로 확인될 때 두려움과 무기력한 감정으로 빨리 변할 수 있다. 부모들은 하나의 질환을 가진 아동을 양육해야 하는 현실을 직면할 때 마치 그들의 삶이 갑자기 통제불능의 상태인 것처럼 느낄 수 있다. 일반적으로 죽어가는 과정과 연합된 슬픔의 단계가 난청을 다루는 사람들에게 적용될 수 있다. 난청 아동의 부모들은 마지막 그 상황의 현실을 받아들이기 전에 충격, 부정, 분노, 그리고 우울증을 종종 경험한다.

전 생애 동안 급성 또는 점차적 난청을 가진 성인들 또한 확실하게 심리사회적 문제의 위험에 노출될 수도 있다. 많은 사람들이 난청 아동의 부모들처럼 슬픔의 단계를 거친다. 과거에서와 같은 정도로까지 사회 활동을 즐길 수 없거나 전화, 회의나 가족 모임에서 대화를 이미 이해하기 어려운 난청 성인들도 분노와 우울증으로 이끄는 좌절감과 같은 다양한 감정들을 경험할 수 있다(Mullins, 2004). 타인에게 의존하는 것은 무능함, 죄책감, 축소된 자족감,

그리고 축소된 자부심의 감정으로 이끌 수 있다. 추가적으로 가족 관계는 불편하게 될 수 있다. 개별 고객들과 그의 가족 구성원들에게 미치는 청각문제의 전반적인 영향을 결정하기 위해서 이 같은 사회심리적인 문제에 주의를 기울이는 것도 중요하다.

청각평가 절차

지금까지 소리에 대한 기본원칙, 청각기관의 해부와 생리학, 다양한 난청유형과 원인, 그리고 개인의 삶에 미치는 효과를 토론하였고 지금 이 지식이 어떻게 청각평가에 적용되는지를 살펴볼 준비가 되었다. 어떤 하나의 검사가 한 개인의 난청의 전체범위를 정확하게 집어낼수 없고 의사소통이나 심리적 건강에 비추어 난청이 어떻게 개인에게 영향을 미칠 수 있는지를 강조하는 것은 중요하다. 대신 청능사는 개인의 청력문제에 대한 정확한 그림을 얻기위하여 주의 깊은 질문과 청취와 더불어 일련의 검사들과 다른 측정들에 의존해야 한다.

계속하기 전에 이 장의 초기에 언급된 **검사**(screening)로부터 이 부분에서 토론될 **평가**(assessment)를 구별해야 할 좋은 시간이다. 검사는 아동이나 성인이 난청을 가질 가능성이 있는지를 결정하기 위해 사용하는 과정이다. 만약 학교에서 청력검사를 받았다면 검사에 참가했다고 할 수 있다. 이전에 언급된 바와 같이 신생아청력선별검사 프로그램은 심각한 난청을 가진 것으로 의심되어 더 많은 검사를 받도록 의뢰되어야 하는 유아들을 확인하려는 노력으로 전국적으로 실시되었다. 사용된 검사장비와 절차들은 검사프로그램에 따라 서로다르다. 예를 들면, 자동화된 장비로 병원에서 수행된 신생아 검사는 노인복지관에서 수행된 전통적인 청력검사를 사용하는 프로그램과는 아주 다르다. 일반적으로 검사를 통과한 사람들은 더 많은 검사를 위해 의뢰되지 않지만 떨어진 사람들은 의뢰되어진다. 비록 어떤 사람이 검사를 통과하지 못했다고 해서 그가 난청을 가지고 있지 않다고 결론지을 수 없다. 검사들은 정확하게 반응하려는 개인의 능력을 간섭할 수 있는 배경소음이나 산만한 환경에서자주 수행되어진다. 학생들은 학교에서의 청력검사에는 떨어졌지만 방음부스에서 실시된청력검사에서는 정상청력을 가진 것으로 판별되는 것이 일반적이다. 마지막으로 청력검사를 수행하는 것은 청능사와 SLP의 임상실습의 영역 중 일부임이 인식되는 것은 중요하다.

이 부분의 나머지는 청능사에 의해 수행되어지는 것과 같이 일련의 전체 청력평가에 포함될 수 있는 검사들의 유형에 초점을 맞출 것이다. 미래에 SLP로 일하기를 바라는 학생들에게 전문가로서 환자들에게 수행되어질 청력평가와 그들의 말과 언어욕구를 더 잘 충족할 수있도록 이 정보를 사용하는 방법에 대해 이해할 필요가 있음을 기억하는 것은 중요하다.

의뢰와 사례력

의사, 보건교사, SLP, 심리학자, 교사, 그리고 가족 일원들을 포함하는 많은 다른 사람들은환자가 청력검사를 받도록 의뢰할 수 있다. 또한 환자들도 스스로 검사를 의뢰할 수 있다. 종종 의뢰인은 청능사가 환자의 특별한 도전을 더 잘 이해하도록 중요한 배경정보를 제공할수 있다.

어떤 검사를 수행하기 전에 청능사는 환자와 면담하고 사례력에 대한 정보를 수집하는데 시간을 할애한다. 이 과정은 환자의 관점에서 배경정보를 수집할 기회를 제공하고 청능사가 환자의 의사소통 도전과 목표를 더 잘 이해하도록 돕는다. 면담 동안 청능사는 왜 환자가 평가받으러 왔는지, 소음에 노출되었는지, 귀의 감염이나 수술을 받은 기록이 있는지, 또는 환자가 어떤 의사소통 상황에서 어려워하는지에 대한 질문들을 물을 수 있다.

난청에 대한 환자의 의사소통 도전과 감정에 대한 가치로운 정보를 모으는 또 다른 방법은 출판된 자아평가 질문지를 사용하는 것이다. 예를 들면 질문지의 특별 문항은 환자에게 시끄러운 레스토랑에서 청취할 때 경험하는 어려움의 정도를 평가하도록 묻는다. 또 다른 항목은 환자가 난청 때문에 사회적 활동을 하지 못할 때 느끼는 것을 묻는다. 이 질문지의 몇 가지 항목들은 환자의 의미 있는 타자나 가족의 일원에 의해 완성될 수 있는 동반자 버전도 포함한다. 환자와 가까운 사람으로부터 정보를 얻는 것은 비록 환자가 얼마나 많은 정보를 놓치고 있는지와 가족의 다른 사람들이 그 난청에 적응하기 위하여 얼마나 많이 그들의 대화방식을 바꿔야 하는지를 완벽하게 인식하지 못한다고 할지라도 매우 중요하다. 마지막으로 이런 자아평가도구가 보청기 착용 전후에 주어졌을 때 보청기 사용의 효과에 대한 정보를 제공할 수 있다.

이경검사

청력평가 동안 수행되는 첫 번째 절차 중의 하나는 시각적 검사 또는 **이경검사**(otoscopic examination)이다. 청능사에 의해 사용되는 이 초소형 장치는 아주 친숙할 것이다. 왜냐하면 의사가 외이도와 고막을 검사하기 위해 사용하는 장치와 같기 때문이다. 이 장치는 **이경**(otoscope)으로 불리고 이경검사는 평가과정에서 중요한 초기단계이다. 왜냐하면 이것은 청능사에게 검사 동안 과도한 귀지와 같이 소리의 전달을 간섭하거나 귀의 배수현상과 같이 즉각적인 의학적인 의뢰가 필요한 상황에 주의를 환기시키기 때문이다. 비디오 이경이라 불리는 이 장치의 또 다른 버전은 텔레비전이나 컴퓨터 모니터에 보이도록 귀의 영상을 투사하여 환자와 가족의 일원들이 동시에 관찰하도록 한다. 이 기술은 청능사가 환자의 담당의사와 같이 다른 의학적인 직원들과 공유할 수 있는 영상들을 인쇄하고 저장하도록 한다.

전기음향과 전기생리적 검사

지난 40년 이상 동안, 공학과 청각과정에 대한 이해의 발전은 청각기관에 대한 특수검사들의 두 가지 광범위한 유형의 발전을 이끌었다 ― 전기음향과 전기생리적 검사. **전기음향검사**(electroacoustic measures)는 환자의 외이도 안에서 음향신호를 녹음한다. **전기생리적 검사**(electrophysiological tests)는 소리에 반응하여 청각기관에서 만들어지는 신경전기반응(신경자극)을 기록한다. 이 두 가지 검사분류는 단어반복이나 소리에 대한 반응과 같은 관찰가능한 행동반응을 제공할 필요 없이 말초와 중추청각계의 통합을 평가한다. 이러한 검사들은 소리를 인식하고 사용할 능력을 평가하는 것이 아니기 때문에 참된 청력검사로 생각되지 않는다. 그럼에도 불구하고, 이 검사들은 청능사가 청각기관의 기능과 청력에 대한 추론을 가

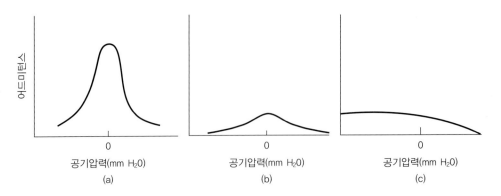

그림 12.5 세 가지 공통의 고막운동도 양식의 그림

(a) 정상중이기능, (b) 이경화증으로 조금 축소된 어드미턴스, (c) 삼출성 중이염으로 최소한의 어드미턴스

능케 하는 자료들을 제공한다.

아동과 성인에게 가장 공통적으로 실시되는 전기음향검사의 두 가지 유형은 음향이미턴스와 이음향방사 검사들이다.

음향이미턴스(acoustic immittance) 측정은 전도성 병리의 진단에 유용하다. 이 측정은 단기간에 수행될 수 있고 어떤 행동반응을 필요로 하지 않기 때문에 유아를 포함하는 아동과 성인 모두에게 빈번하게 사용되어진다. 음향이미턴스검사는 마이크, 공기압력 펌프를 포함하는 작은 프로브(probe)와 녹음도구에 연결된 소리발생기로 구성된 전기장치를 사용하여 수행된다. 프로브는 외이도에 삽입되어 공기가 새지 않도록 한다. 검사기간 동안 공기압력이 체계적으로 증가되고 감소될 때 하나의 계속음이 외이도로 방출되어진다. 공기압력의 이 변화는 고막의 어드미턴스(admittance 또는 저항의 결핍)를 변화시킨다. 마이크는 계속음이 외이도를 따라 흘러 고막에 의해 반사되어질 때 그 음의 강도의 변화를 조사함으로써 이 변화들을 측정한다. 이 과정은 **고막운동도**(tympanogram)로 불리는 그래프를 결과한다. 이 고막운동도는 외이도 속의 공기압력의 변화함수로서 어드미턴스를 보여준다(그림 12.5). 이 과정에서 얻어진 자료들은 전도성 병리의 존재, 예를 들면 이소골 연쇄의 파손, 삼출성 중이염, 또는 고막의 천공을 구별하는 데 도움을 준다.

일련의 음향이미턴스검사의 부분으로 자주 포함되는 하나의 검사는 음향반사(acoustic reflex)와 관련된 검사이다. 중이등골에 부착된 등골근(stapedius muscle)은 고주파수 음에 반응하여 수축하고 이소골 연쇄와 고막을 경직되게 한다. 이것은 큰 소리로부터 자연적인 보호를 제공한다. 고막운동도를 만들기 위해 사용되는 같은 장치가 다른 주파수 음에 반응하는 등골근의 수축을 측정가능하게 한다. 음향반사가 있는지를 분석함으로써 청능사는 그 질환의 가능한 위치를 추론할 수 있다.

이음향방사(otoacoustic emissions, OAE)는 지난 20년 동안 상당한 주목을 받아온 전기음향 측정의 두 번째 유형이다. David Kemp(1978)에 의해 발견된 이음향방사는 일반적으로 '메아리'로 알려진 저강도 음들이며 외유모세포의 운동결과로 와우 속에서 만들어진다. 이 작은 방사는 와우에서 나와 중이를 거쳐 외이도까지 움직이는데 외이도에 놓여진 마이크로 녹음되어질 수 있다. 임상적인 목적으로 이음향방사는 외이도에 중간 강도의 음향자극을 제시함으로써 만들어진다. 이 자극을 만드는 작은 프로브는 와우로부터 돌아오는 방사들을 녹음하는 소형 마이크를 포함하고 있다. 일반적으로 OAE가 있으면 청각민감성은 정상이거나 경도 난청보다는 나쁘지 않은 것으로 추정된다(Glattke & Robinnette, 2007). 대조적으로, 축소되거나 사라진 OAE는 외유모세포의 기능장애나 전도성 병리의 존재로부터 결과할 수 있다. 아마도 OAE 검사의 가장 중요한 사용은 신생아청력검사 프로그램에서이다. 이 비침습적이고 빠른 검사는 해마다 수백만 명의 신생아를 검사하는 하나의 저렴하고 효율적인 방법을 제공한다.

전기음향검사 이외에, 몇 가지 전기생리적 검사들은 청능사에게 유용하다. 전기생리적 검사들은 소리에 반응하여 청각기관에서 만들어지는 신경전기적 반응(신경자극)을 기록한다는 것을 상기해라. 이 반응들은 전체적으로 **청성유발전위**(auditory evoked potentials, AEP)로 불리며 자극의 제시와 그 반응이 생성되는 해부적인 위치에 따라 그것이 발생하는 시간(1,000분의 1초로 측정됨), 즉 잠복기에 기초하여 분류되어진다.

이 유형의 검사를 수행하기 위해서 자극이 귀에 도달되는 동안 머리의 표피 위 전략적인 점 위에 작은 전극들을 놓음으로써 신경전기적 반응들이 기록될 수 있다. 이 작은 반응들은 잡혀져 특별한 컴퓨터 장비를 사용하여 기록된다. 결과한 파형이 한 번 제시되면 청능사는 자극제시 후 반응파의 다양한 정점(peaks)을 만드는 데 걸리는 시간, 즉 잠복기뿐만 아니라 반응 정점의 진폭이나 높이를 분석할 수 있다.

청능사가 보통 사용하는 AEP의 유형은 **청성뇌간반응**(Auditory Brainstem Response, ABR)이다. 이 검사는 청신경과 낮은 뇌간 구조의 신경전기 활동을 측정한다. 정상적인 귀에서 이 반응은 자극제시 후 첫 번째 5에서 6 ms에서 일어나는 5~7개의 파형의 정점들에 의해 특성화된다(그림 12.6). ABR 검사는 8번 뇌신경의 종양과 같은 신경적인 문제를 확인하는 데 사용될 수 있다. 게다가 유아, 아동, 그리고 발달지체가 있는 사람과 같이 관습적인 행동기법을 사용하여 평가될 수 없거나 평가받기를 원하지 않는 개인들의 청력역치를 평가하기 위해 사용될 수 있다. 이 검사는 아동이 잘 때 수행될 수 있기 때문에 신생아청력선별검사 프로그램의 일부로 사용되어진다.

행동검사

전기음향과 전기생리학적 측정들의 하나의 중요한 한계는 비록 이것들이 청각기관의 통합에 대한 정보를 제공한다고 할지라도 개인이 어떻게 소리를 지각하고 반응하는지에 대한 정보를 제공하지 않는다는 것이다. 이런 이유 때문에 행동측정의 검사는 소리를 듣고 처리하는 사람의 능력을 충분히 이해하기 위해 반드시 필요하다.

대부분의 행동검사는 **청력검사기**(audiometer)로 불리는 전문화된 전기장비를 사용하여 수행된다. 이것은 청능사가 청력을 평가하는 데 순음과 말과 같은 다양한 자극들을 선택, 조작, 그리고 제시하도록 하는 통제기능을 포함한다. 검사는 보통 청각을 간섭할 수 있는 외부와 내부소음의 정도를 제한하는 방음부스에서 수행되어진다. 이것이 검사결과의 신뢰도를 향상시킨다.

그림 12.6 정상적인 귀의 전형적인 청성뇌간반응(ABR) 파형의 그림

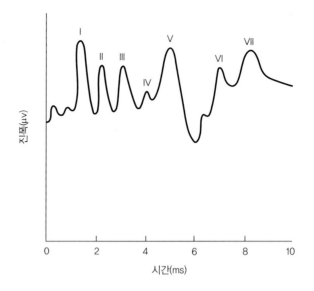

행동관찰청력검사

유아에 사용되어지는 행동평가의 가장 기본적인 형태는 **행동관찰청력검사**(Behavioral Observation Audiometry, BOA)로 불리는 과정이다. 그 용어가 의미하는 바와 같이, 청능사는 스피커를 통해 말이나 순음 같은 자극음을 제시하고 아동의 반응을 관찰한다. 청능사가 살펴보는 소리에 대한 기본적인 반응들은 놀람, 눈을 크게 뜸, 그리고 얼굴 찡그림과 같은 큰 몸놀림이다. 실시하는 것이 간단하다고 할지라도 BOA는 빈약한 신뢰도와 타당도로 비판을 받는다(Hicks et al., 2000). 청능사는 아동의 몸놀림이 자극에 대한 반응인지 아니면 무작위 움직임인지를 판단하는 데 어려움을 가진다. 게다가 아동은 자극에 빨리 습관화되어 몇 번의 자극제시 후에 흥미를 상실할 수도 있다. 이러한 이유 때문에 5개월 이하의 아동을 평가할 때 전기음향과 전기생리적 측정이 BOA보다 선호될 수 있다.

시각강화청력검사

아동이 5개월에서 6개월의 나이가 되면 소리의 위치를 파악하고 소리에 고개를 돌리는 자연적 능력이 발전된다. 이것은 말과 주파수 특성의 음에 대한 행동적 반응을 검사하기 위한 **시각강화청력검사**(Visual Reinforcement Audiometry, VRA)로 불리는 기법을 사용할 수 있음을 의미한다. 아동은 VRA로 자극에 고개를 돌리면 시각적 보상을 받는다. 아동이 반응하면 청능사는 애니메이션 장난감이나 불빛 장난감을 사용할 수 있다. 이 강화는 이 과제에 대한 아동의 흥미를 유지하고 청능사에게 청각자료를 수집하는 데 더 많은 시간을 준다. VRA는 BOA보다 더 신뢰할 수 있고 아동의 청각민감성을 더 면밀하게 평가할 수 있는 효과적인 도구로 밝혀졌다(Diefendorf, 1988). VRA의 가치에도 불구하고 대부분의 청능사는 아동에게 보청기를 적합하기 전에 VRA 검사결과와 전기생리적 측정을 함께 사용할 수 있을 것이다.

순음청력검사

2년 6개월의 나이가 되면 아동은 조금만 수정하면 성인에게 사용된 것 같은 검사절차를 대부분 수행할 수 있다. 예를 들면 순음에 대한 아동의 반응을 검사할 때 들리면 손을 들게 하거나 반응단추를 누르게 하는 것보다 **조건화된 놀이검사**(conditioned play audiometry, CPA)가 종종 사용된다. 이 방법은 아동이 듣기게임에 참여하도록 블록, 퍼즐그림조각, 또는 고리쌓기와 같은 장난감의 사용과 관련되어 있다. 검사신호가 들릴 때마다 아동은 양동이 안에 블록이나 말뚝에 고리를 넣도록 조건화된다. 몇 번의 연습 후, 대부분의 아동은 그 일을 수행할 수 있어 청능사에게 각 귀의 특정 주파수 결과를 얻게 해준다. 조건화된 놀이청력검사는 보통 5세에서 8세까지의 아동에게 수행될 수 있는 관습적인 순음청력검사가 가능할 때까지 사용될 수 있다.

　　순음청력검사(pure tone audiometry)로 청력에 대한 상당히 많은 정보가 수집될 수 있다. 사실, 순음검사는 표준청력검사에서 가장 기본적인 행동청력검사는 아니지만 그중 하나로 생각되어진다. **순음들**(pure tones)은 단지 하나의 주파수만을 포함하는 소리이다. 표준순음청력검사는 250 Hz에서 8,000 Hz까지의 주파수 범위를 검사하기 때문에 말소리를 지각할 수 있는 사람의 청력에 관한 정보가 수집되어진다.

　　순음검사의 목적은 오른쪽과 왼쪽 귀의 주파수별 청력역치를 결정하는 것이다. **역치**(threshold)는 데시벨(dB)로 측정되고 인간이 제시된 자극을 약 50% 들을 수 있는 가장 낮은 강도 수준으로 정의된다. 청능사는 약 1~2초 동안 순음을 제시하고 그 소리가 들리는지를 나타내는 환자의 반응을 살펴봄으로써 역치를 측정할 수 있다. 성인 환자는 전형적으로 소리가 들릴 때 손이나 손가락을 들거나 신호단추를 누르도록 지시를 받는다. 환자가 이전의 음을 듣는지에 기초하여 음의 강도를 높이거나 낮추는 과정을 통해 청능사는 다른 주파수의 순음역치를 찾을 수 있다. 이 같은 청력역치의 결과는 청력도(audiogram)로 불리는 그래프 위에 상징들을 넣음으로써 기록되고 난청의 존재여부는 주파수별 규범적 가치에 개인의 청력역치를 비교함으로써 결정되어진다.

　　빈 청력도의 보기는 〈그림 12.7〉에 보여진다. 청력도에 적응하도록 도와주려고 〈표 12.1〉은 다양한 환경과 말과 관련된 소리의 강도와 주파수 정보를 요약한다.

난청의 정도

이 시점에서 난청의 정도에 대한 간단한 토론은 도움이 된다. 이 장의 앞부분에서 언급한 것과 같이 난청을 기술할 때 청능사는 영향을 받는 청각기관의 부분을 명시하기 위해 전도성, 감각신경성, 그리고 혼합성과 같은 용어들을 사용한다. 이 용어들은 한 사람이 가지는 난청의 유형을 나타낸다. 난청의 유형이 진단과정에서 결정적인 부분일지라도 난청의 정도를 양화시키는 것은 중요하고 전형적으로 데시벨(dB)의 단위로 표현된다. 데시벨은 특정 소리에 가해진 압력을 기초로 한 수학적 단위이다. 제시소리가 거의 들리지 않는 가장 낮은 데시벨의 수준은 청력역치(hearing threshold)를 나타낸다. 청력역치에 도달하기 위해 필요한 데시벨이 크면 클수록 난청의 정도도 커진다.

그림 12.7 순음청력검사에서 환자의 역치를 기록하기 위해 사용되는 청력도

x축은 주파수(Hz)를 y축은 강도(dB)를 나타낸다.

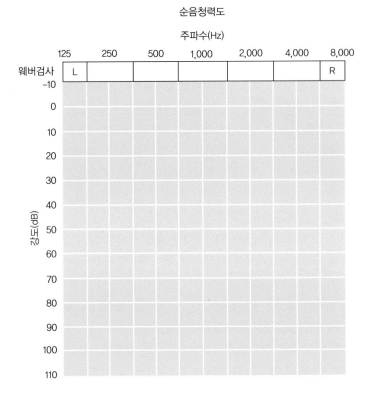

많은 청능사들이 난청의 정도를 나타내기 위해 〈표 12.2〉에 제시된 용어들을 사용한다. 정상범위는 성인과 아동이 다르다는 것을 유념하라. 특히 성인의 정상한계는 25 dB HL이지만 아동의 정상한계는 15 dB HL에 한정된다. 이것이 왜 의미 있는지를 잠깐 생각해보자. 성인과 아동의 청각과정은 무엇이 다른가? Bess와 동료들(1999)에 따르면 말과 언어의 발달과정에 있는 아동은 청력역치가 16에서 25 dB 범위에 있을 때 말의 음향신호의 미묘한 일부 정보를 놓칠 수 있다. 대조적으로 성인은 전형적으로 언어가 더욱 발달되어 있고 듣지 못해서 놓친 일부의 정보를 채울 수 있기 때문에 이 같은 역치에도 어떤 어려움을 경험하지 않는다. 성인들은 이전의 지식과 경험을 사용하여 이것을 수행하는데 이 과정을 **청각폐쇄** (auditory closure)로 부른다.

일반적인 용어로 난청의 정도가 미도/경도에서 고도의 범위에 속하는 개인이 난청이나 청력손실로 분류된다. 이런 사람들은 수용적 의사소통과 새로운 개념학습을 위해 그들의 잔존청력(residual hearing)에 의존한다. 그러나 심도 난청의 범위에 속하는 사람들은 증폭기를 사용하지 않으면 말에 대한 이해가 제한되거나 불가능하게 된다. 이전에 언급된 것과 같이 이런 사람들을 종종 농인이라 한다.

〈표 12.2〉에 사용된 기술은 신중하게 해석되어야 한다. 예를 들면 연구와 임상관찰은 중도 난청 아동은 수용과 표현어휘, 음운인식, 구문에서 지체가 될 가능성이 높다는 것을 밝히고 있다. 추가로 그들은 소음에서의 축소된 말 이해력을 가질 가능성이 높고 정서적 건강이

표 12.1 환경과 말과 관련된 소리들의 전형적인 강도와 주파수 요약

소리	강도(dB)	종합주파수(Hz)
환경소리		
새소리	10~15	5,000~6,000
물방울 떨어지는 소리	15	250
나뭇잎 바스락거리는 소리	5~15	2,000
에어컨 소리	60	185
피아노	70	1,000
오토바이 소리	85~95	185
개인 악기 소리	60~105	–
잔디 깎는 소리	95~100	250~350
큰 트럭 소리	100~105	125~185
제트기 착륙 소리	115~120	375
라이브밴드 연주	115~120	1,000
말과 관련된 소리		
속삭임	15~30	2,000~3,000
대화	45~55	1,000
성인 남자(목소리의 기본주파수)	–	125
성인 여자(목소리의 기본주파수)	–	220~250
출생 때 아기 울음(기본주파수)	–	450~600
비음	25~35	375~1,200
폐쇄자음	25~42	1,800~4,000
마찰음	25~52	4,300~8,500
모음	35~60	185~2,700
말 이해를 위한 대부분의 주파수를 포함하는 지역	–	1,000~3,000

출처 : Denes & Pinson(1993); Ferrand(2006); Mueller & Killion(1990); Northern & Downs(2002); Olsen et al.(1997); www. noisyplanet.nidcd.nih.gov/parents/athome.htm.

표 12.2 난청의 정도

	난청의 정도		
역치	아동	성인	설명
−10~15 dB HL	정상	정상	
16~25 dB HL	미도	정상	말과 언어의 발달과정에 있는 아동들은 말의 미묘한 뉘앙스를 놓칠 수 있음
26~40 dB HL	경도	경도	약하거나 먼 곳에서 들리는 말에 어려움
41~55 dB HL	중도	중도	대화수준의 말을 따르기 어려움
56~70 dB HL	중고도	중고도	단지 시끄러운 말을 들을 수 있음
71~90 dB HL	고도	고도	증폭기 없이 시끄러운 말조차 이해하기 어려움
90 dB HL 이상	심도	심도	보통 농으로 생각됨, 증폭기 없이 정보를 듣기 위해 청각기관만 의존할 수 없음

어려움에 처할 수도 있다.

기전도와 골전도검사

청력검사 동안 순음역치는 두 가지 다른 전달방법, **기전도**(air conduction)와 **골전도**(bone conduction)에 의해 만들어진다는 것을 이해하는 것은 중요하다. 기전도검사는 전통적인 이어폰이나 삽입형 이어폰에 의해 수행되어진다. 삽입형 이어폰은 외이도 안에 놓여진 유연한 발포고무수화기(foam-like receiver)를 포함한다. 전통적이거나 귀덮개형 이어폰은 헤드폰에 부착되어 있고 각 귓바퀴 위에 놓여진다. 기전도에 의한 자극제시는 소리가 외이와 중이를 통해 와우로 전달되도록 한다. 이것이 청각의 전형적인 방법이다. 말초청각기관(외이, 중이, 또는 내이)의 세 가지 중요 부분의 질환으로 인한 난청은 기전도검사로 확인될 수 있다. 기전도검사가 완수되면 이 방법은 귓바퀴 뒤 두개골 위에 놓여진 작은 진동장비인 골진동체(bone voscillator)를 사용하여 반복되어진다. 자극이 그 진동체를 통해 제시될 때 두개골의 뼈는 진동되어 직접 와우를 자극한다. 그래서 골전도는 외이와 중이를 건너뛰었다고 할지라도 그 방법으로도 자극을 들을 수 있다.

기전도검사 결과를 골전도검사 결과에 비교함으로써 난청의 유형을 확인가능하다. 〈그림 12.8〉과 〈그림 12.9〉의 청력도를 보자. 〈그림 12.8〉에서 오른쪽 귀의 기전도 역치는 중도

그림 12.8 오른쪽 귀에 중도의 전도성 난청을 보이는 청력도

주 : 골전도를 표시하기 위해 사용하는 기호는 평가에 사용된 방식에 따라 달라진다.

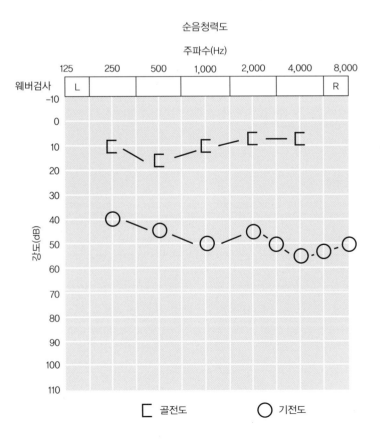

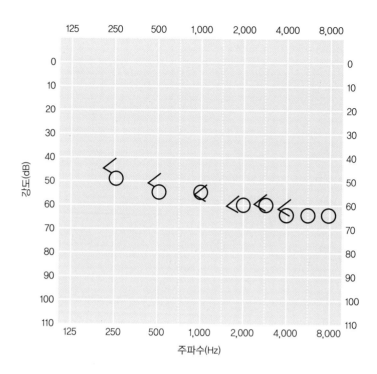

그림 12.9 오른쪽 귀에 중도 감각신경성 난청을 보이는 청력도

난청 범위에 떨어지지만 골전도 역치는 정상범위에 속한다. 이것으로부터 청능사는 소리가 관습적인 방법, 즉 외이도로 소개되었을 때 환자는 소리를 듣는 데 어려움이 있을 것으로 추측된다. 그러나 외이와 중이가 건너뛰어졌고 와우가 직접적으로 자극되었다고 할지라도 그 환자는 청력에는 어려움이 없다는 것을 주목해라. 그러므로 이 환자는 외이나 중이에서 일어나는 전도성 난청을 가진다. 〈그림 12.9〉에는 기전도와 골전도 역치 모두 정상범위 밖에 있고 중도 난청에 속한다. 결과는 내이가 기전도나 골전도에 의해 자극되어도 똑같기 때문에 청능사는 내이 그 자체가 영향을 받았다고 결론지을 수 있다. 그러므로 이 환자는 감각신경성 난청을 가진다.

〈그림 12.10〉에서 기전도와 골전도 역치 모두 정상범위를 벗어난다. 그러나 기전도 역치에 의해 보여지는 난청의 정도는 골전도 역치에 의한 난청의 정도보다 더 크다. 이 경우 골전도에 의해 증명된 것과 같이 내이의 손상이 분명할지라도 외이와 중이가 건너뛰었다면 더 잘 들을 수 있는 잠재력을 가진다. 그러므로 감각신경성과 전도성 난청이 동시에 존재한다는 증거가 된다. 다른 말로 그 환자는 혼합성 난청을 가진다. 미국국립보건소의 난청과 다른 의사소통질환연구소(www.nidcd.nih.gov)의 웹사이트에서 청각질환과 난청에 관한 최신 정보들을 얻을 수 있다. 오른쪽 검색창에 흥미를 가지는 주제를 써넣고 홈페이지의 중간에 있는 몇 가지 특정 주제를 선택하라.

어음청력검사

순음청력검사가 청력평가의 가장 기초적인 구성요소라 생각될지라도 환자들은 전형적으로

그림 12.10 오른쪽 귀에 중도에서 고도의 혼합성 난청을 보이는 청력도

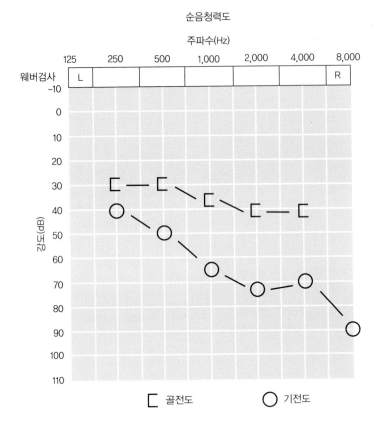

순음이 아니라 말을 이해하는 데 어려움이 있기 때문에 청능사의 서비스를 받으려고 한다. 그러므로 일련의 평가의 부분으로 청력과 말 이해력을 측정하는 것은 자연적이다.

말에 대한 청각기술을 평가하는 데는 많은 도구가 유용하다. 대부분 CD나 디지털 형태로 상업적으로 유용하고, 어음자극들은 청력검사기의 이어폰이나 스피커에 직접적으로 쉽게 전달될 수 있다. 이 주제에 관한 대부분의 권위자들은 청능사가 녹음된 말 자료들을 사용한다면 말 자극의 제시는 한 검사에서 다음 검사까지 그리고 다른 발화 유형을 가진 다른 검사자들 사이에서도 일관성이 있게 될 것이라고 제안한다. 어린 아동과 검사할 때와 같은 경우에 청능사는 검사를 실시하기 위하여 녹음된 말보다는 자신의 목소리를 사용할 수도 있다. 모니터링된 생목소리검사(monitored live voice testing)로 불리는 이 과정은 청능사가 청력검사기에 연결된 마이크로 말하는 것을 필요로 한다.

일상적인 청력검사에 전형적으로 포함되는 두 가지 어음청력검사는 어음인지역치와 단어인지검사이다. **어음인지역치**(Speech Recognition Threshold, SRT)는 제시된 스판디 단어를 약 50% 인식할 수 있는 가장 낮은 강도의 측정이다. **스판디**(spondees)는 핫도그(hotdog), 생일(birthday), 또는 카우보이(cowboy)와 같은 2음절로 되어 있고 각 음절에 같은 강세를 가지는 복합단어를 말한다. SRT를 찾는 과정은 순음역치를 찾기 위해 사용된 자극의 강도를 높이고 낮추는 과정과 아주 유사하다. 대부분의 사례에서 SRT는 순음역치와 일관성이 있는데

그렇지 않을 경우 순음역치의 결과가 정확하지 않음을 나타낼 수 있다.

일상적으로 사용되는 두 번째 어음청력검사는 **단어인지검사**(Word Recognition Test, WRT)이다. 단어인지검사는 역치검사가 아니기 때문에 지금까지 토론된 다른 검사들과는 다르다. 대신 WRT는 환자가 역치 위 어떤 수준에서 제시된 한 음절 단어를 얼마나 잘 확인할 수 있는지를 평가한다. WRT가 실시되는 강도수준은 청능사가 수집하기 원하는 정보의 유형에 따라 다르다. 목표가 대화의 전형적 또는 평균수준에서 제시될 때 개인이 어음(단어)을 어떻게 잘 이해하는지를 알고자 한다면 그 검사는 보통 45에서 50 dB HL의 강도 수준에서 수행되어진다. 그러나 목표가 가장 편안한 수준에서 어음이 잘 이해되는지를 결정하고자한다면 청능사는 그 환자에게 가장 편안한 자극수준을 찾아서 그 수준에서 검사를 수행해야한다. 편안한 수준에서의 실행은 후에 보청기가 적합될 때 청능사에게 개선을 위한 일반적인 잠재력을 이해하도록 도와줄 것이다.

청각처리평가

청능사는 중추청각처리장애의 진단을 책임지는 전문가이다. 그러나 다양한 형태의 질환이 유사한 증상을 보일 수 있기 때문에 중추청각처리장애(CAPD)를 평가하는 과정은 다학문적인 접근이 필요하다. 전형적으로 이 평가과정과 관계되는 전문가는 말초와 중추청각통로에 대한 특수청력검사를 실시하는 청능사, 사람의 수용과 표현언어기술을 평가하는 SLP, 인지기능을 평가하는 심리학자, 아동을 다룰 때 학업성취와 그 문제의 기능적인 영향에 입력을 제공하는 부모와 학교책임자를 포함한다.

행동과 전기생리학적 검사들은 질환의 특별한 특성을 평가할 뿐만 아니라 청각처리장애가 존재하는지를 평가하는 데 모두 유용하다. 어떤 하나의 검사도 중추청각계의 모든 수준이나 청각처리의 모든 면들을 적절하게 평가할 수 없기 때문에 검사배터리(test battery) 접근이 필요하다.

CAPD 검사에서 규칙적으로 사용된 검사의 하나의 일반적인 범주는 **이분청취검사**(dichotic tests)로 구성되어 있다. 이분청취검사는 각 귀에 다른 자극들을 동시에 제시하는것이다. 특수검사에 따라 자극은 숫자, 자음-모음쌍, 단어 또는 문장으로 구성된다. 개인은한쪽 귀에만 주의를 기울이고 귀에 들리거나 주의를 기울인 것을 확인하고 양쪽 귀 모두에서 들리는 것을 확인하도록 요청받는다. 이 과업의 유형들은 경쟁적인 소리들을 분리하거나통합할 수 있는 개인의 능력을 평가한다.

두 번째 일반적인 범주는 **시간적처리**(temporal processing)검사들을 포함한다. 순서와 연속과 같이 말과 관련된 시간의 단서들을 처리하는 능력을 평가하기 위해 사용되어진다. 특수검사들은 일련의 세 가지 음이나 클릭의 지속패턴의 차이, 일련의 세 가지 음에서 주파수 패턴의 차이, 또는 음이나 클릭의 쌍을 분리하는 간격의 존재를 확인하도록 요구한다.

청각처리측정의 세 번째 일반적인 범주는 **편이저잉여성**(monaural low-redundancy speech)검사로 불리는 것이다. 이 검사들은 자극이 한 번에 한쪽 귀에만 제시되기 때문에 편이이다. 저잉여성(low redundancy)은 말 자극의 중복성을 축소하기 위하여 어떤 방법에서 자극이 변화되는 것을 의미한다. 그러므로 이 검사를 수행하는 것은 처리과업을 어렵게 하고 청각처리체계의 일부인 청각구조를 활용하도록 한다. CAPD를 가진 사람은 비록 말 속도가 증가되거나 경쟁배경소음에서 말이 제시되는 것처럼 신호가 어떤 방법으로 절충되어지면 어려움이 증가된다는 것을 증명한다.

위에 언급된 것과 같이 행동검사가 청각처리능력을 평가하는 가장 인기 있는 방법이라고 할지라도 일부 권위자들은 청성유발반응과 같은 전기생리적 측정을 사용하는 것 또한 유용할 수 있다고 믿는다. 다른 사람들은 이 측정들은 미래에는 유용하겠지만 임상적으로 아직은 도움이 되지 않는다고 믿는다. 수집된 모든 자료들은 다학문적 팀의 다른 전문가들에 의해 얻어진 발견들과 함께 해석되어져야 함을 기억하는 것은 중요하다.

청력자활/재활

청력평가가 수행되고 다양한 검사결과들이 분석되고 나면 환자와 함께 적절한 치료과정을 만들어야 할 시간이다. 어떤 경우 의학적인 평가를 위해 의사에게 의뢰할 필요가 있다. 이것은 **청력자활**(aural habilitation) 또는 **재활**(rehabilitation)로 불리는 다양한 치료서비스와 관련된다. 청력자활과 재활은 난청과 관련된 의사소통의 어려움을 최소화하고 경감시키는 데 목적이 있는 중재로 정의된다(Tye-Murray, 2009).

유용한 특별 중재선택을 토론하기 전에, 청력자활과 재활이란 용어들을 구별하는 것이 중요하다. **청력자활**(aural habilitation)은 난청이 초기에 발생하여 청각과 수화기술의 정상적인 발달이 방해된 사람에게 수행된 중재를 말한다. 일반적으로 이것은 언어습득 전에 청각이 손실된 아동들과 그들의 가족들과 함께 사용된 서비스와 중재를 말한다. 대조적으로 **청력재활**(aural rehabilitation)은 구어기술이 완벽하게 발달된 이후 삶의 후반에 난청을 가진 사람들에게 제공된 서비스나 치료를 말한다. 이 경우 난청에 의해 부정적으로 영향을 받은 의사소통의 기술을 보존하고 회복시키는 것에 초점을 둔다. 종종 **청력재활**이란 용어는 이 장의 나머지 부분에서와 같이 중재의 자활과 재활의 측면 모두를 나타내기 위해 사용된다.

청력재활의 중요한 초기 단계는 난청으로부터 결과하는 의사소통의 문제에 대한 세부적인 정보를 수집하기 위해 환자와 함께 일하는 것이다. 이것은 보통 사례력 면담, 자기평가 질문지, 그리고 청각검사의 결과로 얻어진 정보를 종합함으로써 수행될 수 있다. 어떤 경우 의사, SLP, 특수교사, 농과 난청인의 일반교사, 심리학자, 직업재활상담사와의 협력이 강한 재활계획에 필요하다. 개인의 특별한 욕구를 확인하고 근거기반실제의 원칙을 사용하여 치료방법을 선택함으로써 환자와 임상가는 재활과정이 가장 유용한 정보에 기초하고 있다고 신뢰를 가질 수 있다.

상담

이 시점에서 상담의 중요한 역할을 간단하게 토론하는 것은 중요하다. 상담은 새로운 환자를 만날 때 시작되지만 난청과 관련된 의사소통의 도전을 가진 개인을 도와주려는 노력은 효과적인 상담기술을 사용한다면 상당히 향상될 수 있기 때문에 여기에 소개한다. 상담은 제공하는 모든 청각서비스의 하나의 본질적인 요소이다.

상담은 종종 **정보적 상담**(informational counseling)으로 불리며 고객에게 정보를 제공하는 과정이다. 정보적 상담의 보기들은 검사결과 설명, 귀의 해부에 관한 기술적 지식 제공, 그리고 난청이 발생하는 과정 설명을 포함한다. 환자는 상담의 결과로 문제의 본질을 더 잘 이해하게 된다. 청능사는 구화 의사소통을 지원하기 위해 보청기와 재활옵션을 포함하는 치료의 가능한 과정을 설명할 수 있다. 이 상담유형은 중요해서 임상가의 측면에서는 능숙한 기술을 필요로 하며 결과적으로 정보는 쉽게 이해되고 기억될 수 있는 한 방법으로 의사소통되어진다. 의료인에게 전달되는 정보의 단지 50%만이 환자에게 정확하게 기억되고 다른 50%는 잘못 기억된다고 보고되고 있다. 이런 이유 때문에 토론된 정보를 글로 요약하는 것은 좋은 정책이고 환자에게 그것을 나중에 다시 언급할 수 있다. 일부 임상제공자는 환자들에게 특별히 그들의 상황과 연결된 정보를 발견할 수 있는 웹사이트에 접근가능하게 한다.

정보적 상담이 중요하다고 할지라도 상담과정의 단지 일부분이다. 상담의 두 번째 넓은 범주는 **개인적응상담**(personal adjustment counseling)이다. 이것은 난청의 정서적인 결과들을 환자와 가족이 다루는 데 도움을 제공하는 것이다. 이 장 앞부분에서 언급한 바와 같이 난청은 개인의 심리, 사회, 그리고 정서적 복지에 지대한 영향을 미칠 수 있다. 환자들은 난청의 직접적인 결과인 분노, 불안, 공포, 좌절, 그리고 절망의 감정을 받아들이려고 싸울 수도 있다. 이런 감정들은 환자에게서뿐만 아니라 부모나 배우자와 같은 개인과 가까운 타자에게서도 보여진다. 이런 사람들이 동정심 있는 임상가로부터 지원을 받지 못한다면 그들의 의사소통 문제들을 앞으로 언급할 수 없게 된다.

대부분의 청능사와 SLP는 난청의 실제적인 측면에 대한 정확한 정보를 제공하는 데 자신감이 있기 때문에 편안하게 정보적 상담을 제공할 수 있다. 개인적응상담은 많은 임상가들에게는 더욱 자신감이 없어 겁이 난다. 왜냐하면 대부분이 잘 발달되지 않은 기술과 관련되었다고 믿기 때문이다. 개인적응상담에 대한 문헌은 임상가로서 분명하게 습득해야 하는 가장 중요한 기술 중의 하나는 훌륭한 청취자가 되는 것임을 나타낸다. 청능사는 환자가 보고하고 환자가 어떤 근본적인 개인적응문제를 드러내려고 질문하는 것에 주의를 기울여야 한다. 청능사는 사실적인 정보에 대한 환자의 요청과 청각문제에 관한 개인적인 감정들을 인정하려는 환자의 욕구 사이를 구별해야 한다(English, 2007).

개인적응상담은 환자에게 난청을 가지고 사는 삶에 대한 그들의 이야기를 하도록 격려하는 것과 관련되어 있다. 사실 환자와 청능사 사이의 관계가 발전할 때 환자는 난청을 받아들이고 정복하여 의사소통의 도전을 해결하여 앞으로 나아갈수록 도움을 받을 수 있다. 단순하게 환자가 해야 할 것을 말하는 것은 문제가 있다는 사실을 먼저 인정하고 받아들이지 않는다면 진척을 유도할 수 없다.

상담에 대한 최종점은 만들어져야 한다. 첫째, 임상가는 환자/가족의 문화적 배경과 언어적 욕구에 주의를 기울이면 적절하고 효과적인 의사소통이 사용될 수 있다(Scott, 2000). 둘째, 청능사는 임상회기의 결론만 아니라 기회가 있을 때마다 상담을 제공해야 한다. 마지막으로, 임상가는 항상 전문적인 영역들을 인식해야 한다. 난청과 관련된 것을 넘어 잠재적인 심리적 또는 정신건강이 의심될 때 자격이 있는 전문상담사에게 의뢰해야 한다.

증폭

증폭(Amplification)은 대부분 청력재활계획의 핵심으로 생각된다. 이런 이유로 청력재활과정 첫 번째 단계 중 하나는 증폭의 선택, 적합, 평가이다. 비록 후에 기술될 다른 증폭옵션이 유용할지라도, 대부분의 경우 증폭은 **개인적 보청기**(personal hearing aid)로 구성되어 있다.

보청기

보청기(Hearing aids)는 전적으로 외이도에 적합한 소형의 주문 모델에서 귓바퀴의 이개에 적합한 주문 귀속형 모델과 조금 더 큰 귀걸이형까지 다양한 유형과 크기를 가진다(그림 12.11). 유형과는 상관없이 모든 보청기는 기본 구성요소인 마이크, 증폭기, 수화기, 그리고 컴퓨터 중앙처리기를 포함한다. 마이크는 환경으로부터 음향에너지를 받아 전기신호로 전환시켜 증폭기에 보내준다. 증폭기는 전기신호의 전압을 증가시켜 수화기로 보내고 다시 음향에너지로 전환시켜 사용자의 외이도로 전달한다.

최근 보청기 기술의 엄청난 발전이 있었고 현재 보급된 모든 보청기는 세련된 디지털 신호처리기를 포함한다. 보청기로 들어가는 소리는 원하지 않는 배경소음은 축소하고 음향피드백(보청기에서 들리는 성가신 휘파람소리)을 제거하면서 가청도(audiability)를 개선하도록 다양한 방법에서 처리되고 조작될 수 있는 디지털 부호로 전환되어진다. 대부분 현대의 보청기는 컴퓨터와 특수 소프트웨어를 사용하여 청능사에 의해 프로그램되어진다. 보청기 적합의 기본적인 목표는 사용자가 어음명료도를 개선하도록 말을 들을 수 있도록 만드는 것이다. 이것은 대부분의 경우 시각을 20/20으로 회복할 수 있는 안경과는 달리 보청기는 청각을 정상으로 전환시킬 수 없기 때문에 간단한 일이 아니다.

잠깐 난청으로 어떤 소리를 듣지 못하고 보통보다 더 부드러운 소리를 들을 수 없는 사람을 생각해보자. 이것은 분명하게 말을 이해할 수 있는 능력을 크게 간섭할 것이다. 그러나 가청도가 주요 문제라면 보청기의 사용은 듣지 못하는 특별한 소리를 증폭하기 때문에 아주 도움이 된다. 난청인이 한번 이런 소리에 접근하게 되면 희망적으로 말을 더 쉽게 이해할 것이다.

그러나 불행하게도 어떤 경우에 환자들은 그들의 보청기는 소리를 크게 만들지만 분명하지 않아서 말을 여전히 이해할 수 없다고 보고한다. 이런 사람들은 청각기관의 손상유형에 따라 소리의 왜곡을 경험할 수 있다. 이런 어음명료도의 문제는 해결하기 더욱 어렵고 청능

그림 12.11 보청기의 유형(와 이덱스 보청기의 사진)

출처 : www.widexkorea.com

사는 말 이해도를 증가시키기 위해 보청기와 관련되어 사용될 수 있는 전략과 도움을 제공할 필요가 있다. 어떤 경우, SLP는 이런 환자들의 욕구를 충족시킬 수 있는 의사소통 전략들을 제공하는 데 큰 도움이 될 수 있다. 보청기를 구입할지를 결정하는 데 개선에 대한 그들의 기대가 현실화되도록 상담받아야 한다.

이 장의 앞부분에서 전도성 난청의 대부분은 약이나 수술로 치료될 수 있음을 언급했다. 만성 배농관 귀와 같이 전도성 난청이 의학적으로 치료될 수 없는 경우에는 골전도보청기가 유용하게 사용될 수 있다. 이 장구는 머리띠와 전통적인 보청기에 부착된 골전도체로 구성되어 있다. 두개골에 놓여진 골전도체로 소리는 손상된 외이 또는 중이를 건너뛰고 내이를 자극하는 기계적 진동으로 전환되어진다. **골도보청기**(bone-anchored hearing aids)로 불리는 이 새로운 장구는 같은 방식으로 기능하지만 머리에 착용하는 것보다 오히려 마이크와 다른 전기구성요소들을 포함하는 작은 외부장치는 귓바퀴 뒤 두개골에 수술로 이식된 나사에 부착된다.

보청기와 관련된 새롭고 충격적인 추세는 인터넷에 보청기를 판매하는 회사의 등장이다. 어떤 경우 보청기는 적합 소프트웨어와 함께 환자에게 판매되고 환자가 자신의 보청기를 프로그램하도록 기대된다. 이것은 확실히 환자에게 최선의 흥미가 아니지만 청능사는 성공적인 보청의 적합에 있어 청능사의 역할을 대중에게 지속적으로 교육할 필요가 있다.

인공와우이식

고도에서 심도 난청을 가진 사람들은 전통적인 보청기로부터 거의 혜택을 받지 못한다. 왜냐하면 그 보청기들은 소리를 들을 수 있도록 충분한 증폭을 하지 못하기 때문이다. 이런 유형의 사람들에게 인공와우이식(Cochlear Implant)은 하나의 선택이 될 수 있다(그림 12.12). 인공와우이식은 와우의 손상된 유모세포를 지나 전기에너지로 직접 살아 있는 청신경섬유를 자극하도록 설계된 보철장비다. 인공와우이식은 외부적으로 착용된 구성요소와 내부적으로 이식된 구성요소로 이루어진다. 외부구성요소는 마이크와 전형적으로 귀걸이형과 같은 형태의 어음처리기, 그리고 외부송신기이다. 내부구성요소는 두개골에 수술적으로 부착된 수신기-자극기와 와우에 삽입된 전극들이다. 인공와우이식의 마이크는 소리를 잡아서 전기에너지로 전환하여 어음처리기로 전달한다. 어음처리기는 각 환자별로 프로그램된 초소형 컴퓨터이므로 손상된 귀에 보내진 정보는 말 이해에 결정적인 어음신호의 특징들을 포함한다. 신호는 케이블을 통해 자기적으로 머리에 부착된 외부송신코일에 보내진다.

FM 라디오파를 사용하면 신호는 피부를 통해 내부수신기-자극기와 마지막으로 와우에 이식된 각각의 전극에 전달된다. 현대의 인공와우이식은 기저막의 다양한 장소에 전기자극을 제공하는 다수의 전극을 포함하므로 환자는 다른 주파수의 정보를 받을 수 있다. 이렇게 신경자극은 올라가는 청각통로로 뇌에 전달된다.

과거에는 이 절차는 침습적이기 때문에 양쪽 귀(양이)가 모두 심각한 난청임에도 불구하고 단지 하나의 귀에만 이식되었지만 현재는 아동과 성인에 있어 양이 이식이 더욱 흔하다. 어떤 경우에는 환자가 한쪽 귀에는 인공와우이식을 다른 귀에는 보청기의 착용을 선택할 수

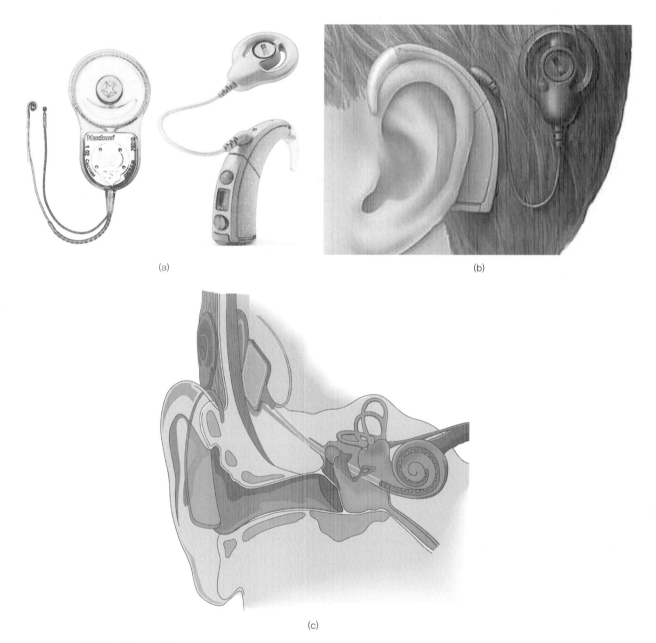

그림 12.12 인공와우이식의 구성요소

(a) 인공와우이식의 내부와 외부구성요소, (b) 머리와 귀에 위치한 인공와우이식의 외부구성요소 − 마이크, 어음처리기, 외부송신기, (c) 내부구성요소 − 두개골에 이식된 수신자극기와 와우에 삽입된 전극배열

있다. 인공와우이식이 소개되었을 때는 언어습득 후 난청을 가진 성인만 지원자였지만 현재의 인공와우이식은 언어습득 전후에 난청이 시작된 모든 연령의 성인들과 12개월의 고도와 심도 난청을 가진 아동들과 더 어린 아동들에게 일상적으로 시행되고 있다. 언어습득 후 농이 된 성인에게 인공와우이식의 성공은 난청 이전에 습득한 언어기술과 이 장치로 제공

된 청각단서를 해석할 때 이 지식을 사용할 수 있는 능력과 상관된다. 이러한 장점들을 가지지 못하는 아동들은 다른 장점들을 가진다. 그들은 성인과 비교해서 비교적 짧은 시간에 소리가 박탈되었기 때문에 성인과 같은 정도의 청각신경퇴행을 가지고 있지 않다(Won & Rubinstein, 2012). 초기의 나이에 이식수술을 받고 집중 청각치료를 받은 아동들은 말지각, 언어습득, 말생산, 그리고 읽고 쓰는 능력의 개발에 의미 있는 이득을 보인다(Papsin et al., 2000; Waltzman & Roland, 2005).

청각보조기술/보조청각장구

보청기와 인공와우이식이 여러 상황에서 혜택을 제공할지라도 종종 환자들은 보청기나 인공와우이식이 도움이 덜 되는 특별한 환경이나 상황에서 어려움을 경험한다. 예를 들면, 보청기로 상당한 혜택을 받은 사람도 배경소음이 높은 곳이나 듣기 원하는 사람으로부터 아주 멀리 떨어진 곳에서 소통할 때 더 많은 도움을 필요로 한다고 보고되고 있다. 또 다른 보기는 전화로 말하는 것을 제외하고 말을 잘 들어야 하는 환자이다. 다양한 보조장구의 사용은 이런 문제들을 극복하는 데 도움이 될 수 있는데 이것들을 총체적으로 **청각보조기술**(Hearing Assistive Technology, HAT)이라 부른다.

　보조장구 뒤에 깔린 원칙 중의 하나는 소리원에 가까운 곳에 그 장구의 마이크를 위치하는 것이다. 예를 들면, 요양시설에서 시끄러운 저녁식탁에 앉아 있는 노인은 그 식탁의 중앙에 마이크를 설치한다면 대화상대방의 말의 강도는 배경의 원하지 않는 소리보다 더 증가될 것이다. 유사하게 보청기로 텔레비전을 잘 들을 수 없는 사람도 TV에 작은 마이크를 놓고 귀에 수화기를 놓을 수 있다. TV 신호가 귓속 수화기에 직접 보내지면 TV 볼륨을 증가시킬 필요도 없이 소리를 들을 수 있다. 비록 어떤 보조장구는 여전히 신호가 청취자에게 유선으로 연결되지만 라디오 신호와 같은 다른 방법으로 신호를 전달하는 무선기술(wireless technology)을 사용한다. 게다가 그 신호는 청취자의 보청기나 인공와우이식에 직접적으로 전달될 수 있다.

　교육환경에서 가장 인기 있는 보조장구의 한 유형은 개인적인 **FM 시스템**(FM system)을 사용하는 것이다. 이 장구는 관습적인 FM 라디오와 같은 원리로 작동한다. 화자가 주파수나 채널로 방송하는 몸에 착용된 작은 송신기에 부착된 옷깃 또는 머리띠 마이크로 말을 하면 청취자는 송신기와 같은 FM 라디오 주파수에 맞춰진 수화기를 통해 FM 신호를 수신한다. 보청기나 인공와우이식기를 사용하는 경우에 이 수화기는 보청기에 직접적으로 플러그될 수 있다.

　음장증폭(sound field amplification)은 개인 FM 시스템과 유사하지만 FM에서와 같이 신호를 각각 수신기에 방송하지 않는 대신 신호를 방에 놓인 스피커로 보낸다. 음장시스템으로 중이염으로 변동이 심한 난청을 가진 아동, 주의집중에 문제가 있는 아동, 언어손상이 있는 아동을 포함하는 방에 있는 모든 학생들이 이 장구로부터 혜택을 누릴 수 있다.

　많은 다른 보조기구들은 전화청취자들에게 유용하게 사용되어진다. 많은 환자들은 증폭된 전화를 구입해서 그들의 청각욕구에 맞도록 입력되는 신호의 볼륨을 조절할 수 있다. 고도 난청인은 종종 **전신타자기**(teletypewriter, TTY)나 문자전화로 불리는 휴대용 키보드에 의존한다. 농인을 위한 전기통신(telecommunication)으로 불리는 이 장비는 일반적인 전화로 문자대화를 가능하게 한다. 최근에는 이메일, 문자 메시지, 동시채팅, 그리고 화상회의시스템의 유용성은 전화사용에 어려움이 있는 사람들에겐 아주 도움이 된다. Shaw(2012)는 워싱턴대학의 기술자들이 미국수화자들 사이에 의사소통을 방송할 수 있는 MobilASL로 불리는 새로운 휴대폰 프로그램을 개발했다고 보고했다. 이 프로그램은 "어떤 3G 전화에 사용될 수 있고 화면에 카메라를 가진 어떤 이동통신장비에도 통합될 수 있다(p. 22)."

보조기구는 멀리서 발생하는 소리에 주의집중하기를 원하는 개인들에게도 역시 도움이 된다. 예를 들면, 보청기를 착용했지만 다른 방에서 우는 아이의 소리를 듣지 못하는 어머니는 섬광등으로 아이가 우는 것을 알려주는 시스템을 사용할 수 있다. 이러한 장비는 울리는 전화, 자명종, 그리고 화재경보기를 사용하여 시각적으로 주의를 환기시키는 데 도움이 된다.

보조기술과 장치에 대한 주제를 벗어나기 전에 **연결성**(connectivity)이란 용어가 간략하게 언급되어야 한다. 기본적으로 이 용어는 보청기를 착용한 사람이 텔레비전이나 전화로부터 보청기까지 무선으로 접근하도록 허락하는 것을 말한다. 더욱 넓은 범위로는 다른 장비와의 연결뿐만 아니라 난청으로 과거에는 불가능한 방법으로 다른 사람들과 연결되는 것을 나타낸다. Beck와 Fabry(2011)가 언급한 것처럼 전기공학의 발전은 난청과 보청기를 가진 사람이 새로운 정보에 대한 접근과 다른 사람과의 상호작용을 성공적으로 수행하도록 새로운 기회의 발전으로 유도했다. 확대선상에서 **텔레청각학**(tele-audiology)이란 용어는 거리가 먼 청각학의 서비스를 제공하기 위해 전자와 텔레의사소통 기술의 사용을 말한다. 이것은 특히 나쁜 건강, 운송수단의 부재, 또는 먼 지역에서 사는 사람과 같이 청능사의 서비스를 받기 어려운 환자들에게 아주 중요하다.

청력훈련과 청각의사소통 양식

환자가 적절한 증폭기에 적합되고 나면 어떤 형태의 지도된 청취연습으로 들리는 것에 대한 의미를 부여하는 방법을 배울 필요가 있다. 이 과정이 청력훈련으로 불린다. 청력훈련의 목적은 언어와 비언어적 단서의 지각을 향상시키기 위해 **잔존청력**(residual hearing)의 사용을 극대화하는 것이다(Schow & Nerbonne, 2007). 특히 어린 아동들에 있어 이 기술의 향상은 말과 언어발달, 인지, 독서, 그리고 학습을 포함하는 다른 영역의 진전을 이끈다.

신경가소성(neural plasticity)의 원칙은 청력훈련의 과정을 이해하는 데 아주 중요하다. 청력훈련과 관련해서 신경가소성은 청각자극에 반응하여 중추신경계에서 일어나는 생리적 기능적 변화를 말한다(Greenough, 1975). 어떤 형태의 청각입력을 규칙적으로 제공함으로써 중추청각신경이 일하는 방법을 변화시켜 청각기관에 전달된 말과 언어정보를 효과적으로 사용할 수 있는 능력을 개선시키고자 한다. 노화된 것보다는 보다 젊은 중추신경계를 변화시킬 수 있는 가능성이 높기 때문에 조기확인과 조기간섭은 이 분야에서 우선권이 주어진다.

다양한 환자에게 다른 청력훈련을 제공하는 방법을 설명하는 세 가지 사례들을 토론하기

전에 환자(아동의 경우 그들의 부모) 각자가 청각의사소통 양식을 선정해야 한다. 다른 말로 난청의 정도와 상관없이, 이 환자들 또는 그들의 부모들은 말하기와 듣기를 강조하는 의사소통의 주요 방법을 결정해야 한다. 청각정보의 사용을 선택하는 것은 경도와 중도의 난청인에겐 의심의 여지가 없다. 왜냐하면 보청기는 이 사람들에게 언어의 중요한 말소리에 접근을 성공적으로 도와주기 때문이다. 고도와 심도 난청인은 주요한 의사소통 양식으로 수화와 같은 시각적 의사소통 체제를 선택할 수 있다. 최근 보청기와 인공와우이식은 어릴 때 일어나는 난청의 확인에 아주 효과적이므로 많은 난청인과 아동의 부모들은 청각기술의 발달과 구화의 사용을 선택하고 있다. 이런 선택을 지지하는 사람들은 이 방법이 이 사람들을 청각세계에 더욱 용이하게 통합하도록 도와주고 그들의 사회, 교육, 그리고 고용기회를 증가시킬 것이라고 믿는다. 이 개념을 가지고 청각훈련프로그램의 적용을 설명하는 세 가지 사례들을 토론하고자 한다. 이 사례들을 검토할 때 의뢰인의 나이, 난청의 정도, 난청의 시기의 중요성을 알아보자.

첫 번째 사례는 양이 고도 감각신경성 난청으로 태어난 아동이다. 이 아동의 난청은 5개월의 나이에 청능사에 의해 확인되었고 6개월의 나이에 보청기가 적합되었다. 6개월의 나이에 말과 언어서비스를 받기 시작했다. 아동의 난청 정도와 뇌의 가소성을 이용하기 위해 집중 청력재활프로그램이 발달단계에 맞춰 시행되었다. 환경소음에 대한 기본적인 인식에서 시작하여 다른 소리들을 분별하는 쪽으로 나아갔다. 물론 말소리에서 시작하여 자음과 모음에서 음절, 단어, 구, 문장, 그리고 연속대화로 확대 수행되었다. 어떤 철학에 근거하여 이 일은 화자의 얼굴을 쳐다보는 것과 같은 시각적인 단서들을 제공하지 않고 수행되었다. 다른 접근들에서는 청각과 시각이 함께 사용되어진다. 부모들에게는 그들의 자녀들과 의사소통의 정상적인 과정에서 집에서 일할 수 있는 과제가 주어질 가능성은 아주 높을 것이다.

두 번째 사례는 양이 경도 고주파수 감각신경성 난청으로 태어난 5세의 소녀이다. 경도 난청의 특성 때문에 유치원 전 청각선별검사의 부분으로 이 아동은 4.5세까지 난청이 확인되지 않았다. 이 아동은 역시 말-언어평가를 받아 /s/, /t/, 그리고 /k/ 음절오류를 보였고 어휘결핍과 형태론적인 표시사용의 지체도 보였다. 이 아동에게 양이 보청기는 그녀가 놓치는 고주파수 소리에 접근가능하게 하는 데 결정적이다. 또한 FM 보장구도 소음환경과 교실의 먼 거리로부터 교사의 목소리를 듣도록 도와주는 데 아주 유용할 것이다. 추가적으로 말과 언어치료도 어휘를 증진시키고 형태표시를 가능하게 하고 조음치료를 제공하는 데 필요할 것이다. 부모들은 딸의 어휘력이 발달되도록 책을 읽어주도록 격려될 것이다. 이 청력재활프로그램은 이전의 사례에서 기술된 것보다 더 집중적이지만 이 경도 난청은 몇 가지 부분에서 이 아동에게 부정적 영향을 미칠 수 있다.

마지막으로 정상청력을 가지고 태어났지만 노화와 소음노출로 인해 중도 감각신경성 난청이 된 성인을 생각해보자. 비록 퇴임을 하였지만 매주 자원봉사를 하고 친구들과 가족과 사회생활을 즐기는 능동적인 사람이다. 이 사람은 난청이 삶에 미치는 효과에 실망하여 보청기를 사용할 준비를 하고 있다. 보청기 사용 이외에 청력재활프로그램은 그의 말 이해를 간섭할 수 있는 환경에서의 장애물을 가르치는 것을 포함한다. 이 장애들은 배경소음, 희미한 불빛, 그리고 거리를 포함한다. 그는 역시 말 이해능력을 개선하기 위해 할 수 있는 것을 다른 사람들이 공손하게 알도록 배울 필요가 있을 것이다. 예를 들면 그는 의사소통 파트너에게 더욱 천천히 말하거나 방의 덜 시끄러운 곳으로 이동하도록 요구한다. 그는 또한 말할 때 그를 보도록 요청한다. 마지막으로 청능사는 그의 말 이해를 촉진시키기 위해 문맥사용의 가치를 설명할 수 있을 것이다. 대화의 주제에 대해 이전의 지식을 사용하여 놓친 정보를 채울 수 있다. 이것을 명심하면서 청능사는 이 환자가 의사소통 파트너에게 일반적인 대화 주제를 말함으로써 대화를 시작하도록 요구할 수 있음을 제안할 수 있다.

난청 때문에 보청기를 착용한 성인에게 사용되는 하나의 인기 프로그램은 Sweetow와 Sabes(2006)가 개발한 청취와 의사소통 향상 프로그램(Listening and Communication Enhancement program)이다. 이 프로그램은 환자의 컴퓨터로 집에서 사용될 수 있고 한 화자 이상이 빠른 속도로 말할 때 소음 속 청취연습을 포함한다. 이 프로그램을 사용하는 많은 사람들은 다양한 환경에서 말을 이해할 수 있는 능력을 개선할 수 있다고 연구는 제안한다.

시각적 의사소통 양식

방금 토론한 세 번째 사례는 의사소통의 기본적인 수단으로 구어를 사용하려는 환자에 관한 것이다. 물론 시각적인 의사소통 체계를 사용하는 환자들도 존재한다. 이전에 언급한 바와 같이 이 환자들은 전형적으로 고도에서 심도의 난청을 가지고 있다. 이런 선택은 농문화에 대한 충성과 관련된 문화적 요소에 기초한다. 예를 들면 농 부모는 그들 농 아동의 미국 수화의 사용은 아동의 사회적 정서적 발달에 도움이 되고 아동이 농공동체를 더욱 잘 수용하는 데 도움이 될 것이라 생각한다. 다른 경우 환자의 난청이 너무 심해 구화가 기능적이고 효율적인 의사소통 시스템이 되도록 충분하게 배울 수 없기 때문에 이런 선택이 만들어질 수 있다. 이 장의 초기에 언급된 바와 같이 청능사와 SLP는 이런 선택을 존중해야 한다.

시각적인 접근법들의 선택과 차이점을 이해할 수 있는 유일한 도구는 〈그림 12.13〉에 보

수지영어수화체계	⟶	미국수화(ASL)
수화영어(SEE)	**피드진 수화영어(PSE)**	
단어의 의미는 고려되지 않는다(예 : 단어 'right'는 문맥에 상관없이 같은 수화를 가진다).	사용된 수화는 더욱 개념적이다. 한 단어는 의미에 의존해서 많은 수화를 가질 수 있다.	스스로의 어휘, 문법, 문장구조를 가진다. 하나의 수화는 하나의 전체적인 생각을 나타낸다.
모든 문법적인 표시들(관사, 조동사, 복수)이 수화로 된다.	문법적 표시는 수화로 될 수도 있고 안 될 수도 있다.	문법적인 표시들을 위한 특별한 수화를 가지지 않는다.
	얼굴표현과 제스처는 포함된다.	얼굴표현, 몸의 위치, 공간, 그리고 반복이 광범위하게 사용되어진다.

그림 12.13 수화언어의 연속선

여지는 연속선이다. 수지영어수화체계(Manually coded English signing system)가 한 끝이고 미국수화(American Sign Language, ASL)가 다른 끝에 있다. 미국수화는 그것 자체가 언어로서 독특한 문법구조를 가진다. 그것은 영어의 시각적 형태가 아니라 하나의 수화가 전체적인 사고를 전달하기 때문에 개념언어로 종종 기술되어진다. 자연언어인 미국수화와는 달리, **수지영어**(Manually Coded English, MCE)는 농아들이 *ed*와 *ing*와 같은 문법표시에 노출되도록 교육환경에서 사용되도록 만들어졌다. ASL에 명확히 사용되지 않는 영어구조에 대한 이같은 노출은 영어로 읽고 쓰는 기술과 종합적인 학업성취의 발달을 지원한다고 일부 사람들은 믿는다. MCE에서 많은 어휘는 ASL에서 나오지만 단어의 순서는 구화영어와 똑같다. 그러므로 영어는 시각과 청각양식을 모두 사용하여 동시에 모델화될 수 있다.

피드진 수화영어(Pidgin Signed English, PSE)는 보통 수화학습에 관심이 있는 정상청력을 가진 사람들에게 기본적인 수화교육과정에서 가르쳐진 수의사소통의 유형이다. PSE의 새로운 사용자는 더욱 영어와 같은 구조를 사용하여 의사소통을 하는 경향이 있지만 경험자는 ASL의 특징들을 더욱 포함하려고 한다. 언급된 수의사소통 중 최종적으로 가장 인기 있는 형태는 26개의 영어알파벳의 각각을 시각적으로 나타내는 손의 형태로 구성된 **지문자**(fingerspelling 또는 지화)이다. 비록 이것이 의사소통의 효율적인 방법이 아닐지라도 지문자는 적절한 이름, 기술적 어휘, 수화가 없는 다른 단어들을 의사소통하기 위해 ASL, PSE, 또는 MCE 체계와 함께 사용할 때 아주 도움이 된다.

ASL의 보기들을 보기 원한다면 수화온라인 웹사이트(www.signingonline.com)를 방문하라. 왼쪽에 있는 사전 탭을 클릭하고 선택하는 단어를 입력하고 후에 페이지의 오른쪽 위에 있는 수화의 비디오를 시청하라.

중추청각처리장애의 치료와 관리

말초청각계로부터 받아들여진 청각정보를 사용하고 해석하는 능력에 영향을 미치는 중추청각처리장애의 결핍을 나타내는 중추청각처리장애에 대한 초기의 토론으로 돌아가 잠깐 생각해보자. 이러한 장애검사는 각 귀의 청각은 정상범위에 있을 때 청능사에 의해서만 수행될 수 있다. CAPD의 관리는 CAPD의 평가의 부분으로 얻어진 결과에 기초하여 다학문적인 전문가 그룹, 부모, 그리고 학생 스스로 다양한 입력들이 결합되어야 한다.

CAPD의 문헌들은 일반적으로 치료는 세 가지 분야 즉 환경조절, 보상전략, 그리고 특별한 청각처리결핍을 교정하기 위한 직접치료를 포함한다.

환경조절(Environmental accommodation)은 청각/시각정보를 분명하게 받을 수 있는 청취자의 능력을 개선할 청취환경의 변화를 언급한다. 환경조절의 일부 보기는 소음과 반향을 축소하기 위해 교실에 카펫이나 커튼을 추가하는 것, 소리원에 가깝게 앉기, 개인 FM이나 음장체계에 적합하기, 또는 구화정보를 보충하는 작성된 메모를 사용하는 것을 포함한다. 조절은 또한 보통의 말 속도로 분명하게 말하기, 분명하고 간결한 지시제공, 친숙한 어휘나 나이에 적절한 문장구조 사용, 복잡한 지시를 작은 세부사항으로 나누기, 시각적 지원을 포함하는 실천활동의 사용과 같은 교수기법을 포함한다.

글상자 12.1 | 청각학의 근거기반실제

보편적인 신생아청각선별/조기중재

- 난청으로 진단받은 후 6개월의 나이까지 보청기와 조기중재를 받은 아동은 6개월의 나이 이후에 확인된 아동보다 의미 있게 더 좋은 언어기술을 발전시킨다.

아동의 인공와우이식

- 이른 나이에 이식되어 집중청각치료를 받은 아동이 말지각, 언어습득, 말생산, 읽고 쓰는 능력 발달에 의미 있는 이득을 보인다.
- 학교에 다니기 전에 한쪽 귀에 이식받은 아동이 학교 시작 후에 받은 아동보다 학업성적이 향상되고 통합교육에 잘 적응한다.
- 한쪽 이식을 받은 성인들도 개선된 말지각과 향상된 종합적인 삶의 질을 경험하고 언어습득 후에 농이 된 아동과 이식 전 단기간 농을 경험한 아동이 더 큰 혜택을 받는다.

성인에서의 보청기

- 사용된 측정결과 유형이 효과의 크기에 영향을 미친다고 할지라도 체계적인 검토와 문헌에 대한 통계분석은 보청기는 건강과 관련된 삶의 질을 개선한다고 한다.

유모세포재생

- 농이 된 생쥐를 사용한 연구자들에 의하면, 기존의 세포들을 자극했을 때 세포들은 부분적으로 청력을 회복시켜 와우 유모세포처럼 기능하게 한다.

전정기관의 재활

- 양성체위변환성균형장애(benign positional balance disorders)를 가진 사람들에게 사용된 일부 재활방법들은 안전하고 효과적이다.

출처 : Bond et al.(2009); Chisolm et al.(2007); Hiller & Hollohan(2011); Meinzen-Derr et al.(2011); Mizutari et al.(2013); Papsin et al.(2000); Waltzman & Roland(2005); and Yoshinaga-Itano et al.(1998).

보상전략(Compensatory strategies) 작업은 주의력과 언어와 같은 더욱 광범위한 인지분야를 강화시키기 위해 만들어졌다. 이것은 기억과 조직기법의 사용, 언어와 문맥단서의 사용, 문제해결전략을 개발하는 작업을 포함한다.

마지막으로 직접치료(direct therapy)는 평가에서 확인된 특별한 청각결핍을 강화하기 위해 설계된 집중청력훈련으로 구성되어 있다. 일부 관계자가 이런 형식적인 훈련은 큰 잠재력을 가진다고 믿는다고 할지라도 현재 이런 훈련만으로 CAPD를 가진 학생들의 기능적인 의사소통 능력이 변화할지에 대한 증거는 부족하다. 이런 이유로 청능사에 의해 만들어진 많은 조절들은 청취환경을 개선하고 다른 인지영역을 확대하는 데 초점을 두고 있다.

다음의 〈글상자 12.1〉은 청각과 균형에 어려움을 가진 아동과 성인의 혜택을 위해 청각학 분야에서 만들어진 진보를 타당화하는 근거기반연구의 일부를 요약한 것이다.

요약

청각학 직업은 아주 다양한 환경에서 많은 사람들과 함께 일할 수 있는 기회를 제공하는 하나의 포괄적인 분야이다. 청능사는 청각과 전정기관을 평가하고 청력자활/재활의 서비스를 제공할 책임을 가진다. 난청은 외이에서 뇌까지의 청각통로에 따라 하나 이상의 부분에서의 손상이 원인이 된다. 말초청각계에 영향을 미치는 난청의 세 가지 유형들은 전도성, 감각신경성, 혼합성 난청이다. 청능사 또한 뇌간과 뇌의 청각영역을 포함하는 중추청각체계에 영향을 미치는 문제들에 관심을 가진다. 일반적으로 이런 통로의 문제들은 청각처리장애로 불리며 청각정보를 효율적이고 효과적으로 사용하고 해석하는 능력의 결핍을 결과한다.

난청을 기술할 때 청능사는 영향을 받는 청각체계의 부분을 확인하기 위해 전도성, 감각신경성, 혼합성, 그리고 중추신경계와 같은 전문용어를 사용한다. 또 다른 중요한 용어들은 데시벨로 측정되는 난청의 정도를 기술한다. 각각의 난청의 정도는 특별한 데시벨의 범위에 일치한다. 미도/경도에서 중고도 청각상실을 가진 사람들을 종종 난청 또는 청력손상으로 언급하고 의사소통을 위해 잔존청력에 가능한 많이 의존한다. 농으로 불리는 심도 난청인은 적절한 증폭 없이 청각체계가 소리에 거의 접근할 수 없다.

청각체계를 평가할 때 청능사는 전기음향, 전기생리, 행동측정에 의존한다. 이들은 난청의 존재를 확인하고 유형을 결정하고 정도를 양화하고 의사소통에의 효과를 평가하기 위해 다양한 검사를 실시한다. 정보와 개인적인 상담이 이 과정에서 중요하다.

청력자활/재활은 난청에 대한 의사소통의 어려움을 최소화하고 해결하기 위해 설계된 서비스와 절차를 말한다. 청력자활은 실종된 의사소통의 기술을 기본적으로 아동에게 가르치기 위해 사용된 치료를 말한다. 청력재활은 구화 의사소통의 기술이 만들어지고 난 후 삶의 후반부에서 난청을 얻은 사람들에게 제공되는 서비스를 말한다. 청력재활의 초점은 보상전략을 효과적으로 사용하여 전형적으로 상실된 기술을 회복하도록 도와주는 것이다. 개별 청력재활프로그램을 만드는 데 고려되어야 할 분야들은 보청기의 평가와 적합과 청각보조기술, 청력훈련, 의사소통전략훈련, 적절한 의사소통 양식의 결정 등이다.

추천도서

Bellis, T. J. (2003). *Assessment and management of central auditory processing disorders in the educational setting: From science to practice.* San Diego, CA: Singular.

Clark, J. G., & English, K. (2004). *Audiologic counseling in clinical practice: Helping clients and families adjust to hearing loss.* Boston: Allyn & Bacon.

DeBonis, D., & Donohue, C. (2008). *Survey of audiology: Fundamentals for audiologists and health professionals.* Boston: Allyn & Bacon.

Martin, F. N., & Clark, J. G. (2012). *Introduction to audiology: International edition* (11th ed.). Boston: Pearson.

Tye-Murray, N. (2009). *Foundations of aural rehabilitation: Children, adults, and their family members* (3rd ed.). Clifton Park, NY: Delmar Cengage Learning.

13 보완대체의사소통

James Feeney, PhD.

학습목표

이 장을 마치면 여러분은 다음과 같은 것들을 할 수 있게 될 것이다.

- 보완대체의사소통(AAC)을 정의한다.
- 다양한 유형의 보조 및 비보조 AAC 체계와 사람들이 AAC에 접근하는 방식에 관해 설명한다.
- 전 생애에 걸친 AAC 평가 및 중재의 실제에 있어서의 상호적인 능력의 중요성에 관해 설명한다.

비록 우리 대부분은 의사소통의 일차적 수단으로 여전히 말에 의존하고는 있으나, 종종 우리 모두는 일부 **보완대체의사소통**(augmentative and alternative, AAC)을 사용하여 의사소통을 한다. 여러분이 친구에게 문자를 보낼 때는 실질적으로 일종의 AAC를 사용하는 것이다. 이제 AAC의 사용이 말의 채널을 사용하는 것에 어려움을 가지는 개인들에게 어떠한 의미가 있는 것인가에 관한 몇 가지 단락들에 초점을 맞추어보자.

AAC가 무엇인가를 이해하는 것만큼이나 이것은 무엇이 아닌지에 관해 이해하는 일 역시 매우 중요하다. AAC에 관한 보편적인 오해는 언어병리에서의 실제 영역이 오직 사람들이 의사소통을 위해 사용하는 것들에만 초점을 두고 있다고 여기는 것이다. 물론 AAC는 사람들이 자신들의 요구와 필요를 알리기 위해 **말생성장치**(speech generating devices, SGDs) 같은 것들을 어떻게 사용하는지와 관련되어 있다. 그러나 AAC의 범위를 사물, 전자장비, 태블릿이나 스마트폰 같은 휴대용 장비, 또는 기타 사람들이 의사소통을 위해 사용할 수 있는 다른 것들로만 국한시키는 것은 마치 여러분이 좋아하는 뮤직비디오를 소리를 끄고 보는 것과 같은 일이다. 소리가 없다면, 시청자는 오직 비디오에서 제공되는 시각적 경험만을 활용할 수 있을 것이지만, 그렇게 함으로써 사람들은 가수를 오직 보기만 할 수 있을 것이다. 음악을 만들어내는 소리의 이득이 없다면, 시청자는 이 가수의 노래가 만들어내는 바로 그 정수, 즉 음악을 잃게 되는 것이다. 마찬가지로 AAC를 보거나 정의함에 있어서, 이것을 사람들이 메시지를 전달하기 위해 사용하는 물건으로서만이 아니라, 복합적인 의사소통의 요구(complex communication needs, CCNs)를 가진 개인들을 지원하기 위해 사용되는 **의사소통공학**(communication technologies)과 일상에서 만나는 의사소통 상대자의 쌍방향적 능력 간의 내적 활동으로 바라보는 것이 필요하다.

AAC에 관한 가장 유용하면서도 일반적인 개념의 하나는 ASHA의 Special Interest Division 12 : Augmentative and Alternative Communication의 AAC 정의에 나타난다. 많은 전문가들의 연구(Beukelman & Mirenda, 2013; Glennen & DeCoste, 1997; Lloyd et al., 1997)에 기반하면 이 정의는 다음과 같다.

> 보완대체의사소통(AAC)은 연구, 임상 및 교육적 실제의 영역을 지칭한다. AAC는 연구의 시도, 그리고 필요하다면 구어 및 문어 의사소통 양식을 포함하여 말-언어의 산출 그리고/또는 보상에 있어서의 중도 장애를 가진 개인들의 일시적이거나 영구적인 손상, 활동의 제한, 참여의 제약을 보상하는 것을 포함한다(ASHA, 2005a).

기타 의사소통장애 평가에서도 언급된 바와 같이, AAC 사용을 위한 평가도 팀 단위 작업으로 이루어진다.

그 정의상, 활동의 제한과 참여의 제약이라는 용어는 세계보건기구(World Health Organization, WHO)의 국제 기능, 장애 및 건강분류(International Classification of Functioning, Disability, and Health, ICF) 모형에서 나타나는 개념과 직결되는 것이다(WHO, 2001). 이 모형은 평가 및 중재계획 수립을 위한 의사결정에 정보를 제공하기 위해 사용된다. 다시 말하자면, 이것은 전문가들이 개인의 기능적 능력, 기능에 영향을 미치는 맥락 요소, 임상적 의사결정에 일정 역할을 담당하는 기타 변인들과 관련하여 그 개인의 AAC 사용 능력을 평가하는 것에 도움을 준다. WHO/ICF 모형에 대한 자세한 검토는 이 장의 범위를 벗어나는 것이지만, 흥미로운 부분과 관련된 WHO/ICF 모형의 전반적인 검토를 제공해주는 몇 가지 탁월한 온라인 자료원천들이 존재한다. 예를 들어 www.asha.org와 www.who.int를 보라.

비록 ASHA는 AAC에 대한 정의를 WHO/ICF 모형 내에서 설명하고 있으나, "AAC란 무엇인가?"라는 질문에 대한 답으로 그 웹사이트에서는 다음과 같이 진술하기도 한다.

> 보완대체의사소통(AAC)이란 사상, 필요와 요구, 개념을 표현하기 위해 사용되는 일체의 의사소통 형태(구어 이외의)를 포함하는 것이다. 얼굴표정이나 제스처를 사용하며, 상징기호나 그림을 사용하며, 또는 글을 쓰면서 우리는 모두 AAC를 사용하는 것이다.

"우리 모두가 AAC를 사용한다…"라는 진술은 AAC와 독자들 개개인의 타인과의 의사소통 경험 사이의 뚜렷한 연계를 제공해준다. 이것은 오직 의사소통을 시도하는 사람들만이 이것을 이용하여 자신의 요구와 필요를 알리는 어떤 것만은 아님을 강조하고 있다는 점에서 AAC의 정의와 관련된 중요한 측면이다. 이것은 그 모든 의사소통 문화, 공동체 또는 집단, 또는 사람들이 상호작용하는 맥락의 한 일부인 것이다. 여러분 자신의 삶에 대해 생각해보고, 여러분이 매일매일 AAC를 사용하는 다양한 방식에 관해 고려해보라 — 그 가능성은 무궁무진하다!

누가 AAC를 사용하는가?

미국에서는 대략 400만 명이 자신들의 요구와 필요를 표현함에 있어 자연스러운 말을 사용하지 못하는 것으로 추정하고 있다(Beukelman & Mirenda, 2013). 이 수치가 AAC를 사용하는 사람들의 정확한 숫자를 제공해주는 것은 아니지만, 미국에서는 잠재적으로 AAC를 사용해야 할 대규모 집단의 사람들이 존재함을 시사하는 것이다. 미국 내 AAC 사용 출현율에 대한 기타 추정치는 전체 인구의 0.8%에서 1.3%에 이른다(Beukelman & Ansel, 1995). 달리 표현하자면, 미국에 살고 있는 약 3억 1,300만 인구 가운데 어디에서든 250만에서 380만 명은 타인과 자연스러운 말을 사용하여 의사소통하지 못한다는 것이다. 이렇게 많은 수의 개인을 생각해보면, SLP나 기타 지원 전문가들 — 아마도 미래의 여러분들 — 이 AAC 체계를 사용하고 있거나 앞으로 사용하게 될 가능성이 있는 이들을 위해 협력 작업하거나 이들을 옹호하기 위한 노력을 부지런히 행해야 함은 매우 중요한 일인 것이다.

비록 우리 모두가 제스처나 신체움직임, 문자 주고받기, 이메일의 형태로 일상적인 의사소통의 루틴 내에서 AAC를 사용하고 있는 것은 사실이나, "AAC에 의존하는 전형적인 사람은 없다."라는 경구를 수용하는 일 역시 중요하다(Beukelman & Mirenda, 2013, p. 4 참조). 사실상, 몇 가지 이유로 인해 AAC를 사용하거나 또한 보편적인 진단명이나 조건을 공유하는 여러 집단의 사람들이 존재한다. 예를 들어, 뇌성마비(CP), 자폐스펙트럼장애(ASD), 또는 지적장애(ID)와 같은 발달장애를 가진 개인들은 특정 장애와 연합된 신체, 인지, 의사소통의 제약으로 인하여 자연스러운 말을 사용하는 의사소통에 결함을 가질 수 있다. 물론 여기에만 국한되는 것은 아니지만, AAC를 통해 이득을 얻을 수 있는 기타 개인들에는 실어증을 가진 사람들, 외상성뇌손상(TBI)을 경험한 이들, 성대 절제 또는 후두 적출을 겪은 이들,

모든 전형적인 의사소통자들은 몸짓이나 얼굴표정과 같은 기타 의사소통 수단을 통해 말을 보완한다.

AAC는 장애를 가진 이들의 요구를 지원하는 보조공학(assistive technologies)군의 일부분이다.

운동구어의 어려움(예 : 마비말장애, 말실행증)을 가진 이들도 포함된다.

인간의 역사 전체에 걸쳐, 장애를 가진 이들은 독립적이며 생산적이고 만족스러운 삶을 살아가는 데 있어서의 커다란 사회적, 문화적 및 문명상의 장벽을 어떻게든 극복해온 바 있다. 기술이 놀라운 속도로 증가하게 되면서, 여러 영역에 걸친 지원 전문가들로 하여금 CCN을 가진 개인들이 타인과의 효율적이며 효과적인 의사소통을 추구할 수 있도록 서로 협력하여 지지하는 일이 필요할 것이다.

AAC의 유형

AAC는 오랫동안 이미 잘 정착된 두 가지의 넓은 범주로 분류되어왔다 — 보조 및 비보조적 체계(Aided and unaided system)(Lloyd et al., 1997). 일반적으로 비보조적 체계는 다만 개인의 신체에 의존할 뿐 어떠한 외부장비가 포함되지 않은 것으로 간주되어왔다. 보조적 체계는 매우 단순한 것에서 극히 정교한 옵션에 이르는 일종의 장비 또는 장치를 포함하는 것으로 간주되어왔다. 그렇지만 AAC 체계를 분류하는 보다 최근의 AAC 용어집에는 두 가지 주요 구별이 언급되고 있다. 첫째는 보조적 체계와 비보조적 체계가 조합된 추가적인 범주가 제공되어 있다. 둘째는 상징기호(symbols), 즉 "그 밖의 무엇인가를 나타내거나 표상하는 어떤 것"(Vanderheiden & Yoder, 1986, p. 15)이 AAC 체계를 분류하는 과정의 핵심개념으로 여겨지고 있다.

비보조적 AAC : 몸짓과 발성

누군가 언제든 의사소통 상대방에게 제스처, 신체움직임, 또는 관찰가능한 신호를 사용한다면 그 또는 그녀는 비보조적 AAC를 쓰고 있는 것이다. 예를 들어, 친구와 영화에 대해 대화하는 장면을 상상해보라. 개개 제스처, 음성 톤의 변화, 또는 자세의 변화를 통해 여러분은 비보조적 상징을 사용하여 대화상대방에게 메시지를 전달하는 것이다. 그렇지만 이것이 곧 여러분의 메시지의 의도가 상대에 의해 정확히 지각된다는 것을 의미하는 것은 아니다! 이것은 더욱 탐사되어야 할 또 다른 영역의 문제이다.

비보조적 AAC : 수화시스템

스페인어가 하나의 언어인 것과 마찬가지로 미국수화 역시 하나의 언어이다.

말이 그러하듯이 수화언어 역시 고도로 발전된 의사소통의 한 형태이다. 예를 들어, 미국수화(American Sign Language, ASL)는 고유한 어휘와 구문을 가진 하나의 언어이다. 미국에서 사용되고 있는 기타 수화체계는 영어를 수화로 전환한 것으로써, 여기에는 수화영어(Signed English), 영어수화(Signing Exact English, SEE), 촉각수화(Tactile Signing)가 포함된다.

미국 인디언의 일부 말을 하지 못하는 개인이 사용하는 제스처 또는 손을 통한 의사소통체계 역시 이 범주 내에 있다고 할 것이다. 이것은 250가지 개념의 신호들로 이루어진 상대적으로 문법적으로 자유로운 비수화체계(nonsign system)이다. 미국 인디언들의 제스처는 거의 대부분 한 손으로 가능하며, 이는 편측마비(hemiplegia, 신체 한편의 마비) 또는 편측부전

마비(hemiparesis, 신체 한편의 약화)를 가진 개인들에게 있어서는 ASL이나 기타 수화체계에 비해 더욱 쉬운 것이다.

일부 수화신호들은 그것이 표상하는 바와 흡사한 모양이기 때문에 이해하기가 쉽다. 이러한 신호를 도상적(iconic)이라 한다. 예를 들어, 대부분의 체계에서 마시다(drink)를 나타내는 신호들은 컵으로 마시는 흉내를 내는 방식으로 전달된다. 불행히도 이러한 유형의 신호들은 매우 적다. 쉽게 추측가능하고, 설명가능하며, 기억하기 쉬운 신호들을 **투명하다**(transparent)라고 한다. 미국 인디언들의 신호에는 투명한 신호의 비율이 높다. 사과(apple)의 경우에서처럼, 해석해내기 어려운 신호를 **불투명하다**(opaque)라고 한다. 도상적, 투명한, 불투명한 신호들의 예가 〈그림 13.1〉에 제시되어 있다.

제스처를 통한 의사소통 체계는 그 문법적 구조에 의거하여 차별화될 수 있다. 논의한 바와 같이, 미국수화를 포함하여 수화는 고유한 구문 즉 문법을 가지고 있다. 반면 수화영어와 같은 수화체계들은 미국영어의 문법규칙에 의거하여 이를 따르는 체계이다. 따라서 이것들은 별도의 언어라 할 수 없다.

대부분의 농(deaf) 수화자들에게 있어서 지문자(fingerspelling)는 수화와 혼합되며, 새로운 낱말이나 이름들을 위해 사용되는 것이다. 지문자, 즉 손가락 알파벳(maunal alphabet)은 인지 및 소근육능력 모두가 우수한 나이 든 의뢰인들에게 훌륭한 대안이 될 수 있다. 언어의 어떠한 낱말이든 이를 전달하기 위해 철자화할 수 있으므로 의뢰인은 극도의 유연성을 확보할 수 있다.

비보조적 체계는 자신의 현재 의사소통 방법을 강화하거나 또는 대체시켜야 할 필요성이 있는 개인들 모두에게 다 적합한 것은 아니다. 예를 들어, 뇌성마비의 일부 유형에서와 같이 중증의 사지운동문제를 가진 개인의 경우, 여러 수화신호에 필요한 소근육통합을 이루어내지 못할 수 있다. 제스처 의사소통 체계의 또 다른 문제점은 이 체계를 이해하는 의사소통 상대방의 수와 관련되어 있다. 불행히도 공동체 내의 많은 이들(예 : 수화자의 집 밖이나 학교환경)이 수화를 잘 알지 못하며 수화자가 의사소통하고자 하는 바를 이해하지 못할 수 있다.

보조적 AAC

보조적 체계는 한 체계 내에서 사용되는 표상이라는 측면에서 일반적인 범주에 속하는 것으로 체계의 입출력 방식, 그 체계 내에서 사용되는 상징이 타인에게 얼마나 투명한가 하는 정도에 따라 달라진다. AAC 체계는 또한 특정 체계의 기술 수준에 따라 다양하며, 이 체계들은 전형적으로 비공학(no-tech), 저공학(low-tech), 중간공학(mid-tech), 첨단공학(high-tech)으로 분류되며, 이 공학기술의 연속선 위에 나열될 수 있다(그림 13.2를 보라). 비공학적 체계는 어떠한 기술도 포함되지 않은 것을 말하며, 가용한 자원들을 즉석에서 사용한다(예 : 종이와 연필, 종이쪽지에 알파벳 철자를 써서 사용자가 메시지를 표현함). 저공학적 체계는 사용하기에 꽤나 간편하며 움직이는 부분이 거의 없다(Mann & Lane, 1991). 저공학 AAC 체계의 예들로는 The Chipper, The Sequencer, VoicePal 장치 등 몇 가지가 있다(예

그림 13.1 도상적, 투명한, 불투명한 수화영어의 신호들

도상적

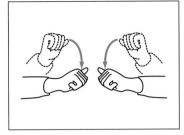

코트
양손으로 'A' 모양을 만든다.
엄지손가락으로 재킷의 아랫단 모양을
그려낸다.

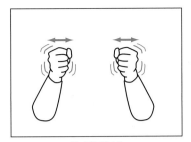

춥다(형용사)
양손으로 'S' 모양을 만든다. 양손을 몸
쪽으로 당기고 떤다.

투명한

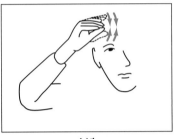

소년
손을 이마에 놓고, 손가락을 납작한 'O'
모양으로 두 번 마주쳐서 야구모자의 챙
을 나타낸다.

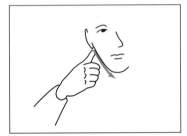

소녀
오른손으로 'A' 모양을 만든다.
엄지손가락을 귓불에 대고 턱선을 따라
내린다.

불투명한

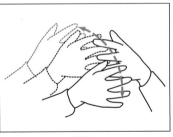

회색
양손으로 '5'를 나타내고, 엄지손가락을
위로 올리고, 손바닥이 몸을 향하게 한다.
손을 앞뒤로 움직이며, 오른손 손가락을
왼손 손가락 사이로 통과시킨다.

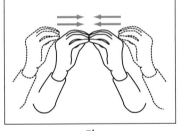

더
양손으로 납작한 'O' 모양을 만들고,
손가락 끝을 서로 마주댄다. 손가락 끝을
서로 두 번 부딪힌다.

를 들면, www.adaptivation.com을 가보라. 'Products'를 클릭하고, 'Communication Aids'에 들어가보라). 중간 수준의 공학 체계는 전형적으로 일정량의 전기를 사용하여, 말 생성(speech generation)이 가능하며, 제한적이나마 프로그래밍 옵션이 있고 저장된 메시지를 담아둘 수 있다. SuperTalker Progressive Communicator나 Cheap Talk 8과 같은 중간공학 체계의 예들은 Enablemart(www.enablemart.com) 웹사이트에서 찾아볼 수 있다. 이 홈페이지에서 'Speech and Communication'을 클릭하고, 다음 'Augmentative and Alternative Communication', 'Dynamic Communicators'를 차례로 클릭하라. 첨단공학 AAC 체계들

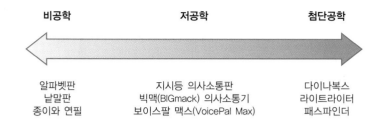

그림 13.2 도구를 사용하는 AAC 기술의 연속체와 각각의 예

은 매우 정교한 전자장비로 프로그래밍을 위한 일정량의 훈련이 필요하며, 컴퓨터 공학을 활용한다(예 : 말 산출을 위해 사용되는 소프트웨어). 그 예로는 다이나복스(DynaVox)사의 Maestro(www.dynavoxtech.com을 방문하여, 'United States'를 클릭하여 Products 중에서 high-tech device를 선택하여 살펴보라), 토비-처칠(Toby-Churchill)사의 라이트라이터(Lightwiter)(www.toby-churchill.com에서 Products 중에서 Lightwriter를 클릭해보라), 그리고 PRC(Prentke Romich Company)사의 Accent 1200(www.prentrom.com을 방문하여, 'Products'를 클릭한 후, 'Accent 1200'을 클릭하라), 또는 애플의 아이패드와 같이 의사소통 소프트웨어가 담긴 태블릿 장비(www.apple.com을 방문하여, 'iPad'를 클릭하라), 또는 마이크로소프트사의 Surface(www.microsoft.com을 방문, 'Products'를 클릭한 후, 'Surface'를 클릭하라) 등이 있다. 또한 AAC 체계의 각 특징, 속성 등에 대한 탁월한 리뷰를 살펴보려면 www.setbc.org를 방문하라. 이 홈페이지에서 'Learning Center' 탭을 클릭한 후, 'AAC Feature Comparison Grid'를 클릭하라.

보조적 상징 : 촉지각적 상징들

촉지각적 상징에는 실제 사물, 사물 모형, 부분대상(partial object), 인공적으로 연합되며 질감을 가진 상징을 포함한다. 촉지각적 상징사용에 관해 우리가 알고 있는 많은 것들은 Stillman과 Battle(1984)이 시각 및 청각장애를 가진 개인들을 다루면서 최초 기술했던 시각적 계획(visual schedules)의 지향에서 잘 포착될 수 있다. 실제 사물과 같은 촉지각적 상징을 포함하는 시각적 계획은 종종 개인의 삶에서 발생되는 일상활동에 따라 조직된다. 〈그림 13.3〉은 중증의 지적장애를 가진 성인을 위한 사물 및 그림의사소통상징(Picture Communication Symbols, PCS)으로 구성된 시각적 계획의 예를 보여주고 있다. 이와 마찬가지로 실제 사물들은 매우 구체적이며, 나타난 바의 참조물 이상의 그 어떤 것도 표상하지는 않기 때문에 SLP는 매우 어린 아동들에 대해서도 이 실제 사물들의 사용을 선택할 수 있다. 촉지각적 상징이라는 체계(Rowland & Schweigert, 2000)는 참조물과 뚜렷한 관련성을 가지는 사물이나 그림을 활용함으로써 실제 사물과 그래픽 표상 간의 차이를 연결시키고자 한다. 예를 들어, 열쇠(key)는 자동차(car)를 표상하거나 구두끈(shoelace)은 구두(shoe)를 표상할 수 있다.

그림 13.3 **보조적 상징체계에서의 아이코노그래피**(iconography, 도상학)

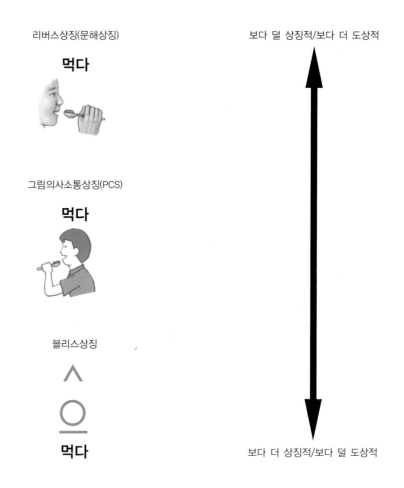

보조적 상징 : 그림상징

말에서 낱말이 중요하거나 또는 수화에서 수신호가 중요하듯, 그것이 의사소통판에서 사용되건 또는 전자장비에서 사용되건 간에 보조적 AAC에서는 그래픽 상징이 마찬가지로 중요한 역할을 한다. 이 상징들에는 그림, 다양한 표상적 체계, 선화(line drawing)가 포함된다. 어떤 상징체계들은 특별히 AAC 용도로 설계되어온 바 있다. 그래픽 상징체계에는 이를테면 그림의사소통상징(PCS)이나 몇 가지 리버스상징(Rebus Symbols) 같은 도상적 표상, 그리고 이를테면 그림문자 및 표의문자 의사소통(Pictogram Ideogram Communication, PIC)과 같이 보다 덜 도상적인 표상, 블리스상징(Blissymbols) 또는 철자하기(spelling)와 같은 불투명한 상징체계들(opaque symbol system)이 포함된다. 〈그림 13.3〉에는 이것들이 제시되어 있다. 상징체계들은 상대적으로 규칙지배적이며 생성적이며, 따라서 상징들을 조합하거나 새로운 상징들을 만들어내는 것이 가능하다.

그래픽 상징체계는 여러 개념들을 표현하기 위한 다양한 수단을 사용할 수 있다. 리버스상징은 구체적 및 추상적인 개념에 대한 선화, 그리고 소리 시퀀스를 나타내는 선화로서 원래는 읽기교수를 위한 보조수단으로 개발된 것이다. PIC는 실제 세계에서 어떤 참조물이나

그래픽 상징들은 AAC 사용자가 직접 선택하는 방식 또는 원하는 것에 이를 때까지 각 상징들이 차례대로 활성화되는(highlighted) 스캔 방식으로 선택할 수도 있다.

개념들이 나타나는 것과는 다른 방식으로 사고를 표상해내는 표의문자들(ideogram)을 포함한다. 이를테면 블리스상징에서 사용되는 것과 같은 표의문자 및 상징들은 마치 낱말이 그러하듯이 추상적인 개념들을 나타내는 용도로 사용될 수 있다. 블리스상징은 100개의 그림문자 표상들로 구성되어 있으며, 추상적인 상징들을 조합하여 낱말을 창안해낼 수도 있다.

보조적 상징 : 철자 및 철자상징

이 범주의 AAC에는 점자(Braille), 지문자, 쓰기 및 사람들이 언어를 대신하여 상징을 사용하는 방식 이외의 것들이 포함된다. 예를 들어, 영어철자법에서는 사고나 아이디어를 활자화된 낱말로 전사하기 위해 알파벳 철자를 사용한다. 이와 같은 모든 과정에서는, 그 전사되는 언어가 무엇이건 간에 철자법을 포함하는 AAC 유형이 고려된다.

보조 및 비보조적 체계의 조합

AAC의 모든 정의 및 분류 가운데에 공통의 주제가 있다면, 이것이 다감각적(multimodal)이라는 것이다. 즉, 사람들은 타인과 상호작용할 때는 언제나 다중적인 방식 또는 감각양식들로 이루어진 의사소통을 사용한다는 것이며, AAC 역시 마찬가지이다. 예를 들어, CP로 인한 중증의 신체적 제약을 가진 한 여성이 업무회의에서 자신의 생각을 표현하기 위해 말 합성기가 장착된 첨단의 AAC 체계를 활용할 수 있을 것이다. 그녀는 또한 친구와 커피를 마시는 동안 철자판(letter board)과 상대의 도움을 활용하여 철자로 메시지를 신속하게 표현할 수도 있을 것이다. 두 장면 모두에서 의사소통의 목적에 부합하는 AAC가 적절히 사용되고 있는 것이다.

접근

한 사람의 AAC 체계 사용에는 언제나 이 체계의 선택 기법 또는 체계에의 **접근**방식이 포함되어 있다. 접근에는 터치버튼, 기호 가리키기, 또는 객체 유지하기가 포함될 수 있다. 접근방식이 특히 중요하며, 의뢰인과 장치 간의 적절한 인터페이스를 선택하기 위한 연습에는 많은 주의가 요구된다.

두 가지 주된 접근방식은 **직접선택**(direct selection)과 **간접선택**(indirect selection)이 있다. 직접선택에서 개인은 선택 세트 가운데에서 원하는 아이템을 손가락, 손, 헤드포인터(head pointer), 또는 광학헤드포인터(optical head pointer) 또는 조이스틱을 작동하여 직접 가리켜 선택할 수 있다. 중증의 신경근육계 문제를 함께 가진 경우에는, 종종 눈 가리키기(eye pointing)라고도 불리는 눈 응시(eye gaze)를 사용하여 상징을 선택할 수 있다. 의사소통판을 사용하는 대부분의 사람들은 직접선택 방식으로 자신의 메시지를 표현한다.

가리키기는 개인의 반응을 강화시키거나 또는 가능하게 하도록 손 보장기(hand splints)나 포인팅스틱(pointing sticks) 중 어느 하나를 사용하여 보조될 수도 있다. 광학헤드포인터는 전자 또는 비전자체계 모두가 사용될 수 있다. 예를 들어 작은 전등, 레이저포인터, 또는 개인의 머리 헤드밴드에 부착되는 펜라이트(penlight)와 같은 간단한 것들을 사용하여 의사소통판(즉, 철자판)에 접근할 수 있다. 전자 의사소통 장비에는 장비 자체에 센서가 내장되어 있다. 이러한 장비들과 함께 사용되는 광학헤드포인터는 전형적으로 적외선(infrared, IR) 기술을 활용한다. 화면에 나타나는 상징기호들 위로 광학헤드포인터를 움직이면, 장비의 센서에 불이 들어와서 사용자에게 어떠한 상징기호가 활성화된 상태인지 알려준다. 개인이 원하는 기호에 도달하게 되면, 그 또는 그녀는 정해진 시간[머물기 시간(dwell time)이라 한다] 동안 멈춘다. 사용자가 일단 해당 위치에서 일정 시간 멈추게 되면, 장비는 사용자가 그 기호를 선택하려는 것임을 '알게' 된다. 대개의 장비들의 머물기 시간은 사용자의 요구나 능력에 맞게 조정될 수 있다.

눈 응시를 사용하는 개인들은 사용자와 의사소통 상대방 사이에 위치한 투명한 아크릴판 위의 기호들을 바라본다. 사용자가 원하는 기호를 응시하는 것이 이 판의 양면에 나타난다.

직접선택은 특히 중증의 운동결함을 가진 이들에게는 어려운 것일 수 있다. 직접선택을 사용함에 있어서의 주된 어려움은 개인의 효율성 및 효과성과 관련된 것이다. 이 맥락에서의 **효율성**(efficiency)이란 개인이 상대에게 메시지를 전달하기 위해 AAC 체계를 사용할 수 있는 속도를 의미한다. **효과성**(effectiveness)이란 개인이 자신의 의사소통 목적달성을 위해 AAC 체계를 사용할 수 있는 능력의 정도를 의미한다. 접근에의 어려움은 의사소통 과정을 거의 확실히 지연시킬 것이며(즉, 효율성 감소), 결국에는 자신이 말하고자 하는 바를 말할 수 있는 개인의 능력에 부정적인 영향을 초래하게 될 것이다(즉, 효과성에 대한 부정적 영향). 비록 효율적 사용을 높이기 위해 맥락-특정적 예측(context-specific prediction)을 포함하는 낱말예측 프로그램의 사용이 제안되어온 바 있기는 하지만, 이 방식의 과정 및 수행은 키보드 입력 기반의 방식 사용에서의 실질적인 수행과의 차이점에서 통계적으로 유의한 것 같지는 않다(Higginbotham et al., 2009).

스캐닝 또는 파트너 보조방식의 선택/스캐닝과 같은 간접선택 방식 또는 기법들 역시 AAC 체계 접근을 위해 사용될 수 있다. **스캐닝**(scanning)은 종종 중간-첨단공학 AAC 체계의 선택가능한 옵션이며, 이것은 운동능력에 제한을 가진 개인에게 적합한 방식일 수 있다. 전자 AAC 체계에서는 스캐닝은 전형적으로 사용자에게 선택안들이 순차적으로 제시되는 동안 활성화되는 일련의 스위치들을 통해서 사용자가 선택 세트 중에서 원하는 아이템이 나타나면 신호를 보내어 메시지들을 수집하는 과정이다. 상대방이 도와주는(partner-assisted) 스캐닝 방식에서는 선택 세트의 옵션이 타인에 의해 제시되는데, 타인이 의사소통판 위의 기호를 가리킬 수 있으며, 이때 사용자는 자신이 의사소통하고자 했던 기호/메시지가 제시될 때 신호를 보낸다. 운동의 제한을 가지는 사람은 여러 다양한 유형의 입력 ― 간단한 스위치 누르기, 터치스크린 장치, 공기를 '들이마시고 내뿜기' 스위치, 눈 깜박이기 스위치 ― 을 사용할 수도 있다. 개인이 사용할 수 있는 스위치의 유형은 그의 특별한 요구나 능력에 따라 달라진다. 아마도 종종 작업치료사(occupational therapist, OT)와 함께 작업하는 SLP인 여러분들은 개인들이 자신의 AAC 체계에 접근하기 위해 사용하는 가장 적합한 스위치 유형의 결정에도 함께 참여하게 될 것이다.

청각스캐닝(auditory scanning) 작업 역시 유사한 방식이지만, 여기에는 시각적으로 제시되는 상징기호 외에 청각적인 단서 역시 함께 제시된다. 예를 들어 햄버거, 핫도그, 피자가 내장된 장치상에서의 점심식사 페이지를 가정해보자. 시각스캐닝에서는 기호들이 제시될 때 먼저 반짝이는 틀이 햄버거 주변을 감싼다. 선택하지 않으면 이 틀은 핫도그로, 이것이 선택되지 않으면 다시 틀은 피자로 이동한다. 피자를 선택하려면 피자 상징에 불이 들어올 때 개인은 자신의 스위치를 활성화시키고, 장치는 "나는 오늘 점심으로 피자를 먹고 싶어."라는 메시지를 말한다. 만일 개인이 청각스캐닝을 사용하고 있다면, 장치는 방금 말한 그대로 작동되겠지만, 여기에 청각적 단서가 추가된다. 그래서 햄버거 상징에 불이 들어올 때 장치에서 "햄버거."라는 소리가 난다. 이것이 선택되지 않으면 빛나는 틀이 핫도그로 이동하고, 장치에서 "핫도그."라는 소리가 난다. 다시 선택되지 않으면 피자로 이동하고 장치가 "피자."라고 말한다. 개인이 피자를 선택하기 위해 스위치를 활성화시키면 장치는 그 위치에 프로그램되어 있는 메시지 "오늘 점심으로 피자를 먹고 싶어요."를 말하는 것이다.

언급된 바와 같이, 스캐닝은 유의한 운동의 제약을 가진 개인들에게 매우 효과적이다. 그렇지만 이것은 극도로 느리며 힘든 과정이다. 무관한 사물들이 지나가기를 기다리는 동안 개인의 시간 대부분이 소요된다. 스캐닝은 긴 집중이 요구되며, 특히 상징을 놓쳐버리는 바람에 이 과정이 반복되어야 할 경우에는 매우 좌절하게 될 가능성이 높다.

많은 경우에서, 상징들을 배치할 때 가장 많이 사용되는 상징이 가장 자주 스캔되도록 함으로써 **효능**(efficacy), 즉 개인이 AAC 체계를 사용하여 메시지를 수집해낼 수 있는 속도를 향상시킬 수 있다. 예를 들어, 커서(cursor) 또는 표시자(indicator)는 화면 상단에 위치하고, 각 상징의 선택이 이루어지고 나면 다시 상단으로 복귀하며, 가장 자주 사용되는 상징들을 화면 상단에 배치하는 것이다. 명백히 이러한 배열이 최고의 효율성을 보장하기 위해서는 의사소통 상대방이 개인의 AAC 체계를 이해하고 있어야 한다. 다양한 스캐닝 방식들 역시 효율성을 향상시킬 수 있다(Venkatagiri, 1999). 예를 들어, 선형 스캐닝(linear scanning)에서는 선택가능한 각각이 차례대로 제시된다. 반대로 행/열(row/column) 및 집단/영역(group/zone) 스캐닝은 사용자가 보다 큰 영역 단위로 스캔을 한 후, 원하는 영역이 활성화되면 이 안에서 다시 스캔을 정교화할 수 있도록 해줄 것이다. 예를 들어, 사용자가 먼저 스위치를 눌러 스캔을 시작한다. 원하는 것이 나타날 때까지 각 행에 차례대로 불이 들어온다. 사용자가 스위치를 다시 누르면 해당 행 안의 개별 상징들이 한 번에 하나씩 불이 들어온다. 일단 장치가 개인의 메시지에 해당하는 목표낱말이나 목표상징을 빛나게 하면, 사용자는 스위치를 눌러 이를 선택한다. 집단/영역 스캐닝 방식에서는 개인이 이를테면, 음식 아이템과 같은 연관된 상징집단(집단/영역 화면)을 스캔하고, 사용자는 이 중에서 원하는 상징을 선택한다.

명백히 접근방식의 유형은 사용되는 상징체계만큼이나 중요하다. 일반적으로 SLP와 의뢰인은 개인의 삶의 환경적, 사회적 및 교육적 요구와 함께 개인의 인지 및 신체적 능력을 감안하여, 가장 효과적이며 정확한 접근방식을 결정해야 한다.

AAC 훈련을 일상의 사용으로 일반화시키기 위해서는 중재과정에 사용자의 삶의 중요 인물들을 참여시켜야만 한다.

출력

전자 AAC 장비는 거의 대부분 사용자가 활용가능한 광범위한 출력장치를 가지고 있다. 전자출력 또는 송달(transmission)은 상징의 위나 뒤쪽에 불빛이 들어오는 간단한 것에서부터 음성이나 활자화된 메시지 같은 정교한 것들도 있다. SLP는 의뢰인이 자신의 요구에 맞춰 최적의 출력을 찾을 수 있도록 돕는다. 몇 가지 유형의 출력옵션들이 있다. 어떤 상황에서는 개인이 문어 또는 활자출력을 필요로 할 수 있다. 예를 들어, 학교에서의 장비사용자는 교실에서 자신이 만들어낸 말의 출력본을 제출해야 할 수도 있으므로 문어형태의 출력이 필요할 수 있다. 그 밖의 여러 상황에서 구어출력 또는 음성출력이 가장 자연스럽고 적합한 것일 수 있다.

음성출력의사소통(voice output communication, VOC)은 녹음되거나 디지털화된 것 또는 인공합성된 것, 또는 이 두 가지가 조합된 것들 중 어느 하나일 수 있다. 디지털 출력은 실제로 개인에 의해 사전녹음된 것이므로 훨씬 더 자연스럽게 들리며, 그리고 장비를 사용하는 개인의 음성과 연령 및 성별 대응이 상대적으로 더 용이하다. 그렇지만 디지털 VOC 단점은 개인이 자기 장비로 산출해낼 수 있는 출력은 이미 예상되어 장비의 기억장치에 프로그램되었거나 저장되어 있는 메시지들에만 국한된다는 것이다. 반대로 인공적인 말(synthesized speech)은 보다 유연성은 높으나 종종 기계적이며 마치 로봇 같은 소리로 들리곤 한다. 실제 낱말이나 구의 녹음자료 대신 말 합성기는 소리들 및 소리들을 결합시키는 규칙을 담고 있다. 일반적으로 낱말이나 구/메시지를 단순히 타이핑하여 메시지들을 인공 말 장비에 프로그램시킨다. 다음 말 합성기가 이 텍스트를 프로그램에 내장된 소리들 및 소리결합 규칙을 사용하여 구어출력으로 전환시킨다.

자연스러운 말과 비교하여, DECtalk1이나 VeriVox2와 같은 장비상에서 나타나는 인공 말을 이해하기 위해 상대방은 집중적인 주의를 증가시켜야 한다. 주의가 분산되면 인공 말에 대한 상대방의 이해는 유의하게 저하된다(Drager & Reichle, 2001). 게다가 상대방은 인공 말에 대해서는 보다 느리게 대답하는 경향이 있다(Reynolds & Jefferson, 1999). 명료도에 관한 한 비록 더 많은 연구가 필요하겠지만, 인공 말을 듣는 청자들은 낱말재인 훈련을 통하여 자신들의 말소리 지각을 향상시킬 수 있다(Francis et al., 2007). 심지어 중도 지적장애를 가진 개인들조차도 인공 말에 대한 반복적인 노출 결과로 이를 재인하는 효율성이 보다 증가될 수 있다(Koul & Hester, 2006). 학령전기 아동들의 경우, 문장과 같은 긴 언어단위들 대신 단일 낱말들로 대치하면 인공합성된 말의 명료도가 증가하게 된다(Drager, Clarke, Serpentine et al., 2006).

적절한 AAC 유형의 결정은 오직 세심한 평가 후에 이루어져야 한다. SLP는 이 평가의 일환으로 이 체계를 이용하는 개인들, 이 개인들의 일상에서의 의사소통 상대방, 평가 팀의 기타 구성원들과 협력하여 개인의 의사소통 요구 변화에 맞게 함께 변화될 수 있는 AAC 체계를 판별해내는 일이 중요할 것이다.

입력의 단순화
  비관련 또는 간접적인 논평은 제거된다.
  보다 느린 속도가 더 많은 처리시간을 허락해준다.

반응 산출에 있어서의 이점
  말에 대한 압박이 제거된다.
  말에 비해 신체적 요구가 감소된다.
  훈련자에 의해 의뢰인의 손 또는 기타 신체부위를 통한 물리적 조작이 가능하다.
  의뢰인의 물리적 조작에 대한 관찰이 용이하다.

중도 인지결함을 보이는 개인들에 대한 이점
  제한적이며 기능적인 어휘
  개인의 주의를 유지시키기가 더욱 용이하다.

수용언어/청각처리에서의 이점
  언어의 구조가 단순화된다.
  청각 단기기억 그리고/또는 청각처리의 어려움이 최소화된다.

동시적 처리/자극연합에서의 이점
  상징의 시각적 속성은 그것을 보다 뚜렷하게 만들어준다.
  시각적 상징은 보다 일관성이 확보되어 있다.
  상징의 지속시간이 구어보다 더 길다.
  시각적 상징은 시각적 참조물과 보다 쉽게 연합된다.

상징적 표상으로서의 이점
  말 상징을 보완해준다.
  상징은 참조물들을 시각적으로 표상해준다.

그림 13.4 말보다 AAC가 의사소통을 더욱 잘 촉진시키는 이유

출처 : "Augmentative and Alternative Communication," by L. L. Lloyd and K. A. Kangas(1994). In G. H. Shames, E. H. Wiig, and W. A. Secord(Eds.), *Human Communication Disorders*(4th ed.). Boston: Allyn & Bacon의 정보에 근거함.

평가에 대한 고려사항

이 장의 현재까지 많은 부분이 AAC와 관련된 용어들, 개념 및 사고에 대해 할애되었을 뿐, 이 개념들을 실제 개인들과 연계시킨 특정 사례들에 대한 조망은 부족하였다. 아마도 이러한 연계를 AAC 평가영역만큼 더 잘 보여줄 수 있는 방식은 없을 것이다. AAC에 관해, 그리고 의뢰인들 개인의 능력과 요구에 관해 여러분이 알고 있는 모든 것을 한데 모으는 일은 SLP로서의 여러분의 책무일 것이다. AAC 평가에서는 SLP가 평가팀원들과 함께 개인의 인지 및 의사소통의 강점, 개인의 매일매일의 의사소통적 루틴, 개인의 성공적인 의사소통에 대한 방해요인 그리고/또는 촉진요인들을 이해하는 것이 무엇보다 중요한 일이다.

〈글상자 13.1〉에 기술된 상호작용에 있어서, AAC로 의사소통하는 개인인 재키는 의사소통을 위해 일련의 AAC 체계를 사용한다. 읽기를 하는 과정에서 재키의 인지-의사소통적 강점을 그대로 따라가려고 노력해보면, 이것이 AAC 체계의 선택 과정에 유용한 단계가 될 것이다.

재키의 이야기는 AAC 평가와 관련된 주제에 단지 인간적 요소를 적절히 제공해주는 것뿐만 아니라, 우리로 하여금 그녀의 의사소통 상대방의 상호적 능력이 그녀의 의사소통 성

중재 팀의 모든 구성원은 다중적 파트너 및 다중적 상황을 제공할 수 있도록 AAC를 사용해야만 한다.

공에 얼마나 철저하고 직접적인 영향을 미칠 수 있는지 판단할 수 있게 해준다. AAC를 사용하는 사용자의 능력(competency)에 대한 이해가 차지하는 중요성은 Light(1998; 2000; 2003)의 작업에 잘 기술되어 있다. AAC 평가에 대한 Light의 모형에는 의뢰인의 당면한 요구(client's current needs, CCN)와 관련된 네 가지 능력들이 포함되어 있다 — 언어적 능력, 조작 능력, 사회적 능력, 전략적 능력. 재키의 이야기에서 시사되는 바와 같이, 이들 능력 각각은 의사소통 상대방과도 역시 연결되는 것이며, 또한 중재계획 수립을 위한 의사결정에도 적용될 수 있는 것이다.

언어적 능력(linguistic competence)은 언어의 모든 차원에 걸친 개인의 언어능력을 기술하는 일반적 용어이다. 물론 이것에만 다 국한된 것은 아니지만, 여기에는 개인의 수용 및 표현언어 능력, 상징적 표상에 대한 이해 및 사용, 맥락에 따른 언어적 기호(코드) 사용이 포함된다. 상위언어적 인식 및 상위인지(metacognition) 영역에서의 강점 역시 이 영역에 속하는데, 왜냐하면 이것은 개인이 AAC를 사용하는 방식과 직접적으로 연관되기 때문이다. 언어적 능력에 대한 이해를 위해서는 지원 전문가들이 AAC와 개인의 문화 및 배경 간의 내적 관련성을 이해하는 일 역시 필요하다. 즉, 언어와 문화는 매우 복잡하게 얽혀 있는 것이므로, 개인의 언어적 능력에 대한 탐사에는 반드시 그의 문화와 배경에 대한 이해가 포함되어야 한다는 것이다.

어휘는 내담자의 현재 요구와 의사소통의 잠재력을 반영해야 한다.

조작 능력(operational competence)은 개인이 AAC 체계를 사용하는 방법과 관련된 것이다. 예를 들어, 개인은 AAC 체계를 켜기 위해 버튼을 누르거나 스위치를 젖혀야 할 필요가 있을 것이다. 체계상에서 새로운 어휘를 프로그래밍하고, 저장된 메시지를 변경하고, 음성세팅을 변경시키며, 소프트웨어와 관련된 문제를 관리하는 일 등의 절차들 역시 이 영역에 속한다.

사회적 능력(social competence)은 개인이 의사소통의 사회적 측면들, 이를테면 상대방과의 말 주고받기, 주제 유지, 균형 있고 호혜적인 상호작용 사용하기 같은 것들을 얼마나 잘 관리해낼 수 있는가와 관련되어 있다. 의심의 여지없이, 한 개인의 AAC 사용은 상호작용 안에서 상대방들과의 사회적-쌍방향적인 역동성에 반드시 영향을 미치게 된다. "안녕?" 또는 "무슨 일이야?" 또는 "와!" 같은 친구들의 말에 대해 여러분들이 신속하면서도 아무 힘들이지 않고 눈빛, 억양, 한두 낱말만을 사용하여 응답하는 일들이 그간 얼마나 많았었는지 한번 생각해보라. 그렇지만 AAC를 사용하는 개인들의 경우 '빠르고', '힘들이지 않는' 의사소통을 이루어내는 것은 너무나도 어려운 일일 수 있다. 많은 사례에서 AAC 사용자들은 메시지를 만들어내기 위해 AAC에 접근하고 이를 사용하기 위해서는 AAC 비사용자들이 즉각적으로 반응할 때 사용하는 것과 바로 동일한 의사소통적 자원들(예 : 눈 마주침, 손 움직임, 발성)을 역시 사용해야만 한다. 다시 말하자면, 타인들과의 효율적이며 효과적인 상호작용을 위해 우리 모두가 사용하고 있는 자연스러운 사회적인 상호작용의 루틴들이 AAC를 사용하고 있는 CCN을 가진 여러 개인들에게는 쉽사리 활용할 수 있는 것들이 아니다.

전략적 능력(strategic competence)은 개인의 문제해결 능력과 관련된 것이다. AAC를 사용하는 개인들은 일련의 의사소통 붕괴를 경험하게 될 수 있으며, 따라서 이 붕괴를 관리하기 위한 전략의 사용이 필요하다. 이러한 맥락에서, 전략이란 필연적으로 의사소통의 문제를

글상자 13.1 | 재키와의 조우

재키는 뇌성마비(CP)에 의한 최중도의 신체적 결함을 가졌으며, 지적장애, 그리고 의사소통을 위해 전자 AAC 체계 사용이 요구되는 최중도 말 결함으로 진단된 26세 여성이다. 내가 재키를 처음 만난 것은 발달장애 성인들을 위한 직업프로그램 중 복도를 걸어가고 있을 때였다. 재키는 전동휠체어를 타고 내 쪽으로 오고 있었는데, 그녀는 무릎판(lap tray)에 부착된 4개의 작고 동그란 스위치들을 조작하여 휠체어를 움직이고 있었다. 그녀가 다가올 때 나는 그 무릎판에 테이프로 붙여놓은 몇몇 그림들을 보았다. 이것들은 가족이나 친구들이 일련의 사회적 활동을 수행하고 있는 그림이었다. 재키의 팔은 뻣뻣하게 쭉 펴져 있었고, 양손은 주먹을 쥔 것 같은 자세였다. 그녀는 내 앞에서 휠체어를 멈추었고, 나는 그녀의 몸 전체가 구부러지고 축 처져 있었으며, 이로 인해 그녀의 신체긴장이 변화할 때마다 얼굴표정 역시 심하게 변화되고 있음을 볼 수 있었다. 휠체어 측면에는 금속으로 된 장비가 매달려 있었는데, 나는 이것이 그녀가 머리를 움직여 사물을 가리키게 하거나 또는 전자 의사소통 장치를 조정할 수 있게 해주는 장비일 것이라고 생각했다. 이 장비는 재키의 머리에 부착할 수 있도록 설계된 모자와 같은 모양의 패드로 감싼 가볍고 평평한 금속 막대기로 만들어져 있었다. 또한 커다란 벨크로 조각이 부착되어 있었는데, 포인터가 재키의 머리에 안전하게 붙어 있을 수 있도록 하는 스트랩처럼 보였다. 이 장비는 커다란(약 24인치) 금속 부분(연필 정도의 굵기)이 앞쪽으로부터 돌출되어 있었다. 내가 배웠던 바대로, 재키의 머리에 장비가 부착되면, 그녀는 이것으로 전자 의사소통 장비의 단추들을 건드릴 수 있다. 재키는 나와 눈을 마주치며 발성을 만들어냈다. 그녀의 전자 의사소통 장비는 Prentke-Romich사에서 만든 Liberator인데, 이것은 그녀의 안면으로부터 약 2피트 떨어진 정면 쪽에 위치하고 있었다. 이것은 금속 막대 브라켓을 통해 그녀의 휠체어 틀에 연결되어 있었다.

재키가 내게 무엇인가 말하고 싶어 했던 것이 분명하였다. 나는 그녀에게 내가 포인팅 장치를 그녀의 머리에 위치시켜줄지 묻자 그녀는 큰 발성과 함께 '아니요'를 나타내는 머리 움직임(최소한 그녀의 행동에 대한 나의 해석일 뿐이었을지는 모르지만)으로 대답하였다. 나는 그녀의 의사소통 장비를 바라보았고, 내가 그것을 켜지 않았다는 사실을 깨달았다. 그녀가 무엇을 말하고자 하는지 추측하려 하며, 또 그녀의 무릎판 위의 그림 속 사람들을 가리키는 등 나로 인한 무익한 일련의 상호작용 후, 나는 재키가 자신의 눈을 위-아래, 좌우, 그리고 때로는 원형의 움직임을 아주 잘 조절하며 움직이고 있었음을 깨달았다. 내가 이러한 행동패턴을 관찰하고 있을 때, 스탠이라는 이름의, 재키를 매우 잘 알고 있는 스태프의 한 사람이 다가왔다. 그는 "그녀는 자기 눈으로 철자를 말하고 있는 거예요."라고 알려주었다. 재키는 스탠의 말이 전적으로 옳다는 듯이 미소를 지으며 발성을 하였다. 나는 그녀의 눈 움직임을 면밀히 살펴보았고, 실제로 그녀는 자신의 눈을 움직여 공간에 철자를 '쓰고' 있었다. 스탠을 향한 약 1분간의 '눈 철자하기(eye spelling)'가 끝나자 그는 재키에게 "버스를 놓쳤어요?"라고 물었고, 재키는 이 말에 미소와 발성으로 답하였다. 재키는 자신이 집으로 가는 버스를 놓쳤다는 사실을 알리기 위해 눈으로 낱말 bus의 철자를 쓴 것이었다. 흥미롭게도 그녀가 자신의 눈을 사용하여 낱말을 철자할 때 그녀는 자신의 관점에서 쓴 것이고, 따라서 의사소통 상대방은 재키의 반대편 관점에서 눈 움직임을 관찰해야만 했다. 다시 말하자면, 의사소통 상대방의 관점에서는 철자들의 모양이 재키가 산출한 것과는 반대로 뒤집어져 있는 것이다. 두 사람이 창문의 맞은편에 서 있는 모습을 떠올려보라. 한 사람이 마커(marker)로 창문에 메시지를 쓴다. 맞은편에 서서 그 메시지를 읽는 상대에게는 철자 및 낱말의 역순이 보일 것이고, 이 때문에 메시지의 판독이 극히 어려워질 것이다.

스탠은 재키의 머리에 헤드포인터를 놓고, 벨크로 고리로 고정시켜준 후, 그녀에게 어떤 일이 일어났는지를 물었다. 재키는 헤드포인터로 몇 가지 아이콘을 선택함으로써 Liberator를 사용하여 메시지들을 조합하였다. 재키의 의사소통 장비는 다음과 같은 메시지를 산출하였다. "엘리너(재키를 위해 일하는 또 다른 스태프)가 '나는 아파.'라고 말함." 스탠은 "엘리너가 버스운전기사에게 당신이 아프다고 말해주었고, 그래서 기사는 당신을 놔둔 채로 그냥 가버렸군요?"라고 말했다. 재키는 미소와 함께 큰 발성으로 자기의 진술을 스탠이 정확히 해석해냈음을 확인해주었다.

재키의 이질적인 의사소통 스타일(즉, 그녀의 눈을 사용한 철자하기)에 대한 스탠의 이해는 그들 간의 상호작용을 촉진시켜주었다. 재키와 스탠은 상호작용할 때 서로 간에 공유된 의사소통 기호를 가지고 있는 것처럼 보였다. 즉, 이 둘 모두가 재키의 눈 철자하기 — 결코 부인할 수 없는 문해적 행동인 — 사용이 의사소통이 발생되는 통로였음을 알고 있었다.

재키와 스탠의 상호작용을 관찰한 후, 나는 그녀가 이러한 독특한 의사소통 방식을 어떻게 배웠는지 놀라지 않을 수 없었다. 재키가 지적장애를 가진 사람으로 간주되고 있는 상황에서, 그녀 스스로 자기 눈을 사용하여 낱말을 철자할 수 있을 것이라는 점을 그녀가 어떻게 알 수 있었을까? 또한 어떻게 스탠은 재키와 그처럼 유능하게 상호작용하는 방법을 배웠을까? 나라면 그녀와 유능하게 상호작용하기 위해 과연 무엇을 할 수 있었을 것인지도 너무나 궁금하였다.

상술한 상호작용의 모든 단면들을 고려해보면, 재키의 인지-의사소통적 강점의 목록을 만들어내는 일은 쉬울 것이다. 예를 들어, 그녀는 (1) 문제를 해결하기 위하여 낯선 의사소통 상대방과의 상호작용을 개시하였다. (2) 낯선 의사소통 상대 및 친숙한 의사소통 상대방과의 의사소통 붕괴를 해결하는 능력을 입증하였다. (3) 상호작용 동안 다중적 의사소통 양식(예 : 눈 응시, 신체움직임, 발성, 첨단기술의 AAC 체계)을 활용하였다. (4) 자신의 눈으로 한 낱말을 철자하기 위해 자신의 영어철자법 지식을 사용하였다. (5) AAC 체계를 사용하여 의사소통 상대방에게 맥락들에 걸쳐진 메시지들을 정확히 전달하였다. 이 상호작용 안에서 재키의 강점을 50가지 이상은 쉽게 찾아낼 수 있을 것이다.

해결하기 위한 방식일 것이다. 예를 들어, 중간공학의 또는 첨단공학 수준의 AAC 체계를 사용하는 이들은 친숙하지 못한 의사소통 상대방에게 의사소통 붕괴 순간에 자신을 위해 무엇을 도와주면 좋을지 알리기 위해 상대가 들을 수 있는 형태의 메시지가 실행되도록 미리 준비해놓을 수 있을 것이다. 아마 "조금만 기다려주세요. 나는 말을 하기 위해 전자장비를 사용합니다. 그리고 이 장비로 내가 말하고자 하는 바를 말하려면 몇 분쯤 걸립니다. 감사합니다."와 같은 메시지가 될 것이다.

평가에서의 특정 고려 사안들

한 사람과 그의 상대방이 가진 상호작용 능력들에 대한 이해를 통해, AAC의 이상적인 평가에서는 CCN을 가진 개인들에 대한 다맥락적(multi-contextual) 관찰이 포함된다. 구조화된 그리고/또는 적절히 선택된 표준화 평가와 함께, 포괄적 평가를 제공하기 위해 이 같은 관찰이 사용된다. 언급한 바와 같이, 의뢰인의 현재 의사소통 기술들이 매우 중요하다. 의사소통하고자 하는 욕구 또는 의사소통을 개선시키고자 하는 욕구는 종종 AAC 중재 및 학습에의 동기의 기초로 간주된다. 비록 중증의 장애를 가진 개인들이 명확하고도 의도적인 신호를 만들어내는 것에는 커다란 어려움을 가질 것이지만, 이들은 종종 자신들만의 개인적인 제스처를 창안해내곤 한다(Chan & Iacono, 2001). AAC의 다감각적(multimodal) 속성은 이러한 제스처들이나 기타 형식들이 의사소통에서 담당하는 역할들에 대한 체계적인 탐사를 필요하게 만든다(Johnston et al., 2004).

　여러분이 재키의 이야기에서 기억하는 바와 같이, SLP가 해야 할 역할들 중 하나는 의사소통의 방식, 즉 현재 의뢰인에 의해 사용되고 있는 방법을 확인하는 것이다. 이것은 종종 생각보다 훨씬 어려운 일인데, 이는 개인이 의사소통하고 있는 방식들이 때로는 의사소통 자체로 인식되지 않을 때가 있기 때문이다. 예를 들어, 중증의 장애를 가진 한 어린 소녀가 놀이터에서 돌아온 후에 자기 볼을 두드리는 모습이 종종 관찰되었다. SLP가 이 행동을 좀 더 자세히 관찰하고 나서야 사람들은 비로소 그녀가 이 볼 두드리기(cheek tapping)를 사용하여 자신이 목이 마르다는 것을 나타내고자 했다는 것을 깨닫게 되었다. 한 개인이 동일한 상황(예 : 놀이터에서 돌아온 후)에서 여러 차례에 걸쳐서 일관적인 행동(예 : 볼 두드리기)을 보일 때 의사소통이 종종 입증되곤 한다. SLP로서의 여러분들은 의뢰인의 현재 및 미래의 의사소통의 요구를 확정하기 위해 노력해야 한다.

　작업치료사 그리고/또는 물리치료사는 운동평가에 도움을 줄 수 있다. 초점이 되는 부분은 보행(ambulation) 또는 운동능력, 수화 또는 가리키기에 필요한 소근육기술, 특히 상지(upper limbs)의 운동범위, 운동모방 기술, 그리고 운동반응에 있어서의 일관성과 정확성들이다. 이 영역들에 대한 자료는 적절한 보조 또는 비보조체계(aided or unaided system)의 결정 및 배치 그리고 그래픽 상징의 크기 결정에 매우 중요하다.

　시각과 청각의 민감성 및 지각능력은 체계의 선택과 중재에 중요한 요인이다. 그래픽 상징의 크기를 결정하는 것에는 시각과 운동기술들이 적용된다. 시각전문가들은 이러한 능력들을 평가함에 있어서 팀의 매우 중요한 구성원이 된다.

손 근육 통제를 잘하는 아동들의 경우, 수화가 훌륭한 의사소통 수단을 제공해줄 것이다.

종종 환경이 AAC의 사용을 지지해주지 못할 때가 있다. 양육자들은 이를 마땅치 않게 여기거나 부적합하다고 느끼며, 또는 여기에 그저 참여하기를 원치 않는다. SLP는 AAC가 의뢰인에게 그리고 가정과 학교에서 얻어지는 이득에 관해 양육자들을 교육시켜야 할 필요가 있을 것이다. 앞으로 이어질 중재과정에 대해 설명함으로써 양육자들의 만족도 수준이 높아질 것이다.

마지막으로 SLP는 훈련을 위해 의뢰인의 선호 및 가능한 상징들의 목록을 수집하는 일에 관심을 가진다. 중재에는 의뢰인의 선호와 요구가 중요하다. 의뢰인의 답변이나 선택, 양육자들의 제안, 또는 의뢰인에 대한 관찰을 통해 이러한 정보들을 수집할 수 있다. 결함보다는 의사소통의 잠재력에 초점을 둔다는 점에서 평가의 이러한 부분은 매우 긍정적인 것일 수 있다. 마비말장애와 같은 후천적 의사소통장애는 잠재력보다는 그 손상에 초점을 두는 경향이 있으며, 따라서 이러한 장애를 가진 이들에게는 이것이 특히 더 중요할 것이다(Insalaco et al., 2007). 긍정적 전환이란 환영할 만한 것이다.

실제의 평가는 오직 첫 단계일 뿐이다. SLP는 의뢰인의 가족들, 작업치료사, 물리치료사, 청능사, 시각전문가, 심리학자, 재활공학자, 학교교사 등과 같은 기타 전문가들과 함께 평가로부터 얻어진 자료들을 활용하여 적절한 AAC 방식, AAC 상징체계, 가능한 어휘들에 관한 의사결정을 내린다. 이러한 결정들은 의뢰인의 진보에 따라서 조정되고 수정될 것이다. 잘 적용될수록 성공가능성도 높아질 것이다.

AAC 체계 선택 또는 미래 대응

AAC의 적합한 체계 또는 방법을 결정할 때 SLP는 의뢰인의 운동 및 인지능력, 의뢰인의 잠재적인 어휘크기, 체계 학습 및 사용의 용이성, 체계에 대한 사용자 및 잠재적인 의사소통 상대방들의 수용가능성, 체계의 유연성 및 명료도를 고려한다. 예를 들어, 비보조적 체계는 휴대가 매우 용이하며 저장 용량이나 디스플레이 공간의 제약에 대한 염려 없이 쉽게 확장될 수 있지만, 항시적인 저장이 허용되지 못하며, 따라서 숙제하기 같은 목적으로 일부 그래픽 체계들을 사용하는 것에는 어려움이 따른다. 많은 그래픽 상징들은 활자화된 낱말과 함께 나타나며, 이로 인해 의사소통 상대방들이 이를 쉽게 사용할 수 있지만, 한편 이 동일한 상징들은 상대방들로 하여금 사용자의 얼굴은 배제한 채로 그래픽 메시지에만 집중하게끔 만든다.

사용자의 잠재적인 운동능력은 사용해야 할 최적의 체계를 결정하는 데 매우 중요하다. 중증의 상지운동결함을 가진 개인들은 비보조적 체계를 사용할 만한 후보가 되지 못할 것이다. 그렇지만 가리키기 기술에서의 열악함을 이유로 개인이 의사소통판 또는 장비들을 사용하고, 헤드포인팅이나 눈 응시 또는 T자형 막대(T-stick) — 이것은 개인이 양손으로 이 포인터를 쥐고, 'T'자의 아래쪽 세로 막대로 원하는 상징 또는 위치를 가리킬 수 있게 해준다. — 와 같은 보조장비를 통해 이에 접근하는 것을 배제시킬 필요는 없다. 추가적으로 운동능력이 열악하다는 것은 전자 의사소통 장비에 접근하는 특별한 선택 방식(스캐닝)을 사용할 필요가 있음을 의미한다.

양육자들도 AAC 중재 팀의 일부분이다.

AAC 체계를 선택한다는 것은 단순히 의뢰인과 그 체계를 대응시키는 것 이상의 일이다.

매일매일의 의사소통 상대방들 역시 평가과정에 입력을 제공해줄 수 있어야 한다. 어떤 경우에는 이것이 AAC 체계의 휴대성 결여에 대한 우려를 표현하는 것이거나 또는 누군가와 사회적 세팅에서 AAC 체계를 사용하는 일의 당황스러움에 대한 보고일 수도 있다. 비록 어려움은 있을 수 있으나 의사소통 상대방은 평가 및 중재계획 수립에 결정적인 역할을 한다.

AAC 체계의 선택에는 특정 개인에게 적합할 수 있는 몇 가지 속성들에 관한 고려가 포함되어야 한다. 비록 이것에만 국한되는 것은 아니겠으나, 여기에는 체계의 미적 측면, 체계의 전반적인 크기, 상징의 배열 및 크기, 상징의 배치 및 조직, 그 체계의 출력에 관한 것들이 포함된다.

AAC 상징선택

적절한 상징체계의 선택과 관련된 결정은 선택된 의사소통 방식으로부터 자연스럽게 도출된다. 만일 수화가 적절한 방식이라고 선택받게 된다면, SLP는 사용되어야 할 최상의 제스처나 신호체계에 관한 의사결정을 내려야 한다. 잠재적 사용자의 인지 및 운동능력에 더하여, SLP는 의뢰인의 학교나 직장, 지역사회에서 가장 빈번하게 사용되는 몸짓 또는 신호체계, 활용가능한 교육자원, 이들 자원을 활용하는 것에서의 용이성에 관해 고려하게 된다.

잠재적 사용자의 인지적 능력, 다양한 그래픽 AAC 체계를 학습할 수 있는 용이성, 잠재적 의사소통 상대방이 이를 기꺼이 받아들일 만한 수용성이 보조적 상징체계의 선택을 이끌게 될 것이다. 보조적 상징들은 오직 그 자체를 표상해주는 실제 사물들로부터 낱말을 철자하기 위해 사용되는 낱자들에 이르기까지의 연속체를 형성한다. 우리가 구체적인 사물로부터 추상적인 상징이나 낱자들을 향해 이동하게 될수록 의뢰인 입장에서는 의사소통의 유연성이 점차 증가될 것이다. 비록 모든 의뢰인들이 철자를 하거나 부호화된 기호를 사용할 수 있는 것은 아니지만, 잠재적 상대방들에게 그림, 사진 또는 기타 상징들을 해석하는 일은 그리 쉽지 않을 수 있다. 우리가 만일 의뢰인에게 가정이나 학교에서 이 체계를 사용할 것을 기대한다면, 중재를 계획할 때는 반드시 이 상대방들의 입장이 고려되어져야만 할 것이다.

AAC 어휘선택

AAC 체계를 위해 선택될 어휘는 미래의 의사소통, 언어, 문해발달에 의미 있는 영향을 미칠 가능성이 높다(Clendon & Erickson, 2008). 잠재적 어휘에 관한 결정은 의뢰인이 AAC를 사용하는 기간 동안 지속적으로 이루어지게 될 것이다. 이에 관한 최상의 지침은 의뢰인에 대한 관찰 및 의사소통 환경에 대한 관찰을 기초로 사용자의 요구, 욕구, 희망과 선호도, 기능적 또는 유용한 측면들을 반영하는 어휘를 선택하는 것이다. 결과적으로 선택된 어휘는 매우 개인화된 것이어야 한다.

몇 가지의 가능성 있는 어휘목록을 사용할 수 있으며, 이것이 의뢰인의 의사소통적 요구에 대응시키고자 할 때 유용한 안내자 역할을 할 것이다(Dark & Balandin, 2007을 보라). 이 목록들은 또한 전상징기(presymbolic) 의뢰인들의 초기 언어발달에 중요한 다양한 의사소통 의도 및 의미적 범주를 제안해준다. 후천적 말-언어장애를 가진 개인들은 서로 매우 다양한 요구를 가질 수 있으며, 이들이 언어를 재학습해야만 하는 일은 거의 일어나지 않는다.

신호나 상징을 가르치는 순서 역시 의뢰인이 현재 가진 요구에 따라 달라져야 할 것이다. 추가적으로, 여러 신호/상징의 도상성과 투명성 역시 고려해야 한다. 적절하면서도 유용한 어휘를 선택하는 것은 개인을 위한 AAC 체계의 성공을 좌우할 것이다(Yorkston et al., 1990). 어휘선택이 AAC 사용에 미치는 영향은 아무리 강조해도 지나치지 않을 것이다.

중재의 고려사항

비록 중재는 팀의 노력으로 이루어지는 것이지만, 이 서비스가 단편화되지 않게 하는 일이 중요할 것이다(Beukelman & Mirenda, 2013). 오히려 정합적이며 전체적인 접근이 필요하다—이것은 사용자의 자연스러운 환경과 의사소통 상대방을 포괄하는 것이다. 발달적 의사소통장애를 가진 아동의 부모이거나 또는 후천적 의사소통 결함을 가진 성인의 배우자나 그 자녀이건 간에, 가족 구성원이 중재 팀의 전체 구성원 중 하나가 되어야 한다.

앞서 논의한 바와 같이, SLP는 AAC를 사용하는 개인의 언어적, 조작적, 사회적 및 전략적 능력 그리고 그 의사소통 상대방에 대해 관심을 기울여야 한다. 그렇지만 CCN을 가진 개인들에게 지원적 기술(assistive technology) 및 이를 조작하는 기술을 제공하는 것만으로는 충분하지 못하다. 아동은 가족과의 상호작용 및 일상환경에서 자발적으로 의사소통할 수 있어야만 한다(Granlund et al., 2008).

SLP로서의 여러분이 고려해야 할 몇 가지 중요한 사안들에는 의사소통판 위의 상징의 배열 위치와 같이 일견 단순해보이는 것들도 있으나, 반면 복잡한 구문적 구조를 가르치는 것과 같은 다른 것들도 포함되어 있다. 예를 들어, 전형적으로 발달하는 아동들이나 다운증후군을 가진 아동들 모두 이를테면 의류나 음식류와 같은 하위그룹을 구성해내기 위해, 목표 상징 배치의 속도 및 정확성을 높이기 위해 같은 그림들이 서로 색깔을 공유하거나 또는 한데 군집되어 있는 형태를 선호한다(Wilkinson et al., 2008).

ID를 가진 아동들은 자기 주변에서 말해지는 영어의 낱말어순 규칙을 도입하거나 이 규칙들을 자신들의 수화출력에 적용하려 하지 않는 듯 여겨진다(Grove & Dockrell, 2000; Morford et al., 2008). 종종 이들은 수화의 형태를 창의적으로 변경시키는데, 이를테면 이들은 hit를 수화로 나타내면서 치는 행위(blow)가 일어나는 위치에서 이를 수행하는 것과 같은 것이다. 이러한 점에서 수화는 제스처에 보다 가깝게 사용된다(Grove & Dockrell, 2000; Woll & Morgan, 2012).

만일 사용자가 단일한 상징들로부터 하나씩 모아야 한다면 길고 문법적인 발화 산출은 느려질 것이다. 산출속도를 높이는 한 가지 옵션은 장비 내에 잠재적 발화들을 미리 저장해 놓는 것이다. 이러한 방식의 단점은 이 발화들이 의사소통 상황에 정확하게 대응되지 못할 수 있다는 것이다. 그렇지만 상대방들은 다소 덜 정확하더라도 좀더 신속하게 산출되는 메시지를 보다 선호한다(McCoy et al., 2007).

다상징적(multisymbolic) 메시지 산출을 교육시키는 하나의 방식이 시범(modeling)이다

AAC 사용자들은 추가적인 지원적 기술의 사용에 필요한 추가적인 요구를 가질 수 있다.

그림 13.5 매트릭스의 가능한 형태

	연필	책	마차	자동차	코코아	차
떨어뜨리다	연필을 떨어뜨리다	책을 떨어뜨리다				
줍다	연필을 줍다	책을 줍다				
밀다			마차를 밀다	자동차를 밀다		
끌다			마차를 끌다	자동차를 끌다		
마시다					코코아를 마시다	차를 마시다
만들다					코코아를 만들다	차를 만들다

(Binger & Light, 2007). SLP는 시범을 사용하여 아동의 AAC 장비상의 두 가지 상징, 이를테면 *mommy*와 *eat*을 가리키면서 동시에 "Mommy is eating." 같은 문법적으로 완전한 구어시범을 제공해준다. 이러한 교육은 필요한 모든 행위들과 모든 사물들을 조합시킬 수 있는 매트릭스전략(matrix strategies)을 사용하거나 환경언어교수전략(milieu language teaching strategies)을 통해 더욱 강화시킬 수 있다(Nigam et al., 2006). 환경중심교수에서는 SLP가 "내가 지금 무엇을 하고 있지?"라고 물으면서 일정 행위를 수행한다. 만일 아동이 답하는 데 실패하거나 잘못 답하면 SLP는 정반응을 시범(모델링)해주고 다시 질문한다. 매트릭스의 예가 〈그림 13.5〉에 제시되어 있다.

중재에는 의뢰인의 단기적 범주 및 장기적 범주의 요구 두 가지가 모두 포함되어야만 한다(Beukelman & Mirenda, 2013). 사용자들이 학령기를 벗어나게 되면, 예를 들어 대학생으로서의 신분 또는 친밀한 유대관계에의 참여와 같이 성인으로서의 사회적 가치가 있는 역할들이 반영되는 어휘들에 쉽게 접근해야 할 필요성이 생긴다(Nelson Bryen, 2008).

비록 AAC를 사용하는 개인들을 위한 작업에서는 제2장에서 논의되었던 여러 가지 훌륭한 중재의 실제들 모두가 마찬가지로 중요한 것들이겠으나, 여러분들은 AAC에 맞도록 보다 특별하게 적용시켜야 할 기타 중재 고려 사안들이 있음을 기억해둘 필요가 있다 (Cunningham et al., 2005; Erickson, 2003; Granlund et al., 2008; Koppenhaver, 2000; Schlosser, 2003). 여기에는, 비록 전부는 아니겠으나, 다음과 같은 것들이 포함된다.

- AAC에 대한 긍정적인 문화를 확립하기
- AAC가 특히 아동의 경우에는 더더욱 문해발달에 결정적인 역할을 한다는 점 이해하기
- 일상의 경험을 교수맥락으로 활용하기
- 앞서 언급한 바와 같이 내용을 개인화하기

- 상대방들에게 자신의 상호작용 스타일을 수정하도록 교육시키기
- 중증의 운동결함을 가진 이들의 자세 잡기에 관해 고려하기
- 의미 있는 상호작용 중심의 의사소통 형성하기

비록 의뢰인 각각의 개인적 요인도 중요하지만, 지역사회의 지원(community support)과 부모 및 가족들의 지원은 긍정적 결과를 가져다줄 수 있는 두 가지 외적 요인이다(Lund & Light, 2007a). 이러한 환경적 지원이 매우 중요하다. AAC 기술을 버리는 일들은 이 기술의 거부보다는 오히려 일반적으로 촉진자/상대방의 지원 결핍과 더 관련되어 있는 경향이 있다 (Angelo, 2000; Louise-Bender et al., 2002).

긍정적인 AAC 문화를 창출하는 일은 매우 중요하며, 따라서 양육자나 교사와 같은 타인 들을 참여시켜야 할 필요성이 더욱 강조된다. AAC 체계는 타인들에 의해서도 사용되어져야 하며, 보조적 체계는 사용자들에게 항시 사용가능한 것이어야 한다. 우리는 학급 전체에게 말할 때 사용할 수 있도록 교실 벽에 거대한 의사소통판을 만들어놓았던 한 교사를 기억하고 있다. 교실 속으로 자연스럽게 녹아들어가기 위해서는 학급교사와 SLP인 아마도 여러분 들이 함께 참여하는 협력적 전략(collaborative strategy)이 필요할 것이다. 전체 교육 팀 ─ 교사, 교육보조사, SLP, 부모들 ─을 위한 AAC 훈련은 아동들의 성공을 좌우하는 핵심요소가 된다(Soto et al., 2001).

양육자가 말과 함께 AAC를 사용한다면 이때 중재가 최대의 효과를 거둘 수 있다. 양육 자들에게 몇 가지 간단한 수화를 가르칠 수 있거나 또는 개인의 의사소통판을 사용하고, 메시지를 말하면서 특정 상징을 가리키게 하도록 교육시킬 수 있다. 전자장비를 사용하는 개인들의 경우, 양육자도 이 장비를 사용할 수 있으며 또한 사용해야만 하며, 마찬가지로 자신들이 말하는 바와 장비의 음성출력 사용을 짝지어야 한다. 이것을 보완적 입력(augmented input)이라 하는데, 이것이 의사소통 장치 활용을 시범(모델링)해주는 역할을 한다(Romski & Sevcik, 1996).

양육자들은 때로는 자신들이 마치 농인 청중(deaf audience)들을 위해 통역하는 것처럼 수화를 사용해야 하는 것은 아닌지 두려워하기도 한다. 대부분의 의뢰인들이 처한 현실 그 이상의 것은 아무것도 없다. 수화나 그래픽 상징들은 양육자들이 말을 계속해나가는 동안 그 발화 속의 중요한 낱말들을 대신하는 제스처들로 사용될 수 있는 것이다.

최중도 중복장애를 가진 비상징적(nonsymbolic) 아동의 경우, AAC 사용으로부터 나타나는 의도치 않았던 결과 중 하나는 이 아동이 시간이 지나면 가족 중 어느 1~2명의 숙련된 상호작용 기술을 가진 상대방에게 갈수록 더 많이 의존하게 될 수 있다는 점이다. 그 결과, 이 아동은 가족 내의 일련의 상대방들과의 상호작용은 오히려 덜하게 될 수 있다(Wilder & Granlund, 2006). 만일 한 아동이 한 가지 AAC 양식의 사용만을 배웠고, 가족들은 그 양식에 대한 충분한 기술을 발전시키지 못했을 때 이런 일이 특히 더 많이 일어난다(Thunstam, 2004). 우리는 가능한 한 의뢰인이 다중적 상황에서 여러 명의 유능한 상대방을 가질 수 있으며, 특히 또래들 가운데서 사회적인 통합이 증대될 수 있는 중재계획을 수립하고자 한다.

어떤 교실에서 우리는 AAC 사용자와 상호작용하도록 상대방들을 훈련시켰고 이들이 실제로 그렇게 했을 때 이를 강화시켰다. 교육자들 역시 AAC 사용을 촉진시킬 수 있도록, 이를 테면 통합적인 연극 프로그램(integrated dramatic arts program)과 같은 클럽을 조직하고 이를 체험해볼 수 있다(McCarthy & Light, 2001).

요약하자면, SLP로서의 여러분들은 의사소통의 기회를 판별하고, 의사소통의 필요성을 창출하며, 그리고 이들 기회로부터의 교육적 이득을 극대화시켜야만 한다(Sigafoos, 2000). 상대방들이 AAC 사용자들을 위한 효과적인 의사소통 상대방으로 기능할 수 있도록 이들에게 교육적 지원이 이루어져야 한다.

ASD를 가진 아동들에게 전도유망한 한 가지 방식이 보조적 언어시범(aided language modeling, ALM)인데, 이것은 아동들을 상호적 놀이활동에 참여시키고, 이 놀이 중에 AAC 상징사용 방식에 대한 시범을 제공해주는 것이다(Drager, Postal et al., 2006). ALM은 자연스러운 놀이맥락 내에서 이루어지는 것으로써, 이 안에서 아동들은 의사소통판 위의 AAC 상징사용에 대한 시범을 제공받는다.

가능하다면 후천적 의사소통장애를 가진 의뢰인들에게도 지속적인 작업이 이루어질 수 있다. 적절한 AAC 체계에의 접근은 고용의 지속성을 촉진시키는 데 중요한 요인이 된다는 자기보고가 있다(McNaughton et al., 2001). 뿐만 아니라 이메일과 인터넷을 통해 직업과 관련된 사회적 네트워크가 유지될 수 있다(Nelson Bryen, 2006).

일상적인 일들과 루틴들은 스크립트(scripts), 즉 우리들 각각이 참여할 수 있게 해주는 개인화된 일의 순서(personallized event sequences)를 제공해준다. AAC를 사용할 때와 마찬가지로 환경에 변화가 일어나면 우리는 우리 스스로를 돕기 위해 스크립트에 크게 의존하게 된다. 스크립트의 사용은 상황의 기타 측면들에 적용시켜야 할 '인지적 에너지'를 절약시켜준다. 게다가 일상사를 활용하면 의뢰인에게 요구가 발생될 때마다 AAC를 사용하도록 가르칠 수 있다. SLP는 AAC를 사용자의 여러 가지 의사소통 환경 속에 통합시키는 교육적 전략을 사용해야만 한다(Bell et al., 2000; Rainforth et al., 1992). 심지어 낮은 기술 수준의 의사소통판을 사용하는 아동들조차도 학교에서의 인사하기, 학업활동, 간식, 공유하기 및 휴식 중 AAC를 사용하여 의사소통할 수 있는 광범위한 기회를 얻을 수 있다(Downey et al., 2004).

AAC에 대한 수용성은 이 체계가 사용자의 삶에 통합될 수 있는 정도를 결정한다(Lasker & Bedrosian, 2000). AAC가 자발적으로 그리고 모든 기회에서 사용될 때 최적의 사용이 발생된다. 의뢰인이 대중 앞에서 점차 편안하고 효율적으로 AAC를 사용하게 해주는 지역사회 기반 훈련접근법(community-based training approaches)은 최적의 사용을 가져다줄 것이다(Lasker & Bedrosian, 2001). 이 접근법에서는 우체국, 식료품점, 패스트푸드점 같은 장소가 판별된다. 훈련은 스크립트화된 상호작용을 시작하여 점진적으로 더욱 자발적인 의사소통이 될 수 있도록 수정해간다.

일부 상황에서는 선의의 의사소통 상대방들이 AAC 사용자와의 상호작용 시에 지나치게 능동적인 역할을 담당할 때가 있다. 이러한 경우에는 특정의 상호작용 능력, 루틴 선택, 그리고 개인의 의사소통 성공 촉진을 위해 사용될 수 있는 환경적 지원을 판별하기 위한 목적으로 상대방을 평가과정에 함께 포함시키는 일이 특히 중요하다. 의사소통 상대방들은 사용자들에게 실질적인 선택안들을 제공하고, 사용자의 의사소통 의도를 파악하며, 그리고 사용자가 자신의 메시지를 표현할 시간을 허용해주기 위해서는 어떻게 AAC 사용자들과 상호작용해야 하는지를 배울 수 있으며 또한 타인들에게 이를 가르칠 수도 있을 것이다.

종종 AAC 체계의 크기, 위치, 그리고 체계의 기타 측면들로 인하여, AAC 사용자 가까이 또는 사용자의 사적 공간 내의 상대방에게는 의사소통이 매우 근접한 거리에서 발생될 때가 있다. 다행히도 AAC 중재계획 수립을 통해 이러한 문제를 처리할 수 있는 여러 방법들이 존재한다. 예를 들어, 낯선 의사소통 상대방들을 위해 의미 있는 의사소통을 촉진하는 것에 도움이 되는 것과 되지 못하는 것을 설명하는 도입 자료(orientation materials)를 만드는 일에 개인이 참여할 수 있다. 개인은 이를테면 도입 비디오, 책자, 또는 타인과 공유하는 프레젠테이션과 같은 자기옹호적 노력(self-advocacy efforts)을 이행할 수 있다. 개인이 자신의 강점과 약점을 타인에게 이해시키며 또한 타인에게 성공적으로 상호작용하는 방식을 알 수 있도록 돕기 위한 자기옹호 계획의 활용은 Ylvisaker와 Feeney(1998)가 외상성뇌손상을 가진 개인들을 위한 작업을 실시하며 최초 기술했던 내용이다(Feeny & Capo, 2002도 역시 보라).

의사소통 상대방들은 AAC에 익숙하지 못하므로 그 체계 및 사용 목적에 대한 상세한 설명 및 시연이 이루어지는 것이 중요할 것이다(Cress, 2001). 상대방들에게는 또한 단지 AAC를 이해하기 위해서만이 아니라, 사용자들이 이러한 의사소통 방식에 잘 적응할 수 있도록 돕기 위해서 AAC를 표현적으로 사용하는 방식 역시 가르쳐주어야만 할 것이다. 사용자들은 관찰, 제안, 그리고 중재에 대한 아이디어를 위한 자문을 받을 필요가 있다. 중재 팀의 한 구성원으로서의 이들의 노력이 의뢰인을 위한 결과 속에 투입되어야 한다.

이를테면 CP와 같은 중증의 운동결함을 가진 의뢰인들의 경우에는 자세가 매우 중요하며 종종 이것이 이들의 성공적인 근육움직임의 결정적인 요인으로 작용할 수 있다. 중심선을 이루는 머리, 어깨, 척추, 엉덩이의 통제가 필수적이다.

마지막으로, AAC 사용자는 다목적적이며 의미 있는 결과를 가져다주는 실제 의사소통에 참여되어야만 한다. 즉, 이를테면 ALS나 파킨슨병과 같은 진행성 질환을 가진 개인들의 경우, 의사소통은 그저 기초적인 수요와 요구를 위해 타인들의 행동을 조정하는 수단이 되어버리고 말 뿐이다(Fried-Oken et al., 2006). 중재가 의뢰인으로 하여금 단지 SLP나 기타 상대방들이 말하는 낱말에 의해 강화될 때를 제외하고는 아무런 실질적 성과 없이 그저 사물이나 그림을 접촉하는 훈련으로 진행되는 것은 너무나 쉬운 일이다. 이상적으로 말하자면, 진정한 의미의 의사소통 선택을 촉진하기 위해서는 단지 수화를 하거나 상징의 위치를 찾는 수행만이 아닌, 사람 중심의 그리고 맥락에 민감한 중재가 적용되어야만 한다. 후천성 의사소통 결함들 그리고 후두 적출술(laryngectomy)이나 혀 절제술(glossectomy)에 수반되는 슬픔과 상실감은 의미 있는 의사소통을 통해 힘을 부여받았다는 느낌으로 대치될 수 있다(Fox & Rau, 2001).

AAC 평가, 중재, 정책 및 법안들에 관련된 더 많은 정보를 위해서는 〈표 13.1〉의 자원들을 살펴보라.

표 13.1 AAC 관련 온라인 자료들

자료명 및 웹사이트	설명
Closing the Gap (www.closingthegap.com)	Closing the Gap은 특수한 요구를 가지는 이들을 위한 소프트웨어와 하드웨어를 포함하여 온라인으로 검색할 수 있는 컴퓨터 관련 제품들의 리소스 디렉토리 버전이다. 이것은 또한 Closing the Gap 뉴스레터의 기사들이 온라인으로 축적되어 있다.
Center for Literacy and Disability Studies (www.med.unc.edu)	Center for Literacy and Disability는 채플힐의 노스캐롤라이나대학 의과대학 통합건강학과에 속한 조직이다. 이 웹사이트에는 복합적인 의사소통의 요구를 가지는 이들의 의사소통, 언어 및 문해문제들을 다루는 데 필요한 방대한 자료들이 있다.
Center for Technology and Education (CTE) (http://cte.jhu.edu)	CTE는 메릴랜드 보조공학 네트워크(MATN) 구성원들 간의 쌍방향적 토론 게시판을 운영한다. 일부 과거 논점들의 아카이브뿐 아니라 현재의 보고서들의 온라인 버전이 담겨 있다.
The International Society for Augmentative and Alternative communication(ISAAC) (www.isaac-online.com)	ISAAC는 AAC, 컨퍼런스, 교육자원, 근거기반실제에 관한 탁월한 정보를 제공하며, 전 세계의 AAC 관련 인사 및 집단들과 그 밖의 여러 측면에서 연계되어 있다.
Rehavilitation Engineering Research Center(RERC) (http://aac-rerc.psu.edu)	AAC-RERC는 효과적인 AAC 공학의 발전에 헌신하는 공동 연구집단의 기능을 담당하고 있다. AAC는 한 사람이 다른 이에게 메시지를 전달할 때 사용되는 방식(말 이외의)과 관련된 것이다.
Quality Educators for Assisitive Technology(QIAT) (www.qiat.org)	QIAT는 Joy Zabala가 운영하는 '학교환경에서의 보조공학 서비스에 관한 질적 지표 발전 및 그 시행을 위한 범세계적인 협동적 노력'을 이행하는 단체이다. 이 사이트를 방문하여 보조공학의 질적 지표에 관한 탁월한 자료들을 확인해보라. 보조공학에 관한 질적 정보 및 논의를 위해 QIAT의 리스트서브(listserv)에 가입하라.
RESNA Technology Assistance(TA) Project (www.resna.org/taproject/index.html)	이 프로젝트는 1994년 장애를 가진 개인들을 위한 공학 관련 지원법 수정조항(P.L. 103~218)에 따른 기금으로 운영되는 주들(states) 및 지역의 보조공학 프로그램에 대한 정보 및 상담을 제공한다. 여러분이 살고 있는 주의 AT(assitive techonology) 프로그램을 찾아 해당 법규정 및 보조공학에 관한 문헌을 읽어보라.
Resource on laws related to AAC/AT SpeciaLaw from EDLAW, Inc. (www.edlaw.net)	법령, 규칙 및 시행에 관한 해석의 전문이 담겨 있다.
AACIntervention.com (http://aacintervention.com)	이 사이트에는 아동 대상의 AAC 활용과 관련된 많은 조언과 전략이 풍부하게 담겨 있다. 활용법, 기법, 그리고 전략적인 양식지뿐 아니라 이달의 활용법(Tip of Month)을 확인해보라. 이 사이트에서 소프트웨어 셋업 및 Caroline Musselwhite와 Julie Maro의 기타 자원들을 활용할 수 있다.

AAC에서의 근거기반실제

Schlosser와 Raghavendra(2004)는 EBP에 관해 다음과 같이 기술하였다.

현 이해당사자들을 위해 효과적이며 효율적일 것으로 예측되는 평가 및 중재결정을 촉진시키기 위해 최상의 그리고 현재까지의 연구증거를 임상/교육전문가 및 관련 이해당사자의 조망과 통합시키는 일(p. 3).

표 13.2 AAC에 있어서의 근거고찰

고찰의 초점	연구자(들)
AAC와 발달장애를 가진 사람들	Schlosser & Sigafoos, 2006; Sigafoos et al., 2003
중증의 인지장애를 가진 개인들	Snell et al., 2006; Snell et al., 2010
문해, AAC, 그리고 신체장애 및 발달장애를 가진 개인들	Machalicek et al., 2010
AAC와 장애를 가진 영유아	Branson & Demchak, 2009
AAC와 만성 중증 실어증을 가진 개인들	Koul & Corwin, 2003
자폐스펙트럼에 놓인 개인들의 AAC 사용	Osser et al., 2013

SLP를 찾아오는 의뢰인들은 모두 저마다 고유하며, AAC의 요구를 가지는 의뢰인들은 특히 더 그러하다. 여기에 어떤 SLP이든 이들이 만나는 AAC 사용자가 상대적으로 적은 수라는 사실은 임상연구 수행을 특히 어렵게 만든다. 이 결과로, 많은 연구들이 오직 단일대상연구 또는 매우 적은 수를 대상으로 이루어지고 있으며, 이로 인해 대부분의 사용자들로 일반화되기 어려운 결론을 초래하게 된다. 〈표 13.2〉는 AAC 중재에 대한 현재의 일부 주제들이 나열되어 있으며, 통합적인 고찰을 살펴볼 수 있다.

AAC 분야에서 활용가능한 증거들로부터 기원한 성과들에 대한 완전한 목록은 본 장의 범위를 벗어나지만, 다음과 같은 사안에 대해 고려해보라.

- 장기적인 AAC 연구는 거의 없다. AAC를 사용하는 아동 및 성인들의 일상적인 의사소통의 루틴에 초점을 둔 종단연구들이 필요하다.
- 첨단공학 기반의 체계를 통해 개선된 말 명료도가 반드시 개인의 사회적 상호작용 참여를 가져다주는 것만은 아니다. 그러므로 일반화와 전이를 촉진하도록 설계된 맥락 내 중재(in-context intervention)가 반드시 고려되어야 한다.
- 접근방식 중 한 가지 옵션인 스캐닝은 어린 아동들에게는 특히 어려운 방식이다. 종종 직접선택 방식이 가르치기는 더 쉽다.
- ASD 또는 지적장애 아동들의 경우, AAC 중재가 말 산출을 방해하지는 않는다. 대부분의 연구들은 대개의 사례들에서 비록 비교적 높은 수치는 아니지만 말 산출의 증가가 있음을 보고하고 있다. 이러한 결과들은 SLP들이 가족 및 의뢰인에게 말에 있어서의 이득에 대한 현실적인 기대를 가지게끔 도와야 함을 의미한다.
- ASD 아동들의 경우, 수화사용으로부터 얻을 수 있는 의사소통에 있어서의 전반적인 이득은 높지 않다.
- 비록 AAC를 사용하는 많은 개인들이 광범위한 문법구조를 이해하고 표현할 수는 있으나, 이들이 그래픽 상징기반의 AAC 체계를 사용할 때는 보다 짧은 발화들을 산출하는 경향이 있다.

- 가족 맥락 안에서 이루어지는 중재에서의 AAC에 특정적인 측면들의 효과성을 조사한 연구는 거의 없으며, 이로 인해 이러한 가족 환경 중심 중재의 효과성에 관한 일정한 경험 기반적 결론을 도출해내는 것은 어려운 일이다.

출처 : Beukelman & Mirenda(2013); Binger & Light(2007); Granlund et al.(2008); Lund & Light(2006, 2007a); Millar et al.(2006); Schlosser & Wendt(2008); Schwartz & Nye(2006); Snell et al.(2006)에 근거함.

요약

간단히 말하자면, 보완대체의사소통(AAC)에는 기존 의사소통 시스템을 보완하는 모든 것이 포함된다. 이것은 여러 형태를 가지며, 개인과 상대방의 쌍방향적 능력에 기초하며, 개인이 자신의 의사소통 요구를 충족시키기 위해 사용하는 전략과 방법들을 포함한다. AAC는 개인의 말을 강화하거나 보완해주며, 따라서 이것은 개인의 일차적인 의사소통 수단이 되는 것이다.

AAC 중재의 특정 목적은 각각의 개별 사용자들에 따라 달라지며, 치료목적은 아래와 같은 것들을 포함한다.

- 일상의 의사소통 요구를 가진 개인들을 지원한다.
- 말, 언어, 그리고 문해발달이 촉진되도록 돕는다.
- 말의 일시적인 결손이 일어난 사례에서는 말과 언어의 회복이 촉진되도록 돕는다.

특정 개인을 위한 적합한 AAC 유형과 관련된 결정에는 전형적으로 사용자의 능력 또는 요구의 변화에 따라 수정이 요구되는 특성-대응 과정(feature-matching process)(Beukelman & Mirenda, 2013)이 포함된다. AAC를 사용하는 사람들은 또한 성공적인 의사소통을 위해 다중적인 유형의 체계를 적용하는데, 이로 인해 환경 내의 타인들은 최대한의 효율성을 촉진하는 방식에 대해 학습해야 할 필요가 있다. 평가 및 중재계획 수립 과정에 일상의 의사소통 상대방들을 함께 포함시키는 일은 아무리 강조해도 지나치지 않다. SLP는 의뢰인의 가족들, 기타 전문가들과의 협조 속에서 적합한 AAC 방식, AAC 상징체계, 가능한 어휘들에 대해 의사결정한다.

의뢰인의 단기적 및 장기적 의사소통의 요구에 부응하는 중재계획을 수립하는 과정에서 SLP는 AAC 사용자와 그의 상대방들이 가진 언어적, 조작적, 사회적 및 전략적 능력을 반드시 고려해야 한다.

추천도서

Beukelman, D. R., & Mirenda, P. (2013). *Augmentative and alternative communication: Supporting children and adults with complex communication needs* (4th ed.). Baltimore: Paul H. Brookes.

Lloyd, L. L., Fuller, D. R., & Arvidson, H. H. (1997). *Augmentative and alternative communication: A handbook of principles and practices.* Boston: Allyn & Bacon.

Reichle, J., Halle, J. W., & Drasgow, E. (1998). Implementing augmentative communication systems. In A. Wetherby, S. Warren, & J. Reichle (Eds.), *Transitions in prelinguistic communication* (pp. 417-436). Baltimore: Brookes.

전문가협회

미국말언어청각협회

미국말언어청각협회(ASHA)는 1925년에 설립된 언어치료사(SLP), 청능사 및 말과 청각 과학자들의 비영리조직이다. 2012년 기준으로, ASHA는 미국과 전 세계로부터 15만 5,000명의 언어치료사, 청능사 및 말 과학자들을 대표한다. 즉 의사소통장애와 관련된 사람들을 위한 가장 큰 협회이다. ASHA의 임무는 언어치료사, 청능사 및 말-언어·청각 과학자들에게 아래의 방법으로 권한을 부여하고 지원하는 것이다.

- 의사소통과 관련된 장애들을 가진 사람들을 거리낌 없이 대변한다.
- 의사소통 과학을 발전시킨다.
- 인간의 효과적인 의사소통을 촉진한다(ASHA, 2009c).

인간의 의사소통의 과정과 장애에 대한 과학적인 연구

미래의 말-언어치료사와 청능사를 위한 과학의 교과과정을 의무화함으로써 정상 및 장애 의사소통의 연구를 격려한다. 게다가, ASHA는 의사소통, 평가, 치료, 및 병리의 예방에 대한 우리의 지식을 심화하는 연구에 종사하는 사람들에게 경제적인 보조금을 제공한다. ASHA는 적절한 과학적 투자를 후원하는 정부기관과 밀접하게 협조한다.

전문들에게 지식을 보급하기 위하여 ASHA는 몇 가지 학술적인 정기간행물을 출판한다 — 말-언어·청각연구 저널(Journal of Speech, Language, and Hearing Research), 학교에서의 말-언어·청각 서비스(Language, Speech, and Hearing Services in Schools), 미국 말-언어 병리 저널(American Journal of Speech-Language Pathology) : 임상실제의 저널(Journal of Clinical

Practice), 미국청각학저널(American Journal of Audiology) : 임상실제의 저널(Journal of Clinical Practice). ASHA는 또한 회원과 비회원들이 정보를 공유하고 과학적인 모임, 전시회, 세미나, 및 단기과정을 통해 배우는 연차 총회를 개최한다. 추가적인 기관교육, 워크숍, 회의 및 통신세미나가 해마다 개최된다. ASHA는 이런 활동을 통해 전문가들을 위한 계속교육을 제공한다.

언어병리학과 청각학에서의 임상서비스

의사소통장애를 가진 사람들에게 임상서비스를 제공하는 프로그램들은 ASHA에 의해 승인되어질 수 있다. 이것은 ASHA의 대표자들이 진단과 치료에 사용되어지는 절차들을 검토할 것이라는 것을 의미한다. 현장방문은 장비, 자료, 및 환자기록이 최고의 전문적인 표준에 부합하는지를 보장할 것이다. 임상서비스는 언어치료사 자격증(CCC-SPL) 또는 청능사 자격증(CCC-A)을 위한 ASHA의 표준들을 충족하는 개인 치료사의 책임에 속한다.

윤리적 표준의 유지

언어치료사와 청능사의 직업에서 최고의 도덕적·윤리적 원칙들이 고수됨을 보증하기 위하여 ASHA는 ASHA의 웹사이트에서 보여지는 다음의 윤리강령을 제시한다.

1. 의사소통장애 전문가에 의해 제공되는 서비스를 받는 사람들의 복지가 최우선이다.
2. 각 전문가는 최고의 전문적인 역량을 성취하고 유지해야 한다. ASHA의 임상자격증(CCC)은 독립적인 전문적인 임상실제를 위한 최소한의 성취요건으로 생각되어진다. 전문적인 발전과 계속교육은 진행되어져야 한다. 새로운 공학은 언어치료사와 청능사가 지속적으로 환자의 요구를 안전하고 정확하게 충족시키기 위해 자신들의 기술을 경신하는 것을 필요로 한다.
3. 전문가들은 일반인들에게 이해를 고취하고 정확한 정보를 성명서의 형태로 제공해야 한다.
4. 전문가들은 윤리적 표준이 자신들, 동료, 학생, 및 다른 전문기관의 회원들에 의해 유지되고 있는지를 책임져야 한다. ASHA의 모든 회원들은 그 전문직을 통하여 윤리적인 표준들을 모니터링하고 유지할 책임을 진다(ASHA, 2010).

의사소통장애를 가진 개인의 권리옹호

ASHA는 의사소통이 손상된 개인을 위한 적절한 서비스를 제공하는 법률의 통과를 위해 의회와 지방자치의 의원들을 격려하는 데 활동적이다. 장애인교육법과 미국장애인법과 같은 법령들은 ASHA와 다른 기관의 광범위한 홍보활동 때문에 부분적으로 입법화되었다.

말-언어·청각장애를 가진 사람들의 욕구와 특성은 라디오, 텔레비전, 인쇄물을 통해 명료화되고 알려진다. 5월에 '더 좋은 말과 청각의 달'은 의사소통장애의 이해, 예방, 치료를 옹호하는 대중서비스 발표를 들을 수 있을 것이다.

관련 전문가협회

ASHA가 의사소통장애 전문가들의 가장 큰 협회라고 할지라도 다른 조직들도 능동적이고 가치가 있다. 일부 언어치료사들과 청능사들은 몇 가지 협회에도 소속되어 있다. 〈표 A.1〉은 가장 밀접하게 관련된 일부 단체들의 리스트이다. 미래의 언어치료사들과 청능사들은 그들의 환자들을 더 잘 이해하고 다른 분야의 전문가들와 효과적으로 협력하기 위하여 생물학, 심리학, 사회학 등의 과목들을 수강하도록 격려된다.

표 A.1 의사소통장애와 관련된 선택된 전문가협회

보급청능사협회(Academy of Dispensing Audiologists)	미국청각협회(American Auditory Society)	국립청각보존협회(National Hearing Conservation Association)
재활청각협회(Academy of Rehabilitative Audiology)	미국말언어청각협회(American Speech-Language-Hearing Association)	전국말언어청각학생회(National Student Speech-Language-Hearing Association)
미국청각학회(American Academy of Audiology)	미국청각재단(American Foundation of Audiology)	올톤난독증협회(Orton Dyslexia Society)
미국 이비인후과-두경부 수술(American Academy of Otolaryngology-Head and Neck Surgery)	캐나다 말언어병리협회(Canadian Association of Speech-Language Pathologists)	미국말더듬재단(Stuttering Foundation of America)
	농교육위원회(Council on Education of the Deaf)	

감각신경계(Sensory neural system) : 내이와 8번 뇌신경으로 구성된 청각체계의 일부

감각신경성난청(Sensorineural hearing loss) : 내이의 부재, 기형, 혹은 손상으로 초래되는 영구적인 난청

감각운동접근법(Sensory-motor approach) : 촉각과 고유수용감각 그리고 고리, 음절, 단어산출을 강조하는 조음훈련

강도(intensity) : 소리 크기의 측정. 일반적으로 데시벨로 표현됨

강화(Reinforcement) : 그것을 지속시키거나 소거하려는 의도를 가진 반응이 따르는 절차, 조건화에서 사용됨

개막, 덮개막(Tectorial membrane) : 코르티기관의 지붕을 형성하는 혀 모양의 젤리 같은 구조물

개방음절(Open syllable) : 음절 혹은 말의 기본적인 음향학적 단위이고 모음으로 끝남

개인 간 오류음 변별(Interpersonal error sound discrimination) : 외적 오류음 변별 참조

개인 내 오류음 변별(Intrapersonal error sound discrimination) : 내적 오류음 변별 참조

개인적 보청기(Personal hearing aid) : 범위가 아주 작은 고막형(귓속)보청기부터 귀걸이형 보청기에 이르기까지 개인 증폭 장치

개인적 적응상담(Personal adjustment counseling) : 청력손실의 정서적 결과를 다루기 위해 내담자와 그들의 가족을 돕는 과정

결정적 문식성(Critical literacy) : 행간의 속뜻을 능동적으로 해석하고 정보를 분석하고 합성하고 내용을 설명할 수 있는 독자의 능력

경색(Infarction) : 혈액 공급의 부족으로 인하여 신체 조직의 괴사

경직형 뇌성마비(Spastic cerebral palsy) : 근육이 수축할 때 대립근이 과도한 근육의 긴장을 증가시킴으로써 근육을 신장하기 위해 비정상적으로 반응하는 특징을 보이는 선천성 질환. 근육의 움직임은 요동치고, 힘들고, 느림

경직형 마비말장애(Spastic dysarthria) : 뻣뻣하고 경직한 근육 때문에 느리고, 요동치고, 부정확한 조음과 빠른 조음교대 움직임의 감소를 특징으로 하는 말

고개를 젖히는 자세(Head-back position) : 삼킴장애를 가진 몇몇 대상자들에게 유용한 머리를 뒤로 젖힌 자세

고기능읽기장애(Hyperlexia) : 전반적 발달장애(PDD)의 경한 형태로 글자와 단어에 지나친 관심을 보이며 초기 읽기능력을 보이지만 거의 이해력은 없는 것을 특징으로 함

고막(Eardrum) : 고막(tympanic membrane)을 참조

고막[Tympanic membrane (or eardrum)] : 외이도의 끝부분에 위치한 3개의 층으로 구성된 얇은 원추모양의 구조물. 그것은 음향에너지가 그것의 표면에 닿는 대로 그것을 진동으로 바꾸어놓음

고막운동도, 고실도(Tympanogram) : 기압변화에 비례하여 고막의 움직임을 기술하기 위해 음향이미턴스 검사 동안 생성된 그래프

고막절개술(Myringotomy) : 고막 표면에 만들어진 작은 수술적 절개

골도보청기(Bone-anchored hearing aid) : 골전도를 경유하여 달팽이관을 자극하여 구성요소 중 일부분이 두개골의 측두골 안에 외과적으로 이식된 증폭기의 한 형태

골전도(Bone conduction) : 기계적으로 두개골의 뼈를 진동함으로써 내이에 소리를 전달함으로써 청력을 평가하는 한 방법

공간학(Proxemics) : 사람들 간의 신체적인 거리에 관한 연구

공명음(Resonant) : 성도에 걸쳐 일어나는 공명과 함께 산출되는 자음으로 비음, 유음, 활음을 나타냄

과(다)비성(Hypernasality) : 지나친 비강 공명

과다내전(Hyperadduction) : 성대 정중선을 향한 지나친 움직임으로 종종 긴장된 음질을 초래함

과다운동형 마비말장애(Hyperkinetic dysarthria) : 진전, 틱과 같은 증가된 움직임과 부정확한 조음에 의해 특징지어지는 말장애

과소내전(Hypoadduction) : 성대의 정중선을 향한 감소된 움직임으로 주로 바람새는소리를 초래함

과소운동형 마비말장애(Hypokinetic dysarthria) : 근육이 강직되거나 경직됨에 따라 적절한 움직임의 감소나 부족을 특징으로 하며 그 결과 단음도, 단강도, 부정확한 조음을 초래함

과잉유창성 말(Hyperfluent speech) : 유창성 실어증 환자에게 발견되는 매우 빠른 말이며 멈춤이 거의 없고, 말의 앞뒤가 맞지 않고, 비능률적이며, 화용의 부적절함을 특징으로 함

구개(Palatal) : 구강 지붕의 앞부분을 지칭하는 말. 구어에서 구개음은 혀가 경구개에 닿거나 근접하여 산출됨

구개거상기(Palatal lift) : 약하고 움직이지 않는 연구개를 위한 보철장치

구개폐쇄장치(Palatal obturator) : 연구개의 일부분을 덮는 판. 구개수술을 받은 사람들에게 유용함

구문(Syntax) : 단어가 문장에서 배열되는 방법

귀지[Cerumen (or earwax)] : 외이도귀에 윤활을 제공하고 곤충의 침입과 다른 외부물체로부터 귀를 보호하는 외이도에 있는 분비샘에 의해 산출되는 물질

귓바퀴(Pinna) : 음파를 모으고 외이도로 음파를 보내는 깔때기 모양의 귀의 가장 바깥쪽의 부분

규준참조적(Norm referenced) : 대개 동일한 성과 유사한 연령의 다른 사람들을 기초로 한 비교

근긴장이상증(Dystonia) : 과다운동형 마비말장애의 한 형태로서 신체 전체 혹은 국소근육 둘 중 하나를 포함한 느리고, 연장된 운동과다증(hyperkenesia)의 증가 그리고 감소. 그 결과, 지나친 음도와 음량변이, 불규칙한 조음붕괴, 모음왜곡을 보임

근위축성측삭경화증(Amyotrophic lateral sclerosis, ALS) : 흔히 루게릭병이라 불리며, 급속도로 진행되는 퇴행성 질환으로 점차적으로 근육 조절 상실. 피로, 근위축 혹은 비자발적인 수축 그리고 감소된 근육의 긴장. 후기 단계에서는 짧은 구, 긴 휴지기, 과다비성 및 심한 조음손상과 함께 말이 힘들고 느림

급성후두염(Acute laryngitis) : 쉰 목소리를 초래하는 성대의 일시적 부종

기공(Stoma) : 후두적출술 후 숨을 쉬기 위해 인두 안으로 연장된 외부 목 부위에 있는 외과적 구멍과 같은 작은 개방

기관(Trachea) : 공기가 폐로 이동하고 폐에서부터 움직일 수 있는 연골성 막 튜브

기관식도션트(Tracheoesophageal shunt, TEP) : 기관에서 식도발성을 위한 식도까지 공기를 보내는 장치

기관절개튜브(Tracheostomy tube) : 호흡폐쇄를 완화하기 위해 기관 안으로 삽입된 튜브

기본주파수(Fundamental frequency) : 한 완전한 진동의 가장 낮은 주파수 요소

기저막(Basilar membrane) : 코르티기관의 바닥을 형성하는 막. 그것은 넓이, 두께, 긴장도에 있어서 비균일하며, (음위상적으로) 소리의 서로 다른 주파수에 반응한다. 기저막은 청각체계를 위한 수천 개의 외유모세포, 수용기 세포를 포함함

기저핵(Basal ganglia) : 자세와 근긴장을 유지하고 운동 기능을 조절하는 대뇌피질하 영역의 커다란 핵군

기전도(Air conduction) : 외이와 중이를 경유하여 내이로 소리가 전달되게 함으로써 청력을 검사하는 방법

기초선 자료(Baseline data) : 중재 시작 이전에 환자 수행에 대한 정보

긴장되고 쥐어짜는 소리(Strain and struggle) : 발성을 시작하고 유지하는 어려움

난원창(Oval window) : 등골판 뒤, 와우의 측벽에 위치한 작은 타원형의 막

내림프액(Endolymph) : 와우와 평형 기관의 막성 미로를 채우고 있는 액체

내시경(Endoscope) : 성대를 포함한 신체의 내부 구조를 보기 위해 사용되어진 광원과 연결된 렌즈

내이(Inner ear) : 귀의 내부로서 그것은 와우와 전정계를 포함한다. 그것은 균형, 공간 방향, 청각에 관해 뇌에 정보를 제공함

내적 오류음 변별(Internal error sound discrimination) : 자신의 음소산출의 정확성을 판단하는 능력. 개인 내 오류음 변별이라고도 알려져 있음

내현적인(Implicit) : (사실로 또는 존재하는 것으로) 추정되지만 직접적으로 표현되지 않은

노인성 난청(Presbycusis) : 노화 과정의 결과로서 초래된 청각손실

농(Deaf) : 청력손실을 가진 기술하는 데 사용되는 용어로서 심도에서 고심도 범위를 가짐

농공동체(Deaf community) : 집단의 응집력과 정체성을 용이하게 하는 의사소통(미국수화)을 일반적인 수단으로 공유하는 사람들의 집단

농문화(Deaf culture) : 농공동체의 일원들에게 특별한 관습, 신념, 예술적 표현, 이해, 및 언어(수화)

뇌동맥류(Aneurysm) : 약화된 동맥 벽에서 주머니 같이 불거져 나온 것이 파열되어 초래된 출혈성 뇌졸중

뇌성마비(Cerebral palsy, CP) : 출생 전, 출생 동안, 출생 직후 획득

되는 신경학적 질병의 하나의 이질적 집단으로 운동 움직임의 어려움을 초래함, 하나 혹은 그 이상의 사지에 영향을 줌

뇌수막염(Meningitis) : 뇌와 척수를 덮고 있는 조직의 막 혹은 뇌 척수막의 감염

뇌신경(Cranial nerve) : 시지각, 청각, 균형, 후각 그리고 얼굴로부터의 촉각을 중개할 뿐 아니라 구어산출 근육과 연결되어 있는 말초신경계에 있는 12쌍의 신경

뇌졸중(Stroke) : 뇌혈관장애로 실어증의 가장 일반적인 원인이며 그것은 뇌에 혈액 공급이 막히거나 뇌가 혈액으로 넘쳐날 때 발생

뇌출혈성뇌졸중(Hemorrhage stroke) : 압력하에 파열된 동맥벽의 약화로 초래된 뇌졸중의 한 형태

뇌혈관장애(Cerebrovascular accident, CVA) : 뇌졸중, 가장 일반적인 실어증의 원인. 혈액이 뇌에 공급되는 것이 막히거나 뇌가 혈액으로 넘쳐날 때 초래됨

뉴런, 신경세포(Neuron) : 세포체, 축삭, 수상돌기로 구성된 중추신경계의 기본 단위

다발성경화증(Multiple sclerosis, MS) : 뇌와 척수의 신경섬유의 탈수초화를 특징으로 하는 진행성 질환

다시점비디오투시검사(Multiview videofluoroscopy) : 다양한 각도로부터 녹화된 동작 X-선

다중대립접근법(Multiple oppositions approach) : 최대한 대립되는 (예 : 조음위치, 방법, 유무성에 따라 다른) 음소 낱말쌍을 사용하여 한 시간에 다중 조음오류를 목표로 하는 음운론 기반 치료 접근법

단순언어장애(Specific language impairment, SLI) : 청력, 구강구조와 기능, 인지, 지각적 결함이 없는 언어장애

단어인지검사(Word Recognition Test, WRT) : 청력역치 위에 있는 미리 정해놓은 수준에 제시된 단음절 단어를 인지하는 능력을 측정하기 위한 구어 청각검사에 사용되는 검사절차

단음도(Monopitch) : 기본주파수 변이 없이 산출되는 목소리

단조로운 음량(Monoloudness) : 말하는 동안 발생하는 정상적인 음량변이가 부족한 목소리

대뇌동맥경화(Cerebral artriosclerosis) : 탄성이 상실되거나 감소된 대뇌동맥의 벽의 두꺼워지고 그 벽은 약화되고 혈류가 제한되어 초래되는 허혈성 뇌졸중의 한 형태

대치(Substition) : 조음에서, 하나의 음소가 다른 위치에서 산출

대화식 읽기(Dialogic reading) : 양육자와 어린 아동 간에 대화식

공유이며 부모가 이야기에 대해서 아동에게 질문을 요구하거나 아동에게 이야기를 말하는 것을 허락함으로써 읽기과정에 관여하도록 노력함

데시벨(Decibel, dB) : 특정한 소리진동에 의해 작용된 압력을 기초로 한 수학적으로 유래된 단위

동작학(Kinesics) : 신체의 움직임과 몸짓에 대한 학문. 또한 보디랭귀지(신체언어)로 알려져 있음

동정맥기형(Arteriovenous malformation) : 동맥벽이 압력을 받거나 약해져 보기 드문 형태의 뇌졸중을 초래할 수 있는 빈약하게 형성된 동맥과 정맥의 꼬임

두개 및 안면기형(Craniofacial anomalies) : 머리(cranio, 위쪽 눈꺼풀 위의)와 얼굴(facial, 위쪽 눈꺼풀 아래)을 포함한 선천적인 형성 부전

등골(Stapes) : 중이에 있는 이소골 중 세 번째이며 가장 작은 뼈

마비말장애(Dysarthria) : 마비, 근육의 약화, 혹은 빈약한 협응의 결과로서 손상된 조음, 호흡, 발성 혹은 운율을 포함한 운동구어장애 중 하나. 운동기능은 지나치게 느린 혹은 빠른 움직임, 감소된 범위나 강도, 빈약한 방향성과 타이밍을 가짐

마찰음(Fricative) : 좁은 통로를 통과하는 공기를 방출함으로써 산출되는 자음의 음소

만성후두염(Chronic laryngitis) : 성대 조직 손상을 이끄는 급성 후두염 동안 음성남용

말더듬(Stuttering) : 주저, 반복, 연장, 긴장, 그리고 회피 행동의 특징을 보이는 말유창성장애

말빠름장애(cluttering) : 단어찾기 어려움, 빠른 말, 그리고 단어와 구 반복과 관계되는 과도한 삽입어와 에두르기로 특징지어지는 비유창한 말. 속화증은 단어나 말더듬이 발견되는 상황에 대한 두려움을 포함하는 것 같지는 않음

말초적인 말 메커니즘 검사(Examination of the peripheral speech mechanism) : 때때로 말초신경검사라 불리며, 눈에 보이는 구어 체계의 구조와 기능을 평가

말초신경계(Peripheral nervous system, PNS) : 뇌에서 신체로 정보를 수용하고 전달하는 뇌신경과 척수신경

말 표본(Speech sample) : 사람의 말, 코퍼스에 대한 체계적 수집과 분석, 언어평가에 사용

머리 기울임(Head tilt) : 손상 쪽에서 멀어지게 머리를 기울이는 자세로 삼킴장애를 가진 몇몇 대상자들에게 유용한 자세

머리 회전(Head rotation) : 손상 쪽으로 머리를 돌리는 자세로 삼킴장애를 가진 몇몇 대상자들에게 유용한 자세

메니에르병(Meniere's disease) : 현기증, 이명, 귀가 꽉 찬 느낌, 그리고 감각신경성 난청을 포함한 내이에서 지나친 미로임파를 초래하는 상태

명료도(Intelligibility) : 청각적으로 감지되어 이해할 수 있는 능력

명칭실어증(Anomic aphasia) : 이름대기 어려움과 경도에서 중도 수준의 청각이해저조의 특징을 보이는 유창성실어증

모계풍진(Maternal rubella) : 성장하는 태아에서 여러 가지 질병을 초래할 수 있는 임신 중 얻게 되는 풍진

모음(Vowel) : 비교적 성도를 개방하여 산출되는 여러 유성음 중 어떤 음소

목젖, 구개수(Uvular) : 연구개로부터 매달려 있는 축 늘어진 작은 구조물

무경형 성대 용종(Sessile polyp) : 성대에 광범위한 부착을 가진 성대 용종

무능력(Disability) : 하나의 장애의 기능적 결과

무도병(Chorea) : 빠른 혹은 지속적인, 목표가 없는, 불규칙적이고 혹은 갑작스런 과다운동증. 영향을 받으면 말은 음성멈춤에 의한 부적절한 침묵과 간헐적인 바람새는소리, 긴장되고 거친 목소리, 그리고 과(다)비성과 연장된 멈춤과 부정확한 조음 및 과도한 음량변이를 초래하는 강제적인 들숨과 날숨으로 특징지어짐

무증상흡인(Silent aspiration) : 기침이 동반되지 않고 기도 안으로 음식이나 액체가 들어감

무형성증 혹은 이형성[Aplasia(or dysplasia)] : 배아기의 발달 동안 내이 구조의 부재로 인한 청각손실

문법(Grammar) : 언어의 규칙

문식성(Literacy) : 의사소통의 시각적인 방식, 특히 읽기와 쓰기

미국수화, 미국수어(American sign language) : 정교한 구문론과 의미론을 포함하는 복잡한 비구어적 언어. 이것의 사용 숙련도는 농 지역사회의 일원이 되는 것이 주요한 방법 중 하나임

바람새는소리(Breathiness) : 발성 동안 성문을 통과하여 빠져나가는 가청 공기에 대한 지각

바르덴부르크증후군(Waardenburg's syndrome) : 색소변색, 특히 홍채와 머리카락, 비강영역의 두개 및 안면기형, 중등도에서 심도 난청을 특징으로 하는 유전적 질환

반맹(半盲)(증)(Hemianopsia) : 측두엽 혹은 두정엽 하부의 병변에 기인한 양쪽 눈의 왼쪽 혹은 오른쪽 시야 영역의 맹(시각 상실)

반복(Repetition) : 유창성분석에서, "the-the-the"나 "b-b-ball"처럼 한 단어나 단어의 일부분을 반복하는 과정

반복성 옹알이(Reduplicated babbling) : "마-마-마-마-마"와 같이 자음-모음 음절 반복의 긴 줄

반신마비(Hemiplegia) : 신체의 한쪽 부분의 마비

반신약화(Hemiparesis) : 감소된 힘과 조절을 초래하는 신체의 한쪽 면의 근육약화

반향어(Echolalia) : 다른 화자의 즉각적인 모방. ASD(자폐스펙트럼장애)를 가진 아동들에게서, 그것은 분석하지 않은 언어의 전체 단위 저장과 산출을 나타내는지 모른다.

반회신경가지(Recurrent branch) : 후두의 근육과 연결되는 10번 뇌신경 가지

발달적 비유창성(Developmental disfluency) : 많은 어린 아동들에게 뚜렷이 나타나는 단어 전체 반복과 자의식적인 비유창성

발성(Phonation) : 성대에 의한 소리산출

발음법(Phonics) : 소리-문자나 음소-자소 일치

방언(Dialect) : 주로 지리적 지역 혹은 외국어 배경으로 인한 언어적 변이. 형태, 내용, 사용의 특질을 포함

방해음(Obstruent) : 조음에서, 성도에서 상당한 양의 수축으로 산출되는 말소리(파열음, 마찰음, 파찰음)를 일컬으며, 또한 비공명음으로 불림

베르니케실어증(Wernicke's aphasia) : 말 주고받기나 대답하기에서 멈춤이 거의 없이 문장들이 빠르게 연결되는 것을 특징으로 하는 유창성실어증. 비록 유창하고 조음이 제법 괜찮으나, 내용이 뒤죽박죽 섞여 있는 것처럼 보이며, 비논리적이거나 이해하기 힘들 수도 있음

베르니케영역(Wernicke's area) : 뇌의 좌측 측두엽에 위치하고 언어처리를 담당

변별자질(Distinctive feature) : 이진법의 원칙에 기초하여 어떤 것을 다른 것과 구별하는 음소의 자질

변이음(allophone) : 음소적 변이

변형옹알이(Varigated babbling) : 자음-모음 음절의 긴 줄로 이웃한 연속적인 음절이 동일하지 않음

병인론(Etiology) : 문제의 원인 혹은 기원, 또한 원인에 대한 학문

보완대체의사소통(Augmentative and alternative communication,

AAC) : 중증의 의사소통장애인을 위한 보완하고 보충하는 구어에 사용되는 몸짓, 노래, 그림체계, 활자, 전산화된 의사소통 및 음성산출

보조적 치료(Booster treatment) : 재검사에 근거하여 치료가 종료되어진 후에 제공되는 추가적인 치료

부적절한 음도(Inappropriate pitch) : 정상적인 연령과/혹은 성(별)의 범위 밖에 있는 것으로 판단되는 음도

부종(Edema) : 액체 축적으로 기인한 부기

부호변환(code switching) : 청자, 문맥, 혹은 주제를 근거로 하여 이중언어 화자가 2개의 언어 간의 전이를 하는 과정

브로카실어증(Broca's aphasia) : 실문법증을 가진 짧은 문장, 명칭실어증, 전반적 말장애 때문에 따라 말하기의 결함, 부자연스러운 말과 쓰기, 조음과 음운오류로 특징지어지는 비유창성실어증

브로카영역(Broca's area) : 대뇌의 왼쪽 전두엽에 위치하여 작업기억과 구어를 위한 운동 피질을 담당

비누출(Audible nasal emission) : 구어산출 동안 비강 기류의 지각. 구개열을 가진 사람들에게 일반적으로 발생

비디오투시검사(Videofluoroscopy) : 수정된 바륨삼킴검사 참조

비유어(Figurative language) : 관용구, 은유, 직유 및 속담으로 구성된 비문자적 문구

비유창성실어증(Nonfluent aphasia) : 느리고, 힘든 말과 문장을 형성하고 단어를 인출하는 데의 투쟁으로 특징지어짐

비음(Nasal) : 비강 공명으로 산출되는 음소

비음성적(Nonvocal) : 비음성의, 비구두(非口頭)의

비음치(Nasalance score) : 나조미터에 의해 측정되는 과다비성의 크기를 반영하는 숫자로 나타낸 점수

비인두(Nasopharynx) : 입의 지붕 위와 코의 뒤쪽에 있는 두개골 내 공간

빠른 연결(Fast mapping) : 아동이 한 단어의 내용 문맥의 의미를 추론하고 그것을 나중에 유사한 문맥에서 사용하는 과정. 상세한 정의는 시간이 지남에 따라 점진적으로 발달한다. 빠른 연결은 취학 전 아동들이 완전히 그 의미를 이해함이 없이 단어를 사용할 수 있게 함으로써 그들의 어휘를 빨리 확장할 수 있도록 함

사회언어학(Sociolinguistics) : 의사소통 변수에 있어서 문화적 정체성, 배경, 참여자 같은 영향에 대한 연구

삼출성 중이염(Otitis media with effusion, OME) : 액체와 함께 중이의 염증

삼킴의 광섬유 비디오내시경평가(Fiber-optic endoscopic evaluation of swallowing, FEES) : 삼킴을 보기 위한 후두검사법 기술

삽입어(Filler) : 산출 동안 사용되어지는 '저', '음', '있잖아(그러니까)'와 같은 발화. 때때로 비유창한 구어와/혹은 말더듬의 특징을 보임

삽화적실성증(Episodic aphonia) : 통제되지 않고 예측불가능한 음성의 간헐적 손실

상관(Correlate) : 또 다른 존재나 그것과 관련 있는 것이지만 원인관계를 보이지 않는 것에서 나타나는 경향이 있는 어떤 것

상위언어기술(Metalinguistic skill) : 아동이 언어의 정확성에 대한 판단과 쓰기와 같이 구어적 문맥을 만드는 언어를 추상적인 것으로 간주할 수 있는 능력

상위음론적 기술(Metaphonological skills) : 말소리를 분석하고 생각하며 조작하는 능력

상위음운접근법(Metaphon approach) : 조음치료의 한 접근법으로 조음음운장애를 가진 아동들이 발달적인 언어학습장애라는 전제를 기초로 함

상위인지(Metacognition) : 자기평가를 포함한 지식과 인지처리과정에 대한 지식

상징화(Symbolization) : 무엇인가를 상징하기 위하여 단어나 신호(몸짓) 같은 임의의 상징을 사용

색전(Embolism) : 작은 동맥에서 혈류를 막을 때까지 순환계를 통해 지나다닐 수 있는 혈전, 지방으로 된 물질, 혹은 기포. 만약 그것이 뇌를 지나다닌다면, 뇌졸중의 원인이 될 수 있음

생략(Omission) : 조음에서, 산출되지 않거나 대치된 음소의 부재

생리학(Physiology) : 신체 부분의 과정과 기능과 관계가 있는 생리학의 분과

생성적(Generative) : 새롭게 창조될 수 있는, 문법규칙의 적용을 통해서 창조될 수 있는 무한한 수의 문장을 나타냄

선천성(Congenital) : 출생 전

선천성후두격막(Congenital laryngeal webbing) : 호흡을 방해할 수 있는 성대의 전방부의 외부로부터의 불필요한 조직으로 출생 시에 존재

설치음(Linguadental) : 혀와 치아와 관련 있는, 혀와 치아 접촉과 함께 산출되는 음소

섬광조영술(Scintigraphy) : 삼킴 동안 혹은 삼킴 후 흡인을 측정하기 위한 전산화된 기술

섬모(Stereocilia) : 코르티기관에서 유모세포의 가장 꼭대기에 위치해 있는 작은 머리카락과 같은 돌출

성대 결절(Vocal nodules) : 음성남용과 관련된 성대의 국소적 성장

성대마비(Vocal fold paralysis) : 주로 신경손상으로 인한 성대 고정

성대 진전(Vocal tremor) : 불수의적인 음성의 음도와 음량변이

성대 폴립(용종)(Vocal polyp) : 기계적 스트레스의 결과로 초래된 물로 차 있는 성대 병변

성문음(Glottal) : 성대 사이의 공간인 성문에서 혹은 성문에 의해서 산출되거나 성문과 관련이 있음

성장의 실패(Failure to thrive) : 건강한 성장과 발달의 부재

소뇌(Cerebellum) : 매우 복잡하고 정교한 운동활동을 포함한 의도적인 움직임을 순조롭게 조절하며 협응하도록 2개의 반구로 구성된 더 작은 뇌조직. 소뇌는 정확한 움직임을 산출하도록 대뇌피질의 일차운동피질로부터 전달을 조정한다. 그것은 또한 운동기술학습을 위하여 중요함

소음성 난청(Noise-induced hearing loss) : 높은 수준의 직업적 혹은 오락성 소음에 노출로부터 초래된 청력손상

소이(증)(小耳(症))(Microtia) : 작은 형성부전의 귓바퀴나 외이도

소인(Predisposing cause) : 문제에 기여하는 잠재적인 요인들(예 : 유전적 기초)

속도(Rate) : 무언가가 일어나는 속도. 말에서 이것은 주어진 시간 내에 단어나 음절의 수

수정된 바륨삼킴평가(Modified barium swallow study) : 삼킴과정을 시각화하는 데 사용되는 X-선 절차. 또한 비디오투시검사로도 알려져 있음

수지영어(Manually coded English, MCE) : 농 아동을 가르치기 위해 손으로 구어체 영어를 복사하기 위해 고안된 수화의사소통체계

수초화(Myelination) : 뇌신경 주변에 보호성 미엘린 수초의 발달

순음들(Pure tones) : 순음청력검사에서 사용되는 것으로 250 Hz, 500 Hz, 1000 Hz, 2000 Hz, 4000 Hz, 8000 Hz와 같이 하나의 주파수에서만 에너지를 포함한 소리

순음청력검사(Pure tone audiometry) : 별개의 주파수에서 청력 민감도를 평가하는 데 사용되는 절차

순치음(Labiodental) : 입술과 치아와 관계되는, 입술과 치아의 접촉으로 산출되는 음소

스피치벌브(Speech bulb obturator) : 연인두 입구를 닫기 위해 연인두강을 채우는 폐색장치

습관적 음도(Habitual pitch) : 개인이 대부분의 시간에 사용하는 기본적인 주파수 수준

시각강화청력검사(Visual reinforcement audiometry, VRA) : 장난감을 움직이거나 불빛을 비추어 아동이 검사신호에 집중하도록 보상하는 청력검사법

시간학(Chronemics) : 의사소통에 있어서 시간 효과에 대한 연구

시냅스(Synapse) : 뉴런의 축삭과 그다음의 수상돌기들 사이의 극소 공간으로 뉴런들 사이의 '의사소통'이 일어나는 곳

식도발성(Esophageal speech) : 후두의 목소리의 대체물로서 트림을 사용함으로써 산출되는 구어

식도절개(술)(Esophagostomy) : 식이 튜브를 삽입하기 위해 식도에 외과적으로 구멍을 만듦

식도폐쇄(증)(Esophageal atresia) : 식도부터 위까지 정상적인 개방통로의 부재

신경가소성(Neural plasticity) : 청각적 자극에 반응하는 중추신경계 내에서 생리적이고 기능적인 변화

신경학적 말더듬(Neurogenic stuttering) : 뇌손상의 어떤 형태와 관련된 유창성장애

실어증(Aphasia) : 의미 있고 순차적인 언어의 음소의 이해, 인출, 형성에 영향을 주는 국소화된 뇌손상에 기인한 장애

실조형 뇌성마비(Ataxic cerebral palsy) : 불협응과 손상된 균형으로 특징지어지는 선천적 질병. 방향이 결여된 움직임, 적절한 힘과 속도가 결여된 저긴장성 근육, 저조한 방향조절 특징을 보임

실조형 마비말장애(Ataxic dysarthria) : 근육약화나 근긴장감소 혹은 저긴장과 근육불협응의 결합을 수반하는 운동구어장애

실행기능(Executive function) : 자기통제에 사용되어지고 합리적인 목표를 세우고, 각각의 목표를 성취하기 위해 계획하고 조직화하고, 목표와 관계된 실행을 시작하고 감독하고 평가하는, 피드백을 기초로 하여 계획과 전략을 수정하는 능력을 포함하는 상위인지의 측면

심인성(Psychogenic) : 심리적인 원인에 기인

심한 성대 접촉(Hard glottal attacks) : 과긴장의 성대 내전을 이용한 발성의 갑작스러운 시작

안정적인 규칙호흡(Resting tidal breathing) : 생명 유지를 위한 호흡

알츠하이머병(Alzheimer's disease, AD) : 확산된 뇌위축의 결과로서 주로 기억이나 언어 혹은 시공간적 기술에 영향을 미치는 대뇌

피질의 병리, 초로성(초기 노년기의) 치매

알포트증후군(Alport's syndrome) : 신장질환과 양측성 진행성 감각신경성 난청으로 특징지어지는 유전적 질환

압력균등화튜브 혹은 고막절개술튜브[Pressure equalization (PE) tube] : 외이도를 경유하여 중이공간의 환기를 제공하기 위해 고막 안에 외과적 수술적으로 놓인 작은 직경의 관

압축(compression) : 이탈된 분자들이 서로 아주 근접하여 있는 음파의 일부분

애성(Hoarseness) : 거칠고, 주로 낮은 음도의 음질

양순음(Bilabial) : 두 입술과 함께 산출되는 음소로서 두 입술과 관계가 있음

어셔증후군(Usher's syndrome) : 감각신경성 난청과 진행성(시각적)맹을 특징으로 하는 유전적 질환

어음인지역치(Speech Recognition Threshold, SRT) : 사람이 주어진 여러 번의 시도 동안 제공된 두 음절 중 약 50%를 인식할 수 있는 가장 낮은(조용한) 수준에서 측정하는 구어 청각검사를 사용하는 검사절차

어휘집(Lexicon) : 단어와 의미의 개인 사전

억양(Intonation) : 발화 내에 음도 움직임

언어(Language) : 임의적인 상징과 그 상징들의 조합을 지배하는 규칙의 사용을 통해 개념을 표현하기 위한 사회적으로 공유되는 암호

언어습득 전(Prelingually) : 말과 언어의 발달 이전

언어병리학자, 언어치료사(Speech-language pathologist, SLP) : 말, 언어, 의사소통, 그리고 삼킴장애를 찾아내고 평가하고 치료하고 예방하는 것을 중요한 역할로 하는 전문가

언어습득 후(Postlingually) : 말과 언어의 발달 후

언어장애(Language impairment, LI) : 이해하기 그리고/혹은 말하기와 쓰기언어의 산출에 있어서 결함 그리고/혹은 미성숙의 이질적인 집단

언어적 직관(Linguistic intuition) : 모국어와 관련된 규칙의 체계에 대한 언어사용자의 잠재적인 지식

언어표본(Language sample) : 한 사람의 구어 혹은 쓰기에 대한 체계적인 수집과 분석. 때때로 코퍼스라고 불리며 언어평가의 일부분으로 사용

역동적 문식성(Dynamic literacy) : 연역적 귀납적 추리를 통해 내용을 서로 다른 지식에 관련지을 수 있는 독자의 능력

역동적인(Dynamic) : 시간에 따라 변하는 에너지 혹은 효과적인 에너지로 특징지어짐

역동적 평가(Dynamic assessment) : 학습할 수 있는 아동의 능력을 결정하기 위하여 검사-교수-검사의 형태를 취할 수 있는 비표준화된 평가접근법

역치(Threshold) : 사람이 그것이 주어진 시간의 50%에 달하는 자극을 간신히 감지할 수 있는 가장 낮은(조용한) 제시 수준(데시벨로 측정됨)

연결피질감각실어증(Transcortical sensory aphasia) : 낱말대치, 명사의 결여와 중증의 명칭실어증, 저조한 청각적 이해의 특징을 보이지만 낱말, 구, 문장을 반복하거나 모방하는 능력은 손상되지 않은 희박한 유형의 유창성실어증

연결피질운동실어증(Transcortical motor aphasia) : 손상된 대화구어, 양호한 구어시작능력, 경도 수준의 청각이해 손상의 특징을 가진 비유창성실어증

연구개음(Velar) : 입천장의 뒤쪽부분을 지칭함. 말에서, 연구개음은 혀가 연구개에 접촉하거나 근접하여 산출됨

연인두 폐쇄(Velopharyngeal closure) : 연구개가 인두측벽, 인두후벽과 접촉하여 구강과 비강을 분리함

연인두 폐쇄부전(Velopharyngeal inadequacy, VPI) : 삼킴과 말 동안 구강과 비강을 분리하는 연인두 기제의 무능력

연장(Prolongation) : 유창성분석에서, 전형적인 것보다 한 음소를 좀더 길게 유지하는 과정(예 : "sssssso")

연장된 발화(Prolonged speech) : 말더듬을 치료하고 말더듬에서 자유로운 말을 확립하기 위해 사용되는 말 속도 감소 기술(예 : 연장된 지속적인 발성, 부드러운 발성 개시, 부드러운 조음접촉)

연축(Fasciculations) : 탈신경근육에서 보여지는 자발적인 운동단위의 결과로 인한 비자발적인 국소경련

연축성 발성장애(Spasmodic dysphonia, SD) : 간헐적인 멈춤과 함께 긴장되고 쥐어짜는 듯한 음성산출을 초래하는 성대의 과다내전의 특징을 보이는 음성장애

연하장애(Dysphagia) : 삼킴장애

영구적인 역치변화(Permanent threshold shift, PTS) : 고강도 소음에 노출과 관련된 청력에 있어서 영구적 변화

영구화 원인(Perpetuating cause) : 유지 원인 참조

예후(prognosis) : 질병의 결과에 대한 예측

옹알이(Babbling) : 약 4개월 때 시작하는 일음절의 비의도적인 자

음-모음 혹은 모음-자음 발성

와우(Cochlea) : 청각기관의 감각세포를 포함하는 내이의 부분. 그것은 2개의 동심 미로로 구성되어 있다. 바깥쪽은 뼈로 안쪽은 점막으로 구성되어 있음

왜곡(Distortion) : 조음에서 한 음소의 정상에서 벗어난 일탈된 산출

외림프액(Perilymph) : 와우와 평형계의 골미로를 채우는 액체

외상성뇌손상(Traumatic brain injury, TBI) : 두개골의 비교적 거친 내부 표면과 심하게 접촉하거나 이차적인 부종이나 감염, 혹은 조직의 괴사, 혈종 혹은 국소적 출혈로 인해 원인이 되는 타박상과 열상으로 초래된 뇌손상

외이(Outer ear) : 외이도와 귓바퀴로 구성되어 있는 귀의 부분

외이도(外耳道)(External auditory meatus(or canal)] : 외이의 귓바퀴부터 고막까지 확장된 관으로 된 구조

외적 오류음 변별(External error sound discrimination) : 다른 사람의 말에서 목표 음소의 산출의 차이를 지각하는 것. 또한 개인 간 오류음 별별로 알려짐

외현적인(Explicit) : 분명하게 정의되는

우반구 손상(Right hemisphere brain damage) : 뇌의 우반구 손상으로 초래되는 신경근육, 청지각적, 그리고/혹은 언어적 결함 집단으로 간질, 반감각 손상과 일측부전마비 혹은 반신 마비(불수)를 포함할 수 있음

우연교수(Incidental teaching) : 목표를 훈련하기 위해서 자연스러운 활동을 사용

운동범위(Range of motion) : 최대신장부터 최대굴곡까지 관절의 운동범위

운동저하증(Hypokinesia) : 비정상적으로 감소된 운동기능이나 활동

운동피질(Motor conrtex) : 뇌의 전두엽의 뒤쪽 부분에 위치하고 운동 움직임의 근육에 신호를 보내는 일을 전담

원발성진행성실어증(Primary progressive aphasia) : 일상생활의 다른 정신기능과 활동은 보존된 언어의 퇴행성 질환. 뚜렷한 치매나 인지기능의 손상은 없음

위식도역류(Gastroesophageal reflux, GER) : 위에서 식도로 되돌아가는 음식이나 산의 움직임

위치분별(Localization) : 소리가 공간에서 발원하는 곳을 결정하는 과정

유모세포(Hair cells) : 청각적 정보의 부호화를 맡고 있는 코르티기관에 위치한 청각 수용기 세포

유문협착증(Puloric stenosis) : 위를 소장과 연결하는 괄약근의 축소로 장의 막힘을 초래

유병률(Prevalence) : 지정된 인구에서 특정한 시점에서 총 질병의 사례 건수

유스타키오관, 이관(Eustachian tube) : 중이강과 비인두를 연결하는 관

유음(Liquid) : 구강 공명 자음 /r/과 /l/을 일컫음

유지 원인(Maintaining cause) : 자가수정으로부터 문제를 유지하는 지속 원인, 예를 들면, 8세 아동의 부모는 혀짜래기 소리를 귀엽다고 간주하는 것

유창성(Fluency) : 리듬과 속도의 매끄러움

유창성실어증(Fluent aphasia) : 말은 대치, 신조어, 그리고 종종 장황한 발화 산출로 특징지어진다. 또한 베르니케실어증이라고 불림

육아종(Granuloma) : 손상이나 감염에 기인한 결절성 병변. 성대에서 발생하고 성문을 통과하는 데 놓인 호흡관에 의해 원인이 될 수 있음

음도(Pitch) : 성대 진동의 속도와 관련된 기본주파수의 청지각적 대응관계

음도일탈(Pitch break) : 음도에 있어서 갑작스런 제어되지 않은 상향 또는 하향 변화

음량변이(Loudness variation) : 특별한 발성 조건을 위해 지나치게 크거나 작게 말하는 것

음성(Voice) : 목소리의 질과 공명

음성남용(Vocal abuse) : 후두기제에 손상을 초래하는 흡연, 고함치기를 포함한 심각한 어떤 행동

음성위생(Vocal hygiene) : 음성의 적절한 보호, 보존

음성학적 지속 형태(Phonetically consist forms, PCFs) : 유아를 위해 의미 있는 '단어'로서 기능하는 일관적인 발성 패턴

음소배열론(Phonotactic) : 음소들이 결합되고 특별한 언어나 방언의 단어와 음절에 배열되는 방법에 대한 학문

음소인식(Phonemic awareness) : 새로운 단어나 분절된 단어를 소리로 만들기 위해 소리합성과 같이 소리를 조작할 수 있는 능력

음식물덩이(Bolus) : 삼킬 준비가 된 씹어진 음식덩이. 혹은 먹거나

마실 때 삼켜지기 위한 물질

음운론(Phonology) : 언어의 소리체계에 대한 학문

음운인식(Phonological awareness, PA) : 소리의 음절에 관한 지식과 단어의 소리구조의 지식

음장증폭(Sound field amplification) : 전략적으로 방 안에 놓인 마이크로부터 확성기까지 소리를 전달하는 보조적 듣기 장치의 한 종류

음향이미턴스(acoustic immitance) : 중이를 통한 에너지 흐름 혹은 흐름에 대한 반대를 일컫는 용어

의도성(intentionality) : 상호작용에 있어서 목표 지향성, 그것은 주로 몸짓을 통해 표현되며 약 8개월 즈음에 처음 나타남

의미론(Semantics) : 단어와 의미에 대한 연구

의미적 속성(Semantic features) : 특정 단어를 정의하기 위해 서로 모이는 의미의 일부

의사소통(Communication) : 청자와 화자 사이의 생각의 교환

의사소통장애(Communication disorders) : 구어적, 비구어적 혹은 그래픽 상징체계의 개념을 받아들이고 보내고 처리하고 혹은 이해하는 능력의 손상

의사소통장애의 평가(Assessment of communication disorders) : 의사소통의 강점과 약점을 확인하고 구체화하며, 가능한 원인을 밝히고 그것을 해결하기 위한 계획을 세우기 위해 다양한 방법들을 통해 서로 다른 환경에서 많은 자료를 통해 정보를 얻기 위한 체계적인 과정

의존형태소(Bound morpheme) : 의미를 전달하기 위해 자유 형태소에 부착되어야 하는 형태

이개(Concha) : 귓바퀴에서 그릇과 같이 깊게 파여 움푹 들어간 부분

이경(Otoscope) : 외이도와 고막을 시각적으로 검사하기 위해 사용되는 손에 들고 쓸 수 있는 소형 기구

이경검사(Otoscopic examinations) : 이경을 사용하여 외이도와 고막의 시각적 검사

이경화증(Otosclerosis) : 진행성 전도성 난청을 초래하는 등골판 부위에서 스펀지 같은 뼈의 형성으로 특징지어지는 질환

이관의 기능상실(Eustachian tube dysfunction) : 이관이 중이 압력을 적절히 동등하게 하지 않은 상태, 일반적으로 중이의 병리를 초래함

이독성(Ototoxic) : 내이에 부분적으로 손상을 주는 약물과 화학작

용제

이분척추(Spina bifida) : 척추의 선천적 기형

이분청취(Dichotic) : 각각의 귀에 서로 다른 자극을 동시에 제시

이비인후과의사(Ear, nose, and throat physician, ENT) : 귀, 코, 목 질환의 진단과 치료에 특화된 의사

이소골 혹은 이소골 연결고리[(Ossicles(or ossicular chain)] : 중이에 있는 작은 뼈들(추골, 침골, 등골)

이야기 문법(Story grammar) : 이야기에서 일반적 요소들과 사건배열분석

이완형 마비말장애(Flaccid dysarthria) : 과소근긴장이라고 불리는 약하며 작고 무기력한 근육긴장에 기인한 말장애. 그 결과 과(다)비성, 바람새는소리, 부정확한 조음을 초래한다.

이음향방사(Otoacoustic emissions, OAEs) : 와우 내에 외유모 세포의 운동성으로 인한 음향 자극에 반응하거나 혹은 자발적으로 발생하는 낮은 차원의 소리나 메아리

이중모음(Diphthong) : 인접해서 말하여지는 2개의 모음으로 하나의 음소로서 취급됨

이중삼킴(Double swallow) : 한 음식물덩이당 한 번 이상 환자가 삼키는 기술

이중음성(Diplophonia) : 2개의 주파수가 지각됨

이형성(Dysplasia) : 무형성증을 참조

인간면역결핍바이러스(Human immunodeficiency virus, HIV) : AIDS의 원인이 되는 유기체

인두절제술(Pharyngostomy) : 식이튜브가 놓일 수 있도록 인두에 있는 수술적 구멍

인지재활(Cognitive rehabilitation) : 수신되는 정보를 처리하기 위한 능력을 개선함으로써 매일의 생활을 위한 기능적인 능력들을 증가시키도록 고안된 외상성뇌손상을 가진 개인을 위한 치료요법

일과성허혈발작(Transient ischemic attack, TIA) : 때때로 간이 뇌졸중이라 불리며, 혈류가 뇌의 어떠한 부분에 막히거나 혹은 일시적으로 감소될 때 일어나는 상태

일시적 역치변화(Temporary threshold shift, TTS) : 고강도 소음에 단기간 노출된 것과 관련된 일시적 청력변화 후 자발적 회복

일차운동피질(primary motor cortex) : 자발적인 운동 움직임을 조절하는 뇌의 중심 고랑의 바로 앞부분에 위치한 2cm 너비의 이랑

자극(Stimulus) : 반응을 유도할 수 있는 어떤 것

자극반응도(Stimulability) : 청각과 시각적 단서에 초점이 맞춰졌을 때 목표 음소를 모방하는 능력

자기모니터링(Self-monitoring) : 자신의 오류를 인식하고 수정하는 능력

자동성(Automaticity) : 사람이 손쉽게 뚜렷한 생각 없이 특별한 기술을 사용하는 것

자발적 회복(Spontaneous recovery) : 전문적 중재 없이 진행되는 자연스러운 회복과정

자유형태소(Free morpheme) : 독립되어 의미를 지정할 수 있는 단어의 부분, 뿌리 형태소

자음(Consonant) : 성도의 일부분의 협착 혹은 폐쇄로 산출되는 음소

자폐스펙트럼장애(Autism spectrum disorder, ASD) : 전반발달장애(PDD) 연속체의 심도 끝부분에 있는 개인을 특징지어 사용하는 용어. ASD는 30개월 이전에 발생하여 심하게 제한된 행동, 관심, 활동목록과 함께 사회적 상호작용 장애임

잔존청력(Residual hearing) : 청력손실 개시 후 남아 있는 청력

장애(Impairment) : 구조나 기능의 손실

장액성 중이염(Serous otitis media) : 무균 체액을 가진 중이 감염

재형성(Reformulation) : 아동의 발화에 아동이 말한 것의 좀더 복잡한 예를 제공하여 추가하여 반응하는 어른의 반응

전기생리적 검사(Electrophysiological tests) : 소리에 대한 반응에 있어서 청각기관에 의해 생성된 신경전기적 반응(신경 펄스)을 기록하는 도구들

전기음향검사(Electroacoustic measures) : 대상자의 외이도 안에서 음향 신호를 녹음하는 도구

전기인공후두(Electrolarynx) : 성도에 있는 공기들이 진동하도록 하는 배터리로 움직이는 장치

전도계(Conductive system) : 외이와 중이까지 만들어진 청각체계의 일부분

전도성 난청(Conduction hearing loss) : 외이 그리고/혹은 중이의 형성부전 혹은 폐쇄로 기인한 청각적 민감성 손실

전도성실어증(Conduction aphasia) : 환자 개인의 대화는 풍부하고 빠른 유창성실어증이며 명칭실어증, 경도로 손상된 청각적 이해력, 만약 전부인 경우 지나치게 저조한 반복적이거나 따라 말하기와 착어를 보임

전반 또는 혼합성실어증(Global, or mixed, aphasia) : 뇌손상의 결과로 모든 양식에서 최중도 언어장애

전신타자기(Teletypewriter, TTY) : 농을 가진 사람들이 일반전화선을 통해 원격 문자 대화를 위해 사용하는 휴대용 키보드

전자구개도(Electropalatography, EPG) : 소리산출을 위한 조음기관들의 정확한 위치를 가르치기 위해 사용되는 기술. 그것은 전극이 포함된 대상자의 입에 꼭 맞는 인공구개판을 사용한다. 전극은 컴퓨터와 연결되어 있다. 구어산출 동안 혀가 전극에 접촉할 때, 조음패턴이 컴퓨터 화면에 보여질 수 있음

전정계(Vestibular system) : 균형과 공간 위치 방향에 관하여 뇌에 정보를 제공하는 것을 담당하는 내이의 구조물

전정와우신경 혹은 8번 뇌신경[Vestibulocohelaer nerve(or VIIIth cranial nerve)] : 와우의 기저부터 뇌간의 와우핵까지 이행하는 뇌신경. 전정과 와우가지로 구성됨

전통적인 운동접근법(Traditional motor approach) : 오류 음소의 청지각적 변별부터 처음 시작하여 그 뒤에 고립, 무의미음절, 그러고 나서 낱말, 구, 문장, 그리고 대화에서 소리산출 훈련을 하는 별개의 기술 학습을 강조하는 조음치료법

전환장애(Conversion disorder) : 감정이 억압되고 감각 혹은 운동 무능력으로 변형되는 상태

점막조직(Mucosal tissue) : 입의 안쪽에 놓여 있는 핑크색의 조직

접근음(approximant) : 때때로 반모음이라고도 불리며 장애음보다는 덜 수축하여 산출되는 구강자음, 활음과 유음을 포함

접촉성 궤양(Contact ulcer) : 성대의 뒤쪽 표면에 성장할 수 있는 양성 병변

정보적 상담(Informational counseling) : 대면자와 그의 가족에게 정보를 전하는 과정

정지음, 파열음(Stop) : 수축한 지점 뒤에 공기 압력이 상승함으로써 산출된 자음

조건화된 놀이검사(Conditioned play audiometry, CPA) : 아동이 검사신호를 들을때마다 통 안에 들어 있는 블록을 올려놓도록 하거나 못에 고리를 걸어놓거나 다른 행동을 수행하도록 지시함으로써 2세 6개월에서 3세 사이의 아동들이나 그보다 나이 많은 아동의 청력을 검사하기 위한 한 방법

조기청력탐지와 간섭 프로그램(Early hearing detection and intervention, EHDI) : 보편적인 청력선별검사 후에 필요하다면 진단적 검사와 조기중재를 위한 적절한 의뢰를 통해 청력손실의 조기발견을 용이하게 하기 위해서 고안된 공중보건계획

조음(Articulation) : 말소리를 산출하기 위하여 혀, 치아, 입술, 그리고 구개의 빠르고 협응된 움직임

조음/공명체계(Articulatory/resonating system) : 구강, 비강, 혀 그리고 연구개를 포함한 소리산출 동안 사용되어지는 구조들

조화음(Harmonics) : 기본주파수의 정수배에 해당하는 복합파에 있는 주파수들

주의력결핍/과잉행동장애(Attention-deficit/hyperactivity disorder, ADHD) : 학습장애의 다른 특성을 나타내지 않는 아동들에게 과잉행동과 주의집중의 어려움

주저(Hesitation) : 발화 전 혹은 발화 부분 사이에 멈춤. 만약 지나치게 사용된다면 비유창성 혹은 말더듬의 징후로 간주될 수 있음

주파수(Frequency) : 특별한 한 시간 주기 이내에 완성된 음파 사이클의 수를 일컫는 음향학적 용어, 주관적으로 그것은 소리의 음도로서 지각됨

준거참조적(Criterion referenced) : 특별한 기술들에 대한 개인의 강점과 약점에 대한 평가

중이(Middle ear) : 이소골에 포함된 귀의 부분. 그것은 측면으로는 고막과 중간에서는 와우와 접해 있음

중이강 혹은 고실[(Middle ear space(or tympanic cavity)] : 이소골을 포함한 외이와 중이 사이에 있는 정육면체 모양의 영역

중이염(Otitis media) : 중이의 감염

중이환기관(Tympanostomy tube) : 압력균등화튜브 참조

중추신경계(Central nervous system) : 뇌와 척수

중추청각계(Central auditory system) : 청신경 그 너머에 있는 구조물을 포함하여 청각 피질로 확장되는 청각계의 일부분

증폭(Amplification) : 전기적으로 강도를 증가시켜 소리의 접근을 개선하는 보청기, 인공와우, 그리고 보조적인 듣기장치와 같은 기술

지문자(指文字)(Fingerspelling) : 시각적으로 영어 알파벳을 나타내는 26개의 뚜렷한 손모양들로 구성된 수화 의사소통의 한 형태

지속실성증(Consistent aphonia) : 음성의 영구적인 부재

지연성 운동장애(Tardive dyskinesia) : 때때로 어떤 약물의 부작용으로 발생하는 불수의적인 반복적인 안면, 혀, 혹은 팔다리 움직임

지적장애(Intellectual disability) : 지적기능에 있어서 상당한 제약, 개념적·사회적·실용적 기술로 구성된 적응행동에 있어서 상당한 제약, 18세 이전에 시작

지지적 집단(Support group) : 느낌, 정보, 생각을 공유하기 위해 서로 만나는 유사한 문제를 가진 사람들

진단(Diagnosis) : 넓은 범위의 가능성으로부터 개개인의 장애를 감별하는 진술

진단적 치료(Diagnostic therapy) : 중재로서 계속 진행 중인 평가가 일어남

진전(Tremor) : 신체 부분의 불수의적인, 리드미컬한 움직임

진정한 데이터(Authentic data) : 실제 생활에 기초한 한 개인에 관한 정보

척수신경(Spinal nerves) : 척수의 각 측면에서 발생한 감각운동섬유를 포함한 말초신경계에 있는 31쌍의 신경

첨가(addition) : 조음에서 단어의 일부가 아닌 음소를 삽입

청각-구어(Auditory-oral) : 잔존청력과 독순(독화)의 사용을 강조하는 청각장애자를 위한 훈련법

청각보조기기(Assistive listening devices, ALD) : 청력이 손상된 사람들에게 소리의 수신을 향상시키기 위해 고안된 전기적 장치에 적용되는 일반적 용어

청각신경병증스펙트럼질환(Auditory neuropathy spectrum disorder, ANSD) : 비정상적인 8번 뇌신경 기능과 함께 정상적인 외유모세포기능으로 특징지어지는 상태

청각학(Audiology) : 청각과 전정장애의 평가, 중재 및 예방을 포함하는 전문적 훈련

청능사(Audiologist) : 청각이나 전정에 대한 질병을 감지하고, 평가, 중재 및 예방을 하기 위한 역할을 하는 전문가

청능훈련(Auditory training) : 청각정보를 감지하고 감별, 확인, 이해하기 위한 청각장애인의 능력을 극대화하기 위해 고안된 듣기활동

청력검사기(Audiometer) : 청력검사 동안 순음과 말 자극어를 조절하고 전달하는 데 사용되는 장치

청력자활/재활[Aural(audiological) habilitation/rehabilitation] : 난청을 초래하는 의사소통 결핍을 개선하기 위하여 고안된 서비스나 절차

청성뇌간반응(Auditory brain stem response, ABR) : 자극 제시 후 처음 5~6 msec 이내에 발생하는 와우부터 대뇌피질로 통하는 상행 청각경로를 따라 신경반응을 기록하는 전기생리검사의 한 종류

청성유발전위(Auditory evoked potentials, AEPs) : 달팽이관부터 대

뇌피질까지 통하는 상행 청각경로에 의한 청각자극에 대한 작은 신경전기적 반응들

초음파[Ultrasound(or ultrasonography)] : 내부 신체기관을 시각화하기 위해 고주파수 음파를 사용하는 기술

초음파 검사(Ultrasonography) : 초음파 참조

촉발적 원인(Precipitating cause) : 질병을 촉발시키는 요인들(예 : 뇌졸중)

총체적(Holistic) : 전부를 포함하는, 다차원적인

최대대조(Maximal contrast) : say(/se/)와 bay(/be/)처럼, 하나의 변별자질 이상에 차이가 나는 음소를 다르게 하는 최소의 한 쌍

최소짝(Minimal pair) : say(/se/)와 bay(/be/)와 같이 하나의 음소만 다른 두 단어

추체로(Pyramidal tract) : 운동피질로부터 발생하는 하행 운동섬유로 빠르고 개별적인 숙련된 자발적 움직임을 조정, 직접활성화 경로 혹은 직접운동체계라고 알려짐

추체외로(Extrapyramidal tract) : 운동 움직임의 무의식적 조절, 반사, 자세, 긴장의 조절, 또한 간접활성화경로 혹은 간접운동체계로 알려져 있음

치간음(interdental) : 치아 사이에 있는, 설치음 참조

치료후검사(Posttherapy testing) : 중재 후 평가

치매(Dementia) : 신경학적 원인들에 의해 지적인 쇠퇴, 특히 기억력의 쇠퇴의 특징을 보이는 후천적 병리 상태. 추가적인 결손은 빈약한 추리능력 혹은 판단, 손상된 추상적인 사고나 적절한 정보를 처리하는 무능력, 손상된 의사소통, 인격 변화를 포함함

치조, 치경음(Alveolar) : 치조 혹은 잇몸, 구강의 능선. 말에서 치조음은 치조에서 혀와 함께 산출되는 자음임

코르티기관(Organ of Corti) : 와우의 막미로의 중심을 따라 있는 복잡한 구조로서 청각감각 수용체세포를 포함

탈맥락화(Decontextualized) : 대화문맥 밖에서, 우리가 글을 쓸 때, 대화상대자에 의해 구성이 되기보다는 오히려 우리의 쓰기와 함께 문맥이 구성되는 것

태아알코올증후군(Fetal alcohol syndrome, FAS) : 성장 결함, 두개 및 안면장애, 중추신경계 기능부전, 제한된 인지적 발달, 그리고 어떤 경우는 감각신경성 난청을 초래하는 태아의 신경학적 신체적 발달에 심한 손상을 주는 임신 중 알코올의 남용

턱 내리기(Chin tuck) : 삼킴장애를 가지는 몇몇 환자들에게 도움을 줄 수 있도록 턱을 내리는 자세

트리처콜린스증후군(Treacher Collins syndrome) : 얼굴과 턱에 지나친 근육긴장을 특징으로 하는 유전적 질환

틱(Tics) : 불수의적인 빠르고 반복적인 정형화된 움직임

파찰음(affricate) : 파열음과 마찰음의 결합

파킨슨병(Parkinson's disease) : 휴식 시 진전, 서동, 자발적 움직임 개시의 어려움의 특성을 가진 진행성 신경학적 질환. 구어는 빠르고 감소된 음량과 음도 범위, 강세를 보일 수 있다.

편측감각결함(Hemisensory impairment) : 신체의 한쪽 부분에 감각 정보를 인식하는 능력의 손실

편측성 혹은 일측성 난청(Unilateral hearing loss) : 한쪽 귀에 난청이 있는 경우

평균발화길이(Mean length of utterance, MLU) : 형태소로 측정되는 평균적인 발화의 길이. 영어에서 이것이 길어질수록 언어가 더욱 복잡하게 되기 때문에 학령전기 발달의 중요한 측정치임

폐(Lungs) : 호흡을 가능하게 하고 크기와 모양을 변화시킬 수 있는 한 쌍의 공기로 채워진 탄성 주머니

폐쇄음절(Closed syllable) : 음절 혹은 말의 기본적인 음향학적 단위로 하나 혹은 그 이상의 자음으로 끝남

폐쇄증(Atresia) : 외이도의 완전한 폐쇄를 초래하는 선천성 질환

폐포내압(alveolar pressure) : 폐 내부의 압력

표상(Representation) : 한 장의 종이가 인형의 담요로 사용되는 것과 같이 한 가지 것으로 다른 것을 나타내는 과정

피드진 수화영어(Pidgin Signed English, PSE) : 영어 어순을 유지하면서 미국수화를 포함하는 수화체계

피에르로빈증후군(Pierre Robbin syndrome) : 작은 하악, 구순열, 구개열, 및 다른 안면 기형을 초래하는 선천적 상태

피열후두개주름(Aryepiglottic folds) : 후두에서 후두개의 측면이 피열연골과 연결되는 점막과 근육

피질하실어증(Subcortical aphasia) : 대뇌피질 아래에 있는 시상과 기저핵에 있는 병변으로부터 초래되는 유창성실어증

해부학(Anatomy) : 신체구조와 각 구조들 간의 관계에 대한 학문

해부호화(Decoding) : 쓰여 있는 단어를 그것의 구성 소리로 쪼개고 분할하고 그리고 나서 재조직화된 단어를 형성하기 위하여 서로 혼합

핸디캡(Handicap) : 장애의 심리사회적 결과

행동관찰청력검사(Behavioral observation audiometry, BOA) : 서로

다른 자극을 제시하고 반응을 주는 활동에 있어서 어떠한 변화가 있는지를 관찰함으로써 유아의 청력을 평가하는 한 방법

행동수정(Behavior modification) : 세심한 목표선정, 자극, 반응, 및 강화를 통해 행동을 변화시키는 체계적인 방법

허혈성뇌졸중(Ischemic stroke) : 완전한 혹은 부분적인 막힘이나 뇌로 혈액을 전달하는 동맥의 폐쇄로부터 초래되는 뇌혈관장애

헌팅턴무도병(Huntington's chorea) : 헌팅턴병으로 알려진 유전적인 진행성 질환, 염색체 4번의 유전적 결함으로 초래됨

헤르츠(Hertz, Hz) : 초당 완전한 진동 혹은 사이클의 수

혈전(Thrombosis) : 신체의 혈관 내에 혈전의 형성 혹은 존재. 그것은 허혈성뇌졸중을 초래할 수 있음

혈종(Hematoma) : 손상 혹은 수술로 인하여 혈액이 조직이나 피부 조직에서 갇힘

형태론(Morphology) : 낱말 내 수준에서 미의 변화를 지배하는 규칙과 연결된 언어의 측면

형태소(Morpheme) : 언어의 의미 있는 최소한의 단위

형태음소론적 대조(Morphophonemic contrast) : 형태소의 변화의 결과로 억양의 변화

호흡체계(Respiratory system) : 폐, 기관지, 기관, 후두, 입, 그리고 코를 포함한 구조이며, 생명과 구어를 위한 호흡에 사용됨

혼합(Blend) : 개개의 소리와 음절로부터 한 단어를 생성

혼합성 난청(Mixed hearing loss) : 전도성과 감각신경성 난청이 동시에 존재

화농성 중이염(Suppurative otitis media) : 화농성 중이염(Purulent otitis media) 참조

화농성 중이염[Purulent (or suppurative) otitis media] : 중이강의 조직에 의한 고름 형성과 분비물

화용론(Pragmatics) : 의사소통의 사용·기능 혹은 목적, 의사소통의 행위와 문맥에 대한 학문

활음(Glide) : 자음에서 모음으로 변하는 조음 위치에 있는 음소

활자 인식(Print awareness) : 글자, 단어, 혹은 문장처럼 단어와 문자, 용어 인식을 포함하는 인쇄물의 의미와 기능에 관한 지식

효과(Effectiveness) : 평균적인 매일의 임상 조건하에서 주어진 의사소통 문제에 적용된 구체적인 중재로부터 정의된 개체에 있는

사람들에게 이득이 되는 확률

효능(Efficacy) : 이상적인 조건하에서 주어진 의사소통 문제에 적용된 구체적인 중재로부터 정의된 개체에 있는 사람들에게 이득이 되는 확률

효율성(Efficiency) : 의도되지 않은 효과를 포함한 가장 적은 노력으로 가장 큰 긍정적인 이득을 포함한 가장 빠른 중재방법의 적용

후두(Larynx) : 하기도를 보호하는 기도(trachea)의 상부 끝부분에 있으며 주로 소리산출을 위한 음원이 됨

후두계(Laryngeal system) : 소리산출을 위해 사용되는 후두의 구조

후두암(Laryngeal cancer) : 성문상, 성문 혹은 성문하 구조의 암

후두유두종(Laryngeal papilloma) : 성대에 사마귀 같은 종물

후천성면역결핍증후군(Acquired immunodeficiency syndrome, AIDS) : 인간이 여러 다른 질병에 걸리기 쉽게 되는 바이러스 질환

후천성(acquired) : 출생 후 일어나는

후천성면역결핍증후군/에이즈(HIV/AIDS) : 인간면역결핍바이러스와 후천성면역결핍증후군 참조

흡인, 격음(Aspiration) : 흡기 특히 폐 안으로 액체나 음식물의 흡입, 음운론에서 다양한 변이음들의 산출 시에 방출되는 공기

희박상(Rarefactoion) : 분자들이 서로 멀리 이동한 음파의 부분

[중이(中耳)의] 추골(槌骨)(Malleus) : 이소골의 가장 큰 부분. 그것은 고막을 고정시키고 연결고리에서 다음 뼈인 침골과 관절을 이룬다.

(중이의) 침골(Incus) : 중이에서 이소골 연결고리의 중간 뼈. 그것은 꼭대기에서 중이의 추골과 관절로 서로 이어져 있으며 아래쪽에서 중이의 등골(鐙骨)과 연결되어 돌출되어 있다.

(중추)청각처리장애[(Central) Auditory processing disorder, (C)APD] : 뇌간부터 대뇌피질을 경유하는 청각구조의 장애를 초래하는 질병

AIDS : 선천성면역결핍증후군 참조

FM 시스템(FM system) : FM 라디오 음파를 경유하여 청각장애인에게 소리가 전달되는 청각보조기술의 한 종류로 마이크로폰, 송신기, 무선 수신기로 구성되어 있음

SLP : 언어병리학자, 언어치료사 참조

TBI : 외상성뇌손상 참조

Alloway, T., & Archibald, L. (2008). Working memory and learning in children with developmental-coordination disorder and specific language impairment. *Journal of Learning Disabilities, 41,* 251–262.

Altmann, L., Lombardino, L. J., & Puranik, C. (2008). Sentence production in students with dyslexia. *International Journal of Language & Communication Disorders 43*(1), 55–76.

Alzheimer's Association. (2009). *2009 Alzheimer's disease facts and figures.* Retrieved May 27, 2009, from www.alz.org/national/documents/report_alzfactsfigures2009.pdf.

American Association on Intellectual and Developmental Disabilities. (2009). *Definition of intellectual disability.* Retrieved June 2, 2009, from www.aaidd.org/content_100.cfm?navID=21.

American Psychiatric Association. (1994). *Diagnostic and statistical manual of mental disorders* (4th ed.). Washington, DC: Author.

American Psychiatric Association. (2000). *Diagnostic and statistical manual of mental disorders* (4th ed.). Washington, DC: American Psychiatric Association.

American Psychiatric Association. (2013). *Diagnostic and Statistical Manual of mental disorders.* (5th ed.) Washington, DC: American Psychiatric Association.

American Speech-Language-Hearing Association (ASHA). (1992, March). Instrumental diagnostic procedures for swallowing. *Asha, 34* (Suppl. 7), 25–33.

American Speech-Language-Hearing Association (ASHA). (1993). Definitions of communication disorders and variations. *Asha, 35* (Suppl. 10), pp. 40–41.

American Speech-Language-Hearing Association (ASHA). (1995). *Guidelines for the training, credentialing, use, and supervision of speech-language pathology assistants.* Rockville, MD: Author.

American Speech-Language-Hearing Association (ASHA). (2000a). Council on Professional Standards. *Background information for the standards and implementation for the certificate of clinical competence in speech-language pathology.* (Effective date: January 1, 2005). Retrieved May 13, 2013, from http://professional.asha.org/library/slp_standards.htm.

American Speech-Language-Hearing Association (ASHA). (2000b). Council on Professional Standards. *Background information for the standards and implementation for the certificate of clinical competence in audiology.* (Effective date: January 1, 2007). Retrieved May 13, 2013, from http://professional.asha.org/library/audiology_standards.htm.

American Speech-Language-Hearing Association (ASHA). (2000c). *Fact sheet: Speech-language pathology.* Retrieved May 13, 2013, from http://professional.asha.org/students/careers/slp.htm.

American Speech-Language-Hearing Association (ASHA). (2001a, December 26). Code of ethics (revised). *ASHA Leader, 6*(23), 2.

American Speech-Language-Hearing Association (ASHA). (2001b). Council on Academic Accreditation. *Standards for accreditation of graduate education programs in audiology and speech-language pathology.* Retrieved May 13, 2013, from http://professional.asha.org/students/caa_programs/standards.htm.

American Speech-Language-Hearing Association (ASHA). (2001c). *Fact sheet: Audiology.* Retrieved May 13, 2013, from http://professional.asha.org/students/careers/audiology.htm.

American Speech-Language-Hearing Association (ASHA). (2001d). *Roles and responsibilities of speech-language pathologists with respect to reading and writing in children and adolescents* [Position paper, technical report, and guidelines]. Rockville, MD: Author.

American Speech-Language-Hearing Association (ASHA). (2004). Scope of practice in audiology. *ASHA Supplement, 24.*

American Speech-Language-Hearing Association. (2005a). *Augmentative and alternative communication: knowledge and skills for service delivery* [Knowledge and skills]. Retrieved May 13, 2013, from www.asha.org/policy.

American Speech-Language-Hearing Association (ASHA). (2007). *Childhood apraxia of speech* [Position statement]. Retrieved May 13, 2013, from www.asha.org/policy.

American Speech-Language-Hearing Association (ASHA). (2008b). *Treatment efficacy summary: Cognitive-communication disorders resulting from right hemisphere brain damage.* Retrieved on May 5, 2013, from www.asha.org/uploadedFiles/public/TESCognitiveCommunicationDisordersfromRightHemisphereBrainDamage.pdf.

American Speech-Language-Hearing Association (ASHA). (2009c) *About the American Speech-Language-Hearing Association (ASHA).* Retrieved May 30, 2009, from www.asha.org/about_asha.htm.

American Speech-Language-Hearing Association (ASHA). (2010). 2010 *Audiology survey summary report: Number and type of responses.* Rockville, MD: Author.

Andrews, G., Craig, A., Feyer, A. M., Hoddinott, S., Howie, P., & Neilson, M. (1983). Stuttering: A review of research findings and theories circa 1982. *Journal of Speech and Hearing Disorders, 48,* 226–246.

Angelo, D. (2000). Impact of augmentative and alternative communication devices on families. *Augmentative and Alternative Communication, 16*(1), 37–47.

Apel, K., & Masterson, J. (2001). Theory-guided spelling assessment and intervention: A case study. *Language, Speech, and Hearing Services in Schools, 32,* 182–194.

Apel, K., & Self, T. (2003). Evidence-based practice: The marriage of research and clinical practice. *The ASHA Leader, 8*(16), 6–7.

Archibald, L. M. D., & Gathercole, S. E. (2006). Visuospatial immediate memory in specific language impairment. *Journal of Speech, Language, and Hearing Research, 49,* 265–277.

Archibald, L. M., & Joanisse, M. (2009). On the sensitivity and specificity of nonword repetition and sentence recall to language and memory impairments in children. *Journal of Speech, Language, and Hearing Research, 52,* 899–914.

Aronson, A. E. (1990). *Clinical voice disorders.* New York: Thieme.

Arvedson, J. (2000). Evaluation of children with feeding and swallowing problems. *Language, Speech, and Hearing Services in Schools, 31,* 28–41.

Arvedson, J. (2009, June 19). *Pediatric feeding and swallowing disorders. Treatment efficacy summary.* Retrieved June 24, 2009, at www.asha.org/NR/rdonlyres/EEE3706F-215C-428B-A461-3ABFA8C0787A/0/TESPediatricFeedingandSwallowing.pdf.

Arvedson, J., & Brodsky, L. (2002). *Pediatric swallowing and feeding: Assessment and management* (2nd ed.). Albany, NY: Singular.

Ashford, J. R., Logemann, J. A., & McCullough, G. (2009a, June 19). *Swallowing disorders (dysphagia) in adults. Treatment efficacy summary.* Retrieved June 23, 2009, at www.asha.org/NR/rdonlyres/1EC1FFDC-CDD2-4569-AB57-319987BFB858/0/TESDysphagiainAdults.pdf.

Ashford, J. R., McCabe, D., Wheeler-Hegland, K., Frymark, T., et al. (2009b). Evidence-based systematic review: Oropharyngeal dysphagia behavioral treatments: Part III. Impact of dysphagia treatments on populations with neurological disorders. *Journal of Rehabilitation Research & Development, 46,* 195–204.

Associated Press. (2013, April 4). Study: Dementia leader in cost. (Albany, NY) *Times Union,* p. A6.

Aviv, J. E., Sataloff, R. T., Cohen, M., et al. (2001). Cost effectiveness of two types of dysphagia care in head and neck cancer: A preliminary report. *Ear, Nose, and Throat Journal, 80,* 553–558.

Baken, R., & Orlikoff, R. (2000). *Clinical management of speech and voice* (2nd ed.). San Diego, CA: Singular Press.

Ball, L. J., Marvin, C. A., Beukelman, D. R., Lasker, J., & Rupp, D. (2000). Generic talk use by preschool children. *Augmentative and Alternative Communication, 16,* 145–155.

Balsamo, L., Xu, B., Grandin, C., Petrella, J., et al. (2002). A functional magnetic resonance imaging study of left hemisphere language dominance in children. *Archives of Neurology, 59,* 1168–1174.

Bankson, N., & Bernthal, J. (1990). *Bankson-Bernthal test of phonology.* Austin, TX: PRO-ED.

Bassotti, G., Germani, U., Pagliaricci, S., Plesa, A., Giulietti, O., Mannarino, E., & Morelli, A. (1998). Esophageal manometric abnormalities in Parkinson's disease. *Dysphagia, 13*(1), 28–31.

Baum, S., & Dwivedi, V. (2003). Sensitivity to prosodic structure in left- and right-hemisphere-damaged individuals. *Brain and Language, 87,* 278–289.

Bear, D. R., Invernizzi, M., Templeton, S., & Johnston, F. (2000). *Words their way: Word study for phonics, vocabulary, and spelling instruction* (2nd ed.). Upper Saddle River, NJ: Prentice Hall.

Bear, D. R., Invernizzi, M., Templeton, S., & Johnston, F. (2004). *Words their way: Word study with phonics, vocabulary, and spelling instruction* (3rd ed.). Upper Saddle River, NJ: Merrill/Prentice Hall.

Beck, D., & and Fabry, D. (2011, January/February). Access America: It's about connectivity. *Audiology Today,* pp. 24–29.

Bedore, L. M. (2010). Choosing the language of intervention for Spanish–English bilingual preschoolers with language impairment. *EBP Briefs, 5*(1), 1–13.

Bedore, L. M., & Leonard, L. B. (2001). Grammatical morphological deficits in Spanish-speaking children with specific language impairment. *Journal of Speech, Language, and Hearing Research, 44,* 905–924.

Behrman, A., & Orlikoff, R. F. (1997). Instrumentation in voice assessment and treatment: What's the use? *American Journal of Speech-Language Pathology, 6,* 9–16.

Belmonte, M. K., & Bourgerone, T. (2006). Fragile X syndrome and autism at the intersection of genetic and neural networks. *Nature, 9*(10), 1221–1225.

Benelli, B., Belacchi, C., Gini, G., & Lucanggeli, D. (2006). "To define means to say what you know about things": The development of definitional skills as metalinguistic acquisition. *Journal of Child Language, 33,* 71–97.

Bergman, R. L., Piacentini, J., & McCracken, J. (2002). Prevalence and description of selective mutism in a school-based sample. *Journal of the American Academy of Child and Adolescent Psychiatry, 41,* 938–946.

Berlin, C., Hood, L., Morlet, T., Wilensky, D., Li, L., Mattingly, K., et al. (2010). Multi-site diagnosis and management of 260 patients with auditory neuropathy/dys-synchrony (Auditory Neuropathy Spectrum Disorder). *International Journal of Audiology, 49*(1), 30–43.

Bernhardt, B. H., & Holdgrafer, G. (2001). Beyond the basics I: The need for strategic sampling from in-depth phonological analysis. *Language, Speech, and Hearing Services in Schools, 32,* 18–27.

Berninger, V. W. (2000). Development of language by hand and its connections with language by ear, mouth, and eye. *Topics in Language Disorders, 20*(4), 65–84.

Berninger, V. W., Abbott, R. D., Billingsley, F., & Nagy, W. (2001). Processes underlying timing and fluency of reading: Efficiency, automaticity, coordination, and morphological awareness. In M. Worf (Ed.), *Dyslexia, fluency, and the brain* (pp. 383–413). Timonium, MD: York.

Berninger, V. W., Vaughan, K., Abbott, R., Brooks, A., Abbott, S., Reed, E., Rogan, L., & Graham, S. (1998). Early intervention for spelling problems: Teaching spelling units of varying size within a multiple connections framework. *Journal of Educational Psychology, 90,* 587–605.

Bernstein Ratner, N. (2006). Evidence-based practice: An examination of its ramifications for the practice of speech-language pathology. *Language, Speech, and Hearing Services in Schools, 37,* 257–267.

Bernthal, J., Bankson, N., & Flipson, P. (2013). *Articulation and phonological disorders: Speech sound disorders in children* (7th ed.). Boston: Pearson Education.

Bess, F. H., Dodd-Murphy, J., & Parker, R. A. (1998). Children with minimal sensorineural hearing loss: Prevalence, educational performance, and functional status. *Ear and Hearing, 19,* 339–354.

Beukelman, D. R., & Ansel, B. (1995). Research priorities in augmentative and alternative communication. *Augmentative and Alternative Communication, 11,* 131–134.

Beukelman, D. R., & Mirenda, P. (1997). *Augmentative and alternative communication: Management of severe communication disorders in children and adults* (2nd ed.). Baltimore: Brookes.

Beukelman, D. R., & Mirenda, P. (2013). *Augmentative and Alternative communication: supporting children and adults with complex communication needs* (4th ed.). Baltimore: Paul H. Brookes.

Binger, C., & Light, J. (2007). The effect of aided AAC modeling on the expression of multisymbol messages by preschoolers who use AAC. *Augmentative and Alternative Communication, 23,* 30–43.

Blachman, B., Ball, E., Black, R., & Tangel, D. (2000). *Road to the code: A phonological awareness program for young children.* Baltimore: Paul H. Brookes.

Blake, M. L. (2006). Clinical relevance of discourse characteristics after right hemisphere brain damage. *American Journal of Speech-Language Pathology, 15,* 255–267.

Blake, M. L. (2007). Perspectives on treatment for communication deficits associated with right hemisphere brain damage. *American Journal of Speech-Language Pathology, 16,* 331–342.

Blake, M. L. (2009). Inferencing processes after right hemisphere brain damage: Maintenance of inferences. *Journal of Speech, Language, and Hearing Research, 52,* 359–372.

Blake, M. L., & Lesniewicz, K. (2005). Contextual bias and predictive inferencing in adults with and without right hemisphere brain damage. *Aphasiology, 19,* 423–434.

Blake, M. L., Duffy, J. R., Myers, P. S., & Tompkins, C. A. (2002). Prevalence and patterns of right hemisphere cognitive/communicative deficits: Retrospective data from an inpatient rehabilitation unit. *Aphasiology, 16,* 537–548.

Blood, G. W., & Blood, I. M. (2004). Bullying in adolescents who stutter: Communicative competence and self-esteem. *Contemporary Issues in Communication Science and Disorders, 31,* 69–79.

Bloodstein, O. (1995). *A handbook on stuttering.* San Diego, CA: Singular.

Boburg, E., & Kully, D. (1995). The comprehensive stuttering program. In C. W. Starkweather & H. F. M. Peters (Eds.), *Stuttering: Proceedings of the First World Congress on Fluency Disorder* (pp. 305–308). Munich: International Fluency Association.

Bond, M., Mealing, R., Anderson, R., Elston, J., Weiner, G., Taylor, R., Hoyle,. M., Liu, Z., Price, A., & Stein, K. (2009). The effectiveness and cost-effectiveness of cochlear implants for severe to profound deafness in children and adults: A systematic review and economic model. *Health Technology Assessment, 13,* 44.

Boone, D., & McFarlane, S. (1993). A critical view of the yawn–sigh as a voice therapy technique. *Journal of Voice, 7,* 75–80.

Boone, D. R., & McFarlane, S. C. (2000). *The voice and voice therapy* (4th ed.). Boston: Allyn & Bacon.

Boswell, S. (2004). International agreement brings mutual recognition of certification. *The ASHA Leader, 9*(19), 1, 22.

Bothe, A., Davidow, J., Bramlett, R., & Ingham, R. (2006). Stuttering treatment research 1970–2005: I. Systematic review incorporating trial quality assessment of behavioral, cognitive, and related approaches. *American Journal of Speech-Language Pathology, 15,* 321–341.

Boudreau, D. (2005). Use of a parent questionnaire in emergent and early literacy assessment of preschool children. *Language, Speech, and Hearing Services in Schools, 36,* 33–47.

Boudreau, D. M., & Chapman, R. (2000). The relationship between event representation and linguistic skills in narratives of children and adolescents with Down syndrome. *Journal of Speech, Language, and Hearing Research, 43,* 1146–1159.

Boudreau, D. M., & Larson, J. (2004). *Strategies for teaching narrative abilities to school-aged children.* Paper presented at the annual convention of the American Speech-Language-Hearing Association, Philadelphia.

Bourgeois, M. S., & Hickey, E. M. (2009). *Dementia: From diagnosis to management: A functional approach.* New York: Psychology Press.

Brackenbury, T., & Pye, C. (2005). Semantic deficits in children with language impairments: Issues for clinical assessment. *Language, Speech, and Hearing Services in Schools, 36,* 5–16.

Brackenbury, T., Burroughs, E., & Hewitt, L. E. (2008). A qualitative examination of current guidelines for evidence-based practice in child language intervention. *Language, Speech, and Hearing Services in Schools, 39,* 78–88.

Bramble, K. (2013, March/April). Internet hearing aid sales: Our new reality. *Audiology Today,* pp. 16–18.

Branson, D., & Demchak, M. (2009). *AAC: Augmentative & Alternative Communication,* Dec 2009, Vol. 25 Issue 4, 274–286, 13p, 2 Charts; DOI: 10.3109/07434610903384529, Database: Communication & Mass Media Complete

Brault, M. W. (2005). Americans with Disabilities, 2005. *Current Population Reports,* pp. 70–117. Washington, DC: U.S. Census Bureau.

Brea-Spahn, M. R., & Dunn Davison, M. (2012). Writing intervention for Spanish-speaking English language learners: A review of research. *EBP Briefs, 7*(2), 1–11.

Brinton, B., & Fujiki, M. (2004). Social and affective factors in children with language impairment: Implications for literacy learning. In C. A. Stone, E. R. Silliman, B. J. Ehren, & K. Apel (Eds.), *Handbook of language and literacy: Development and disorders* (pp. 130–153). New York: Guilford.

Brinton, B., Spackman, M. P., Fujiki, M., & Ricks, J. (2007). What should Chris say? The ability of children with specific language impairment to recognize the need to dissemble emotions in social situations. *Journal of Speech, Language, and Hearing Research, 50,* 798–811.

Brooks, G., Torgerson, C. J., & Hall, J. (2008). The use of phonics in the teaching of reading and spelling. *EBP Briefs, 3*(2), 1–12.

Brown, F., & Snell, M. E. (1993). Meaningful assessment. In M. E. Snell (Ed.), *Instruction for students with severe disabilities.* New York: Merrill Education.

Brown, S., Ingham, R., Ingham, J., Laird, A., & Fox, P. (2005). Stuttered and fluent speech production: An Ale meta-analysis of normal neuroimaging studies. *Human Brain Mapping, 25,* 105–117.

Bulow, M., Olsson, R., & Ekberg, O. (2001). Videomanometric analysis of supraglottic swallow, effortful swallow, and chin tuck in patients with pharyngeal dysfunction. *Dysphagia, 16,* 190–195.

Burgess, S., & Turkstra, L. S. (2006). Social skills intervention for adolescents with autism spectrum disorders: A review of the experimental evidence. *EBP Briefs, 1*(4).

Caccamise, D., & Snyder, L. (2005). Theory and pedagogical practices of text comprehension. *Topics in Language Disorders, 25*(1), 1–20.

Cain, K. Patson, N., & Andrews, L. (2005). Age- and ability-related differences in young readers' use of conjunctions. *Journal of Child Language, 32,* 877–892.

Calvert, D. (1982) Articulation and hearing impairments. In Lass, L., Northern, J., Yoder, D., & McReynolds, L. (Eds.), *Speech, language, and hearing* (Vol. 2). Philadelphia: Saunders.

Castell, J., Johnston, B., Colcher, A., Li, Q., Gideon, R., Castell, D. (2001). Manometric abnormalities of the oesophagus in patients with Parkinson's disease. *Neurogastroenterology & Motility, 13,* 361–364.

Catten, M., Gray, S., Hammond, T., Zhou, R., & Hammond, E. (1998). Analysis of cellular location and concentration in vocal fold lamina propria. *Archives of Otolaryngology—Head & Neck Surgery, 118,* 663–666.

Catts, H. W., & Kamhi, A. (2005). Causes of reading disabilities. In H. W. Catts & A. G. Kamhi (Eds.), *Language and reading disabilities* (2nd ed., pp. 94–126). Boston: Allyn & Bacon.

Catts, H. W., Adlof, S. M., & Ellis Weismer, S. (2006). Language deficits in poor comprehenders: A case for the simple view of reading. *Journal of Speech, Language, and Hearing Research, 49,* 278–293.

Catts, H. W., Fey, M. E., Zhang, X., & Tomblin, J. B. (2001). Estimating the risk of future reading difficulties in kindergarten children: A research-based model and its clinical implementation. *Language, Speech, and Hearing Services in Schools, 32,* 38–50.

Centers for Disease Control and Prevention. (2009). *Summary of 2009 CDC EHDI data.* Retrieved March 1, 2013, from www.cdc.gov/ncbddd/hearingloss/ehdi-data.html.

Chakrabarti, S., & Fombonne, E. (2001) Pervasive developmental disorders in preschool children. *Journal of the American Medical Association, 27,* 3093–3099.

Chan, J. B., & Iacano, T. (2001). Gesture and word production in children with Down Syndrome. *Augmentative and Alternative Communication, 17*(2), 73–87.

Chang, S., Ohde, R., & Conture, E. (2002). Coarticulation and formant transition rate in young children who stutter. *Journal of Speech, Language, and Hearing Research, 45,* 676–688.

Charity, A., Scarborough, H., & Griffin, D. (2004). Familiarity with school English in African American children and its relation to early reading achievement. *Child Development, 75,* 1340–1356.

Charman, T., Drew, A., Baird, C., & Baird, G. (2003). Measuring early language development in preschool children with autism spectrum disorder using the

MacArthur Communicative Development Inventory (Infant Form). *Journal of Child Language, 30,* 213–236.

Cherney, L. R. (1994). Dysphagia in adults with neurologic disorders: An overview. In L. R. Cherney (Ed.), *Clinical management of dysphagia in adults and children.* Gaithersburg, MD: Aspen.

Chisolm, T. H., Johnson, C. E., Danhauer, J. L., Portz, L. J., Abrams, H. B., Lesner, S., McCarthy, P. A., & Newman, C. W. (2007). A systematic review of health-related quality of life and hearing aids: Final report of the American Academy of Audiology Task Force on the Health-Related Quality of Life Benefits of Amplification in Adults. *Journal of the American Academy of Audiology, 18*(2), 151–183.

Chomsky, N., & Halle, M. (1968). *The sound patterns of English.* New York: Harper & Row.

Choudhury, N., & Benasich, A. A. (2003). A family aggregation study: The influence of family history and other risk factors on language development. *Journal of Speech, Language, and Hearing Research, 46,* 261–272.

Chouinard, M. M., & Clark, E. V. (2003). Adult reformulations of child errors as negative evidence. *Journal of Child Language, 30,* 637–669.

Church, C., Alisanski, S., & Amanullah, S. (2000). The social, behavioral, and academic experiences of children with Asperger syndrome. *Focus on Autism and Other Developmental Disabilities, 15*(1), 12–20.

Cirrin, F. M., & Gillam, R. B. (2008). Language intervention practices for school-age children with spoken language disorders: A systematic review. *Language, Speech, and Hearing Services in Schools, 39,* 110–137.

Clare, L., & Jones, R. (2008). Errorless learning in the rehabilitation of memory: A critical review. *Neuropsychological Review, 18,* 1–23.

Clark, H. M. (2004). Neuromuscular treatment for speech and swallowing: A tutorial. *American Journal of Speech-Language Pathology, 12,* 400–415.

Clark, H., Lazarus, C., Arvedson, J., Schooling, T., & Frymark, T. (2009). Evidence-based systematic review: Effects of neuromuscular electrical stimulation on swallowing and neural activation. *American Journal of Speech-Language Pathology, 18,* 361–375.

Clarke, C. E., Gullaksen, E., Macdonald, S., et al. (1998). Referral criteria for speech and language therapy assessment of dysphagia caused by idiopathic Parkinson's disease. *Acta Neurologica Scandinavica, 97*(1), 27–35.

Clendon, S., & Erickson, K. A. (2008). The vocabulary of beginning writers: Implications for children with complex communication needs. *Augmentative and Alternative Communication, 24*(4), 281–293.

Coelho, C. A., DeRuyter, F., Kennedy, M. R. T., & Stein, M. (2008). Cognitive-communication disorders resulting from traumatic brain injury. *Treatment Efficacy Summary.* Retrieved June 28, 2009, from www.asha.org/NR/rdonlyres/4BAF3969-9ADC-4C01 -B5ED-1334CC20DD3D/0/TreatmentEfficacy Summaries2008.pdf.

Colton, R. H., & Casper, J. K. (1990). *Understanding voice problems: A physiological perspective for diagnosis and treatment.* Baltimore: Williams & Wilkins.

Colton, R. H., & Casper, J. K. (1996). *Understanding voice problems: A physiological perspective for diagnosis and treatment* (2nd ed.). Baltimore: Williams & Wilkins.

Condouris, K., Meyer, E., & Tager-Flusberg, H. (2003). The relationship between standardized measures of language and measures of spontaneous speech in children with autism. *American Journal of Speech-Language Pathology, 12,* 349–358.

Conti-Ramsden, G., & Botting, N. (2004). Social difficulties and victimization in children with SLI at 11 years of age. *Journal of Speech, Language, and Hearing Research, 47,* 145–161.

Conti-Ramsden, G., & Durkin, K. (2008). Language and independence in adolescents with and without a history of specific language impairment (SLI). *Journal of Speech, Language, and Hearing Research, 51,* 70–83.

Conti-Ramsden, G., Durkin, K., & Simkin, Z. (2010). Language and social factors in the use of cell phone technology by adolescents with and without Specific Language Impairment (SLI). *Journal of Speech, Language, and Hearing Research, 53,* 196–208.

Conti-Ramsden, G., Simkin, Z., & Pickles, A. (2006). Estimating familial loading in SLI: A comparison of direct assessment versus personal interview. *Journal of Speech, Language, and Hearing Research, 49,* 88–101.

Conture, E. G. (1990b). *Stuttering* (2nd ed.). Englewood Cliffs, NJ: Prentice Hall.

Conture, E. G. (1996). Treatment efficacy: Stuttering. *Journal of Speech and Hearing Research, 39,* S18–S26.

Conture, E. G., & Guitar, B. (1993). Evaluating efficacy of treatment of stuttering: School-age children. *Journal of Fluency Disorders, 18,* 253–287.

Conture, E. G., & Yaruss, J. S. (2009, June 19). Stuttering. *Treatment Efficacy Summary.* Retrieved June 23, 2009, from www.asha.org/NR/rdonlyres /85BCEC0C-FBF5-43C7-880D-EF2D3219F807/0 /TESStuttering.pdf.

Cooper, E. B. (1984). Personalized fluency control therapy: A status report. In M. Peins (Ed.), *Contemporary approaches to stuttering therapy* (pp. 1–38). Boston: Little, Brown.

Corbin-Lewis, K., Liss, J., & Sciortino, K. (2004). *Clinical anatomy & physiology of the swallow mechanism.* Clifton Park, NY: Delmar Cengage Learning.

Corriveau, K., Posquine, E., & Goswami, U. (2007). Basic auditory processing skills and specific language impairment: A new look at an old hypothesis. *Journal of Speech, Language, and Hearing Research, 50,* 647–666.

Côté, H., Payer, M., Giroux, F., & Joanette, Y. (2007). Towards a description of clinical communication impairment profiles following right-hemisphere damage. *Aphasiology, 21,* 739–749.

Cowan, N., Nugent, L., Elliott, E., Ponomarev, I., & Saults, S. (2005). The role of attention in the development of short-term memory: Age differences in the verbal span of apprehension. *Child Development, 70,* 1082–1097.

Coyle, J., Davis, L., Easterling, C., Graner, D., et al. (2009). Oropharyngeal dysphagia assessment and treatment efficacy: Setting the record straight (Response to Campbell-Taylor). *Journal of the American Medical Directors Association,* pp. 62–66.

Craig, A., & Calvert, P. (1991). Following up on treated stutterers: Studies of perception of fluency and job status. *Journal of Speech and Hearing Research, 34,* 279–284.

Craig, H. K., & Washington, J. A. (2004). Grade related changes in the production of African American English. *Journal of Speech, Language, and Hearing Research, 47,* 450–463.

Craig, A., Hancock, H., Chang, E., McCready, C., et al. (1996). A controlled clinical trial for stuttering in persons aged 9 to 14 years. *Journal of Speech and Hearing Research, 39,* 808–826.

Cress, C. J. (2001). Language and AAC intervention in young children: Never too early or too late to start. *American Speech-Language Hearing Association Special Interest Division 1, Language Learning and Education Newsletter, 8*(1), 3–4.

Crowe, L. K. (2003). Comparison of two reading feedback strategies in improving the oral and written language performance of children with language-learning disabilities. *American Journal of Speech-Language Pathology, 12,* 16–27.

Cruickshanks, K. J., Wiley, T. L., Tweed, T. S., Klein, B. E. K., Klein, R., Mares-Perlman, J. A., et al. (1998). Prevalence of hearing loss in older adults in Beaver Dam, Wisconsin: The epidemiology of hearing loss study. *American Journal of Epidemiology, 148*(9), 879–885.

Cummings, L. (2008). *Clinical linguistics.* Edinburgh: Edinburgh University Press.

Cunningham, A., Perry, K., Stanovich, K., & Stanovich, P. (2004). Disciplinary knowledge of K–3 teachers and their knowledge calibration in the domain of early literacy. *Annals of Dyslexia, 54,* 139–167.

Cunningham, J. W., Spadorcia, A., & Erickson, K. A. (2005). Investigating the instructional supportiveness of leveled texts. *Reading Research Quarterly, 40*(4), 410–427.

Cupples, L., & Iacono, T. (2000). Phonological awareness and oral reading skill in children with Down syndrome. *Journal of Speech, Language, and Hearing Research, 43,* 595–608.

Dale, P. S., Price, T. S., Bishop, D. V. M., & Plomin, R. (2003). Outcomes of early language delay: I. Predicting persistent and transient language difficulties at 3 and 4 years. *Journal of Speech, Language, and Hearing Research, 46,* 544–560.

Dalston, R. (2004). The use of nasometry in the assessment and remediation of velopharyngeal inadequacy. In K. Bzoch (Ed.), *Communicative disorders related to cleft lip and palate* (5th ed.). Austin, TX: PRO-ED.

Dalston, R. M. (1995). The use of nasometry in the assessment and remediation of velopharyngeal inadequacy. In K. R. Bzoch (Ed.), *Communicative disorders related to cleft lip and palate* (4th ed., pp. 331–346). Austin, TX: PRO-ED.

Dalston, R. M., & Seaver, E. J. (1990). Nasometric and phototransductive measurements of reaction times in normal adult speakers. *Cleft Palate Journal, 27,* 61–67.

Daly, D., Simon, C., & Burnett-Stolnack, M. (1995). Helping adolescents who stutter focus on fluency. *Language, Speech, and Hearing Services in Schools, 26,* 162–168.

Danahauer, J., Johnson, D., Young, M., Rotan, S., Snelson, T., Stockwell, J., & McLain, M. (2012). Survey of high school students' perceptions about their iPod use, knowledge of hearing health, and need for education. *Language, Speech, and Hearing Services in Schools, 43,* 14–35.

Danahy Ebert, K., & Kohnert, K. (2011). Sustained attention in children with primary language impairment: A meta-analysis. *Journal of Speech, Language, and Hearing Research, 54,* 1372–1384.

Dark, L., & Balandin, S. (2007). Prediction and selection of vocabulary for two leisure activities. *Augmentative and Alternative Communication, 23*(4), 288–299.

Davis, B., Jakielski, K., & Marquardt, T. (1998). Developmental apraxia of speech: Determiners of differential diagnosis. *Clinical Linguistics and Phonetics, 12,* 25–45.

Dawson, J., & Tattersall, P. (2001). *Structured Photographic Articulation Test II—Featuring Dudsberry.* DeKalb, IL: Janelle.

Dawson, G., Carver, L., Meltzoff, A. N., Panagiotides, H., McPartland, J., & Webb, S. J. (2002). Neural correlates of face and object recognition in young children with autism spectrum disorder, developmental delay, and typical development. *Child Development, 73,* 700–712.

de Valenzuela, J. S., Copeland, S. R., Qi, C. H., & Park, M. (2006). Examining educational equity: Revisiting the disproportionate representation of minority students in special education. *Exceptional Children, 72,* 425–441.

Dean Qualls, C., O'Brien, R. M., Blood, G. W., & Scheffner Hammer, C. (2003). Contextual variation, familiarity, academic literacy, and rural adolescents' idiom knowledge. *Language, Speech, and Hearing Services in Schools, 34,* 69–79.

DeBonis, D., & Moncrieff, D. (2008). Auditory processing disorders: An update for speech-language pathologists. *American Journal of Speech-Language Pathology, 17,* 4–18.

DeDe, G. (2012). Effects of word frequency and modality on sentence comprehension impairments in people with aphasia. *American Journal of Speech-Language Pathology, 21,* 103–114.

DeKosky, S. T. (2008, May 13). *Alzheimer's disease: Current and future research.* Public Policy Forum, Alzheimer's Association, Washington, DC.

Demmert, W.G., McCardle, P., & Leos, K. (2006). Conclusions and commentary. *Journal of American Indian Education, 45* (2), 77–88.

Denes, P., & Pinson, E. (1993). *The speech chain.* New York: W. H. Freeman and Co.

Denk, D. M., Swoboda, H., Schima, W., & Eibenberger, K. (1997). Prognostic factors for swallowing rehabilitation following head and neck cancer surgery. *Acta Otolaryngolica, 117*(5), 769–774.

DePippo, K. L., Holas, M. A., & Reding, M. J. (1992). Validation of the 3-oz water swallow test for aspiration following stroke. *Archives of Neurology, 49*(12), 1259–1261.

DeRuyter, F., Fromm, D., Holland, A., & Stein, M. (2008). Aphasia resulting from left hemisphere stroke. *Treatment Efficacy Summary.* Retrieved June 28, 2009, from www.asha.org/NR/rdonlyres/4BAF3969 -9ADC-4C01-B5ED-1334CC20DD3D/0/Treatment EfficacySummaries2008.pdf.

DeThorne, L. S., Petrill, S. A., Hart, S. A., Channell, R. W., Campbell, R. J., Deater-Deckard, K., Thompson, L. A., & Vandenbergh, D. J. (2008). Genetic effects on children's conversational language use. *Journal of Speech, Language, and Hearing Research, 51,* 423–435.

Deutsch, G. K., Dougherty, R. F., Bammer, R., Siok, W. T., Gabrieli, J. D., & Wandell, B. (2005). Children's reading performance is correlated with white matter structure measured by diffusion tensor imaging. *Cortex, 41,* 354–363.

Diefendorf, A. (1988). Pediatric audiology. In J. Lass, L. McReynolds, J. Northern, & D. Yoder (Eds.), *Handbook of speech language pathology and audiology* (pp. 1315–1338). Toronto: B. C. Decker.

Diehl, S. F., Ford, C., & Federico, J. (2005). The communication journey of a fully included child with an autism spectrum disorder. *Topics in Language Disorders, 25*(4), 375–387.

Dollaghan, C. A. (2004). Evidence-based practice in communication disorders: What do we know, and when do we know it? *Journal of Communication Disorders, 37,* 391–400.

Dollaghan, C. A., & Horner, E. A. (2011). Bilingual language assessment: A meta-analysis of diagnostic accuracy. *Journal of Speech, Language, and Hearing Research, 54,* 1077–1088.

Donahue, M. L., & Foster, S. K. (2004). Social cognition, conversation, and reading comprehension: How to read a comedy of manners. In C. A. Stone, E. R. Silliman, B. J. Ehren, & K. Apel (Eds.), *Handbook of language and literacy: Development and disorders* (pp. 363–379). New York: Guilford.

Dore, J., Franklin, M., Miller, R., & Ramer, A. (1976). Transitional phenomena in early language acquisition. *Journal of Child Language, 3,* 13–28.

Douglas, J. M. (2010). Relation of executive function to pragmatic outcome following severe traumatic brain injury. *Journal of Speech, Language, and Hearing Research, 53,* 365–382.

Downey, D., Daugherty, P., Helt, S., & Daugherty, D. (2004). Integrating AAC into the classroom. *The ASHA Leader, 9*(17), 6–7, 36.

Downey, D. M., & Snyder, L. E. (2000). College students with LLD: The phonological core as risk for failure in foreign language classes. *Topics in Language Disorder, 21*(1), 82–92.

Drager, K., Clark-Serpentine, E. A., Johnson, K. E., & Roeser, J. L. (2006). Accuracy of repetition of digitized and synthesized speech for young children in background noise. *American Journal of Speech-Language Pathology, 15*(2), 155–164.

Drager, K. D. R., & Reichle, J. E. (2001). Effects of age and divided attention on listeners' comprehension of synthesized speech. *Augmentative and Alternative Communication, 17,* 109–119.

Drager, K. D. R., Postal, V. J., Carrolus, L., Castellano, M., Gagliano, C., & Glynn, J. (2006). The effect of aided language modeling on symbol comprehension and production in 2 preschoolers with autism. *American Journal of Speech-Language Pathology, 15,* 112–125.

Duchan, J. F. (2002). What do you know about the history of speech-language pathology? And why is it important? *The ASHA Leader, 7*(23), 4–5, 29.

Duffy, J. (2005). *Motor speech disorders: Substrates, differential diagnosis, and management* (2nd ed.). St. Louis, MO: Elsevier, Mosby.

Duffy, J. (2013). *Motor speech disorders: Substrates, differential diagnosis, and management* (3rd ed.). St. Louis, MO: Elsevier, Mosby.

Edmonds, L. A., & Babb, M. (2011). Effect of verb network strengthening treatment in moderate-to-severe aphasia. *American Journal of Speech-Language Pathology, 20,* 131–145.

Ehren, B. J. (2005). Looking for evidence-based practice in reading comprehension instruction. *Topics in Language Disorders, 25,* 310–321.

Ehren, B. J. (2006). Partnerships to support reading comprehension for students with language impairment. *Topics in Language Disorders, 26,* 42–54.

Ehri, L. C. (2000). Learning to read and learning to spell: Two sides of a coin. *TLD, Topics in Language Disorders, 20*(3), 19–36.

Eigsti, L., & Cicchetti, D. (2004). The impact of child maltreatment on the expressive syntax at 60 months. *Developmental Science, 7*, 88–102.

Eisenberg, S. L., McGovern Fersko, T., & Lundgren, C. (2001). The use of MLU for identifying language impairment in preschool children: A review. *American Journal of Speech-Language pathology, 10*, 323–342.

Eisenberg, S. L., Ukrainetz, T. A., Hsu, J. R., Kaderavek, J. N., Justice, L. M., & Gillam, R. B. (2008). Noun phrase elaboration in children's spoken stories. *Language, Speech, and Hearing Services in Schools, 39*, 145–157.

Elliott, N., Sundberg, J., & Gramming, P. (1997). Physiological aspects of a vocal exercise. *Journal of Voice, 11*, 171–177.

Ellis Weismer, S., Plante, E., Jones, M., & Tomblin, J. B. (2005): A functional magnetic resonance imaging investigation of verbal working memory in adolescents with specific language impairment. *Journal of Speech, Language, and Hearing Research, 48*, 405–425.

Englert, C. S., Raphael, T. E., Anderson, L. M., Anthony, H. M., Fear, K. L., & Gregg, S. L. (1988). A case for writing intervention: Strategies for writing informational text. *Learning Disabilities Focus, 3*(2), 98–113.

English, K. (2002). Psychosocial aspects of hearing impairment and counseling basics. In R. L. Schow & M. A. Nerbonne (Eds.), *Introduction to audiologic rehabilitation* (4th ed., pp. 225–246). Boston: Allyn & Bacon.

English, K. (2007). Psychosocial aspects of hearing impairment and counseling basics. In R. L. Schow & M. A. Nerbonne (Eds.), *Introduction to audiologic rehabilitation* (5th ed., pp. 245–268). Boston: Pearson.

Erickson, K. A. (2003). Reading Comprehension in AAC. *The ASHA Leader, 8*, 6–9.

Ertmer, D. J., Strong, L. M., & Sadagopan, N. (2003). Beginning to communicate after cochlear implantation: Oral language development in a young child. *Journal of Speech, Language, and Hearing Research, 46*, 328–340.

Ervalahti, N., Korkman, M., Fagerlund, Å., Autti-Rämö, I., Loimu, L., & Hoyme, H. E. (2007). Relationship between dysmorphic features and general cognitive function in children with fetal alcohol spectrum disorders. *American Journal of Medical Genetics, Part A, 143A*, 2916–2923.

Feeney, J. (2007). *AAC as literacy: Helping learners navigate social and literate worlds.* Paper presented at the American Speech-Language-Hearing Association national convention, Miami.

Feeney, J., & Capo, M. (2002). *Using self-advocacy videos to educate staff in TBI rehabilitation.* Paper presented at

the American Speech-Language-Hearing Association national convention, Atlanta.

Feeney, J., & Ylvisaker, M. (2000). *Ongoing project-oriented intervention in TBI: A collaborative process.* Paper presented at the American Speech-Language-Hearing Association annual convention, Washington, DC.

Feinberg, M. (1997). The effects of medications on swallowing. In B. C. Sonies (Ed.), *Dysphagia: A continuum of care.* Gaithersburg, MD: Aspen.

Feldman, H. M., Dollaghan, C. A., Campbell, T. F., Colborn, D. K., Janosky, J., Kurs-Lasky, M., Rockette, H. E., Dale, P. S., & Paradise, J. L. (2003). Parent-reported language skills in relation to otitis media during the first 3 years of life. *Journal of Speech, Language, and Hearing Research, 46*, 273–287.

Felsenfeld, S. (1997). Epidemiology and genetics of stuttering. In R. F. Curlee & G. M. Siegel (Eds.), *Nature and treatment of stuttering: New directions* (2nd ed., pp. 3–23). Boston: Allyn & Bacon.

Felsenfeld, S., Kirk, K. M., Zhu, G., Statham, D. J., Neale, M. C., & Martin, N. G. (2000). A study of genetic and environmental etiology of stuttering in a selected twin sample. *Behavior Genetics, 30*(5), 359–366.

Ferguson, N. F., Evans, K., & Raymer, A. M. (2012). A comparison of intention and pantomime gesture treatment for noun retrieval in people with aphasia. *American Journal of Speech-Language Pathology, 21*, 126–139.

Ferrand, C. (2001). *Speech science: An integrated approach to theory and clinical practice.* Boston: Allyn & Bacon.

Ferand, C. (2006). *Speech science: An integrated approach to theory and clinical practice.* Boston: Pearson.

Ferré, P., Clermont, M., Lajoie, C., Côté, H., Ferreres, A., Abusamra, V., et al. (2009). Identification of communication patterns of adults with right brain profiles. *Journal of Latin-American Neuropsychology, 1*, 32–40.

Ferré, P., Ska, B., Lajoie, C., Bleau, A., & Joanette, Y. (2011). Clinical focus on prosodic, discursive and pragmatic treatment for right hemisphere damaged adults: What's right? *Rehabilitation Research and Practice*, 1–10.

Fey, M. E., Long, S. H., & Finestack, L. H. (2003). Ten principles of grammar facilitation for children with specific language impairment. *American Journal of Speech-Language Pathology, 12*, 3–15.

Fey, M. E., Catts, H., Proctor-Williams, K., Tomblin, B., & Zhang, X. (2004). Oral and written story composition skills of children with language impairment. *Journal of Speech, Language, and Hearing Research, 47*, 1301–1318.

Filipek, P., Accordo, P., Baranek, G., Cook, E., Dawson, G., Gordon, B., et al. (1999). The screening and diagnosis of autism spectrum disorders. *Journal of Autism and Developmental Disorders, 29*, 49–58.

Finestack, L. H., & Fey, M. E. (2009). Evaluation of a deductive procedure to teach grammatical inflections to children with language impairment. *American Journal of Speech-Language Pathology, 18,* 289–302.

Flax, J. F., Realpe-Bonilla, T., Hirsch, L. S., Brzustowicz, L. M., Bartlett, C. W., & Tallal, P. (2003). Specific language impairment in families: Evidence for co-occurrence with reading impairments. *Journal of Speech, Language, and Hearing Research, 46,* 530–543.

Flipsen, P. (2003). Articulation rate and speech-sound normalization failure. *Journal of Speech, Language, and Hearing Research, 46,* 724–737.

Fombonne, E. (2003). The prevalence of autism. *Journal of the American Medical Association, 289,* 87–89.

Fosnot, S. (1993). Research design for examining treatment efficacy in fluency disorders. *Journal of Fluency Disorders, 18,* 221–252.

Fossett, T. (2010). Deep brain stimulation: Description and implications for motor speech. *Perspectives on Neurophysiology and Neurogenic Speech and Language Disorders, 20,* 50–54.

Foster, W. A., & Miller, M. (2007). Development of the literacy achievement gap: A longitudinal study of kindergarten through third grade. *Language, Speech, and Hearing Services in Schools, 38,* 173–181.

Fox, C., & Boliek, C. (2012). Intensive voice treatment (LSVT LOUD) for children with spastic cerebral palsy and dysarthria. *Journal of Speech, Language, and Hearing Research, 55,* 930–945.

Fox, C., Boliek, C., & Ramig, L., (2006, March). The impact of intensive voice treatment (LSVT®) on speech intelligibility in children with spastic cerebral palsy. Poster presented at the Conference on Motor Speech, Austin, TX.

Fox, C., Morrison, C., Ramig, L., & Sapir, S. (2002). Current perspectives on the Lee Silverman Voice Treatment (LSVT) for individuals with idiopathic Parkinson disease. *American Journal of Speech-Language Pathology, 11,* 111–123.

Fox, L. E., & Rau, M. T. (2001). Augmentative and alternative communication for adults following glossectomy and laryngectomy surgery. *Augmentative and Alternative Communication, 17,* 161–166.

Foy, J. G., & Mann, V. (2003). Home literacy environment and phonological awareness in preschool children: Differential effects for rhyme and phoneme awareness. *Applied Psycholinguistics, 24,* 59–88.

Francis, A. L., Nusbaum, H. C., & Fenn, K. (2007). Effects of training on the acoustic-phonetic representation of synthetic speech. *Journal of Speech, Language, and Hearing Research, 50,* 1445–1465.

Fridriksson, J., Moser, D., Ryalls, J., Bonilha, L., Rorden, C., & Baylis, G. (2009). Modulation of frontal lobe speech areas associated with the production and perception of speech movements. *Journal of Speech and Hearing Research, 52,* 812–819.

Fried-Oken, M., Fox, L., Rau, M. T., Tullman, J., Baker, G., Hindal, M., et al. (2006). Purposes of AAC device use for persons with ALS as reported by caregivers. *Augmentative and Alternative Communication, 22,* 209–221.

Fry, R. (2007). *The changing racial and ethnic composition of U.S. public schools.* Washington, DC: Pew Hispanic Center.

Fuchs, D., Fuchs, L. S., Thompson, A., Otaiba, S. A., Yen, L., Yang, N. J., Braun, N., & O'Connor, N. E. (2001). Is reading important in reading-readiness programs? A randomized field trial with teachers as program implementers. *Journal of Educational Psychology, 93,* 251–267.

Galaburda, A. L. (2005). Neurology of learning disabilities: What will the future bring? The answer comes from the successes of the recent past. *Journal of Learning Disabilities, 28,* 107–109.

Gelb, A. B., Medeiros, L. J., Chen, Y. Y., Weiss, L. M., & Weidner, N. (1997). Hodgkin's disease of the esophagus. *American Journal of Clinical Pathology, 108*(5), 593–598.

Gelfer, M., & Schofield, K. (2000). Comparison of acoustic and perceptual measures of voice in male-to-female transsexuals perceived as female versus those perceived as male. *Journal of Voice, 14*(1), 22–23.

Gelfer, M. P. (1996). *Survey of communication disorders: A social and behavioral perspective.* New York: McGraw-Hill.

Gerber, A., & Klein, E. R. (2004). *Teacher/tutor assisted literacy learning in the primary grades, a speech-language approach to early reading: T. A. L. L. while small.* Paper presented at the annual convention of the American Speech-Language-Hearing Association, Philadelphia.

Gierut, J. A. (1998). Treatment efficacy: Functional phonological disorders in children. *Journal of Speech, Language, and Hearing Research, 41*(1), S85–S100.

Gierut, J. A. (2001). Complexity in phonological treatment: Clinical factors. *Language, Speech, and Hearing Services in Schools, 32,* 229–241.

Gierut, J. A. (2005). Phonological intervention: The how or the what? In A. Kamhi & K. Pollock (Eds.), *Phonological disorders in children: Clinical decision making in assessment and intervention* (pp. 201–210). Baltimore: Brookes.

Gierut, J. A. (2009, June 19). Phonological disorders in children. *Treatment Efficacy Summary.* Retrieved June 23, 2009, from www.asha.org/NR/rdonlyres/F251004F-005C-47D9-8A2C-B85C818F3D33/0/TESPhonologicalDisordersinChildren.pdf.

Gierut, J. A., Morrisette, M. L., Hughes, M. T., & Rowland, S. (1996). Phonological treatment efficacy and developmental norms. *Language, Speech, and Hearing Services in Schools, 27,* 215–230.

Gillam, R. B., & Gorman, B. K. (2004). Language and discourse contributions to word recognition and text interpretation. In E. R. Silliman & L. C. Wilkinson (Eds.), *Language and literacy learning in schools* (pp. 63–97). New York: Guilford.

Gillon, G. T. (2000). The efficacy of phonological awareness intervention for children with spoken language impairment. *Language, Speech, and Hearing Services in Schools, 31,* 126–141.

Girolametto, L., Hoaken, L., Weitzman, E., & van Lieshout, R. (2000). Patterns of adult-child linguistic interaction in integrated day care groups. *Language, Speech, and Hearing Services in Schools, 31,* 155–168.

Girolametto, L., Weitzman, E., & Greenberg, J. (2003). Training day care staff to facilitate children's language. *American Journal of Speech-Language Pathology, 12,* 299–311.

Girolametto, L., Weitzman, E., & Greenberg, J. (2012). Facilitating emergent literacy: Efficacy of a model that partners speech-language pathologists and educators. *American Journal of Speech-Language Pathology, 21,* 47–63.

Glattke, T. J., & Robinette, M. S. (2007). Otoacoustic emissions. In R. J. Roeser, M. Valente, & H. H. Dunn (Eds.), *Audiology: Diagnosis* (2nd ed., pp. 478–496). New York: Thieme.

Glennen, S. L., & DeCoste, C. (1997). *Handbook of augmentative communication.* San Diego, CA: Singular.

Goldman, R., & Fristoe, M. (2000). *Goldman-Fristoe test of articulation-Second edition (GFTA-2).* Circle Pines, MN: American Guidance Service.

Goldstein, H., & Prelock, P. (2008). Child language disorders. *Treatment efficacy summary.* Retrieved June 28, 2009, from www.asha.org/NR/rdonlyres/4BAF3969 -9ADC-4C01-B5ED-1334CC20DD3D/0/Treatment EfficacySummaries2008.pdf.

Gorham-Rowan, M., & Morris, R. (2006). Aerodynamic analysis of male-to-female transgender voice. *Journal of Voice, 20(2),* 251–262.

Gottwald, S., & Starkweather, W. C. (1995). Fluency intervention for preschoolers and their families in the public schools. *Language, Speech, and Hearing Services in Schools, 26,* 117–126.

Granlund, M., Björck-ÄKesson, E., Wilder, J., & Ylvén, R. (2008). AAC interventions for children in a family environment: Implementing evidence in practice. *Augmentative and Alternative Communication, 24,* 207–219.

Gray, S. (2004). Word learning by preschoolers with specific language impairment: Predictors and poor learners. *Journal of Speech, Language, and Hearing Research, 47,* 1117–1132.

Gray, S. D., Titze, I. R., & Lusk, R. P. (1987). Electron microscopy of hyperphonated canine vocal cords. *Journal of Voice, 1,* 109–115.

Greenhalgh, K. S., & Strong, C. J. (2001). Literate language features in spoken narratives of children with typical language and children with language impairments. *Language, Speech, and Hearing Services in Schools, 32,* 114–126.

Greenough, W. T. (1975). Experimental modification of the developing brain. *American Science, 63,* 37–46.

Gregory, R. L. (1981). *Mind in science.* New York: Cambridge University Press.

Grice, S. J., Halit, H., Farroni, T., Baron-Cohen, S., Bolton, P., & Johnson, M. H. (2005). Neural correlates of eye-gaze detection in young children with autism. *Cortex, 41,* 327–341.

Grigorenko, E. L. (2005). A conservative meta-analysis of linkage and linkage-association studies of developmental dyslexia. *Scientific Studies of Reading, 9,* 285–316.

Groher, M., & Crary, M. (2010). *Dysphagia: Clinical management in adults and children.* Maryland Heights, MO: Mosby Elsevier Inc.

Grove, N., & Dockrell, J. (2000) Multisign combinations by children with intellectual impairments: An analysis of language skills. *Journal of Speech, Language and Hearing Research, 43,* 309–323.

Grunwell, P. (1987). *Clinical phonology* (2nd ed.). London: Chapman & Hall.

Guitar, G. (2006). *Stuttering: An integrated approach to its nature and treatment.* Philadelphia: Lippincott Williams & Wilkins.

Guo, L.-Y., Tomblin, J. B., & Samelson, V. (2008). Speech disruptions in the narratives of English-speaking children with specific language impairment. *Journal of Speech, Language, and Hearing Research, 51,* 722–738.

Gutierrez-Clellen, V.F., Restrepo, M.A., Bedore, L., Pena, E., & Anderson, R. (2000). Language sample analysis in Spanish-speaking children: Methodological considerations. *Language, Speech, and Hearing Services in Schools, 31,* 88–98.

Guyatt, G., & Rennie, D. (Eds.). (2002). *User's guides to the medical literature: A manual for evidence-based clinical practice.* Chicago: American Medical Association Press.

Haberfellner, H., Schwartz, S., & Gisel, E. (2001). Feeding skills and growth after one year of intraoral appliance therapy in moderately dysphagic children with cerebral palsy. *Dysphagia,16,* 83–96.

Hadley, P. A., Simmerman, A., Long, M., & Luna, M. (2000). Facilitating language development in inner-city children: Experimental evaluation of a collaborative classroom-based intervention. *Language, Speech, and Hearing Services in Schools, 31,* 280–295.

Hall, K. (2001). *Pediatric dysphagia resource guide.* San Diego, CA: Singular.

Hambly, C., & Riddle, L. (2002, April). *Phonological awareness training for school-age children.* Paper presented at the annual convention of the New York State Speech-Language-Hearing Association, Rochester.

Hancock, A., & Helenius, L. (2012). Adolescent male-to-female transgender voice and communication. *Journal of Communication Disorders, 45,* 313–324.

Hane, A. A., Feldstein, S., & Dernetz, V. H. (2003). The relation between coordinated interpersonal timing and maternal sensitivity in four-month-olds. *Journal of Psycholinguistic Research, 32,* 525–539.

Hardin-Jones, M., Chapman, K., & Scherer, N. J. (2006, June 13). Early intervention in children with cleft palate. *The ASHA Leader, 11*(8), 8–9, 32.

Hardy, E., & Robinson, N. M. (1993). *Swallowing disorders treatment manual.* Bisbee, AZ: Imaginart.

Hardy, E., & Robinson, N. (1999). *Swallowing disorders treatment manual* (2nd ed.). Austin (TX): Pro-Ed.

Harlaar, N., Hayiou-Thomas, M. E., Dale, P. S., & Plomin, R. (2008). Why do preschool language abilities correlate with later reading? A twin study. *Journal of Speech, Language, and Hearing Research, 51,* 688–705.

Harris, K. R., & Graham, S. (1996). *Making the writing process work: Strategies for composition and self-regulation.* Cambridge, MA: Brookline

Harrison, L.J., & McLeod, S. (2010). Risk and Protective Factors Associated With Speech and Language Impairment in a Nationally Representative Sample of 4- to 5-Year-Old Children. *Journal of Speech, Language, and Hearing Research, 53,* 508–529.

Hart, K. I., Fujiki, M., Brinton, B., & Hart, C. H. (2004). The relationship between social behavior and severity of language impairment. *Journal of Speech, Language, and Hearing Research, 47,* 647–662.

Hayden, D., & Square, P. (1999). *Verbal motor production assessment for children.* San Antonio, TX: Psychological Corporation.

Hayiou-Thomas, M. E., Harlaar, N., Dale, S., & Plomin, R. (2010). Preschool speech, language skills, and reading at 7, 9, and 10 years: Etiology of the relationship. *Journal of Speech, Language, and Hearing Research, 53,* 311–332.

Henderson, E. H. (1990). *Teaching spelling* (2nd ed.). Boston: Houghton Mifflin.

Hewat, S., Onslow, M., Packman, A., & O'Brain, S. (2006). A phase II clinical trial of self-imposed time-out treatment for stuttering in adults and adolescents. *Disability and Rehabilitation, 28,* 33–42.

Hewlett, N. (1990). The processes of speech production and speech development. In P. Grunwell (Ed.), *Developmental speech disorders: Clinical issues and practical implications.* Edinburgh, UK: Churchill Livingstone.

Hicks, C. B., Tharpe, A. M., & Ashmead, D. H. (2000). Behavioral auditory assessment of young infants: Methodologic limitations or natural lack of auditory responsiveness? *American Journal of Audiology, 9,* 124–130.

Higginbotham, D. J., Bisantz, A. M., Sunm, M., Adams, K., & Yik, F. (2009). The effect of context priming and task type on augmentative communication performance. *Augmentative and Alternative Communication, 25*(1), 19–31.

Highnam, C.L., & Bleile, K.M. (2011). Language and the cerebellum. *American Journal of Speech-Language Pathology, 20,* 337–347.

Hiller, S., & Hollohan, V. (2011). Vestibular rehabilitation for unilateral peripheral vestibular dysfunction. *Cochrane Databases of Systematic Reviews.*

Hixon, T., & Hoit, J. (2005). *Evaluation and management of speech breathing disorders: Principles and methods.* Tucson, AZ: Redington Brown.

Hixon, T., Weismer, G., & Hoit, J. (2014). *Preclinical speech science: Anatomy, physiology, acoustics, and perception* (2nd ed.). San Diego, CA: Plural.

Hodson, B. (2004). *Hodson assessment of phonological patterns* (3rd ed.). Austin, TX: PRO-ED.

Hodson, B. (2012). *Hodson Computerized Analysis of Phonological Patterns—4th edition (HCAPP).* Wichita, KS: PhonoComp.

Hodson, B., & Paden, E. (1991). *Targeting intelligible speech: A phonological approach to remediation* (2nd ed.). Austin, TX: PRO-ED.

Hoffman, R., Norris, J., & Monjure, J. (1990). Comparison of process targeting and whole language treatment for phonologically delayed preschool children. *Language, Speech, and Hearing Services in Schools, 21,* 102–109.

Hogan, T., & Catts, H. W. (2004). *Phonological awareness test items: Lexical and phonological characteristics affect performance.* Paper presented at the annual convention of the American Speech-Language-Hearing Association, Philadelphia.

Hoit, J., Watson, P., Hixon, K., McMahon, P., & Johnson, C. (1994). Age and velopharyngeal function during speech production. *Journal of Speech and Hearing Research, 37,* 295–302.

Holland, A., & Fridriksson, J. (2001). Aphasia management during the early phases of recovery following stroke. *American Journal of Speech-Language Pathology, 10,* 19–28.

Hopper, T. (2005, November 8). Assessment and treatment of cognitive-communication disorders in individuals with dementia. *The ASHA Leader, 10*(15), 10–11.

Hopper, T., Bourgeois, M., Pimentel, J., Dean Qualls, C., Hickey, E., Frymark, T., & Schooling, T. (2013). An evidence-based systematic review on cognitive interventions for individuals with dementia. *American Journal of Speech-Language Pathology, 22,* 126–145.

Hossain, S. (2012). *Cochlear implants and the Deaf culture: A transhumanist perspective.* Retrieved April 1, 2013, from http://hplusmagazine.com/2012/06/11/cochlear-implants-and-the-deaf-culture-a-transhumanist-perspective/.

Houston-Price, C., Plunkett, K., & Haris, P. (2005). Word-learning wizardry at 1;6. *Journal of Child Language, 32,* 175–189.

Howden, C. W. (2004). Management of acid-related disorders in patients with dysphagia. *American Journal of Medicine, 117*(5A), 44S–48S.

Howell, J., & Dean, E. (1994). *Treating phonological disorders in children: Metaphon—theory to practice* (2nd ed.). London: Whurr.

Howell, P. (2004). Assessment of some contemporary theories of stuttering that apply to spontaneous speech. *Contemporary Issues in Communication Science and Disorders, 31,* 69–79, 123–140.

Huaqing Qi, C., & Kaiser, A. P. (2004). Problem behaviors of low income children with language delays: An observation study. *Journal of Speech, Language, and Hearing Research, 47,* 595–609.

Hugdahl, K., Gundersen, H., Brekke, C., Thomsen, T., Rimol, L. M., Ersland, L., et al. (2004). fMRI brain activation in a Finnish family with specific language impairment compared with a normal control group. *Journal of Speech, Language, and Hearing Research, 47,* 162–172.

Hurst, M., & Cooper, G. (1983). Employer attitudes towards stuttering. *Journal of Fluency Disorders, 8,* 1–12.

Hustad, K., Jones, T., and Dailey, S. (2003). Implementing speech supplementation strategies: Effects on intelligibility and speech rate of individuals with chronic severe dysarthria. *Journal of Speech, Language, Hearing Research, 46,* 462–474.

Hutchins, T. L., Gerety, K. W., Mulligan, M. (2011). Dysphagia Management: A Survey of School-Based Speech-Language Pathologists in Vermont. *Language, Speech, Hearing Services in Schools, 42,* 194–206.

Iglesias, A., & Goldstein, B. (1998). Language and dialectical variations. In J. E. Bernthal, & N. W. Bankson (Eds.), *Articulation and phonological disorders* (4th ed.). Boston: Allyn & Bacon.

Information from American Speech-Language-Hearing Association. (1994). *Functional assessment of communicative skills for adults (FACS)*. Washington, DC: Author.

Ingham, R. J., & Cordes, A. K. (1997). Self-measurement and evaluating stuttering treatment efficacy. In R. F. Curlee & G. M. Siegel (Eds.), *Nature and treatment of stuttering: New directions* (2nd ed., pp. 413–437). Boston: Allyn & Bacon.

Ingham, R. J., Ingham, J. C., Finn, P., & Fox, P. T. (2003). Towards a functional neural systems model of developmental stuttering. *Journal of Fluency Disorders, 28,* 297–318.

Ingram, K., Bunta, F., & Ingram, D. (2004). Digital data collection and analysis: Application for clinical practice. *Language, Speech, and Hearing Services in Schools, 35,* 112–121.

Insalaco, D., Ozkurt, E., & Santiago, D. (2007). The perceptions of students in the allied health professions towards stroke rehabilitation teams and the SLP's role. *Journal of Communicatin Disorders, 40*(3), 196–214.

Internet Stroke Center (2005). Retrieved October 22, 2012, from www.strokecenter.org/path/stats.htm.

It's a Noisy Planet (A program of the National Institutes of Health). Retrieved March 1, 2013, from www.noisyplanet.nidcd.nih.gov/parents/athome.htm.

Jacobs, B. J., & Thompson, C. K. (2000). Cross-modality generalization effects of training noncanonical sentence comprehension and production in agrammatic aphasia. *Journal of Speech, Language, and Hearing Research, 43,* 5–20.

Jacobson, L., & Reid, R. (2007). Self-regulated strategy development for written expression: Is it effective for adolescents? *EBP Briefs, 2*(3), 1–13.

James, J. (1981a). Behavioral self-control of stuttering using time-out from speaking. *Journal of Applied Behavioral Analysis, 14,* 25–37.

James, J. (1981b). Self-monitoring of stuttering: Reactivity and accuracy. *Behaviour Research and Therapy, 19,* 291–296.

Jarvis, J. (1989). Taking a Metaphon approach to phonological development: A case study. *Child Language Teaching and Therapy, 5,* 16–32.

Jelm, J. M. (1994). Treatment of feeding and swallowing disorders in children: An overview. In L. R. Cherney (Ed.), *Clinical management of dysphagia in adults and children*. Gaithersburg, MD: Aspen.

Jerome, A. C., Fujiki, M., Brinton, B., & James, S. L. (2002). Self-esteem in children with specific language impairment. *Journal of Speech, Language, and Hearing Research, 45,* 700–714.

John Hopkins Medicine. (2011). Retrieved in April, 2013, from www.hopkinsmedicine.org

Johns Hopkins. (2000). Help when it's hard to swallow. *Johns Hopkins Medical Letter, Health after 50, 11*(12), 6–7.

Johnson, C. J. (2006). Getting started in evidence-based practice for childhood speech-language disorders. *American Journal of Speech-Language Pathology, 15,* 20–35.

Johnson, C. J., & Yeates, E. (2006). Evidence-based vocabulary instruction for elementary students via storybook reading. *EBP Briefs, 1*(3).

Johnson, C. J., Beitchman, J. H., Young, A., Escobar, M., Atkinson, L., Wilson, B., Brownlie, E. B., Douglas, L., Taback, N., Lam, I., & Wang, M. (1999). Fourteen-year follow-up of children with and without speech/language impairments: Speech/Language stability and outcomes. *Journal of Speech, Language, and Hearing Research, 42,* 744–760.

Johnston, B. T., Colcher, A., Li, Q., et al. (2001). Repetitive proximal esophageal contractions: A new manometric finding and a possible link between Parkinson's disease and achalasia. *Dysphagia, 16,* 186–189.

Johnston, J. R. (2001). An alternative MLU calculation: Magnitude and variability of effects. *Journal of Speech, Language, and Hearing Research, 44,* 156–164.

Johnston, S., Reichle, J., Evans, J. (2004). Supporting augmentative and alternative communication use by beginning communicators with severe disabilities. *American Journal of Speech-Language Pathology, 13,* 20–30.

Jung, T. T. K., & Hanson, J. B. (1999). Otitis media: Surgical principles based on pathogenesis. *Otolaryngologic Clinics of North America, 32,* 369–383.

Justice, L. M., & Ezell, H. K. (2002). Use of storybook reading to increase print awareness in at-risk children. *American Journal of Speech-Language Pathology, 11,* 17–29.

Justice, L. M., & Kaderavek, J. N. (2004). Embedded-explicit emergent literacy intervention I: Back-ground and description of approach. *Language, Speech, and Hearing Services in Schools, 35,* 201–211.

Justice, L. M., Mashburn, A., Hamre, B., & Pianta, R. (2008). Quality of language and literacy instruction in preschool classrooms serving at-risk pupils. *Early Childhood Research Quarterly, 23,* 51–68.

Justice, L. M., & Pence, K. (2007). Parent-implemented interactive language intervention: Can it be used effectively? *EBP Briefs, 2*(1).

Kaderavek, J. N., & Justice, L. M. (2004). Embedded-explicit emergent literacy intervention II: Goal selection and implementation in the early childhood classroom. *Language, Speech, and Hearing Services in Schools, 35,* 212–228.

Kagan, A., Black, S. E., Duchan, J. F., Simmons-Mackie, N., and Square, P. (2001). Training Volunteers as Conversation Partners Using "Supported Conversation for Adults With Aphasia" (SCA): A Controlled Trial. *Journal of Speech, Language, and Hearing Research, 44,* 624–638.

Kamhi, A. G. (2003). The role of the SLP in improving reading fluency. *The ASHA Leader, 8*(7), 6–8.

Kamhi, A. G. (2006a). Prologue: Combining research and reason to make treatment decisions. *Language, Speech, and Hearing Services in Schools, 37,* 225–256.

Kamhi, A. G. (2006b). Treatment decisions for children with speech-sound disorders. *Language, Speech, and Hearing Services in Schools, 37,* 271–279.

Kamhi, A. G., & Catts, H. W. (2005). Language and reading: Convergences and divergences. In H. W. Catts & A. G. Kamhi (Eds.), *Language and reading disabilities* (2nd ed., pp. 1–25). Boston: Allyn & Bacon.

Kamhi, A. G., & Hinton, L. N. (2000). Explaining individual differences in spelling ability. *Topics in Language Disorders, 20*(3), 37.

Karagiannis, A., Stainback, W., & Stainback, S. (1996). Historical overview of inclusion. In S. Stainback & W. Stainback (Eds.), *Inclusion: A guide for educators.* Baltimore: Brookes.

Katz, W. F. (2003). From basic research in speech science to answers in speech-language pathology. *The ASHA Leader, 8*(1), 6–7, 20.

Kaufman, N. (1995). *Kaufman Speech Praxis Test for Children.* Detroit, MI: Wayne State University Press.

Kavé, G., & Levy, Y. (2003). Morphology in picture descriptions provided by persons with Alzheimer's disease. *Journal of Speech, Language, and Hearing Research, 46,* 341–352.

Kavrie, S., & Neils-Strunjas, J. (2002). Dysgraphia in Alzheimer's disease with mild cognitive impairment. *Journal of Medical Speech-Language Pathology, 10*(1), 73–85.

Kay-Raining Bird, E., Cleave, P. L., White, D., Pike, H., & Helmkay, A. (2008). Written and oral narratives of children and adolescents with Down syndrome. *Journal of speech, Language, and Hearing Research, 51,* 436–450.

Keele, S. W. (1968). Movement control in skilled motor performance. *Psychological Bulletin, 70,* 387–403.

Kemp, D. T. (1978). Stimulated acoustic emissions from within the human auditory system. *Journal of the Acoustical Society of American, 64,* 1386–1391.

Kemper, S., Thompson, M., & Marquis, J. (2001). Longitudinal change in language production: Effects of aging and dementia on grammatical complexity and prepositional content. *Psychology and Aging, 16,* 600–614.

Kent, R. (1981). Articulatory-acoustic perspectives on speech development. In R. Stark (Ed.), *Language behavior in infancy and childhood* (pp. 105–126). Amsterdam: Elsevier-North Holland.

Kent, R. D. (1997). *The speech sciences.* San Diego, CA: Singular.

Kessels, R. P. C. (2003). Patients' memory for medical information. *Journal of Royal Society of Medicine, 96,* 219–222.

Ketelaars, M. P., Alphonsus Hermans, T. S., Cuperus, J., Jansonius, K., & Verhoeven, L. (2011). Semantic abilities in children with pragmatic language impairment: The case of picture naming skills. *Journal of Speech, Language, and Hearing Research, 54,* 87–98.

Khan, L., & Lewis, N. (2002). *Khan-Lewis Phonological Analysis—Second Edition (KLPA-2).* Circle Pines, MN: American Guidance Service.

Kidd, K. (1984). Stuttering as a genetic disorder. In R. F. Curlee & W. H. Perkins (Eds.), *Nature and treatment of stuttering: New directions* (pp. 149–169). Boston: Allyn & Bacon.

Kirk, C., & Gillon, G. T. (2008, October 24). Integrated morphological awareness intervention as a tool for improving literacy. *Language, Speech, and Hearing Services in Schools.* Retrieved June 6, 2008, from http://lshss.asha.org/cgi/rapidpdf/0161-1461 _2008_08-0009v1?maxtoshow=&HITS=10&hits=10 &RESULTFORMAT=&author1=kirk&andorexactfull

text=and&searchid=1&FIRSTINDEX=0&sortspec=relevance&resourcetype=HWCIT.

Kirk, C., & Gillon, G. T. (2009). Integrated morphological awareness intervention as a tool for improving literacy. *Language, Speech, and Hearing Services in Schools, 40,* 341–351.

Kirshner, H. S. (1995). *Handbook of neurological speech and language disorders.* New York: Marcel Dekker.

Kleim, J. A., & Jones, T. A. (2008). Principles of experience-dependent neural plasticity: Implications for rehabilitation after brain damage. *Journal of Speech, Language, and Hearing Research, 51,* S225–S239.

Klein, H. (1998, December 8). Book review of *Handbook of phonological disorders from the perspective of constraint-based nonlinear phonology* by B. Bernhardt and J. Stemberger. *ASHA Leader,* pp. 23–24.

Koppenhaver, D., & Erickson, K. (2003). Natural emergent literacy supports for preschoolers with autism and severe communication impairments. *Topics in Language Disorders, 23*(4), 283–292.

Koppenhaver, D. A. (2000). Literacy in AAC—What should be written on the envelope we push? *Augmentative and Alternative Communication, 16,* 270–279.

Koul, R., & Hester, K. (2006). Effects of repeated listening experiences on the recognition of synthetic speech by individuals with severe intellectual disabilities. *Journal of Speech, Language, and Hearing Research, 49,* 47–57.

Koul, R. K., & Corwin, M. (2010). Augmentative and alternative communication intervention for persons with chronic severe aphasia: Bringing research to practice. *EBP Briefs, 6*(2), 1–8.

Kouri, T. A., Selle, C. A., & Riley, S. A. (2006). Comparison of meaning and graphophonemic feedback strategies for guided reading instruction of children with language delays. *American Journal of Speech-Language Pathology, 15,* 236–246.

Koutsoftas, A. D., Harmon, M., & Gray, S. (2008, October 24). The effect of Tier 2 intervention for phonemic awareness in a response-to-intervention model in low-income preschool classrooms. *Language, Speech, and Hearing Services in Schools.* Retrieved June 6, 2009, from http://lshss.asha.org/cgi/rapidpdf/0161-1461_2008_07-0101v1?maxtoshow=&HITS=10&hits=10&RESULTFORMAT=&author1=Koutsoftas&andorexactfulltext=and&searchid=1&FIRSTINDEX=0&sortspec=relevance&resourcetype.

Kristensen, H. (2000). Selective mutism and comorbidity with developmental disorder/delay, anxiety disorder, and elimination disorder. *Journal of the American Academy of Child and Adolescent Psychiatry, 39,* 249–256.

Kuehn, D., & Henne, L. (2003). Speech evaluation and treatment for patients with cleft palate. *American Journal of Speech-Language Pathology, 12,* 103–109.

Kuehn, D., Imrey, P., Tomes, L., et al. (2002). Efficacy of continuous positive airway pressure (CPAP) treatment of hypernasality. *Cleft Palate-Craniofacial Journal, 39,* 267–276.

Kummer, A., & Lee, L. (1996). Evaluation and treatment of resonance disorders. *Language, Speech, and Hearing Services in Schools, 27,* 271–281.

Kummer, A. W. (2006, February 7). Resonance disorders and nasal emissions : evaluation and treatment using "low tech" and "no tech" procedures. *The ASHA Leader.*

La Paro, K. M., Justice, L., Skibbe, L. E., & Pianta, R. C. (2004). Relations among maternal, child, and demographic factors and the persistence of preschool language impairment. *American Journal of Speech-Language Pathology, 13,* 291–303.

Lang, R., O'Reilly, M. F., Sigafoos, J., Machalicek, W., Rispoli, M., Shogren, K., Chan, J. M., Davis, T., Lancioni, G., & Hopkins, S. (2010). *Education & Training in Autism & Developmental Disabilities,* June 2010, Vol. 45 Issue 2, 268–283, 16p, Database: Education Full Text (H.W. Wilson)

Langford, S., & Cooper, E. (1974). Recovery from stuttering as viewed by parents of self-diagnosed recovered stutterers. *Journal of Communication Disorders, 7,* 171–181.

Lanter, E., & Watson, L. R. (2008). Promoting literacy in students with ASD: The basics for the SLP. *Language, Speech, and Hearing Services in Schools, 39,* 33–43.

Lapko, L., & Bankson, N. (1975). Relationship between auditory discrimination, articulation stimulability and consistency of misarticulation. *Perceptual and Motor Skills, 40,* 171–177.

Larrivee, L., & Catts, H. (1999). Early reading achievement in children with expressive phonological disorders. *American Journal of Speech-Language Pathology, 8,* 118, 128.

Lasker, J. P., & Bedrosian, J. L. (2000). Acceptance of AAC by adults with acquired disorders. In D. Beukelman, K. Yorkston, & J. Reichle (Eds.), *Augmentative communication for adults with neurogenic and neuromuscular disabilities* (pp. 107–136). Baltimore: Brookes.

Lasker, J. P., & Bedrosian, J. L. (2001). Promoting acceptance of augmentative and alternative communication by adults with acquired communication disorders. *Augmentative and Alternative Communication, 17,* 141–153.

Law, J., Garrett, Z., & Nye, C. (2004). The efficacy of treatment for children with developmental speech and language delay/disorder: A meta-analysis. *Journal of Speech, Language, and Hearing Research, 47,* 924–943.

Law, J., Rush, R., Schoon, I., & Parsons, S. (2009). Modeling developmental language difficulties from school entry into adulthood: Literacy, mental health, and employment outcomes. *Journal of Speech, Language, and Hearing Research, 52,* 1401–1416.

Leder, S. B., Sasaki, C. T., & Burrell, M. I. (1998). Fiberoptic endoscopic evaluation of dysphagia to identify silent aspiration. *Dysphagia, 13*(1), 19–21.

Lee, J., Croen, L. A., Lindan, C., Nash, K. B., Yoshida, C. K., Ferriero, D. M., et al. (2005). Predictors of outcome in perinatal arterial stroke: A population-based study. *Annals of Neurology, 58*(2), 303–308.

Lee, S. A. S., Sancibrian, S., & Ahlfinger, N. (2013). The effects of technology-assisted instruction to improve phonological awareness skills in children with reading difficulties: A systematic review. *EBP Briefs, 8*(1), 1–10.

Lehman Blake, M. (2006). Clinical relevance of discourse characteristics after right hemisphere brain damage. *American Journal of Speech-Language Pathology, 15,* 255–267.

Lehman Blake, M. (2007). Perspectives on treatment for communication deficits associated with right hemisphere brain damage. *American Journal of Speech-Language Pathology, 16,* 331–342.

Lehman, M. T., & Tompkins, C. (2000). Inferencing in adults with right hemisphere brain damage: An analysis of conflicting results. *Aphasiology, 14,* 485–499.

Lehman Blake, M., & Tompkins, C. A. (2008). Cognitive-communication disorders resulting from right hemisphere damage. *Treatment Efficacy Summary.* Retrieved June 28, 2009, from www.asha.org/NR/rdonlyres/4BAF3969-9ADC-4C01-B5ED-1334CC20DD3D/0/TreatmentEfficacySummaries2008.pdf.

Lehman Blake, M., Frymark, T., & Venedictov, R. (2013). An evidence-based systematic review on communication treatments for individuals with right hemisphere brain damage. *American Journal of Speech-Language Pathology, 22,* 146–160.

Leonard, L. B. (2011). The primacy of priming in grammatical learning and intervention: A tutorial. *Journal of Speech, Language, and Hearing Research, 54,* 608–621.

Leonard, M. A., Milich, R., & Lorch, E. P. (2011). Pragmatic language use in mediating the relation between hyperactivity and inattention and social skills problems. *Journal of Speech, Language, and Hearing Research, 54,* 567–579.

Lesar, S. (1992). Prenatal cocaine exposure: The challenge to education. *Infant-Toddler Intervention: The Transdisciplinary Journal, 2*(1), 37–52.

Lieven, E., Behrens, H., Speares, J., & Tomasello, M. (2003). Early syntactic creativity: A usage-based approach. *Journal of Child Language, 30,* 333–370.

Light, J. C., & Binger, C. (1998). *Building communicative competence with individuals who use augmentative and alternative communication.* Baltimore, Md.: P.H. Brookes.

Liiva, C. A., & Cleave, P. L. (2005). Roles of initiation and responsiveness in access and participation for children with specific language impairment. *Journal of Speech, Language, and Hearing Research, 48,* 868–883.

Lincoln, M., & Onslow, M. (1997). Long-term outcome of early intervention for stuttering. *American Journal of Speech-Language Pathology, 6,* 51–58.

Lloyd, L. L. Fuller, D., & Arvidson, H. (1997). *Augmentative and alternative communication: A handbook of principles and practices.* Boston: Allyn & Bacon.

Logemann, J., Gensler, G., Robbins, J., Lindblad, J., et al. (2008). A randomized study of three interventions for aspiration of thin liquids in patients with dementia or Parkinson's disease. *Journal of Speech, Language, and Hearing Research, 51,* 173–183.

Logemann, J., Kahrilas, P., Kobara, M., & Vakil, N. (1989). The benefit of head rotation on pharyngoesophageal dysphagia. *Archives of Physical Medicine Rehabilitation, 70,* 767–771.

Logemann, J., Pauloski, B., Rademaker, A., et al. (1997). Super-supraglottic swallow in irradiated head and neck cancer patients. *Head Neck, 19,* 535.

Logemann, J. A. (1997). Structural and functional aspects of normal and disordered swallowing. In C. T. Ferrand & R. L. Bloom (Eds.), *Introduction to organic and neurogenic disorders of communication: Current scope of practice.* Boston: Allyn & Bacon.

Logemann, J. A. (1998). *Evaluation and treatment of swallowing disorders* (2nd ed.). Austin, TX: PRO-ED.

Long, S. (1994). Language and other special populations of children. In V. Reed (Ed.), *An introduction to children with language disorders* (2nd ed.). Upper Saddle River, NJ: Merrill/Prentice Hall.

Lord, C. (1988). Enhancing communication in adolescents with autism. *Topics in Language Disorders, 9*(1), 72–81.

Losh, M., & Capps, L. (2003). Narrative ability in high-functioning children with autism or Asperger's syndrome. *Journal of Autism and Developmental Disorders, 33,* 239–251.

Lotze, M. (1995). Nursing assessment and management. In S. R. Rosenthal, J. J. Sheppard, & M. Lotze (Eds.), *Dysphagia and the child with developmental disabilities: Medical, clinical, and family interventions.* San Diego, CA: Singular.

Louise-Bender, P. T., Kim, J., & Weiner, B. (2002). The shaping of individual meanings assigned to assistive technology: a review of personal factors. *Disability and Rehabilitation 24*(1-3), 5–20.

Love, R., & Webb, W. (2001). *Neurology for the speech-language pathologist* (4th ed.). Boston: Butterworth-Heinemann.

Lubinski, R., & Masters, M. G. (2001). Special populations, special settings: New and expanding frontiers. In R. Lubinski & C. Frattali (Eds.), *Professional issues in speech-language pathology and audiology* (2nd ed.). San Diego, CA: Singular.

Ludlow, C., Hoit, J., Kent, R., Ramig, L., Shrivastav, R., Strand, E., Yorkston, K., Sapienza, C. (2008). Translating principles of neural plasticity into research on speech motor control recovery and rehabilitation. *American Journal of Speech-Language Pathology, 51,* S240–S258.

Lukens, C., & Linscheid, T. (2008). Development and validation of an inventory to assess mealtime behavior problems in children with autism. *Journal of Autism Developmental Disorders, 38,* 342–352.

Lund, N., & Duchan, J. (1993). *Assessing children's language in naturalistic contexts* (3rd ed.). Englewood Cliffs, NJ: Prentice Hall.

Lund, S., & Light, J. (2006). Long-term outcomes for individuals who use augmentative and alternative communication: Part I—What is a good outcome? *Augmentative and Alternative Communication, 22,* 284–299.

Lund, S., & Light, J. (2007a). Long-term outcomes for individuals who use augmentative and alternative communication: Part II—What is a good outcome? *Augmentative and Alternative Communication, 23,* 1–15.

Lundgren, K., Brownell, H., Cayer-Meade, C., Milione, J., & Kearns, K. (2011). Treating metaphor interpretation deficits subsequent to right hemisphere brain damage: Preliminary results. *Aphasiology, 25,* 456–474.

Lyon, G. R., Shaywitz, S. E., & Shaywitz, B. A. (2003). Defining dyslexia, comorbidity, teachers' knowledge of language and reading: A definition of dyslexia. *Annals of Dyslexia, 53,* 1.

Maas, E., Butalla, C., & Farinella, K. (2012). Feedback frequency in treatment for childhood apraxia of speech. *American Journal of Speech-Language Pathology, 21,* 239–257.

Maas, E., & Farinella, K. (2012). Random versus blocked practice in treatment for childhood apraxia of speech. *Journal of Speech, Language, and Hearing Research, 55,* 561–578.

Maas, E., Robin, D. A., Austermann Hula, S. N., Freedman, S. E., Wulf, G., & Ballard, K. J. (2008). Principles of motor learning in treatment of motor speech disorders. *American Journal of Speech-Language Pathology, 17,* 277–298.

Mackie, C., & Dockrell, J. (2004). The nature of written language deficits in children with SLI. *Journal of Speech, Language, and Hearing Research, 47,* 1469–1483.

Magaziner, J., German, P., Itkin Zimmerman, S., Hebel, J. R., Burton, L., Bruber-Baldini, A. L., May, C., & Kittner, S. (2000). The prevalence of dementia in a statewide sample of new nursing home admissions aged 65 and older: Diagnosis by expert panel. *The Gerontologist, 40(6),* 663–672.

Mainela-Arnold, E., & Evans, J. (2005). Beyond capacity limitations: Determinants of word recall performance on verbal working memory span tasks in children with SLI. *Journal of Speech, Language, and Hearing Research, 48,* 897–909.

Mainela-Arnold, E., Evans, J. J., & Alibali, M. W. (2006). Understanding conservation delays in children with specific language impairment: Task representations revealed in speech and gesture. *Journal of Speech, Language, and Hearing Research, 49,* 1267–1279.

Mainela-Arnold, E., Evans, J. L., & Coady, J. A. (2008). Lexical representations in children with SLI: Evidence from a frequency-manipulated gating task. *Journal of Speech, Language, and Hearing Research, 51,* 381–393.

Mainela-Arnold, E., Evans, J. L., & Coady, J. A. (2010). Explaining lexical-semantic deficits in specific language impairment: The role of phonological similarity, phonological working memory, and lexical competition. *Journal of Speech, Language, and Hearing Research, 53,* 1742–1756.

Mann, G., & Hankey, G. J. (2001). Initial clinical and demographic predictors of swallowing impairment following acute stroke. *Dysphagia, 16,* 205–216.

Mann, V., & Singson, M. (2003). Linking morphological knowledge to English decoding ability: Large effects of little suffixes. In E. Assink & D Sandra (Eds.), *Reading complex words: Cross-language studies* (pp. 1–25). Dordrecht, Netherlands: Kluwer.

Mann, W., & Lane, J. (1991). *Assistive technology for persons with disabilities: The role of occupational therapy.* Rockville, MD: American Occupational Therapy Association.

Margolis, R. H. (2004). What do your patients remember? *Hearing Journal, 57,* 10–17.

Marini, A., Boewe, A., Caltagirone, C., & Carlomagno, S. (2005). Age-related differences in the production of textual descriptions. *Journal of Psycholinguistic Research, 34,* 439–464.

Markel, N., Meisels, M., & Houck, J. (1964). Judging personality from voice quality. *Journal of Abnormal Social Psychology, 69,* 458–463.

Martin, B. J. (1994). Treatment of dysphagia in adults. In L. R. Cherney (Ed.), *Clinical management of dysphagia in adults and children.* Gaithersburg, MD: Aspen.

Martin, R., & Haroldson, S. (1981). Stuttering identification: Standard definition and moment of stuttering. *Journal of Speech and Hearing Research, 46,* 59–63.

Martin, R., & Lindamood, L. (1986). Stuttering and spontaneous recovery: Implications for the speech-language pathologist. *Language, Speech, and Hearing Services in Schools, 17,* 207–218.

Martin, R. E., Neary, M. A., & Diamant, N. E. (1997). Dysphagia following anterior cervical spine surgery. *Dysphagia, 12(1),* 2–10.

Martino, R., Foley, N., Bhogal, S., et al. (2005, December). Dysphagia after stroke: Incidence, diagnosis, and pulmonary complications. *Stroke: A Journal of Cerebral Circulation, 36*(12): 2756-2763.

Marvin, C. A., & Wright, D. (1997). Literacy socialization in the homes of preschool children. *Language, Speech, and Hearing Services in Schools, 28,* 154-163.

Masterson, J. J., & Apel, K. (2000). Spelling assessment: Charting a path to optimal intervention. *Topics in Language Disorders, 20*(3), 50-65.

Masterson, J. J., & Bernhardt, B. (2001). *Computerized Articulation & Phonology Evaluation System (CAPES).* San Antonio, TX: Pearson.

Max, L., & Caruso, A. J. (1997). Contemporary techniques for establishing fluency in the treatment of adults who stutter. *Contemporary Issues in Communication Science and Disorders, 24,* 45-52.

Max, L., Guenther, F., Gracco, V., Ghosh, S., & Wallace, M. (2004). Unstable or insufficiently activated internal models and feedback-biased motor control as sources of dysfluency: A theoretical model of stuttering. *Contemporary Issues in Communication Science and Disorders, 31,* 105-122.

McCabe, A., & Bliss, L. S. (2004-2005). Narratives from Spanish-speaking children with impaired and typical language development. *Imagination, Cognititon, and Personality, 24,* 331-346.

McCarthy, J., & Light, J. (2001). Instructional effectiveness of an integrated theatre arts program for children using augmentative and alternative communication and their nondisabled peers: Preliminary study. *Augmentative and Alternative Communication, 17,* 88-98.

McCauley, R., & Strand, E. (2008). A review of standardized tests of nonverbal oral and speech motor performance in children. *American Journal of Speech-Language Pathology, 17,* 81-91.

McCoy, K. F., Bedrosian, J. L., Hoag, L. A., & Johnson, D. E. (2007). Brevity and speed of message delivery trade-offs in augmentative and alternative communication. *Augmentative and Alternative Communication, 23,* 76-88.

McCullough, G., Pelletier, C., & Steele, C. (2003, November 4). National Dysphagia Diet: What to swallow? *The ASHA Leader.*

McDonald, E. T. (1964). *Articulation testing and treatment: A sensory-motor approach.* Pittsburgh, PA: Stanwix House.

McFadden, T. U. (1998). Sounds and stories: Teaching phonemic awareness in interactions around text. *American Journal of Speech-Language Pathology, 7*(2), 5-13.

McFarland, C., & Cacase, T. (2006). Current controversies in CAPD: From Procrustes bed to Pandora's box. In T. K. Parthasarathy (Ed.), *An introduction to auditory processing disorders in children* (pp. 247-263). Mahwah, NJ: Erlbaum.

McGinty, A., & Justice, L. M. (2009). Predictors of print knowledge in children with specific language impairment: Experiential and developmental factors. *Journal of Speech, Language, and Hearing Research, 52,* 81-97.

McGinty, A. S., & Justice, L. M. (2006). Classroom-based versus pull-out interventions: A review of the experimental evidence. *EBP Briefs, 1*(1).

McGregor, K. K. (2000). The development and enhancement of narrative skills in a preschool classroom: Toward a solution to clinician-client mismatch. *American Journal of Speech-Language Pathology, 9,* 55-71.

McGregor, K. K., Newman, R. M., Reilly, R. M., & Capone, N. C. (2002). Semantic representation and naming in children with specific language impairment. *Journal of Speech, Language, and Hearing Research, 45,* 998-1014.

McGregor, K. K., Sheng, L., & Smith, B. (2005). The precocious two-year-old: Status of the lexicon and links to the grammar. *Journal of Child Language, 32,* 563-585.

McLeod, S., & Harrison, L. J. (2009). Epidemiology of speech and language impairment in a nationally representative sample of 4- to 5-year-old children. *Journal of Speech, Language, and Hearing Research, 52,* 1213-1229.

McLeod, S., & Searl, J. (2006). Adaptation to an electropalatograph palate: Acoustic, impressionistic, and perceptual data. *American Journal of Speech-Language Pathology, 15,* 192-206.

McNaughton, D., Hughes, C., & Ofiesh, N. (1997). Proofreading for students with learning disabilities: Integrating computer use and strategic use. *Learning Disabilities Research and Practice, 12,* 16-28.

McNaughton, D., Light, J., & Groszyk, L. (2001). "Don't give up": Employment experiences of individuals with amyotrophic lateral sclerosis who use augmentative and alternative communication. *Augmentative and Alternative Communication, 17,* 179-195.

McNeilly, L. (2005). HIV and communication. *Journal of Communication Disorders, 38,* 303-310.

McWilliams, B. J., Morris, H. L., & Shelton, R. L. (1990). *Cleft palate speech* (2nd ed.). Philadelphia: B. C. Decker.

Mecham, M. (1996). *Cerebral palsy* (2nd ed.). Austin, TX: PRO-ED.

Meilijson, S. R., Kasher, A., & Elizur, A. (2004). Language performance in chronic schizophrenia: A pragmatic approach. *Journal of Speech, Language, and Hearing Research, 47,* 695-713.

Meinzen-Derr, J., Wiley, S., & Choo, D. (2011). Impact of early intervention on expressive and receptive language development among young children with permanent hearing loss. *American Annals of the Deaf, 155*(5), 580-591.

Mental Health Research Association. (2007). *Childhood schizophrenia*. Retrieved July 20, 2007, from www.narsad.org/dc/childhood_disorders/schizophrenia.html.

Miccio, A. W., & Ingrisano, D. (2000). The acquisition of fricatives and affricatives: Evidence from a disordered phonological system. *American Journal of Speech-Language Pathology, 9*, 214–229.

Miccio, A. W., Elbert, M., & Forrest, K. (1999). The relationship between stimulability and phonological acquisition in children with normally developing and disordered phonologies. *American Journal of Speech-Language Pathology, 8*, 347–363.

Michi, K., Yamashita, Y., Imai, S., Suzuki, N., & Yoshida, H. (1993). Role of visual feedback treatment for defective /s/ sounds in patients with cleft palate. *Journal of Speech and Hearing Research, 36*, 277–285.

Millar, D. C., Light, J. C., & Schlosser, R. W. (2006). The impact of augmentative and alternative communication intervention on the speech production of individuals with developmental disabilities: A research review. *Journal of Speech, Language, and Hearing Research, 49*, 248–264.

Miller, C. A., Kail, R., Leonard, L. B., & Tomblin, J. B. (2001). Speed of processing in children with specific language impairment. *Journal of Speech, Language, and Hearing Research, 44*, 416–433.

Miller, C. A., Leonard, L. B., Kail, R. V., Zhang, X., Tomblin, J. B., & Francis, D. J. (2006). Response time in 14-year-olds with language impairment. *Journal of Speech, Language, and Hearing Research, 49*, 712–728.

Miniutti, A. (1991). Language deficiencies in inner-city children with learning and behavioral problems. *Language, Speech, and Hearing Services in Schools, 22*, 31–38.

Mitchell, R. E., & Karchmer, M. A. (2004). Chasing the mythical ten percent: Parental hearing status of deaf and hard of hearing students in the United States. *Sign Language Studies, 4*, 138–163.

Mizutari, K., Masato, F., Makoto, H., Naomi, B., Hirotaka, J., Okano, H., & Edge, A. (2013). Notch inhibition induces cochlear hair cell regeneration and recovery of hearing after acoustic trauma. *Neuron, 77*(1), 58–69.

Moats, L., & Foorman, B. (2003). Measuring teachers' conversational knowledge of language and reading. *Annals of Dyslexia, 53*, 23–45.

Montgomery, J. W., & Leonard, L. B. (2006). Effects of acoustic manipulation on the real-time inflectional processing of children with specific language impairment. *Journal of Speech, Language, and Hearing Research, 49*, 1238–1256.

Morford, J. P., Grieve-Smith, A. B., & MacFarlane, J. (2008). Effects of language experience on the perception of American sign language. *Cognition, 109*(1), 41–53.

Mueller, G., & Killion, M. (1990). An easy method for calculating the articulation index. *The Hearing Journal, 45*(9), 14–17.

Mullins, T. (2004). Depression in older adults with hearing loss. *ASHA Leader, 21*, 12–13, 27.

Murray, D. S., Ruble, L. A., Willis, H., & Molloy, C. A. (2009). Parent and teacher report of social skills in children with autism spectrum disorder. *Language, Speech, and Hearing Services in Schools, 40*, 109–115.

Murray, L. L. (2012). Attention and other cognitive deficits in aphasia: presence and relation to language and communication measures. *American Journal of Speech-Language Pathology, 21*, 51–64.

Myers, P. S. (2001). Toward a definition of RHD syndrome. *Aphasiology, 15*, 913–918.

Nagaya, M., Kachi, T., Yamada, T., & Sumi, Y. (2004). Videofluorographic observations on swallowing in patients with dysphagia due to neurodegenerative diseases. *Nagoya Journal of Medical Sciences, 67*, 17–23.

Narayanan, U. (2012). Management of children with ambulatory cerebral palsy: An evidence-based review. *Journal of Pediatric Orthopedics, 32*, S172–S181.

Naremore, R. C. (2001). *Narrative frameworks and early literacy*. Seminar presented for Rochester Hearing and Speech Center and Nazareth College, Rochester, NY.

Nathan, L., Stackhouse, J., Goulandris, N., & Snowling, M. J. (2004). The development of early literacy skills among children with speech difficulties: A test of the "critical age hypothesis." *Journal of Speech, Language, and Hearing Research, 47*, 377–391.

Nation, K., & Norbury, C. F. (2005). Why reading comprehension fails: Insights into developmental disorders. *Topics in Language Disorders, 25*(1), 21–32.

Nation, K., Clarke, P., Marshall, C. M., & Durand, M. (2004). Hidden language impairment in children: Parellels between poor reading comprehension and Specific Language Impairment. *Journal of Speech, Language, and Hearing Research, 47*, 199–211.

National Center for Injury Prevention and Control. (2009). *What is traumatic brain injury?* Retrieved May 27, 2009, from www.cdc.gov/ncipc/tbi/TBI.htm.

National Dysphagia Diet Task Force. (2002). *National Dysphagia Diet: Standardization for Optimal Care*. Chicago: American Dietetic Association.

National Joint Committee on Learning Disabilities. (1991). Learning disabilities: Issues on definition (A position paper). *Asha, 33*(Suppl. 5), 18–20.

National Reading Panel. (2000). *National Reading Panel Progress Report*. Bethesda, MD: Author.

Neils-Strunjas, J., Groves-Wright, K., Mashima, P., & Harnish, S. (2006). Dysgraphia in Alzheimer's disease: A review for clinical and research purposes. *Journal of Speech, Language, and Hearing Research, 49*, 1313–1330.

Nelson Bryen, D. (2006). Job-related social networks and communication technology. *Augmentative and Alternative Communication, 22,* 1–9.

Nelson Bryen, D. (2008). Vocabulary to support socially-valued adult roles. *Augmentative and Alternative Communication, 24,* 294–301.

Nelson, N. W., & Van Meter, A. M. (2002). Assessing curriculum-based reading and writing samples. *Topics in Language Disorders, 22*(2), 35–59.

Nelson, N. W., & Van Meter, A. (2003, June). *Measuring written language abilities and change through the elementary years.* Poster session presented at the annual meeting of the Symposium for Research in Child Language Disorders, Madison, WI.

New York State Department of Health. (2002). *Clinical Practice Guideline,* Publication No. 4218. Albany, NY: New York State Department of Health. Recommended by ASHA, Compendium of EBP Guidelines and Systematic Reviews. Accessed June 1, 2009, at www .asha.org/members/ebp/compendium/.

Nicolson, R., Lenane, M., Singaracharlu, S., Malaspina, D., Giedd, J. N., Hamburger, S. D., et al. (2000). Premorbid speech and language impairments in childhood-onset schizophrenia: Association with risk factors. *American Journal of Psychiatry, 157,* 794–800.

Nigam, R., Schlosser, R. W., & Lloyd, L. L. (2006). Concomitant use of the matrix strategy and the mand-model procedure in teaching graphic symbol combinations. *Augmentative and Alternative Communication, 22,* 160–177.

Nilsson, H., Ekberg, O., Olsson, R., & Hindfelt, B. (1998). Dysphagia in stroke: A prospective study of quantitative aspects of swallowing in dysphagic patients. *Dysphagia, 13*(1), 32–38.

Nippold, M., & Sun, L. (2008). Knowledge of morphologically complex words: A developmental study of older children and young adolescents. *Language, Speech, and Hearing Services in Schools, 39,* 365–373.

Nippold, M. A., Hesketh, L. J., Duthie, J. K., & Mansfield, T. C. (2005). Conversational vs. expository discourse: A study of syntactic development in children, adolescents, and adults. *Journal of Speech, Language, and Hearing Research, 48,* 1048–1064.

Nippold, M. A., Mansfield, T. C., & Billow, J. L. (2007). Peer conflict explanations in children, adolescents, and adults: Examining the development of complex syntax. *American Journal of Speech-Language Pathology, 16,* 179–186.

Nippold, M. A., Ward-Lonergan, J. M., & Fanning, J. L. (2005). Persuasive writing in children, adolescents, and adults: A study of syntactic, semantic, and pragmatic development. *Language, Speech, and Hearing Service in Schools, 36,* 125–138.

Northern, J., & Downs, M. (2002). *Hearing in children* (5th ed.). New York: Lippincott, Williams & Wilkins.

Nye, C., Vanryckeghem, M., Schwartz, J., Herder C., Turner, H., & Howard, C. (2013). Behavioral stuttering interventions for children and adolescents: A systematic review and meta-analysis. *Journal of Speech, Language, and Hearing Research, 56,* 921–932.

O'Neil-Pirozzi, T. M. (2003). Language functioning of residents in family homeless shelters. *American Journal of Speech-Language Pathology, 12,* 229–242.

O'Neal-Pirozzi, T. M. (2009). Feasibility and benefit of parent participation in a program emphasizing preschool child language development while homeless. *American Journal of Speech-Language Pathology, 12,* 229–242.

Odderson, M. D., Keaton, J. C., & McKenna, B. S. (1995). Swallow management in patients on an acute stroke pathway: Quality is cost effective. *Archives of Physical Medicine and Rehabilitation, 76*(12), 1130–1133.

Office of Technology Assessment. (1978). *Assessing the efficacy and safety of medical technologies.* OTA-H-75. Washington, DC: U.S. Government Printing Office.

Olazarán, J., Reisberg, B., Clare, L., Cruz, I., Peña-Casanova, J., et al. (2010). Nonpharmacological therapies in Alzheimer's disease: A systematic review of efficacy. *Dementia and Geriatric Cognitive Disorders, 30,* 161–178.

Olivier, C., Hecker, L., Klucken, J., & Westby, C. (2000). Language: The embedded curriculum in postsecondary education. *Topics in Language Disorders, 21*(1) 15–29.

Oller, J. W., Kim, K., & Choe, Y. (2001). Can instructions to nonverbal tests be given in pantomime? Additional applications of a general theory of signs. *Semiotica, 133,* 15–44.

Olmsted, D. (1971). *Out of the mouth of babes.* The Hague, Netherlands: Mouton.

Olsen, W., Hawkins , D., & Van Tasell, D. (1997). Representations of the long-term spectra of speech. *Ear and Hearing, 45*(8), 1003–1085.

Olswang, L. B., Svensson, L., & Astley, S. (2010). Observation of classroom communication: Do children with Fetal Alcohol Syndrome Disorders spend their time differently than their typically developing peers? *Journal of Speech, Language, and Hearing Research, 53,* 1687–1703.

Onslow, M., Packman, A., & Harrison, E. (2003). *The Lidcombe program of early stuttering intervention: A clinician's guide.* Austin, TX: PRO-ED.

Ors, M., Ryding, E., Lindgren, M., Gustafsson, P., Blennow, G., & Rosén, I. (2005). SPECT findings in children with specific language impairment. *Cortex, 41,* 316–326.

Orsolini, M., Sechi, E., Maronato, C., Bonvino, E., & Corcelli, A. (2001). Nature of phonological delay in children with specific language impairment. *International Journal of Language and Communication Disorders, 36,* 63–90.

Osser, R. W., Laubscher, E., Sorce, J., Koul, R., Flynn, S., Hotz, L., Abramson, J., Fadie, H., Shane, H. (2013). *AAC: Augmentative & Alternative Communication*. Jun 2013, Vol. 29 Issue 2, 132–145. 14p. 1 Color Photograph, 4 Charts. DOI: 10.3109/07434618.2013.784928.

Owen, A. J., Dromi, E., & Leonard, L. B. (2001). The phonology–morphology interface in the speech of Hebrew-speaking children with specific language impairment. *Journal of Communication Disorders, 34*, 323–337.

Owens, R.E. (2012). *Language Development, An Introduction*. Boston: Pearson Education.

Owens, R. E. (2013). *Language development: An introduction* (7th ed.). Boston: Allyn & Bacon.

Owens, R. E. (2014). *Language disorders: A functional approach to assessment and intervention* (5th ed.). Boston: Allyn & Bacon.

Owens, R. E., & Kim, K. (2007, November). *Holistic reading and semantic investigation intervention with struggling readers*. Paper presented at the annual convention of the American Speech-Language-Hearing Association, Boston.

Papaliou, C. F., & Trevarthen, C. (2006). Prelinguistic pitch patterns expressing "communication" and "apprehension". *Journal of Child Language, 33*, 163–178.

Papsin, B. K., Gysin, C., Picton, N., Nedzelski, J., & Harrison, R. V. (2000). Speech perception outcome measures in prelingually deaf children up to four years after cochlear implantation. *Annals of Otology, Rhinology & Laryngology Supplement, 185*, 38–42.

Paradis, J. (2005). Grammatical morphology in children learning English as a second language: Implications of similarities with specific language impairment. *Language, Speech, and Hearing Services in Schools, 36*, 172–187.

Paratore, J. R. (1995). Assessing literacy: Establishing common standards in portfolio assessment. *Topics in Language Disorders, 16*(1), 67–82.

Pataraia, E., Simos, P. G., Castillo, E. M., Billingsley-Marshall, R. L., McGregor, A. L., Breier, J. I., et al. (2004). Reorganization of language-specific cortex in patients with lesions or mesial temporal epilepsy. *Neurology, 63*, 1825–1832.

Patel, R., & Salata, A. (2006). Using computer games to mediate caregiver-child communication for children with severe dysarthria. *Journal of Medical Speech-Language Pathology, 14*, 279–284.

Patterson, J. L. (2000). Observed and reported expressive vocabulary and word combinations in bilingual toddlers. *Journal of Speech, Language, and Hearing Research, 43*, 121–128.

Paul-Brown, D., & Goldberg, L. R. (2001). Current policies and new directions for speech-language pathology assistants. *Language, Speech, and Hearing Services in Schools, 32*, 4–17.

Pavelko, S. (2010). Pre-literacy interventions for preschool students. *EBP Briefs, 5*(3), 1–9.

Peach, R. K. (2001). Further thoughts regarding management of acute aphasia following stroke. *American Journal of Speech-Language Pathology, 10*, 29–36.

Pell, M. (2006). Cerebral mechanisms for understanding emotional prosody in speech. *Brain and Language, 96*, 221–234.

Peña, E., Iglesias, A., & Lidz, C. S. (2001). Reducing test bias through dynamic assessment of children's word learning ability. *American Journal of Speech-Language Pathology, 10*, 138–154.

Peña, E. D., Gillam, R. B., Malek, M., Ruiz-Felter, R., Resendiz, M., Fiestas, C., & Sabel, T. (2006). Dynamic assessment of school-age children's narrative ability: An experimental investigation of classification accuracy. *Journal of Speech, Language, and Hearing Research, 49*, 1037–1057.

Pena-Brooks, A., & Hedge, M. (2007). *Assessment and treatment of articulation and phonological disorders in children* (2nd ed.). Austin, TX: PRO-ED.

Pence, K. L., Justice, L. M., & Wiggins, A. K. (2008). Preschool teachers' fidelity in implementing a comprehensive language-rich curriculum. *Language, Speech, and Hearing Services in Schools, 39*, 329–341.

Perez, I., Smithard, D. G., Davies, H., & Kaira, L. (1998). Pharmacological treatment of dysphagia in stroke. *Dysphagia, 13*(1), 12–16.

Peterson, R., Pennington, B., Shriberg, L., & Boada, R. (2009). What influences literacy outcome in children with speech sound disorder? *Journal of Speech. Language. and Hearing Research, 52*, 1175–1188.

Peterson-Falzone, S., Hardin-Jones, M., & Karnell, M. (2010). *Cleft palate speech* (4th ed.). St. Louis, MO: Mosby.

Peterson-Falzone, S. J., Trost-Cardamone, J., Karnell, M., & Hardin-Jones, M. (2006). *The clinician's guide to treating cleft palate speech*. St. Louis, MO: Mosby.

Pindzola, R. (1993). Materials for use in vocal hygiene programs for children. *Language, Speech, and Hearing Services in the Schools, 24*, 174–176.

Pinker, S. (1995). *The language instinct: How the mind creates language*. New York: Harper Perennial.

Postma, A., & Kolk, H. H. J. (1993). The covert repair hypothesis: Prearticulatory repair processes in normal and stuttered disfluencies. *Journal of Speech and Hearing Research, 36*, 472–487.

Prather, E., Hedrick, D., & Kern, C. (1975). Articulation development in children aged two to four years. *Journal of Speech and Hearing Disorders, 40*, 179–191.

Prelock, P. A. (2008). *Autism spectrum disorders. Treatment efficacy summary*. Retrieved June 28, 2009, from www.asha.org/NR/rdonlyres/4BAF3969-9ADC-4C01-B5ED-1334CC20DD3D/0/TreatmentEfficacySummaries2008.pdf.

Prelock, P. A., Beatson, J., Bitner, B., Broder, C., & Ducker, A. (2003). Interdisciplinary assessment of young children with autism spectrum disorder. *Language, Speech, and Hearing Services in Schools, 34*, 194–202.

Pressley, M., & Hilden, K.R. (2004). Cognitive strategies: Production deficiencies and successful strategy instruction everywhere. In D. Kuhn & R. Siegler (Eds.), *Handbook of child psychology: Vol. 2, Cognition, perception, and language* (6th edition). Hoboken, NJ: Wiley.

Pressman, H. (1992). Communication disorders and dysphagia in pediatric AIDS. *ASHA, 34*, 45–47.

Pressman, H. (2010). Dysphagia and related assessment and management in childrenwith HIV/AIDS. In Swanepoel, D. & Louw, B. (2010). *HIV/AIDS: Related communication, hearing, and swallowing disorders.* Plural Publishing, San Diego.

Price, J. R., Roberts, J. E., Hennon, E. A., Berni, M. C., Anderson, K. L., & Sideris, J. (2008). Syntactic complexity during conversation of boys with fragile X syndrome and Down syndrome. *Journal of Speech, Language, and Hearing Research, 51*, 3–15.

Prins, D., & Ingham, R. (2009). Evidence-based treatment and stuttering—Historical perspective. *Journal of Speech, Language, and Hearing Research, 52*, 254–263.

Prizant, B. M., Schuler, A. L., Wetherby, A. M., & Rydell, P. (1997). Enhancing language and communication: Language approaches. In D. Cohen & F. Volkmar (Eds.), *Handbook of autism and pervasive developmental disorders* (2nd ed., pp. 572–605). New York: Wiley.

Pry, R., Petersen, A., & Baghdadli, A. (2005). The relationship between expressive language level and psychological development in children with autism 5 years of age. *International Journal of Research and Practice, 9*, 179–189.

Pugh, S., & Klecan-Aker, J. S. (2004). *Effects of phonological awareness training on students with learning disabilities.* Paper presented at the annual convention of the American Speech-Language-Hearing Association, Philadelphia.

Pulvermuller, F. B., Neininger, B., Elbert, T., Mohr, B., Rockstroh, B., Koebbel, P., et al. (2001). Constraint-induced therapy of chronic aphasia after stroke. *Stroke, 32*, 1621–1626.

Punch, J., Elfenbein, J., & James, R. (2011). Targeting hearing health messages for users of personal listening devices. *American Journal of Audiology, 20*, 69–82.

Puranik, C. S., Lombardino, L. J., & Altmann, L. J. (2007). Writing through retellings: An exploratory study of language impaired and dyslexic populations. *Reading and Writing: An Interdisciplinary Journal, 20*, 251–272.

Qi, C. H., Kaiser, A. P., Milan, S. E., Yzquierdo, Z., & Hancock, T. B. (2003). The performance of low-income African American children on the Preschool Language Scale-3. *Journal of Speech, Language, and Hearing Research, 46*, 576–590.

Rainforth, B., York, J., & MacDonald, C. (1992). *Collaborative teams for students with severe disabilities: Integrating therapy and educational services.* Baltimore: Brookes.

Rajinder K., Melinda C., & Summer H. (2004). In *Brain and Language.* 92(1): 58–77 Language: English. DOI: 10.1016/j.bandl.2004.05.008, Database: Science Direct

Ramig, L. (1994). Voice disorders. In F. Minifie (Ed.), *Introduction to communication sciences and disorders* (pp. 481–520). San Diego, CA: Singular.

Ramig, L. (2002). The joy of research. *The ASHA Leader, 7*(8), 6–7, 19.

Ramig, L., & Verdolini, K. (1998). Treatment efficacy: Voice disorders. *Journal of Speech-Language-Hearing Research, 41*, S101–S116.

Ramig, L. O., Sapir, S., Countryman, S., Pawlas, A., et al. (2001). Intensive voice treatment (LSVT®) for individuals with Parkinson's disease: A 2-year follow-up. *Journal of Neurology, Neurosurgery, and Psychiatry, 71*, 493–498.

Ramig, L. O., & Verdolini, K. (2009, June 19). Laryngeal-based voice disorders. *Treatment Efficacy Summary.* Retrieved June 23, 2009, from www.asha.org/NR/rdonlyres/5B211B91-9D44-42D2-82C7-55A1315D8CD6/0/TESLaryngealBasedVoiceDisorders.pdf.

Raymer, A. M., Beeson, P., Holland, A., Kendall, D., Mahe, L. M., Martin, N., et al. (2008). Translational research in aphasia: From neuroscience to neurorehabilitation. *Journal of Speech, Language, and Hearing Research (Neuroplasticity Supplement), 51*, S259–S275.

Redmond, S. M. (2003). Children's production of the affix -ed in past tense and past participle contexts. *Journal of Speech, Language, and Hearing Research, 46*, 1095–1109.

Redmond, S. M., & Rice, M. L. (2001). Detection of irregular verb violations by children with and without SLI. *Journal of Speech, Language, and Hearing Research, 44*, 655–669.

Rescorla, L. (2005). Age 13 language and reading outcomes in late talking toddlers. *Journal of Speech, Language, and Hearing Research, 48*, 459–473.

Rescorla, L., & Alley, A. (2001). Validation of the Language Development Survey (LDS): A parent report tool for identifying language delay in toddlers. *Journal of Speech, Language, and Hearing Research, 44*, 434–445.

Rescorla, L. A. (2009). Age 17 language and reading outcomes in late-talking toddlers: Support for dimensional perspective on language delay. *Journal of Speech, Language, and Hearing Research, 52,* 16–30.

Reynolds, M., E., & Jefferson, L. (1999). Natural and Synthetic Speech Comprehension: Comparison of Children from Two Age Groups. *Augmentative and Alternative Communication, 15*(3), 174–182.

Rice, M. L., Hoffman, L., & Wexler, K. (2009). Judgments of omitted BE and DO in questions as extended finiteness clinical markers of Specific Language Impairment (SLI) to 15 years: A study of growth and asymptote. *Journal of Speech, Language, and Hearing Research, 52,* 1417–1433.

Rice, M. L., Cleave, P. L., & Oetting, J. B. (2000). The use of syntactic cues in lexical acquisition by children with SLI. *Journal of Speech, Language, and Hearing Research, 34,* 582–594.

Rice, M. L., Redmont, S. M., & Hoffman, L. (2006). Mean length of utterance in children with specific language impairment and in younger control children shows concurrent validity and stable and parallel growth trajectories. *Journal of Speech, Language, and Hearing Research, 49,* 793–808.

Rice, M. L., Smolik, F., Perpich, D., Thompson, T., Rytting, N., & Blossom, M. (2010). Mean length of utterance levels in 6 month intervals for children 3 to 9 years with and without language impairments. *Journal of Speech, Language, and Hearing Research, 53,* 333–349.

Rice, M. L., Tomblin, J. B., Hoffman, L., Richman, W. A., & Marquis, J. (2004). Grammatical tense deficits in children with SLI and nonspecific language impairment: Relationships with nonverbal IQ over time. *Journal of Speech, Language, and Hearing Research, 47,* 816–834.

Rieber, R. W., & Wollock, J. (1977). The historical roots of the theory and therapy of stuttering. *Journal of Communication Disorders, 10,* 3–24.

Riley, G. (2009). *Stuttering Severity Instrument for Children and Adults—Fourth Edition (SSI-4).* Austin, TX: PRO-ED.

Riley, G., & Riley, J. (1981). *Stuttering prediction instrument for young children.* Tigard, OR: C. C. Publications.

Ringo, C. C., & Dietrich, S. (1995). Neurogenic stuttering: An analysis and critique. *Journal of Medical Speech-Language Pathology, 2,* 111–122.

Rispoli, M. (2005). When children reach beyond their grasp: Why some children make pronoun case errors and others don't. *Journal of Child Language, 32,* 93–116.

Ritchie, K., & Lovenstone, S. (2002). The dementias. *The Lancet, 360,* 1759–1766.

Roberts, J. E., Long, S. H., Malkin, C., Barnes, E., Skinner, M., Hennon, E. A., et al. (2005). A comparison of phonological skills with fragile X syndrome and Down syndrome. *Journal of Speech, Language, and Hearing Research, 48,* 980–995.

Roberts, J. E., Mirrett, P., & Burchinal, M. (2001). Receptive and expressive communication development in young males with fragile X syndrome. *American Journal of Mental Retardation, 106,* 216–231.

Roberts, M.Y., & Kaiser, A.P. (2011). The effectiveness of parent-implemented language interventions: A meta-analysis. *American Journal of Speech-Language Pathology, 20,* 180–199.

Robey, R. R., & Schultz, M. C. (1998). A model for conducting clinical-outcome research: An adaptation of the standard protocol for use in aphasiology. *Aphasiology, 12*(9), 787–810.

Rogers, B., Arvedson, J., Buck, G., et al. (1994). Characteristics of dysphagia in children with cerebral palsy. *Dysphagia, 9*(1), 69–73.

Romski, M. A., & Sevcik, R. A. (1996). *Breaking the speech barrier: Language development through augmented means.* Baltimore: Brookes.

Rosenbaum, P., Paneth, N., Leviton, A., Goldstein, M., Bax, M., Damiano, D., Dan, B., Jacobson, B. (2007). A report: the definition and classification of cerebral palsy April 2006. *Developmental Medicine & Child Neurology, 49,* 8–14.

Rosenbek, J. C., Lemme, M., Ahern, M., Harris, E., & Wertz, R. (1973). A treatment for apraxia of speech in adults. *Journal of Speech and Hearing Disorders, 43,* 462–472.

Ross, K. B., & Wertz, R. T. (2003). Discriminative validity of selected measures of differentiating normal from aphasic performance. *American Journal of Speech-Language Pathology, 12,* 312–319.

Roth, F. P. (2000). Narrative writing: Development and teaching with children with writing difficulties. *Topics in Language Disorders, 20*(4), 15–28.

Roth, F. P. (2004). Word recognition assessment framework. In C. A. Stone, E. R. Silliman, B. J. Ehren, & K. Apel (Eds.), *Handbook of language and literacy: Development and disorders* (pp. 461–480). New York: Guilford.

Rowden-Racette, K. (2012, September 18). In search of stuttering's genetic code. *The ASHA Leader.*

Rowland, C., & Schweigert, P. (2000). Tangible symbols, tangible outcomes. *Augmentative and Alternative Communication, 16,* 61–78.

Roy, N. (2005). Teachers with voice disorders: Recent clinical trials research. *The ASHA Leader, 10,* 8–9, 11.

Roy, N., Gray, S., Simon, M., Dove, M., Dove, H., Corbin-Lewis, K., et al. (2001). An evaluation of the effects of two treatment approaches for teachers with voice disorders: A prospective randomized clinical trial. *Journal of Speech, Language, and Hearing Research, 44,* 286–296.

Roy, N., Merrill, R. M., Thibeault, S., Parsa, R. A., Gray, S. D., & Smith, E. M. (2004). Prevalence of voice disorders in teachers and the general population. *Journal of Speech, Language, and Hearing Research, 47*, 281–293.

Rubin, K. H., Burgess, K. B., & Coplan, R. J. (2002). Social withdrawal and shyness. In P. K. Smith & C. H. Hart (Eds.), *Blackwell handbook of childhood social development* (pp. 329–352). Malden, MA: Blackwell.

Rvachew, S. (2006). Longitudinal predictors of implicit phonological awareness skills. *American Journal of Speech-Language Pathology, 15*, 165–176.

Rvachew, S. R., & Grawburg, M. (2006). Correlates of phonological awareness in preschoolers with speech sound disorders. *Journal of Speech, Language, and Hearing Research, 49*, 74–87.

Ryan, B. P. (1974). *Programmed therapy for stuttering children and adults.* Springfield, IL: Charles C. Thomas.

Ryan, B. P., & Van Kirk Ryan, B. (1983). Programmed stuttering therapy for children: Comparisons of four established programs. *Journal of Fluency Disorders, 8*, 291–321.

Ryan, B. P., & Van Kirk Ryan, B. (1995). Programmed stuttering treatment for children: Comparisons of two established programs through transfer, maintenance, and follow-up. *Journal of Speech and Hearing Research, 38*, 61–75.

Sabol, J., Lee, L., & Stemple, J. (1995). The value of vocal function exercises in the practice regimen of singers. *Journal of Voice, 9*, 27–36.

Saint-Exupéry, A. de (1968). *The little prince.* New York: Harcourt Brace.

Sanders, E. (1972). When are speech sounds learned? *Journal of Speech and Hearing Disorders, 37*, 55–63.

Sanders, L. D., & Neville, H. J. (2000). Lexical, syntactic, and stress-pattern cues for speech segmentation. *Journal of Speech, Language, and Hearing Research, 43*, 1301–1321.

Sawyer, D. J. (2006). Dyslexia: A generation of inquiry. *Topics in Language Disorders, 26*, 95–109.

Saxton, J., Morrow, L., Eschman, A., Archer, G., Luther, J., & Zuccolotto, A. (2009). Computer assessment of mild cognitive impairment. *Journal of Postgrauate Medicine, 121*(2), 177–185.

Schlosser, R. W. (2003). Outcomes measurement in AAC. In J. C. Light, D. R. Beukelman & J. Reichle (Eds.), *Communicative Competence for Individuals who use AAC: From research to effective practice* (pp. 479–508). Baltimore: Paul H. Brookes.

Schlosser, R. W., & Raghavendra, P. (2004). Evidence-based practice in augmentative and alternative communication. *Augmentative and Alternative Communication, 20*(1), 1–21.

Schlosser, R. W., & Wendt, O. (2008). Effects of augmentative and alternative communication intervention on speech production in children with autism: A systematic review. *American Journal of Speech-Language Pathology, 17*, 212–230.

Schlosser, R. W., Walker, E., & Sigafoos, J. (2006). Increasing opportunities for requesting in children with developmental disabilties residing in group homes through pyramidal training. *Education and Training in Developmental Disabilties, 41*(3), 244–252.

Schow, R. L., & Nerbonne, M. A. (2007). *Introduction to audiologic rehabilitation.* Boston: Pearson.

Schuele, C. M. (2001). Socioeconomic influences on children's language acquisition. *Journal of Speech Pathology and Audiology, 25*(2), 77–88.

Schuele, C. M., & Boudreau, D. (2008). Phonological awareness intervention: Beyond the basics. *Language, Speech, and Hearing Services in Schools, 39*, 3–20.

Schwartz, H. (1993). Adolescents who stutter. *Journal of Fluency Disorders, 18*, 291–321.

Schwartz, J. B., & Nye, C. (2006). Improving communication for children with autism: Does sign language work? *EBP Briefs, 1*(2).

Schwarz, S. M., Corredor, J., Fisher-Medina, J., et al. (2001). Diagnosis and treatment of feeding disorders in children with developmental disabilities. *Pediatrics, 108*, 671–676.

Scott, C. M. (2000). Principles and methods of spelling instruction: Applications for poor spellers. *Topics in Language Disorder, 20*(3), 66–82.

Scott, C. M., & Windsor, J. (2000). General language performance measures in spoken and written narrative and expository discourse of school-age children with language learning disabilities. *Journal of Speech, Language, and Hearing Research, 43*, 324–339.

Sebat, J., Lakshmi, B., Malhotra, D., Troge, J., Lese-Martin, C., Walsh, T., et al. (2007, April 20). Strong association of de novo copy number mutations with autism. *Science, 20*, 445–449.

Segebart DeThorne, L., & Watkins, R. V. (2001). Listeners' perceptions of language use in children. *Language, Speech, and Hearing Services in Schools, 32*, 142–148.

Segebart DeThorne, L., Hart, S. A., Petrill, S. A., Deater-Deckard, K., Thompson, L. A., Schatschneider, C., et al. (2006). Children's history of speech-language difficulties: Genetic influences and association with reading-related measures. *Journal of Speech, Language, and Hearing Research, 49*, 1280–1293.

Segebart DeThorne, L., Petrill, S. A., Schatschneider, C., & Cutting, L. (2010). Conversational language use as a predictor of early reading development: Language history as a moderating variable. *Journal of Speech, Language, and Hearing Research, 53*, 209–223.

Seung, H., & Chapman, R. (2000). Digit span in individuals with Down syndrome and in typically developing children: Temporal aspects. *Journal of Speech, Language, and Hearing Research, 43,* 609–620.

Shadden, B. B., & Toner, M. A. (Eds.). (1997). *Aging and communication: For clinicians by clinicians.* Austin, TX: PRO-ED.

Shaker, R., Easterling, C., Kern, M., Nitschke, T., et al. (2002). Rehabilitation of swallowing by exercise in tube-fed patients with pharyngeal dysphagia secondary to abnormal UES opening. *Gastroenterology, 122,* 1314–1321.

Shapiro, L., Hurry, J., Masterson, J., Wydell, T., & Doctor, E. (2009). Classroom implications of recent research into literacy development: From predictors to assessment. *Dyslexia, 15,* 1–2.

Shaw, G. (2012). Sign of the times: ASL comes to mobile phones. *The Hearing Journal, 65*(10), 22–26.

Shaw, G., & Searl, J. (2001). Botulinum toxin treatment for cricopharyngeal dysfunction. *Dysphagia, 16,* 161–167.

Shekim, L. (1990). Dementia. In L. L. LaPointe (Ed.), *Aphasia and related neurogenic language disorders* (pp. 210–220). New York: Thieme.

Shekim, L., & LaPointe, L. L. (1984, February). *Production of discourse in patients with Alzheimer's dementia.* Paper presented at the International Neuropsychology Society meeting, Houston, TX.

Sheng, L., & McGregor, K. A. (2010). Object and action naming in children with specific Language Impairment. *Journal of Speech, Language, and Hearing Research, 53,* 1704–1719.

Sheppard, J. (2008). Using motor learning approaches for treating swallowing and feeding disorders: A review. *Language, Speech, and Hearing Services in Schools, 39,* 227–236.

Sheppard, J. J. (1991). Managing dysphagia in mentally retarded adults. *Dysphagia, 6*(2), 83–87.

Sheppard, J. J. (1995). Clinical evaluation and treatment. In S. R. Rosenthal, J. J. Sheppard, & M. Lotze (Eds.), *Dysphagia and the child with developmental disabilities: Medical, clinical, and family interventions.* San Diego, CA: Singular.

Shprintzen, R. J. (1995). A new perspective on clefting. In R. J. Shprintzen & J. Bardach (Eds.), *Cleft palate speech management: A multidisciplinary approach.* St. Louis, MO: Mosby.

Shriberg, L. (1997). Developmental phonological disorders: One or many. In B. Hodson & M. Edwards (Eds.), *Perspectives in applied phonology* (pp. 105–127). Gaithersburg, MD: Aspen.

Shriberg, L. D., & Kent, R. D. (1995). *Clinical phonetics* (2nd ed.). Boston: Allyn & Bacon.

Shriberg, L. D., & Kwiatkowski, J. (1994). Developmental phonological disorders. I: A clinical profile. *Journal of Speech and Hearing Research, 37,* 1100–1126.

Shriberg, L. D., Austin, D., Lewis, B. A., McSweeney, J. L., & Wilson, D. L. (1997). The percentage of consonants correct (PCC) metric: Extensions and reliability data. *Journal of Speech, Language, and Hearing Research, 40*(4), 708–722.

Sigafoos, J. (2000). Creating opportunities for augmentative and alternative communication: Strategies for involving people with developmental disabilities. *Augmentative and Alternative Communication, 16,* 183–190.

Sigafoos, J., Drasgow, Erik, Reichle, J., O'Reilly, M., Green, V., Tait, K. (2004). Tutorial: Teaching Communicative Rejecting to Children With Severe Disabilities. *American Journal of Speech-Language Pathology, 13,* 31–42.

Silliman, E. R., & Wilkinson, L. C. (2004). Collaboration for language and literacy learning. In E. R. Silliman & L. C. Wilkinson (Eds.), *Language and literacy learning in schools* (pp. 3–38). New York: Guilford.

Singer, B. D., & Bashir, A. S. (2004). EmPOWER, A strategy of teaching students with language learning disabilities how to write expository text. In E. R. Silliman & L. C. Wilkinson (Eds.), *Language and literacy learning in schools* (pp. 239–272). New York: Guilford.

Skarakis-Doyle, E., Dempsey, L., & Lee, C. (2008). Identifying language comprehension impairment in preschool children. *Language, Speech, and Hearing Services in Schools, 39,* 54–65.

Skibbe, L. E., Grimm, K. J., Stanton-Chapman, T. L., Justice, L. M., Pence, K. L., & Bowles, R. P. (2008). Reading trajectories of children with language difficulties from preschool through fifth grade. *Language, Speech, and Hearing Services in Schools, 39,* 475–486.

Small, J. A., & Perry, J. (2005). Do you remember? How caregivers question their spouses who have Alzheimer's disease and the impact on communication. *Journal of Speech, Language, and Hearing Research, 48*(1), 125–136.

Smith-Myles, B., Hilgenfeld, T., Barnhill, G., Griswold, D., Hagiwara, T., & Simpson, R. (2002). Analysis of reading skills in individuals with Asperger syndrome. *Focus on Autism and Other Developmental Disabilities, 17*(1), 44–47.

Snell, M., Chen, L. Y., & Hoover, K. (2006). Teaching augmentative and alternative communication to students with severe disabilities: A review of intervention research 1997–2003. *Research and Practices for Persons with Severe Disabilities, 31,* 203–214.

Snow, C. E., Scarborough, H. S., & Burns, M. S. (1999). What speech-language pathologists need to know about early reading. *Topics in Language Disorders, 20*(1), 48–58.

Sohlberg, M. M., Ehlhardt, L., & Kennedy, M. (2005). Instructional techniques in cognitive rehabilitation: A preliminary report. *Seminars in Speech Language Pathology, 26,* 268- 279.

Sommers, R. K., & Caruso, A. J. (1995). Inservice training in speech-language pathology: Are we meeting the needs for fluency training? *American Journal of Speech-Language Pathology, 4*(3), 22–28.

Sonies, B. C. (1997). Evaluation and treatment of speech and swallowing disorders associated with myopathies. *Current Opinion in Rheumatology, 9*(6), 486–495.

Sonies, B. C., & Frattali, C. M. (1997). Critical decisions regarding service delivery across the health care continuum. In B. C. Sonies (Ed.), *Dysphagia: A continuum of care.* Gaithersburg, MD: Aspen.

Soto, G., Muller, E., Hunt, P., & Goetz, L. (2001). Critical issues in the inclusion of students who use augmentative and alternative communication: An educational team perspective. *Augmentative and Alternative Communication, 17,* 62–72.

Southwood, F., & Russell, A. F. (2004). Comparison of conversation, freeplay, and story generation as methods of language elicitation. *Journal of Speech, Language, and Hearing Research, 47,* 366–376.

Spaulding, T. J, Plante, E., & Farinella, K. A. (2006). Eligibility criteria for language impairment: Is the low end of normal always appropriate? *Language, Speech, and Hearing Services in Schools, 37,* 61–72.

Spencer, E., Schuele, C. N., Guillot, K., & Lee, M. (2008). Phonological awareness skill of speech-language pathologists and other educators. *Language, Speech, and Hearing Services in Schools, 39,* 512–520.

Starkweather, W. (1987). *Fluency and stuttering.* Englewood Cliffs, NJ: Prentice Hall.

Starkweather, W. (1997). Therapy for younger children. In R. F. Curlee & G. M. Siegel (Eds.), *Nature and treatment of stuttering: New directions* (2nd ed., pp. 143–166). Boston: Allyn & Bacon.

Steele, C. M., Greenwood, C., Ens, I., et al. (1997). Mealtime difficulties in a home for the aged: Not just dysphagia. *Dysphagia, 12*(1), 43–51.

Stillman, R., & Battle, C. (1984). Developing prelanguage communication in the severely handicapped: An interpretation of the Van Dijk method. *Seminars in Speech-Language Pathology, 5,* 159–170.

Stinneford J., Keshavarzian A., Nemchausky B., Doria M., & Durkin M. (1993). Esophagitis and esophageal motor abnormalities in patients with chronic spinal cord injuries. *Paraplegia,* 31, 384–92.

Stoel-Gammon, C., & Dunn, C. (1985). *Normal and disordered phonology in children.* Austin, TX: PRO-ED.

Stoicheff, M. (1981). Speaking fundamental frequency characteristics of nonsmoking female adults. *Journal of Speech and Hearing Research, 24,* 437–441.

Story, B. (2002). An overview of the physiology, physics, and modeling of the sound source for vowels. *Acoustical Science and Technology, 23,* 195–206.

Strand, E., & McCauley, R. (2008, August 12). Differential diagnosis of severe speech impairment in young children. *The ASHA Leader, 13*(10), 10–13.

Strand, E., & Skinder, A. (1999). Treatment of developmental apraxia of speech: Integral stimulation methods. In A. Caruso & E. Strand (Eds.), *Clinical management of motor speech disorders in children* (pp. 109–148). New York: Thieme.

Strand, E., Stoeckel, R., & Baas, B. (2006). Treatment of severe childhood apraxia of severe childhood apraxia of speech: A treatment efficacy study. *Journal of Medical Speech Pathology, 14,* 297–307.

Strand, E. A., & McCauley, R. (1997, November). *Differential diagnosis of phonological impairment and developmental apraxia of speech.* Paper presented at the American Speech-Language-Hearing Association annual convention, Boston.

Strange, W., & Broen, P. (1980). Perception and production of approximant consonants by 3-year-olds: A first study. In G. Yeni-Komshian, J. Kavanaugh, & C. A. Ferguson (Eds.), *Child phonology: Vol. 2. Perception.* New York: Academic Press.

Streb, J., Hemighausen, E., & Rösler, F. (2004). Different anaphoric expressions are investigated by event-related brain potentials. *Journal of Psycholinguistic Research, 33,* 175–201.

Striano, T., Rochat, P., & Legerstee, M. (2003). The role of modeling and request type on symbolic comprehension of objects and gestures in young children. *Journal of Child Language, 30,* 27–45.

Suiter, D., & Leder, S. (2008). Clinical utility of the 3-ounce water swallow test. *Dysphagia, 23,* 244–250.

Sullivan, P. (2008). Gastrointestinal disorders in children with neurodevelopmental disabilities. *Developmental Disabilities Research Reviews, 14,* 128–136.

Swanson, H. L., & Beebe-Frankenberger, M. (2004). The relationship between working memory and mathematical problem solving in children at risk and not at risk for math disabilities. *Journal of Educational Psychology, 96,* 471–491.

Sweetow, R., & Sabes, J. (2006). The need for and development of an adaptive Listening and Communication Enhancement (LACE) program. *Journal of the American Academy of Audiology, 17*(8), 538–558.

Tager-Flusberg, H., Paul, R., & Lord, C. E. (2005). Language and communication in autism. In F. Volkmar, R. Paul, A. Klin & D. J. Cohen (Eds.), *Handbook of autism and pervasive developmental disorder: Vol. 1* (3rd ed., pp. 335–364). New York: Wiley.

Tattershall, S. (2004). *SLPs contributing to and learning within the writing process.* Paper presented at the annual convention of the American Speech-Language-Hearing Association, Philadelphia.

Templeton, S. (2003). The spelling/meaning connection. *Voices from the Middle, 10*(3), 56–57.

Templeton, S. (2004). Instructional approaches to spelling: The window on students' word knowledge in reading and writing. In E. R. Silliman & L. C. Wilkinson (Eds.), *Language and literacy learning in schools* (pp. 273–291). New York: Guilford.

Terry, N. P. (2012). Examining relationships among dialect variation and emergent literacy skills. *Communication Disorders Quarterly. 33*(2), 67–77.

Thal, D., Jackson-Maldonado, D., & Acosta, D. (2000). Validity of a parent-report measure of vocabulary and grammar for Spanish-speaking toddlers. *Journal of Speech, Language, and Hearing Research, 43,* 1087–1100.

Thiemann, K. S., & Goldstein, H. (2004). Effects of peer training and written text cueing on social communication of school-age children with pervasive developmental disorder. *Journal of Speech, Language, and Hearing Research, 47,* 126–144.

Thomas, L. (1979). *The medusa and the snail: More notes of a biology watcher.* New York: Viking.

Thomason, K. M., Gorman, B. K., & Summers, C. (2007). English literacy development for English Language Learners: Does Spanish instruction promote or hinder? *EBP Briefs, 2*(2), 1–15.

Thompson, C. K. (2004). Neuroimaging: Applications for studying aphasia. In L. L. LaPointe (Ed.), *Aphasia and related disorders* (pp. 19–38). New York: Thieme.

Thompson, C. K., Shapiro, L. P., Kiran, S., & Sobecks, J. (2003). The role of syntactic complexity in treatment of sentence deficits in agrammatic aphasia: The Complexity Account of Treatment Efficacy (CATE). *Journal of Speech, Language, and Hearing Research, 46,* 591–607.

Thunstam, L. (2004). *Social networks and communication for children with deafness and additional impairments.* Unpublished master's thesis, Mälardalens University, Sweden.

Tierney, L. M., Jr. (1993). *Current medical diagnosis and treatment, 1994.* Los Altos, CA: Appleton & Lange.

Tierney, L. M., Jr., McPhee, S. J., & Papadakis, M. A. (2000). *Current medical diagnosis and treatment* (39th ed.). New York: Lange Medical Books/McGraw-Hill.

Timler, G. R., Vogler-Elias, D., & McGill, K. F. (2007). Strategies for promoting generalization of social communication skills in preschoolers and school-aged children. *Topics in Language Disorders, 27,* 167–181.

Titze, I. R. (1994). *Principles of voice production.* Englewood Cliffs, NJ: Prentice Hall.

Tomblin, J. B., Zhang, X., Buckwalter, P., & O'Brien, M. (2003). The stability of primary language disorder: Four years after kindergarten diagnosis. *Journal of Speech, Language, and Hearing Research, 46,* 1283–1296.

Tomes, L. A., Kuehn, D. P., & Peterson-Falzone, S. J. (1997). Behavioral treatment of velopharyngeal impairment. In K. R. Bzoch (Ed.), *Communicative disorders related to cleft lip and palate* (4th ed.; pp. 529–562). Austin, TX: PRO-ED.

Tompkins, C. A., Baumgaertner, A., Lehman, M. T., & Fassbinder, W. (2000). Mechanisms of discourse comprehension impairment after right hemisphere brain damage: Suppression of lexical ambiguity resolution. *Journal of Speech, Language, and Hearing Research, 43,* 62–78.

Tompkins, C., Blake, M. T., Wambaugh, J., & Meigh, K. (2011). A novel, implicit treatment for language comprehension processes in right hemisphere brain damage: Phase I data. *Aphasiology, 25,* 789–799.

Tompkins, C., Fassbinder, W., Blake, M., Baumgaertner, A., & Jayaram, N. (2004). Inference generation during text comprehension by adults with right hemisphere brain damage: Activation failure vs. multiple activation? *Journal of Speech, Language, and Hearing Research, 47,* 1380–1395.

Tompkins, C., Klepousniotou, E., & Scott, G. (2013). Treatment of right hemisphere disorders. In I. Papathanasiou, P. Coppens, & C. Potagas (Eds.), *Aphasia and related neurogenic communication disorders* (pp. 345–364). Sudbury, MA: Jones and Bartlett.

Tompkins, C., Lehman-Blake, M., Baumgaertner, A., & Fassbinder, W. (2001). Mechanisms of discourse comprehension impairment after right hemisphere brain damage: Suppression in inferential ambiguity resolution. *Journal of Speech, Language, and Hearing Research, 44,* 400–415.

Tompkins, C., Scharp, V., Meigh, K., & Fassbinder, W. (2008). Coarse coding and discourse comprehension in adults with right hemisphere brain damage. *Aphasiology, 22,* 204–223.

Toner, M. A. (1997). Targeting dysphagia in the elderly: Prevention, assessment, and intervention. In B. B. Shadden & M. A. Toner (Eds.), *Aging and communication: For clinicians by clinicians.* Austin, TX: PRO-ED.

Torgesen, J. K. (2000). Individual difference in response to early interventions in reading: The lingering problem of treatment resisters. *Learning Disabilities Research and Practice, 15,* 55–64.

Torgesen, J. K. (2005). Recent discoveries from research on remedial interventions for children with dyslexia. In M. Snowling & C. Hulme (Eds.), *The science of reading: A handbook* (pp. 521–537). Oxford, UK: Blackwell.

Torgesen, J. K., al Otaiba, S., & Grek, M. L. (2005). Assessment and instruction for phonemic awareness and word recognition skills. In H. W. Catts & A. G. Karnhi (Eds.), *Language and reading disabilities* (2nd ed., pp. 127–156). Boston: Allyn & Bacon.

Towey, M., Whitcomb, J., & Bray, C. (2004). *Print-sound-story-talk, a successful early reading first program*. Paper presented at the annual convention of the American Speech-Language-Hearing Association, Philadelphia.

Treffert, D. A. (2009). *Hyperlexia: Reading precociousness or savant skill?* Wisconsin Medical Society. Retrieved June 6, 2009, from www.wisconsinmedicalsociety .org/savant_syndrome/savant_articles/hyperlexia.

Truong, K., & Cunningham, L. (2011, July/August). Is a temporary threshold shift harmless? *Audiology Today*.

Tsao, F., Liu, H., & Kuhl, P. K. (2004). Speech perception in infancy predicts language development in the second year of life: A longitudinal study. *Child Development, 75,* 1067–1084.

Tye-Murray, N. (2009). *Foundations of aural rehabilitation: Children, adults, and their family members* (3rd ed.). Clifton Park, NY: Delmar Cengage Learning.

Tyler, A., & Watterson, K. (1991). Effects of phonological versus language intervention in preschoolers with both phonological and language impairment. *Child Language Teaching and Therapy, 7,* 141–160.

Ukrainetz, T. A., Harpell, S., Walsh, C., & Coyle, C. (2000). A preliminary investigation of dynamic assessment with Native American kindergarteners. *Language, Speech, and Hearing Services in Schools, 31,* 142–154.

U.S. Department of Health and Human Services. (2007). *Child maltreatment, 2007*. Retrieved June 12, 2007, from www.acf.hhs.gov/programs/cb/pubs /cm07/summary.htm.

Valian, V., & Aubry, S. (2005). When opportunity knocks twice: two-year-olds' repetition of sentence subjects. *Journal of Child Language, 32,* 617–641.

Valian, V., & Casey, L. (2003). Young children's acquisition of wh- questions: The role of structured input. *Journal of Child Language, 30,* 117–143.

Van Borsel, J., De Cuypere, G., Rubens, R., & Destaerke, B. (2000). Voice problems in female-to-male transsexuals. *International Journal of Language and Communication Disorders, 35,* 427–442.

van der Merwe, A. (2004). The voice use reduction program. *American Journal of Speech-Language Pathology, 13,* 208–218.

van Kleeck, A., & Schuele, C. M. (2010). Historical perspectives on literacy in early childhood. *American Journal of Speech-Language Pathology, 19,* 341–355.

van Kleeck, A., Vander Woude, J., & Hammett, L. (2006). Fostering literal and inferential language skills in Head Start preschoolers with language impairment using scripted book-sharing discussions.

American Journal of Speech-Language Pathology, 15, 85–95.

Van Meter, A. M., Nelson, N. W., & Ansell, P. (2004). *Developing spelling and vocabulary skills in curriculum writing activities*. Paper presented at the annual convention of the American Speech-Language-Hearing Association, Philadelphia.

Van Riper, C. (1982). *The nature of stuttering*. Englewood Cliffs, NJ: Prentice Hall.

Van Riper, C. (1992). *The nature of stuttering* (2nd ed.). Prospect Heights, IL: Waveland Press.

Van Riper, C., & Emerick, L. (1984). *Speech correction: An introduction to speech pathology and audiology* (7th ed.). Englewood Cliffs, NJ: Prentice Hall.

Vanderheiden, G., & Yoder, D. E. (1986). *Overview*. Rockville, MD: American Speech-Language-Hearing Association.

Vaughn, S., & Klingner, J. (2004). Teaching reading comprehension to student with learning disabilities. In C. A. Stone, E. R. Silliman, B. J. Ehren, & K. Apel (Eds.), *Handbook of language and literacy: Development and disorders* (pp. 541–555). New York: Guilford.

Venkatagiri, H. S. (1999). Efficient Keyboard Layouts for Sequential Access in Augmentative and Alternative Communication. *Augmentative and Alternative Communication, 15*(2).

Vogel, I., Verschuure, H., Van der Ploeg, C., Brug, J., & Raat, H.(2010). Estimating adolescent risk for hearing loss based on data from a large school-based survey. *American Journal of Public Health, 100*(6), 1095–1100.

Wagner, R. K., Torgesen, J. K., & Rashotte, C. A. (1999). *Comprehensive Test of Phonological Processing (CTOPP)*. Austin, TX: PRO-ED.

Wahlberg, T., & Magliano, J. P. (2004). The ability of high-functioning individuals with autism to comprehend written discourse. *Discourse Processes, 38*(1), 119–144.

Waite, M. C., Theodoros, D. G., Russell, T. G., & Cahill, L. M. (2010). Internet-based telehealth assessment of language using the CELF-4. *Language, Speech, and Hearing Services in Schools, 41,* 445–458.

Waltzman, S. B., & Roland, J. T. (2005). Cochlear implantation in children younger than 12 months. *Pediatrics, 116,* e487–e493.

Wambaugh, J., & Bain, B. (2002). Make research methods an integral part of your clinical practice. *The ASHA Leader, 7*(21), 1, 10–13.

Watzlawick, P., Beavin, J. H., & Jackson, D. D. (1967). *Pragmatics of human communication: A study of interactional patterns, pathologies, and paradoxes*. New York, NY: W. W. Norton & Company.

Weismer, S. E., Tomblin, J. B., Zhang, X., Buckwalter, P., Gaura Chynoweth, J., & Jones, M. (2000). Non-word repetition performance in school-age children with and without language impairment. *Journal of Speech, Language, and Hearing Research, 43,* 865–878.

Westby, C. E. (2004). A language perspective on executive functioning, metacognition, and self-regulation in reading. In C. A. Stone, E. R. Silliman, B. J. Ehren, & K. Apel (Eds.), *Handbook of language and literacy: Development and disorders* (pp. 398–427). New York: Guilford.

Westby, C. E. (2005). Assessing and remediating text comprehension problems. In H. W. Catts & A. G. Kamhi (Eds.), *Language and reading disabilities* (2nd ed., pp. 157–232). Boston: Allyn & Bacon.

Wheeler-Hegland, K., Frymark, T., Schooling, T., McCabe, D., Ashford, J., Mullen, R., Smith Hammond, C., Musson, N. (2009). Evidence-based systematic review: Oropharyngeal dysphagia behavioral treatments. Part V—Applications for clinicians and researchers. *Journal of Rehabilitation & Development, 46,* 215–222.

Whitehurst, G. J., & Lonigan, C. J. (2001). Emergent readers: Development from prereaders to readers. In S. B. Neuman & D. K. Dickinson (Eds.), *Handbook of early literacy research* (pp. 11–29). New York: Guilford.

Whitmire, K. A. (2000). Adolescence as a developmental phase: A tutorial. *Topics in Language Disorders, 20*(2), 1–14.

Wiig, E. H., Zureich, P. Z., & Chan, H. H. (2000). A clinical rationale for assessing rapid automatized naming with language disorders. *Journal of Learning Disabilities, 33,* 359–374.

Wilcox, K., & Morris, S. (1999). *Children's speech intelligibility measure.* San Antonio, TX: Psychological Corporation.

Wilder, J., & Granlund, M. (2006). Presymbolic children in Sweden: Interaction, family accommodation and social networks. In *Proceedings from the 12th ISAAC Research Conference, Düsseldorf, August.*

Wilkinson, K., Carlin, M., & Thistle, J. (2008). The role of color cues in facilitating accurate and rapid location of aided symbols by children with and without Down syndrome. *American Journal of Speech-Language Pathology, 17,* 179–193.

Williams, A. (2000). Multiple oppositions: Case studies of variables in phonological intervention. *American Journal of Speech-Language Pathology, 9,* 282–288.

Wilson, D. (1987). *Voice problems in children* (3rd ed.). Baltimore: Williams and Wilkins.

Windsor, J., Kohnert, K., Loxtercamp, A., & Kan, P. (2008). Performance on nonlinguistic visual tasks by children with language impairment. *Applied Psycholinguistics, 29,* 237–268.

Windsor, J., Scott, C. M., & Street, C. K. (2000). Verb and noun morphology in the spoken and written language of children with language learning disabilities. *Journal of Speech, Language, and Hearing Research, 43,* 1322–1336.

Wolf, M., & Katzir-Cohen, T. (2001). Reading fluency and its intervention. *Scientific Studies in Reading, 5,* 211–239.

Wolk, S., & Schildroth, A. N. (1986). Deaf children and speech intelligibility: A national study. In A. N. Schildroth & M. A. Karchmer (Eds.), *Deaf children in America* (pp. 139–159). San Diego, CA: College-Hill.

Woll, B., & Morgan, G. (2012). Language impairments in the development of sign: Do they reside in a specific modality or are they modality-independent deficits? *Bilingualism: Language and Cognition, 15*(1), 75–87.

Wolter, J. A., Wood, A., & D'zatko, K. W. (2009). The influence of morphological awareness on the literacy development of first-grade children. *Language, Speech, and Hearing Services in Schools, 40,* 286–298.

Won, J., & Rubinstein, J. (2012). CI performance in prelingually deaf children and postlingually deaf adults. *The Hearing Journal, 65*(9), 32–34.

Wong, B. Y. (2000). Writing strategies instruction for expository essays for adolescents with and without learning disabilities. *Topics in Language Disorders, 20*(4), 244.

Wong, B. Y., Butler, D. L., Ficzere, S. A., & Kuperis, S. (1996). Teaching low achievers and students with learning disabilities to plan, write, and revise opinion essays. *Journal of Learning Disabilities, 29*(2), 197–212.

Wood, P., & Emick-Herring, B. (1997). Dysphagia: A screening tool for stroke patients. *Journal of Neuroscientific Nursing, 29*(5), 325–329.

Woods, E. K. (1995). The influence of posture and positioning on oral motor development and dysphagia. In S. R. Rosenthal, J. J. Sheppard, & M. Lotze (Eds.), *Dysphagia and the child with developmental disabilities: Medical, clinical, and family interventions.* San Diego, CA: Singular.

Woods, J. J., & Wetherby, A. M. (2003). Early identification of and intervention for infants and toddlers who are at risk for autism spectrum disorder. *Language, Speech, and Hearing Services in Schools, 34,* 180–193.

Wooi, M., Scott, A., & Perry, A. (2001). Teaching speech pathology students the interpretation of videofluoroscopic swallowing studies. *Dysphagia, 16,* 32–39.

World Health Organization. (2001). *The world health report 2001—Mental illness: New understanding, new hope.* Geneva: Author. from www.whoint/whr/en/.

Xue, S. A., & Hao, G. J. (2003). Changes in the human vocal tract due to aging and the acoustic correlates of speech production: A pilot study. *Journal of Speech, Language, and Hearing Research, 46,* 689–701.

Yairi, E. (1981). Disfluencies of normally speaking 2-year-old children. *Journal of Speech Language, and Hearing Research, 24,* 301–307.

Yairi, E. (1982). Longitudinal studies of disfluencies in 2-year-old children. *Journal of Speech and Hearing Research, 25,* 402–404.

Yairi, E. (1983). The onset of stuttering in 2- and 3-year-old children: A preliminary report. *Journal of Speech and Hearing Disorders, 48,* 171–177.

Yairi, E. (2004). The formative years of stuttering: A changing portrait. *Contemporary Issues in Communication Science and Disorders, 31,* 92–104.

Yairi, E., & Ambrose, N. (1992a). A longitudinal study of children: A preliminary report. *Journal of Speech and Hearing Research, 35,* 755–760.

Yairi, E., & Ambrose, N. (1992b). Onset of stuttering in preschool children: Selected factors. *Journal of Speech and Hearing Research, 35,* 782–788.

Yairi, E., & Ambrose, N. (2004). Stuttering: Recent developments and future directions. *The ASHA Leader, 18,* 4–5, 14–15.

Yairi, E., Ambrose, N., & Nierman, B. (1993). The early months of stuttering: A developmental study. *Journal of Speech and Hearing Research, 36,* 521–528.

Yairi, E., Watkins, R., Ambrose, N., et al. (2001). What is stuttering? [Letter to the editor]. *Journal of Speech, Language, and Hearing Research, 44,* 585–592.

Yang, M. T., Ko, F. T., Cheng, N. Y., et al. (1996). Clinical experience of esophageal ulcers and esophagitis in AIDS patients. *Kao Hsiung I Hsueh Ko Hsueh Tsa Chih, 12*(11), 624–629.

Yaruss, J. S. (1997). Clinical measurement of stuttering behaviors. *Contemporary Issues in Communication Science and Disorders, 24,* 33–44.

Yavas, M. (1998). *Phonology: Development and disorders.* San Diego, CA: Singular.

Yavas, M., & Goldstein, B. (1998). Phonological assessment and treatment of bilingual speakers. *American Journal of Speech-Language Pathology, 7*(2), 49–60.

Ylvisaker, M., & DeBonis, D. (2000). Executive function impairment in adolescence: TBI and ADHD. *Topics in Language Disorders, 20*(2), 29–57.

Ylvisaker, M., & Feeney, T. J. (1998). *Collaborative brain injury intervention: positive everyday routines.* San Diego, CA: Singular.

Ylvisaker, M., Coelho, C., Kennedy, M., Moore-Sohlberg, M., Turkstra, L., Avery, J., et al. (2002). Reflections on evidence-based practice and rational clinical decision making. *Journal of Medical Speech-Language Pathology, 10*(3), xxv–xxxviii.

Ylvisaker, M., Feeney, J., & Feeney, T. (1999). An everyday approach to long-term rehabilitation after traumatic brain injury. In B. S. Cornett (Ed.), *Clinical practice management for speech-language pathologists* (pp. 117–162). Gaithersburg, MD: Aspen.

Yoder, P. J., Molfese, D., & Gardner, E. (2011). Initial mean length of utterance predicts the relative efficacy of two grammatical treatments in preschoolers with specific language impairment. *Journal of speech, Language, and Hearing Research, 54,* 1170–1181.

Yont, K. M., Hewitt, L. E., & Miccio, A. W. (2000). A coding system for describing conversational breakdowns in preschool children. *American Journal of Speech Language Pathology, 9,* 300–309.

Yorkston, K., Beukelman, D., Strand, E., & Hakel, M. (2010). *Management of motor speech disorders in children and adults* (3rd ed.). Austin, TX: PRO-ED.

Yorkston, K. M., Smith, E., & Beukelman, D. R. (1990). Extended communication samples of augmentative communicators: I. A comparison of individualized versus standard single-word vocabularies. *Journal of Speech and Hearing Disorders, 55,* 217–224.

Yoshinaga-Itano, C., Sedley, A. L., Coulter, D. K., & Mehl, A. L. (1998). Language of early and later identified children with hearing loss. *Pediatrics, 102,* 1161–1171.

Zajac, D. (1997). Velopharyngeal function in young and older adult speakers: Evidence from aerodynamic studies. *Journal of the Acoustical Society of America, 102,* 1846–1852.

Zemlin, W. R. (1998). *Speech and hearing sciences: Anatomy and physiology* (4th ed.). Boston: Allyn & Bacon.

Zhao X., Leotta, A., Kustanovich, V., Lajonchere, C., Geschwind, D. H., Law, K., et al. (2007, July 31). A unified genetic theory for sporadic and inherited autism. *Proceedings of the National Academy of Science, 31,* 12831–12836.

Zumach, A., Gerrits, E., Chenault, M., & Antenuis, L. (2010). Long-term effects of early-life otitis media on language development. *Journal of Speech, Language, and Hearing Research, 53,* 1, 34–43.

【ㅇ】

【기타】

김화수
이화여자대학교 대학원 언어병리학 박사
현 대구대학교 언어치료학과 교수

김성수
단국대학교 일반대학원 특수교육학과 박사(청각 · 언어장애아교육 전공)
현 동신대학교 언어치료학과 교수

이상경
단국대학교 일반대학원 특수교육학과 박사(청각 · 언어장애아교육 전공)
전 루터대학교 언어치료학과 교수

최성희
연세대학교 언어병리학협동과정 박사
미국 위스콘신대학교 의과대학 이비인후과 박사후과정
현 대구가톨릭대학교 언어청각치료학과 부교수

최철희
University of Kansas-Medical Center, Dept. of Hearing and Speech Sciences 박사
Baylor College of Medicine-이비인후과 박사후과정
Hough Ear Institute, Research Scientist
현 대구가톨릭대학교 언어청각치료학과 교수, 한국청각언어재활학회장